Generalregister

zum

einundvierzigsten bis fünfzigsten Bande

der von den Mitgliedern des Gerichtshofes und der
Reichsanwaltschaft herausgegebenen

Entscheidungen des Reichsgerichts

in Civilsachen.

Bearbeitet

von

H. Müller.

Leipzig,
Verlag von Veit & Comp.
1902.

Druck von Metzger & Wittig in Leipzig.

Inhalt.

I. Systematisches Register.

Erster Teil. Civilrecht.

Erster Abschnitt. Allgemeine Lehren.

Erstes Kapitel. Rechtsquellen.

Zweites Kapitel. Allgemeine Grundsätze von den Rechten und deren Verfolgung.

Drittes Kapitel. Von den Personen.

Viertes Kapitel. Von den Sachen.

Fünftes Kapitel. Von den Handlungen.

Viertes Kapitel. Das Pfandrecht.

Fünftes Kapitel. Sonstige dingliche Rechtsverhältnisse.

Zweites Kapitel. Einzelne Obligationen.

1. Obligationen aus Verträgen und vertragsähnlichen Rechtsverhältnissen.

Seite

Viertes Kapitel. Von dem Noterben- und Pflichtteilsrecht.

Fünftes Kapitel. Indignität und Inkapazität.

Sechster Abschnitt. Das Handelsrecht.

Erstes Kapitel. Vom Handelsstande.

Zweites Kapitel. Von den Handelsgesellschaften.

Drittes Kapitel. Von handelsrechtlichen Vereinigungen.

Seite

Viertes Kapitel. Von den Handelsgeschäften.

1. Handelsgeschäfte im allgemeinen.

2. Vom Kaufe.

3. Von den Kommissionsgeschäften.

4. Von dem Speditionsgeschäfte.

5. Von dem Frachtgeschäfte.

Fünftes Kapitel. Vom Seehandel.

Siebenter Abschnitt. Das Wechselrecht.

Zweiter Teil. Civilprozeß.

Erstes Kapitel. Allgemeine Grundsätze, betreffend den Civilprozeß und die Konkursordnung.

Zweites Kapitel. Die Civilprozeßordnung.

1. Die Gerichte.

5. Rechtsmittel.

6. Wiederaufnahme des Verfahrens.

7. Besondere Prozeßarten.

8. Die Zwangsvollstreckung.

Dritter Teil. Staatsrecht.

Vierter Teil. Kirchenrecht.

II. Alphabetisches Register 257

III. Quellenregister.

Erster Teil. Reichsrecht.

Erster Abschnitt.

Bürgerliches Gesetzbuch, Allgemeines Deutsches Handelsgesetzbuch, Handelsgesetzbuch von 1897, Wechselordnung, Civilprozeßordnung, Konkursordnung, Gewerbeordnung, Grundbuchordnung, Strafprozeßordnung, Strafgesetzbuch, Gerichtsverfassungsgesetz, Gerichtskostengesetz, Gesetz über die Angelegenheiten der freiwilligen Gerichtsbarkeit, Rechtsanwaltsordnung, Gebührenordnung für Rechtsanwälte, Gebührenordnung für Zeugen und Sachverständige und Gebührenordnung für Gerichtsvollzieher nebst den Einführungsgesetzen.

(Die übrigen Reichsgesetze sind chronologisch im zweiten Abschnitte zusammengestellt.)

Erläuterung der Abkürzungen.

Die fetten Ziffern bezeichnen den Band, die gewöhnlichen, bei denen nicht das Zeichen § sich findet, die Seite. Die unmittelbar vor denselben in Klammern stehenden Buchstaben bedeuten:

B., Bad. = Badisches Landrecht.
F. = Rheinisches (französisches) Recht.
G. = Gemeines Recht.
P. = Preußisches Recht.
R. = Reichsrecht.

Ferner bedeuten:

a. F. = alte Fassung.
A.B.G. = Preußisches Allgemeines Berggesetz.
A.G.O. = Preußische Allgemeine Gerichtsordnung.
A.L.R. = Preußisches Allgemeines Landrecht.
A.G. z. = Ausführungsgesetz zu.
Beschl. = Beschluß.
B.G.Bl. = Bundesgesetzblatt.
B.G.B. = Bürgerliches Gesetzbuch.
C.P.O. = Civilprozeßordnung.
E.E.G., Eig.Erw.Ges. = Preußisches Eigentumserwerbsgesetz v. 5. Mai 1872.
E.G. z. = Einführungsgesetz zu.
Einl. = Einleitung.
Gem.R. = Gemeines Recht.
G.O. für R.A. = Gebührenordnung für Rechtsanwälte v. 7. Juli 1879.
Gen.G. = Genossenschaftsgesetz v. 1. Mai 1889.
G.K.G. = Gerichtskostengesetz v. 18. Juni 1879.
Gr.O. = Preußische Grundbuchordnung v. 5. Mai 1872.
G.V.G. = Gerichtsverfassungsgesetz.
H.G.B. = Handelsgesetzbuch.
J.M.Bl. = Preußisches Justizministerialblatt.
K.O. = Konkursordnung.
L.R.S. = Badischer Landrechtssatz.
Min.Bl. d. inn. Verw. = Preußisches Ministerialblatt der inneren Verwaltung.
n.F. = neue Fassung,
R.A.G. = Reichsanfechtungsgesetz v. 21. Juni 1879.
R.A.O. = Rechtsanwaltsordnung.
R.B.G. = Reichsbeamtengesetz.
R.G.Bl. = Reichsgesetzblatt.
R.G.O., R.Gew.O. = Reichsgewerbeordnung v. 21. Juni 1879, Redakt. v. 1. Juli 1883.
R.Haftpfl.G. = Reichshaftpflichtgesetz v. 7. Juni 1871.
R.St.G.B. = Reichsstrafgesetzbuch.
R.St.P.O. = Reichsstrafprozeßordnung.
R.U.V.G. = Reichsunfallversicherungsgesetz.
S.B.G.B. = Sächsisches Bürgerliches Gesetzbuch.
V.O. = Preußische Vormundschaftsordnung v. 5. Juli 1875.
W.O. = Wechselordnung.
Zw.G. = Preußisches Zwangsvollstreckungsgesetz v. 13. Juli 1883.

I

Systematisches Register.

Alphabetische Übersicht.

(Die Verweisungen beziehen sich auf die Paragraphen des nachfolgenden Registers.)

A

B

C

(Vgl. auch K.)

D

E

F

G

N

O

P

S

T

U

V

W

Z

(Die Verweisungen beziehen sich auf die Bände und Seiten der Entscheidungen.)

Erster Teil.

Civilrecht.

Erster Abschnitt. Allgemeine Lehren.

Erstes Kapitel. Rechtsquellen.

§. 1. Verhältnis der verschiedenen konkurrierenden Rechtsquellen desselben Rechtsgebietes zu einander.

a. Gemeines Recht und Partikularrecht. Allgemeines Landesrecht und Provinzialrecht.

1) Sind auf die Haftung eines Richters in der preußischen Rheinprovinz aus seiner Amtsführung die §§ 88—90 A.L.R. II. 10 anwendbar? (P.) **43**, 385. — 2) Ist für die preußische Rheinprovinz der § 36 der Verordnung vom 26. Dezember 1808 maßgebend? (P.) **44**, 226.

b. Reichsrecht und Landesrecht.

1) Verhältnis des § 36 des Reichspersonenstandsgesetzes vom 6. Februar 1875 zum Art. 182 C. c. **42**, 341. — 2) Wieweit kommen die Bestimmungen des Landesrechtes für die Pensionsrechte eines vor der Geltung des Reichsbeamtengesetzes vom 31. März 1873 angestellten Reichsbeamten noch in Betracht? **43**, 131. — 3) Kann der den Sachverständigen nach der Geb.O. vom 30. Juni 1878 zustehende Gebührenanspruch auch im Rechtswege geltend gemacht werden, wenn es sich um den Anspruch eines als Sachverständiger vernommenen Beamten nach landesgesetzlich aufrechterhaltenen Taxvorschriften handelt, und landesgesetzlich insoweit der ordentliche Rechtsweg gegeben ist? **43**, 51. — 4) Ist die Entschädigung für Patentverletzungen nach dem Landesrechte oder nur nach dem Patentgesetze zu bemessen? **43**, 58. — 5) Ist der Art. 505 Code de procéd. civ. durch die C.P.O. nicht aufgehoben, und bezieht er sich auch auf den Richter der freiwilligen Gerichtsbarkeit, insbesondere auf den Vormundschaftsrichter? (F.) **43**, 384; **48**, 361. — 6) Kann, wenn der Anfechtungsbeklagte die Rückgewähr aus § 7 des R.A.G. arglistig in für den Gläubiger wirkungsloser Weise vorgenommen hat, der Anspruch auf Schadensersatz auf das Landesrecht oder nur auf Reichs=

recht gestützt werden? **44**, 92. — 7) Kann der preußische Kompetenzgerichtshof das einem negativen Kompetenzkonflikte zu Grunde liegende Urteil des Reichsgerichtes aufheben? **44**, 4. 377. — 8) Sind die unter der Herrschaft des preußischen Stempelgesetzes nach dem vollen Nennwerte versteuerten Interimsscheine der Reichsstempelsteuer unterworfen, wenn unter deren Herrschaft eine neue Einzahlung erfolgt? **45**, 41. — 9) Wirkung der landesgesetzlich im Handelsregister erfolgten Eintragung der Konkurseröffnung auf die Verjährung von Klagen gegen den Gemeinschuldner aus Ansprüchen gegen die offene Handelsgesellschaft, deren Mitglied er ist. **45**, 47. — 10) Darf neben dem Reichsstempel für Anschaffungsgeschäfte der Stempel nach Tarifstelle 25 c des preußischen Stempelgesetzes erhoben werden, wenn bei Errichtung der Aktiengesellschaft ein Gründer sich verpflichtet hat, gegen seine nicht in Barzahlung zu leistende Einlage Aktien zu übernehmen? **45**, 99. — 11) Ist der § 553 A.L.R. I. 9 über die Unterbrechung der Verjährung auch nach Einführung der C.P.O. unter Umständen anwendbar? **47**, 372. — 12) Durfte und darf die Landesgesetzgebung gewerbliche Anlagen, die nicht unter § 16 R.G.O. fallen, aus einzelnen Ortsteilen ausschließen oder dort nur bedingt zulassen? **48**, 70; **50**, 6. — 13) Wirkung der Landesgesetze, die auf Grund des Art. 141 E.G. z. B.G.B. nur die Notare für zuständig erklärt haben, in dem Falle, wenn die nach dem B.G.B. an gerichtliche oder notarielle Form gebundenen Verträge in einen gerichtlichen Prozeßvergleich als dessen wesentliche Bestandteile aufgenommen sind. **48**, 183. — 14) Haben die landesgesetzlichen Bestimmungen über das Spielen in auswärtigen Lotterien durch § 763 B.G.B. ihre privatrechtliche Geltung verloren? **48**, 175. — 15) Inwiefern sind die Vorschriften des Landesrechtes über die Zuständigkeit der Gerichte und der Verwaltungsbehörden durch die Reichsgewerbeordnung geändert worden? **49**, 66. — 16) Steht die Bestimmung des § 63 des Großherzoglich hessischen Gesetzes vom 31. Mai 1879 über die unfreiwillige Versetzung eines Amtsrichters in eine nicht richterliche Stelle in Widerspruch mit dem § 8 G.V.G., ist daher ungültig? **49**, 112. — 17) Ist der den Windmühlen aus der Zeit vor dem 18. November 1819 in § 247 A.L.R. II. 15 gewährte Schutz gegen Baumpflanzungen neben dem B.G.B. in Geltung geblieben? (P.) **50**, 319.

c. Recht der Konsulargerichtsbezirke.

Stehen dem mit Gerichtsbarkeit versehenen deutschen Konsul für die auf Ersuchen eines inländischen Gerichtes in einem bürgerlichen Rechtsstreite bewirkte Zustellung Gebühren nach dem Tarife vom 1. Juli 1872 Ziff. 7 zu? **44**, 409.

§ 2. Gesetze. Prüfungen der Gültigkeit.

(Gesetzeskunde s. unten § 319.)

1) Steht der Gültigkeit des Gesetzes, betr. die Pflicht der Kaufleute bei der Aufbewahrung fremder Wertpapiere, v. 5. Juli 1896 die in Nr. 20

des Reichsgesetzblattes von 1896 erschienene Berichtigung entgegen? **41,** 32. — 2) Einfluß der nachträglichen Berichtigung eines Gesetzes auf dessen Gültigkeit. **41,** 34. — 3) Städtisches Regulativ mit Gesetzeskraft auf Grund gesetzlicher Delegation. (P.) **41,** 226. — 4) Welche Statuten der Wassergenossenschaften sind Gesetze im Sinne des § 12 E.G. zur C.P.O.? (P.) **42,** 305. — 5) Unter welchen Voraussetzungen sind Ortsstatuten von Stadtgemeinden Gesetze im Sinne des § 12 E.G. z. C.P.O.? (P.) **42,** 309. — 6) Form der Verkündung ortsstatutarischer Anordnungen. (P.) **42,** 314. — 7) Welche Behörde hat Ortsstatuten für Berlin zu bestätigen? (P.) **42,** 313. — 8) Die Postordnung von 1892 hat die rechtliche Natur und Wirksamkeit einer allgemeinen Rechtsnorm. **43,** 99. — 9) Pflicht des Richters, zu ermitteln, ob eine inländische Polizeiverordnung gehörig publiziert ist. **43,** 418. — 10) Zur Feststellung des Begriffes der Umgehung des Gesetzes; Wirkung der Umgehung. **44,** 108. — 11) Sind im § 12 Einl. z. A.L.R. unter Gesetzen auch örtliche Polizeiverordnungen zu verstehen? (P.) **44,** 275. — 12) Können durch eine im Verwaltungswege erlassene Betriebsordnung für die Benutzung einer dem Staate gehörenden öffentlichen Wasserstraße die gesetzlichen Verpflichtungen zum Schadensersatze abgeändert werden? **45,** 162. — 13) Nach preußischem Rechte gelten die vom Könige erlassenen Privilegien als Gesetze. (P.) **45,** 272. — 14) Ist eine im Geltungsbereiche des Publikandums vom 29. April 1772 erlassene Polizeiverordnung gültig, nach der die im städtischen Schlachthofe für gesundheitsschädlich erklärten Teile eines Schlachtviehes nicht an den Abdecker abgeliefert, sondern vernichtet werden sollen? (P.) **45,** 267. — 15) Sind die vom Bundesrate beschlossenen, im Centralblatte für das Deutsche Reich von 1882 verkündeten „Grundsätze für die Besetzung der Subaltern- und Unterbeamtenstellen mit Militäranwärtern" eine verbindliche reichsrechtliche Verordnung? **48,** 84. — 16) Ist die verbindliche Kraft reichsrechtlicher Verordnungen des Bundesrates von ihrer Verkündung durch das Reichsgesetzblatt abhängig? **48,** 88. — 17) Wieweit steht dem Reichsgerichte die Prüfung der Rechtsgültigkeit einer gehörig verkündeten preußischen Verordnung zu? **48,** 205. — 18) Wird durch die Einverleibung neuer Gebietsteile die Geltung von Rechtsnormen auf diese unmittelbar ausgedehnt? (P.) **48,** 280. — 19) Sind auf Grund des § 78 R.U.V.G. vom 6. Juli 1884 von den Berufsgenossenschaften erlassene Unfallverhütungsvorschriften Polizeigesetze im Sinne des § 26 A.L.R. I. 6? **48,** 327.

§ 3. Auslegung der Gesetze.

(Auslegung der Prozeßgesetze s. unten § 284.)

a. Im allgemeinen. Motive.

1) Tragweite des § 8 Abs. 2 des s. g. Depotgesetzes vom 5. Juli 1896. **41,** 34. — 2) „Niederlassung" im § 23 Abs. 1 des Warenzeichengesetzes vom 12. Mai 1894. **41,** 67. — 3) Begrenzung des Begriffes der „Arbeitsgerätschaft" im Sinne des Gebrauchsmuster-

schutzgesetzes vom 1. Juni 1891. **41,** 74. — 4) Auslegung des § 9 Abs. 2 des Gesetzes zum Schutze der Warenbezeichnungen vom 12. Mai 1894. **41,** 72. — 5) Auslegung der l. 8 C. de codicillis **6,** 36. (G.) **41,** 165. — 6) Zur Auslegung der Tarifstelle 70c des Stempelsteuergesetzes vom 31. Juli 1895. (P.) **41,** 245. — 7) Zur Auslegung der Kaiserl. Verordnung zur Verhütung des Zusammenstoßes der Schiffe auf See vom 7. Januar 1880. **42,** 75. — 8) Auslegung des Art. 6 lit. l und des Art. 11 des internationalen Übereinkommens über den Eisenbahnfrachtverkehr vom 14. Oktober 1890. **42,** 24. — 9) Auslegung des Art. 5 § 4 des preußischen Gesetzes vom 29. April 1887, betr. Abänderung der kirchenpolitischen Gesetze. (P.) **41,** 305. — 10) Tragweite des § 2 des preußischen Stempelsteuergesetzes vom 31. Juli 1895. (P.) **42,** 197. — 11) Was sind im Sinne der Befreiung 3 zur Tarifstelle 32 des Stempelsteuergesetzes von 1895 Sachen, die zum unmittelbaren Verbrauche in einem Gewerbe dienen sollen? Gehören Eisenbahnschwellen dazu? (P.) **42,** 233. — 12) Zur Auslegung a) des § 10 Abs. 2, b) der Tarifstelle 32 Abs. 5 des Stempelsteuergesetzes vom 31. Juli 1895 (P.) **42,** 239. — 13) Begriff der „Mengen von Sachen oder Waren" und der „vertretbaren Sachen" in der Stempelsteuergesetzgebung. (R., P.) **42,** 255; **43,** 290. 304. — 14) „Schuldverschreibung" im Sinne des Stempelsteuergesetzes vom 31. Juli 1895. (P.) **42,** 266. — 15) Was ist unter einem „zweiseitigen Rechtsgeschäfte, das denselben wirtschaftlichen Zwecken dienen soll wie ein Darlehn" in § 302 R.St.G.B. in der Fassung des Wuchergesetzes vom 19. Juni 1893 zu verstehen? **43,** 116; **46,** 115. — 16) „Unerlaubte Handlung" im Sinne des § 25 A.L.R. I. 6. (P.) **43,** 195. — 17) Bedeutung von „Umlage" in der Befreiung 2 zur Tarifnummer 70 des Stempelsteuergesetzes von 1895. (P.) **43,** 251. — 18) Was ist im § 719 A.L.R. II. 1 „Veranlassung eines Ehevergehens"? (P.) **43,** 345. — 19) Zur Auslegung des § 10 des Gesetzes über die Verjährungsfristen bei öffentlichen Abgaben vom 18. Juni 1840. (P.) **43,** 326. — 20) Zur Auslegung der Artt. 25. 18. 19. 29 der Verordnung zur Verhütung des Zusammenstoßes der Schiffe auf See vom 9. Mai 1897. **44,** 42. — 21) Kann eine Brücke, wenn ohne Geländer, als Abhang im Sinne des § 367 Ziff. 12 R.St.G.B. gelten? **44,** 176. — 22) Begriff der Schuldverschreibung im § 58 des Stempelsteuergesetzes von 1895. (P.) **44,** 219. — 23) Auslegung des Art. 4 der Übereinkunft zwischen Deutschland und Frankreich, betr. den Schutz an Werken der Litteratur und Kunst, vom 19. April 1883. **45,** 10. — 24) Was ist unter „Civildienst des Reiches" im § 106, was in den §§ 107. 108 des Reichsmilitärpensionsgesetzes zu verstehen? Was unter „Institutendienst" in den §§ 107. 108? **45,** 133. — 25) Eingehende Auslegung des § 8 G.V.G., besonders zu der Frage, ob Richter wider ihren Willen auf eine nicht richterliche Stelle versetzt werden können. **49,** 117. — 26) Auslegung des Schlußsatzes des § 91 des preußischen Ablösungsgesetzes vom 2. März 1850. (P.) **45,** 193. — 27) Zur Auslegung des § 8 des preußischen Erbschaftssteuergesetzes vom $\frac{\text{30. Mai 1873}}{\text{19. Mai 1891}}$ (P.) **45,** 197. —

28) „Gemeindedienst" im § 65 der preußischen Städteordnung vom 30. Mai 1853. Ist darunter nur preußischer oder auch der in einem anderen Bundesstaate zu verstehen? (P.) **45,** 306. — 29) Begriff der „Überschüsse" im § 16 des preußischen Einkommensteuergesetzes vom 21. Juni 1891. (P.) **46,** 262. — 30) „Entscheidung" im Sinne des § 150 im R.B.G. vom 31. März 1873. **47,** 41. — 31) Bedeutung der §§ 50. 51 des Börsengesetzes vom 22. Juni 1896. **47,** 107. — 32) Zur Auslegung des Begriffes „Ausfertigung von Schriftstücken" in der Tarifstelle 10 des Stempelsteuergesetzes von 1895. (P.) **47,** 343. — 33) Begriff einer „Veränderung der Reise" in dem Art. 817 Abs. 2 und einer „Abweichung von der Reise" im Art. 818 H.G.B. **48,** 10. — 34) Bezieht sich der Art. 172 E.G. zum B.G.B. auch auf Fälle der Zwangsversteigerung? **48,** 38. — 35) Begriff der angemessenen Sicherheit im Art. 202 Abs. 2. H.G.B. a. F. **48,** 35. — 36) Erbrechtliches Verhältnis; Begriff im Art. 213 E.G. zum B.G.B. **46,** 70; **50,** 186. — 37) Auslegung der §§ 6. 7. des preußischen Fischereigesetzes vom 30. Mai 1874. **49,** 245. — 38) Zur Auslegung des § 24 A.B.G. (P.) **49,** 261. — 39) Zur Auslegung des § 2 des Stempelgesetzes von 1895. (P.) **49,** 226. — 40) Zur Auslegung des § 152 Abs. 2 R.G.O. **50,** 28. — 41) Was ist im § 325 Abs. 1 S. 2 und im § 326 Abs. 1 S. 3 B.G.B. unter „Interesse an der teilweisen Erfüllung des Vertrages" zu verstehen? **50,** 143. — 42) Begriff des „Zugehens einer Willenserklärung" im § 130 B.G.B. **50,** 194. — 43) Bedeutung des Art. 5 des Übereinkommens zwischen Deutschland und der Schweiz für den gegenseitigen Schutz von Mustern und Modellen. **41,** 80. — 44) Ist unter „Niederlassung" im § 9 Abs. 3 des Gesetzes vom 11. Januar 1876 auch eine Zweigniederlassung zu verstehen? **41,** 82.

b. Analogie.

1) Ist jus singulare auch nach dem preußischen A.L.R. nicht analog anzuwenden? **41,** 316. — 2) Darf der Art. 354 des bisherigen H.G.B. auf den Fall erstreckt werden, wenn der Käufer mit der Bezahlung einer anderen Schuld aus einem mit dem Kaufvertrage in engem Zusammenhange stehenden Abkommen im Rückstande ist? **42,** 29. — 3) Ausdehnung des Begriffes der Schuldverschreibung im Sinne des preußischen Stempelsteuergesetzes von 1895. (P.) **46,** 257. — 4) Der Art. 792 H.G.B. findet auf Binnenschiffahrt keine analoge Anwendung. **47,** 170. — 5) Sind die §§ 912—916 B.G.B. analog anzuwenden, wenn der Eigentümer eines Grundstücks, von dem eine Teilfläche mit einer das Überbauen verbietenden Grunddienstbarkeit belastet ist, über die Grenze des unbelasteten Teiles auf das belastete hinüberbaut? (F.) **47,** 359. — 6) Anwendung des § 938 A.L.R. I. 11 auf den Fall, wenn das erst zum Teil hergestellte Werk erhebliche Mängel zeigt. (P.) **49,** 287. — 7) Der § 51 R.G.O. ist eine Sonderbestimmung mit speziellem Thatbestand und gestattet eine analoge Anwendung nicht. **50,**

7. — 8) Die in § 2314 B.G.B. den Erben auferlegte Verpflichtung läßt keine analoge Anwendung auf den Testamentsvollstrecker zu. **50**, 225. — 9) Darf eine quasikontraktliche Haltung nach Analogie der Fälle des römischen Rechtes in neueren öffentlichrechtlichen Verhältnissen angenommen werden? (G.) **48**, 258.

c. Entscheidungen der vereinigten Civilsenate des Reichsgerichtes, betr. Auslegung einzelner Gesetze des Civilrechtes.

(Über Prozeßgesetze s. unten § 284b.)

1) Bei der Anfechtungsklage eines Gläubigers nach § 2 R.A.G. darf auch ein erst nach der Klagerhebung erlangter vollstreckbarer Titel berücksichtigt werden. **41**, 87. — 2) Für die s. g. Ehescheidungsstrafen ist das Recht maßgebend, nach dem die Ehe geschieden worden ist. (G., P.) **41**, 176. — 3) Eine Aktie unterliegt nicht deshalb, weil sie durch einen Stempelaufdruck oder durch einen anderen auf sie gesetzten Vermerk nachträglich als mit einem Vorzugsrechte versehene Aktie bezeichnet worden ist, einer Stempelabgabe nach Nr. 1 des Tarifs zum Reichsstempelgesetze vom 27. April 1894. **45**, 87. — 4) Ein gezogener Wechsel ist nicht schon deshalb ungültig, weil er mehrere Personen nebeneinander als Bezogene bezeichnet. **46**, 133. — 5) Der von einem im Inlande eine Niederlassung nicht besitzenden Gewerbetreibenden auf Grund des § 14 des Warenzeichengesetzes vom 12. Mai 1894 erhobene Klaganspruch auf Schutz in dem ihm durch Vertrag eingeräumten Rechte der ausschließlichen Benutzung des Namens eines Anderen zur Kennzeichnung seiner Waren ist schon deshalb unbegründet, weil dem Kläger dieser Anspruch in dem Staate, in dem sich seine Niederlassung befindet, aus dem Grunde versagt wird, daß die streitige Namensbenutzung Gemeingut geworden ist. **46**, 125. — 6) Schriftliche Erklärungen, die die Verpflichtung zur Entrichtung von Geldleistungen von unbestimmter Dauer enthalten, sind als Schuldverschreibungen im Sinne der Tarifstelle 58 I des preußischen Stempelsteuergesetzes vom 31. Juli 1895 zu behandeln. **48**, 351.

§ 4. Gewohnheitsrecht. Gerichtsgebrauch.

1) Ist ein Herkommen als allgemeine Rechtsquelle auch für das Gebiet des in der A.G.O. kodifizierten preußischen Prozesses ausgeschlossen? (P.) **41**, 392. — 2) Voraussetzungen der Begründung eines Privatbergregals durch partikulares Gewohnheitsrecht. (G.) **44**, 135.

§ 5. Autonomie.

1) Städtisches Regulativ mit Gesetzeskraft auf Grund gesetzlicher Delegation. (P.) **41**, 226. — 2) Welche Behörde hat Ortsstatute für Berlin zu bestätigen? (P.) **42**, 315. — 3) Welche Statuten von Wassergenossenschaften sind Gesetze im Sinne des § 12 E.G. z. C.P.O.? (P.) **42**, 305. — 4) Stehen die auf Grund des § 11 der preußischen Städteordnung von 1853 erlassenen Ortsstatute den Gesetzen gleich? Form ihrer Verkündung. (P.) **42**, 309. — 5) Sind die Hausgesetze des hohen

Adels revisibel? **43,** 412. — 6) Sind auf Grund des § 78 R.U.V.G. vom 16. Juli 1884 von den Berufsgenossenschaften erlassene Unfallverhütungsvorschriften Polizeigesetze im Sinne des § 26 A.L.R. I. 6? (P.) **48,** 327.

§ 6. Zeitliche Grenzen der Wirksamkeit der Gesetze.

(Prozeßgesetze s. a. unten § 285.)

1) Die §§ 1199flg. A.L.R. II. 11 sind durch die preußische Verfassung von 1850 nicht aufgehoben worden. (P.) **41,** 311. — 2) Hat der § 75 Abs. 2 u. 3 H.G.B. von 1897 für schon vor dem 1. Januar 1898 eingegangene Vertragsverhältnisse rückwirkende Kraft? **42,** 97. — 3) Haben zwingende Rechtssätze schon als solche rückwirkende Kraft? **42,** 101. — 4) Ist der § 13 der Verordnung vom 28. Mai 1846 durch die Bestimmungen des Pensionsgesetzes vom 27. März 1872 außer Kraft gesetzt worden? (P.) **42,** 165. — 5) Ist das gemeinrechtliche jus tollendi durch die preußische Gesetzgebung, E.E.G. oder das Zw.G., beseitigt oder eingeschränkt worden? (G., P.) **42,** 194. — 6) Ist der § 11 des deutsch-französischen Litterarvertrages vom 19. April 1883 auf früher geschlossene Verträge anwendbar? **42,** 305. — 7) Wie weit haben die Bestimmungen des seit dem 1. Januar 1898 geltenden Abschnittes des H.G.B. von 1897, insbesondere § 74, rückwirkende Kraft? **43,** 23. — 8) Rückwirkung neuer Gesetze überhaupt. **43,** 25. — 9) Rückwirkende Kraft der Vorschriften des Reichsbeamtengesetzes über den Beginn der für die Höhe der Pension maßgebenden Dienstzeit. **43,** 132. — 10) Zeitliche Grenzen der Anwendbarkeit der Bestimmungen des Börsengesetzes über Börsentermingeschäfte. **44,** 54. — 11) Ist der § 343 B.G.B. über die Herabsetzung der Vertragsstrafe, auf den der § 75 H.G.B. von 1897 sich bezieht, für die Handlungsgehilfen schon am 1. Januar 1898 wirksam geworden? **44,** 59. — 12) Sind die unter der Herrschaft der preußischen Stempelgesetze nach dem vollen Nennwerte versteuerten Interimsscheine der in den Reichsstempelgesetzen vorgeschriebenen Stempelsteuer unterworfen, wenn unter deren Herrschaft eine neue Einzahlung erfolgt? **45,** 41. — 13) Wieweit findet Art. 201 E.G. z. B.G.B. auf vor dem 1. Januar 1900 anhängig gewordene Ehescheidungssachen Anwendung? **45,** 95. — 14) Nach welchem zeitlichen Rechte hat das Revisionsgericht die Frage zu entscheiden, ob ein vor dem 1. Januar 1900 ergangenes Berufungsurteil auf Gesetzesverletzung beruht? **45,** 98. 421. — 15) Nach Art. 201 E.G. z. B.G.B. darf, auch in schon vorher anhängigen Sachen, nach dem 1. Januar 1900 auf zeitliche Trennung von Tisch und Bett nicht mehr erkannt werden. **45,** 420. — 16) Ist die gesetzliche Unterhaltspflicht der Geschwister mit dem Inkrafttreten des B.G.B. auch dann weggefallen, wenn sie schon vorher durch rechtskräftiges Urteil festgestellt war? **46,** 65. — 17) Kann der Testamentsvollstrecker nach § 2227 B.G.B. durch das Nachlaßgericht entlassen werden, wenn der Erblasser schon vor dem 1. Januar 1900 gestorben ist? **46,** 71. — 18) Kann nach dem 1. Januar 1900 wegen eines vorher begangenen Ehebruches auf Scheidung erkannt werden, wenn nach den bisherigen Gesetzen wegen

eines ebenfalls vorher begangenen Ehebruches des Klägers Aufrechnung zulässig war? **46**, 90; **47**, 4. — 19) Ist der Streit, der zwischen vor dem 1. Januar 1900 geschiedenen Ehegatten über die Erziehung der gemeinschaftlichen Kinder entsteht, nach dem 1. Januar 1900 durch den Vormundschaftsrichter zu entscheiden? (G.) **46**, 168. — 20) Ist die Wirksamkeit einer vor 1900 vollzogenen Pfändung von Zubehör eines Grundstückes seit dem 1. Januar 1900 nach dem neuen Rechte zu beurteilen? **46**, 173; **50**, 72. — 21) Ist die Zulässigkeit der von einem Hypothekengläubiger vor 1900 gegen die Pfändung von Zubehör eines Grundstückes erhobenen Widerspruchsklage seit dem 1. Januar 1900 nach dem neuen Rechte zu beurteilen? **46**, 172. — 22) Sind die Bestimmungen des B.G.B. auf einen vor dessen Inkrafttreten versprochenen und verdienten Ehemäklerlohn anwendbar? **46**, 152. 178. — 23) Zeitliche Geltung des seit dem 1. Januar 1900 geltenden Rechtes in Ansehung der Schuldfrage und der Fristen für die Erhebung der Ehescheidungsklage. **46**, 156. — 24) Welches zeitliche Recht ist anzuwenden, wenn die Ehe auf Grund des preußischen A.L.R. rechtskräftig geschieden und über die nur wegen der Schuldfrage eingelegte Berufung nach dem 1. Januar 1900 zu entscheiden ist? **46**, 147. — 25) Zeitliche Geltung der Vorschriften des B.G.B. in Ansehung des Erwerbes und des Inhaltes des Eigentumes, besonders beim Überbau. **46**, 143. — 26) Keine Rückwirkung des Art. 215a Abs. 4 H.G.B. auf das vor dem Gesetze vom 18. Juli 1884 den Gründern zugesicherte Bezugsrecht. **47**, 26. — 27) Ist ein nach preußischem A.L.R. begründetes, mit einer Hypothek verbundenes antichretisches Pfandrecht mit dem Inkrafttreten des B.G.B. weggefallen? **47**, 57. — 28) Kann der § 138 Abs. 2 B.G.B. auf Rechtsgeschäfte angewendet werden, die vor seinem Inkrafttreten abgeschlossen sind? **47**, 103. — 29) Nach welchem Rechte sind Einreden aus dem persönlichen Schuldverhältnisse gegen die Klage aus einer vor dem Inkrafttreten des B.G.B. eingetragenen und abgetretenen Hypothek zu beurteilen? **47**, 229. — 30) Ist der § 553 A.L.R. I. 9 über die Unterbrechung der Verjährung auch nach Einführung der C.P.O. unter Umständen anwendbar? **47**, 372. — 31) Rückwirkung des seit dem 1. Januar 1900 geltenden Rechtes in Ansehung der Tilgung eines älteren Schuldverhältnisses durch Hinterlegung. **48**, 19. — 32) Hört durch nach dem 1. Januar 1900 erfolgte Wiederverheiratung einer vorher geschiedenen Ehefrau ihr nach § 798 A.L.R. II. 1 begründeter Verpflegungsanspruch auf Grund des § 1581 B.G.B. auf? **48**, 4. — 33) Kündigungsrecht dessen, der das Mietgrundstück vor 1900 erstanden hat, aber erst im Jahre 1900 als Eigentümer eingetragen ist, in Ansehung eines älteren Mietvertrages? **48**, 38. — 34) Ist durch den § 248 H.G.B. von 1897 die Bestimmung des § 6 Abs. 1 des Reichsgesetzes vom 18. Juli 1884 aufgehoben worden? **48**, 47. — 35) Bestimmen sich auch die Wirkungen des vor dem 1. Januar 1900 beantragten Zwangsversteigerungsverfahrens nach dem bisherigen Rechte? **48**, 40; **50**, 73. — 36) Rückwirkung neuer Gesetze auf befristete Rechtsverhältnisse nach gemeinem Rechte. **48**, 131. — 37) Haben die landesgesetzlichen Bestimmungen über das Spielen in auswärtigen Lotterien durch den § 763 B.G.B. ihre Kraft verloren? **48**, 175. — 38) Findet der Art. 210 Abs. 2 E.G. z. B.G.B. auf einen Vormund Anwendung, der nach dem früheren Rechte gesetzlicher Vormund war? **48**, 355. — 39) Ist der Art. 505 Code de procédure civile durch die C.P.O. nicht aufgehoben, und bezieht er sich auch auf die Richter der freiwilligen Gerichtsbarkeit, insbesondere den Vormundschaftsrichter? (F.) **43**, 384; **48**, 361. — 40) Zeitliche Anwendung des seit dem 1. Januar 1900 geltenden Rechtes: a) in Ansehung älterer Aktiengesellschaften, insbesondere ihrer Verpflichtung, einen Aufsichtsrat zu bestellen **48**, 40; b) in Ansehung der Verpflichtung, bei der Berichtigung des Grundbuches mitzuwirken **48**, 50; c) auf die Frage, ob eine vor 1900 eingetragene nicht valutierte Hypothek mit dem Inkrafttreten des neuen Liegenschaftsrechtes zur Eigentümerhypothek geworden ist **48**, 48; d) auf nicht eingetragene ältere dingliche Rechte, insbesondere Antichresis **48**, 61; e) in Ansehung der Ablieferung letztwilliger Verfügungen an das Nachlaßgericht nach dem Tode des Erblassers **48**, 96; f) in Ansehung der §§ 74. 75 H.G.B. von 1897 auf ein Vertragsverhältnis, das schon vor dem 1. Januar 1898, aber erst mit Wirkung von diesem Tage an eingegangen ist **48**, 129; g) bezüglich der Rechtsnormen über Verjährungs- und Ausschlußfristen nach dem E.G. z. B.G.B. **48**, 157; h) in Ansehung des Verbotes der Erforschung der Vaterschaft als zwingenden Rechtes für das Prozeßgericht **48**, 168; i) auf die Frage, ob der väterliche Nießbrauch des Gemeinschuldners zur Konkursmasse gehört. **48**, 191. — 41) Finden die §§ 561 Abs. 2. 581 Abs. 2 B.G.B. auf das vor 1900 entstandene Pfandrecht des Vermieters und Verpächters Anwendung? **49**, 57. — 42) Sind die Bestimmungen des B.G.B. über ein Zurückbehaltungsrecht wegen nicht konnexer Gegenforderungen anwendbar, wenn alle in Betracht kommenden Rechtsverhältnisse aus der Zeit vor 1900 stammen? **49**, 81. — 43) Zwangsvollstreckung aus einer Arrestvormerkung des bisherigen preußischen Rechtes nach dem Inkrafttreten der neuen Reichsgesetze. **49**, 106. — 44) Klage eines unter der Herrschaft des B.G.B. aus einem älteren Vereine ausgeschlossenen Mitgliedes auf Aufhebung dieses Beschlusses. **49**, 150. — 45) Nach welchem Rechte sind die Unterhaltsansprüche der Kinder zu beurteilen, wenn die Ehe der Eltern vor dem 1. Januar 1900 geschieden worden ist? **49**, 155. — 46) Ist nach dem Inkrafttreten des B.G.B. aus vorher erfolgtem Beischlafe die Deflorationsklage des gemeinen Rechtes noch zulässig? **49**, 204. — 47) Nach welchem Rechte regelt sich der Besitzesschutz, wenn das Besitzdelikt vor dem 1. Januar 1900 begangen worden ist? **50**, 8. — 48) Kann gegen eine vor dem 1. Januar 1900 nach gemeinem Rechte entstandene Forderung aus einem depositum irregulare mit einer ebenfalls vorher entstandenen Gegenforderung nach diesem Zeitpunkte aufgerechnet werden? **50**, 37. — 49) Finden die Vorschriften des B.G.B. auf den Unterhaltsanspruch der geschiedenen Ehefrau Anwendung, wenn das den Ehemann für schuldig erklärende Scheidungsurteil zwar vor dem 1. Januar 1900 ergangen, aber, ohne angegriffen zu sein, erst nachher rechtskräftig geworden ist? (P.) **50**, 304. — 50) Zu den Schuldverhältnissen im Sinne des Art. 170

E.G. z. B.G.B. gehören auch die familienrechtlichen Obligationen, die zwischen geschiedenen Ehegatten infolge der Scheidung entstehen. **50,** 305. — 51) Ist der § 1614 Abs. 1 B.G.B. auch dann anwendbar, wenn schon vor dem 1. Januar 1900 auf den Unterhalt für die Zukunft verzichtet, oder ein Vergleich darüber geschlossen war? **50,** 96. — 52) Anwendung des § 5 H.G.B. von 1897 auf eine schon vor dem 1. Januar 1900 als offene Handelsgesellschaft eingetragene Nichthandelsgesellschaft. **50,** 158. — 53) Welches zeitliche Recht entscheidet über die Berechnung der Fristen, die nach Ende 1899 in betreff eines schon vorher entstandenen Rechtsverhältnisses vereinbart sind? **50,** 253. — 54) Kann ein unter der Herrschaft des A.L.R. zwischen Ehegatten errichtetes korrespektives Testament nach Ende 1899 von dem einen bei Lebzeiten des anderen durch eine neue Verfügung von Todeswegen aufgehoben werden? (P.) **50,** 316.

§ 7. Örtliche Grenzen der Wirksamkeit der Gesetze (Statutenkollision). Internationales Privatrecht.

a. Im allgemeinen.

Wieweit sind Vereinbarungen der Beteiligten über das für ihr Vertragsverhältnis anzuwendende örtliche Recht wirksam? (P.) **44,** 300.

b. Bei dinglichen Rechten.

1) Örtliches Recht für die Frage, ob gegen die Vindikation von beweglichen Sachen, insbesondere Inhaberpapieren, der Beklagte einen Lösungsanspruch erheben kann. (G.) **41,** 152. — 2) Ist für das Lehnrecht die lex curiae oder die lex rei sitae maßgebend? (G.) **43,** 177. — 3) Wirksamkeit einer in Holland an einem holländischen Flußschiffe bestellten Hypothek, wenn das Schiff in Deutschland gepfändet und zur Zwangsversteigerung gebracht wird. (P.) **45,** 276. — 4) Über den Rang mehrerer im Inlande oder Auslande entstandener Pfandansprüche entscheidet stets das Gesetz des zur Entscheidung berufenen Gerichtes. (P.) **45,** 281.

c. Im Obligationenrecht.

1) Kann das Verfolgungsrecht ohne Rücksicht auf Abweichungen des sonst etwa für seine Ausübung maßgebenden Rechtes unter allen Umständen geltend gemacht werden, wenn es nach dem Rechte des Bestimmungsortes begründet ist? (P.) **41,** 333. — 2) Örtliches Recht für die Regreßpflicht des Inländers, der einen im Auslande zahlbaren Check ausstellt. (G.) **44,** 153. — 3) Örtliches Recht für die Regreßpflicht des Trassanten. **44,** 157. — 4) Örtliches Recht für die Rückforderung gezahlter Havereibeiträge. **44,** 139. — 5) Wieweit sind Vereinbarungen der Beteiligten über das auf ihre Vertragsverhältnisse anzuwendende örtliche Recht wirksam? (P.) **44,** 300. — 6) Örtliches Recht für den Kaufvertrag mit verschiedenem Erfüllungsort für Käufer und Verkäufer. (G.) **46,** 193. —

7) Kann für den deutschen Richter fremdes Recht auch dann in Betracht kommen, wenn es sich um einen Betrug des Verkäufers handelt? (G.) **46**, 196. — 8) Nach welchem Rechte ist ein schenkungsweise geschehener Erlaß zu beurteilen, wenn der in Braunschweig wohnende Gläubiger dem in Liegnitz wohnenden Schuldner den Erlaß brieflich erklärt hat? **46**, 231. — 9) Sind Sätze eines fremden Rechtes über die dem Verkäufer zustehenden Klagen anzuwenden, wenn der Erfüllungsort für den Käufer im Gebiete des fremden Rechtes liegt? (G.) **46**, 199. — 10) Nach welchem örtlichen Rechte ist zu beurteilen, ob ein Rechtsgeschäft wucherisch oder unsittlich ist? (P.) **46**, 113. — 11) Örtliches Recht für die Bestimmung des Hilfslohnes, wenn ein nicht zum Erwerbe durch die Seefahrt bestimmtes Seeschiff aus Seenot gerettet wird. **47**, 193. — 12) Örtliches Recht für die Frage, ob für einen Transportunternehmer ein Rechtszwang besteht, nach dem veröffentlichten gewöhnlichen Frachttarife zu kontrahieren. **48**, 122.

d. Im Familienrecht.

1) Örtliches Recht für die s. g. privatrechtlichen Ehescheidungsstrafen. (G., P.) **41**, 177. — 2) Für die Ehescheidung ist das Recht des Prozeßgerichtes maßgebend. (G., P.) **41**, 176. — 3) Örtliches Recht für die Frage, ob nach dem Domizilwechsel der Eheleute eine an ihrem früheren Wohnorte begangene Handlung einen Ehescheidungsgrund bildet. (P.) **41**, 215. — 4) Die Form der Eheschließung richtet sich nach den Gesetzen des Ortes, wo die Ehe geschlossen wird, die Fähigkeit zur Eingehung aber für jeden nach dem Rechte seines Wohnsitzes zur Zeit der Eheschließung. (P., F.) **42**, 336. — 5) Örtliches Recht für die Ehescheidung. (F.) **44**, 340. — 6) Ist, wenn nach deutschem Rechte auf Scheidung, nach dem ausländischen auf beständige Trennung von Tisch und Bett zu erkennen wäre, in den Fällen der Artt. 201. 17. 27 E.G. z. B.G.B. Auflösung des Bandes der Ehe auszusprechen? **47**, 126. — 7) Kann zwischen Ausländern, deren Heimatsrecht nur eine Trennung von Tisch und Bett zuläßt, nach § 17 E.G. z. B.G.B. auf Ehescheidung oder auf Aufhebung der ehelichen Gemeinschaft im Sinne der §§ 1575. 1576 B.G.B. erkannt werden? **48**, 145. — 8) Besteht das Verbot der Erforschung der Vaterschaft in Art. 340 C. c. auch in seiner Eigenschaft als zwingenden Verbotes für den Prozeßrichter noch fort? **48**, 168.

e. Im Erbrecht.

1) Begründen im öffentlichen Interesse gegebene zwingende Vorschriften eine Ausnahme von dem Satze, daß die Erbfähigkeit nach dem Rechte des Wohnsitzes zu beurteilen ist? Gehören dazu die §§ 1199 flg. A.L.R. II. 11? (P.) **41**, 309. — 2) Ist einem im Gebiete des gemeinen Rechtes durch Erbvertrag unwiderruflich erworbenen Rechte auf den Nachlaß eines nachher in die Rheinprovinz übergesiedelten und dort verstorbenen Erblassers der Rechtsschutz zu versagen? (F.) **41**, 350. — 3) Örtliches Recht für die Form des Testamentes, wenn der Testator zur

Zeit der Errichtung und seines Todes keinen Wohnsitz hatte. (G.) **43**, 156. — 4) Bedeutung des Satzes „locus regit actum". (G.) **43**, 157. — 5) Welches Recht entscheidet über die Erbfolge in den Nachlaß eines zur Zeit seines Todes Domizillosen? (G.) **43**, 159.

f. Im Handelsrecht.

1) Bedeutung des Erfüllungsortes für die Frage, welches örtliche Recht anzuwenden ist. **46**, 124. — 2) Handelskauf mit verschiedenem Erfüllungsorte für Käufer und Verkäufer. Nach welchem örtlichen Rechte ist zu entscheiden, welche Handlungen der Käufer vornehmen muß, um sich die Rechte aus der Mangelhaftigkeit der Ware zu erhalten? (G.) **46**, 193. — 3) Kann für den deutschen Richter fremdes Recht auch dann in Betracht kommen, wenn es sich um einen Betrug des Verkäufers handelt? (G.) **46**, 196. — 4) Sind die Sätze eines fremden Rechtes über die dem Verkäufer zustehenden Klagen anzuwenden, wenn der Erfüllungsort für den Käufer im Gebiete des fremden Rechtes liegt? (G.) **46**, 199. — 5) Nach welchem Rechte ist die Verpflichtung des ausländischen Unterfrachtführers zu beurteilen? **48**, 110. — 6) Örtliches Recht für die Rückforderung gezahlter Havereibeiträge. **44**, 139. — 7) Nach welchem Rechte ist über die rechtlichen Folgen des Zusammenstoßes zweier Schiffe verschiedener fremder Nationalität auf hoher See vom deutschen Gerichte zu entscheiden, wenn die Heimatsseegesetze beider Schiffe übereinstimmen? **49**, 182. — 8) Örtliches Recht für die Regreßpflicht des Inländers, der einen im Auslande zahlbaren Check ausstellt. (G.) **44**, 153.

g. Im Wechselrecht.

S. unten § 265.

h. Im Prozeßrecht.

S. unten § 286.

§ 8. Gegensätze im Recht.

Strenges und billiges, regelmäßiges und regelwidriges, zwingendes und nachgiebiges (vermittelndes) Recht. Privilegien.

1) Über die gesetzlichen Voraussetzungen des Aussonderungsrechtes können die Parteien nicht paktieren. **41**, 1. — 2) Der Art. 182 Abs. 2 (jetzt § 222 Abs. 4) H.G.B. enthält zwingendes Recht. **41**, 7. — 3) Führt das Verbot der Erbverträge dahin, dem dadurch unter dem gemeinen Rechte bereits unwiderruflich erworbenen Rechte auf den Nachlaß eines später in die Rheinprovinz verzogenen und dort gestorbenen Erblassers den Rechtsschutz zu versagen? (F.) **41**, 350. — 4) Ist jus singulare auch nach dem preußischen A.L.R. nicht analog anzuwenden? (P.) **41**, 316.

— 5) Kann in die Stelle des Arbeitgebers im Sinne der Krankenversicherungsgesetze mit öffentlich rechtlicher Wirkung durch Vertrag ein Vertreter gebracht werden? **42,** 9. — 6) Haben zwingende Rechtssätze schon als solche rückwirkende Kraft? **42,** 101. — 7) Sind zwecks Abweichung vom zwingenden Rechte geschlossene Vereinbarungen der Beteiligten über das für ihr Vertragsverhältnis anzuwendende örtliche Recht wirksam? (P.) **44,** 300. — 8) Enthalten die §§ 1199 flg. A.L.R. II. 11 zwingendes Recht? (P.) **41,** 309. — 9) Begründen im öffentlichen Interesse gegebene zwingende Rechtsvorschriften eine Ausnahme von dem Satze, daß die Erbfähigkeit nach dem Rechte des Wohnsitzes zu beurteilen ist? (P.) **41,** 309. — 10) Sind die Bestimmungen des H.G.B. über das innere Rechtsverhältnis zwischen dem stillen Gesellschafter und dem Inhaber des Handelsgewerbes zwingend oder nur dispositiv? **45,** 35. — 11) Nach preußischem Rechte gelten die vom Könige erteilten Privilegien als Gesetze. **45,** 272. — 12) Kann für den deutschen Richter fremdes Recht auch dann in Betracht kommen, wenn es sich um einen Betrug des Verkäufers handelt? (G.) **46,** 196. — 13) Besteht das Verbot der Erforschung der Vaterschaft im Art. 340 C. c. als zwingende lex fori noch fort? **48,** 168. — 14) Der § 12 des Telegraphengesetzes vom 6. April 1892 enthält kein zwingendes Recht. **50,** 88.

Zweites Kapitel. Allgemeine Grundsätze von den Rechten und deren Verfolgung.

§ 9. Klagen und Rechte im allgemeinen. Wohlerworbene Rechte (Jura quaesita). Privilegien.

1) Ist der Staat zur Entschädigung verpflichtet für die im öffentlichen Interesse durch Gesetz oder Verwaltungsbehörden erfolgten Eingriffe in wohlerworbene Rechte? (G.) **41,** 142. 191. — 2) Ist einem im Gebiete des gemeinen Rechtes durch Erbvertrag unwiderruflich erworbenen Rechte auf den Nachlaß eines nachher in die Rheinprovinz übergesiedelten und dort gestorbenen Erblassers der Rechtsschutz zu versagen? (F.) **41,** 350. — 3) Hat der Schürfer als solcher ein Privatrecht an dem von ihm getriebenen Bohrloche und ähnlichen Anlagen? (P.) **43,** 201. — 4) Bei Beeinträchtigung wohlerworbener Rechte durch Gesetz ist ein Anspruch auf Entschädigung nur gegeben, wenn ihn das beeinträchtigende Gesetz selbst anerkennt (P.) **46,** 254. — 5) Begrenzung des Begriffes des subjektiven Rechtes im Sinne des § 823 B.G.B. **48,** 120.

§ 10. Vererblichkeit der Klagen und Rechte.

Ist das etwa bestehende Recht einer Person, die Veröffentlichung von ihr geschriebener Briefe zu verbieten, vererblich? **41,** 49.

§ 11. Verjährung der Klagen und Rechte. Fristen im materiellen Rechte.

a. Erwerbende Verjährung.

1) Wird das Lichtrecht des § 142 A.L.R. I. 8 durch Verjährung erworben? (P.) **44,** 314. — 2) Erwirbt durch unbeanstandete Wiederholung der Zuwiderhandlung gegen den § 1 des Gesetzes zur Bekämpfung des unlauteren Wettbewerbes der Thäter mit dem Ablaufe der Verjährungsfrist ein Recht auf ferneres gleiches Thun? **49,** 22. — 3) Erlischt nach dem Rechte des Code civil der Nießbrauch an Grundstücken durch 10jährige Ersitzung des Nießbrauches oder der Freiheit von ihm? (F.) **49,** 331.

b. Erlöschende Verjährung.

1. Überhaupt. Frist.

1) Bewirkt die Anerkennuug einer Konkursforderung durch den Konkursverwalter oder Fallimentssyndik, daß nun die Zinsen als Bestandteil des Kapitals anzusehen sind, daher nach Art. 2277 C. c. nicht mehr verjähren? (F.) **42,** 84. — 2) Findet die Verjährung des Art. 146 des bisherigen H.G.B. auch dann statt, wenn die offene Handelsgesellschaft durch die Eröffnung des Konkurses aufgelöst wurde. **42,** 83. — 3) Was ist unter „Teil der Anlage" zu verstehen, von dessen Ausführung die dreijährige Verjährung des § 31 des Enteignungsgesetzes von 1874 zu laufen beginnt? (P.) **43,** 237. — 4) Unter welchen Voraussetzungen bestimmt sich die Verjährungsfrist für öffentliche Abgaben nach § 10 des Gesetzes vom 18. Juni 1840? (P.) **43,** 326. — 5) Ist der Verjährungseinwand aus § 343 A.L.R. I. 5 zulässig, wenn der Käufer seine Klage auf Löschung der von ihm für das rückständige Kaufgeld bestellten Hypothek darauf stützt, daß der Rückstand wegen Ansprüche aus der Gewährleistung nicht geltend gemacht werden dürfe? (P.) **44,** 201. — 6) Von wann läuft die Verjährung für die Rückforderung einer nur vorläufig festgestellten Erbschaftssteuer? (P.) **44,** 207. — 7) Wirkung der landesgesetzlich im Handelsregister erfolgten Eintragung der Konkurseröffnung auf die Verjährung von Klagen gegen den Gemeinschuldner aus Ansprüchen gegen die offene Handelsgesellschaft, deren Mitglied er ist. **45,** 47. — 8) Ist die Frist des § 1571 Abs. 1 B.G.B. auch dann maßgebend, wenn die Scheidungsklage schon vor dem 1. Januar 1900 erhoben worden ist? **46,** 156. — 9) Wann findet auf die Verjährung der Ansprüche des Fischereiberechtigten aus § 72 A.L.R. II. 15 der § 54 A.L.R. I. 6 Anwendung? (P.) **46,** 287. — 10) Unterschied zwischen Verjährung und Präklusivfrist. **48,** 163. — 11) Ist der Art. 169 Abs. 1 S. 1 E.G. z. B.G.B. über die Verjährungsvorschriften auch auf Präklusivfristen zu beziehen? **48,** 157. — 12) Verjährt die Rückforderung überhobener Erbschaftssteuerbeträge stets in sechs Monaten? (P.) **48,** 304. — 13) Beginnt nach § 11 Abs. 1 des Gesetzes zur Bekämpfung des unlauteren

Wettbewerbes bei jeder Zuwiderhandlung gegen § 1 der Lauf einer neuen besonderen Verjährung des Anspruches auf Unterlassung? **49**, 20. — 14) Wann beginnt nach § 26 des Binnenschiffahrtsgesetzes die Verjährung der Ansprüche gegen den Frachtführer wegen Verlustes des Gutes, wenn ein bestimmter Ablieferungstag nicht vereinbart war? **49**, 92. — 15) Steht dem Ehegatten, der die vor dem 1. Januar 1900 geschlossene Ehe wegen eines erst nach diesem Tage entdeckten Irrtums anfechten will, die sechsmonatige Frist des § 1339 B.G.B. auch dann zu, wenn nach dem bisherigen Rechte die Frist kürzer ist? **48**, 166. — 16) Bezieht sich unter Kaufleuten die für die Annahme einer Offerte brieflich gesetzte Frist im Zweifel auf die Absendung der Annahme oder auf deren Ankunft beim Offerenten? **43**, 75. — 17) Ist bei Bemessung der Mängelrügefrist auf die Zeit Rücksicht zu nehmen, die für eine zu einem sicheren Ergebnisse führende Untersuchung nötig ist? **47**, 22. — 18) Bezieht sich die einjährige Frist des § 61 Abs. 4 der Verkehrsordnung für die Eisenbahnen Deutschlands auch auf den Frachtzuschlag des § 53 Abs. 8? **47**, 35. — 19) Beginn der Frist des § 41 Abs. 2 E.E.G., wenn die durch nicht prompte Zinszahlung bedingte Kündigung vor Ablauf der für die Zinszahlung bestimmten äußersten Frist erfolgt. (P.) **41**, 326. — 20) Welches Recht entscheidet über die Berechnung von Fristen, die nach Ende 1899 in betreff eines schon vorher entstandenen Rechtsverhältnisses vereinbart sind? **50**, 253. — 21) Kann, wenn der Versicherte einem Dritten die Anzeige von einem Unfalle aufträgt, und dieser Dritte die Anzeigefrist schuldhaft versäumt, die Versäumung als entschuldigt gelten? (P.) **50**, 295.

2. Hinderungen der Verjährung.

1) Wird die Verjährung durch eine Klage unterbrochen, die erst nach Ablauf des auf die Klage anberaumten Termines zugestellt worden ist? **45**, 424. — 2) Wird die Verjährung des Anspruchs des Eigentümers wegen Beschädigung seines Grundstücks durch den Bergbau dadurch unterbrochen, daß der Bergbautreibende den Pächter für entzogene Nutzung entschädigt? (P.) **46**, 280. — 3) Ist der § 553 A.L.R. I. 9 über die Unterbrechung der Verjährung auch nach Einführung der C.P.O. unter Umständen anzuwenden? **47**, 372. — 4) Fängt die durch Klagerhebung unterbrochene Verjährung, wenn in einem Urteil der betreffende Klagegrund wegen Klagänderung abgewiesen, aber wegen eines anderen Klagegrundes auf einen Eid erkannt ist, schon mit der Rechtskraft dieses Urteils oder erst mit der Rechtskraft des unbedingt abweisenden Endurteils wieder an zu laufen? (G.) **50**, 278. — 5) Wird durch die Erhebung einer Klage die Verjährung auch anderer, auf den gleichen Gegenstand gerichteter Ansprüche desselben Gläubigers gegen denselben Schuldner unterbrochen? (G.) **50**, 273. — 6) Wird durch Erhebung eines Anspruchs, der dann wegen unzulässiger Klagänderung oder wegen Fehlens sonstiger Prozeßvoraussetzungen abgewiesen wird, dessen Verjährung unterbrochen? (G) **50**, 276. — 7) Ist durch die vor dem 1. Januar 1900 erfolgte Erhebung der Aufrechnungseinrede die Verjährung der zur Aufrechnung verstellten

Forderung unterbrochen worden? (P.) **50,** 297. — 8) Die Unterbrechung der Verjährung ist nicht Folge der Rechtshängigkeit; darüber, ob außer der förmlichen Klagerhebung eine die gerichtliche Geltendmachung des Anspruchs bezweckende Handlung sie unterbricht, entscheidet das bürgerliche Recht. **50,** 298.

3. Wirkung der Verjährung.

Hindert der Ablauf der Verjährungsfrist stets die Aufrechnung mit der Forderung? (G.) **42,** 141.

§ 12. Einreden.

1) Verliert der Schuldner seine Einreden gegen eine Forderung auch dann, wenn diese in einem Prozesse nur eventuell geltend gemacht und in dem Urteile nur über den Prinzipalantrag erkannt ist? (P.) **42,** 216. — 2) Begründung und Beweislast bezüglich der aus § 576 (616 n. F.) C.P.O. erhobenen Einrede. **42,** 384. — 3) Kann der Erbschaftsbesitzer sich gegen die Erbschaftsklage auf das noch nicht ausgeübte Exemptionsrecht des Fiskus berufen? (G.) **43,** 141. — 4) Einfluß auf die exceptio doli, wenn der Stellvertreter eines anderen als solcher mit sich selbst einen Vertrag schließt. (G.) **43,** 164. — 5) Einrede der Arglist, wenn sowohl der im Namen eines Anderen kontrahierende Stellvertreter als auch der Mitkontrahent wußten oder wissen mußten, daß dieser Vertrag dem Willen des Vertretenen nicht entsprechen könne. (G.) **43,** 166. — 6) Einrede der Arglist gegen die Klage des Verpfänders auf Herausgabe eines Hypothekenbriefes über die verpfändete Hypothek, wenn der Pfandgläubiger zwar durch die Zahlung eines Dritten befriedigt worden ist, aber später das Empfangene an den Dritten hat zurückerstatten müssen. Rechtsstellung dessen, der nach der Zahlung die Hypothek erworben hat, wenn zur Zeit des Erwerbes die Verpfändung im Grundbuche noch nicht gelöscht war. (P.) **43,** 349. — 7) Einrede der Arglist des Eigentümers, in dessen Grundstück unter Mißbrauch seiner Vollmacht der Kridar sich widerrechtlich einen Hypothekenposten hat zuschreiben lassen, gegen die Klage der Konkursmasse. (G.) **44,** 1. — 8) Einrede der Arglist. **45,** 119. — 9) Kann gegen die Anfechtungsklage wegen betrügerischer Bestellung einer Hypothek eine Einrede deshalb zustehen, weil der Kläger eine gleichzeitig gegen einen nachstehenden Hypothekengläubiger erhobene Anfechtungsklage, nachdem dessen Hypothek im Verteilungsverfahren ausgefallen ist, zurückgenommen hat? **47,** 216. — 10) Nach welchem Rechte sind Einreden aus dem persönlichen Schuldverhältnisse gegen eine Klage aus einer vor dem Inkrafttreten des B.G.B. eingetragenen und abgetretenen Hypothek zu beurteilen? **47,** 229. — 11) Kann, wenn der Verkäufer dem Käufer und dieser einem Dritten den Anspruch auf Herausgabe der bei einem Spediteur lagernden Ware abgetreten hat, dem Dritten mit Erfolg entgegengehalten werden, daß von dem Käufer durch falsche Vorspiegelungen der Kreditwürdigkeit der Erwerb bewirkt und dabei der Dritte beteiligt gewesen sei? **49,** 100.

§ 13. Einfluß des Prozesses auf die Gestaltung des Rechtsverhältnisses. Rechtskraft des Urteiles im materiellen Sinne.

1) Steht, wenn eine Klage aus der zweiten Alternative des Art. 354 H.G.B. wegen Fehlens des Selbsthilfeverkaufes abgewiesen ist, der nach Vornahme des Selbsthilfeverkaufes aufs neue erhobenen Klage die Einrede der Rechtskraft entgegen? **41**, 63. — 2) Einrede der rechtskräftig entschiedenen Sache; wann liegt das Erfordernis der Identität des früher abgeurteilten Anspruches mit dem später geltend gemachten vor? **41**, 128. — 3) Erfüllung eines Kaufvertrages durch Auflassung nach rechtskräftiger Abweisung der Klage auf Auflassung. (P.) **42**, 162. — 4) Wird durch ein rechtskräftiges Urteil, in dem unentschieden gelassen, ob der Klaganspruch an sich begründet ist, und die Klage auf Grund einer eventuell erklärten Aufrechnung abgewiesen ist, rechtskräftig festgestellt, daß dem Kläger die eingeklagte Forderung nicht zustehe? **42**, 362. — 5) Dem Hypothekengläubiger steht ein nur zwischen dem Eigentümer und dessen Rechtsvorgänger nach Bestellung der Hypothek ergangenes Urteil, durch das ein Kaufvertrag nach Art. 1184 C. c. für aufgelöst erklärt, oder eine Schenkung nach Art. 954 C. c. als widerrufen anerkannt wird, nicht ohne weiteres entgegen. (F.) **42**, 392. — 6) Umfang der Rechtskraft bei Klagabweisung wegen Mangels der Wechsellegitimation. **43**, 40. — 7) Einrede der Rechtskraft aus einem den Wechselinkassomandatar abweisenden Urteile gegen einen neuen Inkassomandatar. **43**, 43. — 8) Wirkung des rechtskräftigen Urteiles oder der Eintragung in die Konkurstabelle Dritten gegenüber. **46**, 8. — 9) Umfang der Rechtskraft im Falle der Abweisung einer Klage auf Löschung einer Hypothek. **46**, 10. — 10) Ist die gesetzliche Unterhaltspflicht der Geschwister mit dem Inkrafttreten des B.G.B. auch dann weggefallen, wenn sie schon vorher durch rechtskräftiges Urteil festgestellt war? **46**, 65. — 11) Steht der Klage auf Schadensersatz wegen unerlaubter Handlung ebenso wie der Kondiktion die Rechtskraft des durch diese Handlung erlangten Urteiles entgegen? **46**, 75. — 12) Verhältnis der Vorklage des Acceptanten auf Herausgabe eines Wechsels zu der nachher im Wechselprozesse erhobenen Klage auf Bezahlung der Wechselschuld. Giebt das im Wechselprozesse erlassene Vorbehaltsurteil die Einrede der Rechtskraft in dem noch anhängigen Vorprozesse? **47**, 189. — 13) Macht das Urteil, das wegen Patentverletzung auf Unterlassung von Eingriffen erkennt, hinsichtlich der Verletzung Rechtskraft für den Anspruch auf Entschädigung? **49**, 33. — 14) Voraussetzungen der Einrede der rechtskräftig entschiedenen Sache. Abweisung der Verlöbnisklage, später Deflorationsklage. (G.) **49**, 204. — 15) Umfang der Rechtskraft, wenn im Tenor nur über den einen Klagegrund bedingt endlich erkannt, der andere nur in den Entscheidungsgründen mißbilligt wird. **50**, 277. — 16) Begründet die Entscheidung in dem Beschlußverfahren nach § 732 C.P.O. n. F. die Einrede der Rechtskraft gegenüber der auf Ungültigkeit der Vollstreckungsklausel nach § 768 erhobenen Klage? **50**, 372. — 17) Steht einer Klage die Einrede der Rechtskraft entgegen, wenn der Anspruch schon in einem früheren

Prozesse geltend gemacht, aber abgewiesen worden ist, weil Kläger die fehlende thatsächliche Begründung trotz Aufforderung des Gerichtes nicht gab? **50**, 379. — 18) Ist die Einrede der Rechtskraft gegen den Anspruch auf Herausgabe des Wechsels begründet, wenn der Anspruch darauf gestützt ist, daß der Wechselanspruch nicht entstanden sei, dieser aber inzwischen rechtskräftig festgestellt ist? **50**, 416. — 19) Hat die Einrede der Rechtshängigkeit denselben Umfang wie die Einrede der rechtskräftig entschiedenen Sache? **50**, 419.

§ 14. Beweislast. Beweisregeln. Vermutungen. Fiktionen.

Beweislast. 1) Beweislast, wenn der Schuldner dem angeblichen Cessionar ohne Prozeß gezahlt hat, später dem ursprünglichen Gläubiger zur Zahlung rechtskräftig verurteilt ist und nun das früher Gezahlte von dem angeblichen Cessionar zurückfordert. (G.) **41**, 150. — 2) Beweislast, wenn der Gläubiger auf Grund des Vertrages Ansprüche erhebt, deren Voraussetzung die Nichterfüllung des Gegners ist. **41**, 221; **45**, 359. — 3) Ändert sich die Beweislast des eingetragenen Eigentümers durch spätere Zurückführung des Grundbuchblattes auf das Steuerbuch. (P.) **42**, 200. — 4) Beweislast in betreff der Zugehörigkeit einer streitigen Parzelle zum Grundstücke. (P.) **42**, 202. — 5) Beweislast bei der Klage auf Bewilligung der Löschung einer Hypothekenvormerkung. (P.) **42**, 319. — 6) Beweislast bezüglich der Einrede aus § 576 (616 n. F.) C.P.O. **42**, 384. — 7) Beweislast bezüglich der Anfechtung der Erfüllungs- und Deckungsgeschäfte durch die Gläubiger. **43**, 107. — 8) Beweislast, wenn gegenüber der Bereicherungsklage gestritten wird, ob der Empfänger infolge der Zuwendung eine Forderung verloren hat, aus der er sonst eine gleichartige Leistung erlangt haben würde. (G.) **44**, 144. — 9) Hat die den Versicherungsvertrag beherrschende bona fides Einfluß auf die Beweislast? (G.) **44**, 150. — 10) Beweislast, wenn darüber gestritten wird, ob ein Wechsel zu der Zeit, als der verklagte Indossant seinen Namen darauf setzte, schon auf diese Summe gelautet habe. **47**, 67. — 11) Besteht für die Beweislast ein Unterschied, je nachdem auf einen Grenzüberbau das ältere Recht oder das B.G.B. angewendet wird? (P.) **47**, 115. — 12) Beweislast, wenn der Käufer bestreitet, daß die gelieferte Ware die vereinbarte Herkunft habe. **47**, 124. — 13) Beweislast, wenn die Bereicherungsklage gegen den befriedigten Hypothekengläubiger auf das Nichtbestehen eines Schuldgrundes gestützt wird. (P.) **49**, 300. — 14) Beweislast, wenn der Hypothekengläubiger bei Geltendmachung der Hypothek ihr ein anderes persönliches Schuldverhältnis als das eingetragene substituiert. (P.) **49**, 302. — 15) Ist, wenn die Zulässigkeit einer rechtlich möglichen, in das Handelsregister eingetragenen Firma bestritten wird, die Gesetzmäßigkeit der Eintragung so lange zu vermuten, bis die Unzulässigkeit vom Gegner nachgewiesen wird? **41**, 22.

Beweisregeln. Vermutungen. Fiktionen. 16) Welcher Beweis ist zur Widerlegung der Rechtsvermutung, „pater est quem nuptiae demonstrant" erforderlich? (G.) **41**, 157. — 17) Der § 4 G.O. stellt keine Rechtsvermutung für das Eigentum auf, sondern ist im wesentlichen nur eine Anweisung für den Grundbuchrichter. **42**, 204. — 18) Ist die Vermutung des § 26 A.L.R. I. 6 anwendbar, wenn auch der Beschädigte ein auf Schadensverhütung abzielendes Polizeigesetz vernachlässigt hat, oder ihm ein grobes Verschulden zur Last fällt? (P.) **43**, 369. — 19) Was ist unter „unerlaubte Handlung" im § 25 A.L.R. I. 6 zu verstehen? (P.) **43**, 195. — 20) Gilt die für die Pupillarsubstitution bestehende Rechtsvermutung, daß damit zugleich die Vulgarsubstitution gewollt sei, auch für die Quasipupillarsubstitution? Ist wenigstens der Beweis zuzulassen, daß mit ihr auch die Vulgarsubstitution gewollt sei? (G.) **44**, 161. — 21) Anwendung der im § 24 (jetzt 31) Ziff. 2 K.O. aufgestellten Vermutung der Fraudulosität auf Deckungsgeschäfte. **45**, 23. — 22) Setzt § 11 Abs. 2 Ziff. 2 R.A.G. voraus, daß der Abschluß des anzufechtenden Vertrages in der Frist des § 3 Ziff 2 erfolgt ist? **45**, 45. — 23) Was hat im Falle des § 11 Abs. 2 Ziff. 2 R.A.G. der Anfechtungsbeklagte zu beweisen? **45**, 47. — 24) Ist die Vorschrift des Art. 1743 C. c. eine Formvorschrift oder eine durch § 14 Ziff. 2 E.G. z. C.P.O. beseitigte Beweisvorschrift? (F.) **45**, 314. — 25) Ist, wenn in dem zweiten Testamente nur ein heres ex re certa eingesetzt ist, ein Universalvermächtnis für die in dem früheren Eingesetzten zu vermuten? (G.) **46**, 181. — 26) Wodurch wird die Vermutung des Bestehens einer Hypothekenforderung entkräftet und der Gläubiger beweispflichtig? **49**, 7. — 27) Gesetzliche Präsumtion hinsichtlich der Verführung für die Deflorationsklage. (G.) **49**, 207. — 28) Ist nach § 415 Abs. 2 C.P.O. auch der Gegenbeweis zulässig, daß der Unterschreiber die Urkunde zwar genehmigt, aber einen Teil der Erklärung nicht abgegeben und den betreffenden Teil der Verhandlung beim Vorlesen überhört habe? **50**, 421. — 29) Hat die Weigerung des Editionseides zur Folge, daß der Besitz der Urkunde als bewiesen gilt? **44**, 425.

§ 15. Retentionsrecht.

(Retention gegenüber der Vindikation s. unten § 60. Kaufmännisches Retentionsrecht s. unten § 244.)

1) Kann der Wechselschuldner die Bezahlung seiner Schuld verweigern, wenn er seinem Gläubiger einen Prolongationswechsel übersandt und nicht zurückerhalten hat? Ist die Rückgabepflicht Bring- oder Holschuld? **41**, 20. — 2) Voraussetzungen des Retentionsrechtes aus § 542 A.L.R. I. 20. (P.) **41**, 24. — 3) Erwirbt der Centralbankier an Wertpapieren, die im Auftrage des Lokalbankiers zunächst für fremde Rechnung angeschafft waren, durch dessen spätere Anweisung, sie auf das Effektenkonto der für seine eigene Rechnung angeschafften zu übertragen, und ihre Befolgung ein Retentionsrecht? **41**, 34. — 4) Welcher Zeitpunkt ist maßgebend für die zeitliche Anwendung der Normen über das Zurückbehaltungsrecht wegen nicht konnexer Gegenforderungen? **49**, 81.

§ 16. Kautionen. Hinterlegungswesen.

1) Ist die Pfändung von hinterlegten Brandversicherungsgeldern gegenüber einer später eingeleiteten Subhastation des Grundstückes wirksam?

(P.) **41**, 203. — 2) Unterliegen die an den Zwangsverwalter gezahlten und von ihm hinterlegten Pachtgelder dem dinglichen Rechte der Hypothekengläubiger? (P.) **44**, 310. — 3) Muß der Verpächter die vom Pächter bar gezahlte Pachtkaution zur Abwehr des drohenden Eintrittes eines erheblichen Schadens verwenden, der seinen Grund in mangelhafter Vertragserfüllung des Pächters hat? (P.) **42**, 298. — 4) Unterliegt dem Kautionsstempel die Vereinbarung, daß bei nicht pünktlicher Zinszahlung die Hypothekenforderung sofort fällig sein, und das Recht des Gläubigers in das Grundbuch eingetragen werden soll? Tarifstelle 59 des Stempelgesetzes von 1895. (P.) **42**, 264. — 5) Umwandlung einer Kautionshypothek des preußischen Rechtes in eine Maximalhypothek des § 1190 B.G.B. gemäß Art. 192 E.G. z. B.G.B. **49**, 163. — 6) Einfluß des Erbietens zur cautio defensum iri im Falle einer Mehrheit von Anspruchsprätendenten. (G.) **44**, 165. — 7) Kann die nach dem Inkrafttreten des B.G.B. nach § 234 A.L.R. I. 16 erfolgte Übergabe eines Grundstückes zur gerichtlichen Aufsicht und Verwahrung als Erfüllung eines vorher entstandenen Schuldverhältnisses dienen? **48**, 19. — 8) Durch welche Art der Hinterlegung kann der Schuldner sich von seiner Verbindlichkeit befreien? (G.) **49**, 202. — 9) Welche Wirkung hat eine vom Schuldner wegen Konkurrenz mehrerer Cessionen mit mehreren Pfändungen bewirkte Hinterlegung des ganzen Schuldbetrages gegenüber dem ursprünglichen Gläubiger? Eröffnung des Verteilungsverfahrens über den ganzen hinterlegten Betrag. **49**, 357.

§ 17. Selbsthilfe. Spolium.

— — — — — — — —

§ 18. Restitution. Wiedereinsetzung in den vorigen Stand.

— — — — — — —

Drittes Kapitel. Von den Personen.

§ 19. Von den natürlichen Personen.

a. Geburt. Eheliche und uneheliche Geburt. Tod.

1) Steht dem anerkannten natürlichen Kinde ein Vorbehaltsrecht an dem Nachlasse des Vaters zu, und wie ist es zu berechnen? (F.) **46**, 312. — 2) Welcher Beweis ist zur Widerlegung der Präsumtion „pater est quem nuptiae demonstrant“ erforderlich? (G.) **41**, 157. — 3) Besteht das Verbot der Erforschung der Vaterschaft im Art. 340 C. c. als zwingende lex fori noch fort? **48**, 168.

b. Geschlecht. Alter. Religion.

Welches konfessionelle Recht ist für die Ehescheidung zwischen Katholiken und Protestanten maßgebend? (G.) **43**, 175.

c. Körperliche und geistige Gesundheit. Entmündigung.

1) Vertrag über den künftigen Nachlaß eines noch lebenden Geisteskranken. Kann dessen zur Gültigkeit erforderliche Zustimmung durch seinen Kurator erfolgen? (G.) **41**, 173. — 2) Kann die Ehe wegen Ehevergehen geschieden werden, die von einem Ehegatten nach dem wegen Blödsinnes erlassenen Entmündigungsbeschlusse begangen sind? (P.) **43**, 276. — 3) Zulässigkeit des von dem Pfleger des zu Entmündigenden gestellten Entmündigungsantrages? (P.) **45**, 179. — 4) Was ist dafür maßgebend, ob eine Person wegen Geisteskrankheit oder wegen Geistesschwäche im Sinne des B.G.B. zu entmündigen ist? **50**, 203.

d. Verwandtschaft. Familie. Familienname.

1) Berechtigt die bloße Widerrechtlichkeit der Führung eines fremden Familiennamens dessen befugten Träger zur privatrechtlichen Verfolgung? Können daran durch Rechtshandlungen des Erblassers die den gleichen Familiennamen tragenden Erben gehindert werden? (G.) **42**, 147. — 2) Voraussetzungen des gewerblichen Schutzes der Ausländer in Ansehung des Gebrauches eines Namens als Warenzeichen. **46**, 125.

e. Standesverhältnisse.

1) Gerichtsstand der Mitglieder der preußischen landesherrlichen Familie für dingliche Klagen wegen unbeweglicher Sachen. **41**, 387. — 2) Sind die Hausgesetze des hohen Adels revisibel? **43**, 412.

f. Wohnsitz. Staatsangehörigkeit.

1) Kann eine Ehefrau unter Umständen einen Wohnsitz unabhängig von dem des Ehemannes haben? (G.) **41**, 180. — 2) Ist einem im Gebiete des gemeinen Rechtes durch Erbvertrag unwiderruflich gewordenen Rechte auf den Nachlaß eines nachher in die Rheinprovinz übergesiedelten und dort verstorbenen Erblassers der Rechtsschutz zu versagen? (F.) **41**, 350. — 3) Vertretung des ausländischen Patentinhabers durch den nach § 12 des Patentgesetzes zu bestellenden Vertreter auch in einem wegen Verletzung eines fremden Patentes gegen jenen anhängig gemachten Rechtsstreite. **42**, 92. — 4) Die Fähigkeit zur Eingehung der Ehe richtet sich für jeden der Eheschließenden nach dem Rechte seines Wohnsitzes. (P., F.) **42**, 336. — 5) Örtliches Recht für die Frage, ob nach dem Wechsel des Wohnsitzes der Eheleute eine an ihrem früheren Wohnsitze begangene Handlung einen Ehescheidungsgrund bildet. (P.) **41**, 215. — 6) Nach welchem Rechte bestimmt sich die Erbfolge in den Nachlaß einer domizillos gestorbenen Person? (G.) **43**, 159. — 7) Voraussetzung des gewerblichen Schutzes der Ausländer in Ansehung des Gebrauches eines Namens als Warenzeichen. **46**, 125. — 8) Ist bei den von Ausländern im Auslande errichteten Urkunden im Sinne des preußischen Stempelgesetzes

von 1895 die Stempelpflicht durch den Gebrauch der Urkunde bedingt? (P.) **46**, 274. — 9) Kann zwischen Ausländern, deren Heimatsrecht nur eine Trennung von Tisch und Bett zuläßt, in Deutschland nach § 17 E.G. z. B.G.B. auf Scheidung vom Bande oder auf Aufhebung der ehelichen Gemeinschaft im Sinne der §§ 1575. 1576 B.G.B. erkannt werden? **48**, 145. — 10) Begründen in öffentlichem Interesse gegebene zwingende Vorschriften eine Ausnahme von dem Satze, daß die Erbfähigkeit nach dem Rechte des Wohnsitzes zu beurteilen ist? Gehören dazu die §§ 1199 flg. A.L.R. II. 11? (P.) **41**, 309.

§ 20. Von den juristischen Personen.

a. Im allgemeinen.

1) Trotz thatsächlichen Fortbestandes erlischt die juristische Persönlichkeit durch Entziehung der rechtlichen Anerkennung. (P.) **41**, 303. — 2) Unter welchen Voraussetzungen kann eine juristische Person aus § 775 (jetzt 890) C.P.O. zu Strafe verurteilt werden? **43**, 405. — 3) Wann gelten unerlaubte Handlungen als Handlungen der juristischen Person? (G.) **43**, 406. — 4) Voraussetzung der Haftung juristischer Personen für das Verschulden ihrer Beamten und Angestellten. (G.) **45**, 168; **47**, 241; (P.) **47**, 328. — 5) Das Reichsgesetz wegen Beseitigung der Doppelbesteuerung vom 13. Mai 1870 gilt auch für juristische Personen. **50**, 101.

b. Korporationen. Nicht eingetragene Genossenschaften. Innungen. Vereine.

(Eingetragene Genossenschaften s. unten § 230.)

1) Haben die Niederlassungen der durch das Gesetz vom 31. Mai 1875 vom Gebiete der preußischen Monarchie ausgeschlossenen Orden und ordensähnlichen Kongregationen die Korporationsrechte verloren, und haben sie diese eventuell mit der Wiederzulassung wiedererlangt? (P.) **41**, 303. — 2) Unterschied zwischen Klostergesellschaften und Kongregationen. Dames du Sacré-Cœur de Jésus. (P.) **41**, 313. — 3) Steht das nach § 57 des Gesetzes vom 1. April 1879 durch den zuständigen Minister genehmigte Statut einer öffentlichen Wassergenossenschaft einem Gesetze gleich? (P.) **42**, 305. — 4) Innungen, neue nach den §§ 97 flg. R.G.O., sind Korporationen des öffentlichen Rechtes. **42**, 358. — 5) Greift die *sofortige* Beschwerde des § 60 Abs. 2 B.G.B. auch dann Platz, wenn die Eintragung des Vereins in das Vereinsregister deshalb abgelehnt wird, weil der aus der Satzung erhellende Vereinszweck dem § 21 B.G.B. nicht entspreche? **47**, 386. — 6) Klage eines unter der Herrschaft des B.G.B. aus einem älteren Vereine ausgeschlossenen Mitgliedes auf Aufhebung dieses Beschlusses. **49**, 150. — 7) Steht dem Richter neben der Prüfung, ob satzungsgemäß verfahren ist, auch die sachliche zu, ob ein triftiger Grund zum Ausschlusse aus dem Vereine

vorgelegen hat? **49,** 154. — 8) Gehören zur Innungskrankenkasse auch die Arbeiter einer offenen Handelsgesellschaft, deren Teilhaber nicht sämtlich Mitglieder der Innung sind? **50,** 1. — 9) Verein der Baugeschäfte zur Förderung der gemeinsamen gewerblichen Interessen seiner Mitglieder. Auslegung des § 152 Abs. 2 R.G.O. **50,** 28. — 10) Juristische Persönlichkeit der Betriebskrankenkassen. **45,** 21. — 11) Ist für den von der Ortskrankenkasse gegen einen Gewerbetreibenden auf Anerkennung der Mitgliedschaft seiner Arbeiter erhobenen Anspruch der Rechtsweg zulässig, wenn die Arbeiter auf das Verlangen der Innungskrankenkasse bei dieser angemeldet sind? (P.) **46,** 57. — 12) Ist der Regierungspräsident befugt, für eine Pensionskasse statt des statutenmäßigen Kuratoriums ein anderes Vertretungsorgan zu bestellen? (P.) **46,** 221.

c. Gemeinden.

1) Können Medizinalbeamte in Städten mit Königlicher Polizeiverwaltung Vergütung für ihre im ortspolizeilichen Interesse ausgeübte Thätigkeit verlangen und von wem? (P.) **43,** 220; **47,** 319. — 2) Wird eine Landgemeinde schon durch die Eingemeindung in eine Stadtgemeinde, die den Schlachthauszwang eingeführt hat, diesem unterworfen? (P.) **48,** 275. — 3) Kann, wenn eine Gemeindeservitut individuellen Bedürfnissen der Gemeindeglieder dient, ein einzelnes Mitglied sie im Wege der Klage geltend machen? (G.) **44,** 145. — 4) Setzt der § 65 Abs. 4 der preußischen Städteordnung vom 30. Mai 1853 eine anderweite Anstellung im *preußischen* Staats- oder Gemeindedienste voraus? (P.) **44,** 203. — 5) Wie weit kann die Stadtgemeinde nach der preußischen Städteordnung von 1853 durch die alleinige Unterschrift ihres Bürgermeisters verpflichtet werden? (P.) **44,** 303. — 6) Besitzerwerb für die Stadtgemeinde durch ihren Bürgermeister. (P.) **44,** 305. — 7) Kann darauf, daß durch Polizeiverordnung der Anschluß an die städtische Wasserleitung angeordnet ist, ein Schadensanspruch der Grundeigentümer gegen die Stadtgemeinde gestützt werden? (P.) **45,** 251. — 8) Kann gegen eine Gemeinde aus ihrer vertragsmäßigen Verpflichtung, eine Gemeindeabgabe von einem einzelnen Gemeindeangehörigen nicht einzufordern, im ordentlichen Rechtswege geklagt werden? (P.) **46,** 245. — 9) Ist für die Auferlegung von Entwässerungs(Kanalisations)gebühren von der Gemeinde *den* Grundeigentümern Entschädigung zu leisten, mit deren Rechtsvorgängern ein entgeltlicher privatrechtlicher Vertrag über die Benutzung der Entwässerungsanlage geschlossen war? (P.) **49,** 219. — 10) Haben die Gemeinden ein Recht auf Schadensersatz, wenn das ihnen durch § 7 des preußischen Fischereigesetzes vom 30. Mai 1874 verliehene Fischereirecht durch eine im öffentlichen Interesse hergestellte Anlage beeinträchtigt wird? (P.) **49,** 241. — 11) Ist der § 88 Abs. 4 Nr. 7 Abs. 2 der preußischen Landgemeindeordnung vom 3. Juli 1891 auf ein namens der Gemeinde gegebenes Wechselindossament anzuwenden? **50,** 23. — 12) Waren zur Ausübung von Fischereiberechtigungen, die in früherer Zeit allen „Bürgern" einer Stadt verliehen sind, nach den

durch die neueren Städteordnungen hinsichtlich der Gemeindemitgliedschaft herbeigeführten Änderungen alle Gemeindemitglieder berechtigt, und stehen daher solche Rechte jetzt nach § 6 des Fischereigesetzes von 1874 der politischen Gemeinde zu? (P.) **50**, 301.

d. Fiskus.

1) Sachlegitimation des Landesfiskus für Zollstreitigkeiten. **42**, 109. — 2) Wieweit ist nach heutigem gemeinen Rechte der Fiskus von der Zahlung gesetzlicher Zinsen frei? (G.) **42**, 125. — 3) Gilt das passive Zinsprivileg des Fiskus auch gegenüber dem Handelsgesetzbuche und für Hamburg? **42**, 124. — 4) Bezieht sich der im § 53 A.L.R. I. 16 geregelte Zahlungsort für öffentliche Kassen auch auf Zahlungen aus Verträgen? Gerichtsstand des Erfüllungsortes für den Fiskus? **42**, 249. — 5) Haftung des Fiskus für die Folgen mangelhafter Unterhaltung der Wege, wenn er nicht als Inhaber des Landstraßenregals, sondern aus anderen Gründen unterhaltungspflichtig ist. (P.) **44**, 175. — 6) Von wann muß der Fiskus die an Erbschaftssteuer überhobenen Beträge verzinsen? (P.) **44**, 210. — 7) Steht die Rückforderung aus einem gegen den § 288 R.St.G.B. verstoßenden Rechtsgeschäfte nur dem Fiskus zu? (P.) **44**, 291. — 8) Können die Mitglieder einer den Fiskus im Prozesse vertretenden Kollegialbehörde in diesem als Zeugen vernommen werden? Haben sie sämtlich die Parteieide zu leisten? **45**, 427; **46**, 318 (identisch). — 9) Umfang der außerkontraktlichen Haftung des Staates für die unerlaubten Handlungen seiner Beamten. (G.) **45**, 168; **47**, 241; (P.) **47**, 328. — 10) Kann der Fiskus Stempelforderungen im Wege der Aufrechnung geltend machen? (P.) **47**, 331.

e. **Milde Stiftungen. Kirchen. Kirchliche Korporationen.**

1) Haben die Niederlassungen der durch das Gesetz vom 31. Mai 1875 vom Gebiete der preußischen Monarchie ausgeschlossenen Orden und ordensähnlichen Kongregationen die Korporationsrechte verloren und eventuell mit der Wiederzulassung wiedererlangt? (P.) **41**, 303. — 2) Auslegung des Art. 5 § 4 des preußischen Gesetzes vom 24. April 1887, betr. Abänderung der kirchenpolitischen Gesetze. (P.) **41**, 305. — 3) Unterschied zwischen Kongregationen und Klostergesellschaften. **41**, 313. — 4) Rechtliche Natur der Kongregation vom heiligen Herzen Jesu. **41**, 313.

Viertes Kapitel. Von den Sachen.

§ 21. Begriff der Sachen. Sachgesamtheit. Vermögensinbegriff.

1) Voraussetzungen und Inhalt des Wandelungsrechtes beim Kaufe eines Inbegriffs von Sachen. (P.) **44**, 235. — 2) Begriffsbestim-

mung eines Inbegriffs von Sachen. (P.) **44**, 237. — 3) Wann ist das Inventar einer Gastwirtschaft Zubehör des Grundstückes? **48**, 207. — 4) Kuxe sind nicht reine Forderungsrechte, sondern Vermögensrechte mit eigener Selbständigkeit und als solche „Sachen“ im Sinne des § 3, nicht des § 7 A.L.R. I. 2. (P.) **45**, 247. — 5) Haftet, wer zwei übernommene Handelsgeschäfte unter einer aus der Verbindung ihrer Firmennamen gebildeten neuen Firma als einheitliches Geschäft fortführt, nach § 25 H.G.B. für ihre in früherer Zeit entstandenen Verbindlichkeiten? **50**, 117. — 6) Folgt schon aus der Anzeige der Übernahme eines Handelsgeschäftes auch der Übergang der Verbindlichkeiten? **50**, 120.

§ 22. Dem Privatverkehre entzogene Sachen.

1) Beschränkungen des Eigentumes an den einem öffentlichen Gebrauche gewidmeten Grundstücken. (P.) **42**, 208. — 2) Hat der Eigentümer eines Gemeindefriedhofes das Recht, die freie Ausübung des Leichenbestattungsgewerbes auf ihm zu hindern? (P.) **42**, 56.

§ 23. Öffentliche Sachen.

1) Inwiefern wird ein Privatweg durch Einbeziehung in einen zur Ausführung beschlossenen städtischen Bebauungsplan zu einer öffentlichen Straße? (P.) **42**, 289. — 2) Begrenzung der Schadensansprüche der Hauseigentümer wegen Veränderungen an einer städtischen öffentlichen Straße. (P.) **44**, 282. — 3) Sind Kommunikationswege Gegenstand des Privateigentums? (P.) **44**, 174. — 4) Stehen Kommunikationswege den Land- und Heerstraßen gleich, unterliegen sie namentlich dem Landstraßenregal des Staates? (P.) **44**, 173.

§ 24. Bewegliche und unbewegliche Sachen.

1) Erstreckt sich der Gebrauchsmusterschutz auch auf unbewegliche Sachen (Deckenkonstruktionen)? **41**, 65. — 2) Können Schienen Gegenstand des Gebrauchsmusterschutzes sein, auch wenn sie zur Herstellung einer unbeweglichen Sache, einer Mauer, bestimmt sind? **50**, 125. — 3) Sind Kuxe des neueren Rechts bewegliche Sachen? (P.) **43**, 354. — 4) Bezieht sich der § 366 Nr. 9 R.St.G.B. nur auf bewegliche Sachen oder auch auf mit dem Boden dauernd verbundene Anlagen? **47**, 330.

§ 25. Vertretbare Sachen.

1) „Vertretbare Sachen“ im Sinne der Stempelsteuergesetzgebung. (R., P.) **42**, 255; **43**, 290. 304. — 2) Wann sind Maschinen als vertretbare Sachen im Sinne des Art. 338 H.G.B. a. F. anzusehen? **45**, 63.

§ 26. Haupt- und Nebensachen. Substanz. Bestandteile. Pertinenz.

1) Wie ist die Zubehöreigenschaft des bei einer Zwangsversteigerung mehrerer Grundstücke mitversteigerten Mobiliars zu bestimmen, wenn die mehreren Grundstücke zusammen ein Fabriketablissement gebildet haben? (P.) **41**, 317. — 2) Voraussetzungen der Entschädigungspflicht dessen, der den Hypothekengläubiger durch Entfernung von beweglichen Sachen schädigt, die diesem als Zubehör des Grundstückes haften. (P.) **44**, 186. — 3) Voraussetzungen, unter denen der Käufer von Zubehör und Früchten eines mit Hypotheken oder Grundschulden belasteten Landgutes im Falle absichtlicher Verschleuderung des Inventares für den Ausfall einer Hypothek ersatzpflichtig ist. (P.) **42**, 170. — 4) Unterliegen die an den Zwangsverwalter gezahlten und von ihm hinterlegten Pachtgelder dem dinglichen Rechte des Hypothekengläubigers? (P.) **44**, 310. — 5) Ist die Wirksamkeit einer vor 1900 vollzogenen Pfändung von Zubehör eines Landgutes seit dem 1. Januar 1900 nach dem neuen Rechte zu beurteilen? **46**, 171; **50**, 72. — 6) Verleiht das neue Recht Sachen, die nach dem bisherigeu nicht Zubehör eines Grundstückes waren, die Zubehöreigenschaft, so traten sie mit dem Inkrafttreten des neuen Rechtes zwar in die Haftung für die Hypothek ein, aber behaftet mit den durch eine bisher zulässige Pfändung bereits erworbenen Pfandrechten. **46**, 174. — 7) Können die dem Eigentümer eines Restaurationsgrundstückes gehörenden, auf einem zugepachteten Seegrundstücke befindlichen, zum Gebrauche der Besucher der Restauration bestimmten Gondeln nach den Grundsätzen des B.G.B. Zubehör des Restaurationsgrundstückes sein? **47**, 197. — 8) Können Sachen, die dem V e r t r i e b e der im Betriebe gewonnenen Produkte eines zu einem gewerblichen Betriebe eingerichteten Grundstückes dienen, nach dem B.G.B. Zubehör dieses Grundstückes sein? **47**, 199. — 9) Sind Pferde Zubehör eines zum Brauereibetriebe eingerichteten Grundstückes auch dann, wenn sie nur zum V e r t r i e b e des in der Brauerei erzeugten Bieres gehalten werden? (P.) **47**, 262. — 10) Sind, wenn ein Gebäude nur zum Teil für einen Gewerbebetrieb eingerichtet ist, die dem Betriebe bestimmungsgemäß dienenden Geräte Zubehör des Grundstückes? **48**, 207. — 11) Ist das Leitungsnetz eines Elektrizitätswerkes, auch soweit es über die Grenzen dieses Grundstückes hinausgeht, als dessen Substanzteil anzusehen? (P.) **48**, 267. — 12) Wie muß ein Dritter das s. g. thatsächliche Zubehör besitzen, damit es vom Zuschlage nicht mit ergriffen werde? (P.) **49**, 253. — 13) Voraussetzungen für das Recht des Hypothekengläubigers, der Entfernung von Zubehörstücken entgegenzutreten. **50**, 68. — 14) Maschinen als wesentliche Bestandteile eines Fabrikgebäudes. **50**, 241. — 15) Zu den eingefügten Sachen des § 94 Abs. 2 B.G.B. gehören Maschinen, die zur Ausstattung eines zu einem b e s t i m m t e n Fabrikbetriebe dienenden Gebäudes diesem bei dessen Herstellung eingefügt sind. **50**, 243.

§ 27. Früchte.

1) Pfändung von Früchten auf dem Halme. Was ist unter gewöhnlicher Zeit der Reife zu verstehen? **42,** 382. — 2) Voraussetzungen, unter denen der Käufer von Früchten eines mit Hypotheken oder Grundschulden belasteten Landgutes im Falle absichtlicher Verschleuderung des Inventars für den Ausfall einer Hypothek ersatzpflichtig ist. (P.) **42,** 170. — 3) Hat das anerkannte natürliche Kind von dem ihm gesetzlich zustehenden Nachlaßanteile Früchte schon vom Todestage des Erblassers an zu fordern? (F.) **46,** 314.

Fünftes Kapitel. Von den Handlungen.

§ 28. Handlungsfähigkeit. Verfügungsfähigkeit.

1) Kann der Vater über ausstehende Forderungen eines minderjährigen Kindes, die diesem zur Sicherheit besonders verschrieben sind, mit Einwilligung des Vormundschaftsgerichtes gültig verfügen, oder ist die Bestellung eines Pflegers nötig? (P.) **41,** 227. — 2) Verpflichtungsfähigkeit der märkischen Ehefrau ohne Zustimmung ihres Mannes. (P.) **41,** 261. — 3) Kann eine im Güterrechte des A.L.R. lebende Ehefrau Schadensansprüche aus § 3 Abs. 2 R.H.G. erheben? (P.) **42,** 32. — 4) Die Fähigkeit zur Eingehung einer Ehe richtet sich für jeden Teil nach dem Rechte seines Wohnsitzes zur Zeit der Eheschließung. (P., F.) **42,** 336. — 5) Ist die Rechts- und Erwerbsfähigkeit einer Gewerkschaft auf den Betrieb des verliehenen Bergwerkes und die damit zusammenhängenden Geschäfte beschränkt? (P.) **49,** 293. — 6) Der § 185 B.G.B. spricht nur von unmittelbarer Verfügung über Sachen oder Rechte, z. B. Veräußerungen, Belastungen, nicht von der Verpflichtung, darüber zu verfügen. **49,** 416. — 7) Die Vorschrift des § 88 Abs. 4 Nr. 7 Abs. 2 der preußischen Landgemeindeordnung vom 3. Juli 1891 bestimmt nur die Form der urkundlichen Verpflichtung der Landgemeinden, beschränkt nicht ihre oder ihrer gesetzlichen Vertreter Handlungsfähigkeit. **50,** 27. — 8) Unterschied zwischen Geisteskrankheit und Geistesschwäche im Sinne des B.G.B. **50,** 203. — 9) Bezieht sich die Beschränkung in dem § 387 A.L.R. II. 1 nur auf Verfügungen über Grundstücke und Gerechtigkeiten? (P.) **44,** 349. — 10) Zur Kündigung einer Einbringensforderung nach dem B.G.B. ist nicht Mitwirkung, sondern nur Einwilligung, vorher erklärte Zustimmung, des Mannes nötig. **50,** 213.

§ 29. Willenserklärung. Mängel derselben.

a. Irrtum.

1) Voraussetzungen eines den Vertragswillen ausschließenden Irrtumes. (G.) **42,** 143. — 2) Setzt die condictio indebiti voraus, daß der

Irrtum, auch der thatsächliche entschuldbar ist? (G.) **44**, 141. — 3) Kann der Komplementar einer stillen Gesellschaft die Gewinnberechnung wegen Irrtums anfechten? **48**, 82. — 4) Steht dem Ehegatten, der die vor dem 1. Januar 1900 geschlossene Ehe wegen eines erst nach diesem Tage entdeckten Irrtumes anfechten will, die sechsmonatige Anfechtungsfrist des § 1339 B.G.B. auch dann zu, wenn die Frist nach dem bisherigen Rechte kürzer war? **48**, 166. — 5) Erfordernisse einer Anfechtungserklärung nach den §§ 119. 143 B.G.B. **48**, 218. — 6) Ermächtigt die Prozeßvollmacht zur Abgabe und zur Annahme einer Anfechtungserklärung nach den §§ 119. 143 B.G.B. im Prozesse? **48**, 226. — 7) Unterschied zwischen der Wandelungsklage und der auf den wesentlichen Irrtum (§§ 119. 143 B.G.B.) gestützten Klage. **49**, 422. — 8) Ist für die auf Anfechtung wegen Irrtumes gestützte Klage auf Rückerstattung des Kaufpreises das Gericht des Wohnsitzes des Käufers, wo die Ware sich befindet, oder das des Wohnsitzes des Verkäufers zuständig? Streitige Verpflichtung im Sinne des § 29 C.P.O. **49**, 421. — 9) Ist bei Anwendung des § 111 (früher 104) Abs. 1 S. 3 Gen. Ges. die auf Rechtsunkenntnis beruhende Unkenntnis des Anfechtungsgrundes entschuldbar? **50**, 132. — 10) Voraussetzungen der Anfechtbarkeit eines Testamentes wegen Irrtumes des Erblassers (§ 2078 B.G.B.). **50**, 240.

b. Betrug.

1) Rechtsfolgen, wenn der Kommittent bei Erteilung einer Einkaufskommission arglistig durch wahrheitswidrige Angaben des Kommissionärs zur Setzung eines unnötig hohen Limitums veranlaßt wird. **43**, 108. — 2) Schadet dem Geschäftsherrn die Arglist des Gehilfen in Bezug auf die Eingehung eines vom Geschäftsherrn selbst abgeschlossenen Vertrages? (G.) **43**, 143. — 3) Kann ein Genosse gegen die Klage des Verwalters im Genossenschaftskonkurse auf Zahlung des Vorschußbetrages einwenden, er sei von den Vorstandsmitgliedern durch Betrug zum Beitritte verleitet worden? **45**, 106. — 4) Kann ein Vertrag wegen Betruges angefochten werden, wenn schon beim Abschlusse der eine Kontrahent die Absicht hat, ihn nicht zu erfüllen, und dies dem anderen verheimlicht? (P.) **48**, 282. — 5) Umfang des Schadens, wenn durch arglistige Täuschung der Abschluß eines Vertrages gerade dieses Inhalts herbeigeführt ist. **49**, 51. — 6) Unterschied zwischen der Wandelungsklage und der mit ihr unvereinbaren, auf arglistige Täuschung (§§ 123. 142 B.G.B.) gestützten Klage. **49**, 422. — 7) Ist bei der auf Anfechtung wegen arglistiger Täuschung gestützten Klage auf Rückerstattung des Kaufpreises das Gericht des Wohnsitzes des Käufers, wo die Ware sich befindet, oder das des Verkäufers zuständig? Streitige Verpflichtung im Sinne des § 29 C.P.O. **49**, 421. — 8) Haftet, wenn die erforderliche Genehmigung des Vormundschaftsgerichtes zum Vertrage erteilt ist, das Mündel auch für die Folgen eines vom Vormunde beim Vertragsschlusse begangenen Betruges? (P.) **50**, 281.

c. Scherz.

— — — — — — — — —

d. Simulation. Geheime Nebenabreden.

1) Zur Prüfung der Frage, ob die Erfordernisse eines Kaufes vorliegen, oder ob nur Pfandbestellung gewollt ist. (F.) **43**, 394. — 2) Darf der Richter bei der Entscheidung über eine auf Anfechtung einer Auflassung als einer die Gläubiger benachteiligenden Rechtshandlung gerichteten Klage die Frage, ob die Veräußerung simuliert sei, unentschieden lassen? **50**, 121.

e. Zwang und Drohung.

1) Ist eine Zahlung, die infolge von Bedrohung mit Verwaltungsexekution geleistet ist, im Sinne des § 207 A.L.R. I. 16 abgenötigt? (P.) **45**, 7. — 2) Kann in einer Drohung eine Verletzung der Freiheit im Sinne des § 823 B.G.B. liegen? **48**, 123.

f. Trunkenheit.

— — — — — — — —

§ 30. Willenserklärung, ausdrückliche und stillschweigende.

(S. a. unten § 245a, Handelsrecht.)

1) Findet § 779 (894 n. F.) C.P.O. auf alle Arten von Willenserklärungen Anwendung? **42**, 63. — 2) Kann bei der Zwangsversteigerung eines von zwei Grundstücken desselben Eigentümers aus der bisherigen Art der Benutzung die stillschweigende Bestellung einer Grundgerechtigkeit gefolgert werden? (G.) **42**, 158; (P.) **49**, 236. — 3) Beim Vertragsschlusse durch telegraphische Korrespondenz wird durch die Hingabe der Originaldepesche an das Telegraphenamt der Bindungswille des Erklärenden zum Ausdrucke gebracht. (P.) **46**, 243. — 4) Annahme einer nicht urkundlichen Anweisung durch konkludente Handlung. **47**, 28. — 5) Übertragung des Besitzes durch konkludente Handlung (P.) **47**, 270. — 6) Enthält die Annahme einer vertragswidrigen Leistung stets einen Verzicht auf Schadloshaltung wegen der Vertragswidrigkeit? (P.) **43**, 268. — 7) Liegt in dem Schweigen des Inhabers einer Grundgerechtigkeit zu der Herstellung eines diese verletzenden Zustandes durch den Eigentümer des dienenden Grundstückes stets ein Verzicht auf das Recht? (G.) **48**, 262. — 8) Voraussetzungen für die stillschweigende Erteilung einer Handlungsvollmacht durch den Vorstand einer Aktiengesellschaft an eins seiner Mitglieder. **48**, 56. — 9) Übergabe einer löschungsfähigen Quittung als Willenserklärung im Sinne des § 894 C.P.O. n. F. **48**, 399. — 10) Gilt mit Eintritt der Rechtskraft des Urteils eine Willenserklärung auch dann als abgegeben, wenn der Beklagte dazu unter dem Vorbehalte seiner

beschränkten Erbenhaftung verurteilt ist? **49,** 415. — 11) Begriff des Zugehens einer Willenserklärung im Sinne des § 130 B.G.B. **50,** 194. — 12) Welchen Sinn hat das Verlangen, auf ein Vertragsangebot „sofort bei Empfang" zu antworten? **50,** 195.

§ 31. Konsens.

Kann der Stellvertreter eines Anderen als solcher mit sich selbst einen Vertrag schließen? Erleichterte Begründung der exceptio doli zu Gunsten des Vertretenen in solchen Fällen. (G.) **43,** 164.

§ 32. Stellvertretung bei Rechtsgeschäften.

(S. a. unten § 223 [Prokurist], § 224 [Handlungsbevollmächtigter]).

1) Haftet der, der die Erfüllung einer von ihm übernommenen Verpflichtung einem Vertreter überträgt, nur für culpa in eligendo? (P.) **41,** 195. — 2) Hat man die absolute Pflicht, den zur Vornahme einer polizeilich gebotenen Handlung bestellten Vertreter zu überwachen? (P.) **41,** 211. — 3) Kann in die Stellung des Arbeitgebers im Sinne des Krankenversicherungsgesetzes mit öffentlichrechtlicher Wirkung ein Vertreter durch Vertrag gebracht werden? **42,** 9. — 4) Kann der Stellvertreter eines Anderen als solcher mit sich selbst einen Vertrag schließen? Erleichterte Begründung der exceptio doli zu Gunsten des Vertretenen in solchen Fällen? (G.) **43,** 164. — 5) Einrede der Arglist, wenn sowohl der im Namen eines Anderen kontrahierende Stellvertreter, als auch der Mitkontrahent wußten oder wissen mußten, daß der Vertrag dem Willen des Vertretenen nicht entsprechen könne. (G.) **43,** 166. — 6) Der Gerichtsvollzieher als Vertreter des Gläubigers bei der Pfändung. **43,** 180. — 7) Ermächtigt die von einem Versicherer zur Erledigung aller durch einen bestimmten Versicherungsvertrag bedingten Geschäfte erteilte Vollmacht den Stellvertreter, eigene Schulden an den Versicherten gegen die von diesem zu zahlende Prämie aufzurechnen? (G.) **46,** 208. — 8) Erwerb des Besitzes für die Stadtgemeinde durch ihren Bürgermeister. (P.) **44,** 305. — 9) Besitzerwerb für den Vertretenen nach dem Willen des Absenders trotz abweichenden Willens des Vertreters. (P.) **44,** 306. — 10) Was sind im Sinne des § 385 Abs. 1 Nr. 4 C.P.O. n. F. Handlungen, die eine Ehefrau als Vertreterin ihres Mannes vorgenommen hat? **47,** 431. — 11) Ist nach § 126 Abs. 1 B.G.B. der gesetzlichen Schriftform genügt, wenn der bevollmächtigte Vertreter ausschließlich mit dem Namen (der Firma) des Vertretenen unterschreibt? **50,** 54. — 12) Kann, wenn der Versicherte einem Dritten die Anzeige des Unfalls aufträgt und dieser Dritte die Anzeigefrist versäumt, die Versäumung als entschuldigt gelten? (P.) **50,** 295.

§ 33. Form der Rechtsgeschäfte.

1) Bedarf der Jagdpachtvertrag einer bestimmten Form? (F.) **41,** 345. — 2) Zur Gültigkeit eines zweiseitigen, schriftlich in zwei Exemplaren

ausgefertigten Vertrages reicht hin, daß jeder Kontrahent nur das Exemplar unterschreibt, das der andere Teil übergeben erhält. (P.) **42**, 187. — 3) Mündlicher, vom Beklagten schriftlich anerkannter Vertrag. Steht dem daraus Klagenden der Einwand entgegen, daß er später seine Verpflichtung von neuen Bedingungen abhängig gemacht habe? (P.) **42**, 229. — 4) Die Form der Eheschließung richtet sich nach den Gesetzen des Ortes, wo die Ehe geschlossen wird. (P. F.) **42**, 336. — 5) Wenn gesetzlich die Gültigkeit eines Vertrages von einer bestimmten Form abhängt, so ist auch ein formloser Vorvertrag ungültig. (G.) **43**, 139; **48**, 186; **50**, 48. — 6) Örtliches Recht für die Form des Testamentes, wenn der Testator zur Zeit der Errichtung und zur Zeit seines Todes keinen Wohnsitz hatte. (G.) **43**, 156. 7) Bedeutung des Satzes „locus regit actum" (G.) **43**, 157. — 8) Wird ein Notariatsakt, der nicht enthält, weshalb ein Beteiligter nur unterkreuzt habe, durch ein ergänzendes Nachtragsattest des Notars und der Schreibzeugen gültig? (P.) **43**, 274. — 9) Ist das eigenhändige Testament nur dann gültig, wenn es an demselben Tage datiert ist, an dem es unterschrieben wurde? (F.) **43**, 378. — 10) Kann, wer seinen Beitritt zur Genossenschaft nach § 15 Gen. G. in deutscher Sprache erklärt hat, geltend machen, daß er dieser nicht mächtig sei, daher seine Erklärung der in der §§ 172. 174. 179 A.L.R. I. 5 vorgeschriebenen Form bedurft habe? (P.) **45**, 139. — 11) Ist die Vorschrift des Art. 1743. C. c. eine Formvorschrift oder eine durch § 14 E.G. z. C.P.O. beseitigte Beweisvorschrift? (F.) **45**, 314. — 12) Bei der Übertragung von Kuxen ist schriftliche Form nur für die Erklärung des Übertragungswillens des bisherigen Eigentümers, nicht für die Annahme nötig. (P.) **45**, 247. — 13) Nach welchem Rechte ist die Form eines Erlaßvertrages zu beurteilen, der durch Briefwechsel zustande gekommen ist? (P. **46**, 231. — 14) Form des Schenkungsversprechens bei einer belohnenden Schenkung. Ist zur Gültigkeit die Aushändigung der Schenkungsurkunde an den Beschenkten nötig? (P.) **46**, 241. — 15) Ist der Testamentsvollstrecker befugt, ein mündliches Mitgiftversprechen des Erblassers vor der Verheiratung dessen, dem es gegeben ist, zu widerrufen? (P.) **46**, 298. — 16) Ein mündliches Mitgiftversprechen ist, wenn die Ehe geschlossen wird, klagbar; Eheschließung und Versprechen stehen in dem Verhältnisse von Leistung und Gegenleistung. (P.) **47**, 299. — 17) Form des obligatorischen Vertrages, der die Verpflichtung zu einer dinglichen Rechtsänderung enthält. **48**, 135; **50**, 77. — 18) Inwieweit ist die gesetzliche Form des Rechtsgeschäftes entbehrlich, wenn es als wesentlicher Bestandteil in einem gerichtlichen Prozeßvergleiche enthalten ist? **48**, 183. — 19) Form der in das Protokoll über die Testamentserrichtung nach § 2241 Nr. 2 B.G.B. aufzunehmenden „Bezeichnung der bei der Verhandlung mitwirkenden Gerichtspersonen". Genügt ihre Unterschrift? **50**, 16. — 20) Die Vorschrift des § 88 Abs. 4 Nr. 7 Abs. 2 der preußischen Landgemeindeordnung vom 3. Juli 1891 bestimmt nur die Form der urkundlichen Verpflichtung der Gemeinde, beschränkt aber nicht ihre oder ihrer gesetzlichen Vertreter Handlungsfähigkeit. (P.) **50**, 27. — 21) Ist nach § 126 Abs. 1 B.G.B. der gesetzlichen Schriftform genügt, wenn der bevollmächtigte Vertreter ausschließlich mit dem Namen (der Firma) des Vertretenen unterschreibt? **50**, 54. — 22) Ist die unter dem B.G.B. getroffene Vereinbarung, daß eine Darlehnshypothek des preußischen Rechtes von nun an eine andere Forderung sichern solle, obligatorisch gültig ohne die Form des § 873 B.G.B.? **50**, 77. — 23) Findet die Vorschrift des § 766 B.G.B. über die Form des Bürgschaftsvertrages auf einen Kreditauftrag im Sinne des § 778 Anwendung? **50**, 160. — 24) Bedürfen der Form des § 313 B.G.B. auch die Verträge, durch die der eine sich gegenüber dem anderen unter Erteilung einer Vollmacht verpflichtet, das Eigentum eines Grundstückes an einen, von dem anderen zu bestimmenden Dritten zu übertragen? **50**, 163. — 25) Muß nach § 2242 B.G.B. auch die Angabe über Ort und Tag der Verhandlung vorgelesen und genehmigt, auch im Protokolle bei Meidung der Nichtigkeit des Testamentes festgestellt werden, daß dies geschehen ist? **50**, 215.

§ 34. Nebenbestimmungen bei Rechtsgeschäften. Bedingung. Dies. Eigentumsvorbehalt. Lex commissoria. Kassatorische Klausel.

1) Ist ein Nebenabkommen beim Zwangsvergleiche nur dann nichtig, wenn der Bevorzugung des Gläubigers einer der Kontrahenten sich bewußt war? **41**, 41. — 2) Beweislast bezüglich der Erfüllung oder Nichterfüllung, wenn auf Grund der kassatorischen Klausel geklagt wird. **41**, 223; **45**, 359. — 3) Tritt ein Gebäude trotz des Eigentumsvorbehaltes des Erbauers in die hypothekarische Haftung des Grundstückes ein? (P.) **44**, 288. — 4) Ist die bedingt erklärte Genehmigung einer ungültigen Ehe beim Eintritt der Bedingung rechtswirksam? (G.) **44**, 147. — 5) Bezieht sich der § 3 Abs. 2 des Stempelgesetzes von 1895, wonach für die Stempelpflicht die Hinzufügung von Bedingungen ohne Bedeutung ist, auch auf s. g. uneigentliche Bedingungen? (P.) **49**, 228. — 6) Rückwirkende Kraft neuer Gesetze auf befristete Rechtsverhältnisse nach gemeinem Rechte. (G.) **48**, 132. — 7) Zeitliche Anwendung der §§ 74. 75 H.G.B. von 1897 auf Vertragsverhältnisse, die schon vor dem 1. Januar 1898, aber erst mit Wirkung von diesem Tage an eingegangen sind. **48**, 129. — 8) Die nachträgliche Vereinbarung eines Eigentumsvorbehaltes macht den schon eingetretenen Eigentumserwerb nicht rückgängig. **49**, 172.

§ 35. Auslegung der Rechtsgeschäfte.

(Auslegung der Handelsgeschäfte s. unten § 235. Auslegung der Testamente s. unten § 204 b.)

1) Unrichtige Vertragsauslegung als Revisionsgrund. **42**, 303. — 2) In welchem Sinne ist für die Vertragsauslegung der Sprachgebrauch von Bedeutung? **42**, 303. — 3) Bedeutung der Kaufvertragsklausel „wie es steht und liegt". (P.) **44**, 237. — 4) Welchen Sinn hat das Verlangen, auf ein Vertragsangebot „sofort bei Empfang zu

antworten"? **50**, 195. — 5) Einschränkende oder ausdehnende Auslegung der Auflassungserklärung nach dem Willen der Beteiligten. (P.) **46**, 227.

§ 36. Anfechtung und Nichtigkeit der Rechtsgeschäfte.

(S. a. unten § 112 und [Nichtigkeit der Testamente] § 204.)

1) Ist die Übertragung von Aktien in Ermangelung der nach Art. 182 Abs. 2 H.G.B. erforderlichen Einwilligung der Gesellschaft nur für diese unverbindlich oder nichtig? **41**, 8. 17. — 2) Ist ein Nebenabkommen beim Zwangsvergleiche nur dann nichtig, wenn der Bevorzugung des Gläubigers einer der Kontrahenten sich bewußt war? **41**, 41. — 3) Anfechtung fraudulöser Veräußerungen, insbesondere Schenkungen, durch den in einem unwiderruflich gewordenen korrespektiven Testamente eingesetzten Dritten. Voraussetzungen der Anfechtung einer Schenkung im einzelnen. (G.) **41**, 168. — 4) Ungültigkeit des ganzen einheitlichen Vertrages wegen Ungültigkeit eines Teiles. (P.) **41**, 281. — 5) Nichtigkeit eines Kaufvertrages, dessen Abschließung die Gegenleistuug für eine unerlaubte Handlung war. (P.) **41**, 294. — 6) Ist ein unmittelbar auf die Förderung gewerbsmäßigen, gegen einen befreundeten Staat im Grenzgebiete betriebenen Schmuggels abzielender Vertrag nichtig? (P.) **42**, 295. — 7) Verbotene Rechtsgeschäfte sind nur nichtig, wenn sie als solche, nicht wegen eines besonderen, zum Thatbestande nicht gehörenden Umstandes verboten sind. (P.) **44**, 293. — 8) Kann der § 138 Abs. 2 B.G.B. auf Rechtsgeschäfte angewendet werden, die vor dessen Inkrafttreten abgeschlossen sind? **47**, 103. — 9) Welchen Einfluß hat es auf den Rechtsbestand einer mehrere Festsetzungen enthaltenden Vereinbarung, wenn eine von diesen zum Teil unwirksam ist? (G.) **47**, 232. — 10) Steht einem Ehegatten, der die vor dem 1. Januar 1900 geschlossene Ehe wegen eines erst nach diesem Tage entdeckten Irrtums anfechten will, die sechsmonatige Frist des § 1339 B.G.B. auch dann zu, wenn die Frist nach dem bisherigen Rechte kürzer ist? **48**, 166. — 11) Erfordernisse einer Anfechtungserklärung nach § 143 B.G.B. **48**, 218. — 12) Ermächtigt die Prozeßvollmacht zur Abgabe und zur Entgegennahme einer Anfechtungserklärung nach § 143 B.G.B. im Prozesse? **48**, 221; **49**, 393. — 13) Kann ein Vertrag wegen Betruges angefochten werden, wenn schon beim Abschlusse der eine Kontrahent die Absicht hatte, ihn nicht zu erfüllen, und dies dem anderen verheimlichte? (P.) **48**, 282. — 14) Ist dem Revisionsgerichte die Prüfung entzogen, ob eine Anfechtung nach § 121 B.G.B. rechtzeitig erfolgt ist? **49**, 395. — 15) Unterschied zwischen der Wandelungsklage und der auf Irrtum oder arglistige Täuschung nach den §§ 119. 123. 143 B.G.B. gestützten Klage. **49**, 422. — 16) Voraussetzungen der Anfechtung eines Testamentes wegen Irrtumes des Erblassers (§ 2078 B.G.B.) **50**, 240. — 17) Kann der Pflichtteilsberechtigte, der es erst nach Errichtung des Testamentes geworden ist, dieses anfechten, wenn ihm darin ohne Rücksicht auf die, sein Pflichtteilsrecht demnächst begründenden Umstände eine Zuwendung gemacht ist? **50**, 238.

§ 37. Ratihabition. Genehmigung.

1) Ist die Übertragung von Aktien in Ermangelung der nach Art. 182 Abs. 2 H.G.B. erforderlichen Genehmigung der Gesellschaft nur für diese unverbindlich oder nichtig? **41,** 8. 17. — 2) Kann die nachträgliche Genehmigung einer ungültigen Ehe nur unbedingt erklärt werden? (G.) **44,** 147. — 3) Enthält, wenn der Käufer die Ware als mangelhaft zur Verfügung gestellt hat, seine nachträgliche Verfügung über einen Teil eine Genehmigung der gesamten Ware? **43,** 66. — 4) Wann liegt in der Genehmigung eines Bauplanes eine polizeiliche Verfügung im Sinne des Gesetzes vom 11. Mai 1842? (P.) **46,** 301. — 5) Stillschweigende nachträgliche Genehmigung der Prozeßführung durch die Partei im Sinne des § 89 Abs. 2 C.P.O. n. F. **47,** 415. — 6) Kündigung ohne Vollmacht; Anwendung der §§ 174. 185 Abs. 2 B.G.B. **50,** 154. — 7) Haftet, wenn die erforderliche Genehmigung des Vertrages vom Vormundschaftsgerichte erteilt ist, das Mündel auch für die Folgen eines von dem Vormunde beim Vertragsschlusse begangenen Betruges? (P.) **50,** 281. — 8) Sind auf die Genehmigung des Vormundschaftsgerichtes die für die Willenserklärungen geltenden Rechtsnormen anzuwenden? **50,** 284.

§ 38. Protestation und Reservation.

1) Können nach vorbehaltloser Annahme der Hauptschuld noch Verzugszinsen gefordert werden? (G.) **42,** 123. — 2) Ist eine infolge von Bedrohung mit Verwaltungsexekution, jedoch ohne erklärten Vorbehalt geleistete Zahlung im Sinne des § 207 A.L.R. I. 16 abgenötigt? (P.) **45,** 7. — 3) Wird der nach zehnjährigem Bestehen der Fenster gesetzlich gewährte Schutz durch einen mündlichen Vertrag ausgeschlossen, in dem der Nachbar sich das Recht vorbehält, sie jederzeit verbauen zu dürfen? (P.) **46,** 269.

§ 39. Verzicht.

1) Verliert der Schuldner seine Einwendungen gegen eine Forderung auch dann, wenn diese in einem Prozesse nur eventuell geltend gemacht, und im Urteile nur über den Prinzipalantrag erkannt ist? (P.) **42,** 216. — 2) Enthält die Annahme einer vertragswidrigen Leistung in allen Fällen einen Verzicht auf Schadloshaltung wegen der Vertragswidrigkeit? (P.) **43,** 268. — 3) Kann ein Verzicht auf die Rüge ungenügender Klagezustellung schon in dem Erscheinen des Beklagten in dem ersten Termine gefunden werden, wenn in diesem nicht verhandelt wird? **44,** 352. — 4) Ist der vom Konkursverwalter ohne Aufnahme des Verfahrens erklärte Verzicht auf den Einspruch gegen das während der Unterbrechung gegen den Gemeinschuldner erlassene Versäumnisurteil zulässig? **45,** 327. — 5) Wird eine nach Ablauf der Berufungsfrist erhobene Anschlußberufung dadurch hinfällig, daß der Berufungskläger in der mündlichen Verhandlung auf den Anspruch verzichtet? **45,** 409. —

6) Liegt in dem Schweigen des Inhabers einer Grundgerechtigkeit zur Herstellung eines diese verletzenden Zustandes durch den Eigentümer des dienenden Grundstückes stets ein Verzicht auf das Recht? (G.) **48**, 262. — 7) Unterliegt, wenn in dem Kaufvertrage über ein zur Schankwirtschaft eingerichtetes Grundstück für den Verzicht des Verkäufers auf die Wirtschaftskonzession eine besondere Vergütung festgesetzt ist, diese dem Kaufstempel nach Tarifstelle 32a des Gesetzes von 1895? (P.) **49**, 421. — 8) Ist der § 1614 Abs. 1 B.G.B. auch dann anwendbar, wenn auf den Unterhalt für die Zukunft schon vor dem 1. Januar 1900 verzichtet war? **50**, 96.

§ 40. Schenkungen.

(Schenkungen unter Ehegatten s. unten § 187. Schenkungen von Todeswegen s. unten § 215.)

1) Anfechtung fraudulöser Schenkungen durch den in einem unwiderruflich gewordenen korrespektiven wechselseitigen Testamente oder in einem Erbvertrage zum Erben eingesetzten Dritten. (G.) **41**, 168. — 2) Keine Schenkung, wenn bewußt unklagbar Geschuldetes geleistet wird. (G.) **42**, 120. — 3) Dem Hypothekengläubiger steht ein nur zwischen dem Eigentümer und dessen Rechtsvorgänger nach Bestellung der Hypothek ergangenes Urteil, durch das eine Schenkung nach Art. 954 C. c. als widerrufen anerkannt wird, nicht ohne weiteres entgegen. (F.) **42**, 392. — 4) Nach welchem Rechte ist ein schenkungsweise erfolgter Erlaß zu beurteilen, wenn der in Braunschweig wohnende Gläubiger dem in Liegnitz wohnenden Schuldner den Erlaß brieflich erklärt hat? (P.) **46**, 231. — 5) Form des Schenkungsversprechens bei einer belohnenden Schenkung; ist zur Gültigkeit die Aushändigung der Schenkungsurkunde an den Beschenkten nötig? (P.) **46**, 241. — 6) Unterliegen nach den preußischen Stempelgesetzen Cessionsurkunden dem Schenkungsstempel, wenn die Cession schenkungshalber erfolgt, dies aber in der Urkunde nicht ausgedrückt ist? (P.) **47**, 335. — 7) Nichtigkeit der Schenkung, wenn der Beschenkte bei der Annahme weiß, daß die Mittel dazu durch Verbrechen erlangt sind. (R., P.) **48**, 293. — 8) Ist der dem schenkenden Ascendenten nach Art. 747 C. c. zustehende Anspruch auf die im Nachlasse des beschenkten Descendenten noch vorhandenen geschenkten Gegenstände u. s. w. ein Erbrecht im Sinne des Art. 213 E.G. zum B.G.B.? **50**, 181. — 9) Kann der Nachweis der gerichtlichen Insinuation der Schenkung durch Eideszuschiebung geführt werden? **50**, 424.

§ 41. Verschulden. Zufall. Höhere Gewalt.

1) Kann, wenn das Dasein eines Verschuldens nach der Natur der Sache nicht sicher widerlegt werden kann, der Nachweis genügen, daß sich aus dem gehörig ermittelten Thatbestande kein Anzeichen für ein Verschulden ergeben hat? **42**, 78. — 2) Kann ein den Rechtsanwalt zum Schadensersatze verpflichtendes Verschulden darin liegen, daß er bei der Ausführung des Auftrages der herrschenden Ansicht trotz eigener Be-

denken gegen ihre Richtigkeit folgt? (P.) **42**, 325. — 3) Kann konkurrierendes Verschulden des Unternehmers einer durch den Starkstrom der elektrischen Straßenbahn geschädigten Fernsprechanlage vorliegen, wenn diese jener gegenüber nicht schutzpflichtig im Sinne des § 12 des Telegraphengesetzes ist? (P.) **43**, 261. — 4) Können die dem Eisenbahnbetriebe als solchem eigentümlichen unvermeidlichen Gefahren als höhere Gewalt im Sinne des § 1 R.H.G. angesehen werden? **44**, 27; **50**, 94. — 5) Liegt eigenes Verschulden vor, wenn der bei der Fahrt in einem Straßenbahnwagen Verletzte in der begründeten Furcht eines Zusammenstoßes unerlaubt den Perron des Wagens zu verlassen versucht hat? **50**, 95. — 6) Erstreckt sich die Erkundigungspflicht der Bewohner des Staates auch auf örtliche Polizeiverordnungen? (P.) **44**, 275. — 7) Wann liegt grobes Verschulden des Urhebers eines Prospektes im Sinne des § 43 des Börsengesetzes von 1896 vor? **46**, 83. — 8) Sind Eltern nach § 832 B.G.B. zum Ersatze des durch ihre Kinder einem Dritten widerrechtlich zugefügten Schadens nur dann verpflichtet, wenn die Kinder schuldhaft gehandelt haben? **50**, 65. — 9) Verschulden eines Radfahrers. (P.) **48**, 343. — 10) Liegt ein unabwendbarer Zufall im Sinne des § 233 C.P.O. n. F. vor, wenn der nach § 166 Abs. 2 Ziff. 2 zustellende Gerichtsvollzieher versäumt hat, die Abschrift der Terminsbestimmung zu beglaubigen? **48**, 409. — 11) Begriff der höheren Gewalt im Sinne des § 233 C.P.O. n. F. **48**, 410. — 12) Liegt höhere Gewalt vor, wenn in einer Großstadt ein Straßenbahnwagen mit einem plötzlich aus einem Hause rückwärts auf die Straße geschobenen Wagen zusammenstößt? **50**, 94. — 13) Haftet der Tierhalter aus § 833 B.G.B. auch dann, wenn der Verletzte zum Schutze Anderer gegen die von dem Tiere drohende Gefahr aus freiem Entschlusse eingegriffen hat? **50**, 222.

Sechstes Kapitel. Raum- und Zeitverhältnisse.

§ 42. Besitz.

a. Besitz von Sachen.

1) Kann der Besitz von Waren übertragen werden durch Übergabe eines über sie von der Zollverwaltung ausgestellten Niederlagescheines? **43**, 72. — 2) Besitzerwerb für die Stadtgemeinde durch ihren Bürgermeister. (P.) **44**, 305. — 3) Besitzerwerb für den Vertretenen nach dem Willen des Absenders trotz abweichenden Willens des Vertreters. (P.) **44**, 306. — 4) Übertragung des Besitzes durch konkludente Handlungen. (P.) **47**, 270. — 5) Haftet für den Schaden, wer des Besitzes fremder beweglicher Sachen sich entäußert, die er in Kenntnis des fremden Eigentumes ohne Wissen des Eigentümers in Besitz genommen hatte? (P.) **47**, 275. — 6) Wie muß der Besitz eines Dritten an dem s. g.

thatsächlichen Zubehör beschaffen sein, wenn er hindern soll, daß es vom Zuschlage mitergriffen wird? (P.) **49,** 253. — 7) Nach welchem Rechte richtet sich der Besitzesschutz, wenn das Besitzdelikt vor dem 1. Januar 1900 begangen worden ist? Findet auf ihn § 864 Abs. 2 B.G.B. Anwendung? **50,** 8.

b. Besitz der Rechte.

1) Voraussetzungen des Besitzes eines negativen Rechtes. (P.) **44,** 319. — 2) Besitzstörung oder Besitzentziehung, wenn der Eigentümer eine Dachausladung des Nachbargebäudes, soweit sie in seinen Luftraum reicht, abschneidet? **50,** 11.

c. Stellvertretung. Constitutum possessorium. Anweisung.

1) Kann der Besitz von Waren übertragen werden durch Übergabe eines über sie von der Zollverwaltung ausgestellten Niederlagescheines? **43,** 72. — 2) Besitzerwerb für die Stadtgemeinde durch ihren Bürgermeister. (P.) **44,** 305. — 3) Besitzerwerb für den Vertretenen nach dem Willen des Absenders trotz abweichenden Willens des Vertreters. (P.) **44,** 306. — 4) Überträgt der seine Mobilien an seine Ehefrau veräußernde Ehemann den Besitz durch einen mit ihr abgeschlossenen Leihvertrag, wenn die Sachen in der ehemännlichen Verwaltung bleiben? (P.) **48,** 318. — 5) Mittelbarer Besitz und Eigentum durch ein „ähnliches Verhältnis, vermöge dessen der Besitzer einer Sache einem Anderen gegenüber auf Zeit zum Besitze berechtigt oder verpflichtet ist", im Sinne der §§ 868. 930 B.G.B. **49,** 170.

d. Rechtsmittel zum Schutze des Besitzes.

Nach welchem Rechte regelt sich der Besitzesschutz, wenn das Besitzdelikt vor dem 1. Januar 1900 begangen ist? Findet der § 864 Abs. 2 B.G.B. darauf Anwendung? **50,** 8.

§ 43. Zeitrechnung.

1) Beginn der Frist des § 41 Abs. 2 E.E.G., wenn die durch nicht prompte Zinszahlung bedingte Kündigung vor Ablauf der für die Zinszahlung bestimmten äußersten Frist erfolgt. (P.) **41,** 326. — 2) Bezieht sich unter Kaufleuten die für die Annahme einer Offerte brieflich gesetzte Frist im Zweifel auf die Absendung der Annahme oder auf deren Ankunft beim Offerenten? **43,** 75. — 3) Welches zeitliche Recht entscheidet über die Berechnung von Fristen, die nach Ende 1899 in betreff eines schon vorher entstandenen Rechtsverhältnisses vereinbart sind? **50,** 253.

§ 44. Unvordenkliche Zeit.

— — — — — — —

Zweiter Abschnitt. Dingliche Rechte.

Erstes Kapitel. Gemeinsame Lehren.

§ 45. Rechte an Sachen im allgemeinen. Recht zur Sache. Succession (Rechtsnachfolge).

1) Hat der Schürfer als solcher ein Privatrecht an dem von ihm getriebenen Bohrloche und ähnlichen Anlagen? (P.) **43**, 201. — 2) Ist der Altenteil dinglicher Natur? (P.) **43**, 347. — 3) Ist ein dinglicher Vorvertrag zu einer „Einigung" im Sinne des § 875 B.G.B. möglich? **48**, 133. — 4) Ist der Assignatar im Sinne des § 445 C.P.O. n. F. Rechtsnachfolger des Assignanten, wenn die Anweisung erfolgt, um dem Assignatar durch eine dem Assignanten gegen den Assignaten zustehende Forderung Befriedigung zu verschaffen? (P.) **45**, 369. — 5) Zum Begriffe der Sonderrechtsnachfolge im Sinne des § 445 C.P.O. n. F. **45**, 372. — 6) Ist der Gesellschafter, der das Geschäft der offenen Handelsgesellschaft mit allen Aktiven und Passiven übernommen hat, Rechtsnachfolger der Gesellschaft als Prozeßpartei? **46**, 39. — 7) Auf wen geht mit dem Aufhören der offenen Handelsgesellschaft deren Parteirolle im Prozesse über? **46**, 40. — 8) Ist, wer einen Wechsel indossiert oder auf Grund eines Blankoindossamentes weiter begiebt, im Sinne des § 445 C.P.O. n. F. Rechtsvorgänger des Erwerbers? **47**, 69. — 9) Ist redlicher Pfandnehmer von Inhaberpapieren, wer aus grober Fahrlässigkeit nicht wußte, daß die Papiere schon vor der Verpfändung einem Dritten verkauft, aber noch nicht übergeben waren? (P.) **41**, 210.

§ 46. Erwerb dinglicher Rechte bezw. Untergang älterer dinglicher Rechte durch Veräußerung einer beweglichen Sache seitens des Nichtberechtigten. Rechtsregel „Hand muß Hand wahren".

(S. a. unten § 242: Gutgläubiger Erwerb im Handelsverkehre.)

1) Umfang der Pflicht des Pfandnehmers von Inhaberpapieren, die Befugnis des Verpfänders zur Verfügung über die Papiere zu prüfen. **41**, 207. — 2) Ist man redlicher Pfandnehmer von Inhaberpapieren, wenn man aus grober Fahrlässigkeit nicht wußte, daß diese Papiere schon vor der Verpfändung einem Dritten verkauft, aber noch nicht übergeben waren? (P.) **41**, 210.

§ 47. Aufgebot und Präklusion.

(S. a. unten § 351c: Subhastation.)

1) Aufrechnung mit einer auf erlassenes Aufgebot nicht angemeldeten Forderung gegen eine zum Nachlasse gehörige nach ergangenem Ausschlußurteil. (G.) **42**, 138. — 2) Kann der Besitzer einer Parzelle, die zu einem aufgebotenen Grundstücke gehört, aber von dem Antragsteller nicht mit besessen wurde, verlangen, daß ihm gegenüber das Ausschlußurteil

für unwirksam erklärt werde? **48**, 370. — 3) Kann aus einem acceptierten, mangels Zahlung protestierten und nachher abhanden gekommenen gezogenen Wechsel nach dessen Kraftloserklärung auf Grund des Ausschlußurteiles Regreß gegen den Aussteller genommen werden? **49**, 132.

§ 48. Gemeinheitsteilung. Zusammenlegung. Ablösung. Rentengüter.

1) Rechtliche Natur des Benutzungsrechtes der Teilungsinteressenten an den Separationswegen. Steht den Beteiligten der Rechtsweg offen gegen Verfügungen des Gemeindevorstandes, dem die Auseinandersetzungsbehörde die Verwaltung der gemeinschaftlichen Angelegenheiten übertragen hat? (P.) **47**, 314. — 2) Ist der Rechtsweg zulässig wegen der Interessentenlasten, die in einem Auseinandersetzungsverfahren begründet sind? Gesetz vom 2. April 1887. (P.) **48**, 341. — 3) Ist die Ersitzbarkeit des Rechtes, Bäume auf einem in fremdem Eigentume stehenden Wege zu haben, zu pflanzen und zu nutzen, durch die Gemeinheitsteilungsordnung vom 7. Juli 1821 ausgeschlossen worden? (P.) **49**, 311. — 4) Unterliegen in Auseinandersetzungssachen die Beschwerden, über die das Reichsgericht zu entscheiden hat, insbesondere die sofortige Beschwerde gegen den die Revision zurückweisenden Beschluß der Generalkommission, dem Anwaltszwange? (P.) **50**, 347. — 5) Kann in Auseinandersetzungssachen die sofortige Beschwerde wirksam vor der ordnungsmäßigen Zustellung des anzufechtenden Beschlusses eingelegt werden? (P.) **50**, 352. — 6) Revisionseinlegung in Auseinandersetzungssachen durch Telegramm. (P.) **44**, 366. — 7) Sind nach Aufhebung (§ 2 des Ablösungsges. v. 1850) des Eigentumsrechtes des Erbverpächters dessen Berechtigungen, die nur zum Zwecke der Erhaltung und Hebung des Kulturzustandes des Grundstückes eingeräumt sind, in Kraft geblieben? (P.) **50**, 287. — 8) Rechtsweg für die Klage aus dem mit einem Rentengutsvertrage für den Fall, daß dieser von der Generalkommission nicht bestätigt werde, abgeschlossenen Pachtvertrage. (P.) **41**, 293. — 9) Hat die Rentenbankrente die rechtliche Natur der durch sie abgelösten Reallast? (P.) **44**, 243. — 10) Kann die Rentenbankrente im Sinne des § 183 A.L.R. I. 11 zu den Privatlasten gehören, die allen Grundstücken derselben Art in der Provinz gemein zu sein pflegen? (P.) **44**, 246.

§ 49. Grundbuchverfassung. Preußische Gesetze vom 5. Mai 1872. Reichsgrundbuchordnung vom 4. Mai 1897. Glaube des Grundbuches.

1) Bewirkt die erst nach Eintragung des Eigentümers erfolgte Zurückführung des Grundbuchblattes auf das Steuerbuch eine Veränderung der Beweislast? (P.) **42**, 200. — 2) Der § 4 der preuß. Grundbuchordnung stellt keine Rechtsvermutung für das Eigentum auf, sondern erteilt im wesentlichen nur eine Anweisung für den Grundbuchrichter. (P.) **42**, 204. — 3) Einrede der Arglist gegen die Klage des Verpfänders auf Herausgabe des Hypothekenbriefes über die verpfändete Hypothek, wenn der Pfandgläubiger zwar durch die Zahlung eines Dritten befriedigt worden ist, aber später das Empfangene an den Dritten hat

zurückzahlen müssen. Rechtsstellung dessen, der nach der Zahlung die Hypothek erworben hat, wenn zur Zeit des Erwerbes die Verpfändung im Grundbuche noch nicht gelöscht war. (P.) **43**, 349. — 4) Hat die Kenntnis des Erstehers davon, daß eine nach dem Grundbuche zu dem versteigerten Grundstücke gehörende Parzelle im Eigentume eines Dritten steht, die Folge, daß der Ersteher durch den Zuschlag nicht das Eigentum der Parzelle erwirbt? (P.) **45**, 284. — 5) Kann nach dem B.G.B. der Eigentümer zweier Grundstücke an dem einen zu Gunsten des anderen eine Grunddienstbarkeit bestellen? Ist sie der Eintragung in das Grundbuch fähig? **47**, 202. — 6) Wirkung der Auflassung eines Grundstückes, das bei der Zurückführung des Grundbuchblattes auf die Steuerbücher als „Anteil an den ungetrennten Hofräumen" bezeichnet ist. (P.) **47**, 276. — 7) Zeitliche Anwendung des seit dem 1. Januar 1900 geltenden Rechtes auf bestehende dingliche Rechte an fremden Sachen, insbesondere auf eine Antichresis. **48**, 61. — 8) Nach welchen Bestimmungen findet die Beschwerde gegen Entscheidungen des Grundbuchamtes wegen Eintragung einer Zwangshypothek statt? **48**, 242. — 9) Unter welchen Voraussetzungen kann die Vorlegung der für eine Grundbucheintragung erforderlichen Urkunden durch Bezugnahme auf Gerichtsakten ersetzt werden? **48**, 400. — 10) Wirkung gegen den Erwerber eines Kohlenabbaugerechtigkeit, wenn auf dem für sie angelegten Grundbuchblatte die vertragsmäßige Verpflichtung, einen Tonnenzins zu zahlen, nicht mit eingetragen ist? (P.) **49**, 208. — 11) Umfang der Stempelbefreiung bei der amtlichen Beglaubigung von Unterschriften unter Urkunden, deren Inhalt die Eintragung in das Grundbuch betrifft. (P.) **49**, 299. — 12) Unter welchen Voraussetzungen ist die Eintragung der sog. Goldklausel als Zahlungsbedingung zu einer Hypothek zulässig? **50**, 145. — 13) Genügt zur Eintragung der Goldklausel die Bezugnahme auf die Eintragungsbewilligung? **50**, 149. — 14) Muß die Goldklausel auf Antrag in den Eintragungsvermerk aufgenommen werden? **50**, 150. — 15) a. Kann eine Vormerkung zur Erhaltung des Rechtes auf Eintragung einer Hypothek auf Grund der Bewilligung des Eigentümers eingetragen werden? b. Ist ihre Wirksamkeit davon abhängig, daß in der Bewilligung der Schuldgrund der vorgemerkten Hypothek angegeben wird? **42**, 315.

Zweites Kapitel. Das Eigentum.

§ 50. Eigentum. Miteigentum. Gemeinschaften.

1) Können, wenn ein Gesellschafter einer gemeinrechtlichen Societät in Konkurs gerät, die Gläubiger aus dem Betriebe der Gesellschaft verlangen, aus den Vermögensstücken der Gesellschaft vorab befriedigt zu werden? **42**, 103. — 2) Bestimmung der Anteile an den Gemeinschaftsrechten in zweifelhaften Fällen (P.) **42**, 164. — 3) Wie weit reicht das Recht des Eigentümers eines Grundstückes an dem über diesem be-

findlichen Luftraume? (P.) **42,** 207. — 4) Besteht Miteigentum, wenn Einzelgrundstücke mehrerer Eigentümer zu einer nach allen Richtungen unentwirrbaren Fläche geworden sind, an dieser? (G.) **44,** 169. — 5) Haften Miteigentümer von Kuxen neueren Rechtes für die auf diese fallenden Gewerkschaftsbeiträge solidarisch? (P.) **44,** 213. — 6) Zeitliche Geltung der Vorschriften des am 1. Januar 1900 in Kraft getretenen Rechtes über den Erwerb des Eigentumes. **46,** 144. — 7) Kann die für einen noch nicht fälligen Anspruch auf Teilung nach den §§ 749. 753 B.G.B. eingeleitete Zwangsversteigerung nach dem Eintritte der Fälligkeit fortgesetzt, oder muß das Verfahren von neuem begonnen werden? **47,** 363.

§ 51. Inhalt des Eigentumes. Beschränkung des Grundeigentumes. Legalservituten. Nachbarrecht. Notweg.

1) Wieweit reicht das Recht des Eigentümers eines Grundstückes an dem über diesem befindlichen Luftraum? (P.) **42,** 207. — 2) Beschränkungen des Eigentumes an den einem öffentlichen Gebrauche gewidmeten Grundstücken. (P.) **42,** 208. — 3) Hat der Eigentümer eines Gemeindefriedhofes das Recht, die freie Ausübung des Leichenbestattungsgewerbes auf ihm zu hindern? (P.) **42,** 56. — 4) Wieweit ist der Rechtsweg zulässig für Ansprüche auf Unterlassung bezw. Beseitigung von Eigentumsstörungen, die durch den Betrieb oder die Einrichtung einer Artilleriewerkstatt herbeigeführt werden? (P.) **44,** 225. — 5) Kann die Entstehung des Lichtrechtes aus § 142 A.L.R. I. 8 durch eine vom Nachbar innerhalb der zehnjährigen Frist angestellte Klage und erwirkte Grundbucheintragung gehindert werden? (P.) **44,** 312. — 6) Rechtliche Natur des Lichtrechtes. Ist es Grundgerechtigkeit? Eigentumsbeschränkung? Entsteht es durch Verjährung? (P.) **44,** 314. — 7) Ist bei der Frage, ob ein Behältnis auch von anderer Seite Licht habe (§§ 143. 142 A.L.R. I. 8) entscheidend, ob die Nebenlichtsquelle allein dem Behältnis genügendes Licht verschafft? (P.) **44,** 335. — 8) Überhängen der Grenzmauer in die Luftschicht über dem Nachbargrundstücke, Voraussetzungen der Ersitzung eines Rechtes hierauf. (P.) **45,** 286. — 9) Ist Nachbar im Sinne des § 142 A.L.R. I. 8 auch der, dessen Haus von dem Grundstücke des Neubaues durch eine im Eigentume eines Dritten stehende Bodenfläche oder durch eine öffentliche Straße getrennt ist? (P.) **45,** 294. — 10) Bestimmen sich die rechtlichen Wirkungen des Eigentumes und die aus ihm sich ergebenden Ansprüche seit dem 1. Januar 1900 nach dem mit diesem Tage in Kraft getretenen neuen Rechte? **46,** 144. — 11) Ist das testamentarische, aber im Grundbuche nicht eingetragene Veräußerungsverbot für die Gläubiger und den Verwalter im Konkurse des Fiduziars bindend? (P.) **46,** 165. — 12) Wird der nach zehnjährigem Bestehen der Fenster gesetzlich gewährte Schutz durch einen gegen ihre Anlegung vom Nachbarn erhobenen Widerspruch oder durch einen mündlichen vertragsmäßigen Vorbehalt, sie jederzeit verbauen zu dürfen, ausgeschlossen? (P.) **46,** 269. — 13) Hat jeder Hauseigentümer, ein-

schränkende Polizeivorschriften vorbehalten, das Recht, das s. g. Hauswasser, auch das zum Geschäftsbetriebe benutzte, auf die öffentliche Straße zu leiten? (F.) **46,** 316. — 14) Besteht für die Beweislast ein Unterschied, je nachdem auf einen Überbau das ältere Recht oder das B.G.B. angewendet wird? (P.) **47,** 115. — 15) Steht gegen den Vermieter oder Verpächter eines Grundstückes, von dem aus dessen Mieter oder Pächter durch übermäßigen Lärm in das Eigentum des Nachbargrundstückes eingreift, die actio negatoria auf Untersagung zu? **47,** 162. — 16) Hat der Eigentümer oder sonstige dinglich Berechtigte wegen vorübergehender Beeinträchtigung seines Rechtes gegen den fahrlässigen Nachbar Anspruch auf Schadensersatz? (G.) **47,** 249. — 17) Welches Stockwerk ist das untere im Sinne des § 142 A.L.R. I. 8? (P.) **47,** 264. — 18) Sind die §§ 912—916 B.G.B. analog anzuwenden, wenn der Eigentümer eines Grundstückes, von dem eine Teilfläche mit einer das Überbauen verbietenden Grunddienstbarkeit belastet ist, über die Grenze des unbelasteten Teiles auf das belastete hinüberbaut? (F.) **47,** 359. — 19) Begriff des Überbaues. Ist die Ausführung eines Baues, durch den eine Grundgerechtigkeit des Nachbars verletzt wird, nach dem B.G.B. wie ein Überbau zu behandeln? (G.) **48,** 264. — 20) Ist die auf dem betreffenden Grundbuchblatte nicht eingetragene vertragsmäßige Verpflichtung des Erwerbers einer Kohlenabbaugerechtigkeit, einen Tonnenzins zu zahlen, als „Beschränkung des Eigentumes" im Sinne des § 11 E.E.G. anzusehen? (P.) **49,** 208. — 21) Hat der Eigentümer Anspruch auf Schadensersatz, wenn auf dem Nachbargrundstücke ein mit Feuers- und Explosionsgefahr verbundenes Gewerbe betrieben und dadurch sein Grundstück entwertet wird? **50,** 226. — 22) Ist der den Windmühlen aus der Zeit vor dem 18. November 1819 gewährte Schutz gegen Baumpflanzungen (§ 247 A.L.R. II. 15) neben dem B.G.B. in Kraft geblieben? (P.) **50,** 319. — 23) Umfang des den Windmühlen nach § 247 A.L.R. II. 15 gegen Verkümmerung des nötigen Windes gebührenden Schutzes. (P.) **50,** 325.

§ 52. Eigentumserwerb durch Okkupation. Fischereirecht.

1) Ist der Staat entschädigungspflichtig, wenn durch die im öffentlichen Interesse von der Strombauverwaltung errichteten Anlagen die Ausübung eines privaten Fischereirechtes ganz oder teilweise unmöglich gemacht wird? (G.) **41,** 142. — 2) Wieweit ist zum Schutze des Fischereirechtes der Rechtsweg offen? (P.) **46,** 248. — 3) Begründet das Fischereirecht einen Anspruch auf Unterlassung schädlicher Immissionen und Entschädigung für sie? (P.) **46,** 251. — 4) Steht zum Schutze des Fischereirechtes die actio negatoria zu? (P.) **46,** 255. — 5) Umfang der Entschädigung des Fischereiberechtigten, wenn der Staat den durch einen Durchstich ausgeschiedenen Teil des Bettes eines öffentlichen Flusses samt der Fischereiberechtigung an einen Dritten veräußert. (P.) **46,** 287. — 6) Wann findet auf die Verjährung des Anspruches des Fischereiberechtigten aus § 72 A.L.R. I. 15 der § 54 A.L.R. I. 6 Anwendung?

(P.) **46**, 289. — 7) Haben die Gemeinden ein Recht auf Schadensersatz, wenn die ihnen durch § 7 des Fischereigesetzes von 1874 verliehene Fischereiberechtigung durch eine im öffentlichen Interesse errichtete Anlage beeinträchtigt wird? (P.) **49**, 241. — 8) Auslegung der §§ 6. 7 des Fischereigesetzes von 1874. (P.) **49**, 245. — 9) Waren zur Ausübung von Fischereiberechtigungen, die in früherer Zeit durch Privileg allen „Bürgern" einer Stadt verliehen sind, nach den durch die neueren Städteordnungen hinsichtlich der Gemeindemitgliedschaft herbeigeführten Änderungen alle Gemeindemitglieder berechtigt, und stehen daher solche Rechte jetzt nach § 6 des Fischereigesetzes von 1874 der politischen Gemeinde zu? **50**, 301.

§ 53. Eigentumserwerb durch Accession. Uferrecht. Vermischung.

1) Grenze zwischen Flußbett und Ufer. Bedeutung von Ebbe und Flut für die Bestimmung der Grenzlinie zwischen Flußbett und Ufer. (G.) **44**, 124. — 2) Findet der Eigentumserwerb durch Vermischung auch auf Grundstücke Anwendung, die verschiedenen Eigentümern gehören, aber zu einer nach keiner Richtung entwirrbaren Fläche geworden sind? (G.) **44**, 169. — 3) Sind die Ansprüche aus einem Überbau seit dem 1. Januar 1900 nach den Vorschriften der §§ 912 flg. B.G.B. auch dann zu beurteilen, wenn sie schon vorher durch Klagerhebung geltend gemacht worden sind? **46**, 143. — 4) Besteht für die Beweislast ein Unterschied, je nachdem auf einen Grenzüberbau das ältere Recht oder das B.G.B. angewendet wird? (P.) **47**, 115.

§ 54. Eigentumserwerb durch Tradition.
(Constitutum possessorium s. oben § 42c.)

1) Eigentum an indossabelen und mit Namensindossament versehenen Papieren kann ohne Indossament nicht übertragen werden. **41**, 4. — 2) Bei der Unausführbarkeit körperlicher Übergabe der Kuxe vollzieht sich ihre Übertragung durch die Erklärung des Übertragungswillens des bisherigen Eigentümers und durch die Annahme dieser Erklärung von seiten des Anderen. Schriftliche Form ist nur für den ersteren Teil nötig. (P.) **45**, 247. — 3) Übertragung des Eigentumes einer bei dem Spediteur lagernden Ware durch Abtretung des Anspruches auf Herausgabe. **49**, 97.

§ 55. Eigentumserwerb durch Vertrag nach französischem Rechte.

— — — — — — —

§ 56. Eigentumserwerb an Grundstücken durch Auflassung.
Preußisches Gesetz über den Eigentumserwerb und die dingliche Belastung vom 5. Mai 1872 §§ 1—11.

1) Ist das gemeinrechtliche jus tollendi durch das preußische E.E.G. beseitigt oder beschränkt worden? (G., P.) **42**, 194. — 2) Einschränkende

oder ausdehnende Auslegung der Auflassungserklärung nach dem Willen der Beteiligten. (P.) **46**, 227. — 3) Sind Auflassung und Eintragung nichtig, soweit sie nicht durch den wirklichen Willen der Beteiligten gedeckt sind? (P.) **46**, 227. — 4) Bewirkt, wenn bei der Auflassungserklärung der wirkliche Wille der Beteiligten auf mehr als das genannte Grundstück gerichtet ist, die nur der Erklärung entsprechende Eintragung auch den Übergang des Eigentumes an dem Mehr? (P.) **46**, 228. — 5) Ist der Auflassungsstempel zu zahlen, wenn die Auflassung unter Vorlegung von zwei Urkunden erfolgt, wonach der neue Erwerber das Grundstück von einem Dritten gekauft hat, dem der Eigentümer sich verpflichtet hatte, auf sein Verlangen an ihn oder an einen Dritten zu verkaufen? (P.) **46**, 234. — 6) Wirkung der Auflassung eines Grundstückes, das bei der Zurückführung des Grundbuchblattes auf das Steuerbuch als „Anteil an den ungetrennten Hofräumen" bezeichnet ist. (P.) **47**, 276. — 7) Ist die Auflassung, wenn als wesentlicher Bestandteil in einem gerichtlichen Prozeßvergleiche enthalten, nach dem B.G.B. wegen Formmangels nichtig? **48**, 191. — 8) Ist die vom Erwerber einer Kohlenabbaugerechtigkeit übernommene Verpflichtung, einen Tonnenzins zu zahlen, als „Beschränkung des Eigentumes" im Sinne des § 11 E.E.G. anzusehen? (P.) **49**, 212. — 9) Gehen Grundstücke, die in die offene Handelsgesellschaft eingebracht werden, in deren Eigentum ohne Auflassung und ohne Eintragung in das Grundbuch über? (P.) **49**, 254.

§ 57. Eigentumserwerb durch Ersitzung. Erwerbende Verjährung.

Kann jemand eine Sache zu freiem Eigentum ersitzen, wenn er glaubt, sie sei ihm gehöriges Familienfideikommißgut? (G.) **47**, 244.

§ 58. Eigentumserwerb durch Adjudikation.

Erwirbt der Ersteher, trotzdem er weiß, daß eine nach dem Grundbuche zu dem versteigerten Grundstücke gehörende Parzelle im Eigentume eines Dritten steht, durch den Zuschlag das Eigentum der Parzelle? (P.) **45**, 284.

§ 59. Verlust des Eigentumes.

— — — — — — — —

§ 60. Vindikation.

1) Örtliches Recht für die Vindikation beweglicher Sachen und den ihr entgegenstehenden Lösungsanspruch. (G.) **41**, 152. — 2) Kann die Abtretung der Eigentumsklage in der Auflassung einer im Grundbuche nicht für den Auflassenden eingetragenen Grundfläche gefunden werden? (P.) **46**, 229. — 3) Übertragung des Eigentumes einer bei dem Spediteur lagernden Ware durch Abtretung des Anspruches auf Herausgabe. **49**, 97.

§ 61. Klagen beim Miteigentume.

Kann die für einen noch nicht fälligen Anspruch auf Teilung nach den §§ 749, 753 eingeleitete Zwangsversteigerung nach dem Eintritte der Fälligkeit fortgesetzt, oder muß das Verfahren von neuem begonnen werden? **47**, 363.

§ 62. Negatorische Klage.

1) Ein Antrag des Unternehmers ist nötig, wenn mit der Wirkung der Beschränkung der Eigentumsfreiheitsklage (§ 26 R.G.O.) die im § 17 R.G.O. vorgeschriebene Bekanntmachung nach § 25 unterbleiben soll. **41**, 29. — 2) Hat der Eigentümer eines Gemeindefriedhofes das Recht, auf diesem die freie Ausübung des Leichenbestattungsgewerbes zu hindern? (P.) **42**, 56. — 3) Eigentumsfreiheitsklage einer Stadt wegen Überspannung öffentlicher Straßen mit Telegraphen- und Fernsprechanlagen durch den Postfiskus. (P.) **42**, 205. — 4) Beweislast bei der Klage auf Bewilligung der Löschung einer Hypothekenvormerkung. (P.) **42**, 319. — 5) Actio negatoria auf Tilgung einer wegen entgegenstehender Einrede der Arglist für den Inhaber wertlosen Hypothek. (G.) **44**, 3. — 6) Eigentumsfreiheitsklage auf Löschung einer wegen entgegenstehender Einrede der Verjährung für den Gläubiger wertlosen Hypothek. (P.) **44**, 203. — 7) Wieweit ist der Rechtsweg zulässig für Ansprüche auf Unterlassung bezw. Beseitigung von Eigentumsstörungen, die durch den Betrieb oder die Einrichtungen einer Artilleriewerkstatt herbeigeführt werden? (P.) **44**, 225. — 8) Negatorische Klage, wenn die Eintragung in das Musterregister zu Unrecht erfolgt ist? **45**, 61. — 9) Kann mit der actio negatoria neben dem Inhaber der durch übermäßigen Lärm störenden Maschinen auch der Eigentümer des Hauses, in dem der Gewerbebetrieb stattfindet, verklagt, und welche Anträge können gegen ihn gestellt werden? (P.) **45**, 298. — 10) Steht die negatorische Klage neben dem Eigentümer auch dem dinglich Nutzungsberechtigten, insbesondere auch dem Fischereiberechtigten zu? (P.) **46**, 255. — 11) Ist der Rechtsweg zulässig für den Anspruch des Eigentümers einer öffentlichen Chaussee gegen einen anliegenden Grundbesitzer auf Beseitigung der von diesem angelegten Grabenübergänge zur Chaussee? (P.) **46**, 296. — 12) Steht gegen den Vermieter oder Verpächter eines Grundstückes, von dem aus dessen Mieter oder Pächter Eingriffe in das Eigentum des Nachbargrundstückes vornimmt, deswegen die negatorische Klage zu? **47**, 162. — 13) Hat der Eigentümer eines Grundstückes Anspruch auf Schadensersatz, wenn auf dem Nachbargrundstücke ein mit Feuers- und Explosionsgefahr verbundenes Gewerbe betrieben, und dadurch sein Grundstück entwertet wird? (R., F.) **50**, 226.

§ 63. Klage gegen den Schlechterberechtigten.

— — — — — — — — — — —

§ 64. Grenzberichtigungsklage.

1) Ist bei Unmöglichkeit der Grenzermittelung Miteigentum der Parteien auch dann anzunehmen, wenn die gesamten beiderseitigen Einzelgrundstücke zu einer einzigen unentwirrbaren Fläche verbunden sind? (G.) **44**, 167. — 2) Kann jeder Partei ein ideeller Teil der Gesamtfläche ohne reelle Teilung zugesprochen werden? (G.) **44**, 172.

§ 65. Actio ad exhibendum. Editions- und Manifestationspflicht.

1) Voraussetzungen des Editionsantrages mit Rücksicht auf den Zweck des Editionsverfahrens. **44**, 422. — 2) Haben die Mitglieder einer Gesellschaft mit beschränkter Haftung ein unbeschränktes Recht auf Vorlegung und Einsicht der Geschäftsbücher der Gesellschaft mit Beilagen und Belägen? **49**, 148. — 3) Findet Art. 145 Abs. 2 Anwendung, wenn nach Auflösung der offenen Handelsgesellschaft das Geschäft mit Aktiven und Passiven von einem der Gesellschafter übernommen wird? **43**, 133. — 4) Kann die Ehefrau zur Feststellung der Aktiven und Passiven der Errungenschaftsgemeinschaft die Vorlegung der Geschäftsbücher ihres geschiedenen Ehemannes verlangen? (F.) **50**, 336.

Drittes Kapitel. Die dinglichen Rechte an fremden Sachen.

§ 66. Realservituten (Grundgerechtigkeiten).

(S. a. unten § 71.)

1) Ist das Lichtrecht aus § 142 A.L.R. I. 8 eine Grundgerechtigkeit? Wird es durch Verjährung erworben? (P.) **44**, 314. — 2) Unterschied zwischen Grunddienstbarkeit und Eigentumsbeschränkung. (P.) **44**, 315. — 3) Voraussetzungen der Ersitzung des Rechtes auf das Überhängen einer Grenzmauer in die Luftschicht über dem Nachbargrundstücke. (P.) **45**, 288. — 4) Kann aus der bisherigen Art der Benutzung zweier Grundstücke desselben Eigentümers die stillschweigende Bestellung einer Grundgerechtigkeit gefolgert werden, wenn das eine zwangsweise versteigert wird? (G.) **42**, 158; (P.) **49**, 236. — 5) Kann nach dem B.G.B. der Eigentümer von zwei Grundstücken an dem einen zu Gunsten des anderen eine Grundgerechtigkeit bestellen? Ist diese der Eintragung in das Grundbuch fähig? **47**, 202. — 6) Kann durch einen dinglichen Vertrag zu Gunsten Dritter eine Grundgerechtigkeit bestellt werden? (F.) **47**, 356. — 7) Sind die §§ 912—916 B.G.B. analog anzuwenden, wenn der Eigentümer eines Grundstückes, von dem eine Teilfläche mit einer das Überbauen verbietenden Grunddienstbarkeit belastet ist, über die Grenze des unbelasteten Teiles auf den belasteten hinüberbaut? (F.) **47**, 359. — 8) Liegt in dem Schweigen des In-

habers einer Grundgerechtigkeit zur Herstellung eines diese verletzenden Zustandes durch den Eigentümer des dienenden Grundstückes stets ein Verzicht auf das Recht? (G.) **48**, 262. — 9) Ist die Aufführung eines Baues, durch den eine Grundgerechtigkeit des Nachbars verletzt wird, nach dem B.G.B. wie ein Überbau zu behandeln? (G.) **48**, 264. — 10) Wird eine Holzungsgerechtigkeit von unbestimmtem Umfange dadurch in eine Reallast verwandelt, daß sie nach § 235 A.L.R. I. 22 auf ein bestimmtes Holzdeputat festgesetzt wird? (P.) **48**, 323. — 11) Kann, wenn eine Gemeindeservitut zur Befriedigung der individuellen Bedürfnisse der Gemeindeglieder dient, ein einzelnes Mitglied sie im Wege der Klage geltend machen? (G.) **44**, 145. — 12) Kann auf Grund des § 1023 B.G.B. die Verlegung einer Grunddienstbarkeit auf ein anderes Grundstück verlangt werden? **50**, 32. — 13) S. auch § 69.

§ 67. Personalservituten. (Subjektiv persönliche Nutzungsrechte.) Nießbrauch.

(S. unten §§ 189 flg., §§ 197 flg.: Nießbrauch des Ehemannes und des Vaters.)

1) Muß der Nießbraucher eines Nachlasses, der nach dem Testamente die Ausbeute der zum Nachlasse gehörigen Kuxe beziehen, dagegen etwaige Zubußen tragen soll, die Zwangsvollstreckung in den Nachlaß wegen der von den Erben geschuldeten Zubußen zulassen? (P.) **44**, 211. — 2) Kann, wenn eine Gemeindeservitut zur Befriedigung der individuellen Bedürfnisse der Gemeindeglieder dient, ein einzelnes Mitglied sie im Wege der Klage geltend machen? (G.) **44**, 145. — 3) Erlischt nach dem Rechte des Code civil der Nießbrauch an Grundstücken durch zehnjährige Ersitzung des Nießbrauches oder der Freiheit von ihm? (F.) **49**, 331.

§ 68. Dinglicher Charakter der Miete und Pacht nach preußischem Recht.

— — — — — — — — — — — —

§ 69. Superficies. Emphyteuse. Erbbaurecht.

1) Ist die Einigung über die Bestellung eines Erbbaurechtes, wenn als wesentlicher Bestandteil in einen gerichtlichen Prozeßvergleich aufgenommen, nach dem B.G.B. wegen Formmangels nichtig? **48**, 191. — 2) Ist die Ersitzbarkeit des Rechtes, Bäume auf einem fremden Wege zu haben, zu pflanzen und zu nutzen, durch die Gemeinheitsteilungsordnung vom 7. Juni 1821 ausgeschlossen worden? (P.) **49**, 311.

§ 70. Erbpacht.

Sind nach Aufhebung (§ 2 der Ablösungsordnung von 1850) des Eigentums des Erbverpächters dessen Berechtigungen, die nur zum Zwecke der Erhaltung und Hebung des Kulturzustandes des Grundstückes eingeräumt sind, in Kraft geblieben? (P.) **50**, 287.

§ 71. Deutschrechtliche Servituten. Reallasten. Gemeine Lasten.

1) Begriff der gemeinen Last nach § 175 A.L.R. I. 11. (P.) **43**, 206. — 2) Kann eine gemeine Last diese Eigenschaft dadurch verlieren, daß sie den in einer Provinz gewöhnlich vorkommeuden Umfang überschreitet? (P.) **43**, 208. — 3) Ist der Altenteil eine Reallast? (P.) **43**, 346. — 4) Hat der Verkäufer des Grundstückes einen eingetragenen, vom Käufer nicht übernommenen, Altenteil nach § 183 oder nach § 184 A.L.R. I. 11 zu vertreten? (P.) **43**, 347. — 5) Hat die Rentenbankrente die rechtliche Natur der durch sie abgelösten Reallast? (P.) **44**, 243. — 6) Kann die Rentenbankrente im Sinne des § 183 A.L.R. I. 11 zu den Privatlasten gehören, die allen Grundstücken derselben Art in der Provinz gemein zu sein pflegen? (P.) **44**, 246. — 7) Hat die vom Käufer eines Trennstückes übernommene Verpflichtung, einen Teil der Gutslasten zu tragen, die Natur einer Reallast? (P.) **45**, 188. — 8) Ist der Besteller einer nach § 91 des Ablösungsgesetzes vom 2. März 1850 unwirksamen Reallast aus dem Vertrage für die ihren Inhalt bildenden Leistungen persönlich verpflichtet? (P.) **45**, 192. — 9) Rechtliche Folgen der Ungültigkeit einer als Gegenleistung für die Überlassung eines Grundstückes vereinbarten Reallast; Auslegung des Schlußsatzes des § 91 des Ablösungsgesetzes. (P.) **45**, 193. — 10) Wird eine Holzungsgerechtigkeit von unbestimmtem Umfange dadurch in eine Reallast verwandelt, daß sie nach § 235 A.L.R. I. 22 auf ein bestimmtes Holzdeputat festgesetzt wird? (P.) **48**, 323. — 11) Begründet das Fischereirecht einen Anspruch auf Unterlassung schädlicher Immissionen und Entschädigung für sie? (P.) **46**, 251.

§ 72. Näherrecht. Dingliches Vorkaufsrecht.

— — — — — — — — — — —

§ 73. Erwerb dinglicher Rechte an fremden Sachen durch Vertrag. Stillschweigende Bestellung (Deductio. Widmung. Destination.).

1) Kann aus der bisherigen Art der Benutzung zweier Grundstücke desselben Eigentümers die stillschweigende Bestellung einer Grundgerechtigkeit gefolgert werden, wenn das eine zwangsweise versteigert wird? (G.) **42**, 158; (P.) **49**, 236. — 2) Kann nach dem B.G.B. der Eigentümer von zwei Grundstücken an dem einen zu Gunsten des anderen eine Grunddienstbarkeit bestellen? Ist diese der Eintragung in das Grundbuch fähig? **47**, 202. — 3) Kann durch einen dinglichen Vertrag zu Gunsten Dritter eine Grundgerechtigkeit bestellt werden? (F.) **47**, 356.

§ 74. Erwerb dinglicher Rechte an fremden Sachen durch Verjährung. (Ersitzung.)

1) Ist das Lichtrecht aus § 142 A.L.R. I. 8 eine Grundgerechtigkeit? Wird es durch Verjährung erworben? (P.) **44**, 314. — 2)

Voraussetzungen der Ersitzung des Rechtes auf das Überhängen einer Grenzmauer in die Luftschicht über dem Nachbargrundstücke. (P.) **45**, 288. — 3) Ist die Ersitzbarkeit des Rechtes, auf einem fremden Wege Bäume zu haben, zu pflanzeu und zu nutzen, durch die Gemeinheitsteilungsordnung vom 7. Juni 1821 ausgeschlossen worden? (P.) **49**, 311.

§ 75. Verlust dinglicher Rechte an fremden Sachen.

1) Liegt in dem Schweigen des Inhabers einer Grundgerechtigkeit zur Herstellung eines diese verletzenden Zustandes durch den Eigentümer des dienenden Grundstückes ein Verzicht auf das Recht? (G.) **48**, 262. — 2) Erlischt nach dem Rechte des Code civil der Nießbrauch an Grundstücken durch zehnjährige Ersitzung des Nießbrauches oder der Freiheit? (F.) **49**, 331.

§ 76. Erwerb und Verlust dinglicher Rechte an fremden Grundstücken nach dem preußischen Gesetze, betr. den Eigentumserwerb und die dingliche Belastung der Grundstücke, v. 5. Mai 1872 §§ 12—17 und nach dem neuen Liegenschaftsrechte.

1) Kann nach dem B.G.B. der Eigentümer zweier Grundstücke an dem einen zu Gunsten des anderen eine Grunddienstbarkeit bestellen? Ist diese der Eintragung in das Grundbuch fähig? **47**, 202. — 2) Wirkung gegen den Erwerber einer Kohlenabbaugerechtigkeit, wenn auf dem für sie angelegten Grundbuchblatte die vertragsmäßige Verpflichtung, einen Tonnenzins zu zahlen, nicht mit eingetragen ist? (P.) **49**, 208. — 3) Zeitliche Anwendung des seit dem 1. Januar 1900 geltenden Rechtes auf bestehende dingliche Rechte an fremden Sachen, insbesondere die Antichresis. **48**, 61.

Viertes Kapitel. Das Pfandrecht.

§ 77. Gemeinschaftliche Bestimmungen für das Pfandrecht an beweglichen und an unbeweglichen Sachen. Antichresis.

1) Keine Pflicht des Pfandgläubigers, den Pfandgegenstand durch einen anderen, wenn auch gleichwertigen, ersetzen zu lassen. **41**, 33. — 2) Darf das Nutzungspfandrecht nach dem Inkrafttreten des B.G.B. auch dann nicht mehr in das Grundbuch eingetragen werden, wenn es vorher vorgemerkt war? **48**, 61. — 3) Kann ein Nutzungspfandrecht an Grundstücken auch unabhägig von einer Hypothek oder Grundschuld bestehen? **48**, 62. — 4) Ist ein nach preußischem A.L.R. begründetes, mit einer Hypothek verbundenes, antichretisches Pfandrecht mit dem Inkrafttreten des B.G.B. weggefallen, oder besteht es mit seinem bisherigen Inhalte und Range neben der Hypothek fort? **47**, 57.

§ 78. Die Hypothek des römischen und modernen gemeinen Rechtes an Grundstücken.

— — — — — — — —

§ 79. Die Hypothek an Grundstücken nach deutschem (außerpreußischem) und französischem Rechte.

1) Verschafft, wenn wegen Dringlichkeit ein Enteignungsbeschluß vor endgültiger Feststellung der Entschädigung erlassen ist, eine zur Zeit der Zustellung des Beschlusses eingetragene, dann bei der Zwangsversteigerung ausgefallene und gelöschte Hypothek dem Gläubiger einen Anspruch gegen den Unternehmer auf Hinterlegung der demnächst erhöhten Entschädigung? (F.) **43**, 299. — 2) Erlischt nach dem rheinisch-französischen Rechte die Hypothek mit dem Zuschlage bei der Zwangsversteigerung? (F.) **43**, 303. — 3) Kann ein Hypothekenbrief für sich allein als selbständiges Vermögensrecht behandelt werden? (F.) **42**, 334.

§ 80. Die Hypothek an Grundstücken und die Grundschuld nach preußischem Rechte. Gesetz vom 5. Mai 1872, betreffend den Eigentumserwerb ꝛc, §§ 18—72.

a. Inhalt und Umfang der Hypothek und der Grundschuld. Rangordnung.

1) Ist die Pfändung von hinterlegten Brandversicherungsgeldern gegenüber einer später eingeleiteten Subhastation des Grundstückes wirksam? **41**, 203. — 2) Erwirbt der eine Gesamthypothek gegen Quittung auszahlende Eigentümer eines der belasteten Grundstücke die Hypothek an den anderen Grundstücken? **41**, 213. — 3) Wird die Ersatzübernahme auch dann wirksam, wenn der Ersteher infolge einer Vereinbarung mit dem Eigentümer des mithaftenden Grundstückes die Korrealhypothek bezahlt, und ihm dafür in gleicher Höhe eine Hypothek an dem bisher mithaftenden Grundstücke bestellt wird? **42**, 176. — 4) Rangordnung in Ansehung späterer zusätzlicher Eintragungen in der Spalte „Veränderungen". **43**, 212. — 5) Kann der Gläubiger, dessen Antrag auf Eintragung einer Hypothek vom Grundbuchrichter abgelehnt war, nach der auf Anordnung des Beschwerdegerichtes erfolgten Eintragung von den inzwischen eingetragenen Hypothekengläubigern die Einräumung des Vorrechtes wegen widerrechtlicher Bereicherung verlangen? **43**, 216. — 6) Besteht das Absonderungsrecht des Hypothekengläubigers aus dem Erlöse beweglicher Zubehörstücke auch bei einer nach § 117 (jetzt 127) K.O. durch den Konkursverwalter erfolgten Veräußerung, wenn er diesem vorher erklärt hat, daß er abgesonderte Befriedigung aus dem Erlöse verlange? **42**, 85. — 7) Voraussetzungen, unter denen der Käufer von Zubehör und Früchten eines mit Hypotheken oder Grundschulden belasteten Landgutes im Falle absichtlicher Verschleuderung des Inventars für den Ausfall einer Hypothek ersatzpflichtig ist. **42**, 170.

— 8) Rechtliche Stellung des Hypothekengläubigers als Nebenintervenienten des Grundeigentümers. **42,** 389. — 9) Kann der Ersteher des versteigerten Grundstückes eine Gesamthypothek, die er in Anrechnung auf den Kaufpreis übernommen und gegen Auszahlung abgetreten erhalten hat, gegen die mitverhafteten Grundstücke des Subhastaten geltend machen? **43,** 340. — 10) Voraussetzungen der Schadensersatzpflicht dessen, der den Hypothekengläubiger durch Entfernung von beweglichen Sachen schädigt, die diesem als Zubehör des Grundstückes haften. **44,** 186. — 11) Haben die nacheingetragenen Hypothekengläubiger einen Anspruch auf Löschung voreingetragener, für die keine Valuta gezahlt ist? Haben sie ein Recht auf die nachträglich eingezahlte Valuta der voreingetragenen? **44,** 269. — 12) Tritt ein Gebäude trotz des Eigentumsvorbehaltes des Erbauers in die hypothekarische Haftung des Grundstückes ein? **44,** 288. — 13) Unterliegen die an den Zwangsverwalter gezahlten und von ihm hinterlegten Pachtgelder dem dinglichen Rechte der Hypothekengläubiger? **44,** 310. — 14) Verleiht das neue Recht Sachen, die nach dem bisherigen nicht Zubehör des Grundstückes waren, die Zubehöreigenschaft, so treten sie zwar mit dem Inkrafttreten des neuen Rechtes in die Haftung für die Hypothek ein, aber nur behaftet mit dem durch eine bisher zulässige Pfändung entstandenen Pfandrechte. **46,** 171.

b. Landschaftliche Kreditvereine. Pfandbriefe.

— — — — — — — —

c. Erwerb, Verlust, Abtretung der Hypothek und der Grundschuld.

1) a. Kann eine Vormerkung zur Erhaltung des Rechtes auf Eintragung einer Hypothek auf Grund der Bewilligung des Grundstückseigentümers eingetragen werden? b. Ist ihre Rechtsbeständigkeit davon abhängig, daß in der Eintragungsbewilligung der Schuldgrund der vorgemerkten Hypothek angegeben wird? **42,** 315. — 2) Kann ein Hypothekenbrief für sich allein als selbständiges Vermögensrecht behandelt werden? **42,** 334. — 3) Geht der Cessionar, der in gutem Glauben den Besitz des Hypothekenbriefes erlangt hat, dem Gläubiger des Cedenten vor, der vor der Zustellung der Cession die Hypothekenforderung gepfändet hat? **42,** 332. — 4) Erlischt die persönliche Schuld des Bestellers einer Hypothek dadurch, daß ihm diese nach der Veräußerung des Grundstückes abgetreten wird? **43,** 265. — 5) Kann in dem Mangel der persönlichen Haftung des Cedenten ein Mangel der Hypothekenforderung liegen, für den der Cedent einstehen muß? **43,** 269. — 6) Eigentumsfreiheitsklage auf Löschung einer Hypothek. **44,** 203. — 7) Kann der als Gläubiger einer nicht valutierten Hypothek Eingetragene die Hypothek ohne Genehmigung des Eigentümers an dessen Gläubiger abtreten? **44,** 273. — 8) Konvalescenz einer mangels Valutazahlung

unwirksamen Hypothek durch Unterlegung der Forderung eines Dritten. **44**, 294; **50**, 80. — 9) Die Abtretung einer nicht valutierten Hypothek hat zum Gegenstande nicht die noch nicht bestehende Hypothek, sondern die Befugnis, durch Valutazahlung oder durch Unterlegen einer anderen Forderung die Hypothek zu begründen. **44**, 297. — 10) Ist der Gläubiger an die Angabe des Schuldgrundes einer ohne diese zu seinen Gunsten eingetragenen Vormerkung gebunden, die er in einem Rechtsstreite einmal gemacht hat? **45**, 176. — 11) Kann eine Hypothek ohne die ihr zu Grunde liegende persönliche Forderung abgetreten werden? **45**, 185. — 12) Anwendung des § 896 B.G.B. auf die Briefhypothek des bisherigen preußischen Rechtes. **47**, 158. — 13) Darf ein Nutzungspfandrecht nach dem Inkrafttreten des B.G.B. auch dann nicht mehr in das Grundbuch eingetragen werden, wenn es vorher vorgemerkt war? **48**, 61. — 14) Kann ein Nutzungspfandrecht an Grundstücken auch unabhängig von einer Hypothek oder einer Grundschuld bestehen? **48**, 62. — 15) Umwandelung einer Kautionshypothek des preußischen Rechtes in eine Maximalhypothek des § 1190 B.G.B. nach Art. 192 E.G. **49**, 164.

d. Die Hypothek des Eigentümers.

1) Erwirbt der eine Gesamthypothek gegen Quittung auszahlende Eigentümer eines der belasteten Grundstücke die Hypothek an den anderen Grundstücken? **41**, 213. — 2) Kann die Eigentümerhypothek Gegenstand einer Vorpfändung nach § 744 (jetzt 845) C.P.O. sein? **43**, 431. — 3) Giebt es bei der Eigentümerhypothek einen Drittschuldner im Sinne der §§ 730. 744 (jetzt 829. 845) C.P.O.? **43**, 429. — 4) Wie ist nach dem Zuschlage des subhastierten Grundstückes die Pfändung der Eigentümerhypothek zu bewirken? **43**, 427. — 5) Kann der Eigentümer, der eine von ihm auf den Kaufpreis übernommene Hypothek durch Zahlung und Cession erworben hat, gegen seinen Verkäufer die zu Grunde liegende persönliche Forderung geltend machen? Ist der Cessionar des Eigentümerhypothekars dazu befugt? **45**, 187. — 6) Erwirbt der Grundeigentümer die mit Versicherungsgeldern für abgebrannte Gebäude bezahlte Hypothek, oder erlischt sie? **47**, 267. — 7) Ist die unter dem älteren Rechte eingetragene nicht valutierte Hypothek mit dem Inkrafttreten des neuen Liegenschaftsrechtes zur Eigentümerhypothek geworden? **48**, 48; **50**, 80.

e. Klagerecht aus der Hypothek und Grundschuld.

(S. a. Subhastations- und Kollokationsverfahren unter § 351 c.)

1) Erlischt das persönliche Klagerecht des Hypothekengläubigers gegen den übernehmenden Grundstückserwerber durch dessen Rücktritt vom Vertrage wegen Gewährsmängel, Betruges ꝛc? **43**, 270. — 2) Haben die nacheingetragenen Hypothekengläubiger einen Anspruch auf Löschung voreingetragener, für die kleine Valuta gezahlt ist? Haben sie einen Anspruch auf die nachträglich eingezahlte Valuta der voreingetragenen? **44**, 269. — 3) Umfang der Rechtskraft im Falle der Abweisung der Klage auf

Löschung einer Hypothek. **46,** 10. — 4) Nach welchem Rechte sind Einreden aus dem persönlichen Schuldverhältnisse gegen eine Klage aus einer vor dem Inkrafttreten des B.G.B. eingetragenen und abgetretenen Hypothek zu beurteilen? **47,** 229.

f. Übernahme von Hypothekenschulden seitens des Erwerbers des belasteten Grundstückes.

1) Beginn der Frist des § 41 Abs. 2 E.E.G., wenn die durch nicht prompte Zinszahlung bedingte Kündigung vor Ablauf der für die Zinszahlung bestimmten äußersten Frist erfolgt. **41,** 327. — 2) Wird der Veräußerer eines Grundstückes von seiner persönlichen Schuld nach § 41 Abs. 2 E.E.G. auch dann frei, wenn der Ablauf der Klagefrist in die Zeit von der durch einen anderen Gläubiger betriebenen Zwangsversteigerung bis zum Zuschlage fällt? **41,** 326. — 3) Wird die Ersatzübernahme auch dann wirksam, wenn der Ersteher infolge einer Vereinbarung mit dem Eigentümer des mithaftenden Grundstückes die Korrealhypothek bezahlt, und ihm dafür in gleicher Höhe eine Hypothek an dem bisher mithaftenden Grundstücke bestellt wird? **42,** 176. — 4) Kann der Ersteher des versteigerten Grundstückes eine Gesamthypothek, die er in Anrechnung auf den Kaufpreis übernommen und gegen Auszahlung abgetreten erhalten hat, gegen die mitverhafteten Grundstücke des Subhastaten geltend machen? **43,** 340. — 5) Erlischt das persönliche Klagerecht des Hypothekengläubigers gegen den übernehmenden Käufer durch dessen Rücktritt vom Vertrage wegen Gewährsmängel, Betrugs ꝛc? **43,** 270.

§ 80*. Hypothek des neuen Liegenschaftsrechtes. Übergangsbestimmungen.

1) Wenn das neue Recht Sachen, die nach dem bisherigen Rechte nicht Zubehör des Grundstückes waren, die Zubehöreigenschaft verleiht, so treten sie zwar mit dem Inkrafttreten des neuen Rechtes in die Haftung für die Hypothek ein, aber nur behaftet mit dem durch eine bisher zulässige Pfändung entstandenen Pfandrechte. **46,** 171. — 2) Anwendung des § 896 B.G.B. auf die Briefhypothek des bisherigen preußischen Rechtes. **47,** 158. — 3) Ist ein nach preußischem A.L.R. begründetes, mit einer Hypothek verbundenes, antichretisches Pfandrecht mit dem Inkrafttreten des B.G.B. weggefallen oder besteht es mit seinem bisherigen Inhalte und Range neben der Hypothek fort? **47,** 57. — 4) Darf ein Nutzungspfandrecht nach dem Inkrafttreten des B.G.B. auch dann nicht mehr in das Grundbuch eingetragen werden, wenn es vorher vorgemerkt war? **48,** 62. — 5) Ist die unter dem älteren Rechte eingetragene nicht valutierte Hypothek mit dem Inkrafttreten des neuen Liegenschaftsrechtes zur Eigentümerhypothek geworden? Zur Eigentümergrundschuld? Muß der als Gläubiger Eingetragene zur Berichtigung des Grundbuches mitwirken? **48,** 48; **50,** 80. — 6) Wodurch wird die Vermutung des Bestehens einer Hypothekenforderung entkräftet und der Gläubiger beweispflichtig? **49,** 7. — 7) Zwangsvollstreckung aus einer Arrest-

vormerkung des bisherigen preußischen Rechtes nach dem Inkrafttreten der neuen Reichsgesetze. **49**, 106. — 8) Umwandelung einer Kautionshypothek des preußischen Rechtes in eine Maximalhypothek des § 1190 B.G.B. nach Art 192 E.G. **49**, 164. — 9) Voraussetzungen des Rechtes des Hypothekengläubigers, der Entfernung von Zubehörstücken entgegenzutreten. **50**, 68. — 10) Wirkungen einer unter dem früheren Rechte eingetragenen Hypothek nach Anlegung des neuen Grundbuches. **50**, 72. — 11) Ist der unter dem B.G.B. geschlossene Vertrag, daß eine Darlehnshypothek des preußischen Rechtes von nun an eine andere Forderung sichern solle, obligatorisch gültig ohne die Form des § 873 B.G.B.? **50**, 77. — 12) Unter welchen Voraussetzungen ist die Eintragung der sog. Goldklausel als Zahlungsbedingung zu einer Hypothek zulässig? **50**, 145. — 13) Genügt zur Eintragung der Goldklausel die Bezugnahme auf die Eintragungsbewilligung? **50**, 149. — 14) Muß die Goldklausel auf Antrag in den Eintragungsvermerk aufgenommen werden? **50**, 150.

§ 81. Pfandrecht an beweglichen körperlichen Sachen.

(S. a. unten §§ 242, 243.)

1) Ist man redlicher Pfandnehmer von Inhaberpapieren, wenn man aus grober Fahrlässigkeit nicht wußte, daß die Papiere schon vor der Verpfändung einem Dritten verkauft, aber noch nicht übergeben waren? (P.) **41**, 210. — 2) Umfang der Pflicht des Pfandnehmers von Inhaberpapieren, die Befugnis des Verpfänders zur Verfügung über die Papiere zu prüfen. (P.) **41**, 207. — 3) Keine Pflicht des Pfandgläubigers, den Pfandgegenstand durch einen anderen, wenn auch gleichwertigen, ersetzen zu lassen. **41**, 33. — 4) Das Recht des Verpächters an den vom Pächter eingebrachten Sachen ist ein wahres Pfandrecht. (P.) **44**, 267. — 5) Wird durch die Verpfändung von Namensaktien, für die besondere Dividendenscheine nicht ausgegeben sind, auch ohne Benachrichtigung der Aktiengesellschaft ein Pfandrecht an den Dividenden begründet? (G.) **42**, 155. — 6) Schadensersatz nach § 91 A.L.R. I. 6 wegen unbefugten Gebrauches der Pfandsache durch den Pfandgläubiger. (P.) **44**, 266.

§ 82. Pfandrecht an Forderungen.

(S. a. unten §§ 242, 243.)

1) Dauert das Pfandrecht an einer Hypothekenforderung fort, wenn der Pfandgläubiger zwar durch die Zahlung eines Dritten befriedigt worden ist, später aber das Empfangene an den Dritten hat zurückzahlen müssen? Rechtsstellung dessen der nach der Zahlung die Hypothek erworben hat, wenn zur Zeit des Erwerbes die Verpfändung im Grundbuche noch nicht gelöscht war? (P.) **43**, 349. — 2) Wird durch die Verpfändung von Namensaktien, für die besondere Dividendenscheine nicht ausgegeben sind, auch ohne Benachrichtigung der Aktiengesellschaft ein Pfandrecht an den Dividenden begründet? (G.) **42**, 155.

§ 83. Die gesetzlichen Pfand- und Vorzugsrechte.

1) Erwirbt der Spediteur an dem nach dem Flußtransporte an ihn gelangten Gute ein Pfandrecht wegen seiner früheren Auslagen, wenn der Absender den vom Schiffer ohne Aufnahme dieser Auslagen gezeichneten Ladeschein dem gutgläubigen Ladungsempfänger ausgehändigt hatte? **44**, 116. — 2) Das Recht des Verpächters an den vom Pächter eingebrachten Sachen ist ein wahres Pfandrecht. (P.) **44**, 267. — 3) Anwendung des § 91 A.L.R. I. 6 wegen unbefugten Gebrauches der Pfandsachen durch den Verpächter. (P.) **44**, 266. 4) Rang einer in Holland an einem holländischen Flußschiffe bestellten Hypothek gegenüber einem jüngeren in Deutschland aus einem Zusammenstoße entstandenen Schiffspfandrechte, wenn das Schiff in Deutschland gepfändet und zur Zwangsversteigerung gebracht wird. (P.) **45**, 276. — 5) Finden die §§ 561 Abs. 2, 581 Abs. 2 B.G.B. auf das vor 1900 entstandene Pfandrecht des Vermieters oder Verpächters Anwendung? **49**, 57.

Fünftes Kapitel. Sonstige dingliche Rechtsverhältnisse.

§ 84. Lehnrecht.

Ist für das Lehnrecht die lex curiae oder die lex rei sitae maßgebend? (G.) **43**, 177.

§ 85. Stammgüter. Familienfideikommisse.

Kann jemand eine Sache zu freiem Eigentume ersitzen, wenn er glaubt, sie sei ihm gehöriges Fideikommißgut? (G.) **47**, 244.

§ 86. Bauergüter.

— — — — — — —

§ 87. Rechtsverhältnisse der öffentlichen Wege.

(Wegeregal und Wegepolizei s. unten § 371.)

1) Darf der Reichspostfiskus die öffentlichen Straßen und Plätze der Städte ohne Genehmiguug der Stadtgemeinde mit Telegraphen- und Fernsprechdrähten überspannen? **42**, 205. — 2) Inwiefern wird ein Privatweg durch Einbeziehung in einen zur Ausführung beschlossenen städtischen Bebauungsplan zu einer öffentlichen Straße? (P.) **42**, 289. — 3) Sind Kommunikationswege Gegenstand des Privateigentumes? (P.) **44**, 174. — 4) Stehen Kommunikationswege den Land- und Heerstraßen gleich, unterliegen sie namentlich dem Landstraßenregale des Staates? (P.) **44**, 173. — 5) Kann eine Brücke, wenn ohne Geländer, als Abhang im Sinne des § 367 Ziffer 12 R.St.G.B. gelten? (P.) **44**, 176. —

6) Wann haftet der Fiskus für die Folgen mangelhafter Unterhaltung von Landstraßen, wenn er nicht als Inhaber des Landstraßenregales, sondern aus anderen Gründen unterhaltungspflichtig ist? (P.) **44**, 173. — 7) Begrenzung des Schadensanspruches der anliegenden Hauseigentümer wegen Veränderungen an einer städtischen öffentlichen Straße. Erhebliche Erschwerung der Verbindung. Ausgleichung der Nachteile durch die Vorteile. (P.) **44**, 282. — 8) Hat jeder Hausbesitzer, einschränkende Polizeivorschriften vorbehalten, das Recht, das s. g. Hauswasser, auch das zum Geschäftsbetriebe benutzte, auf die öffentliche Straße zu leiten? (F.) **46**, 316. — 9) Haftung für den mangelhaften Zustand eines Weges. Wodurch wird er ein öffentlicher? (P.) **48**, 297.

§ 88. Rechtsverhältnisse der öffentlichen Gewässer.

1) Grenze zwischen Flußbett und Ufer. (G.) **44**, 124. — 2) Welche Bedeutung haben Ebbe und Flut für die Bestimmung der Grenzlinie zwischen Flußbett und Ufer? (G.) **44**, 128. — 3) Kommen für die Frage nach der Öffentlichkeit eines Flusses künstliche Hindernisse in Betracht, die der Schiffahrt entgegenstehen? (P.) **45**, 183. — 4) Wird ein Privatfluß dadurch, daß er vom Staate schiffbar gemacht wird, in seiner ganzen Ausdehnung öffentlich? (P.) **45**, 184. — 5) Umfang der Entschädigung des Fischereiberechtigten, wenn der Staat den durch einen Durchstich ausgeschiedenen Teil des Bettes eines öffentlichen Flusses samt der Fischereiberechtigung an einen Dritten veräußert. (P.) **46**, 287. — 6) Wieweit ist der Oberpräsident zur Entscheidung über die Schiffbarkeit öffentlicher Flüsse zuständig? (P.) **49**, 319.

§ 89. Rechtsverhältnisse der Privatflüsse. Landseen. Quellen.

1) Wird ein Privatfluß dadurch, daß er vom Staate schiffbar gemacht wird, in seiner ganzen Ausdehnung zu einem öffentlichen? (P.) **45**, 184. — 2) Begründet das Fischereirecht an einem Landsee einen Anspruch auf Unterlassung schädlicher Immissionen und auf Entschädigung? (P.) **46**, 251. — 3) Ist eine Einrichtung, durch die Wasser aus einem Privatflusse zunächst durch ein Pumpwerk gehoben und dann weiter geleitet wird, eine Ableitung im Sinne des § 13 Abs. 1 Nr. 2 des Gesetzes v. 28. Februar 1843? (P.) **47**, 291. — 4) Umfang des Rechtes des Gegenüberliegers auf Zurückleitung des Wassers nach § 13 Nr. 2 des Privatflußgesetzes von 1843. (P.) **49**, 90.

§ 90. Mühlenrecht.

1) Ist der den Windmühlen aus der Zeit vor dem 18. November 1819 gewährte Schutz gegen Baumpflanzungen (§ 247 A.L.R. II. 15) neben dem B.G.B. in Kraft geblieben? (P.) **50**, 319. — 2) Umfang des den Windmühlen nach § 247 A.L.R. II. 15 gegen Verkümmerung des „nötigen" Windes gewährten Schutzes. (P.) **50**, 325.

§ 91. Ausschließliche Gewerbeberechtigungen. Zwangs- und Bannrechte.

Gilt der Gerichtsstand des § 25 (24 n. F.) C.P.O. auch für die Klage, mit der eine Apothekengerechtigkeit als eine privilegierte geltend gemacht wird? (P.) **45**, 385.

§ 92. Deichrecht.

— — — — — — —

§ 93. Bergrecht.

1) Kann der Schürfer, wenn die zuständige Bergbehörde im öffentlichen Interesse die Einstellung der Schürfarbeiten und die Verdichtung des Bohrloches angeordnet hat, für die aufgewandten Kosten vom Staate Entschädigung fordern? (P.) **43**, 198. — 2) Hat der Schürfer als solcher an dem von ihm getriebenen Bohrloche und ähnlichen Anlagen ein Privatrecht? (P.) **43**, 201. — 3) Sind die Kuxe des neueren Rechtes bewegliche Sachen? (P.) **43**, 353. — 4) Sind die Kuxe des neueren Rechtes als ausstehende Kapitalien im Sinne des § 328 A.L.R. II. 2 zu konferieren? (P.) **43**, 354. — 5) Steht es mit dem Begriff der Regalität in Widerspruch, daß den Eigentümern aus eigenem Rechte die auf das Bedürfnis ihrer Grundstücke beschränkte Befugnis zur Gewinnung eines regalen Minerales zusteht? (G.) **44**, 131. — 6) Voraussetzungen der Begründung eines Privatbergregales durch partikuläres Gewohnheitsrecht. (G.) **44**, 135. — 7) Muß der Nießbraucher eines Nachlasses, der nach dem Testamente die Ausbeute der zum Nachlaß gehörigen Kuxe beziehen, aber etwaige Zubußen tragen soll, die Zwangsvollstreckung in den Nachlaß wegen der von den Erben geschuldeten Zubußen zulassen? (P.) **44**, 211. — 8) Haften Miteigentümer von Kuxen neueren Rechtes für die auf diese fallenden Gewerkschaftsbeiträge solidarisch? (P.) **44**, 213. — 9) Sind mit der Außerhebungsetzung der fiskalischen auch die Bergwerksabgaben an die Privatregalbesitzer außer Hebung getreten, deren Recht durch Regulativ auf das Maß der gesetzlich bestimmten landesherrlichen beschränkt ist? (P.) **44**, 224. — 10) Ist die einseitige Erklärung, einen Kux auf einen Anderen zu übertragen, nach Tarifstelle 34 des Stempelgesetzes von 1895 zu versteuern? (P.) **45**, 246. — 11) Kuxe sind nicht reine Forderungsrechte, sondern Vermögensrechte mit eigener Selbständigkeit und als solche „Sachen" im Sinne des § 3, nicht des § 7 A.L.R. I. 2. (P.) **45**, 247. — 12) Die Übertragung der Kuxe vollzieht sich durch die Erklärung des Übertragungswillens des bisherigen Eigentümers und die Annahme dieser Erklärung von seiten eines Anderen; schriftliche Form ist nur für den ersten Teil nötig. (P.) **45**, 247. — 13) Voraussetzungen der Klage aus § 35 Abs. 2 A.B.G.; ihr Verhältnis zu der Klage aus § 31 Abs. 2. (P.) **45**, 257. — 14) Kann ein Mutungsvorrecht gegen dieselbe Mutung eines Dritten nur einmal geltend gemacht werden oder auf Grund einer vor der Verleihung eingelegten neuen Mutung wiederholt? (P.) **45**, 260. — 15) Ist die Kapital-

entschädigung für einen durch den Minderertrag des Grundstückes sich jährlich erneuernden Schaden so zu berechnen, daß der durch Kapitalisierung des durchschnittlichen Minderertrages gewonnenen Summe die Ausfälle der vergangenen Jahre hinzugerechnet werden? (P.) **45,** 266. — 16) Wird die Verjährung des Anspruches des Eigentümers wegen Beschädigung seines Grundstückes durch den Bergbau dadurch unterbrochen, daß der Bergbautreibende den Pächter für entzogenen Fruchtgenuß entschädigt? (P.) **46,** 280. — 17) Gehören preußische Kuxe neueren Rechtes zu den in § 50 Abs. 2 des Börsengesetzes bezeichneten Anteilen von Bergwerksunternehmungen? **47,** 104. — 18) Sind preußische Kuxe neueren Rechtes Wertpapiere im Sinne des Börsengesetzes? **47,** 106. — 19) Wann erscheint die bergbauliche Benutzung des für den Bergbaubetrieb abgetretenen Grundstückes als beendet, und die gesetzliche Verpflichtung zur Rückgabe des Grundstückes und zum Ersatze des durch die Benutzung entstandenen Minderwertes als begründet? (P.) **47,** 289. — 20) Anfechtung eines auf Einstellung des Betriebes lautenden Gewerkschaftsbeschlusses durch einen Gewerken aus § 115 A.B.G. (P.) **47,** 293. — 21) Erlöschen die Verbindlichkeiten einer Gewerkschaft aus einem Syndikatsvertrage ohne weiteres durch den Verkauf des Bergwerkes? (P.) **48,** 305. — 22) Inwiefern kann eine Gewerkschaft trotz vorliegenden Auflösungsgrundes noch fortbestehen? (P.) **48,** 311. — 23) Streitwert im Falle der Anfechtung eines Gewerkschaftsbeschlusses durch einen Gewerken. **48,** 381. — 24) Welche Wirkung gegen den Erwerber einer Kohlenabbaugerechtigkeit tritt ein, wenn auf dem für sie angelegten Grundbuchblatte die vertragsmäßige Verpflichtung, einen Tonnenzins zu zahlen, nicht eingetragen ist? Ist diese Verpflichtung als „Beschränkung des Eigentumes" im Sinne des § 11 E.E.G. anzusehen? (P.) **49,** 208. — 25) Kann der Muter nach Ablauf der Frist des § 31 Abs. 2 A.B.G. gegen einen konkurrierenden Muter klagen, wenn sein Anspruch auf Verleihung nicht wegen Einspruches oder Kollision mit den Rechten Dritter, sondern nur wegen verspäteter Einreichung des Situationsrisses zurückgewiesen ist? (P.) **49,** 214. — 26) Ist nach dem preußischen A.B.G. und nach dem württembergischen Berggesetze von 1874 die Fündigkeit einer Mutung dadurch bedingt, daß das entdeckte Mineral sich am Fundpunkte in abbauwürdiger Menge befindet? (P. u. Württ.) **49,** 227. — 27) Bedeutung der Tiefenlage des Fundpunktes bei Funden, die mittels eines Bohrloches oder eines Schachtbetriebes gemacht sind. (P. u. Württ.) **49,** 233. — 28) Entscheidet bei der Kollision zweier, im Sinne des § 24 A.B.G. an sich bevorrechtigter Mutungen das Alter des Fundes oder das der Mutung? (P.) **49,** 261. — 29) Haftung des Bergwerksbesitzers für die Schädigung einer Windmühle durch Windentziehung infolge von Haldenaufschüttung. (P.) **49,** 281. — 30) Ist die Rechts- und Erwerbsfähigkeit einer Gewerkschaft auf den Betrieb des verliehenen Bergwerkes und die damit zusammenhängenden Geschäfte beschränkt? (P.) **49,** 293. — 31) Darf eine Gewerkschaft, deren verliehenes Bergwerk nicht betrieben wird, aus dem Rechte des Grundeigentümers auf nicht verleihbare Mineralien, insbesondere in der Provinz Hannover auf Kalisalze Bergbau treiben? (P.) **49,** 295.

— 32) Verweigerung der Zubuße, weil sie zu einem anderen Unternehmen als dem Betriebe des verliehenen Bergwerkes bestimmt ist. (P.) **49**, 298.

§ 94. Dingliche Rechtsverhältnisse in Bezug auf Kirche und Schule.

(S. a. oben § 20e.)

a. Parochiallasten. Kirchen- und Schulbaulast. Kirchen- und Pfarrgüter.

1) Muß der Kirchenpatron zum Neubau des durch das Wachstum der Gemeinde neben dem bisherigen nötig gewordenen zweiten Kirchengebäudes beitragen? (P.) **43**, 332. — 2) Erstreckt sich die Kirchenbaulast des Patrons auch auf ein infolge der Errichtung einer zweiten Predigerstelle nötig gewordenes Diakonatshaus? (P.) **45**, 208. — 3) Ist bei einem beendeten Kirchen- oder Pfarrhausbau der Rechtsweg wegen der vom Patron zu leistenden Baukostenbeiträge zulässig, wenn über die unter den Parteien streitige Notwendigkeit des Baues von der Bezirksregierung noch nicht entschieden ist? Wenigstens dann, wenn die Kosten den Betrag von 150 Mark nicht übersteigen? (P.) **50**, 311.

b. Patronat.

1) Hat der Patron, wenn ohne seine Schuld der von ihm präsentierte Prediger nicht bestätigt wird, ein Recht auf Erneuerung der inzwischen abgelaufenen Präsentationsfrist? Einmal oder auch wiederholt? (G.) **43**, 172. — 2) Erwerbsgründe des Kirchenpatronates. (P.) **43**, 334. — 3) Ist für Streitigkeiten über die persönliche Fähigkeit zur Ausübung des Patronatsrechtes (§ 61d des Gesetzes vom 8. Mai 1887) der Rechtsweg zulässig? (P.) **43**, 361. — 4) Wird die persönliche Fähigkeit zur Ausübung des mit dem Besitze eines Landgutes verbundenen Patronatsrechtes nach jetzigem Rechte durch jede strafrechtliche Verurteilung wegen Betruges verloren? (P.) **43**, 362. — 5) S. auch die Fälle unter a.

c. Kirchenstühle. Kirchhöfe.

1) Ist der Eigentümer eines Kommunalfriedhofes berechtigt, einen das Leichenbestattungsgewerbe Betreibenden von dessen Ausübung auf dem Friedhofe auszuschließen? (P.) **42**, 56. — 2) Friedhöfe können im Privateigentum der Kirchen, der politischen Gemeinden oder einzelner Personen stehen. (P.) **42**, 57.

d. Kirchenpfründe.

— — — — — — — —

Dritter Abschnitt. Recht der Obligationen.

Erstes Kapitel. Allgemeine Lehren.

1. Subjekte.

§ 95. Bestimmtheit des Subjektes.

Wirkt die allgemein für den Eingang der Wechselsumme außerhalb des Wechsels schriftlich erklärte Bürgschaft auch zu deren Gunsten, die später durch Indossament den Wechsel erworben und die Bürgschaftsurkunde ausgehändigt erhalten haben? (G.) **41**, 171.

§ 96. Mehrheit der Subjekte. Korreal- und Solidarobligation.

1) Anmeldung von Regreßansprüchen dessen, der im Interesse eines Anderen unter dessen Verbürgung ein Darlehen aufgenommen hat, wenn beide in Konkurs verfallen, im Konkurse des Anderen neben dem Darlehnsgläubiger. **42**, 36. — 2) Grund und Bedeutung der Solidarhaft im Falle der Schadenszufügung durch mehrere. (P.) **42**, 175. — 3) Inwiefern wirkt der von einem Korrealgläubiger über das Forderungsrecht abgeschlossene Vertrag auch gegen den anderen? (G.) **43**, 164. — 4) Die Teilnehmer einer Vereinigung zu einzelnen Handelsgeschäften als Korrealgläubiger. (G.) **43**, 165. — 5) Haften Miteigentümer von Kuxen neueren Rechtes für die auf diese fallenden Zubußen solidarisch? (P.) **44**, 213. — 6) An sich folgt aus der ungeteilten Gemeinschaft mehrerer Schuldner nicht die Haftung des einzelnen für die ganze Schuld. (P.) **44**, 215. — 7) Unter welchen Voraussetzungen haften Arbeiter solidarisch auf Schadensersatz, wenn sie gemeinschaftlich ohne Kündigung die Arbeit niederlegen? (G.) **47**, 246.

§ 97. Intercession. Bürgschaft.

a. Begriff. Arten. Abschluß. Inhalt der Verpflichtung.

1) Wirkt die allgemein für den Eingang der Wechselsumme außerhalb des Wechsels schriftlich erklärte Bürgschaft auch zu deren Gunsten, die später durch Indossament den Wechsel erworben und die Bürgschaftsurkunde ausgehändigt erhalten haben? Können solche Bürgschaftsrechte durch Cession dem abgetreten werden, dem der Wechsel indossiert wird? (G.) **41**, 171. — 2) Naturalobligation als Grundlage einer Bürgschaft. (G.) **42**, 119. — 3) Regreß des Indossanten, der den Wechsel eingelöst hat, gegen seinen Vormann; Einrede, beide Wechselunterschriften seien zum Zwecke gemeinschaftlicher Verbürgung für die Schuld des Acceptanten gegeben worden. **48**, 152. — 4) Findet der § 766 B.G.B. über die Form der Bürgschaftsverträge auf einen Kreditauftrag im Sinne des § 778 Anwendung? **50**, 160. — 5) Siehe auch b.

b. Rückgriff des Bürgen.

Aufnahme eines Darlehens für einen Anderen unter dessen Verbürgung. Rechtsfolgen für das Verhältnis zwischen ihnen, namentlich wenn beide in Konkurs geraten. (S.) **42**, 36.

c. Intercession der Frauen.

— — — — — — — —

§ 98. Die sog. actiones adjecticiae qualitatis.

— — — — — — — —

2. Gegenstand der Obligationen.

§ 99. Im allgemeinen. Teilbarkeit. Bestimmtheit. Alternative Obligationen. Species und genus.

1) Ist die die Umwandelung eines gewerblichen Unternehmens in eine Aktiengesellschaft bezielende Offerte wegen Unbestimmtheit unverbindlich, wenn die näheren Bestimmungen über die Höhe des Grundkapitales und die sonstigen Geschäftseinrichtungen dem anderen Teile überlassen sind? (P.) **41**, 282. — 2) Übergang eines Gattungskaufes in einen Spezieskauf durch Übereinkommen. (S.) **43**, 182. — 3) Ungültigkeit eines Vertrages wegen Mangels genügender Bestimmtheit seines Inhaltes. (P.) **46**, 259. — 4) Erfüllungsort für die Verpflichtung des Käufers zur Abnahme der Ware bei Gattungskäufen. **49**, 74. — 5) Was ist unter einem zweiseitigen Rechtsgeschäfte, das denselben wirtschaftlichen Zwecken dienen soll wie ein Darlehen, im § 302a R.St.G.B. in der Fassung des Wuchergesetzes vom 19. Juni 1893 zu verstehen? **43**, 116; **46**, 115.

§ 100. Geldschulden.

1) Hat der dritte Eigentümer der beim Schuldner gepfändeten und unauffindbar gewordenen Geldstücke einen Anspruch gegen den durch das Geld befriedigten Gläubiger? (S.) **43**, 179. — 2) Sind schriftliche Verpflichtungen zur Entrichtung wiederkehrender Geldleistungen von unbestimmter Dauer als stempelpflichtige Schuldverschreibungen anzusehen? (P.) **45**, 289; **48**, 351. — 3) Unterliegt das Versprechen einer Geldzahlung, das nur als Teil eines einheitlichen, gegenseitige Verpflichtungen enthaltenden Vertrages erscheint, dem Schuldverschreibungsstempel? (P.) **49**, 312.

§ 101. Zinsen.

(Wucher s. unten § 163.)

1) Bewirkt die Anerkennung einer Konkursforderung durch den Konkursverwalter oder Fallimentssyndik, daß nun die Zinsen als Bestandteil des Kapitales anzusehen sind und daher nach Art. 2277 C. c. nicht mehr verjähren? (F.) **42**, 84. — 2) Können Verzugszinsen oder Prozeßzinsen noch gefordert werden, nachdem die Hauptforderung ohne

Zinsen in einem schon beendeten Prozesse mit Erfolg eingeklagt ist? (G.) **42**, 121. — 3) Können nach vorbehaltloser Annahme der Hauptschuld noch Verzugszinsen gefordert werden? (G.) **42**, 123. — 4) Wieweit ist der Fiskus von der Verpflichtung zur Zahlung gesetzlicher Zinsen frei? (G.) **42**, 124. — 5) Schuldet der Verkäufer gesetzliche Zinsen für den Teil des Kaufpreises, den er in einem von ihm mit entsprechendem Preisnachlasse gekauften Grundstücke schon empfangen hatte, bevor er das von ihm verkaufte übergab? (P.) **44**, 178. — 6) Von wann muß der Fiskus den an Erbschaftssteuer überhobenen Betrag verzinsen? (P.) **44**, 210. — 7) Von wann ist ein unrichtig erhobener Stempelbetrag zu verzinsen? (P.) **44**, 220. — 8) Von wann ist eine abgenötigte Zahlung zu verzinsen? (P.) **45**, 9. — 9) Höhe der Verzugs- nnd Urteilszinsen für die Zeit seit dem 1. Januar 1900, wenn der Verzug schon vorher eingetreten war. **46**, 74. — 10) Landesübliche Zinsen als Teil des Schadensersatzes. (P.) **46**, 82. — 11) Einfluß der Zinsen auf die Berechnung des Stempels für eine Urkunde über die Verbürgung für Kapital und Zinsen. (P.) **46**, 272. — 12) Hat das anerkannte natürliche Kind von dem ihm gesetzlich zustehenden Nachlaßanteile Früchte und Zinsen schon vom Todestage des Erblassers an zu fordern? (F.) **46**, 314. — 13) Wird der Enteignende durch die Hinterlegung der im Verwaltungswege festgesetzten, im Rechtswege angefochtenen Entschädigungssumme von der weiteren Verzinsung frei? (P.) **47**, 260. — 14) Ist die Vorschrift des § 36 Abs. 2 des Enteignungsgesetzes über die Verzinsung der Entschädigungssumme auch im Falle freiwilliger Abtretung nach § 16 anzuwenden? (P.) **47**, 311. — 15) Befreit im Enteignungsverfahren die Hinterlegung der vorläufig festgestellten Entschädigungssumme den Unternehmer von der vereinbarten Pflicht zur Verzinsung überhaupt oder doch nach der Dringlichkeitserklärung? (P.) **49**, 257.

§ 102. Interesse. Schadensersatz.

(S. a. unten §§ 118. 119. 237.)

1) Wann darf wegen Nichterfüllung eines Handelskaufes trotz Art. 354 H.G.B. Schadensersatz nach abstrakter Berechnung gefordert werden? **41**, 100. — 2) Ist die Postverwaltung, wenn der eine Postanweisung auf Grund eines Posteinlieferungsbuches annehmende Postbeamte die Übereinstimmung der Adresse in der Anweisung und im Buche nicht prüft und infolgedessen die Auszahlung an eine andere als die im Posteinlieferungsbuche bezeichnete Person erfolgt, dem Absender ersatzpflichtig? **41**, 102. — 3) Ist der Staat für die im öffentlichen Interesse durch Gesetz oder Verwaltungsbehörden erfolgten Eingriffe in Privatrechte zur Entschädigung verpflichtet? (G.) **41**, 142. 191. — 4) Ist der Afterverpächter auch ohne eigenes Verschulden dem Afterpächter schadensersatzpflichtig, wenn dieser vom Eigentümer aus der Pachtsache entsetzt wird? (G.) **41**, 147. — 5) Verhältnis des Anspruches auf das Interesse zu der actio quanti minoris. (G.) **41**, 163. — 6) Haftet der, der zur Wahrnehmung einer polizeilich gebotenen Hand-

lung einen Vertreter bestellt hat, stets für den durch dessen Verschulden entstandenen Schaden, wenn er ihn nicht überwacht hat? (P.) **41**, 211. — 7) Unmittelbarer Schaden im Sinne des A.L.R., insbesondere bei Körperverletzung. (P.) **41**, 240. — 8) Begriff des mittelbaren Schadens. (P.) **41**, 285. — 9) Ist das Bestehen einer die Folgen einer Handlung bestimmenden Rechtsnorm ein von der Handlung verschiedenes Ereignis im Sinne des § 3 A.L.R. I. 6? (P.) **41**, 290. — 10) Kann der Ersatz des infolge Verletzung einer Vertragspflicht entstandenen mittelbaren Schadens und entgangenen Gewinnes abgelehnt werden, weil der Beschädigte die von ihm wahrgenommene Vertragswidrigkeit nicht gehindert habe? (P.) **41**, 292. — 11) Kann eine im Güterrechte des A.L.R. lebende Ehefrau Schadensanspruch aus § 3 Abs. 2 R.H.G. erheben? (P.) **42**, 32. — 12) Haftung des Bankiers, der dem kaufenden Kunden Wertpapiere als sichere Anlage empfiehlt. (G.) **42**, 129. — 13) Voraussetzungen, unter denen der Käufer von Zubehör und Früchten eines mit Hypotheken oder Grundschulden belasteten Landgutes im Falle absichtlicher Verschleuderung des Inventars für den Ausfall einer Hypothek ersatzpflichtig ist. (P.) **42**, 170. — 14) Grund und Bedeutung der Solidarhaft bei Schadenszufügung durch Mehrere. (P.) **42**, 175. — 15) Ist der Kausalzusammenhang unterbrochen, wenn der Schade in einer Richtung liegt, in der Vertragspflichten nicht übernommen und nicht verletzt sind? (P.) **42**, 291. — 16) Beschränkung der Ersatzpflicht in Vertragsverhältnissen auf den mittelbaren Schaden, wenn der Beschädigte durch grobes Versehen die Abwendung des weiteren Schadens unterlassen hat. (P.) **42**, 299. — 17) Kann der Rechtsanwalt ersatzpflichtig werden, wenn er bei der Ausführung eines Auftrages der herrschenden Ansicht trotz eigener Bedenken gegen ihre Richtigkeit folgt? (P.) **42**, 325. — 18) Wieweit ist bei der richterlichen Festsetzung der Entschädigung für Festungsrayonbeschränkungen auf Erleichterungen Rücksicht zu nehmen, die erst nach Festsetzung der Entschädigung durch die Verwaltungsbehörde entstanden sind? **43**, 15. — 19) Darf der durch unbefugte Anwendung eines durch Patent geschützten Verfahrens erzielte Gewinn als Entschädigung gefordert werden? **43**, 56. — 20) Ist die Entschädigung für Patentverletzungen nach Landesrecht oder nach dem Patentgesetze zu bemessen? **43**, 58. — 21) Was ist unter „unerlaubter Handlung" im § 25 A.L.R. I. 6 zu verstehen? (P.) **43**, 195. — 22) Kann der Schürfer vom Staate Ersatz der aufgewandten Kosten verlangen, wenn die zuständige Bergbehörde im öffentlichen Interesse ihm die Einstellung der Bohrarbeiten und die Verdichtung des Bohrloches aufgegeben hat? (P.) **43**, 198. — 23) Unter welchen Umständen wird durch die schädliche Einwirkung einer elektrischen Anlage auf eine andere die Verpflichtung zum Schadensersatze begründet? (P.) **43**, 252. — 24) Muß im Falle des § 25 A.L.R. I. 13 der Bevollmächtigte, wenn er den Auftrag behält, ohne dem Machtgeber Anzeige zu machen, den durch die Unterlassung der Anzeige oder den durch das Behalten des Auftrages entstandenen Schaden ersetzen? (P.) **43**, 262. — 25) Enthält die Annahme einer vertragswidrigen Leistung stets einen Verzicht auf

Schadloshaltung? (P.) **43**, 268. — 26) Anspruch auf Schadensersatz in gewissen Fällen als Ausnahme von dem Satze, daß die Erfüllung nur nach dem Inhalt des Vertrages verlangt werden kann. (P.) **43**, 289. — 27) Tritt die Vermutung des § 26 A.L.R. I. 6 ein, wenn auch der Beschädigte ein auf Schadensverhütung abzielendes Polizeigesetz vernachlässigt hat, oder wenn ihm selbst ein grobes Verschulden zur Last fällt? (P.) **43**, 369. — 28) Umfaßt der Anspruch auf Rückgewähr aus § 7 R.A.G. auch den auf Schadensersatz? Kann dieser auch auf das Landesrecht gestützt werden? **44**, 92. — 29) Kausalzusammenhang. Läßt sich als Todesursache die äußere Gewalteinwirkung annehmen, wenn zu dieser eine innere Erkrankung den Anlaß gegeben hat? (G.) **44**, 152. — 30) Voraussetzungen der Schadensersatzpflicht dessen, der den Hypothekengläubiger durch Entfernung von beweglichen Sachen schädigt, die diesem als Zubehör des Grundstückes haften. (P.) **44**, 186. — 31) Kann ein Jagdberechtigter, wenn die Jagd ohne Rücksicht auf sein Interesse von seinem Jagdnachbarn ausgeübt wird, von diesem Schadensersatz fordern? (P.) **44**, 195. — 32) Verliert der Bauherr seine Schadensansprüche wegen Baumängel durch Übernahme des Gebäudes, ohne die ins Auge fallenden Mängel zu rügen? (P.) **44**, 240. — 33) Ist der § 91 A.L.R. I. 6 auch auf die Schadensansprüche des Verpfänders wegen unbefugten Gebrauches der Pfandsachen und auf die Ansprüche des Pächters auf Herausgabe der von ihm eingebrachten, aber bei seinem Abzuge vom Verpächter zurückbehaltenen Sachen anzuwenden? (P.) **44**, 266. — 34) Begrenzung der Schadensansprüche der anliegenden Hauseigentümer wegen Veränderungen an einer städtischen öffentlichen Straße. Erhebliche Erschwerung der Verbindung; Ausgleichung der Nachteile durch die Vorteile. (P.) **44**, 282. — 35) Steht dem Rheder oder dem Schiffseigner im Sinne des Binnenschiffahrtsgesetzes, dessen Schiff durch Verschulden einer Person der Besatzung eines anderen ihm gehörigen Schiffes beschädigt worden ist, gegen das aus diesem Schiffe und dessen Fracht gebildeten Schiffsvermögen ein Schadensanspruch zu? **45**, 50; **47**, 171. — 36) Können durch eine im Verwaltungswege erlassene Betriebsordnung für die Benutzung einer dem Staate gehörenden öffentlichen Wasserstraße die gesetzlichen Bestimmungen über die Verpflichtung zum Schadensersatze abgeändert werden? (G.) **45**, 162. — 37) Ist bei dauernder Beschädigung von Sachen, die Erträge gewähren, Ersatz in Kapital oder in Rente zu leisten? (P.) **45**, 203. — 38) Können darauf, daß durch Polizeiverordnung der Anschluß an die städtische Wasserleitung angeordnet ist, Schadensansprüche der Grundeigentümer gegen die Stadtgemeinde gestützt werden? (P.) **45**, 251. — 39) Ist die Kapitalentschädigung für einen durch den Minderertrag eines Grundstückes sich jährlich erneuernden Schaden so zu berechnen, daß der durch Kapitalisierung des durchschnittlichen Minderertrages gewonnenen Summe der Ausfall der vergangenen Jahre hinzugerechnet wird? (P.) **45**, 266. — 40) Ist, wenn Schadensersatz wegen Vorenthaltung bestimmt bezeichneter Sachen gefordert wird, § 260 (287 n. F.) C.P.O. auf die Frage anwendbar, welche Sachen vorenthalten sind? **45**, 356. — 41) Haftet die offene Handelsgesellschaft wegen des Deliktes ihres Gesellschafters, wenn dieser Wertpapiere, die er einem Dritten veruntreut hat, namens der Gesellschaft für ein dieser gewährtes Darlehn zum Pfande giebt? **46**, 18. — 42) Steht einer Klage auf Schadensersatz wegen unerlaubter Handlung die Rechtskraft des durch diese Handlung erlangten Urteiles entgegen? Seit wann können mit dieser Klage Zinsen verlangt werden? **46**, 75. — 43) Haftet der Cessionar einer Urteilsforderung, der bei der Abtretung gewußt hat, daß das Urteil durch eine unerlaubte Handlung erlangt war, und es dann hat vollstrecken lassen, dem Cessus auf Schadensersatz? **46**, 80. — 44) Umfang und Art des von den Urhebern eines Prospektes im Sinne des § 43 des Börsengesetzes von 1896 zu leistenden Schadensersatzes, **46**, 83. — 45) Kann der Beklagte mit einer Schadensersatzforderung wegen Nichterfüllung eines zweiseitigen Vertrages durch den Konkursverwalter gegen dessen Anspruch auf die vom Gemeinschuldner geleistete Anzahlung aufrechnen? **46**, 98. — 46) Wird der Anspruch auf Schadensersatz dadurch ausgeschlossen, daß der Beschädigte den Schaden durch eigene Thätigkeit hätte abwenden können? (G.) **46**, 207. — 47) Steht die Syndikatsklage, insbesondere gegen einen Notar, nur den bei dem Rechtsakte Beteiligten oder auch jedem geschädigten Dritten zu? (G.) **46**, 213. — 48) Begründet das Fischereirecht einen Schadensanspruch wegen schädlicher Immission? (P.) **46**, 251. — 49) Bei Beeinträchtigung wohlerworbener Rechte durch Gesetz ist ein Anspruch auf Entschädigung nur gegeben, wenn ihn das beeinträchtigende Gesetz selbst anerkennt. (P.) **46**, 254. — 50) Kann wegen eines ohne Rechtsgrund erlassenen polizeilichen Bauverbotes nach dessen Aufhebung Entschädigung nach den Grundsätzen des Enteignungsrechtes verlangt werden? (P. F.) **46**, 286. — 51) Umfang des Schadens des Fischereiberechtigten, wenn der Staat den durch einen Durchstich ausgeschiedenen Teil eines öffentlichen Flusses samt der Fischereiberechtigung an einen Dritten veräußert. (P.) **46**, 287. — 52) Wann findet auf die Verjährung der Schadensansprüche des Fischereiberechtigten aus § 72 A.L.R. I. 15 der § 54 A.L.R. I. 6 Anwendung? (P.) **46**, 289. — 53) Wird die Verjährung des Schadensanspruches des Eigentümers wegen Bergschaden dadurch unterbrochen, daß der Bergbautreibende den Pächter für die entzogene Nutzung entschädigt? (P.) **46**, 280. — 54) Anspruch der bei einem Eisenbahnunfalle verletzten Ehefrau auf Schadensersatz wegen Aufhebung oder Beschränkung der Erwerbsfähigkeit, wenn sie als Geschäftsgehilfin des Mannes thätig gewesen ist. **47**, 84. — 55) Ist, wenn bei demselben Eisenbahnunfalle verunglückte Eheleute in getrennten Prozessen auf Schadensersatz geklagt haben, das Urteil, das dem Ehemanne eine mit Einrechnung des Wertes der gewerblichen Beihilfe der Ehefrau bemessene Rente zuerkannt hat, bei der von der Ehefrau wegen Erwerbsunfähigkeit geforderten Entschädigung zu berücksichtigen? **47**, 92. — 56) Voraussetzungen der im § 26 R.G.O. zugelassenen Klage auf Ersatz des durch einen nach § 16 genehmigten Gewerbebetrieb zugefügten Schadens. **47**, 99. — 57) Kann der nach § 15 des Warenzeichengesetzes vom 12. Mai 1894 Verletzte von dem zur Entschädigung Verpflichteten als Grundlage für deren Höhe Rechnungsablegung über den gemachten

Gewinn verlangen? **47**, 100. — 58) Kann eine durch einen Eisenbahnunfall verletzte Ehefrau gegen den Unternehmer auf Ersatz der von ihrem Ehemanne für sie aufgewandten Heilungskosten klagen? Kann der Unternehmer zur Zahlung an den mitklagenden Ehemann verurteilt werden? (P.) **47**, 211. — 59) Sind die ohne Kündigung die Arbeit niederlegenden Arbeiter auch dann zum Schadensersatze verpflichtet, wenn sie nach der Arbeitsweigerung sofort entlassen werden? Unter welchen Umständen haften sie solidarisch? (G.) **47**, 246. — 60) Haftet für den Schaden, wer sich des Besitzes einer fremden beweglichen Sache entäußert, die er in Kenntnis des fremden Eigentumes ohne Wissen des Eigentümers in Besitz genommen hatte? (P.) **47**, 275. — 61) Findet der § 168 A.L.R. I. 5 auch auf den Fall der Unmöglichkeit der Erfüllung Anwendung? (P.) **47**, 297. — 62) Kann, wenn die verweigerte Erfüllung voraussichtlich nicht erzwingbar ist, sofort auf das Interesse geklagt werden? (P.) **47**, 300. — 63) Schätzung des Interesses, wenn der Schuldner Herabsetzung der Konventionalstrafe auf den doppelten Betrag des Interesses verlangt. (P.) **47**, 308. — 64) Wird auch ohne persönliches Verschulden für den durch eine Polizeiübertretung verursachten Schaden gehaftet? (P.) **47**, 330. — 65) Haftung des Rechtsanwalts auf Schadensersatz, wenn er in Rechtsangelegenheiten die Klienten mit seinem Büreauvorsteher verhandeln läßt. **48**, 59. — 66) Umfang des Schadens, wenn durch arglistige Täuschung der Abschluß eines Vertrages gerade dieses Inhaltes herbeigeführt ist. **49**, 51. — 67) Anwendung des § 717 Abs. 2 C.P.O. n. F. auf den seit dem 1. Januar 1900 entstandenen Schaden, wenn infolge der vorläufigen Vollstreckbarkeit des Urteils die Beitreibung schon vorher erfolgt ist? **49**, 65. — 68) Ist für die Auferlegung von Entwässerungs- (Kanalisations-) gebühren von der Gemeinde den Grundeigentümern Entschädigung zu leisten, mit deren Rechtsvorgängern sie einen entgeltlichen privatrechtlichen Vertrag über die Benutzung der Entwässerungsanlage geschlossen hatte? (P.) **49**, 221. — 69) Haben die Gemeinden ein Recht auf Schadensersatz, wenn das ihnen durch § 7 des preußischen Fischereigesetzes vom 30. Mai 1874 verliehene Fischereirecht durch eine im öffentlichen Interesse hergestellte Anlage beeinträchtigt wird? (P.) **49**, 241. — 70) Haftet der Notar als Beamter für ein Versehen bei Abfassung einer von ihm privatschriftlich entworfenen und nachher notariell beglaubigten Urkunde dem dadurch Geschädigten? (P.) **49**, 269. — 71) Haftet der Bergwerksbesitzer für die Schädigung einer Windmühle durch Windentziehung infolge einer Haldenaufschüttung? (P.) **49**, 281. — 72) Kann der Kläger, wenn ein ihm die Kosten zur Last legendes vorläufig vollstreckbares Urteil geändert wird, den ihm durch die Vollstreckung oder deren Abwehr entstandenen Schaden in dem anhängigen Verfahren geltend machen? **49**, 411. — 73) Kann aus § 51 R.G.O. Entschädigung verlangt werden, wenn ein anfangs gestatteter Gewerbebetrieb später untersagt wird, weil er nach baupolizeilichen Vorschriften nicht hätte gestattet werden dürfen? **50**, 4. — 74) Haftet der Eigentümer des Schleppdampfers bei dem Zusammenstoß des geschleppten Schiffes mit einem anderen für den Schaden, der durch die Führung des geschleppten Schiffes verursacht ist? **50**, 33. — 75) Grundsätze über die Schadenshaftung der einzelnen, zu einem Schleppzuge verbundenen Schiffe bei einem Zusammenstoße mit anderen. **50**, 35. — 76) Haften nach § 832 B.G.B. die Eltern, auch wenn sie beweisen, daß sie ihrer Aufsichtspflicht genügt, die Kinder aber ihre Anordnungen nicht befolgt haben? **50**, 60. — 77) Sind die Eltern zum Ersatze des durch ihre Kinder einem Dritten widerrechtlich zugefügten Schadens nur dann verpflichtet, wenn die Kinder schuldhaft gehandelt haben? **50**, 65. — 78) Hat der bei der Fahrt auf einem Straßenbahnwagen Verletzte Anspruch auf Schadensersatz nur, wenn der Unfall mit den dem Eisenbahnbetriebe eigentümlichen Gefahren zusammenhängt? **50**, 92. — 79) Kann der eingetragene Inhaber eines, von einem älteren Patente abhängigen Gebrauchsmusters dessen Nachbildung verbieten und wegen unbefugter Nachbildung Schadensersatz fordern? Berechnung des Schadens. **50**, 111. — 80) Was ist in § 325 Abs. 1 S. 2 und § 326 Abs. 1 S. 3 B.G.B. unter Interesse an der teilweisen Erfüllung zu verstehen? **50**, 143. — 81) Haftet der mit Übersendung von Wertpapieren beauftragte Bankier, wenn er diese nicht unter Wertangabe sendet, sondern in einem eingeschriebenen Briefe unter Versicherung der Sendung bei einer Versicherungsgesellschaft? Wie wenn nicht der volle Wert versichert war? **50**, 169. — 82) Ist § 833 B.G.B. anwendbar, wenn die an einen Wagen gespannten Pferde der Leitung des Kutschers folgen, und dann durch den Wagen ein Mensch verletzt wird? **50**, 180. — 83) Kann nach § 463 B.G.B. als Schadensersatz wegen Nichterfüllung die Rückzahlung des angezahlten Kaufpreises verlangt werden? **50**, 190. — 84) Ist der, der ein Vertragsangebot gemacht hat, dem Empfänger zum Schadensersatze verpflichtet, wenn er ihn vorsätzlich oder fahrlässig hindert, das Angebot anzunehmen? **50**, 195. — 85) Setzt der § 833 B.G.B. einen durch unmittelbare Einwirkung des Tieres verursachten Schaden voraus? **50**, 219. — 86) Haftet der Tierhalter, wenn der Verletzte zum Schutze Anderer gegen die von dem Tiere drohende Gefahr aus freiem Entschlusse eingegriffen hat? **50**, 222. — 87) Hat der Eigentümer Anspruch auf Schadensersatz, wenn auf dem Nachbargrundstücke ein mit Feuers- und Explosionsgefahr verbundenes Gewerbe betrieben und dadurch sein Grundstück entwertet wird? (R., F.) **50**, 226. — 88) Steht der Anspruch auf Schadensersatz aus § 833 B.G.B. dem Dienstboten gegen den Dienstherrn in dessen Eigenschaft als Tierhalter zu? **50**, 244. — 89) Ist auf den Fall des § 833 auch der § 847 Abs. 1 B.G.B. anzuwenden? **50**, 252. — 90) Worin besteht der wegen Nichterfüllung nach § 326 Abs. 1 S. 2 B.G.B. zu ersetzende Schaden? **50**, 262. — 91) Hat der Eigentümer oder sonst dinglich Berechtigte wegen vorübergehender Beeinträchtigung seines Rechtes gegen den fahrlässigen Verursacher Anspruch auf Schadensersatz? (G.) **47**, 249. — 92) Haftet die Zollverwaltung dem Absender eines eingeschriebenen Briefes, der ihr nach seiner Ankunft am Bestimmungsorte von der Post zur zollamtlichen Behandlung übergeben und dann bei ihr in Verlust geraten ist? **48**, 255.

3. Erfüllung der Obligationen.

§ 103. Erfüllung. Nichterfüllung.

1) Erfüllung eines Kaufvertrages durch Auflassung nach rechtskräftiger Abweisung der Klage auf Auflassung. (P.) **42**, 162. — 2) Beweislast bei der Anfechtung von Erfüllungsgeschäften wegen Benachteiligung der Gläubiger. **43**, 107. — 3) Enthält die Annahme einer vertragswidrigen Leistung stets einen Verzicht auf Schadloshaltung wegen der Vertragswidrigkeit? (P.) **42**, 268. — 4) Ausnahmen von dem Satze, daß Erfüllung nur nach dem Inhalte des Vertrages verlangt werden kann. (P.) **43**, 289. — 5) Begriff von Erfüllungs- und Deckungsgeschäften. **45**, 27. — 6) Kann, wenn die verweigerte Erfüllung voraussichtlich unerzwingbar ist, sofort auf das Interesse geklagt werden? (P.) **47**, 300. — 7) Kann die nach dem Inkrafttreten des B.G.B. nach § 234 A.L.R. I. 16 erfolgte Übergabe eines Grundstückes zu gerichtlicher Aufsicht und Verwahrung als Erfüllung eines vorher entstandenen Schuldverhältnisses dienen? **48**, 19. — 8) Darf Erfüllung eines zweiseitigen Vertrages fordern, wer zurücktreten will, weil der andere Teil nicht erfüllt hat? (P.) **48**, 273. — 9) Wird das Rücktrittsrecht des Verkäufers dadurch ausgeschlossen, daß er den Vertrag teilweise erfüllt hat? **50**, 138. — 10) Was ist im § 325 Abs. 1 S. 2 B.G.B. unter „Interesse an der teilweisen Erfüllung" zu verstehen? **50**, 143. — 11) Können bei einem Zug um Zug zu erfüllenden, noch nicht fälligen Warenlieferungsgeschäfte die die Fälligkeit begründende Handlung, die Mahnung nach § 284 und die Aufforderung nach § 326 Abs. 1 S. 1 B.G.B. gleichzeitig miteinander erfolgen? **50**, 257. — 12) Worin besteht der wegen Nichterfüllung nach § 326 Abs. 1 S. 2 B.G.B. zu ersetzende Schade? **50**, 262.

§ 104. Ort der Erfüllung.

(S. a. unten §§ 246a. 291.)

1) Ist, wenn der Wechselgläubiger Zahlung verlangt, die Pflicht zur Rückgabe des ihm übersandten Prolongationswechsels Bring- oder Holschuld? **41**, 23. — 2) Kann der Gerichtsstand des Erfüllungsortes auf eine Vertragsklausel gestützt werden, die der rechtlichen Natur des Vertrages widerspricht? **41**, 360. — 3) Erfüllungsort zweiseitiger Verträge im Sinne des preußischen Stempelsteuergesetzes vom 31. Juli 1895. (P.) **42**, 197. — 4) Bezieht sich der im § 53 A.L.R. I. 16 geordnete Zahlungsort für öffentliche Kassen auch auf Zahlungen aus Verträgen? (P.) **42**, 249. — 5) Bedeutung des Erfüllungsortes für die Frage, welches örtliche Recht anzuwenden ist. (G.) **46**, 124. — 6) Kauf mit verschiedenem Erfüllungsorte für Käufer und Verkäufer. Welches örtliche Recht ist anzuwenden? (G.) **46**, 193. — 7) Wo hat der Verkäufer den Wandelungsanspruch des Käufers auf Rückgabe des Kaufpreises wegen Mängel der übergebenen Ware zu erfüllen? (G., P.) **50**, 272. — 8) Wird der gesetzliche Erfüllungsort des Käufers dadurch geändert, daß

der Kaufpreis durch das Accept eines auswärtigen Bankiers zu berichtigen ist? **50**, 270.

§ 105. Zeit der Erfüllung. Kündigung.
(S. a. unten § 246 b.)

1) Ist das Kündigungsrecht des Mieters im Falle des § 312 A.L.R. I. 21 stets durch die vorgängige Stellung eines Untermieters bedingt? (P.) **41**, 247. — 2) Beginn der Frist des § 41 Abs. 2 E.E.G., wenn die durch nicht prompte Zinszahlung bedingte Kündigung vor Ablauf der für die Zinszahlung bestimmten äußersten Frist erfolgt ist? (P.) **41**, 327. — 3) Hat ein unter Vorbehalt der Kündigung diätarisch angestellter Reichsbeamter bei Verhinderung durch Krankheit Anspruch auf den Fortbezug der Diäten? **48**, 1. — 4) Wie kann die von einem Mitgliede einer Genossenschaft erklärte Kündigung seiner Mitgliedschaft mit der Wirkung rückgängig gemacht werden, daß die Mitgliedschaft erhalten bleibt? **49**, 29. — 5) Kündigung ohne Vollmacht; Anwendung der §§ 174. 185 Abs. 2 B.G.B. **50**, 154. — 6) Braucht der Schuldner einer Einbringensforderung sich über Annahme oder Zurückweisung der Kündigung nicht zu erklären (§§ 182. 111 B.G.B.), wenn die Ehefrau bei dieser weder eine Einwilligung ihres Ehemannes beigelegt, noch sie behauptet hat? **50**, 212. — 7) Zur Kündigung einer Einbringensforderung bedarf die Ehefrau nicht der Mitwirkung, sondern nur der Einwilligung, d. h. der vorher erklärten Zustimmung, des Mannes. **50**, 213.

§ 106. Verzug des Schuldners.
(S. a. unten §§ 250. 251.)

1) Können nach vorbehaltloser Annahme der Hauptschuld noch Verzugszinsen gefordert werden? (G.) **42**, 123. — 2) Können Verzugszinsen noch gefordert werden, nachdem die Hauptforderung ohne Zinsen in einem schon beendeten Prozesse mit Erfolg eingeklagt ist? (G.) **42**, 121. — 3) Höhe der Verzugs- und Urteilszinsen seit dem 1. Januar 1900, wenn der Verzug schon vorher eingetreten war. **46**, 74. 82. — 4) Ist der § 326 B.G.B. auch dann anwendbar, wenn die Feststellung dessen, was der Säumige zu leisten hat, einer vorgängigen Feststellung bedarf? **49**, 41. — 5) Hört der Verzug des Schuldners durch Arrestpfändung der betreffenden Forderung auf? (G.) **49**, 201. — 6) Findet § 326 Abs. 1 S. 3 B.G.B. auch dann Anwendung, wenn die Teilleistung vor der Fristsetzung erfolgt ist? **50**, 140. — 7) Was ist in § 326 Abs. 1 S. 3 und § 325 Abs. 1 S. 2 B.G.B. unter „Interesse an der teilweisen Erfüllung" zu verstehen? **50**, 143. — 8) Können bei einem Zug um Zug zu erfüllenden, noch nicht fälligen Warenlieferungsgeschäfte die die Fälligkeit begründende Handlung, die Mahnung nach § 284 und die Aufforderung nach § 326 Abs. 1 S. 1 B.G.B. gleichzeitig miteinander erfolgen? **50**, 257.

§ 107. Verzug des Gläubigers.

(S. a. unten §§ 250. 251.)

Voraussetzungen des Annahmeverzuges nach dem B.G.B. Muß die Ware noch angeboten werden, wenn der Käufer auf die Übersendung der Faktura erklärt, daß er den Vertrag nicht anerkenne? **50,** 208.

§ 108. Beschränkungen des Anspruches auf Erfüllung. Obligatio naturalis. Beneficium competentiae.

1) Bleibt trotz des Zwangsvergleiches die Forderung in Höhe des Restes als Naturalobligation bestehen? (G.) **42,** 118. — 2) Ist zur Aufrechnung jede Naturalobligation verwendbar? (G.) **42,** 120. — 3) Naturalobligation als Grundlage einer Bürgschaft. (G.) **42,** 119. — 4) Begriff der Naturalobligation. (G.) **42,** 119. — 5) Bleibt trotz der rechtskräftigen Abweisung einer begründeten Forderung eine Naturalobligation zurück? (G.) **42,** 119.

§ 109. Materielles Konkursrecht nach älterem Rechte.

— — — — — — —

4. Entstehung der Obligationen.

§ 110. Einseitige Rechtsgeschäfte.

1) Gilt der § 1 Abs. 3 des preußischen Stempelgesetzes von 1895 auch für einseitige Rechtsgeschäfte? (P.) **44,** 234. — 2) Ist die einseitige schriftliche Erklärung, einen Kux auf einen Anderen zu übertragen, nach Tarifstelle 34 des Stempelgesetzes von 1895 zu versteuern? (P.) **45,** 246.

§ 111. Vertragsschluß. Perfektion.

(Über Willensbestimmung, Willenserklärung, Konsens, Stellvertretung, Form und Auslegung der Verträge s. oben §§ 29 flg. Über Abschließung und Handelsgeschäfte s. unten §§ 235. 245.)

1) Zur Frage der Perfektion des Kaufvertrages. (P.) **41,** 330. — 2) Beim Vertragsschlusse durch telegraphische Korrespondenz wird durch die Hingabe der Originaldepesche an den Telegraphenbeamten der Bindungswille des Erklärenden zum Ausdrucke gebracht. (P.) **46,** 243. — 3) Annahme einer nicht urkundlichen Anweisung durch konkludente Handlung. **47,** 28. — 4) Zeitpunkt des Vertragsschlusses über ein zugesandtes Lotterielos. **48,** 178. — 5) Kommt ein bei nicht gleichzeitiger Anwesenheit beider Teile nach § 128 B.G.B. beurkundeter Vertrag auch dann mit der Beurkundung der Annahme zur Perfektion, wenn in dem beurkundeten Antrage die Zeit der Gebundenheit bestimmt ist, und bis dahin der Antragende die formgerechte Annahmeerklärung nicht erfährt? **49,** 131. — 6) Wird das Angebot eines Lotterieloses durch

dessen Ziehung vor erfolgter Annahme hinfällig? **50**, 191. — 7) Welchen Sinn hat das Verlangen, auf ein Vertragsangebot „sofort bei Empfang" zu antworten? **50**, 195.

§ 112. Gegenstand der Verträge. Vorverträge. Versprechen der Leistung eines Dritten. Verträge über unmögliche Leistungen. Verträge gegen Verbot und gute Sitte.

1) Nichtigkeit eines Kaufvertrages, dessen Abschluß die Gegenleistung für eine unerlaubte Handlung war. (P.) **41**, 294. — 2) Vertragsmäßige Verpflichtung zur Nichtstellung oder Zurücknahme eines Strafantrages bei Antragsvergehen. **42**, 60. — 3) Inwieweit kann durch Vertrag unter gerichtlich getrennten Eheleuten über die Fürsorge für ihr Kind rechtsgültig bestimmt werden? (G.) **42**, 137. — 4) Ist ein unmittelbar auf die Förderung gewerbsmäßigen, gegen einen befreundeten Staat betriebenen Schmuggels abzielender Vertrag wegen Unsittlichkeit nichtig? (P.) **42**, 295. — 5) Steht die Rückforderung aus einem gegen den § 288 R.St.G.B. verstoßenden Rechtsgeschäfte nur dem Fiskus zu? (P.) **44**, 291. — 6) Verbotene Verträge sind nur dann nichtig, wenn sie als solche, nicht vermöge besonderer, nicht zum Thatbestande gehöriger Umstände verboten sind. (P.) **44**, 293. — 7) Wieweit sind Vereinbarungen der Beteiligten über das für ihr Vertragsverhältnis anzuwendende örtliche Recht gültig? (P.) **44**, 300. — 8) Kann der § 138 Abs. 2 B.G.B. auf Rechtsgeschäfte angewendet werden, die vor dessen Inkrafttreten abgeschlossen sind? **47**, 103. — 9) Verstößt der einen Ehemäklerlohn zusichernde Vertrag gegen die guten Sitten? (P) **46**, 177. — 10) Welchen Einfluß hat es auf den Rechtsbestand einer mehrere Festsetzungen enthaltenden Vereinbarung, wenn eine von diesen zum Teil unwirksam ist? (G.) **47**, 232. — 11) Wenn gesetzlich die Gültigkeit eines gewissen Vertrages von einer bestimmten Form abhängig ist, so ist auch ein formloser, auf Eingehung des Vertrages gerichteter Vorvertrag ungültig. **43**, 139; **48**, 186; **50**, 48. — 12) Ist ein dinglicher Vorvertrag zu einer „Einigung" im Sinne des § 873 B.G.B. möglich? **48**, 133. — 13) Form des obligatorischen Vertrages, der die Verpflichtung zu einer dinglichen Rechtsänderung enthält. **48**, 135; **50**, 77. — 14) Haben die landesgesetzlichen Verbote des Spielens in auswärtigen Lotterien durch den § 763 B.G.B. ihre privatrechtliche Geltung verloren? **48**, 178. — 15) Sind Verträge unsittlich, in denen man sich von einem Kaufmann Vorteile dafür zusichern läßt, daß man dessen Geschäftsverbindungen mit einem Dritten nicht störe, oder daß man dem Dritten die Fortsetzung der Geschäftsverbindung empfehle? (G.) **48**, 251. — 16) Nichtigkeit der Schenkung, wenn der Beschenkte bei der Annahme wußte, daß die Mittel dazu durch Verbrechen erlangt waren. (P.R.) **48**, 293. — 17) Zur Auslegung des § 152 Abs. 2 R.G.O. Verein der Baugeschäfte zur Förderung der gemeinsamen gewerblichen Interessen seiner Mitglieder. **50**, 28. — 18) Ist der unter dem B.G.B. geschlossene Vertrag, daß eine Darlehnshypothek des preußischen Rechtes von nun

an eine andere Forderung sichern solle, **obligatorisch** gültig ohne die Form des § 873 B.G.B.? **50**, 77. — 19) Begründet die mündliche Zusage, sich an der beabsichtigten Gründung einer Gesellschaft mit beschränkter Haftung in bestimmter Höhe zu beteiligen, eine rechtliche Verpflichtung? **43**, 136.

§ 113. Causa der Verträge. Reiner, abstrakter Vertrag.

(S. a. oben § 30 und [Kaufmännische Anweisung und Verpflichtungsscheine] unten § 240.)

Aus dem zur Sicherung einer Spielschuld gegebenen formalen Schuldversprechen findet eine Klage ebensowenig statt wie aus der Spielschuld selbst. (G.) **49**, 193.

§ 114. Einseitige Verträge.

(S. Inhaberpapiere unten § 241.)

— — — — — — — — — —

§ 115. Gegenseitige Verträge. Einrede des nicht erfüllten Vertrages. Auflösungsklage des französischen Rechtes.

1) Kann der Gemeinschuldner nach § 15 K.O. die Erfüllung eines zweiseitigen Vertrages verlangen, wenn der Konkursverwalter die Erfüllung aus der Konkursmasse abgelehnt hat? **41**, 133. — 2) Zur Gültigkeit eines zweiseitigen, schriftlich in zwei Exemplaren ausgefertigten Vertrages reicht hin, daß jeder Kontrahent nur das Exemplar unterschreibt, das der andere Kontrahent übergeben erhält. (P.) **42**, 187. — 3) Erfüllungsort gegenseitiger Verträge im Sinne des preußischen Stempelsteuergesetzes von 1895. (P.) **42**, 197. — 4) Was ist unter einem „zweiseitigen Rechtsgeschäfte, das denselben wirtschaftlichen Zwecken dienen soll wie ein Darlehn" im § 302a R.St.G.B. in der Fassung des Wuchergesetzes vom 19. Juni 1893 zu verstehen? **43**, 116; **46**, 115. — 5) Rechtliche Folgen der Ungültigkeit einer als Gegenleistung für die Überlassung eines Grundstückes vereinbarten Reallast für die Vertragsverhältnisse der Kontrahenten. (P.) **45**, 193. — 6) Kann der Beklagte mit einem Schadensanspruche wegen Nichterfüllung eines zweiseitigen Vertrages durch den Konkursverwalter gegen dessen Anspruch auf die vom Gemeinschuldner geleistete Anzahlung aufrechnen? **46**, 98. — 7) Darf Erfüllung eines zweiseitigen Vertrages fordern, wer vom Vertrage zurücktreten will, weil der andere Teil nicht erfüllt hat? (P.) **48**, 273. — 8) Unterliegt das Versprechen einer Geldzahlung, die nur als Teil eines einheitlichen gegenseitigen Vertrages erscheint, dem Schuldverschreibungsstempel? (P.) **49**, 312. — 9) Findet § 326 Abs. 1 B.G.B. auch dann Anwendung, wenn die Teilleistung vor der Fristsetzung erfolgt ist? **50**, 140. — 10) Was ist in § 325 Abs. 1 S. 2 und § 326 Abs. 1 S. 3 B.G.B. unter Interesse an der teilweisen Erfüllung zu verstehen? **50**, 143. — 11) Kann der Rücktritt vom Vertrage (§ 349

B.G.B.) wirksam im Prozesse von dem Prozeßbevollmächtigten des Zurücktretenden gegenüber dem des Vertragsgegners erklärt werden? **50**, 143. — 12) Worin besteht der wegen Nichterfüllung eines zweiseitigen Vertrages nach § 326 Abs. 1 S. 2 B.G.B. zu ersetzende Schaden? **50**, 262. — 13) Kann nach dem B.G.B. der Käufer wegen Verschlechterung der Vermögenslage des Verkäufers von einem Zug um Zug zu erfüllenden, noch nicht fälligen Warenlieferungsgeschäfte zurücktreten? **50**, 255. — 14) Dem Hypothekengläubiger steht ein nur zwischen dem Eigentümer und dessen Rechtsvorgänger nach Bestellung der Hypothek ergangenes Urteil, durch das ein Kaufvertrag nach Art. 1184 Code civil für aufgelöst erklärt, oder eine Schenkung nach Art. 954 Code civil als widerrufen anerkannt wird, nicht ohne weiteres entgegen. (F.) **42**, 392. — 15) Ein mündliches Mitgiftversprechen ist, wenn die Ehe geschlossen wird, klagbar; Eheschließung und Versprechen stehen in dem Verhältnisse von Leistung und Gegenleistung. (P.) **47**, 299.

§ 116. Wirkung der Verträge auf Dritte.

1) Liegt ein Vertrag zu Gunsten eines Dritten in dem Auftrage, für Rechnung und Gefahr des Dritten eine Versendung zu besorgen, und der Annahme dieses Auftrages? (G.) **43**, 167. — 2) Liegt in der Bestimmung des Statutes einer Genossenschaft, die ein öffentliches Schlachthaus betreibt, daß den Metzgern der Gemeinde der Beitritt nicht versagt werden könne, ein Vertrag zu Gunsten Dritter? **47**, 81. — 3) Wirkung eines Lebensversicherungsvertrages zu Gunsten eines Dritten. (F.) **50**, 326.

§ 117. Bestärkungsmittel der Verträge. Konventionalstrafe. Konkurrenzklausel.

1) Beweislast, wenn die Konventionalstrafe wegen Nichterfüllung eingeklagt wird, und der Gegner Erfüllung behauptet. (P.) **41**, 223; **45**, 359. — 2) Konkurrenzklausel. Hat der § 74 H.G.B. v. 1897 rückwirkende Kraft? **43**, 23. — 3) Wieweit finden die Vorschriften über die Konventionalstrafe Anwendung auf die Wandelpön? (P.) **43**, 280. — 4) Darf die Wandelpön den doppelten Betrag des Interesses übersteigen? (P.) **43**, 282. — 5) Ist der § 343 B.G.B. über die Herabsetzung der Konventionalstrafe nach § 75 H.G.B. von 1897 für Handlungsgehilfen schon mit dem 1. Januar 1898 wirksam geworden? **44**, 59. — 6) Können gegen Mitglieder einer Gesellschaft mit beschränkter Haftung in Geschäftsordnungen Konventionalstrafen unbeschränkt festgesetzt werden? **47**, 183. — 7) Ist der Anspruch aus einer Konkurrenzklausel auf Unterlassung der Konkurrenz davon abhängig, daß der Berechtigte selbst ein entsprechendes Geschäft betreibt? (G.) **47**, 239. — 8) Welche Umstände sind bei Schätzung des Interesses zu Grunde zu legen, wenn der Schuldner die Ermäßigung der Konventionalstrafe auf den doppelten Betrag des Interesses verlangt? (P.) **47**, 308. — 9) Sind die §§ 74. 75 H.G.B. von 1897 auf ein Vertragsverhältnis anzuwenden, das schon

vor dem 1. Januar 1898, aber erst mit Wirkung von diesem Tage an eingegangen ist? **48,** 129. — 10) Wird die bedungene Vertragsstrafe, wenn der Konkursverwalter die Erfüllung des Vertrages ablehnt, verwirkt, auch wenn sie als wirkliche Strafe erscheint? (G.) **49,** 191.

§ 118. Verschulden in Vertragsverhältnissen.

1) Haftet der, der die Erfüllung einer von ihm übernommenen Verpflichtung einem Bevollmächtigten überträgt, für dessen Verschulden? (P.) **41,** 195. — 2) Kann der Ersatz des infolge Verletzung eines Vertragsverhältnisses entstandenen mittelbaren Schadens und entgangenen Gewinnes abgelehnt werden, weil der Beschädigte das von ihm wahrgenommene vertragswidrige Verhalten nicht gehindert hat? (P.) **41,** 292. — 3) Kann ein den Rechtsanwalt zum Schadensersatze verpflichtendes Verschulden darin liegen, daß er bei Ausführung eines Auftrages der herrschenden Rechtsansicht trotz eigener Bedenken gegen ihre Richtigkeit folgt? (P.) **42,** 325. — 4) Beschränkung der Ersatzpflicht in Vertragsverhältnissen auf den unmittelbaren Schaden, wenn der Beschädigte durch grobes Versehen die Abwendung des weiteren Schadens unterlassen hat. (P.) **42,** 299. — 5) Schadet dem Geschäftsherrn die Arglist des Gehilfen in Bezug auf die Eingehung eines vom Geschäftsherrn selbst abgeschlossenen Vertrages? (G.) **43,** 143. — 6) Haftung des Rechtsanwaltes auf Schadensersatz, wenn er in Rechtsangelegenheiten seine Klienten mit dem Büreauvorsteher verhandeln läßt. **48,** 59. — 7) Haftung des zur Aufbewahrung Verpflichteten für jedes Versehen, wenn es sich nicht um eine unentgeltliche Hinterlegung handelt. (G.) **48,** 258. — 8) Haftet der mit Übersendung von Wertpapieren beauftragte Bankier, wenn er diese nicht unter Wertangabe sendet, sondern in einem eingeschriebenen Briefe unter Versicherung der Sendung bei einer Versicherungsgesellschaft? Wie wenn nicht der volle Wert versichert war? **50,** 169.

§ 119. Außerkontraktliches Verschulden.

1) Haftet der, der zur Wahrnehmung einer polizeilich gebotenen Handlung einen Vertreter bestellt hat, stets für dessen Nachlässigkeit, wenn er ihn nicht überwacht? (P.) **41,** 211. — 2) Haftung des Bankiers, der dem kaufenden Kunden Wertpapiere als sichere Anlage empfiehlt. (G.) **42,** 129. — 3) Kann konkurrierendes Verschulden des Unternehmers einer durch den Starkstrom der elektrischen Straßenbahn geschädigten Fernsprechanlage vorliegen, wenn diese jener gegenüber nicht schutzpflichtig im Sinne des § 12 des Telegraphengesetzes ist? (P.) **43,** 261. — 4) Erstreckt sich die Erkundigungspflicht der Bewohner des Staates auch auf örtliche Polizeiverordnungen? (P.) **44,** 275. — 5) Grobes Verschulden des Urhebers eines Prospektes im Sinne des § 43 des Börsengesetzes von 1896. **46,** 83. — 6) In welchem Umfange haftet eine juristische Person für das Verschulden ihrer Organe und Angestellten, insbesondere der Staat für das seiner Beamten? (G.) **45,**

168; **47**, 241; (P.) **47**, 328. — 7) Wird auch ohne persönliches Verschulden für den durch eine Polizeiübertretung verursachten Schaden gehaftet? (P.) **47**, 330. — 8) Pflichten, Verschulden und Haftung eines Radfahrers. (P.) **48**, 343. — 9) Haftet der Notar als Beamter für ein Versehen bei Abfassung einer von ihm privatschriftlich entworfenen und nachher notariell beglaubigten Urkunde jedem dadurch Geschädigten? (P.) **49**, 269. — 10) Sind die Eltern nach § 832 B.G.B. zum Ersatze des durch ihre Kinder einem Dritten widerrechtlich verursachten Schadens nur dann verpflichtet, wenn die Kinder schuldhaft gehandelt haben? **50**, 65. — 11) Liegt eigenes Verschulden vor, wenn der bei einer Fahrt im Straßenbahnwagen Verletzte in der begründeten Befürchtung eines Zusammenstoßes unerlaubt den Perron des fahrenden Wagens zu verlassen sucht? **50**, 95. — 12) Ist der, der ein Vertragsangebot gemacht hat, dem Empfänger zum Schadensersatze verpflichtet, wenn er ihn vorsätzlich oder fahrlässig hindert, das Angebot anzunehmen? **50**, 190. — 13) Haftet nach Art. 505 Ziff. 1 Code de procéd. civ. der rheinische Vormundschaftsrichter aus seiner Amtsführung nur für Arglist oder auch für Fahrlässigkeit? (F.) **48**, 361. — 14) Haftet der Tierhalter aus § 833 B.G.B. auch dann, wenn der Verletzte zum Schutze Anderer gegen die von dem Tiere drohende Gefahr aus freiem Entschlusse eingegriffen hat? **50**, 222.

5. Übertragung der Obligationen.

§ 120. Cession.

1) Beweislast, wenn der Schuldner dem angeblichen Cessionar ohne Prozeß gezahlt hat, später dem ursprünglichen Gläubiger rechtskräftig verurteilt ist und nun das früher Gezahlte von dem angeblichen Cessionar zurückfordert. (G.) **41**, 150. — 2) Können die Rechte aus der für eine Wechselschuld zu Gunsten des ersten Wechselnehmers außerhalb des Wechsels eingegangenen Bürgschaft wirksam durch Cession dem abgetreten werden, dem der Wechsel indossiert wird? (G.) **41**, 171. — 3) Kann der klagende Cessionar einer Teilforderung den mit einer gegen den Cedenten begründeten Gegenforderung aufrechnenden Beklagten auf die dem Cedenten verbliebene Teilforderung verweisen? (P.) **42**, 324. — 4) Geht der Cessionar, der in gutem Glauben den Besitz des Hypothekenbriefes erlangt hat, dem Gläubiger des Cedenten vor, der vor der Zustellung der Cession die Hypothekenforderung gepfändet hat? (P., F.) **42**, 332. — 5) Ist der Wechselcessionar befugt, den Wechsel durch Indossament zu begeben? **43**, 43. — 6) Enthält die Zuteilung einzelner Erbschaftsstücke an einem Miterben die Abtretung von Rechten? (F.) **43**, 242. — 7) Kann der Mangel der persönlichen Haftung des Cedenten einen Mangel der Richtigkeit der Forderung bedeuten, für den auch der Cedent einer Hypothekenforderung einstehen muß? (P.) **43**, 269. — 8) Verhindert die Signifikation der Cession gegenüber der Klage des Cessionars auch die compensation judiciaire einer illiquiden Gegenforderung? (F.) **43**, 380. — 9) Ist die Abtretung einer Mietzinsforderung den Hypotheken-

gläubigern gegenüber wirksam, wenn sie vor der Beschlagnahme des Grundstückes erfolgt und nicht wegen Benachteiligung der Gläubiger anfechtbar ist? Welche Rechte hat der Ersteher des vermieteten Hauses der Abtretung gegenüber? (F.) **43**, 387. — 10) Kann der als Gläubiger einer nicht valutierten Hypothek Eingetragene die Hypothek an den Gläubiger des Eigentümers ohne des letzteren Zustimmung abtreten? (P.) **44**, 273. — 11) Die Abtretung einer nicht valutierten Hypothek hat zum Gegenstande nicht die noch nicht bestehende Hypothek, sondern die Befugnis, durch Valutazahlung oder Unterlegung einer anderen Forderung die Hypothek zu begründen. (P.) **44**, 297. — 12) Wann ist der Cedent einer Partei im Sinne des § 358 (jetzt § 393) Ziff. 4 C.P.O. beim Ausgange des Rechtsstreites unmittelbar beteiligt? **44**, 374. — 13) Kann eine Hypothek ohne die ihr zu Grunde liegende persönliche Forderung abgetreten werden? (P.) **45**, 185. — 14) Kann der Eigentümer, der eine von ihm auf den Kaufpreis übernommene Hypothek durch Zahlung und Cession erworben hat, gegen seinen Verkäufer die zu Grunde liegende persönliche Forderung geltend machen? Ist der Cessionar des Eigentümerhypothekars dazu befugt? **45**, 187. — 15) Kann der klagende Cessionar einer Teilforderung gegen die Aufrechnung des Beklagten einen erst nach dieser ihm ferner cedierten Teil der Forderung zur Rekompensation benutzen? (P.) **45**, 240. — 16) Kann gegen den Cessionar einer Urteilsforderung, der bei der Abtretung gewußt hat, daß das Urteil durch eine unerlaubte Handlung erlangt war, und es dann hat vollstrecken lassen, auf Schadensersatz geklagt werden? **46**, 80. — 17) Kann in der Auflassung eines im Grundbuche nicht für den Auflassenden eingetragenen Grundstückes die Abtretung des dinglichen Klagerechtes gefunden werden? (P.) **46**, 229. — 18) Zulässigkeit der Abtretung eines dinglichen Klagerechtes. (P.) **46**, 230. — 19) Unterliegen nach dem preußischen Stempelgesetze Cessionsurkunden dem Schenkungsstempel, wenn die Cession schenkungshalber erfolgt, dies aber in der Urkunde nicht ausgedrückt ist? (P.) **47**, 335. — 20) Übertragkeit s. g. Genußscheine, die von Aktiengesellschaften bei der Aufnahme eines Darlehns neben den Schuldverschreibungen ausgegeben werden mit dem Rechte auf gewisse Bezüge aus dem Reingewinne und der Liquidationsmasse. **49**, 14. — 21) Übertragung des Eigentums einer bei dem Spediteur lagernden Ware durch Abtretung des Anspruches auf Herausgabe. **49**, 97. — 22) Kann, wenn der Verkäufer dem Käufer und dieser einem Dritten den Anspruch auf Herausgabe der bei einem Spediteur lagernden Ware abgetreten hat, dem Dritten mit Erfolg entgegengehalten werden, daß der Käufer den Erwerb durch falsche Vorspiegelung der Kreditwürdigkeit bewirkt habe, und der Dritte dabei beteiligt gewesen sei? **49**, 100. — 23) Voraussetzungen des Einwandes aus § 265 Abs. 3 C.P.O. n. F., daß der Kläger durch Cession des Klaganspruches die Aktivlegitimation verloren habe. **49**, 363.

§ 121. Gesetzliche (fingierte) Cession. Subrogation.

§ 122. Indossament.

(S. unten §§ 240. 270.)

Eigentum an indossablen und mit Namensindossament versehenen Papieren kann ohne Indossament übertragen werden. **41,** 4.

§ 123. Schuldübernahme.

1) Wird der Veräußerer eines Grundstückes von seiner persönlichen Schuld nach § 41 Abs. 2 E.E.G. auch dann frei, wenn der Ablauf der Klagefrist in die Zeit von der durch einen anderen Gläubiger betriebenen Zwangsversteigerung bis zum Zuschlage fällt? (P.) **41,** 326. — 2) Beginn der Frist des § 41 Abs. 2 E.E.G., wenn die durch nicht prompte Zinszahlung bedingte Kündigung vor Ablauf der für die Zinszahlung bestimmten äußersten Frist erfolgt ist? (P.) **41,** 327. — 3) Wirkung der Übernahme sämtlicher Nachlaßschulden durch einen Miterben bei der Erbauseinandersetzung. (G.) **43,** 181. — 4) Erlischt der persönliche Anspruch des Hypothekengläubigers gegen den die Hypothek übernehmenden Grundstückserwerber durch dessen Rücktritt vom Vertrage wegen Verkehrsmängel, Betrugs ꝛc? (P.) **43,** 270. — 5) Kann der Ersteher des versteigerten Grundstückes eine Gesamthypothek, die er in Anrechnung auf den Kaufpreis übernommen und nach Auszahlung abgetreten erhalten hat, gegen die mitverhafteten Grundstücke des Subhastaten geltend machen? (P.) **43,** 340. — 6) Folgt schon aus der Anzeige der Übernahme eines Handelsgeschäftes auch der Übergang der Verbindlichkeiten? **50,** 120. — 7) Haftet, wer zwei übernommene Handelsgeschäfte unter einer aus der Verbindung ihrer Firmennamen gebildeten Firma als einheitliches Geschäft fortführt, nach § 25 H.G.B. für ihre in früherer Zeit entstandenen Verbindlichkeiten? **50,** 117.

6. Erlöschen der Obligationen.

§ 124. Zahlung und Deposition. Quittung.

1) Unter welchen Voraussetzungen kann sich der Schuldner wegen Ungewißheit der Person des Gläubigers durch Hinterlegung von seiner Verbindlichkeit befreien? (G.) **44,** 164. — 2) Ist der Rechtsweg für die Frage zulässig, ob der Enteignungsunternehmer beim Vorhandensein von Hypotheken die Entschädigungssumme ganz oder nur in Höhe der Belastungen hinterlegen darf? (P.) **45,** 381. 382 Anm. 1. — 3) Kann eine an Zahlungsstatt auf eine Schuld aus unklagbaren Differenzgeschäften hingegebene Hypothek zurückgefordert werden, wenn neben Hingabe der Hypothek die persönliche Verpflichtung des Schuldners fortbestanden hat? **47,** 48. — 4) Wird der Enteignende durch die Hinterlegung der im Verwaltungswege festgesetzten, im Rechtswege angefochtenen, Entschädigungssumme von deren Verzinsung frei? (P.) **47,** 260. — 5) Kann die nach dem Inkrafttreten des B.G.B. nach § 284 A.L.R. I. 16 erfolgte Übergabe eines Grundstückes zu gerichtlicher Aufsicht und Ver-

wahrung als Erfüllung eines vorher entstandenen Schuldverhältnisses dienen? **48**, 19. — 6) Ist im Konkurse eine Zahlung anfechtbar, die ein Gläubiger unmittelbar von einem Dritten im Auftrage des Gemeinschuldners erhalten hat? **48**, 149. — 7) Erwirbt der eine Korrealhypothek gegen Quittung auszahlende Eigentümer eines der belasteten Grundstücke die Hypothek an den anderen Grundstücken? (P.) **41**, 213. — 8) Übergabe einer löschungsfähigen Quittung über eine Hypothek als Willenserklärung im Sinne des § 894 C.P.O. n. F. **48**, 399. — 9) Ist die von einem Aktionär zur Sicherung des Restes seiner Einlage vorgenommene Hinterlegung von Wechseln als Einzahlung auf die Aktie anzusehen? **49**, 26. — 10) Durch welche Art der Hinterlegung kann der Schuldner sich von seiner Verbindlichkeit frei machen? (G.) **49**, 202. — 11) Befreit im Enteignungsverfahren die Hinterlegung der vorläufig festgesetzten Entschädigung den Unternehmer von der vereinbarten Pflicht zur Verzinsung überhaupt oder nach der Dringlichkeitserklärung? (P.) **49**, 257. — 12) Welche Wirkung hat eine vom Schuldner wegen Konkurrenz mehrerer Cessionen mit mehreren Pfändungen bewirkte Hinterlegung des ganzen Schuldbetrages gegenüber dem ursprünglichen Gläubiger? Eröffnung des Verteilungsverfahrens über den ganzen hinterlegten Betrag. **49**, 357.

§ 125. Unmöglichkeit der Erfüllung.

1) Haftet der Afterverpächter auch ohne eigenes Verschulden dem Afterpächter, wenn dieser vom Eigentümer aus der Pachtsache entsetzt wird? (G.) **41**, 147. — 2) Kann auch die bloß vorübergehende Unmöglichkeit der Erfüllung die Obligation aufheben? (G.) **42**, 114. — 3) Findet der § 168 A.L.R. I. 5 auch auf die Fälle der Unmöglichkeit der Erfüllung Anwendung? (P.) **47**, 297. — 4) Kann, wenn die verweigerte Erfüllung unerzwingbar ist, sofort auf das Interesse geklagt werden? (P.) **47**, 300. — 5) Wird die Erfüllung eines Pachtvertrages ohne weiteres dadurch unmöglich, daß die verpachtete Mühle, der Hauptgegenstand, vorher abbrennt? (P.) **47**, 306. — 6) Was ist in § 325 Abs. 1 S. 2 B.G.B. unter Interesse an teilweiser Erfüllung zu verstehen? **50**, 143.

§ 126. Kompensation.

(Aufrechnung im Konkurse s. unten § 361.)

1) Darf der Privatschuldner eines Gesellschafters oder des Komplementars einer Kommanditgesellschaft gegen seine Schuld eine Forderung, die ihm gegen die Gesellschaft zusteht, nach der Eröffnung des Konkurses über deren Vermögen während dessen Dauer aufrechnen? **41**, 25. — 2) Ist, wo eine Beschlagnahme des Dienstlohnes nach dem Gesetze vom 21. Juni 1869 unstatthaft ist, auch die Aufrechnung mit Gegenforderungen des Arbeitgebers unzulässig? **41**, 51. — 3) Kann die vertragsmäßig

gestattete Aufrechnung einer Forderung gegen die Aktiengesellschaft als Sacheinlage erachtet werden? **42**, 1. — 4) Ist zur Aufrechnung jede Naturalobligation verwendbar? (G.) **42**, 120. — 5) Aufrechnung einer auf erlassenes Aufgebot nicht angemeldeten Forderung gegen eine zum Nachlasse gehörige nach ergangenem Ausschlußurteile. (G.) **42**, 138. — 6) Hindert der Ablauf der Verjährungsfrist stets die Aufrechnung mit der Forderung? (G.) **42**, 141. — 7) Muß das Bestehen der Klageforderung auch dann festgestellt werden, wenn der mit einer liquiden Gegenforderung aufrechnende Beklagte die Klagebehauptungen für den Fall zugesteht, daß er auf Grund der Aufrechnung die Abweisung der Klage erreichen kann? (P.) **42**, 320. — 8) Kann der klagende Cessionar einer Teilforderung den mit einer gegen den Cedenten begründeten Gegenforderung aufrechnenden Beklagten auf die dem Cedenten verbliebene Restforderung verweisen? (P.) **42**, 324. — 9) Kann durch Teilurteil, ohne über einen Teil der Klageforderung zu erkennen, die Berufung insoweit zurückgewiesen werden, als der Kompensationsanspruch des Beklagten aberkannt sei? **42**, 356. — 10) Darf der Richter, wenn vom Beklagten der Klaganspruch an sich bestritten und nur eventuell kompensiert wird, unentschieden lassen, ob der Klaganspruch an sich begründet ist, und die Klage auf Grund der Aufrechnung abweisen? **42**, 362. — 11) Verhindert die Signifikation der Cession auch die compensation judiciaire einer illiquiden Gegenforderung gegen die Klage des Cessionars? (F.) **43**, 380. — 12) Kann der klagende Cessionar einer Teilforderung gegen die Aufrechnung des Beklagten einen erst nach dieser ihm cedierten weiteren Teil der Forderung zur Rekompensation benutzen? (P.) **45**, 240. — 13) Kann der Beklagte mit einer Schadensersatzforderung wegen Nichterfüllung eines zweiseitigen Vertrages durch den Konkursverwalter gegen dessen Anspruch auf die vom Gemeinschuldner geleistete Anzahlung aufrechnen? **46**, 98. — 14) Ermächtigt die vom Versicherer zur Erledigung aller durch einen bestimmten Versicherungsvertrag bedingten Geschäfte erteilte Vollmacht den Vertreter, eigene Schulden an den Versicherten gegen die von diesem zu zahlende Prämie aufzurechnen? (G.) **46**, 209. — 15) Kann der Fiskus Stempelforderungen im Wege der Kompensation geltend machen? (P.) **47**, 331. — 16) Ist der in § 302 C.P.O n. F. erwähnte Vorbehalt des Aufrechnungsanspruches wirksam, wenn er nur in den Gründen des Urteiles ausgesprochen wird? **47**, 364. — 17) Kann gegen eine vor dem 1. Januar 1900 nach gemeinem Rechte entstandene Forderung aus einem depositum irregulare mit einer ebenfalls vorher entstandenen Gegenforderung nach dieser Zeit aufgerechnet werden? **50**, 37. — 18) Ist durch die vor dem 1. Januar 1900 erfolgte Erhebung der Kompensationseinrede die Verjährung der zur Aufrechnung verstellten Forderung unterbrochen worden? (P.) **50**, 297. — 19) Hat der Kläger, wenn er auf Grund einer vom Beklagten während des Prozesses erklärten Kompensation unterliegt, die Prozeßkosten zu tragen? **50**, 389. — 20) Ist der Prozeßbevollmächtigte zur Abgabe und Empfangnahme der Aufrechnungserklärung in der mündlichen Verhandlung vor dem Prozeßgerichte befugt? **50**, 426.

§ 127. Erlaß.

1) Hat die Ausführung des Auftrages, nach dem Tode des Auftraggebers an dessen Schuldner den Schuldschein zurückzugeben, den Erlaß der Schuld zur Folge? Gilt die l. 18 § 2 Dig. 39, 6 im heutigen gemeinen Rechte? (G.) **42**, 133. — 2) Örtliches Recht für die Form des Erlaßvertrages, der durch Briefwechsel zustande gekommen ist. (P.) **46**, 231.

§ 128. Novation.

— — — — — —

§ 129. Konfusion.

Erlischt die persönliche Schuld des Bestellers einer Hypothek dadurch, daß ihm nach der Veräußerung des Pfandgrundstückes die Hypothek abgetreten wird? (P.) **43**, 265.

§ 130. Rücktritt vom Vertrage.

(S. a. oben § 115: Auflösungsklage des französischen Rechtes.)

1) Beweislast, wenn auf Grund des Rücktrittes vom Vertrage wegen Nichterfüllung geklagt wird und der Gegner die Erfüllung behauptet. (P.) **41**, 223; **45**, 359. — 2) Darf der Verkäufer nach Art. 354 H.G.B. einseitig zurücktreten, weil der Käufer mit der Bezahlung einer anderen Schuld aus einem mit dem Kaufvertrage in engem Zusammenhange stehenden Abkommen im Rückstande ist? **42**, 29. — 3) Erlischt das persönliche Klagerecht des Hypothekengläubigers gegen den die Hypothek in Anrechnung auf den Kaufpreis übernehmenden Grundstückskäufer durch dessen Rücktritt vom Vertrage wegen Gewährsmängel, Betruges 2c? (P.) **43**, 270. — 4) Wieweit finden die Vorschriften über die Konventionalstrafe Anwendung auf die Wandelpön? (P.) **43**, 280. — 5) Darf die Wandelpön den doppelten Betrag des Interesses übersteigen? (P.) **43**, 280. — 6) Ist der § 230 A.L.R. I. 11 anwendbar, wenn nach dem Kaufvertrage der Preis erst bei der der Übergabe nachfolgenden Auflassung zu zahlen, und die Übergabe erfolgt ist? (P.) **44**, 239. — 7) Rücktritt vom Agenturvertrage. (G.) **46**, 124. — 8) Darf Erfüllung eines zweiseitigen Vertrages fordern, wer zurücktreten will, weil der andere Teil nicht erfüllt hat? (P.) **48**, 273. — 9) Ist die Wirksamkeit des nach den §§ 327. 349 B.G.B. erklärten Rücktrittes davon abhängig, daß zugleich Rückgabe des Empfangenen nach § 294 angeboten wird? **49**, 39. — 10) Ist der § 326 B.G.B. auch dann anwendbar, wenn die Feststellung dessen, was der Säumige zu leisten hat, einer vorgängigen Berechnung bedarf? **49**, 41. — 11) Darf der Besteller eines Werkes unter Umständen schon vor der Fertigstellung nach § 947 A.L.R. I. 11 zurücktreten? (P.) **49**, 287. — 12) Rücktritt des Bestellers eines Werkes für die Zukunft. (P.) **49**, 289. — 13) Wird das Rücktrittsrecht des Verkäufers nach § 454 B.G.B. dadurch ausgeschlossen, daß er den

Vertrag teilweise erfüllt hat? **50,** 138. — 14) Kann nach dem B.G.B. der Käufer wegen Verschlechterung der Vermögenslage des Verkäufers von einem Zug um Zug zu erfüllenden, noch nicht fälligen Warenlieferungsgeschäfte zurücktreten? **50,** 255.

Zweites Kapitel. Einzelne Obligationen.

1. Obligationen aus Verträgen und vertragsähnlichen Rechtsverhältnissen.

§ 131. Darlehn. Schuldschein.

1) Aufnahme eines Darlehns für einen Anderen unter dessen Verbürgung. Rechtsfolgen für das Verhältnis zwischen Hauptschuldner und Bürgen, wenn beide in Konkurs verfallen. **42,** 36. — 2) Sind schriftliche Verpflichtungen zur Entrichtung wiederkehrender Geldleistungen von unbestimmter Dauer als Schuldverschreibungen stempelpflichtig? (P.) **45,** 289; **48,** 351. — 3) Schuldverschreibungen im Sinne des preußischen Stempelgesetzes vom 31. Juli 1895. (P.) **42,** 266; **44,** 216; **45,** 289; **46,** 257; **48,** 351. — 4) Ist der die Emission der Anleihe einer Aktiengesellschaft betreffende Notariatsakt als Darlehnsvertrag stempelpflichtig? (P.) **45,** 231. — 5) Was ist ein „zweiseitiges Rechtsgeschäft, das denselben wirtschaftlichen Zwecken dienen soll wie ein Darlehn" im § 302a R.St.G.B. in der Fassung des Wuchergesetzes vom 19. Juni 1893? **43,** 116; **46,** 115. — 6) Kann ein präjudizierter oder verjährter Wechsel als Schuldschein gelten? **48,** 230. — 7) Ist eine Schuldverschreibung stempelpflichtig, die einen Bestandteil des nicht beurkundeten Hauptgeschäftes bildet? (P.) **44,** 216. — 8) Übertragbarkeit der bei der Aufnahme eines Darlehns durch die Aktiengesellschaft neben den Schuldverschreibungen ausgegebenen Genußscheine. **49,** 14.

§ 132. Verpflichtung zur Kreditierung. Pactum de mutuo dando.

— — — — — — — —

§ 133. Leihvertrag.

Überträgt der seine Mobilien an seine Frau veräußernde Ehemann den Besitz durch einen mit ihr abgeschlossenen Leihvertrag, wenn die Sachen in der ehemännlichen Verwaltung bleiben? (P.) **48,** 318.

§ 134. Verwahrungsvertrag. Depositum.

1) Steht der Gültigkeit des Gesetzes, betreffend die Pflichten der Kaufleute bei der Aufbewahrung fremder Wertpapiere, vom 5. Juli 1896 die in Nr. 20 des R.G.Bl. von 1896 erschienene Berichtigung entgegen? **41,** 32. — 2) Liegt ein s. g. Anschaffungsgeschäft vor, wenn die Depo-

nierung der Wertpapiere mit der Abrede erfolgt, daß der Empfänger berechtigt sein soll, statt der erhaltenen andere Stücke gleicher Art zurückzugeben? **42**, 9. — 3) Kann gegen eine vor dem 1. Januar 1900 entstandene Forderung aus einem depositum irregulare mit einer ebenfalls vorher entstandenen Gegenforderung nach diesem Zeitpunkte aufgerechnet werden? **50**, 37.

§ 135. Receptum.

— — — — — — —

§ 136. Kauf. Lieferungsvertrag.

(Handelskauf s. unten §§ 247 flg.)

a. Begriff. Abschluß. Gegenstand des Kaufes.

1) Nichtigkeit eines Kaufvertrages, dessen Abschluß die Gegenleistung für eine unerlaubte Handlung war. (P.) **41**, 294. — 2) Zur Frage der Perfektion des Kaufvertrages. (P.) **41**, 330. — 3) Übergang eines Gattungskaufes in einen Specieskauf durch Übereinkommen. (G.) **43**, 182. — 4) Ist der Kauf gültig, der zum Zwecke der Sicherung des Gläubigers und mit der Bestimmung geschlossen wird, daß die Kaufsachen in dem Besitze des Schuldners bleiben sollen? (F.) **43**, 393. — 5) Zur Prüfung der Frage, ob die Erfordernisse eines Kaufes vorliegen oder nur eine Pfandbestellung gewollt ist. (F.) **43**, 394. — 6) Wie ist beim Verkaufe eines Handelsgeschäftes mit Aktiven und Passiven die Stempelsteuer zu berechnen? (P.) **46**, 266. — 7) Unterliegt, wenn in einem Kaufvertrage über ein zur Schankwirtschaft geeignetes Grundstück für den Verzicht des Verkäufers auf die Wirtschaftskonzession eine besondere Vergütung festgesetzt ist, diese dem Kaufstempel nach Tarifstelle 32a des Gesetzes von 1895? (P.) **49**, 321. — 8) Liegt eine Stundung des Kaufpreises vor, wenn er zwar nach der Übergabe, aber vor oder bei der Auflassung des verkauften Grundstückes fällig ist? **50**, 140. — 9) Wann ist eine Vertragsurkunde, nach deren Inhalt die Kontrahenten einander Gegenstände im Wege des Austausches veräußern, nicht als Tauschvertrag, sondern als zwei Kaufverträge zu verstempeln? (P.) **50**, 285.

b. Nebenverträge. Eigentumsvorbehalt. Vorkaufs- und Rückkaufsrecht.

1) Tritt ein Gebäude trotz des Eigentumsvorbehaltes des Erbauers in die Hypothekarhaftung des Grundstückes ein? (P.) **44**, 288. — 2) Ist die Bestimmung des Gesellschaftsvertrages einer Gesellschaft mit beschränkter Haftung gültig, daß im Falle der Veräußerung eines Geschäftsanteiles an einem Nichtgesellschafter die übrigen Gesellschafter ein Vorkaufsrecht zum Nominalbetrage der Stammeinlage des veräußernden Gesellschafters haben sollen? **49**, 149.

c. Rechtsverhältnisse aus dem Kaufe.

1) Kann der Verkäufer das Verfolgungsrecht ohne Rücksicht auf abweichende Vorschriften des sonst etwa für dessen Ausübung maßgebenden Rechtes stets geltend machen, wenn es nach dem Rechte des Erfüllungsortes begründet ist? (P.) **41**, 333. — 2) Erfüllung eines Kaufvertrages durch Auflassung nach rechtskräftiger Abweisung der Klage auf Auflassung. (P.) **42**, 162. — 3) Besteht die Verpflichtung des Verkäufers zur Ablieferung der Kaufsache noch fort, nachdem er dem Käufer das Eigentum und durch constitutum possessorium den Besitz übertragen hat? (G.) **43**, 183. — 4) Rückforderung des bezahlten Kaufpreises im Falle vereitelter Ablieferung des Kaufgegenstandes. (G.) **43**, 185. — 5) Schuldet der Verkäufer gesetzliche Zinsen für den Teil des Kaufpreises, den er in einem von ihm mit entsprechendem Preisnachlasse gekauften Grundstücke schon empfangen hatte, bevor er das von ihm verkaufte Grundstück übergab? (P.) **44**, 178. — 6) Bedeutung der Vertragsklausel „wie es steht und liegt". (P.) **44**, 237. — 7) Ist der Rücktritt des Verkäufers nach § 230 A.L.R. I. 11 zulässig, wenn der Kaufpreis erst bei der der Übergabe nachfolgenden Auflassung zu zahlen, die Übergabe aber schon erfolgt ist? (P.) **44**, 239. — 8) Wird das Rücktrittsrecht des Verkäufers nach § 454 B.G.B. dadurch ausgeschlossen, daß er den Vertrag teilweise erfüllt hat? **50**, 138. — 9) Liegt eine Stundung des Kaufpreises vor, wenn er zwar nach der Übergabe, aber vor oder bei Auflassung des verkauften Grundstückes fällig ist? **50**, 140. — 10) Erfüllungsort für die Verpflichtung des Käufers zur Abnahme bei Gattungskäufen, besonders wenn die Ware vom Käufer nicht angenommen, sondern zurückgesandt ist. **49**, 74. — 11) Kann nach dem B.G.B. der Käufer wegen Verschlechterung der Vermögenslage des Verkäufers von einem Zug um Zug zu erfüllenden, noch nicht fälligen Warenlieferungsgeschäfte zurücktreten? **50**, 255. — 12) Können bei einem Zug um Zug zu erfüllenden, noch nicht fälligen Warenlieferungsgeschäfte die die Fälligkeit begründende Handlung, die Mahnung nach § 284 und die Aufforderung nach § 326 Abs. 1 S. 1 B.G.B. gleichzeitig miteinander erfolgen? **50**, 257.

d. Gewähr physischer Mängel und angerühmter Eigenschaften.

1) Verhältnis des Anspruches auf Ersatz des Interesses zu der actio quanti minoris. (G.) **41**, 163. — 2) Berechnung der Preisminderung bei der actio quanti minoris. (G.) **41**, 163. — 3) Kommen bei der Berechnung des Streitwertes Lagerkosten in Betracht, die der redhibierende Kläger für die Aufbewahrung der Kaufsache fordert? **42**, 388. — 4) Ist der Verjährungseinwand aus § 343 A.L.R. I. 5 zulässig, wenn der Käufer seine Klage auf Löschung der von ihm für das rückständige Kaufgeld bestellten Hypothek darauf stützt, daß der Rückstand wegen Gegenansprüche aus der Gewährleistung nicht geltend gemacht werden dürfe? (P.) **44**, 201. — 5) Voraussetzungen und Inhalt des Wandelungsrechtes beim Kaufe eines Inbegriffes von Sachen. (P.) **44**, 235. — 6) Findet

die Wandelungsklage statt, wenn mit der Klausel „wie es steht und liegt" verkauft ist? (P.) **44**, 237. — 7) Ist der Verkäufer eines Grundstückes wegen einer darauf ruhenden Rentenbankrente zur Gewährleistung verpflichtet? (P.) **44**, 243. — 8) Geht die Wandelungsklage auch auf Ersatz der vom Käufer für den Kauf aufgewandten Kosten, Stempel rc? (P.) **44**, 250. — 9) Muß der Käufer die bis zur Wandelung von der Sache gezogenen Reineinnahmen dem Verkäufer herausgeben? (P.) **44**, 252. — 10) Berücksichtigung der vom verklagten Verkäufer nicht ausdrücklich gerügten Augenfälligkeit des Mangels. (P.) **44**, 276. — 11) Ist die Wandelungsklage zulässig, wenn der Kläger erklärt, er habe die Kaufsache veräußert und könne sie nicht zurückerwerben? **50**, 188. — 12) Kann nach § 463 B.G.B. als Schadensersatz wegen Nichterfüllung die Rückzahlung des angezahlten Kaufgeldes verlangt werden? **50**, 190. — 13) Unterschied zwischen der Wandelungsklage und der mit ihr unvereinbaren auf die §§ 119. 123. 142. 143 B.G.B. gestützten Klage. **49**, 422. — 14) Wo hat der Verkäufer den Wandelungsanspruch des Käufers auf Rückzahlung des Kaufpreises wegen Mängel der übergebenen Ware zu erfüllen? (G.) **50**, 272.

e. Eviktionsleistung.

1) Gewährleistungspflicht des Verkäufers eines Grundstückes in betreff eines eingetragenen, vom Käufer nicht übernommenen Altenteiles. (P.) **43**, 347. — 2) Ist der Verkäufer eines Grundstückes wegen einer darauf ruhenden Rentenbankrente zur Gewährleistung verpflichtet? (P.) **44**, 248.

f. Rescission wegen laesio enormis.

— — — — — — —

§ 137. Besondere Arten des Kaufes.

1) Wie ist beim Verkaufe eines Handelsgeschäftes mit Aktiven und Passiven die Stempelsteuer zu berechnen? (P.) **46**, 266. — 2) Wird das Angebot eines Lotterieloses durch dessen Ziehung vor Annahme des Angebotes hinfällig? **50**, 191.

§ 138. Tausch.

1) Tauschgeschäfte im Sinne des § 13 Abs. 1 des Reichsstempelgesetzes von 1894. **46**, 35. — 2) Berechnung des Streitwertes bei der Wandelungsklage gegen einen beiderseits erfüllten Grundstückstauschvertrag. **46**, 422. — 3. Zum Begriffe des Tausches. (P.) **50**, 285. — 4) Wann ist eine Vertragsurkunde, nach deren Inhalte die Kontrahenten Gegenstände im Wege des Austausches einander veräußern, nicht als Tausch, sondern als zwei Kaufverträge zu verstempeln? (P.) **50**, 287.

§ 139. Miete und Pacht.

1) Haftet der Afterverpächter auch ohne eigenes Verschulden dem Afterpächter, der vom Eigentümer aus der Pachtsache entsetzt wird? (G.)

41, 147. — 2) Beweislast, wenn auf Grund des Vertrages Rückgabe der vermieteten Sachen wegen Nichtzahlung der Miete gefordert wird, und der Gegner Zahlung behauptet. (P.) **41,** 221; **45,** 359. — 3) Voraussetzungen des Kündigungsrechtes des Mieters aus § 312 A.L.R. I. 21 (P.) **41,** 247. — 4) Zulässigkeit der Feststellungsklage eines Jagdpächters gegen einen anderen Jagdrechtsprätendenten. (F.) **41,** 345. — 5) Formelle Erfordernisse der Gültigkeit eines Jagdpachtvertrages. (F.) **41,** 347. — 6) Welche von zwei Personen, an die dieselbe Jagd für dieselbe Zeit verpachtet ist, hat den Vorrang? (F.) **41,** 349. — 7) Muß der Verpächter die bare Pachtkaution zur Abwehr des drohenden Eintrittes eines erheblichen Schadens verwenden, der seinen Grund in mangelhafter Vertragserfüllung des Pächters hat? (P.) **42,** 298. — 8) Ist die Abtretung von Mietzinsforderungen gegen die Hypothekengläubiger wirksam, wenn sie vor der Beschlagnahme erfolgt und nicht wegen Benachteiligung der Gläubiger anfechtbar ist? Welche Rechte hat der Ersteher des vermieteten Hauses der Abtretung gegenüber? (F.) **43,** 387. — 9) Ist der § 91 A.L.R. I. 6 auf den Anspruch des Pächters auf Herausgabe von Sachen anwendbar, die er während der Pachtzeit in das Pachtgut eingebracht hat? (P.) **44,** 266. — 10) Das Recht des Verpächters an den vom Pächter eingebrachten Sachen ist ein wahres Pfandrecht. (P.) **44,** 267. — 11) Muß der Grundeigentümer, der seinen Grundbesitz auf 300 Morgen abgerundet hat, die ausschließliche Ausübung der Jagd dem gestatten, dem die Gemeinde die Jagd auf dem gemeinschaftlichen Jagdbezirke vor der Abrundung, aber erst von einem nach dieser liegenden Zeitpunkte an verpachtet hat? (P.) **45,** 303. — 12) Ist die Vorschrift des Art. 1743 C. c., wonach der Kauf die Miete nicht bricht, wenn ein authentischer Mietvertrag oder einer mit sicherem Datum vorliegt, eine Formvorschrift oder eine durch § 14 E.G. z. C.P.O. beseitigte Beweisvorschrift? (F.) **45,** 314. — 13) Ruht die Stempelpflicht bei Mietverträgen auf der Vertragsurkunde oder auf dem nach Tarifstelle 48 Abs. 2 einzureichenden Verzeichnisse? (P.) **46,** 293. — 14) Sind auch die Pächter und Mieter zur Entrichtung der Stempelsteuer für die Pacht- und Mietverträge verpflichtet? (P.) **46,** 294. — 15) Haften die nach § 5 Abs. 4 des Stempelgesetzes von der Stempelsteuer Befreiten als Vermieter oder Verpächter für die nach Abs. 6 zu entrichtende Hälfte des Stempels? (P.) **46,** 295. — 16) Steht gegen den Vermieter oder Verpächter eines Grundstückes, von dem aus dessen Mieter oder Pächter durch übermäßigen Lärm in das Eigentum des Nachbargrundstückes eingreift, die negatorische Klage auf Unterlassung zu? **47,** 162. — 17) Wird die Erfüllung eines Pachtvertrages ohne weiteres dadurch unmöglich, daß die den Hauptbestandteil bildende Mühle vorher abbrennt? (P.) **47,** 306. — 18) Wird ein auf mehrere Jahre mündlich geschlossener Pachtvertrag durch die Übergabe *in jeder Beziehung* auf ein Jahr gültig? (P.) **47,** 308. — 19) Bezieht sich der Art. 172 E.G. z. B.G.B. auch auf Fälle der Zwangsversteigerung? **48,** 38. — 20) Kündigungsrecht dessen, der das Mietgrundstück vor 1900 erstanden hat, aber erst im Jahre 1900 als Eigentümer eingetragen ist, in Ansehung eines älteren Mietvertrages.

48, 38. — 21) Unterschied des Zeitfrachtvertrages von der reinen Schiffsmiete. **48**, 89. — 22) Hat der Vermieter eines Schiffes keinen Anspruch auf Miete für die Zeit, wo das Schiff infolge Arrestes gepfändet ist, auch wenn der Mieter selbst den Arrest erwirkt hat? **48**, 93. — 23) Finden die §§ 561 Abs. 2. 581 Abs. 2 B.G.B. auf das vor 1900 entstandene Pfandrecht des Vermieters und Verpächters Anwendung? **49**, 57. — 24) Erlischt der Mietvertrag dadurch, daß der Mieter und dessen Ehefrau später das Eigentum des gemieteten Grundstückes erwerben? (P.) **49**, 285. — 25) Kann der Mieter vom Vermieter die Gestattung des Anschlusses an den Fernsprechverkehr und die Abgabe einer seitens der Post geforderten Einwilligungserklärung verlangen? (P.) **49**, 306.

§ 140. Dienstmiete.

1) Gehören Entschädigungsansprüche eines Arbeiters gegen den Arbeitgeber wegen Unterlassung der gebotenen Schutzvorrichtungen vor die Gewerbegerichte? **41**, 131. — 2) Was ist unter „Entschädigung aus dem Arbeitsverhältnisse" im § 3 Ziff. 2 des Gesetzes über die Gewerbegerichte vom 29. Juli 1890 zu verstehen? **41**, 137. — 3) Ist ein auf Lebenszeit angestellter Hausoffiziant zur Räumung der Dienstwohnung verpflichtet, wenn ihn der Dienstherr ohne genügende Ursache entläßt? (P.) **42**, 253. — 4) Sind die ohne Kündigung die Arbeit niederlegenden Arbeiter auch dann zum Schadensersatze verpflichtet, wenn sie nach der Arbeitsweigerung sofort entlassen werden? Unter welchen Umständen haften sie solidarisch? (G.) **47**, 246. — 5) Handlungsgehilfen s. § 225.

§ 141. Werkverdingung. Locatio conductio operis. Nichthandelsrechtliche Transportverträge.

1) Verliert der Bauherr seine Ansprüche wegen Baumängel durch Übernahme des Gebäudes ohne ausdrückliche Rüge der ins Auge fallenden Mängel? (P.) **44**, 240. — 2) Wie ist der Hilfslohn zu bestimmen, wenn ein nicht zum Erwerbe durch die Seefahrt bestimmtes Seeschiff aus Seenot gerettet, und angemessene Vergütung vorher vereinbart worden ist? Ist der Inhalt des Art. 746 H.G.B. unanwendbar? **47**, 194. — 3) Ist der Zeitfrachtvertrag stets eine Werkverdingung oder unter Umständen zum Teil ein Mietvertrag? **48**, 89. — 4) Unterschied zwischen Zeitfrachtvertrag und reiner Schiffsmiete. **48**, 91. — 5) Darf der Besteller eines Werkes unter Umständen schon vor der Fertigstellung nach § 947 A.L.R. I. 11 zurücktreten? (P.) **49**, 287. — 6) Rücktritt des Bestellers eines Werkes für die Zukunft? (P.) **49**, 289.

§ 142. Forderungen aus anderen nicht unentgeltlichen Dienstleistungen.

Wie ist der Hilfslohn zu bestimmen, wenn ein nicht zum Erwerbe durch die Seefahrt bestimmtes Seeschiff aus Seenot gerettet, und angemessene Vergütung vorher vereinbart worden ist? Ist der Inhalt des Art. 746 H.G.B. unanwendbar? **47**, 194.

§ 143. Verträge über Handlungen nach preußischem Rechte.

1) Ist ein auf Lebenszeit angestellter Hausoffiziant zur Räumung der Dienstwohnung verpflichtet, wenn ihn die Herrschaft ohne gesetzmäßige Ursache entläßt? (P.) **42,** 253. — 2) Rechtliche Natur der Verlagsverträge; sind sie Veräußerungsverträge oder Verträge über Handlungen? (P.) **49,** 279.

§ 144. Mandat. Vollmachtsauftrag. Agent.

(S. oben § 32: Stellvertretung, und unten § 151b: Versicherungsagenten, § 223. 224: Prokura und Handlungsvollmacht.)

a. Inneres Verhältnis. Mandant und Mandatar.

1) Der Liquidator ist nicht Mandatar der Aktionäre, sondern gesetzlicher Vertreter der Liquidationsgesellschaft. **41,** 95. — 2) Einfluß des Aufhörens der Vormundschaft auf die vom Vormunde für das Mündel geschlossenen Vollmachtsverträge. (P.) **41,** 263. — 3) Die Generalvollmacht ist ein einheitliches Ganzes und unterliegt in allen Beziehungen den Bestimmungen des Civilrechtes; die Bestimmungen über die Prozeßvollmacht sind nicht unmittelbar auf sie anwendbar. (P.) **41,** 264. — 4) Hat die Ausführung des Auftrages, nach dem Tode des Auftraggebers an dessen Schuldner den von diesem gezeichneten Schuldschein zurückzugeben, den Erlaß der Schuld zur Folge? Gilt die l. 18 § 2 Dig. 39, 6 im heutigen gemeinen Rechte? (G.) **42,** 133. — 5) Rechtsfolgen einer vom Mandatar bei Übernahme des Auftrages begangenen Arglist. (G.) **43,** 108. — 6) Muß im Falle des § 25 A.L.R. I. 13 der Bevollmächtigte, wenn er den Auftrag behält, ohne dem Machtgeber Anzeige zu machen, den durch die Unterlassung der Anzeige oder den durch das Behalten des Auftrages entstandenen Schaden ersetzen? (P.) **43,** 268. — 7) Auftrag zur Zahlung einer Schuld aus Differenzgeschäften und Ausstellung eines Wechsels über diesen Betrag. (G.) **45,** 158. — 8) Enthält die Einzahlung von Geld bei einem Bankhause für Rechnung eines Anderen einen Auftrag? Bis wann kann er widerrufen werden? (P.) **45,** 235. — 9) Begriff des Agenturvertrages. **46,** 121. — 10) Rücktritt vom Agenturvertrage. (G.) **46,** 124. — 11) Ist ein gerichtlicher Vergleich, den die Anwälte vereinbart haben, auch für die Partei bindend, die nur mündlich Vollmacht erteilt hat? **49,** 345. — 12) Rechtliche Bedeutung der Zeichnung einer Stammeinlage einer Gesellschaft mit beschränkter Haftung im Auftrage eines Anderen. Steht der Verpflichtung zur Abtretung dieses Anteiles aus dem Auftrage der § 15 Abs. 4 des Gesetzes vom 20. April 1892 entgegen? **50,** 43. — 13) Findet die Vorschrift des § 766 B.G.B. über die Form des Bürgschaftsvertrages auf einen Kreditauftrag im Sinne des § 778 Anwendung? **50,** 160. — 14) Bedürfen der Form des § 313 B.G.B. auch die Verträge, durch die der eine sich dem anderen unter Erteilung einer Vollmacht verpflichtet, das Eigentum an einem

Grundstücke an einen von dem anderen zu bestimmenden Dritten zu übertragen? **50,** 163. — 15) Haftet ein mit der Übersendung von Wertpapieren beauftragter Bankier, wenn er sie nicht unter Wertangabe sendet, sondern in einem eingeschriebenen Briefe unter Versicherung der Sendung bei einer Versicherungsgesellschaft? Wie, wenn nicht der volle Wert versichert war? **50,** 169.

b. Verhältnis in Bezug auf Dritte.

1) Hat die Ausführung des Auftrages, nach dem Tode des Auftraggebers an dessen Schuldner den von diesem gezeichneten Schuldschein zurückzugeben, den Erlaß der Schuld zur Folge? Gilt die l. 18 § 2 Dig. 39, 6 im heutigen gemeinen Rechte? (G.) **42,** 133. — 2) Einrede des Versicherers, daß der auswärtige Agent des Versicherten diesem wissentlich falsche Angaben gemacht habe, durch deren gutgläubige Weitergabe der Versicherte den Abschluß des Versicherungsvertrages erlangt habe. (G.) **43,** 143. — 3) Unter welchen Umständen haftet der Geschäftsinhaber für das Handeln seiner Angestellten ohne Auftrag? (G.) **43,** 189. — 4) Kondiktion eines Wechsels durch den, dessen Bevollmächtigter unter Überschreitung seiner Vollmacht Waren gekauft und den zum Diskontieren erhaltenen Wechsel zur Deckung des Kaufpreises verwendet hat. (P.) **45,** 261. — 5) Ermächtigt die von einem Versicherer zur Erledigung aller durch einen bestimmten Versicherungsvertrag bedingten Geschäfte erteilte Vollmacht den Vertreter, eigene Schulden an den Versicherten gegen die von diesem zu zahlende Prämie aufzurechnen? (G.) **46,** 208. — 6) Kann der Geber eines Auftrages zur Zeichnung einer Stammeinlage einer Gesellschaft mit beschränkter Haftung die von ihm an die Gesellschaft geleisteten Einzahlungen zurückfordern, weil die Abtretung des Anteiles durch den Mandatar an ihn nicht in der Form des § 15 Abs. 3 des Gesetzes vom 20. April 1892 erfolgt ist? **50,** 46. — 7) In Versicherungsverhältnissen liegt im Zweifel eine von thatsächlichem Auftrage unabhängige Vollmacht zum Abschlusse von Versicherungsverträgen schon dann vor, wenn ein Agent ermächtigt worden ist, allein die Police zu unterschreiben und sie dem Antragsteller auszuhändigen. **50,** 76. — 8) Über Ratihabition s. oben § 37.

c. Assignation. Anweisung.

(S. a. unten § 240.)

1) Ist die dem Spediteur erteilte Weisung, die Ware einem Dritten zugehen zu lassen, eine der Annahme fähige Anweisung? (G.) **43,** 167. — 2) Können Beamte ihr Diensteinkommen oder ihre Pension wirksam anweisen? Können es Gensdarmen und Oberwachtmeister der Landgensdarmerie? (P.) **44,** 190. — 3) Ist der Assignant Rechtsvorgänger des Assignatars im Sinne des § 410 (445 n. F.) C.P.O., wenn die Anweisung erfolgt, um dem Assignatar durch eine dem Assignanten gegen den Assignaten zustehende Forderung Befriedigung zu verschaffen? (P.)

45, 369. — 4) Enthält die Einzahlung eines Geldbetrages bei einem Bankhause für Rechnung eines Anderen eine Anweisung? (P.) **45,** 235. — 5) Annahme einer nicht urkundlichen Anweisung durch konkludente Handlungen. **47,** 28. — 6) Kann ein präjudizierter oder verjährter Wechsel als Anweisung gelten? Kann es ein wegen Formmangels ungültiger Wechsel? **48,** 230.

§ 145. Maklervertrag.

1) Sind die Bestimmungen des B.G.B. auf einen vor dessen Inkrafttreten versprochenen und verdienten Ehemaklerlohn anwendbar? **46,** 152. 178. — 2) Verstößt der einen Ehemaklerlohn zusichernde Vertrag gegen die guten Sitten? (P.) **46,** 177. — 3) Wird der Maklervertrag durch den vor dem Zustandekommen des Geschäftes erfolgten Tod des Auftraggebers aufgehoben? (P.) **47,** 253. — 4) Muß der Makler, wenn das Geschäft nach dem Tode des Auftraggebers von dessen Erben abgeschlossen ist, beweisen, daß diese auch von dem Maklervertrage Kenntnis hatten? (P.) **47,** 255.

§ 146. Geschäftsführung. Negotiorum gestio.

1) Kann die Rhederei des Schiffes, das auf Grund des Reichsgesetzes vom 27. Dezember 1872 hilfsbedürftige Seeleute nach Deutschland zurückbefördert hat, von der Rhederei des Schiffes, dem die Seeleute angehört haben, den die gesetzliche Entschädigung übersteigenden Betrag der üblichen Passagepreise aus dem Rechtsgrunde der Geschäftsführung ohne Auftrag fordern? **41,** 59. — 2) Umfang des Ersatzanspruches des Geschäftsführers ohne Auftrag. (G.) **41,** 60. — 3) Rechtswirkung in dem Falle, wo der Geschäftsbesorger weiß, daß der Geschäftsherr sich schon geweigert hat, das Geschäft vorzunehmen. (P.) **43,** 287. — 4) Voraussetzungen eines auf Geschäftsführung ohne Auftrag zu gründenden Anspruches. (P.) **43,** 298.

§ 147. Rechnungsablage aus Mandat und Geschäftsführung.

1) Pflicht zur Rechnungslegung über den aus einer Patentverletzung gezogenen Gewinn nach den Grundsätzen der Geschäftsführung. (G.) **46,** 17. — 2) Kann der nach § 15 des Warenzeichengesetzes Verletzte von dem zur Entschädigung Verpflichteten Rechnungsablage über den gemachten Gewinn fordern? (P.) **47,** 100.

§ 148. Gesellschaftsvertrag. Societas.

(S. unten §§ 227—233.)

1) Können, wenn ein Gesellschafter einer gemeinrechtlichen Sozietät in Konkurs gerät, die Gläubiger aus dem Betriebe der Gesellschaft verlangen, aus den Vermögensstücken der Gesellschaft vorab befriedigt zu

werden? **42,** 103. — 2) Ist die mündliche Zusage, sich an der Gründung einer Gesellschaft mit beschränkter Haftung in bestimmter Höhe zu beteiligen, bindend? (G.) **43,** 136. — 3) Ist ein auf den Abschluß von Differenzgeschäften mit einem Dritten gerichteter Gesellschaftsvertrag ungültig? Kann insbesondere der actio pro socio auf anteilsmäßigen Beitrag zum Verluste bezw. auf Herausgabe des Gewinnes entgegengesetzt werden, daß der Zweck der Gesellschaft das Differenzspiel gewesen sei? (G.) **43,** 148. — 4) Möglichkeit einer gemeinrechtlichen stillen Gesellschaft in weiterem Sinne zum Betriebe eines Handelsgewerbes. **45,** 39. — 5) Wie ist nach gemeinem Rechte die Frage wegen des Eigentumes der Gesellschafter an den beiderseitigen Einlagen zu beantworten? **45,** 40. — 6) Kohlensyndikate. Rechtsverhältnisse im Falle der Auflösung einer dabei beteiligten Gewerkschaft. (P.) **48,** 305. — 7) Anwendung des § 5 H.G.B. von 1897 auf eine schon vor dem 1. Januar 1900 als offene Handelsgesellschaft eingetragene Sozietät. **50,** 158.

§ 149. Communio incidens.

1) Bestimmung der Anteile in zweifelhaften Fällen. (P.) **42,** 164. — 2) Wirkung auf das durch freiwillige Vertragserfüllung des Schuldners an den einen Gemeinschafter Erlangte. (P.) **42,** 162. — 3) Kann die für einen noch nicht fälligen Anspruch auf Teilung nach den §§ 749. 753 B.G.B. eingeleitete Zwangsversteigerung nach dem Eintritte der Fälligkeit fortgesetzt, oder muß das Verfahren von neuem begonnen werden? **47,** 363. — 4) Tritt Miteigentum ein, wenn mehrere Einzelgrundstücke verschiedener Eigentümer zu einer unentwirrbaren Fläche geworden sind? **44,** 169.

§ 150. Gewagte Geschäfte. Spiel und Wette. Lotterie. Differenzgeschäfte.

1) Anwendung des § 66 des Börsengesetzes auf Geschäfte, die nur deshalb nicht Börsentermingeschäfte im Sinne des § 48 des Gesetzes sind, weil die Kontrahenten die vom Börsenvorstande für den Terminhandel festgesetzten Geschäftsbedingungen ausgeschlossen haben. **42,** 43. — 2) Findet nach § 68 des Börsengesetzes von 1896 der § 66 auch dann Anwendnng, wenn von Nichteingetragenen im Auslande nach den Geschäftsbedingungen auswärtiger Börsen Termingeschäfte abgeschlossen sind? **43,** 91; **44,** 52. — 3) Ist ein Gesellschaftsvertrag, der auf den Abschluß von Differenz- oder Spielgeschäften mit einem Dritten gerichtet ist, ungültig? (G.) **43,** 148. — 4) Ist die im Börsengesetze angedrohte Ungültigkeit von Börsentermingeschäften von Amtswegen zu beachten? **44,** 54. — 5) Zur Auslegung der §§ 48. 66 des Börsengesetzes über die Börsentermingeschäfte. Umgehung des Gesetzes bei Differenzgeschäften. **44,** 103. — 6) Wechselausstellung zur Deckung einer Schuld aus Differenzgeschäften oder zur Leistung eines Einschusses auf sie. Auftrag zur Zahlung einer solchen Schuld. (G.) **45,** 158. — 7) Kann eine an Zahlungsstatt auf eine Schuld aus unklagbaren Differenzgeschäften

hingegebene Hypothek zurückgefordert werden, wenn neben Hingabe der Hypothek die persönliche Verbindlichkeit des Schuldners fortbestanden hat? **47**, 48. — 8) Die Spielschuld ist zwar unklagbar, aber erfüllbar ohne Rückforderungsrecht, auch wenn auf einen für die Spielschuld gegebenen Wechsel gezahlt ist, einerlei ob dieser an Zahlungsstatt oder zahlungshalber gegeben war. (G.) **47**, 50. — 9) Haben die landesgesetzlichen Bestimmungen über das Spielen in auswärtigen Lotterien durch § 763 B.G.B. ihre privatrechtliche Geltung verloren? **48**, 175. — 10) Zeitpunkt des Vertragsschlusses über ein zugesandtes Lotterielos. **48**, 178. — 11) Kann, wer, ohne im Börsenregister eingetragen zu sein, für seine Rechnung Börsentermingeschäfte durch einen Kommissionär abschließt, von diesem die ihm zur Zahlung an dessen Mitkontrahenten gegebenen und auch gezahlten Vorschüsse zurückfordern? **49**, 59. — 12) Ist ein Vergleich darüber, ob die streitigen Verträge gültige Kauf- oder Kommissionsgeschäfte, oder ob sie klaglose Differenzgeschäfte sind, unwirksam, wenn sie wirklich Differenzgeschäfte sind? (G.) **49**, 192. — 13) Aus dem Anerkenntnis einer Spielschuld und aus ihrer Sicherung durch formales Schuldversprechen findet eine Klage ebensowenig statt, wie aus der Spielschuld selbst. (G.) **49**, 193. — 14) Wird das Angebot eines Lotterieloses durch dessen Ziehung vor der Annahme des Angebotes hinfällig? **50**, 191.

§ 151. Versicherung.

(Seeversicherung s. unten § 264.)

a. Im allgemeinen und gegen Feuersgefahr. Landtransportversicherung. Binnenschiffahrtversicherng. Hagelversicherung. Versicherung gegen Diebstahl.

1) Ist die Pfändung hinterlegter Feuerversicherungsgelder gegenüber einer später eingeleiteten Subhastation des Grundstückes wirksam? (P.) **41**, 203. — 2) Art der Berechnung der Stempelsteuer bei Versicherungspolicen, die sich über mehrere Jahre erstrecken. (P.) **41**, 245. — 3) Findet bei Versicherungsverträgen und Bestätigungen der Schlesischen Provinzial-Landfeuersozietät, die bewegliche Sachen von über 3000 Mark Versicherungswert betreffen, die Befreiung 2 zur Tarifnummer 70 des preußischen Stempelsteuergesetzes von 1895 Anwendung? **43**, 248. — 4) Bedeutung von „Umlage" in der Befreiung 2 zur Tarifnummer 70 des preußischen Stempelgesetzes von 1895. **43**, 251. — 5) Verhältnis der Feuerversicherung zum Kairisiko der daneben bestehenden Seeversicherung, namentlich bei laufender Police. **44**, 31. — 6) Wonach bestimmt sich, wenn Feuerversicherung und Seeversicherung nebeneinander bestehen, bei laufender Police ihr Alter? **44**, 34. — 7) Hat die den Versicherungsvertrag beherrschende bona fides einen Einfluß auf die Beweislast im Prozesse? (G.) **44**, 149. — 8) Sind schriftliche Veränderungsgenehmigungen, die im Falle des Wechsels des Eigentümers von dem Feuerversicherer ausgestellt werden, nach der Tarif-

stelle 70 des preußischen Stempelgesetzes von 1895 zu verstempeln? (P.) **44**, 323. — 9) Ermächtigt die von einem Versicherer zur Erledigung aller durch einen bestimmten Versicherungsvertrag bedingten Geschäfte erteilte Vollmacht den Vertreter, eigene Schulden an den Versicherten gegen die von diesem zu zahlende Prämie aufzurechnen? (G.) **46**, 208. — 10) Unterliegen Versicherungspolicen bezw. deren Verlängerungen dem vollen tarifmäßigen Stempel auch dann, wenn sie für einen subjektiv von der Stempelsteuer Befreiten ausgestellt werden? (P.) **46**, 216. — 11) Unterliegt die vertragsmäßige stillschweigende Verlängerung eines Versicherungsvertrages durch Unterbleiben der Kündigung stets der Besteuerung nach Tarifstelle 70 des Stempelgesetzes von 1895? (P.) **46**, 308. — 12) Liegt Doppelversicherung vor, wenn jemand nach Versicherung eines ihm gehörigen Hinterhangsfahrzeuges das ihm gehörige Schleppschiff, insbesondere auch gegen Haftpflicht, so versichert, daß Hinterhangsfahrzeuge des Versicherten in den durch die Versicherung gedeckten Fällen so angesehen werden sollen, als ob sie Dritten gehörten? **47**, 168. — 13) Der Art. 792 H.G.B. ist auch nicht analog auf die Binnenschiffahrt anzuwenden. **47**, 170. — 14) Ist im Gebiete des A.L.R. der Rechtsweg für Versicherungsstreitigkeiten durch allgemeine Bestimmungen beschränkt? (P.) **48**, 335. — 15) Versicherung gegen Einbruchsdiebstahl. Bedeutung und Wirkung der Policeklausel, die die Wirksamkeit von der Beobachtung gewisser Sicherungsmaßregeln durch den Versicherten abhängig macht. (P.) **49**, 290. — 16) Haftet ein mit der Übersendung von Wertpapieren beauftragter Bankier, wenn er diese nicht unter Wertangabe sendet, sondern in eingeschriebenem Briefe unter Versicherung der Sendung bei einer Versicherungsgesellschaft? Wie, wenn nicht der volle Wert versichert war? **50**, 169. — 17) Kommt ein Versicherungsvertrag zustande, wenn die Unterzeichnung der Police und ihre Aushändigung an den Antragsteller durch den zwar zu diesen Handlungen, aber nicht zum Vertragsabschlusse beauftragten Agenten geschieht? **50**, 75.

b. Versicherungsagenten.

1) Rechtliche Stellung der Versicherungsagenten. (G.) **46**, 184. — 2) Hat der Versicherungsnehmer für die unrichtige Beantwortung der in dem Versicherungsantrage enthaltenen Fragen auch dann einzustehen, wenn der Versicherungsagent dabei mitgewirkt hat? (G.) **46**, 185. — 3) Kommt ein Versicherungsvertrag zustande, wenn die Unterzeichnung der Police und ihre Aushändigung an den Antragsteller durch den zwar zu diesen Handlungen, aber nicht zum Vertragabschlusse beauftragten Agenten geschieht? **50**, 75.

c. Versicherung auf Gegenseitigkeit.

Ist der Beschluß des Verwaltungsrates einer Versicherungsgesellschaft auf Gegenseitigkeit, daß die Lebensversicherungssumme auch im Falle des

Selbstmordes gezahlt werden soll, auch zu deren Gunsten wirksam, die ihre Rechte aus einem vor dem Beschlusse geschlossenen Versicherungsvertrage herleiten? (G.) **49**, 195.

d. Lebensversicherung.

1) Hat der Versicherungsnehmer für die unrichtige Beantwortung der in dem Lebensversicherungsantrage enthaltenen Fragen auch dann einzustehen, wenn der Versicherungsagent dabei mitgewirkt hat? (G.) **46**, 184. — 2) Rechtliche Wirkung des Art. 1121 C. c. auf einen von dem Ehemanne zu Gunsten seiner Ehefrau geschlossenen Lebensversicherungsvertrag, namentlich in Hinblick auf Art. 1096 C. c. (F.) **50**, 325. — 3) S. a. die vorstehend in dem Abschnitte c angeführte Entscheidung.

e. Versicherung gegen Unfälle.

1) Darf der den Versicherungsvertrag beherrschenden bona fides ein Einfluß auf die Beweislast in betreff der Todesursache eingeräumt werden? (G.) **44**, 149. — 2) Läßt sich der Kausalzusammenhang zwischen dem Tode und einer äußeren Gewalteinwirkung annehmen, wenn zu dieser eine innere Erkrankung den Anlaß gegeben hat? (G.) **44**, 152. — 3) Darf, wenn der Ausspruch des Gutachters über die Frage, ob Invalidität infolge des Unfalles vorliegt, wirkungslos ist, der Versicherte diese Frage sofort zur gerichtlichen Entscheidung bringen? (P.) **45**, 352. — 4) Kann, wenn der Versicherte einem Dritten die Anzeige des Unfalles aufträgt, und dieser Dritte die Anzeigefrist schuldhaft versäumt, die Versäumung als entschuldigt gelten? (P.) **50**, 295.

f. Reichskrankenversicherungsgesetze vom 15. Juni 1883 und vom 10. April 1892. Reichsunfallversicherungsgesetz vom 6. Juli 1884 nebst Ausdehnungs- und Ergänzungsgesetzen.

1) Begriff des Arbeitgebers im Sinne der Krankenversicherungsgesetze. **42**, 5. — 2) Kann in die Stellung des Arbeitgebers im Sinne des Krankenversicherungsgesetzes durch Vertrag mit öffentlichrechtlicher Wirkung ein Vertreter gebracht werden? **42**, 9. — 3) Wie erfolgt die Feststellung der Dienstunfähigkeit eines Reichsbeamten, der Anspruch aus § 1 Abs. 1 des Reichsfürsorgegesetzes erhebt? Zulässigkeit des Rechtsweges? **44**, 35. — 4) Begriff des Betriebsunfalles. **44**, 257. — 5) Gehören zu den Betriebsunfällen im Sinne des preußischen s. g. Fürsorgegesetzes auch die aus betriebsgemäßen Zuständen und Handlungen hervorgehenden Unfälle? (P.) **44**, 253. — 6) Haftet der vom Betriebsunternehmer bestellte Rechnungsführer einer Betriebskrankenkasse wegen seiner Veruntreuungen dem Unternehmer oder der Kasse oder beiden, und worauf? **45**, 20. — 7) Juristische Persönlichkeit der Betriebskrankenkassen. **45**, 21. — 8) Begriff des Bauherrn im Sinne des § 27 des Bauunfallversicherungsgesetzes vom 11. Juli 1887. **45**, 2. — 9) Kann,

wenn der Grundeigentümer baut, die Baubank, von der er das Grundstück mit der Verpflichtung zu bauen erworben hat, als Bauherr angesehen werden? **45,** 5. — 10) Ist für den von der Ortskrankenkasse gegen einen Gewerbetreibenden auf Anerkennung der Mitgliedschaft seiner Arbeiter erhobenen Anspruch der Rechtsweg zulässig, wenn die Arbeiter auf das Verlangen der Innungskrankenkasse bei dieser angemeldet sind? (P.) **46,** 57. — 11) Zum Begriffe eines „Dritten“ im Sinne des § 98 R.U.V.G. vom 6. Juli 1884. **47,** 54. — 12) Ist die Entscheidung des Reichsversicherungsamtes, durch die ein Betrieb einer Berufsgenossenschaft zugewiesen wird, für das Gericht maßgebend? **47,** 54. — 13) Ist ein Handlungsgehilfe zur Krankenversicherung verpflichtet, wenn in Beziehung auf ihn die Kündigungsfrist vertragsmäßig verkürzt ist? **48,** 180. — 14) Sind auf Grund des § 78 R.U.V.G. vom 6. Juli 1884 von der Berufsgenossenschaft erlassene Unfallverhütungsvorschriften Polizeigesetze im Sinne des § 26 A.L.R. I. 6? **48,** 327. — 15) Ist § 67a des Krankenversicherungsgesetzes vom 10. April 1892 auch auf Fabrikkrankenkassen anzuwenden, die von Anfang an für den Betrieb mehrerer Unternehmer errichtet waren? **49,** 16. — 16) Gehören zu einer Innungskrankenkasse auch die Arbeiter einer offenen Handelsgesellschaft, deren Teilhaber nicht sämtlich Mitglieder der Innung sind? **50,** 1. — 17) Darf ein Knappschaftsverein, der einem Invaliden bei dessen Lebenszeit ein Erziehungsgeld für die Kinder zu zahlen hat, darauf die dem Invaliden nach dem R.U.V.G. von 1884 bewilligte Rente anrechnen? **50,** 232.

§ 152. Leibrentenvertrag.

Deckt die Stempelfreiheit des Geschäftes nach Ziff. 2 der „Ermäßigungen und Befreiungen“ zu Tarifstelle 32 des Gesetzes von 1895 den Leibrentenvertrag, der darin gefunden werden könnte? **48,** 349.

§ 153. Abrechnung und Anerkennung.

(Kontokorrentvertrag s. unten § 239.)

1) Bedeutung und rechtliche Wirkung einer im Falle des § 739 C.P.O. a. F. vom Drittschuldner abgegebenen Erklärung, daß die Forderung bestehe, und daß er Zahlung zu leisten bereit sei. (P.G.) **41,** 422. — 2) Mündlicher, vom Beklagten schriftlich anerkannter Vertrag. Steht dem daraus Klagenden der Einwand entgegen, daß er später seine Verpflichtung von neuen Bedingungen abhängig gemacht habe? (P.) **42,** 229. — 3) Muß eine in Gütergemeinschaft lebende Ehefrau als Nebenintervenientin ihres Ehemannes ein von diesem erklärtes Anerkenntnis gelten lassen? (P.) **44,** 345. — 4) Aus der Anerkennung einer Spielschuld findet eine Klage ebensowenig statt wie aus der Spielschuld selbst. (G.) **49,** 193.

§ 154. Vergleich.

1) Ist ein gerichtlicher Prozeßvergleich, der als wesentlichen Bestandteil einen Erbverzicht, einen Ehevertrag, einen Vorvertrag über Ab-

schließung eines Ehevertrages oder einen Vertrag über die Übertragung von Grundeigentum enthält, insoweit wegen Mangels der gerichtlichen oder notariellen Form nichtig? Wenigstens in Gebieten, wo nach den Ausführungsgesetzen z. B.GB. nur notarielle Form gestattet ist? **48,** 183. — 2) Ist ein gerichtlicher Prozeßvergleich, der als wesentlichen Bestandteil einen nach dem B.G.B. schriftliche Form erfordernden Vertrag enthält, insoweit nichtig? **48,** 191. — 3) Kann in einem gerichtlichen Prozeßvergleiche gültig eine Eheschließung vollzogen werden? **48,** 191. — 4) Ist ein Vergleich darüber, ob die streitigen Verträge gültige Kauf- oder Kommissionsgeschäfte, oder ob sie klaglose Differenzgeschäfte sind, wirksam, wenn sie wirklich Differenzgeschäfte sind? (G.) **49,** 192. — 5) Ist ein gerichtlicher Prozeßvergleich, den die Anwälte abgeschlossen haben, auch für die Partei bindend, die nur mündlich Vollmacht erteilt hat? **49,** 345. — 6) Ist § 1614 Abs. 1 B.G.B. auch dann anwendbar, wenn ein die Unterhaltspflicht regelnder Vergleich schon vor dem 1. Januar 1900 geschlossen ist? **50,** 96.

§ 155. Kompromiß.

(Schiedrichterliches Verfahren s. unten § 356.)

1) Ist der in einem schriftlichen Kaufvertrage enthaltene Schiedsvertrag über die Entscheidung von Streitigkeiten aus dem Kaufvertrage als dessen Bestandteil im Sinne des § 4a des Stempelsteuergesetzes von 1895 anzusehen? (P.) **42,** 191. — 2) Arbiter oder arbitrator? **45,** 350. — 3) Darf, wenn der Ausspruch des arbitrator über die Frage, ob Invalidität infolge Unfalles vorliege, wirkungslos ist, der Versicherte sofort seinen Anspruch beim Gerichte einklagen? **45,** 352. — 4) Haftet der Schiedsrichter für ein bei Erlassung des Schiedsspruches begangenes Versehen nur wie ein staatlicher Spruchrichter oder nach den Grundsätzen des mit ihm geschlossenen Vertrages? **41,** 252.

2. Obligationen aus unerlaubten und ähnlichen Handlungen.

§ 156. Vermögensbeschädigung im allgemeinen. Körperverletzung. Actio de pauperie.

a. Reichsrecht.

1) Ist die Ersatzpflicht wegen schädlicher Einwirkung einer elektrischen Straßenbahn auf eine frühere Fernsprechanlage nur von den staatlichen Genehmigungsbedingungen und den Vorschriften des Reichstelegraphengesetzes von 1892 abhängig oder auch von den allgemeinen Grundsätzen über unerlaubte Handlungen? **43,** 252. — 2) Haftet die offene Handelsgesellschaft wegen des Deliktes ihres Gesellschafters, wenn dieser Wertpapiere, die er einem Dritten veruntreut, namens der Gesellschaft für ein dieser gewährtes Darlehn zum Pfande giebt? **46,** 18. — 3) Haftet der Cessionar einer Urteilsforderung, der bei der Abtretung gewußt hat, daß

das Urteil durch eine unerlaubte Handlung erlangt war, und es dann hat vollstrecken lassen, dem Cessus auf Schadensersatz? (P.) **46,** 80. — 4) Umfang und Art des von den Urhebern eines Prospektes im Sinne des § 43 des Börsengesetzes von 1896 zu leistenden Schadensersatzes. **46,** 83. — 5) Ist eine Klage auf Unterlassung einer unerlaubten Handlung zulässig, wenn die §§ 823 oder 826 B.G.B. zutreffen, insbesondere gegenüber der Bedrohung mit einer illoyalen Vermögensschädigung? **48,** 118. — 6) Haften nach § 832 B.G.B. die Eltern, auch wenn sie nachweisen, daß sie ihrer Aufsichtspflicht genügt, die Kinder aber ihre Anordnungen nicht befolgt haben? **50,** 60. — 7) Sind die Eltern zum Ersatze des durch ihre Kinder einem Dritten wiederrechtlich zugefügten Schadens nur dann verpflichtet, wenn die Kinder schuldhaft gehandelt haben? **50,** 65. — 8) Hat der bei der Fahrt auf einem Straßenbahnwagen Verletzte Anspruch auf Schadensersatz nur, wenn der Unfall mit den dem Eisenbahnbetriebe eigentümlichen Gefahren zusammenhängt? **50,** 92. — 9) Kann der eingetragene Inhaber eines, von einem älteren Patente abhängigen Gebrauchsmusters dessen Nachbildung verbieten und wegen unbefugter Nachbildung Schadensersatz fordern? Berechnung des Schadens. **50,** 111. — 10) Ist der § 833 B.G.B. anwendbar, wenn die vor einen Wagen gespannten Pferde der Leitung des Kutschers folgen und durch den Wagen ein Mensch verletzt wird? **50,** 180. — 11) Ist der, der ein Vertragsangebot gemacht hat, dem Empfänger zum Schadensersatze verpflichtet, wenn er ihn vorsätzlich oder fahrlässig hindert, das Angebot anzunehmen? **50,** 195. — 12) Setzt der § 833 B.G.B. einen durch unmittelbare Einwirkung des Tieres verursachten Schaden voraus? **50,** 219. — 13) Haftet der Tierhalter, wenn der Verletzte zum Schutze Anderer gegen die von dem Tiere drohende Gefahr aus freiem Entschlusse eingegriffen hatte? **50,** 222. — 14) Hat der Eigentümer Anspruch auf Schadensersatz, wenn auf dem Nachbargrundstücke ein mit Feuers- und Explosionsgefahr verbundenes Gewerbe betrieben und dadurch sein Grundstück entwertet wird? (R., F.) **50,** 226. — 15) Steht der Anspruch aus § 833 B.G.B. dem Dienstboten gegen den Dienstherrn in dessen Eigenschaft als Tierhalter zu? **50,** 244. — 16) Ist auf den Fall des § 833 auch der § 847 Abs. 1 B.G.B. anzuwenden? **50,** 252. — 17) Begriff der unerlaubten Handlung im Sinne des B.G.B. **50,** 409. — 18) Steht der Klage auf Schadensersatz wegen unerlaubter Handlung die Rechtskraft des durch diese Handlung erlangten Urteils entgegen? **46,** 75.

b. Gemeines Recht.

1) Ist der Afterverpächter auch ohne eigenes Verschulden dem Afterpächter zum Schadensersatze verpflichtet, wenn dieser vom Eigentümer aus der Pachtsache entsetzt wird? **41,** 147. — 2) Haftung des Bankiers, der dem kaufenden Kunden Wertpapiere als sichere Anlage empfiehlt. **42,** 129. — 3) Steht die Syndikatsklage, insbesondere gegen einen Notar, nur den bei dem Rechtsstreite Beteiligten oder auch jedem geschädigten Dritten zu? **46,** 213. — 4) Sind die ohne Kündigung

die Arbeit niederlegenden Arbeiter auch dann zum Schadensersatze verpflichtet, wenn sie nach der Arbeitsweigerung sofort entlassen werden? Unter welchen Umständen haften sie solidarisch? **47**, 246. — 5) Hat der Eigentümer oder sonst dinglich Berechtigte wegen vorübergehender Beeinträchtigung seines Rechtes gegen den fahrlässigen Verursacher Anspruch auf Schadensersatz? **47**, 249. — 6) Nähere Bestimmung der Voraussetzungen der actio de pauperie auf seiten des Tieres. **48**, 259. — 7) Steht der actio de pauperie, wenn die Hinterbliebenen des Getöteten klagen, die Einrede seines eigenen Verschuldens entgegen? **48**, 261. — 8) a. Haftung des Staates, wenn er in öffentlichem Interesse durch seine Verwaltungsbehörde in wohlerworbene Privatrechte verletzend eingreift? **41**, 142; 191; **49**, 241. — b. Welcher Staat, wenn der, in dessen Gebiete der Eingriff erfolgt, insoweit seine Hoheitsrechte dem verletzenden Staate übertragen hatte? **41**, 192.

c. Preußisches Recht.

1) „Unmittelbarer Schaden" im Sinne des preußischen A.L.R., insbesondere bei Körperverletzungen. **41**, 240. — 2) Voraussetzungen, unter denen die Käufer von Zubehör und Früchten eines mit Hypotheken oder Grundschulden belasteten Landgutes im Falle absichtlicher Verschleuderung des Inventars für den Ausfall einer Hypothek ersatzpflichtig sind. **42**, 170. — 3) Kann der Schürfer vom Staate Ersatz der aufgewandten Kosten verlangen, wenn die zuständige Bergbehörde im öffentlichen Interesse ihm die Einstellung der Bohrarbeiten und die Verdichtung des Bohrloches aufgegeben hat? **43**, 198. — 4) Unter welchen Umständen wird durch die schädliche Einwirkung einer elektrischen Anlage auf eine andere die Verpflichtung zum Schadensersatze begründet? **43**, 252. — 5) Tritt die Vermutung des § 26 A.L.R. I. 6 ein, wenn auch der Beschädigte ein auf Schadensverhütung abzielendes Polizeigesetz vernachlässigt hat, oder wenn ihm sonst ein grobes Verschulden zur Last fällt? **43**, 369. — 6) Wann haftet der Fiskus für die Folgen mangelhafter Unterhaltung von Landstraßen, wenn er nicht als Inhaber des Landstraßenregales, sondern aus anderen Gründen unterhaltungspflichtig ist? **44**, 173. — 7) Voraussetzungen der Schadensersatzpflicht dessen, der die Hypothekengläubiger durch Entfernung von beweglichen Sachen schädigt, die diesen als Zubehör des Grundstückes haften. **44**, 186. — 8) Kann ein Jagdberechtigter, wenn ohne Rücksicht auf sein Interesse von seinem Jagdnachbarn dessen Jagd ausgeübt wird, von diesem Schadensersatz fordern? **44**, 195. — 9) Begrenzung der Schadensansprüche der anliegenden Hauseigentümer wegen Veränderungen an einer städtischen öffentlichen Straße. Erhebliche Erschwerung der Verbindung. Ausgleichung der Nachteile durch die Vorteile. **44**, 282. — 10) Ist bei dauernder Beschädigung von Sachen, die Erträge gewähren, Entschädigung in Kapital oder in Rente zu leisten? **45**, 203. — 11) Kann darauf, daß durch Polizeiverordnung der Anschluß an die städtische Wasserleitung angeordnet ist, ein Schadensanspruch der Grundeigentümer gegen die

Stadtgemeinde gestützt werden? **45,** 251. — 12) Begründet das Fischereirecht einen Anspruch auf Entschädigung wegen schädlicher Immission? **46,** 251. — 13) Bei Beeinträchtigung wohlerworbener Rechte durch Gesetz ist ein Anspruch auf Entschädigung nur gegeben, wenn ihn das beeinträchtigende Gesetz selbst anerkennt. **46,** 254. — 14) Haftet für den Schaden, wer sich des Besitzes einer fremden beweglichen Sache entäußert, die er in Kenntnis des fremden Eigentumes ohne Wissen des Eigentümers in Besitz genommen hatte? **47,** 275. — 15) Wird auch ohne persönliches Verschulden für den durch eine Polizeiübertretung verursachten Schaden gehaftet? **47,** 330. — 16) Pflichten, Verschulden und Haftung eines Radfahrers. **48,** 343. — 17) Haben die Gemeinden ein Recht auf Schadensersatz, wenn das ihnen durch § 7 des preußischen Fischereigesetzes vom 30. Mai 1874 verliehene Fischereirecht durch eine in öffentlichem Interesse hergestellte Anlage beinträchtigt wird? **49,** 241. — 18) Haftet der Bergwerksbesitzer für die durch Windentziehung infolge von Haldenaufschüttung eingetretene Schädigung einer Windmühle? **49,** 281.

d. Französisches Recht.

1) Ist der Art. 505 Code de procédure civile noch gültig, und bezieht er sich auch auf die Thätigkeit des Richters in Ausübung der freiwilligen Gerichtsbarkeit? **43,** 384. — 2) Haftung eines badischen Notars aus einem Versehen Dritten gegenüber? **48,** 355. — 3) Haftet der rheinische Vormundschaftsrichter aus seiner Amtsführung nur für Arglist oder auch für grobe Fahrlässigkeit? **48,** 361. — 4) Begeht ein Dritter, der durch seine Mitwirkung die Verletzung eines ihm bekannten Forderungsrechtes dem Schuldner ermöglicht, eine unrechte That im Sinne des L.R.S. 1382? **49,** 333. — 5) Hat der Eigentümer eines Grundstückes Schadensansprüche, wenn auf dem Nachbargrundstücke ein mit Feuers- und Explosionsgefahr verbundenes Gewerbe betrieben, und dadurch sein Grundstück entwertet wird? **50,** 338.

§ 157. Haftung für Verschulden anderer.

1) Haftet der, der zur Wahrnehmung einer polizeilich gebotenen Handlung einen Vertreter bestellt hat, stets für dessen Verschulden, wenn er ihn nicht überwachen läßt? (P.) **41,** 211. — 2) Schadet dem Geschäftsherrn die Arglist des Gehilfen in Bezug auf die Eingehung eines vom Geschäftsherrn selbst abgeschlossenen Vertrages? (G.) **43,** 143. — 3) Voraussetzungen der Haftung juristischer Personen für das Verschulden ihrer Beamten und Angestellten. (G.) **43,** 406; **45,** 168; **47,** 241; (P.) **47,** 328. — 4) Haftet die offene Handelsgesellschaft, wenn ihr Gesellschafter Wertpapiere, die er einem Dritten veruntreut, namens der Gesellschaft für ein dieser gewährtes Darlehn zum Pfande giebt? **46,** 18. — 5) Haftung des Eigentümers eines geschleppten Schiffes für ein dem Führer des Schleppdampfers zur Last fallendes Verschulden nach § 4 Abs. 3 des Binnenschiffahrtsgesetzes. **46,** 42. — 6) Haftung des Rechts-

anwaltes für das Versehen seines Büreauvorstehers, wenn er mit diesem seine Klienten in Rechtsangelegenheiten verhandeln läßt. **48**, 59. — 7) Endpunkt der Haftung des Spediteurs aus Artt. 384. 395 H.G.B. a. F. **48**, 108. — 8) Haftung des Notars für das Verschulden seines Büreaupersonales. **49**, 26. — 9) Haftet der Eigentümer des Schleppdampfers bei einem Zusammenstoße des geschleppten Schiffes mit einem anderen für den Schaden, der durch die Führung des geschleppten Schiffes verschuldet ist? **50**, 33. — 10) Grundsätze über die Schadenshaftung der einzelnen zu einem Schleppzuge verbundenen Schiffe aus einem Zusammenstoße mit anderen. **50**, 35. — 11) Haften nach § 832 B.G.B. die Eltern, auch wenn sie beweisen, daß sie ihrer Aufsichtspflicht genügt, die Kinder aber ihre Anordnungen nicht befolgt haben? **50**, 60. — 12) Sind die Eltern zum Ersatze des durch ihre Kinder einem Dritten widerrechtlich zugefügten Schadens nur dann verpflichtet, wenn die Kinder schuldhaft gehandelt haben? **50**, 65.

§ 158. Versehen der Beamten.

1) Ist die Postverwaltung, wenn der eine Postanweisung auf Grund eines Einlieferungsbuches annehmende Postbeamte die Übereinstimmung der Adresse in der Anweisung und im Buch nicht prüft, und infolgedessen die Auszahlung an eine andere als die im Buche bezeichnete Person geschieht, dem Absender ersatzpflichtig? **41**, 102. — 2) Haftet der für die Bekanntmachung des Ausschlusses der Gütergemeinschaft unzuständige Richter, wenn er diese erläßt und veranlaßt, daß sie durch den zuständigen nicht erfolgt? (P.) **41**, 197. — 3) Haftet der Spruchrichter für ein Versehen bei der Urteilsfällung? (P.) **41**, 252. — 4) Haftung des Richters der freiwilligen Gerichtsbarkeit für Versehen. (P.) **41**, 197. — 5) Ist die vom Richter der freiwilligen Gerichtsbarkeit erteilte Auskunft nur als ein Rat im Sinne des § 219 A.L.R. I. 13 anzusehen? (P.) **41**, 202. — 6) Haftung des Notars für Nachlässigkeiten seines Büreaupersonales. **49**, 26. — 7) Haftet der Richter aus seiner Amtsführung in der Rheinprovinz nach den §§ 88—90 A.L.R. II. 10? **43**, 384. — 8) Ist der Art. 505 Code de procédure civile noch rechtsgültig, und bezieht er sich auch auf die Thätigkeit des Richters in der freiwilligen Gerichtsbarkeit? (F.) **43**, 385; **48**, 361. — 9) Auch auf die Haftung des Richters dem Staate gegenüber ist der Art. 505 Code de procédure civile anzuwenden, nicht die Grundsätze des Mandates. (F.) **43**, 387. — 10) Steht die Syndikatsklage, insbesondere gegen einen Notar, nur den bei dem Rechtsakte unmittelbar Beteiligten oder auch jedem geschädigten Dritten zu? (G.) **46**, 213. — 11) Voraussetzung und Umfang der außerkontraktlichen Haftung des Staates für das Verschulden seiner Beamten. (G.) **45**, 168; **47**, 241; (P.) **47**, 328. — 12) Haftet ein badischer Notar bei Anfertigung des Entwurfes eines eigenhändigen Testamentes dem Eingesetzten aus einem Versehen, das sich auf die Gültigkeit nach materiellem Rechte bezieht? (B.) **48**, 357. — 13) Haftet nach Art. 505 Abs. 1 Code de procédure civile der rheinische

Vormundschaftsrichter nur für Arglist oder auch für Fahrlässigkeit? (F.) **48**, 361. — 14) Haftet der Notar als Beamter für ein Versehen bei Abfassung einer von ihm entworfenen und nachher notariell beglaubigten Urkunde dem dadurch Geschädigten? (P.) **49**, 269. — 15) Was ist unter „Ansprüche wegen Verschuldung von Staatsbeamten" im § 39 Ziff. 2 des preußischen A.G. z. G.V.G. zu verstehen? **42**, 415; **50**, 397.

§ 159. Außerehelicher Beischlaf.

1) Besteht das Verbot der Erforschung der Vaterschaft in Art. 340 C. c. als zwingende lex fori noch fort? (F.) **48**, 168. — 2) Ist nach dem Inkrafttreten des B.G.B. aus vorher erfolgtem Beischlafe die Deflorationsklage noch zulässig? (G.) **49**, 204. — 3) Setzt die Deflorationsklage Schwängerung voraus? (G.) **49**, 206. — 4) Genügt zur Begründung der Deflorationsklage der Beischlaf, oder ist Verführung nötig? Gesetzliche Präsumtion der Verführung. (G.) **49**, 206.

§ 160. Verkürzung der Gläubiger.

Reichsgesetz, betr. die Anfechtung von Rechtshandlungen eines Schuldners außerhalb des Konkurses, vom 21. Juli 1879.

(Anfechtung im Konkurse s. unten § 359.)

1) Bei der Anfechtungsklage eines Gläubigers nach § 2 R.A.G. darf auch ein erst nach der Klagerhebung erlangter vollstreckbarer Titel berücksichtigt werden. **41**, 87. — 2) Kann der Gläubiger schon vor Erlangung eines vollstreckbaren Titels zur Sicherung seines Anfechtungsanspruches Arrest oder eine einstweilige Verfügung erwirken? **41**, 89. — 3) Die anfechtbare Handlung ist nicht nichtig, sondern verliert durch die Anfechtung nur ihre Wirksamkeit für die Zukunft; die bis dahin erzeugten Folgen fallen nicht von selbst. **42**, 367. — 4) Wird die vorläufige außergerichtliche Pfändung einer Geldforderung — § 744 C.P.O. a. F. — dadurch unwirksam, daß die nachfolgende gerichtliche Pfändung der Konkursanfechtung unterliegt? **42**, 365. — 5) Kann aus § 3 R.A.G. gegen den geklagt werden, dem ein Dritter auf Verlangen des Schuldners ein diesem aus einem Tauschvertrage geschuldetes Grundstück aufgelassen hat? Darf der Klagantrag dahin gehen, den Beklagten zur Duldung der Zwangsvollstreckung in das Grundstück zu verurteilen? **43**, 83. — 6) Findet der § 3 Ziff. 2 R.A.G. einer offenen Handelsgesellschaft gegenüber schon dann Anwendung, wenn nur ein Teilhaber in dem fraglichen Verwandtschaftsverhältnisse zu dem Mitkontrahenten steht? **43**, 105. — 7) Beweislast in betreff der Benachteiligungsabsicht bei Erfüllungs- und Deckungsgeschäften. **43**, 107. — 8) Kann über die — nicht feststehende — Benachteiligungsabsicht dem Anfechtungsgegner der Eid zugeschoben werden? **43**, 392. — 9) Unter welchen Voraussetzungen umfaßt der Anspruch des Gläubigers aus § 7 R.A.G. auf Rückgewähr auch den auf Schadensersatz? Kann dieser auch auf das Landesrecht gestützt werden? **44**, 92. — 10) Gilt die in § 3 Ziff. 2

R.A.G. aufgestellte Vermutung der Fraudulosität auch für Erfüllungs- und s. g. Deckungsgeschäfte? **45**, 25. — 11) Setzt der § 11 Abs. 2 Ziff. 2 R.A.G. voraus, daß der Abschluß des anzufechtenden Vertrages in der Frist des § 3 Ziff. 2 erfolgt ist? **45**, 45. — 12) Was hat im Falle des § 11 Abs. 2 Ziff. 2 der Anfechtungsbeklagte zu beweisen? **45**, 47. — 13) Muß die Zustellung des Schriftsatzes nach § 4 R.A.G., wenn die Anfechtung gegen eine Ehefrau gerichtet ist, auch an deren im Anfechtungsprozesse mitbeklagten Ehemann erfolgt sein? **45**, 56. — 14) Ist unter Zahlungsunfähigkeit im § 4 R.A.G. die konkursmäßige Insolvenz des Schuldners zu verstehen? **45**, 58. — 15) Kann gegen die Anfechtungsklage wegen betrügerischer Bestellung einer Hypothek eine Einrede deshalb zustehen, weil der Kläger die gleichzeitig gegen einen nachstehenden Hypothengläubiger erhobene Anfechtungsklage, nachdem dessen Hypothek im Verteilungsverfahren ausgefallen ist, zurückgenommen hat? **47**, 216. — 16) Wesen der Anfechtung wegen Benachteiligung der Gläubiger und der Rückgewähr. **47**, 219. — 17) Unter welchen Voraussetzungen ist eine Vollstreckungspfändung als Rechtshandlung des Schuldners nach § 3 Ziff. 1 R.A.G. anfechtbar? Verschaffung des Vollstreckungstitels. **47**, 223. — 18) Berechnung des Streitwertes bei Anfechtungsklagen außerhalb des Konkurses. Kommen dabei die auf dem Grundstücke, dessen Veräußerung angefochten wird, haftenden Hypotheken vom Werte des Grundstückes in Abzug? **47**, 375. — 19) Ist für den Anfechtungsanspruch aus § 3 Ziff. 2 R.A.G. der Gerichtsstand der unerlaubten Handlung begründet? **48**, 401; **50**, 410. — 20) Ist die Einlösung eines acceptierten Wechsels vor dem Verfalltage durch den Aussteller als eine unentgeltliche Verfügung anfechtbar? **50**, 134. — 21) Darf der Richter bei der Entscheidung über eine Klage, mit der eine Auflassung als eine die Gläubiger benachteiligende Handlung angefochten wird, die Frage, ob die Veräußerung simuliert sei, unentschieden lassen? **50**, 121.

§ 161. Zwang. Betrug. Fälschung.

1) Actio doli oder Vertragsklage? (G.) **42**, 125. — 2) Exceptio doli des Eigentümers, in dessen Grundstück unter Mißbrauch seiner Vollmacht der Kridar sich widerrechtlich einen Hypothekenposten hat zuschreiben lassen, gegen die Klage des Konkursverwalters. (G.) **44**, 1. — 3) Ist eine Zahlung, die infolge von Bedrohung mit Verwaltungszwangsvollstreckung geleistet ist, im Sinne des § 207 A.L.R. I. 16 abgenötigt? (P.) **45**, 7. — 4) Von wann ist eine abgenötigte Zahlung zu verzinsen? (P.) **45**, 9. — 5) Rechtsfolgen, wenn der Kommittent bei Erteilung einer Einkaufskommission absichtlich durch wahrheitswidrige Angaben des Kommissionärs zur Setzung eines unnötig hohen Limitums veranlaßt wird. **43**, 108. — 6) Hängt die persönliche Haftung des für eine noch nicht eingetragene Aktiengesellschaft Handelnden davon ab, daß er das Bestehen der Gesellschaft dem Dritten vorgespiegelt hat, oder daß diesem das Bestehen unbekannt ist? **47**, 1. — 7) Kann für den deutschen Richter fremdes Recht auch dann in Betracht kommen, wenn

es sich um einen Betrug des Verkäufers handelt? (G.) **46**, 196. — 8) Kann ein Genosse gegen die vom Verwalter des Genossenschaftskonkurses auf Zahlung des Vorschußbetrages erhobene Klage einwenden, er sei von einem Vorstandsmitgliede durch Betrug znm Eintritte verleitet worden? **45**, 106. — 9) Liegt Betrug vor, wenn schon beim Vertragsschlusse der eine Kontrahent die Absicht hat, den Vertrag nicht zu erfüllen, und dies dem anderen verheimlicht? (P.) **48**, 282. — 10) Kann in einer Drohung eine Verletzung der Freiheit im Sinne des § 823 B.G.B. liegen? **48**, 123. — 11) Unterschied zwischen der Wandelungsklage und der auf arglistige Täuschung (§§ 123. 142. 143 B.G.B.) gestützten Klage. **49**, 422. — 12) Haftet, wenn die erforderliche Genehmigung des Vormundschaftsgerichtes zum Vertrage erteilt ist, das Mündel auch für die Folgen eines vom Vormunde beim Vertragsschlusse begangenen Betruges? (P.) **50**, 281.

§ 162. Diebstahl. Unterschlagung.

1) Haftet die offene Handelsgesellschaft, wenn ihr Gesellschafter Wertpapiere, die er einem Dritten veruntreut, namens der Gesellschaft für ein dieser gewährtes Darlehn zum Pfande giebt? **46**, 18. — 2) Haftet der zu sorgsamer Aufbewahrung Verpflichtete für Diebstahl? (G.) **48**, 258.

§ 163. Wucher.

1) Was ist unter einem „zweiseitigen Rechtsgeschäfte, das denselben wirtschaftlichen Zwecken dienen soll wie ein Darlehn" in § 302a R.St.G.B. in der Fassung des Wuchergesetzes vom 19. Juni 1893 zu verstehen? **43**, 116; **46**, 115. — 2) Kann die Errichtung einer stillen Gesellschaft den Abschluß eines wucherischen Rechtsgeschäftes enthalten? **46**, 112. — 3) Begriffsmerkmale des Kreditwuchers. **46**, 113. — 4) Örtliches Recht für die Frage, ob ein Rechtsgeschäft wucherisch oder sonst unsittlich ist? **46**, 114. — 5) Kann der § 138 Abs. 2 B.G.B. auf Rechtsgeschäfte angewendet werden, die vor dessen Inkrafttreten abgeschlossen sind. **47**, 103.

§ 164. Ungerechter Prozeß.

Steht der Klage auf Schadensersatz wegen unerlaubter Handlung die Rechtskraft des durch die Handlung erlangten Urteiles entgegen? **46**, 75.

§ 165. Übertretung von Baupolizeigesetzen.

— — — — — — — — — — — — —

§ 166. Störung in der Benutzung öffentlicher Wege, Flüsse und Anstalten.

(S. a. oben §§ 87—90.)

1) Darf der Reichspostfiskus die öffentlichen Straßen und Plätze der Städte ohne Genehmigung der Stadtgemeinde mit Telegraphen- und

Fernsprechdrähten überspannen? **42**, 205. — 2) Begrenzung des Schadensanspruches der Hauseigentümer wegen Veränderungen an einer städtischen öffentlichen Straße. Erhebliche Erschwerung der Verbindung; Ausgleichung der Nachteile durch die Vorteile. (P.) **44**, 282.

3. Vermischte Fälle.

§ 167. Gewerbebetrieb. Reichsgewerbeordnung vom 21. Juni 1869; Redaktion vom 1. Juli 1883 und vom 1. Juni 1891, sowie spätere Änderungen. Gesetz über die Gewerbegerichte vom 29. Juli 1890.

(Über ausschließliche Gewerbeberechtigungen, Zwangs- und Bannrechte und deren Aufhebung s. oben § 91.)

a. Im allgemeinen.

1) Ein Antrag des Betriebsunternehmers ist nötig, wenn mit der Wirkung des § 26 die im § 17 R.G.O. vorgeschriebene Bekanntmachung nach § 25 unterbleiben soll. **41**, 29. — 2) Sind die §§ 115 flg. R.G.O. vom 1. Juni 1891, wonach der Lohn der gewerblichen Arbeiter bar zu zahlen ist, auch auf Schauspieler und Opernsänger anwendbar? **41**, 55. — 3) Was ist unter „Entschädigungsansprüche aus dem Arbeitsverhältnisse" im § 3 Ziff. 2 des Gesetzes über die Gewerbegerichte vom 29. Juli 1890 zu verstehen? **41**, 136. — 4) Gehören Entschädigungsansprüche eines Arbeiters gegen den Arbeitgeber wegen Unterlassung der gebotenen Schutzvorrichtungen vor die Gewerbegerichte? **41**, 137. — 5) Erstreckt sich die Freiheit des Leichenbestattungsgewerbes nach der R.G.O. nur auf die freie Zulassung zum Gewerbe oder auch auf die Art seiner Ausübung? **42**, 52. — 6) Ist der Eigentümer eines Kommunalfriedhofes berechtigt, einen das Leichenbestattungsgewerbe Betreibenden von dessen Ausübung auf dem Friedhofe auszuschließen? **42**, 56. — 7) Auf welche Anlagen erstreckt sich der Schutz des § 26 R.G.O.? **45**, 297. — 8) Kann mit der actio negatoria neben dem Inhaber der durch übermäßigen Lärm störenden Maschinen auch der Eigentümer des Hauses, in dem der Gewerbebetrieb stattfindet, verklagt, und welche Anträge können gegen ihn gestellt werden? (P.) **45**, 298. — 9) Verstößt die Herstellung von Konservenbüchsen gegen das Reichsgesetz vom 25. Juni 1887, wenn von der mehr als 10% Blei enthaltenden Lötung der Außenseite ein geringer Teil nach der im übrigen nicht gelöteten Innenseite dringt? **46**, 12. — 10) Begriff der Untersagung des Gewerbebetriebes im Sinne des § 40 R.G.O. **46**, 104. — 11) Steht gegen die Entziehung des Droschkenfahrscheines der Rechtsweg offen? **46**, 105. — 12) Gewerberechtlicher Unterschied zwischen der Konzessionserteilung an den Betriebsunternehmer und der Erlaubnis zur persönlichen Ausübung der gewerblichen Thätigkeit. **46**, 105. — 13) Begriff des öffentlichen Schlachthauses im Sinne des § 23 R.G.O. **47**, 80. — 14) Voraussetzungen der im § 26 R.G.O. zugelassenen Klage auf Ersatz des durch einen nach § 16 genehmigten Gewerbebetrieb zugefügten Schadens. **47**, 99. — 15) Sind die ohne

Kündigung die Arbeit niederlegenden Arbeiter auch dann zum Schadensersatze verpflichtet, wenn sie nach der Arbeitsweigerung sofort entlassen wurden? Unter welchen Umständen haften sie solidarisch? (G.) **47**, 246. — 16) Durfte und darf die Landesgesetzgebung gewerbliche Anlagen, die nicht unter den § 16 R.G.O. fallen, aus einzelnen Ortsteilen ganz ausschließen oder dort nur bedingt zulassen? **48**, 70; **50**, 6. — 17) Begriff der nach § 16 R.G.O. konzessionspflichtigen Stauanlagen für Wassertriebwerke. **49**, 85. — 18) Was ist im Falle einer schädlichen Stauanlage für ein Wassertriebwerk unter dem Gewerbebetriebe zu verstehen, auf dessen Einstellung nach § 26 R.G.O. nicht geklagt werden kann? **49**, 89. — 19) Inwiefern sind die Vorschriften der Landesgesetze über die Zuständigkeit der Gerichte und der Verwaltungsbehörden durch die R.G.O. geändert? **49**, 66. — 20) Was versteht der § 7 Nr. 6 R.G.O. unter „Abgaben, welche für den Betrieb eines Gewerbes entrichtet werden," und unter den „an den Staat und die Gemeinde zu entrichtenden Gewerbesteuern?" **49**, 69. — 21) Kann nach § 51 R.G.O. Entschädigung verlangt werden, wenn ein anfangs gestatteter Gewerbebetrieb später untersagt wird, weil er nach den baupolizeilichen Vorschriften nicht hätte gestattet werden dürfen? **50**, 4. — 22) Der § 51 R.G.O. ist eine Sonderbestimmung mit speziellem Thatbestande und gestattet eine ausdehnende analoge Anwendung nicht. **50**, 7. — 23) Zur Auslegung des § 152 Abs. 2 R.G.O. Verein der Baugeschäfte zur Förderung der gemeinsamen gewerblichen Interessen seiner Mitglieder. **50**, 28. — 24) Hat der Eigentümer eines Grundstückes Anspruch auf Schadensersatz, wenn auf dem Nachbargrundstücke ein mit Feuers- und Explosionsgefahr verbundenes Gewerbe mit Genehmigung aus § 16 R.G.O. betrieben, und dadurch sein Grundstück entwertet wird? (R., F.) **50**, 226. — 25) Der Betrieb von mit Feuers- und Explosionsgefahr verbundenen Gewerben widerspricht nicht den guten Sitten im Sinne des § 826 B.G.B. **50**, 229. — 26) Üben die Privatangestellten eines Gewerbebetriebes ein Gewerbe öffentlich zum Erwerbe aus, müssen sie daher der Ernennung zu Sachverständigen Folge leisten? **50**, 391.

b. Verpflichtung der Gewerbeunternehmer zur Verhütung von Gefahren für die Arbeiter.

1) Ist der § 120a R.G.O. ein Polizeigesetz im Sinne des § 26 A.L.R. I. 6? (P.) **48**, 327. — 2) Ist der § 120a R.G.O. zum Schutze nur der Arbeiter oder auch Dritter bestimmt? **48**, 330. — 3) Gehören Entschädigungsansprüche eines Arbeiters gegen seinen Arbeitgeber wegen Unterlassung der gebotenen Schutzvorrichtungen vor die Gewerbegerichte? **41**, 137.

§ 168a. Preußisches Eisenbahngesetz vom 3. November 1838 und Gesetz über die Kleinbahnen vom 28. Juli 1892.

1) Ist die Ersatzpflicht wegen schädlicher Einwirkung einer elektrischen Straßenbahn auf eine frühere Fernsprechanlage nur von den staatlichen

Genehmigungsbedingungen und den Vorschriften des Reichstelegraphengesetzes von 1892 abhängig oder auch von den allgemeinen Grundsätzen über unerlaubte Handlungen? **43**, 253. — 2) Begründen die den Kleinbahnen staatlich gestellten Genehmigungsbedingungen eine Zwangspflicht im Sinne des § 9 A.L.R. I. 6? **43**, 256. — 3) Ist nach § 12 des Telegraphengesetzes der Unternehmer einer späteren elektrischen Anlage verpflichtet, auch die Kosten im Laufe der Zeit verbesserter Sicherungsmaßregeln dem Unternehmer der älteren Anlage zu ersetzen? **50**, 83. — 4) Der § 12 des Telegraphengesetzes von 1892 enthält kein zwingendes Recht. **50**, 88. — 5) Ist der Streit zweier Kleinbahnen mit elektrischem Oberbetriebe darüber, ob die eine in die Leitungsdrähte der anderen Kreuzungsstücke einbauen dürfe, dem ordentlichen Rechtswege entzogen? (P.) **50**, 292. — 6) Besteht der Gerichtsstand der unerlaubten Handlung im Sinne des § 32 C.P.O. für Klagen aus § 25 des preußischen Eisenbahngesetzes von 1838? **50**, 409.

§ 168b. Telegraphenwesen. Postwesen.

1) Darf der Reichspostfiskus die öffentlichen Straßen und Plätze der Städte ohne Genehmigung der Stadt mit Telegraphen- und Telephondrähten überspannen? **42**, 205. — 2) Über Telegraphenwesen s. im übrigen die in § 168a vorstehend genannten Entscheidungen. — 3) Ist der eine Postanweisung auf Grund eines Posteinlieferungsbuches annehmende Postbeamte verpflichtet, die Übereinstimmung des Buches und der Postanweisung in Ansehung der Adresse zu prüfen? **41**, 102. — 4) Ist die Postverwaltung, wenn diese Prüfung unterbleibt, und infolgedessen die Auszahlung des Geldes an eine andere als die im Posteinlieferungsbuche bezeichnete Person geschieht, dem Absender schadensersatzpflichtig? **41**, 105. — 5) Wer ist der Mitkontrahent der Post beim Postanweisungsvertrage, wenn die Postanweisung auf einem Einzelscheine, und wer, wenn sie in einem Posteinlieferungsbuche bescheinigt wird? **41**, 107. — 6) Hat ein unter Vorbehalt der Kündigung diätarisch angestellter, ständiger Posthilfsbote bei Verhinderung durch Krankheit Anspruch auf Fortgewährung der Diäten? **48**, 1. — 7) Die Postordnung vom 11. Juni 1892 hat die rechtliche Natur und Wirkung einer allgemeinen Rechtsnorm. **43**, 99. — 8) Ende des Posttransportes, wenn das Poststück nach Ankunft am Bestimmungsorte wegen möglicher Zollpflicht nicht an den Adressaten ausgehändigt, sondern der Zollverwaltung übergeben wird. (G.) **48**, 257. — 9) Kann der Anspruch des Adressaten eines Geldbriefes gegen die Postanstalt gepfändet werden? **43**, 100.

§ 169. Reichshaftpflichtgesetz vom 7. Juni 1871.

1) Kann eine im Güterrechte des A.L.R. lebende Ehefrau Schadensansprüche aus § 3 Abs. 2 R.H.G. erheben? (P.) **42**, 32. — 2) Können die dem Eisenbahnbetriebe als solchem eigentümlichen unvermeidlichen Gefahren als höhere Gewalt im Sinne des § 1 des Gesetzes

angesehen werden? **44**, 27; **50**, 94. — 3) Ausschließlicher Gerichtsstand für die Klage, mit der ein auf Grund des R.H.G. zu einer Rente verurteilter Unternehmer die Feststellung fordert, daß auf die nach § 7 Abs. 2 zu vermindernde Rente die zuviel gezahlten Beträge anzurechnen seien. **44**, 364. — 4) Gehört zum Betriebe einer Eisenbahn im Sinne des § 1 R.H.G. das Umschlagen einer Weiche durch den Weichenwärter? **46**, 123. — 5) Ist, wenn bei demselben Eisenbahnunfalle verunglückte Ehegatten in getrennten Prozessen auf Schadensersatz geklagt haben, ein Urteil, das dem Ehemanne eine mit Einrechnung des Wertes der gewerblichen Beihilfe der Ehefrau bemessene Rente zuerkannt hat, bei der von der Ehefrau wegen ihrer Erwerbsunfähigkeit nach dem R.H.G. geforderten Entschädigung zu berücksichtigen? **47**, 92. — 6) Anspruch der bei einem Eisenbahnunfalle verletzten Ehefrau auf Schadensersatz wegen Aufhebung oder Beschränkung der Erwerbsfähigkeit, wenn sie als Geschäftsgehilfin für ihren Ehemann thätig gewesen ist? Steht der § 211 A.L.R. II. 1 diesem Anspruche entgegen? **47**, 84. — 7) Kann eine durch einen Eisenbahnunfall verletzte Ehefrau gegen den Unternehmer auf Ersatz der von ihrem Ehemanne für sie aufgewendeten Heilungskosten klagen? Kann der Unternehmer zur Zahlung an den mitklagenden Ehemann verurteilt werden? **47**, 211. — 8) Ist die Einrede der Rechtshängigkeit begründet, wenn aus dem R.H.G. auf Entschädigung geklagt, in der ersten Instanz auf Zahlung einer Rente erkannt und vom Beklagten Berufung eingelegt ist, und nun, bevor über diese entschieden ist, der Verletzte eine neue Klage wegen desselben Unfalles erhebt? **47**, 405. — 9) Hat der bei der Fahrt auf einem Straßenbahnwagen Verletzte Anspruch auf Schadensersatz nur, wenn der Unfall mit den dem Eisenbahnbetriebe eigentümlichen Gefahren zusammenhängt? **50**, 92. — 10) Liegt höhere Gewalt vor, wenn in einer Großstadt der Straßenbahnwagen mit einem plötzlich aus einem Hause rückwärts auf die Straße geschobenen Wagen zusammenstößt? **50**, 94. — 11) Liegt eigenes Verschulden vor, wenn der Verletzte in der begründeten Befürchtung eines Zusammenstoßes unerlaubt den Perron des fahrenden Straßenbahnwagens zu verlassen sucht? **50**, 95. — 12) Besteht der Gerichtsstand der unerlaubten Handlung im Sinne des § 32 C.P.O. für den Anspruch aus § 1 R.H.G.? **50**, 409.

§ 170. Gesetz, betr. das Urheberrecht an Schriftwerken, Abbildungen, musikalischen Kompositionen und dramatischen Werken, vom 11. Juni 1870. Verlagsrecht.

1) Urheberrecht an Briefen? Stillschweigende Gestattung des Abdruckes. Abdruck von Briefen in veränderter Fassung. **41**, 43. — 2) Vertrag über Abtretung des Verlagsrechtes an musikalischen Werken für Frankreich unter Vorbehalt des Rechtes für den Deutschen Bund. Ist der territoriale Umfang durch die Änderung der politischen Grenzen Frankreichs und Deutschlands infolge des Frankfurter Friedens geändert? **42**, 301; **49**, 174. — 3) Auslegung des Art. 4 der Übereinkunft zwischen Deutschland und Frankreich vom 19. April 1883. Unter welchen Voraussetzungen dürfen litterarische Veröffentlichungen nicht mehr als zu-

lässige „Auszüge" oder „ganze Stücke" von Werken angesehen werden? **45**, 9. — 4) Erstreckt sich die in § 26 des Reichsgesetzes vom 11. Juni 1870 angeordnete Einziehung auch auf Nachdrucksexemplare und Vorrichtungen, die nicht im Eigentume des beklagten Verlegers, sondern in dem des Druckers, Sortimentsbuchhändlers u. s. w. stehen? **45**, 19. — 5) Besteht ein nach Staatsgebieten unter Verlegern geteiltes Verlagsrecht nur in einer ausschließlichen Herstellung oder auch in einer ausschließlichen Absatzbefugnis? Liegt darin auch die ausschließliche Befugnis zum gewerblichen Verleihen? **49**, 174. — 6) Rechtliche Natur der Verlagsverträge. Sind sie Veräußerungsverträge oder Verträge über Handlungen? (P.) **49**, 279.

§ 171. Reichsgesetz, betr. das Urheberrecht an Werken der bildenden Künste, vom 8. Januar 1876.

— — — — — —

§ 172. Reichsgesetz, betr. den Schutz der Photographien, vom 10. Januar 1870.

— — — — — — —

§ 173. Reichsgesetz über Markenschutz vom 30. November 1874. Reichsgesetz zum Schutze der Warenbezeichnungen vom 12. Mai 1894.

1) „Niederlassung" im Sinne des § 23 Abs. 1 des Gesetzes vom 12. Mai 1894; genügt eine Zweigniederlassung? **41**, 67. — 2) Worte als Warenzeichen. Darf ein einzelnes Wort von Anderen in Verbindung mit anderen Worten zur Bezeichnung gleichartiger Waren benutzt werden? **41**, 69. — 3) Wirkung der Übertragung eines unter dem Markenschutzgesetze von 1874 eingetragenen ausländischen Wortzeichens in die Zeichenrolle des Patentamtes nach § 24 des Gesetzes vom 12. Mai 1894. Muß man, um Schutz auch für den Klanglaut zu erhalten, dies in der Anmeldung zur Zeichenrolle ausdrücklich erwähnen? **42**, 15. — 4) Genügt zur Verurteilung aus § 12 des Gesetzes von 1894 die Feststellung, daß das einem Anderen geschützte Zeichen in Cirkularen, Offerten rc zur Bezeichnung gleichartiger Waren benutzt worden ist? **42**, 20. — 5) Kann dem, der den § 12 des Gesetzes von 1894 verletzt hat, der Gebrauch des streitigen Wortzeichens überhaupt oder nur in der von ihm benutzten Verbindung mit einem anderen Worte untersagt werden? **42**, 19. — 6) Hat der Inhaber eines eingetragenen Warenzeichens Anspruch auf Schutz gegen eine Verwechselungsgefahr, die nur im Falle bestimmter Art der Kolorierung des Warenzeichens eintritt, wenn es nicht in dieser Färbung eingetragen ist? **43**, 93. — 7) Kann der Besitzer einer gewissen Warenausstattung im Sinne des § 15 des Gesetzes von 1894 die Löschung eines später eingetragenen Warenzeichens auf Grund des § 39 nur deshalb verlangen, weil es einen wesentlichen Teil jener Ausstattung bildet? **44**, 14. — 8) Ist im Falle des Überganges des Warenzeichens auf einen Anderen die gegen den Rechtsvorgänger angestellte Löschungsklage abzuweisen, wenn erst während des Prozesses

das Zeichen umgeschrieben ist? **44**, 49. — 9) Unterliegt die Wirkung der Eintragung eines Warenzeichens in die Zeichenrolle des Patentamtes, die unter dem Datum seiner Anmeldung zu dem früheren Zeichenregister erfolgt ist, der richterlichen Nachprüfung? **44**, 62. — 10) Ist ein Vertrag gültig, durch den die Mitbenutzung eines zur Eintragung angemeldeten Warenzeichens ohne Übergang des Geschäftsbetriebes gestattet wird? **44**, 71. — 11) Kann die Eintragung eines Zeitungstitels als Warenzeichens einer auf seine Verwendung gestützten Klage aus § 8 des Gesetzes zur Bekämpfung des unlauteren Wettbewerbes wirksam entgegengesetzt werden? **44**, 99. — 12) Dringt die Klage aus § 12 des Gesetzes vom 12. Mai 1894 gegen den durch, der ein mit dem hier geschützten verwechselbares, einer ausländischen Firma im Auslande geschütztes Warenzeichen in Deutschland an leere Packungen und Umhüllungen anbringt und sie so mit den davon getrennt gehaltenen, nicht gezeichneten Waren ins Ausland schickt, wo sie, wie er weiß, von der im Auslande zeichenberechtigten Empfängerin in jene Verpackungen und Umhüllungen eingethan und so in Verkehr gesetzt werden? **45**, 143. — 13) „Inverkehrbringen" im Sinne des Gesetzes vom 12. Mai 1894. **45**, 146. — 14) Voraussetzungen des gewerblichen Rechtsschutzes der Ausländer in Ansehung des Gebrauches eines Namens als Warenzeichens. **46**, 125. — 15) Sind ausländische Warenzeichen nur zu schützen, wenn sie in ihrem Heimatsstaate Schutz genießen? **46**, 126. — 16) Kann der nach § 15 des Gesetzes vom 12. Mai 1894 Verletzte von dem zur Entschädigung Verpflichteten Rechnungsablage über den gemachten Gewinn verlangen? **47**, 100. — 17) Rechtliche Bedeutung der einem eingetragenen Warenzeichen beigegebenen Beschreibung. **48**, 211. — 18) Kann dem auf die Eintragung eines Warenzeichens gestützten Anspruch der Einwand entgegengesetzt werden, daß es der Unterscheidungskraft ermangele? **48**, 213. — 19) Kann die Löschung eines eingetragenen Warenzeichens auch aus anderen als den im Gesetze vom 12. Mai 1894 angeführten Gründen, insbesondere dann verlangt werden, wenn dessen Gebrauch gegen den § 8 des Gesetzes über den unlauteren Wettbewerb verstößt? **48**, 233. — 20) Liegt in der Beibehaltung eines die Firmenbezeichnung enthaltenden Warenzeichens zugleich eine Benutzung der Firma im Sinne des § 8 des Gesetzes über den unlauteren Wettbewerb? **48**, 238. — 21) Wann findet bei Konkurrenz eines Wortzeichens mit dem aus demselben Worte und einem Bilde bestehenden Kombinationszeichen der § 12 des Warenzeichengesetzes gegen den Inhaber des Kombinationszeichens Anwendung? **49**, 53. — 22) Darf der Erwerber von Waren, die von dem Berechtigten mit dem für sie eingetragenen Warenzeichen versehen und in den Verkehr gebracht sind, sie unter Benennung mit dem eingetragenen Worte zum Verkaufe ankündigen? **49**, 101. — 23) Erstreckt sich der Schutz des Kombinationszeichens gegenüber dem Wortzeichen auch auf den Gebrauch einzelner Bestandteile oder einer Kombination der Klanglaute des im Zeichen enthaltenen Wortes und des dem Bilde entsprechenden Wortes? **49**, 55. — 24) Kann der Inhaber eines eingetragenen Warenzeichens den weiteren Vertrieb von Waren, die er selbst mit seinem Zeichen versehen und so in den Verkehr gesetzt hat, einem Händler untersagen oder beschränken? **50,** 229. — 25) Wieweit unterliegen die Entscheidungen des Patentamtes bezüglich der Eintragung eines Warenzeichens der Nachprüfung des Gerichtes? **44,** 62. — 26) Das Klagerecht aus § 9 Abs. 2 des Gesetzes vom 12. Mai 1894 ist nur gegenüber solchen Warenzeichen gegeben, die nach dem Inkrafttreten dieses Gesetzes zum erstenmal eingetragen werden. **41,** 72.

§ 174 a. Reichsgesetze, betr. das Urheberrecht an Mustern und Modellen, vom 11. Januar 1876, und betr. den Schutz von Gebrauchsmustern, vom 1. Juni 1891.

1) Kann die Verwendung eines bestimmten Stoffes den Musterschutz für das Modell eines Arbeitsgerätes oder Gebrauchsgegenstandes begründen? **41,** 37; **48,** 24. — 2) Erstreckt sich der Gebrauchsmusterschutz auf unbewegliche Sachen (Deckenkonstruktionen)? **41,** 65; **44,** 76; **50,** 125. — 3) Begriff einer „Arbeitsgerätschaft" im Sinne des Gesetzes vom 1. Juni 1891. Nur relativ einfache Werkzeuge und Vorrichtungen, nicht komplizierte Maschinen. **41,** 74. — 4) Unter welchen Voraussetzungen haben die Angehörigen der Schweiz den Schutz des deutschen Musterschutzgesetzes vom 11. Januar 1876? Auslegung des Art. 5 des Übereinkommens vom 13. April 1892. **41,** 77. — 5) Ist unter „Niederlassung" im § 9 Abs. 3 des Gesetzes vom 11. Januar 1876 auch eine Zweigniederlassung zu verstehen? **41,** 82. — 6) Schließen Gebrauchsmusterschutz und Patentschutz einander aus? **44,** 74. — 7) Kann als Gebrauchsgegenstand ein Kunststein bezw. eine Schiene geschützt werden, die nur zur Herstelluug von Mauerwerk dienen und so Bestandteil einer unbeweglichen Sache werden sollen? **44,** 76; **50,** 125. — 8) Erfordernisse eines Geschmacksmusters. **45,** 59. — 9) Negatorische Klage, wenn die Eintragung in das Musterregister zu Unrecht erfolgt ist. **45,** 61. — 10) Begriff des Modells. **46,** 1. — 11) Wird ein Gebrauchsmusterschutz für Nahrungs- oder Genußmittel gewährt? **46,** 2. — 12) Kann Verlängerung einer gleich anfangs eingetragenen sechsjährigen Schutzfrist für ein gewerbliches Muster oder Modell verlangt werden? **46,** 93. — 13) Ist die Eintragung einer gesetzlich nicht zulässigen Verlängerung der Schutzfrist für Muster und Modelle rechtswirksam? **46,** 97. — 14) Kommt es für die Frage, ob Modelle eines Arbeitsgerätes oder Gebrauchsgegenstandes dem Arbeits- oder Gebrauchszwecke *dienen sollen*, nur auf die Absicht des Anmelders an? **48,** 21. — 15) Ist für den Inhalt des Musterschutzes die Eintragung in der Rolle des Patentamtes oder die Anmeldung in Verbindung mit dem beizufügenden Modelle maßgebend? **48,** 73. — 16) Voraussetzung des Musterschutzes in Ansehung des Erfindergehaltes. **48,** 76. — 17) Wieweit sind Flächenmuster, bei denen die neue Gestaltung durch Schriftzeichen zum Ausdrucke kommt, jedenfalls des Gebrauchsmusterschutzes unfähig? **48,** 77. — 18) Ist die Nachbildung eines von einem Anderen in gepunztem Leder ausgeführten Gegenstandes mittels geprägter Pappe des Gebrauchsmusterschutzes fähig? **49,** 179. — 19) Erfordernis der

Niederlegung des Geschmacksmusters bei der Registerbehörde. **49**, 181. — 20) Kann der eingetragene Inhaber eines, von einem älteren Patente abhängigen Gebrauchsmusters dessen Nachbildung verbieten und wegen unbefugter Nachbildung Schadensersatz fordern? Rechtsverhältnis zum Patentinhaber, Berechnung des Schadens. **50**, 111. — 21) Kann ein Gebrauchsgegenstand wegen neuer Gestaltung geschützt werden, wenn sein Modell zwar dem bereits bekannten entlehnt ist, aber dem Zwecke der neuen Verwendung angepaßt und danach gestaltet werden mußte? **50**, 125.

b. Unlauterer Wettbewerb. Gesetz vom 27. Mai 1896.

1) Zur Anwendung des § 8 des Gesetzes. Unter diesen kann auch die nach der ersten gutgläubigen Benutzung erfolgte weitere Benutzung fallen, wenn inzwischen die Kenntnis von dem Gebrauchsrechte des Dritten erlangt war. **41**, 83. — 2) Unlauterer Wettbewerb durch Benutzung des Titels einer Druckschrift. **41**, 83. — 3) Kommt es bei der Frage, ob unrichtige Angaben thatsächlicher Art vorliegen, auf die Auffassung der Geschäftswelt oder auf die des großen Publikums an? **44**, 11. — 4) Abgrenzung unrichtiger Angaben thatsächlicher Art von erlaubter Anpreisung. **44**, 11. — 5) Kann in einem unrichtigen Zusatze thatsächlicher Art zur Firma unlauterer Wettbewerb gefunden werden? Klage auf Löschung des Zusatzes im Handelsregister. **44**, 17. — 6) Kann unlauterer Wettbewerb durch Benutzung eines Zeitungstitels begangen werden, der für den ihn Benutzenden als Warenzeichen eingetragen ist? **44**, 99. — 7) Ist unter „gewerbliche Niederlassung" im § 2 des Gesetzes gegen den unlauteren Wettbewerb von 1896 auch eine Zweigniederlassung zu verstehen? **44**, 361. — 8) Kann in einem Prozesse über den Anspruch auf Unterlassung nach § 1 des Gesetzes vom 27. Mai 1896 das durch Eröffnung des Konkurses über das Vermögen des Beklagten unterbrochene Verfahren vom Konkursverwalter aufgenommen werden? **45**, 374. — 9) Ist die Frage, ob in einer Zeitung unrichtige Angaben thatsächlicher Art im Sinne des § 1 Abs. 1 des Gesetzes vom 27. Mai 1896 enthalten sind, nur nach dem Zeitpunkte des Erscheinens der Zeitung zu beurteilen? **46**, 53. — 10) Was ist bei Prüfung der Frage, ob eine Bekanntmachung unrichtige Angaben thatsächlicher Art enthalte, zu berücksichtigen? **46**, 51. — 11) Kann die Löschung eines eingetragenen Warenzeichens auch auf Grund des § 8 des Gesetzes zur Bekämpfung des unlauteren Wettbewerbes verlangt werden? **48**, 233. — 12) Liegt in der Beibehaltung eines die Firmenbezeichnung enthaltenden Warenzeichens zugleich eine Benutzung der Firma im Sinne des § 8 des Gesetzes über den unlauteren Wettbewerb? **48**, 238. — 13) Ist die Unterlassungsklage aus § 8 des Gesetzes auch dann zulässig, wenn die Fortsetzung der mißbräuchlichen Benutzung eines Namens ꝛc in der Zukunft zu befürchten ist? **48**, 241. — 14) Beginnt nach § 11 Abs. 1 des Gesetzes vom 27. Mai 1896 bei jeder Zuwiderhandlung gegen § 1 der Lauf einer neuen besonderen Verjährung des Unterlassungsanspruches? **49**, 20. — 15) Erwirbt durch wiederholte Zuwiderhandlungen gegen

§ 1 des Gesetzes vom 27. Mai 1896 der Thäter mit dem Ablaufe der Verjährungsfrist ein Recht auf ferneres gleiches Thun? **49**, 22. — 16) Ist zum Thatbestande des § 6 des Gesetzes die Absicht nötig, den Wettbewerb eines oder mehrerer bestimmter Gewerbetreibenden auf Kosten eines Dritten zu fördern? **50**, 107. — 17) Haftung des Redakteurs und des Verlegers für eine durch die Presse begangene Zuwiderhandlung gegen den § 6 des Gesetzes. **50**, 109.

§ 175. Patentrecht. Reichsgesetze vom 25. Mai 1877 und vom 7. April 1891.

1) Vertretung des ausländischen Patentinhabers durch den nach § 12 des Patentgesetzes zu bestellenden Vertreter auch in einem wegen Verletzung fremden Patentrechtes gegen jenen anhängig gemachten Rechtsstreite. **42**, 92. — 2) Ist die Entschädigung für Patentverletzungen nach dem Landesrechte oder nur nach dem Patentgesetze zu bemessen? **43**, 58. — 3) Darf der durch unbefugte Anwendung eines durch Patent geschützten Verfahrens erzielte Gewinn als Entschädigung für die Patentverletzung gefordert werden? **43**, 56. — 4) Schließen Patentschutz und Gebrauchsmusterschutz einander aus? **44**, 74. — 5) Wieweit unterliegen die Entscheidungen des Patentamtes bezüglich der Eintragung eines Warenzeichens der Nachprüfung des Gerichtes? **44**, 62. — 6) Grenzen der Befugnisse der ordentlichen Gerichte gegenüber dem Patentamte. **45**, 73. — 7) Rechtsweg für Streitigkeiten über die Abhängigkeit eines Patentes von einem älteren. **45**, 76. — 8) Auslegung eines Patentes, das nach der Formulierung des Patentanspruches als Verbesserung einer durch ältere Patente geschützten Einrichtung erteilt ist. **45**, 77. — 9) Liegt eine Patentverletzung durch Inverkehrbringen vor, wenn ein in Deutschland ansässiger Kaufmann Nachbildungen patentierter Gegenstände aus dem Auslande nach seinem Niederlassungsorte kommen läßt, um sie von dort an einen ausländischen Besteller zu senden? **45**, 147. — 10) Liegt Vorbenutzung im Sinne des § 5 Abs. 1 des Patentgesetzes schon darin, daß vor der Patentanmeldung vom Inlande aus im Auslande die später patentierte Maschine bestellt worden ist, die Lieferung nach dem Inlande aber erst nach der Patentanmeldung erfolgt? Einrede der Arglist. **45**, 116. — 11) Liegt eine Patentverletzung in dem Verkaufe eines Rezeptes, das die wesentlichen Bestandteile des patentierten Verfahrens enthält, besonders nach dem Auslande? **46**, 14. — 12) Pflicht zur Rechnungslegung über den aus einer Patentverletzung gezogenen Gewinn. **46**, 17. — 13) Umfang des Patentschutzes bei Nichtübereinstimmung des Erteilungsbeschlusses und der ausgefertigten Patenturkunde. **46**, 68. — 14) Einfluß der Nichtübereinstimmung zwischen dem Erteilungsbeschlusse und der bekannt gemachten Anmeldung auf die Gültigkeit des Patentes. **46**, 175; **50**, 196. — 15) Das Aufgebotsverfahren auf Grund der ausgelegten Anmeldung ist unerläßliche Voraussetzung einer gültigen Patenterteilung. **46**, 176; **50**, 201. — 16) Sind die beim Reichsgerichte zugelassenen Anwälte befugt, in dem Verfahren der §§ 28—33 des Patentgesetzes die Berufung bei dem

Patentamte einzulegen? **47,** 395. — 17) Macht das Urteil, das wegen Patentverletzung auf Unterlassung von Eingriffen erkennt, hinsichtlich der Verletzung Rechtskraft für den Anspruch auf Entschädigung? **49,** 33. — 18) Kann der eingetragene Inhaber eines von einem älteren Patente abhängigen Gebrauchsmusters dessen Nachbildung verbieten und wegen unbefugter Nachbildung Schadensersatz fordern? Rechtsverhältnis zum Patentinhaber; Berechnung des Schadens. **50,** 111.

§ 176. Enteignung. Reichsrayongesetz. Preußisches Straßen-(Fluchtlinien-) Gesetz vom 2. Juli 1875.

1) Kann der Minderwert des Restgrundstückes dadurch ersetzt werden, daß statt einer Geldentschädigung der Erwerb einer ihn ausgleichenden Landfläche zu angemessenem Preise dem Enteigneten angeboten wird? (P.) **41,** 257. — 2) Ist der Rechtsweg zulässig, wenn die Verwaltungsbehörde im Enteignungsverfahren einem von dem Unternehmer nicht bestrittenen Antrage auf Übernahme des Restgrundstückes entsprochen hat, der Enteignete aber es nur gegen die verlangte höhere Entschädigung hergeben wollte und nunmehr behalten will? Auch dann, wenn vor Beschreitung des Rechtsweges wegen Dringlichkeit die Enteignung des ganzen Grundstückes schon ausgesprochen worden ist? (P.) **42,** 225. — 3) Darf für die Frage, ob das nach der Enteignung verbleibende Restgrundstück nach seiner bisherigen Bestimmung noch zweckmäßig benutzt werden kann, eine Straßenanlage berücksichtigt werden, deren Herstellung erst durch die Enteignung ermöglicht ist? **42,** 394. — 4) Was ist unter „Teil der Anlage" zu verstehen, von dessen Ausführung die dreijährige Verjährung des § 31 des Enteignungsgesetzes von 1874 zu laufen beginnt? (P.) **43,** 237. — 5) Geht der Anspruch auf die im Enteignungsverfahren festgestellte Entschädigung durch den Zuschlag bei der Zwangsversteigerung auf den Ersteher über? (P.) **43,** 299. — 6) Verschafft, wenn wegen Dringlichkeit ein Enteignungsbeschluß vor endgültiger Feststellung der Entschädigung erlassen ist, eine zur Zeit der Zustellung des Beschlusses eingetragene, dann bei der Zwangsversteigerung ausgefallene und gelöschte Hypothek dem Gläubiger einen Anspruch gegen den Unternehmer auf Hinterlegung der demnächst erhöhten Entschädigung? (P.) **43,** 299. — 7) Ist im Enteignungsverfahren der Einwand des Unternehmers zulässig, daß nicht er, sondern ein Anderer, in dessen Interesse enteignet werde, entschädigungspflichtig sei? (P.) **44,** 325. — 8) Muß der Unternehmer den Minderwert des Restgrundstückes auch dann ersetzen, wenn es möglich ist, daß die schädigende Anlage auch ohne Enteignung eines Teiles des Grundstückes hätte ausgeführt werden können? (P.) **44,** 331. — 9) Ist die Bestimmung des § 10 Abs. 1 des Enteignungsgesetzes von 1874 von Amtswegen zu berücksichtigen? (P.) **45,** 253. — 10) Ist die Verwendung zum Torfstiche eine Benutzungsart des Grundstückes im Sinne des § 10 Abs. 1 des Enteignungsgesetzes? (P.) **45,** 256. — 11) Ist der Rechtsweg über die Frage zulässig, ob der Enteignungs-

unternehmer beim Vorhandensein von Hypotheken die Entschädigungssumme ganz oder nur in Höhe der Belastungen hinterlegen darf? (P.) **45**, 381. 382 Anm. 1. — 12) Kann wegen eines ohne Rechtsgrund erlassenen polizeilichen Bauverbotes nach dessen Aufhebung Entschädigung nach den Grundsätzen des Enteignungsrechtes verlangt werden? (P., F.) **46**, 286. — 13) Wird der Unternehmer durch die Hinterlegung der im Verwaltungswege festgesetzten, im Rechtswege angefochtenen Entschädigungssumme von der Verzinsung des hinterlegten Betrages frei? (P.) **47**, 260. — 14) Ist die Vorschrift des § 36 Abs. 2 des Enteignungsgesetzes über die Verzinsung der Entschädigungssumme auch im Falle freiwilliger Abtretung nach § 16 anzuwenden? (P.) **47**, 311. — 15) Befreit im Enteignungsverfahren die Hinterlegung der vorläufig festgesetzten Entschädigungssumme den Unternehmer von der vereinbarten Pflicht zur Verzinsung überhaupt oder doch nach der Dringlichkeitserklärung? (P.) **49**, 257. — 16) Findet die Bestimmung des § 10 Abs. 2 des Gesetzes von 1874 auch dann Anwendung, wenn die Enteignung erst erfolgt, nachdem die Anlage, für die das Enteignungsrecht erteilt ist, im wesentlichen fertig ist? (P.) **49**, 317. — 17) Kann im Enteignungsverfahren der für einen Vorbesitzer entstandene, dem jetzigen Eigentümer cedierte Anspruch auf Entschädigung wegen der vor der Enteignung dem enteigneten Grundstücke aufgelegten Servitut der Unbebaubarkeit geltend gemacht werden? (P.) **50**, 314. — 18) Wieweit sind bei der richterlichen Festsetzung der Entschädigung für Festungsrayonbeschränkungen Erleichterungen zu berücksichtigen, die erst nach Festsetzung der Entschädigung durch die Verwaltungsbehörde eingetreten sind? **43**, 15. — 19) Die Bewertung der enteigneten Fläche als Bauland darf nur für den Zeitpunkt der Festsetzung der Fluchtlinie, nicht für den der Enteignung erfolgen. (P.) **48**, 336. — 20) Ist ein auf Grund des § 12 des Straßengesetzes erlassenes Ortsstatut auf Privatwege anwendbar, die in einen, von der Gemeindebehörde zur Ausführung beschlossenen, Bebauungsplan einbezogen worden sind? (P.) **42**, 287. — 21) Ein auf Grund des Straßengesetzes erlassenes Ortsstatut findet auch auf ältere Fluchtlinienfestsetzungen Anwendung. (P.) **42**, 289. — 22) Verfahren zur Festsetzung der Fluchtlinie als Beginn der Inanspruchnahme eines Grundstückes im Sinne des Enteignungsgesetzes. Maßgebender Zeitpunkt. (P.) **43**, 357. — 23) Kann als Teil der Enteignungsentschädigung Ersatz der Mietausfälle verlangt werden, die schon während und infolge des vorhergehenden Verfahrens zur Feststellung der Fluchtlinie entstanden sind? (P.) **43**, 357. — 24) Finden ein nach § 12 des Straßengesetzes erlassenes Ortsstatut und eine entsprechende Polizeiverordnung auch auf Wohngebäude Anwendung, deren Errichtung schon vorher mit polizeilicher Genehmigung begonnen war? (P.) **46**, 283. — 25) Kann wegen eines ohne Rechtsgrund erlassenen Bauverbotes nach dessen Aufhebung Entschädigung nach den Grundsätzen des Enteignungsrechtes verlangt werden? (P., F.) **46**, 286.

§ 177. Schlachthäuser. Rinderpest. Viehseuchen.

1) Ist eine im Geltungsbereiche des Publikandums vom 29. April 1772 erlassene Polizeiverordnung gültig, nach der die im städtischen Schlachthause für gesundheitsschädlich erklärten Teile eines Schlachtviehes nicht an den Abdecker abgeliefert, sondern vernichtet werden sollen? (P.) **45,** 267. — 2) Begriff des „öffentlichen" Schlachthauses im Sinne des § 23 R.G.O. **47,** 79. — 3) Liegt in der Bestimmung des Statutes einer Genossenschaft, die ein öffentliches Schlachthaus betreibt, daß den Metzgern der Gemeinde der Beitritt nicht versagt werden kann, ein Vertrag zu Gunsten Dritter? **47,** 81. — 4) Wird eine Landgemeinde schon durch die Eingemeindung in eine Stadtgemeinde, die den Schlachthauszwang eingeführt hat, diesem unterworfen? (P.) **48,** 275.

§ 178. Condictio indebiti.

(Rückforderung unter Vorbehalt gezahlter Steuern s. unten § 374.)

1) Condictio indebiti oder condictio causa data causa non secuta, wenn der Schuldner dem angeblichen Cessionar ohne Prozeß gezahlt hat, später dem ursprünglichen Gläubiger zur Zahlung rechtskräftig verurteilt ist und nun das früher Gezahlte von dem angeblichen Cessionar zurückfordert? (G.) **41,** 150. — 2) Voraussetzungen der Ausschließung der condictio indebiti. (G.) **42,** 118. — 3) Setzt die condictio indebiti entschuldbaren Irrtum voraus? (G.) **44,** 141. — 4) Steht der Bereicherung entgegen, daß der Empfänger die irrtümlich erhaltene Zahlung von einem Dritten zu fordern hatte? (G.) **44,** 142. — 5) Erlischt der Anspruch, wenn der Empfänger infolge der irrtümlichen Zuwendung eine Forderung verloren hat, aus der er sonst eine Leistung gleicher Art erlangt haben würde? Wer ist eventuell bezüglich dieses Ausfalles beweispflichtig? (G.) **44,** 144.

§ 179. Condictio sine causa. Condictio causa data causa non secuta.

1) Hat der dritte Eigentümer der bei dem Schuldner gepfändeten und unauffindbar gewordenen Geldstücke einen Anspruch gegen den durch das Geld befriedigten Gläubiger? (G.) **43,** 179. — 2) Condictio causa data causa non secuta oder condictio indebiti, wenn der Schuldner dem angeblichen Cessionar ohne Prozeß gezahlt hat, später dem ursprünglichen Gläubiger zur Zahlung rechtskräftig verurteilt ist und nun das früher Gezahlte von dem angeblichen Cessionar zurückfordert? (G.) **41,** 150. — 3) Kann der Gläubiger, dessen Antrag auf Eintragung einer Hypothek vom Grundbuchrichter abgelehnt war, nach der auf Anordnung des Beschwerdegerichtes erfolgten Eintragung von den inzwischen eingetragenen Hypothekengläubigern Einräumung des Vorrechtes wegen ungerechtfertigter Bereicherung verlangen? (P.) **43,** 216. — 4) Rechtsweg für die Bereicherungsklage gegen einen Amtsverband, wenn die Verfügung des Amtsvorstehers, infolge deren vom Kläger die Kosten einer ihm auf-

gegebenen Grabenräumung eingezogen sind, im Verwaltungsstreitverfahren aufgehoben ist. (P.) **45**, 248. — 5) Liegt rechtlose Bereicherung der offenen Handelsgesellschaft vor, wenn ein Gesellschafter Wertpapiere Dritten veruntreuet und sie namens der Gesellschaft für ein dieser gewährtes Darlehn zum Pfande gegeben hat? **46**, 18. — 6) Voraussetzungen des Anspruches wegen ungerechtfertigter Bereicherung. **49**, 49. — 7) S. a. § 181.

§ 180. Condictio ob turpem causam. Condictio ob injustam causam.

1) Steht die Rückforderung aus einem gegen den § 288 R.St.G.B. verstoßendem Rechtsgeschäfte nur dem Fiskus zu? (P.) **44**, 291. — 2) Condictio ob injustam causam auf Vernichtung einer widerrechtlich erlangten photographischen Aufnahme. Ist sie als Aussonderungsanspruch zu behandeln? (G.) **45**, 170. — 3) Die Spielschuld ist zwar unklagbar, aber erfüllbar ohne Rückforderungsrecht, auch wenn ein für sie gegebener Wechsel bezahlt ist, einerlei ob er an Zahlungsstatt oder zahlungshalber gegeben war. (G.) **47**, 50. — 4) Kann eine an Zahlungsstatt auf eine Schuld aus unklagbaren Differenzgeschäften hingegebene Hypothek zurückgefordert werden, wenn neben Hingabe der Hypothek die persönliche Verbindlichkeit des Schuldners fortbestanden hat? **47**, 48. — 5) Kann eine Zahlung, die infolge Bedrohung mit Verwaltungsexekution geleistet ist, als abgenötigte im Sinne des § 207 A.L.R. I. 16 zurückgefordert werden? (P.) **45**, 7.

§ 181. Nützliche Verwendung. Versio in rem. Bereicherung.

1) Kann die Rhederei des Schiffes, das auf Grund des Reichsgesetzes vom 27. Dezember 1872 hilfsbedürftige Seeleute nach Deutschland zurückbefördert hat, von der Rhederei des Schiffes, dem die Seeleute angehört haben, den die gesetzliche Entschädigung übersteigenden Betrag des üblichen Passagepreises aus dem Rechtsgrunde der nützlichen Verwendung fordern? **41**, 59. — 2) Umfang des Anspruches aus einer nützlichen Verwendung. (G.) **41**, 61. — 3) Bereicherungsklage eines bei der Zwangsversteigerung ausgefallenen Hypothekengläubigers außerhalb des Verteilungsverfahrens gegen einen zur Hebung gelangten voreingetragenen beim Vorhandensein von Zwischengläubigern. (P.) **42**, 245. — 4) Ist der Anspruch wegen Bereicherung aus fremdem Vermögen auf den Gewinn beschränkt, den der Berechtigte selbst hätte ziehen können? **43**, 59. — 5) Zulässigkeit und Voraussetzungen der actio de in rem verso utilis. (G.) **43**, 161. — 6) Voraussetzungen des auf nützliche Verwendung zu stützenden Anspruches. (P.) **43**, 298. — 7) Hat der dritte Eigentümer der bei dem Schuldner gepfändeten und unauffindbar gewordenen Geldstücke einen Anspruch gegen den durch das Geld befriedigten Gläubiger? (G.) **43**, 179. — 8) Kann der Gläubiger, dessen Antrag auf Eintragung einer Hypothek vom Grundbuchrichter abgelehnt war, nach der auf Anordnung des Beschwerdegerichtes erfolgten Ein-

tragung von den inzwischen voreingetragenen Hypothekengläubigern Einräumung des Vorrechtes wegen widerrechtlicher Bereicherung verlangen? (P.) **48**, 216. — 9) Wird die Bereicherungsklage aus Art. 83 W.O. dadurch ausgeschlossen, daß beim Erlöschen der Wechselschuld der Anspruch aus dem unterliegenden Rechtsverhältnisse noch fortbesteht? **44**, 78. — 10) Geht der Bereicherungsanspruch unter, soweit der Empfänger infolge der Zuwendung eine Forderung verloren hat, aus der er sonst eine gleichartige Leistung gewonneu hätte? Beweislast. (G.) **44**, 144. — 11) Rechtsweg für die Bereicherungsklage gegen den Amtsverband, wenn die Verfügung des Amtsvorstehers, infolge deren von dem Kläger die Kosten einer ihm aufgegebenen Grabenräumung eingezogen sind, im Verwaltungsstreitverfahren aufgehoben ist. (P.) **45**, 248. — 12) Kondiktion eines Wechsels durch den, dessen Bevollmächtigter unter Überschreitung seiner Vollmacht Waren gekauft und den zum Diskontieren erhaltenen Wechsel zur Deckung des Kaufpreises verwendet hat. (P.) **45**, 261. — 13) Liegt rechtlose Bereicherung der offenen Handelsgesellschaft vor, wenn ein Gesellschafter Wertpapiere einem Dritten veruntreut und sie namens der Gesellschaft für ein dieser gewährtes Darlehn zum Pfande giebt? **46**, 18. — 14) Steht der Klage wegen ungerechtfertigter Bereicherung die Rechtskraft des den Anspruch des Gegners anerkennenden Urteiles entgegen? **46**, 75. — 15) Ist der Anspruch auf Herausgabe einer ungerechtfertigten Bereicherung nach dem B.G.B. nur subsidiär? **48**, 139. — 16) Ist die Einlösung eines präjudizierten Wechsels durch den, der dafür früher vom Wechselinhaber Valuta erhalten hat, eine Anstandspflicht im Sinne des § 814 B.G.B? **48**, 143. — 17) Kann die Konkursmasse wegen Verwendungen, die der Gemeinschuldner auf ein unter Eigentumsvorbehalt überliefert erhaltenes Kaufgrundstück gemacht hat, gegen den Verkäufer, dem es vom Konkursverwalter unter Ablehnung der Erfüllung zurückgegeben ist, auf Ersatz klagen, obgleich der Sachwert mit den Verwendungen die Vertragsansprüche des Verkäufers nicht übersteigt? (G.) **49**, 189. — 18) Beweislast, wenn die Bereicherungsklage gegen den befriedigten Hypothekengläubiger auf das Nichtbestehen eines Schuldgrundes gestützt wird. (P.) **49**, 300. — 19) Voraussetzungen des Anspruches wegen ungerechtfertigter Bereicherung nach dem B.G.B. **49**, 49.

Vierter Abschnitt. Von den Familienrechten.

Erstes Kapitel. Von der Ehe.

§ 182. Verlöbnis. Eheschließung. Ehehindernis. Ehenichtigkeit. Eheungültigkeit.

1) Hat, falls ein in väterlicher Gewalt stehendes Kind ohne Genehmigung des Vaters eine Ehe schließt, dieser das Recht, die Ehe als

ungültig anzufechten und das Kind bis auf die Hälfte des Pflichtteiles zu enterben, oder nur eines von diesen? (P.) **42**, 268. — 2) Ist der Vater zur Enterbung des Kindes bis auf die Hälfte des Pflichtteiles für den Fall berechtigt, daß es gegen das letztwillige Verbot des Vaters nach dessen Tode mit einer bestimmten Person sich verheiratet? (P.) **42**, 274. — 3) Die Form der Eheschließung richtet sich nach den Gesetzen des Ortes, wo sie erfolgt, die Fähigkeit zur Eingehung der Ehe aber für jeden nach dem Rechte seines Wohnsitzes zur Zeit der Eheschließung. (P., F.) **42**, 336. — 4) Ungültigkeit der Ehe mangels väterlicher Einwilligung im Geiste des Landesrechtes, obgleich dessen Voraussetzungen etwas anders geregelt waren, als jetzt nach dem Reichsgesetze vom 6. Februar 1875. **42**, 340. — 5) Verhältnis des § 36 des Personenstandsgesetzes von 1875 zum Art. 182 C. c. (F.) **42**, 341. — 6) Kann die Ehe, die wegen wesentlichen Irrtumes ungültig ist, durch bedingte Genehmigung mit dem Eintritte der Bedingung gültig werden? (G.) **44**, 147. — 7) Sind die Bestimmungen des B.G.B. auf einen vor dessen Inkrafttreten versprochenen und verdienten Ehemäklerlohn anwendbar? **46**, 153. 178. — 8) Steht dem Ehegatten, der die vor dem 1. Januar 1900 geschlossene Ehe wegen eines erst nach diesem Tage entdeckten Irrtumes anfechten will, die sechsmonatige Anfechtungsfrist des § 1339 B.G.B. auch dann zu, wenn die Frist nach dem bisherigen Rechte kürzer ist? **48**, 166. — 9) Kann die Eheschließung in einem gerichtlichen Prozeßvergleiche gültig vollzogen werden? **48**, 191. — 10) Begriff der Mitschuld im § 33 Nr. 5 des Personenstandsgesetzes vom 6. Februar 1875; ist subjektive Mitschuld nötig? **49**, 83.

§ 183. Ehescheidung. Trennung von Tisch und Bett.
(Ehescheidungsstrafen s. unten § 192.)

1) Örtliches Recht für die Ehescheidung. (G., P.) **41**, 177; (F.) **44**, 340. — 2) Örtliches Recht für die Frage, ob nach dem Domizilwechsel der Eheleute eine an ihrem früheren Wohnsitze begangene Handlung einen Ehescheidungsgrund bildet. (P.) **41**, 215. — 3) Bilden unter Protestanten Sävitien gemeinrechtlich einen Ehescheidungsgrund? **41**, 219. — 4) Welches konfessionelle Recht ist für die Ehescheidung zwischen Katholiken und Protestanten maßgebend? (G.) **43**, 175. — 5) Wann ist Bedrohung mit Thätlichkeiten ein Ehescheidungsgrund? (P.) **43**, 277. — 6) Ist die fälschliche Anschuldigung eines Ehebruches, wenn zur Verteidigung im Prozesse vorgebracht, ein Ehescheidungsgrund? (P.) **43**, 277. — 7) Kann die Ehe auf Grund von Ehevergehen geschieden werden, die von einem Ehegatten nach dem Entmündigungsbeschlusse wegen Blödsinns begangen sind? (P.) **43**, 276. — 8) Kann die Ehefrau nach gegenseitiger Verzeihung früherer Ehebrüche wegen eines neuen Ehebruches des Mannes die Scheidung unbedingt verlangen? (P.) **43**, 330. — 9) Was ist im Sinne des § 719 A.L.R. II. 1 „Veranlassung eines Ehevergehens"? (P.) **43**, 345. — 10) Wieweit findet der Art. 201 E.G. z. B.G.B. auf vor dem 1. Januar 1900 anhängig gewordene

Ehescheidungsprozesse Anwendung? **45**, 95. — 11) Nach welchem zeitlichen Rechte hat das Revisionsgericht nach dem 1. Januar 1900 die Frage zu entscheiden, ob ein vor diesem Tage ergangenes Berufungsurteil in Ehescheidungssachen auf Gesetzesverletzung beruht? **45**, 98. 421. — 12) Nach Art. 201 E.G. z. B.G.B. darf, auch in schon vorher anhängigen Sachen, vom 1. Januar 1900 ab auf zeitliche Trennung von Tisch und Bett nicht mehr erkannt werden. **45**, 420. — 13) Kann nach dem 1. Januar 1900 wegen eines vorher begangenen Ehebruchs auf Scheidung erkannt werden, wenn nach den bisherigen Gesetzen wegen eines ebenfalls vorher begangenen Ehebruches des Klägers Aufrechnung zulässig war? **46**, 90; **47**, 4. — 14) Beurteilung der Schuldfrage, wenn die Ehe auf Grund des preußischen A.L.R. vom Landgerichte rechtskräftig geschieden, und über die nur wegen der Schuldfrage eingelegte Berufung unter der Herrschaft des B.G.B. zu entscheiden ist. **46**, 147. — 15) Bedarf die Feststellung eines dem § 1568 B.G.B. entsprechenden Thatbestandes stets der Bezugnahme auf die individuellen Verhältnisse der Ehegatten? **46**, 154. — 16) Ist die Frist des § 1571 Abs. 1 B.G.B. auch dann maßgebend, wenn die Scheidungsklage schon vor 1900 erhoben ist? **46**, 156. — 17) Kann, wenn in einem schon vorher anhängigen Prozesse nach dem 1. Januar 1900 auf Scheidung wegen Ehevergehens des Beklagten erkannt wird, auch die Gegenpartei für schuldig erklärt werden, wenn zwar die Voraussetzungen der §§ 677 flg. A.L.R. II. 1, aber nicht die des § 1567 B.G.B. vorliegen? **46**, 157. — 18) Voraussetzungen der Anwendbarkeit des § 1574 Abs. 3 B.G.B. in einem vor 1900 anhängig gewordenen Ehescheidungsprozesse. **46**, 158. — 19) Begriff der böslichen Verlassung nach §§ 677 flg. A.L.R. II. 1 und nach § 1567 B.G.B. **46**, 158. — 20) Ausschließung der Kompensation bei der Ehescheidung nach dem B.G.B. **46**, 162. — 21) Kann auf Grund des § 1568 B.G.B. die Ehe geschieden werden, wenn auch gegen den klagenden Ehegatten die Voraussetzungen seiner Anwendbarkeit vorliegen? **46**, 159. — 22) Finden auf die Frage, ob der Ehefrau das Getrenntleben während des Scheidungsprozesses zu gestatten sei, die Vorschriften der §§ 936—944 C.P.O. oder des § 1353 Abs. 2 B.G.B. Anwendung? **46**, 385. — 23) Ist ein Rechtsgruud des früheren Rechtes zur zeitlichen Trennung von Tisch und Bett ein „Trennungsgrund" im Sinne des Art. 201 E.G. z. B.G.B.? **47**, 31. — 24) Kann eine schwere Verletzung der ehelichen Pflichten im Sinne des § 1568 B.G.B. auch in Mißhandlungen gefunden werden, die an sich weder als lebens- oder gesundheitsgefährliche, noch als rohe erscheinen? **47**, 32. — 25) Kann zwischen Ausländern, deren Heimatsrecht nur eine Trennung von Tisch und Bett zuläßt, nach Art. 17 E.G. z. B.G.B. auf Ehescheidung oder auf Aufhebung der ehelichen Gemeinschaft im Sinne der §§ 1575. 1576 B.G.B. erkannt werden? **47**, 136; **48**, 145. — 26) Berücksichtigung verziehener Mißhandlungen bei einer auf § 1568 B.G.B. gestützten Ehescheidungsklage. **49**, 37. — 27) Unter welchen Voraussetzungen ist im Scheidungsurteile auszusprechen, daß ein Ehegatte Schuld an der Scheidung trage? **49**, 167. — 28) Nach welchem Rechte richtet sich der Unterhaltsanspruch der Ehefrau, wenn das den Ehemann für schuldig erklärende Scheidungsurteil zwar vor dem 1. Januar 1900 ergangen, aber, ohne angegriffen zu sein, erst nachher rechtskräftig geworden ist? (P.) **50**, 304.

§ 184. Persönliches Verhältnis der Ehegatten.

1) Kann eine im Güterrechte des A.L.R. lebende Ehefrau Schadensansprüche aus § 3 Abs. 2 R.H.G. erheben? (P.) **42**, 32. — 2) Kann eine Ehefrau unter Umständen einen Wohnsitz unabhängig von dem ihres Mannes haben? (G.) **41**, 180. — 3) Muß die Zustellung des Schriftsatzes nach § 4 R.A.G., wenn die Anfechtung gegen eine Ehefrau gerichtet ist, auch an deren im Anfechtungsprozesse mitbeklagten Ehemann erfolgt sein? **45**, 56. — 4) Kann eine Ehefrau im Falle der allgemeinen Gütergemeinschaft des B.G.B. im Ehescheidungsprozesse gegen den Ehemann eine einstweilige Verfügung auf Zahlung eines Kostenvorschusses an ihren Anwalt verlangen? **46**, 354. — 5) Kann die Ehefrau im Ehescheidungsprozesse von ihrem Manne einen Kostenvorschuß verlangen, wenn in der Ehe der gesetzliche Güterstand des B.G.B. besteht? **47**, 72. — 6) Ist, wenn bei demselben Eisenbahnunfalle verunglückte Ehegatten in getrennten Prozessen auf Schadensersatz geklagt haben, ein Urteil, das dem Ehemanne eine mit Einrechnung des Wertes der gewerblichen Beihilfe der Ehefrau bemessene Rente zugesprochen hat, bei der von der Ehefrau wegen ihrer Erwerbsunfähigkeit nach dem R.H.G. geforderten Entschädigung zu berücksichtigen? **47**, 92. — 7) Kann eine durch einen Eisenbahnunfall verletzte Ehefrau gegen den Unternehmer auf Ersatz der von ihrem Ehemanne für sie aufgewandten Heilungskosten klagen? Kann der Unternehmer zur Zahlung an den mitklagenden Ehemann verurteilt werden? (P.) **47**, 211. — 8) Was sind im Sinne des § 385 Abs. 1 Nr. 4 C.P.O. n. F. Handlungen, die eine Ehefrau als Vertreterin ihres Mannes vorgenommen hat? **47**, 431. — 9) Ist in den Fällen des § 627 C.P.O. n. F. für die Frage, ob eine das Getrenntleben der Ehegatten gestattende einstweilige Verfügung zu erlassen sei, der § 940 C.P.O. oder nur der § 1353 Abs. 2 B.G.B. maßgebend? **49**, 368.

§ 185. Klage auf Herstellung des ehelichen Lebens — auf eheliche Folge.

— — — — — — — —

§ 186. Eheverträge.

Rechtswirkung eines vor 1900 unter der Herrschaft des französischen Rechtes geschlossenen Ehevertrages, durch den ein Ehegatte in erbrechtlicher Beziehung den Kindern aus einer früheren Ehe gleichgestellt wird, gegenüber den Vorschriften der §§ 1934. 2303. 2307 B.G.B. **49**, 44.

§ 187. Schenkungen unter Ehegatten.

Rechtliche Wirkungen des Art. 1121 C. c. auf einen von dem Ehemanne zu Gunsten seiner Ehefrau abgeschlossenen Lebensversicherungsvertrag, namentlich im Hinblick auf Art. 1096 C. c. (F.) **50**, 325.

§ 188. Römisches Dotalrecht.

— — — — — — — —

§ 189. Güterverhältnisse des gemeinen und partikularen deutschen Rechtes.

— — — — — —

§ 189a. Güterverhältnisse des Bürgerlichen Gesetzbuches.

1) Ist, wenn die Ehegatten in der allgemeinen Gütergemeinschaft des B.G.B. leben, im Ehescheidungsprozesse gegen den Ehemann eine einstweilige Verfügung auf Zahlung eines Kostenvorschusses an den Anwalt der Ehefrau zulässig? **46**, 354. — 2) Muß der Ehemann der Ehefrau im Ehescheidungsprozesse einen Kostenvorschuß zahlen, wenn in der Ehe der gesetzliche Güterstand des B.G.B. besteht? **47**, 72. — 3) Braucht der Schuldner einer Einbringensforderung über Annahme oder Zurückweisung der Kündigung sich nicht zu erklären (§§ 182. 111 B.G.B.), wenn die Ehefrau bei der Kündigung weder die Einwilligung ihres Ehemannes beilegt, noch diese behauptet? **50**, 212. — 4) Zur Kündigung einer Einbringensforderung ist nicht Mitwirkung, sondern nur Einwilligung, vorher erklärte Zustimmung, des Mannes nötig. **50**, 213.

§ 190. Güterverhältnisse des preußischen Rechtes.

1) Welches Gericht hat die Bekanntmachung, daß durch Vertrag vor der Ehe die Gütergemeinschaft ausgeschlossen sei, zu bewirken? Haftung des unzuständigen Richters, der die Bekanntmachung erläßt und veranlaßt, daß sie durch den zuständigen nicht erfolgt, für die Folgen seines Versehens. **41**, 197. — 2) Bekanntmachung des Ausschlusses der Gütergemeinschaft durch den unzuständigen Richter in dem Amtsblatte, das auch für den zuständigen besteht. **41**, 198. — 3) Passivlegitimation der Ehefrau allein nach A.L.R. und dem märkischen Provinzialrechte gegenüber der Klage aus einer mit Zustimmung ihres Ehemannes eingegangenen Verpflichtung. **41**, 259. — 4) Verpflichtungsfähigkeit der märkischen Ehefrau ohne Zustimmung ihres Mannes. **41**, 261. — 5) Kann eine im Güterrechte des A.L.R. lebende Ehefrau Schadensansprüche aus § 3 Abs. 2 R.H.G. erheben? **42**, 32. — 6) Erwerb der im Güterrechte des A.L.R. lebenden Ehefrau. **42**, 33. — 7) Ist auf die in Gütergemeinschaft lebende Ehefrau als Nebenintervenientin ihres Ehemannes in einem gegen diesen wegen einer das gütergemeinschaftliche Vermögen belastenden Schuld der § 66 (jetzt 69) C.P.O. anzuwenden? Kann sie trotz Anerkenntnisses des Ehemannes den Prozeß

fortsetzen? **44**, 345. — 8) Bezieht sich die Beschränkung der §§ 387. 388 A.L.R. II. 1 nur auf Verfügungen über Grundstücke und Gerechtigkeiten? **44**, 349. — 9) Rechtliche Stellung der in der Gütergemeinschaft lebenden Ehefrau nach Scheidung der Ehe. Kann sie vor der Vermögensauseinandersetzung ohne ihren Ehemann gegen einen Dritten auf Rückgewähr eines zum Gesamtgute gehörigen Gegenstandes klagen? Auch gegen den Ehemann? **48**, 269. — 10) Ist die Unterlassung des zur Erhaltung eines Rechtes des Gesamtgutes an sich nötigen Widerspruches für die Frau ohne Nachteil, wenn der Ehemann im Komplott mit dem Dritten zum Nachteile der Frau den Widerspruch unterlassen hat? **48**, 272. — 11) Überträgt der seine Mobilien an seine Frau veräußernde Ehemann den Besitz durch einen mit ihr abgeschlossenen Leihvertrag, wenn die Sachen in der ehemännlichen Verwaltung bleiben? **48**, 318. — 12) Kann mit der Wechselklage gegen die Ehefrau accessorisch gegen den Ehemann auf Duldung der Zwangsvollstreckung in das Vermögen der Ehefrau im Wechselprozesse geklagt werden? **50**, 51.

§ 191. Güterverhältnisse des französischen Rechtes.

1) Anspruch auf Teilung der Gütergemeinschaftsmasse als Gegenstand der Pfändung und Überweisung. Welche Wirkung? **43**, 375. — 2) Kann im Falle der Errungenschaftsgemeinschaft des C. c. die Ehefrau im Ehescheidungsprozesse von dem Ehemanne einen Kostenvorschuß verlangen? **49**, 327. — 3) Rechtliche Wirkung des Art. 1121 C. c. auf einen von dem Ehemanne zu Gunsten seiner Ehefrau abgeschlossenen Lebensversicherungsvertrag, namentlich im Hinblick auf Art. 1096. **50**, 325. — 4) Fällt im Falle der gesetzlichen Gütergemeinschaft des rheinischen Rechtes der Anspruch der Ehefrau aus dem zu ihren Gunsten geschlossenen Lebensversicherungsvertrage in die Gütergemeinschaft? **50**, 326. — 5) Wirkt die durch Ehescheidung herbeigeführte Auflösung der Errungenschaftsgemeinschaft auf die Zeit der Erhebung der Scheidungsklage zurück? **50**, 334. — 6) Kann die Ehefrau zur Feststellung der Aktiven und Passiven der Errungenschaftsgemeinschaft die Vorlegung der Geschäftsbücher ihres geschiedenen Ehemannes verlangen? **50**, 336.

§ 192. Rechtliche Folgen der Eingehung einer zweiten Ehe und der Ehescheidung.

1) Für die s. g. Ehescheidungsstrafen ist das Recht maßgebend, nach dem die Ehe geschieden ist. (G., P.) **41**, 176. — 2) Ist der Streit, der zwischen vor 1900 geschiedenen Ehegatten über die Erziehung der gemeinschaftlichen Kinder entsteht, nach dem 1. Januar 1900 im Prozeßwege oder durch den Vormundschaftsrichter zu entscheiden? (G.) **46**, 168. — 3) Giebt der § 1635 Abs. 1 S. 1 B.G.B. dem unschuldig geschiedenen Ehegatten ein im Prozeßwege verfolgbares Recht auf Erziehung der gemeinschaftlichen Kinder? **46**, 170. — 4) Hört durch die Wiederverheiratung einer geschiedenen Ehefrau, wenn sie nach dem 1. Januar

1900 erfolgt ist, ihr nach § 798 A.L.R. II. 1 begründeter Verpflegungsanspruch auf Grund des § 1581 B.G.B. auf? **48**, 4. — 5) Wieweit kann der Unterhaltsanspruch der geschiedenen Ehefrau gegen ihren für allein schuldig erklärten Mann im Falle seiner Wiederverheiratung beschränkt werden? (B.G.B.) **48**, 112. — 6) Rechtliche Stellung der in Gütergemeinschaft lebenden Ehefrau nach Scheidung der Ehe. Kann sie vor der Vermögensauseinandersetzung ohne den Ehemann gegen einen Dritten auf Rückgewähr eines zum Gesamtgute gehörigen Gegenstandes klagen? Auch gegen den Ehemann? (P.) **48**, 269. — 7) Nach welchem Rechte sind die Unterhaltsansprüche der Kinder seit dem 1. Januar 1900 zu beurteilen, wenn die Ehe der Eltern schon vorher geschieden war? **49**, 155. — 8) Nach welchem Rechte richtet sich der Unterhaltsanspruch der geschiedenen Ehefrau, wenn das den Ehemann für schuldig erklärende Scheidungsurteil zwar vor dem 1. Januar 1900 erlassen, aber, ohne angegriffen zu werden, erst nachher rechtskräftig geworden ist? (P.) **50**, 304. — 9) Zu den Schuldverhältnissen im Sinne des Art. 170 E.G. z. B.G.B. gehören auch die familienrechtlichen Obligationen, die zwischen geschiedenen Ehegatten infolge der Scheidung entstehen. **50**, 305. — 10) Wirkt die durch Ehescheidung herbeigeführte Auflösung der Errungenschaftsgemeinschaft auf die Zeit der Erhebung der Scheidungsklage zurück? (F.) **50**, 334. — 11) Kann die geschiedene Ehefrau zur Feststellung der Aktiven und Passiven der Errungenschaftsgemeinschaft die Vorlegung der Geschäftsbücher ihres geschiedenen Mannes verlangen? (F.) **50**, 336.

Zweites Kapitel. Rechtsverhältnisse zwischen Eltern und Kindern.

§ 193. Entstehung und Beendigung.

1) Welcher Beweis ist zur Widerlegung der Rechtsvermutung „Pater est quem nuptiae demonstrant" erforderlich? (G.) **41**, 157. — 2) Besteht das Verbot der Erforschung der Vaterschaft im Art. 340 C. c. als zwingende lex fori noch fort? (F.) **48**, 168.

§ 194. Persönliche Verhältnisse zwischen Eltern und Kindern.

1) Inwieweit kann durch Vertrag unter gerichtlich von Tisch und Bett getrennten Ehegatten über die Fürsorge für ihre Kinder bestimmt werden? (G.) **42**, 137. — 2) Wieweit reicht das Enterbungsrecht des Vaters wegen einer gegen seinen Willen vom Kinde geschlossenen oder nach dem Tode des Vaters zu schließenden Ehe? (P.) **42**, 268. — 3) Ist der Streit, der zwischen vor 1900 geschiedenen Ehegatten über die Erziehung der gemeinschaftlichen Kinder entsteht, nach dem 1. Januar 1900 im Prozeßwege oder durch das Vormundschaftsgericht zu entscheiden? (G.) **46**, 168. — 4) Giebt der § 1635 Abs. 1 S. 1 B.G.B.

dem unschuldig geschiedenen Ehegatten ein im Prozeßwege verfolgbares Recht auf die Erziehung der gemeinschaftlichen Kinder? **46,** 170. — 5) Haften nach § 832 B.G.B. die Eltern, auch wenn sie nachweisen, daß sie ihrer Aufsichtspflicht genügt, die Kinder aber ihre Anordnungen nicht befolgt haben? **50,** 60. — 6) Sind die Eltern zum Ersatze des durch ihre Kinder einem Dritten widerrechtlich zugefügten Schadens nur dann verpflichtet, wenn die Kinder schuldhaft gehandelt haben? **50,** 65.

§ 195. Alimentation der Verwandten. Ausstattung der Kinder.

1) Ist die gesetzliche Alimentationspflicht der Geschwister mit dem Inkrafttreten des B.G.B. auch dann weggefallen, wenn sie schon vorher durch rechtskräftiges Urteil festgestellt war? **46,** 65. — 2) Nach welchem Rechte sind die Unterhaltsansprüche der Kinder seit dem 1. Januar 1900 zu beurteilen, wenn die Ehe der Eltern schon vorher geschieden worden ist? **49,** 155. — 3) Zulässigkeit der Feststellungsklage über die Verpflichtung des Vaters, seiner Tochter im Falle ihrer Verheiratung eine Aussteuer zu gewähren. **49,** 370. — 4) Ist § 1614 Abs. 1 B.G.B. auch dann anwendbar, wenn schon vor dem 1. Januar 1900 auf den Unterhalt für die Zukunft verzichtet, oder ein Vergleich darüber geschlossen war? **50,** 96.

§ 196. Väterliche Gewalt.

1) Kann der Vater über ausstehende Forderungen des minderjährigen Kindes, die diesem zur Sicherheit besonders verschrieben sind, mit Einwilligung des Vormundschaftsgerichtes gültig verfügen, oder ist die Bestellung eines Pflegers nötig? (P.) **41,** 227. — 2) Hat, falls ein in väterlicher Gewalt stehendes Kind ohne Genehmigung des Vaters eine Ehe schließt, dieser das Recht, die Ehe als ungültig anzufechten und das Kind bis auf die Hälfte des Pflichtteils zu enterben, oder nur eines von diesen? (P.) **42,** 268.

§ 197. Pekulienrecht (römisches Recht).

— — — — — — —

§ 198. Vermögensverhältnisse zwischen Eltern und Kindern nach neuerem Rechte. Einkindschaft.

1) Steht das Vorrecht des § 54 (jetzt 61) Ziff. 5 K.O. nur für das Vermögen zu, das allein auf Grund des Gesetzes der Verwaltung des in Konkurs geratenen Vaters unterliegt? **42,** 21. — 2) Zur Auslegung des § 54 (jetzt 61) Ziff. 5 K.O. **45,** 156. — 3) Gehört in einem vor 1900 eröffneten Konkurse der dem Gemeinschuldner nach dem früheren Rechte zustehende Nießbrauch auch für die Zeit seit dem 1. Januar 1900 zur Konkursmasse? **48,** 191. — 4) S. auch § 196.

§ 199. Uneheliche Kinder.

1) Steht dem anerkannten natürlichen Kinde ein Vorbehaltsrecht an dem Nachlasse des Vaters zu, und wie ist es zu berechnen? (F.) **46**, 312. — 2) Hat das anerkannte natürliche Kind von dem ihm gesetzlich zustehenden Nachlaßanteile Früchte und Zinsen schon vom Todestage des Erblassers an zu fordern? (F.) **46**, 314. — 3) Besteht das Verbot der Erforschung der Vaterschaft in Art. 340 C. c. als zwingende lex fori noch fort? (F.) **48**, 168.

Drittes Kapitel. Von der Vormundschaft und Güterverwaltung.

§ 200. Allgemeines.

1) Kann der Vater über ausstehende Forderungen des minderjährigen Kindes, die diesem zur Sicherheit besonders verschrieben sind, mit Einwilligung des Vormundschaftsgerichtes gültig verfügen, oder ist die Bestellung eines Pflegers nötig? (P.) **41**, 227. — 2) Umfang des den Pflegebefohlenen im § 54 (61 n. F.) K.O. beigelegten Vorrechtes. **45**, 156. — 3) Ist ein Streit, der zwischen vor dem Jahre 1900 geschiedenen Ehegatten über die Erziehung der gemeinschaftlichen Kinder entsteht, seit dem 1. Januar 1900 durch das Vormundschaftsgericht zu entscheiden? (G.) **46**, 168. — 4) Findet der Art. 210 Abs. 2 E.G. z. B.G.B. auch auf einen Vormund Anwendung, der nach dem früheren Rechte gesetzlicher Vormund war? **48**, 355. — 5) Ist der Art. 505 Code de procédure civile durch die C.P.O. nicht aufgehoben, und bezieht er sich auch auf den Vormundschaftsrichter? (F.) **48**, 361. — 6) Haftet der rheinische Vormundschaftsrichter aus seiner Amtsführung nur für Arglist oder auch für Fahrlässigkeit? (F.) **48**, 361. — 7) Haftet, wenn die erforderliche Genehmigung des Vormundschaftsgerichtes zum Vertrage erteilt ist, das Mündel auch für die Folgen eines vom Vormunde bei dem Vertragsschlusse begangenen Betruges? (P.) **50**, 281. — 8) Wieweit sind die über Willenserklärungen geltenden Rechtsnormen auf die Genehmigung des Vormundschaftsgerichtes anwendbar? **50**, 284.

§ 201. Altersvormundschaft.

1) Einfluß des Volljährigwerdens des Mündels auf die vom Vormunde geschlossenen Vollmachtsverträge. (P.) **41**, 263. — 2) Haftet, wenn die erforderliche Genehmigung des Vormundschaftsgerichtes zum Vertrage erteilt ist, das Mündel auch für die Folgen eines vom Vormunde beim Vertragsschlusse begangenen Betruges? (P.) **50**, 281.

§ 202. Kuratelen. Pflegschaften.

1) Kann der Kurator eines Geisteskranken durch seine Zustimmung einen Erbschaftsvertrag Dritter über den künftigen Nachlaß seines Kuranden gültig machen? (G.) **41**, 173. — 2) Kann der Vater über ausstehende Forderungen des minderjährigen Kindes, die diesem zur Sicherheit besonders verschrieben sind, mit Einwilligung des Vormundschaftsgerichtes gültig verfügen, oder ist die Bestellung eines Pflegers nötig? (P.) **41**, 227. — 3) Zulässigkeit des von dem Pfleger eines zu Entmündigenden gestellten Entmündigungsantrages. (P.) **45**, 179. — 4) Kann dem Nachlaßpfleger oder den von ihm vertretenen unbekannten Erben das Armenrecht bewilligt werden? **50**, 394. — 5) Der Nachlaßpfleger hat keine eigene Parteistellung kraft Amtes, ist vielmehr gesetzlicher Vertreter der Erben. **50**, 395. — 6) Ist der für den ruhenden Nachlaß bestellte Pfleger oder Kurator gegen Vermächtnisklagen passiv legitimiert? (P., G.) **43**, 153.

§ 203. Güterverwaltungen.

Nachlaßpfleger. S. darüber den vorstehenden § 202 Nr. 4—6.

Fünfter Abschnitt. Das Erbrecht.

Erstes Kapitel. Delation der Erbschaft.

§ 204. Testamentarische Erbfolge.

a. Testamentserrichtung. Widerruf der Testamente. Ungültige Testamente.

1) Örtliches Recht für die Form des Testamentes, wenn der Erblasser zur Zeit der Errichtung und seines Todes keinen Wohnsitz hatte. Bedeutung des Satzes „locus regit actum". (G.) **43**, 156. — 2) Ist das gemeinschaftliche Testament von Ehegatten gültig, auch wenn es kein wechselseitiges ist? (P.) **43**, 343. — 3) Ist das eigenhändige Testament nur gültig, wenn es an demselben Tage datiert ist, an dem es unterschrieben wurde? (F.) **43**, 378. — 4) Zeitliche Anwendung des seit dem 1. Januar 1900 geltenden Rechtes in Ansehung der Ablieferung letztwilliger Verfügungen an das Nachlaßgericht nach dem Tode des Erblassers. **48**, 96. — 5) Form der in das Protokoll über die Testamentserrichtung nach § 2241 Nr. 2 B.G.B. aufzunehmenden „Bezeichnung der bei der Verhandlung mitwirkenden Gerichtspersonen". Genügt ihre Unterschrift? **50**, 16. — 6) Muß nach § 2242 B.G.B. auch die Angabe im Protokolle über Ort und Tag der Verhandlung vorgelesen und genehmigt werden, auch im Protokoll bei Strafe der Nichtigkeit des Testamentes festgestellt werden, daß dies geschehen ist? **50**, 215. — 7) Voraussetzungen der Anfechtbarkeit einer letztwilligen Verfügung wegen Irrtums des Erblassers (§ 2078 B.G.B.). **50**, 240. — 8) Kann ein

unter dem A.L.R. von Ehegatten errichtetes korrespektives Testament seit dem 1. Januar 1900 von dem einen bei Lebzeiten des anderen durch eine neue Verfügung von Todes wegen aufgehoben werden? (P.) **50,** 316.

b. Inhalt der Testamente. Auslegung.

1) Anfechtung fraudulöser Veräußerungen, insbesondere Schenkungen, durch den in einem unwiderruflich gewordenen korrespektiven Testamente zum Erben eingesetzten Dritten. Voraussetzungen der Anfechtung einer solchen Schenkung im einzelnen. (G.) **41,** 168. — 2) Unwiderruflichkeit des korrespektiven Testamentes für den Überlebenden, der das ihm darin Zugewandte angenommen hat. (G.) **41,** 169. — 3) Wieweit reicht das Enterbungsrecht des Vaters wegen einer gegen seinen Willen von dem Kinde geschlossenen oder zu schließenden Ehe? (P.) **42,** 268. — 4) Ist die testamentarische Zuwendung des Pflichtteiles stets als Erbeinsetzung aufzufassen, wenn der Pflichtteilsberechtigte dabei als Erbe bezeichnet ist? (P.) **42,** 328. — 5) Sind letztwillig angeordnete Verfügungsbeschränkungen des Erben wirksam, an deren Aufrechterhaltung kein Dritter interessiert ist? (P.) **43,** 335. — 6) Gilt die für die Pupillarsubstitution bestehende Vermutung, daß damit zugleich die Vulgarsubstitution gewollt sei, auch für die Quasipupillarsubstitution? Ist wenigstens der Beweis zuzulassen, daß mit ihr auch die Vulgarsubstitution gewollt sei? (G.) **44,** 161. — 7) Finden die Grundsätze der exheredatio bona mente Anwendung, wenn der Noterbe zwar auf den Pflichtteil eingesetzt, aber in seinem wahren Interesse für seine Lebenszeit auf die Einkünfte aus dem Pflichtteile beschränkt ist? (G.) **45,** 174. — 8) Ist, wenn im späteren Testamente nur ein heres ex re certa eingesetzt ist, ein Universalvermächtnis zu Gunsten der in dem früheren eingesetzten Erben zu vermuten? (G.) **46,** 181. — 9) Kann ein Pflichtteilsberechtigter, der es erst nach Errichtung des Testamentes geworden ist, dieses anfechten, wenn ihm darin ohne Rücksicht auf die sein Pflichtteilsrecht demnächst begründenden Umstände eine Zuwendung gemacht ist? § 2079 B.G.B. **50,** 238. — 10) Sind die beiden in einem korrespektiven Testamente (§ 2270 B.G.B.) enthaltenen letztwilligen Verfügungen so voneinander abhängig, daß sie zu Bestandteilen eines einheitlichen Rechtsgeschäftes werden? **50,** 309.

c. Testamentsvollstrecker.

1) Rechtsstellung des Testamentsvollstreckers zum Erben im allgemeinen. **42,** 221. — 2) Wann macht sich der Testamentsvollstrecker durch Auszahlung ungültiger Vermächtnisse dem Erben haftbar? (P.) **42,** 222. — 3) Kann der Testamentsvollstrecker durch das Nachlaßgericht nach § 2227 B.G.B. entlassen werden, wenn der Erblasser schon vor dem 1. Januar 1900 gestorben ist? **46,** 71. — 4) Ist der Testamentsvollstrecker befugt, ein mündliches Mitgiftversprechen des Erblassers vor der Verheiratung dessen, dem es gegeben ist, zu widerrufen? (P.) **46,** 298. — 5) Hat der Pflichtteilsberechtigte, der nicht Erbe ist, das Recht des § 2314 B.G.B. auf Auskunfterteilung über den Bestand des Nachlasses auch gegen den Testamentsvollstrecker? **50,** 225.

§ 205. Intestaterbfolge.

1) Nach welchem örtlichen Rechte bestimmt sich die Erbfolge in den Nachlaß einer domizillos gestorbenen Person? (G.) **43**, 159. — 2) Ist die Intestaterbfolge auch dann ausgeschlossen, wenn der fideikommissarische Erbe nach Erwerbung der Erbschaft durch den Fiduziarerben, und nach eingetretenem Substitutionsfalle der Erbschaft entsagt? (P.) **43**, 228. — 3) Rechtswirkung eines vor 1900 unter dem französischen Rechte geschlossenen Ehevertrages, durch den ein Ehegatte in erbrechtlicher Beziehung den Kindern der früheren Ehe gleichgestellt wird, gegenüber dem gesetzlichen Erbrechte des überlebenden Ehegatten nach dem B.G.B. **49**, 44. — 4) Ist der dem schenkenden Ascendenten nach Art. 747 C. c. zustehende Anspruch auf die im Nachlasse des beschenkten Descendenten noch vorhandenen geschenkten Sachen ꝛc ein Erbrecht im Sinne des Art. 213 E.G. z. B.G.B. **50**, 181.

§ 206. Außerordentliche Erbfolge.

1) Steht dem anerkannten natürlichen Kinde ein Vorbehaltsrecht an dem Nachlasse des Vaters zu, und wie ist es zu berechnen? (F.) **46**, 312. — 2) Hat das anerkannte natürliche Kind von dem ihm gesetzlich zustehenden Nachlaßanteile Früchte und Zinsen schon vom Todestage des Erblassers an zu fordern? (F.) **46**, 314. — 3) Ist der dem schenkenden Ascendenten nach Art. 747 C. c. zustehende Anspruch auf die im Nachlasse des beschenkten Descendenten noch vorhandenen geschenkten Sachen u. s. w. ein Erbrecht im Sinne des Art. 213 E.G. z. B.G.B.? **50**, 181.

§ 207. Erbvertrag und Erbverzicht. Erbschaftsvertrag.

(Erbschaftsentsagung, Erbschaftskauf s. unten § 210.)

1) Anfechtung fraudulöser Veräußerungen, insbesondere Schenkungen, durch den in einem zu seinen Gunsten geschlossenen Erbvertrage rechtsgültig eingesetzten Dritten. (G.) **41**, 169. — 2) Ist einem im Gebiete des gemeinen Rechtes durch Erbvertrag unwiderruflich erworbenen Rechte auf den Nachlaß des nachher in die Rheinprovinz übergesiedelten und dort verstorbenen Erblassers der Rechtsschutz zu versagen? (F.) **41**, 350. — 3) Können Erbverträge aus den in der Nov. 115 genannten Enterbungsgründen widerrufen werden? (G.) **47**, 237. — 4) Ist nach dem B.G.B. ein offener, nicht in besonderer amtlicher Verwahrung eines Notars befindlicher Erbvertrag nach dem Tode des Erblassers an das Nachlaßgericht abzuliefern? Auch wenn er vor 1900 errichtet, und der Erblasser nach Beginn dieses Jahres gestorben ist? **48**, 96. — 5) Ist ein Erbverzicht, wenn als wesentlicher Bestandteil in einem gerichtlichen Prozeßvergleiche enthalten, nach dem B.G.B. wegen Formmangels nichtig? **48**, 183. — 6) Rechtswirkung eines vor 1900 unter der Herrschaft des französischen Rechtes geschlossenen Erbvertrages, durch den ein Ehe-

gatte in erbrechtlicher Beziehung den Kindern aus einer früheren Ehe gleichgestellt wird, gegenüber den Vorschriften der §§ 1931. 2303. 2307 B.G.B. **49**, 44. — 7) Genügt zur Gültigkeit eines Vertrages über den künftigen Nachlaß eines geisteskranken Dritten die Zustimmung des Kurators? (G.) **41**, 173.

§ 208. Vermögensübergabe. Antizipierte Erbfolge.

— — — — — — — —

Zweites Kapitel. Von dem Erwerbe und dem Verluste der Erbschaft.

§ 209. Ruhende Erbschaft. Nachlaßverwalter.

1) Ist der für den ruhenden Nachlaß bestellte Pfleger oder Kurator gegenüber Vermächtnisklagen passiv legitimiert? **43**, 153. — 2) Der Nachlaßpfleger hat keine Parteistellung kraft Amtes, ist vielmehr gesetzlicher Vertreter des Erben, und zwar der Person des Erben. **50**, 394. — 3) Kann dem Nachlaßpfleger oder den von ihm vertretenen unbekannten Erben das Armenrecht bewilligt werden? **50**, 395.

§ 210. Anfall, Erwerb, Ausschlagung der Erbschaft. Anwachsungsrecht. Erbfähigkeit. Vertrag über die Erbschaft (Erbschaftskauf).

1) Ist die transmissio Justinianea davon abhängig, daß der Berufene vor seinem Tode die Berufung gekannt hat? (G.) **41**, 161. — 2) Voraussetzungen der Erbunfähigkeit der Mönche und Nonnen. (P.) **41**, 296. — 3) Begründen im öffentlichen Interesse gegebene zwingende Vorschriften eine Ausnahme von dem Satze, daß die Erbfähigkeit nach dem Rechte des Wohnsitzes zu beurteilen ist? Gehören dazu die §§ 1199 flg. A.L.R. II. 11, und sind sie noch in Geltung? (P.) **41**, 309. — 4) Sind die §§ 1199 flg. A.L.R. II. 11 nur auf Ordensleute anwendbar, die durch feierliches Gelübde in eine vom Staate genehmigte und mit Korporationsrechten versehene Klostergesellschaft eingetreten sind? (P.) **41**, 311. — 5) Muß der Sohn, der nur kraft Erbvertretungsrechtes zur Erbschaft gelangt, selbst wenn er die Erbschaft des Vaters ausgeschlagen hat, auch die Schulden einwerfen, die der Vater gegenüber dem Erblasser hatte? (F.) **44**, 343.

§ 211. Wirkungen des Erwerbes der Erbschaft. Nachlaßgläubiger.

1) Unwiderruflichkeit des korrespektiven Testamentes für den Überlebenden, wenn er das ihm darin Zugewandte erworben hat. (G.) **41**, 169. — 2) Rechtsstellnng der Erben zum Testamentsvollstrecker. (P.) **42**, 221. — 3) Rechtswirkung der Übernahme sämtlicher Nachlaßschulden durch einen Miterben bei der Erbauseinandersetzung. (G.) **43**, 181. —

4) Ist ein Miterbe vor der Teilung der Erbschaft berechtigt, eine negative Feststellungsklage gegen einen vorgeblichen Nachlaßgläubiger zu erheben? (P.) **44**, 83. — 5) Bedurfte es zur Wirksamkeit der Pfändung eines vor 1900 im Gebiete des A.L.R. angefallenen Erbteiles der Zustellung eines Verbotes an die Miterben als Drittschuldner? Macht es einen Unterschied, ob als Gegenstand das Erbrecht, der Erbteil oder der Anspruch des Schuldners auf Teilung bezeichnet ist? (P.) **49**, 405.

§ 212. Beneficium inventarii. Vorbehaltserbe.

Gilt mit Eintritt der Rechtskraft des Urteiles eine Willenserklärung auch dann als abgegeben, wenn der Beklagte dazu nur als Vorbehaltserbe verurteilt ist? **49**, 415.

§ 213. Gemeinschaft der Miterben. Teilung der Erbschaft. Kollation.

1) Rechtswirkung der Übernahme sämtlicher Nachlaßschulden bei der Erbauseinandersetzung durch einen Miterben. (G.) **43**, 181. — 2) Enthält die Zuteilung einzelner Erbschaftssachen an einen Miterben bei der Erbteilung eine Abtretung von Rechten? (F.) **43**, 242. — 3) Ist ein Miterbe vor der Teilung der Erbschaft berechtigt, eine negative Feststellungsklage gegen einen angeblichen Nachlaßgläubiger zn erheben? (P.) **44**, 83. — 4) Siud die Kuxe des neueren Rechtes als ausstehende Kapitalien im Sinne des § 328 A.L.R. II. 2 zu konferieren? (P.) **43**, 353. — 5) Ist ein Miterbe berechtigt, ein zum Nachlasse gehöriges Aktienbezugsrecht zum Besten des Nachlasses auszuüben? (P.) **44**, 247. — 6) Muß der Sohn, der nur kraft Erbvertretungsrechtes zur Erbschaft gelangt, selbst wenn er die Erbschaft des Vaters ausgeschlagen hat, auch die Schulden einwerfen, die der Vater gegenüber dem Erblasser hatte? (F.) **44**, 343. — 7) Sind die Vereinbarungen der Beteiligten über die Teilung des Nachlasses oder über die Höhe einer Nachlaßschuld für die Berechnung der Erbschaftssteuer maßgebend? (P.) **48**, 301. — 8) Bedurfte es zur wirksamen Pfändung eines vor 1900 im Gebiete des A.L.R. angefallenen Erbteiles der Zustellung des Verbotes an die Miterben als Drittschuldner? (P.) **49**, 405. — 9) Macht es einen Unterschied, ob als Gegenstand der Pfändung das Erbrecht oder der Anspruch des Schuldners auf Teilung bezeichnet ist? **49**, 408. — 10) Wie ist für Nachlaßforderungen Art. 1220 mit Art. 883 C. c. zu vereinigen? (F.) **50**, 327. — 11) Sind die Artt. 1220 und 883 C. c. auch auf die Forderung aus dem Verkaufe einer Nachlaßliegenschaft anwendbar? (F.) **50**, 330.

§ 214. Rechtsmittel. Nachlaßregulierung.

1) Können Vermächtnisse gegen den für den ruhenden Nachlaß bestellten Pfleger oder Kurator eingeklagt werden? (G., P.) **43**, 153. — 2) Kann der beklagte Intestaterbe gegen den klagenden Testamentserben sich auf das noch nicht ausgeübte Exeptionsrecht des Fiskus berufen? (G.)

43, 141. — 3) Kann der Testamentsvollstrecker auf den Antrag der Beteiligten durch den Nachlaßrichter nach § 2227 B.G.B. entlassen, oder muß auf Entsetzung im Prozeßwege geklagt werden, wenn der Erblasser schon vor dem 1. Januar 1900 gestorben ist? **46**, 71. — 4) Kann dem Nachlaßpfleger oder den von ihm vertretenen unbekannten Erben das Armenrecht bewilligt werden? **50**, 394. — 5) Der Nachlaßpfleger hat keine eigene Parteistellung kraft Amtes, ist vielmehr gesetzlicher Vertreter des Erben, und zwar der Person des Erben. **50**, 395.

Drittes Kapitel. Vermächtnisse. Universalvermächtnisse. Schenkungen von Todeswegen.

§ 215.

1) Ist die Wahl des in einem mit Kodizillarklausel versehenen Testamente zum Erben Eingesetzten nach l. 8 Cod. 6, 36 nur dann unwiderruflich, wenn sie im Prozesse erklärt wird? (G.) **41**, 165. — 2) Gilt die l. 18 § 2 Dig. de mortis causa donationibus 39, 6 im heutigen gemeinen Rechte? (G.) **42**, 134. — 3) Wie ist im Falle der fideikommissarischen Substitution auf den Überrest die Erbschaftssteuer zu berechnen? (P.) **43**, 209. — 4) Muß der Nießbraucher eines Nachlasses, der nach dem Testamente die Ausbeute der zum Nachlasse gehörigen Kuxe beziehen, dagegen etwaige Zubußen tragen soll, die Zwangsvollstreckung in den Nachlaß wegen der von den Erben geschuldeten Zubußen zulassen? (P.) **44**, 211. — 5) Kann die testamentarische Zuwendung des Pflichtteiles ein Vermächtnis sein, auch wenn der Ausdruck „Erbe" gebraucht ist? (P.) **42**, 329. — 6) Können Vermächtnisse gegen den für den ruhenden Nachlaß bestellten Pfleger oder Kurator eingeklagt werden? (G.P.) **43**, 153. — 7) Tritt bei der fideikommissarischen Substitution auch nach eingetretenem Substitutionsfalle, wenn der fideikommissarische Erbe der Erbschaft entsagt, im Zweifel die gesetzliche Erbfolge ein, oder verbleibt der Nachlaß dem Fiduziar oder dessen Erben? (P.) **43**, 228. — 8) Kann ein Vermächtnis als Konkursforderung im Konkurse des vorbehaltlosen Erben geltend gemacht werden? **43**, 235. — 9) Kann der mit einem Vorausvermächtnisse Bedachte bezüglich dessen Gegenstandes der Substitut des Erben sein? Macht es einen Unterschied, wenn das Vorausvermächtnis unter einer Bedingung ausgesetzt ist? (P.) **43**, 310. — 10) Ist das testamentarische, aber im Grundbuche nicht eingetragene Veräußerungsverbot für die Gläubiger und den Verwalter im Konkurse des Fiduziars bindend? (G.) **46**, 165. — 11) Ist, wenn in dem späteren Testamente nur ein heres ex re certa eingesetzt ist, ein Universalvermächtnis zu Gunsten der in dem früheren Testamente eingesetzten Erben zu vermuten? (G.) **46**, 181. — 12) Ist der Auftrag, nach dem Tode des Auftraggebers an dessen Schuldner den Schuldschein zurückzugeben, für den Erben verbindlich, und bewirkt seine Ausführung den Erlaß der Schuld? (G.) **42**, 134.

Viertes Kapitel. Von dem Noterben- und Pflichtteilsrechte.

§ 216.

1) Zum Begriffe des Pflichtteiles im Gegensatze zu dem im Testamente dem Pflichtteilsberechtigten Zugewendeten. (P.) **42**, 328. — 2) Wieweit reicht das Enterbungsrecht des Vaters wegen einer gegen seinen Willen von dem Kinde geschlossenen oder nach seinem Tode etwa zu schließenden Ehe. (P.) **42**, 268. — 3) Finden die Grundsätze der exheredatio bona mente Anwendung, wenn der Noterbe zwar auf den Pflichtteil eingesetzt, aber in seinem wahren Interesse für seine Lebenszeit durch Anordnung einer Verwaltung auf die Einkünfte aus dem Pflichtteile beschränkt ist? (G.) **45**, 174. — 4) Hat der Pflichtteilsberechtigte, der nicht Erbe ist, das Recht des § 2314 B.G.B. auf Auskunfterteilung über den Bestand des Nachlasses auch gegen den Testamentsvollstrecker? **50**, 225. — 5) Kann der Pflichtteilsberechtigte, der es erst nach Errichtung des Testamentes geworden ist, dieses anfechten, wenn ihm darin ohne Rücksicht auf die sein Pflichtteilsrecht demnächst begründenden Umstände eine Zuwendung gemacht ist? § 2079 B.G.B. **50**, 238.

Fünftes Kapitel. Indignität und Inkapazität.

§ 217.

1) Kann der Erbschaftsbesitzer gegen die Erbschaftsklage sich auf das Ereptionsrecht des Fiskus berufen? (G.) **43**, 141. — 2) Ist die Wirkung der Indignität an eine Willenserklärung des Eripienten geknüpft? (G.) **43**, 142.

Sechster Abschnitt. Das Handelsrecht.

§ 218. Handelsgebräuche. Reichsrecht und Landesrecht.

1) Sind die unter der Herrschaft des preußischen Stempelgesetzes nach dem vollen Nennwerte versteuerten Interimsscheine der Reichsstempelsteuer unterworfen, wenn unter deren Herrschaft eine neue Einzahlung erfolgt? **45**, 41. — 2) Wieweit haben die Bestimmungen des mit dem 1. Januar 1898 eingeführten Abschnittes des H.G.B. von 1897 rückwirkende Kraft? **43**, 25. — 3) Darf neben dem Reichsstempel für Anschaffungsgeschäfte der Stempel nach Tarifstelle 25c des preußischen Stempelgesetzes erhoben werden, wenn bei Errichtung der Aktiengesellschaft ein Gründer sich verpflichtet hat, gegen seine nicht durch Barzahlung zu leistende Einlage Aktien zu übernehmen? **45**, 99. — 4) Wirkung der landesgesetzlich im Handelsregister erfolgten Eintragung der Konkurseröffnung auf die

Verjährung von Klagen gegen den Gemeinschuldner aus Ansprüchen gegen die offene Handelsgesellschaft, deren Mitglied er ist? **45**, 47. — 5) Der Art. 792 H.G.B. a. F. findet auf Binnenversicherung keine Anwendung. **47**, 170. — 6) Ist der s. g. Agiogewinn im Sinne des Gesetzes über die Doppelbesteuerung ein aus dem Gewerbebetriebe herrührendes Einkommen? **50**, 105. — 7) Unterschied zwischen Handelsgebrauch und Handelssitte. **44**, 33.

Erstes Kapitel. Vom Handelsstande.

§ 219. Der Kaufmann. Die Handelsfrau. Handelsgewerbe.

1) Ist der Betrieb einer Ziegelei ein Handelsgewerbe? **50**, 157. — 2) Zeitliche und sachliche Anwendung des § 5 H.G.B. von 1897. **50**, 158. — 3) Wer eine sein Handelsgewerbe betreffende Eintragung im Handelsregister herbeiführt, ist mit dem Einwande, sie entspreche nicht dem Sachverhalte, nicht zu hören, soweit es sich um seiner Disposition unterliegende Verhältnisse handelt. **50**, 429. — 4) Übernahme von Handelsgeschäften mit Aktiven und Passiven s. § 221.

§ 220. Das Handelsregister.

1) Vermutung für die Gesetzmäßigkeit der Eintragnngen. **41**, 22. — 2) Welche Bedeutung hat die Eintragung einer Liquidation, wenn sie der wahren Sachlage nicht entspricht? **41**, 93. — 3) Klage auf Löschung eines unrichtigen thatsächlichen Zusatzes zur Firma im Handelsregister wegen unlauteren Wettbewerbes. **44**, 17. — 4) Wirkung der landesgesetzlich erfolgten Eintragung der Konkurseröffnung in das Handelsregister auf die Verjährung von Klagen gegen den Gemeinschuldner aus Ansprüchen gegen die offene Handelsgesellschaft, deren Mitglied er ist. **45**, 47. — 5) Wer eine sein Handelsgewerbe betreffende Eintragung im Handelsregister herbeigeführt hat, ist mit der Einwendung, sie entspreche nicht dem Sachverhalt, nicht zu hören, soweit es sich um seiner Disposition unterliegende Verhältnisse handelt. **50**, 429.

§ 221. Die Handelsfirma. Zweigniederlassung.

1) Ist, wenn die Zulässigkeit einer rechtlich möglichen, im Handelsregister eingetragenen Firma bestritten wird, die Gesetzmäßigkeit der Eintragung so lange anzunehmen, bis die Unzulässigkeit vom Gegner nachgewiesen wird? **41**, 20. — 2) Ist auch für eine offene Handelsgesellschaft eine bloße Sachfirma unter Umständen möglich? **41**, 21. — 3) Begriff der „Niederlassung" im § 23 Abs. 1 des Warenzeichengesetzes vom 12. Mai 1894; genügt eine Zweigniederlassung? **41**, 67. — 4) Ist unter „Niederlassung" im § 9 Abs. 3 des Musterschutzgesetzes vom 11. Januar 1876 auch eine „Zweigniederlassung" zu verstehen? **41**, 82. — 5) Ist unter „gewerblicher Niederlassung" im § 2 des Reichsgesetzes

zur Bekämpfung des unlauteren Wettbewerbes von 1896 auch eine Zweigniederlassung zu verstehen? **44**, 361. — 6) Firmenschutz kann nicht in Anspruch nehmen, wer einem Anderen durch Vertrag die Führung des Namens gestattet hat. **42**, 150. — 7) Kann im Gebrauche eines Firmenzusatzes, der eine unrichtige thatsächliche Angabe enthält, ein unlauterer Wettbewerb gefunden, und die Löschung des Zusatzes im Handelsregister verlangt werden? **44**, 17. — 8) Ist nach Auflösung der Kommanditgesellschaft der Gesellschafter, der das Geschäft mit der Firma übernommen hat, befugt, sich der Firma auch bei dem Abschlusse solcher Geschäfte zu bedienen, mit denen die Gesellschaft sich nicht befaßt hat? **46**, 150. — 9) Ist der Gesellschafter, der das Geschäft der offenen Handelsgesellschaft mit allen Aktiven und Passiven übernommen hat, Rechtsnachfolger der Gesellschaft als Prozeßpartei? **46**, 39. — 10) Wie ist beim Verkaufe eines Handelsgeschäftes mit allen Aktiven und Passiven die Stempelsteuer zu berechnen? (P.) **46**, 266. — 11) Benutzung eines Stempelabdruckes bei der Wechselunterschrift einer aus Sach- und Namenszeichnung zusammengesetzten Firma. **47**, 165. — 12) Fortsetzung des Gebrauches einer Firma durch Fortsetzung des Gebrauches des die Firma enthaltenden Warenzeichens. Unlauterer Wettbewerb dadurch. **48**, 233. — 13) Genügt es — § 126 Abs. 1 B.G.B. — zur Gültigkeit des Wechselacceptes, wenn der Prokurist nur mit der Firma unterschreibt, ohne seinen Namen beizufügen? **50**, 54. — 14) Haftet, wer zwei übernommene Handelsgeschäfte unter einer aus der Verbindung ihrer Firmennamen gebildeten Firma als einheitliches Geschäft fortführt, nach § 25 H.G.B. für ihre in früherer Zeit entstandenen Geschäftsschulden? **50**, 117. — 15) Folgt allein aus der Anzeige der Übernahme eines Handelsgeschäftes der Übergang auch der Verbindlichkeiten? **50**, 120.

§ 222. Die Handelsbücher. Bilanz.

1) Gelten die Vorschriften des H.G.B. über die Aufnahme von Inventar und Bilanz auch für die unter das Genossenschaftsgesetz vom 1. Mai 1889 fallenden Genossenschaften trotz entgegenstehender Statutenbestimmung? **43**, 123. — 2) Ein Genosse kann die falsche Bilanz der Genossenschaft anfechten. **43**, 127. — 3) Bleibt, wenn bei Auflösung einer offenen Handelsgesellschaft ein Gesellschafter das Geschäft mit Aktiven und Passiven übernimmt und die bisherigen Bücher weiterführt, den übrigen das Recht auf beliebige Einsicht und Benutzung der Bücher? **43**, 133. — 4) Können in derselben Generalversammlung, in der die Verhandlung über die Genehmigung der Bilanz vertagt ist, die Verwaltungsorgane der Aktiengesellschaft entlastet werden? **44**, 66. — 5) Haben die Mitglieder einer Gesellschaft mit beschränkter Haftung ein unbeschränktes Recht auf Einsicht der Geschäftsbücher der Gesellschaft mit Beilagen und Belägen? **49**, 148. — 6) Hat der Geschäftsführer einer Gesellschaft mit beschränkter Haftung, der zugleich Gesellschafter ist, ein klagbares Recht auf Anerkennung der von ihm aufgestellten Bilanz gegen die übrigen Gesellschafter? **49**, 141. — 7) Ist der Geschäftsführer einer

Gesellschaft m. b. H., der zugleich Gesellschafter ist, berechtigt, über die Feststellung der von ihm aufgestellten Bilanz seine Stimme abzugeben? **49,** 146.

§ 223. Vom Prokuristen.

Genügt es — § 126 Abs. 1 B.G.B. — zur Gültigkeit eines Wechselacceptes, wenn der Prokurist nur mit der Firma unterschreibt, ohne seinen Namen beizufügen? **50,** 54.

§ 224. Vom Handlungsbevollmächtigten.

1) Voraussetzungen für die Annahme der stillschweigenden Erteilung einer Handlungsvollmacht durch den Vorstand einer Aktiengesellschaft an eins seiner Mitglieder. **48,** 56. — 2) Dritten gegenüber kommt es darauf an, ob und wie die Bevollmächtigung in die äußere Erscheinung tritt, besonders wenn der Prinzipal es zuläßt, wie ein Anderer sich als sein Bevollmächtigter geriert. **50,** 76.

§ 225. Von den Handlungsgehilfen.

1) Hat § 75 Abss. 2 und 3 H.G.B. von 1897 für schon vor dem 1. Januar 1898 eingegangene Vertragsverhältnisse rückwirkende Kraft? **42,** 97. — 2) Klage des Handlungsgehilfen aus seinem Dienstvertrage gegen den Geschäftsherrn im Gerichtsstande der Niederlassung. **42,** 379. — 3) Konkurrenzklausel. Hat der § 74 H.G.B. von 1897 rückwirkende Kraft? **43,** 23. — 4) Unter welchen Umständen haftet der Geschäftsinhaber für das Handeln seines Gehilfen ohne Auftrag? (G.) **43,** 189. — 5) Ist der § 343 B.G.B. über die Herabsetzung einer Vertragsstrafe, auf den der § 75 H.G.B. von 1897 sich bezieht, für die Handlungsgehilfen schon mit dem 1. Januar 1898 in Kraft getreten? **44,** 59. — 6) Kann der Prinzipal, mit dem sein Handlungsgehilfe unter dem Namen eines Anderen Börsentermingeschäfte gemacht hat, die Herausgabe des Gewinnes fordern, den der Handlungsgehilfe erzielt und aus der Kasse des Prinzipals erhalten hat? **45,** 31. — 7) Sind die §§ 74. 75 H.G.B. von 1897 auf ein Vertragsverhältnis anzuwenden, das schon vor dem 1. Januar 1898, aber erst mit Wirkung von diesem Tage an eingegangen ist? **48,** 129. — 8) Ist ein Handlungsgehilfe zur Krankenversicherung verpflichtet, wenn in Ansehung seiner die Kündigungsfrist vertragsmäßig verkürzt ist? **48,** 180.

§ 226. Von den Handlungsmaklern.

— — — — — — — — —

Zweites Kapitel. Von den Handelsgesellschaften.

§ 227. Die offene Handelsgesellschaft.

a. Begriff. Errichtung.

1) Können dieselben Personen mehrere offene Handelsgesellschaften bilden? Würdigung der Sachlage mit Beziehung auf die Frage, ob eine offene Handelsgesellschaft aufgelöst, oder nur ein Mitglied aus ihr ausgeschieden ist. **43,** 81. — 2) Ist die offene Handelsgesellschaft eine juristische Person? **43,** 106. — 3) Anwendung des § 5 H.G.B. von 1897 auf eine schon vor dem 1. Januar 1900 als offene Handelsgesellschaft eingetragene Nichthandelsgesellschaft. **50,** 158.

b. Rechtsverhältnisse der Gesellschafter untereinander.

1) Gehen Grundstücke, die in die offene Handelsgesellschaft eingebracht werden, in deren Eigentum ohne Auflassung und ohne eine Veränderung im Grundbuche über? (P.) **49,** 254. — 2) Wann gehören Grundstücke zum Vermögen der offenen Handelsgesellschaft? **50,** 159. — 3) Können zwei Liquidatoren einer offenen Handelsgesellschaft die Gesellschaft in einem Prozesse gegen einen Gesellschafter, der zugleich der dritte Liquidator ist, wirksam vertreten? **47,** 17.

c. Rechtsverhältnis der Gesellschaft und der Gesellschafter zu dritten Personen.

1) Darf der Privatschuldner eines Gesellschafters gegen seine Schuld eine Forderung, die ihm gegen die Gesellschaft zusteht, nach Eröffnung des Konkurses über deren Vermögen während der Dauer des Verfahrens aufrechnen? **41,** 25. — 2) Findet der § 3 Ziff. 2 Anf.G. gegen eine offene Handelsgesellschaft schon dann Anwendung, wenn nur ein Teilhaber in dem fraglichen Verwandtschaftsverhältnisse zu dem Mitkontrahenten steht? **43,** 105. — 3) Haftet die Gesellschaft für den Schaden, den ein Gesellschafter einem Dritten dadurch zufügt, daß er diesem veruntreute Wertpapiere namens der Gesellschaft für ein dieser gewährtes Darlehn zum Pfande giebt? Aus dem Delikte der Gesellschaft? Aus rechtloser Bereicherung? **46,** 18. — 4) Kann, wenn die verklagte offene Handelsgesellschaft im Laufe des Prozesses ohne Liquidation zu bestehen aufhört, der Prozeß gegen einen oder einen Teil der Gesellschafter fortgesetzt werden? **46,** 39. — 5) Ist ein von einer offenen Handelsgesellschaft unter ihrer Firma an Order einer mit anderer Firma unter denselben Gesellschaftern bestehenden offenen Handelsgesellschaft ausgestellter eigener Wechsel gültig? **47,** 156. — 6) Gehen Grundstücke, die in die offene Handelsgesellschaft eingebracht werden, in deren Eigentum ohne Auflassung und ohne Eintragung in das Grundbuch über? (P.) **49,** 254. — 7) Begründet der Prozeß gegen eine offene Handelsgesellschaft wegen

einer Gesellschaftsschuld die Einrede der Rechtshängigkeit für den wegen derselben Schuld verklagten einzelnen Gesellschafter? **49,** 340. — 8) Ist, wenn gegen eine offene Handelsgesellschaft bei einem zuständigen Gerichte geklagt, und nach deren Auflösung ein Gesellschafter zur Fortsetzung des Verfahrens geladen war, dieser, indem er seine Pflicht zur Übernahme der Parteirolle bestreitet, berechtigt, aus seiner Person die Einrede der örtlichen Unzuständigkeit vorzuschützen? **49,** 419. — 9) Gehören zu einer Innungskrankenkasse auch die Arbeiter einer offenen Handelsgesellschaft, deren Teilhaber nicht sämtlich Mitglieder der Innung sind? **50,** 1.

d. Auflösung der Gesellschaft. Austreten einzelner Gesellschafter. Fortsetzung der Gesellschaft.

1) Darf der Privatschuldner eines Gesellschafters gegen seine Schuld eine Forderung, die ihm gegen die Gesellschaft zusteht, nach Eröffnung des Konkurses über deren Vermögen während der Dauer des Verfahrens aufrechnen? **41,** 25. — 2) Findet Art. 146 H.G.B. auch dann Anwendung, wenn die offene Handelsgesellschaft durch die Eröffnung des Konkurses aufgelöst wird? **42,** 83. — 3) Können dieselben Personen mehrere offene Handelsgesellschaften bilden? Würdigung der Sachlage nach der Richtung, ob eine offene Handelsgesellschaft aufgelöst oder nur ein Mitglied aus ihr ausgeschieden ist. **43,** 81. — 4) Findet Art. 145 Abs. 2 H.G.B. Anwendung, wenn nach Auflösung der Gesellschaft das Geschäft mit Aktiven und Passiven von einem der Gesellschafter übernommen wird? **43,** 133. — 5) Ist Abs. 1 oder Abs. 2 der Tarifstelle 25d des preußischen Stempelsteuergesetzes von 1895 anzuwenden, wenn der ausgeschiedene Gesellschafter oder bei der Auflösung ein Gesellschafter Grundstücke oder bewegliche Vermögensstücke erhält? (P.) **45,** 218. — 6) Kann, wenn die verklagte offene Handelsgesellschaft im Laufe des Prozesses ohne Liquidation zu bestehen aufhört, der Prozeß gegen einen oder einen Teil der Gesellschafter fortgesetzt werden? **46,** 39. — 7) Ist ein Gesellschafter, der das Geschäft der offenen Handelsgesellschaft mit allen Aktiven und Passiven übernommen hat, Rechtsnachfolger der Gesellschaft als Prozeßpartei? **46,** 42. — 8) Prozessuale Stellung der Teilhaber einer offenen Handelsgesellschaft, wenn diese während des Rechtsstreites, in dem sie Klägerin ist, ohne Liquidation zu bestehen aufhört. **46,** 321. — 9) Ist, wenn gegen eine offene Handelsgesellschaft bei einem zuständigen Gerichte geklagt, und nach ihrer Auflösung ein Gesellschafter zur Fortsetzung des Verfahrens geladen war, dieser, wenn er seine Pflicht zur Übernahme der Parteirolle bestreitet, berechtigt, aus seiner Person die Einrede der örtlichen Unzuständigkeit vorzuschützen? **49,** 419. — 10) Kann der während des Prozesses aus der prozeßführenden offenen Handelsgesellschaft ausgeschiedene Gesellschafter in diesem als Zeuge vernommen werden, wenn die Gesellschaft fortbesteht? **49,** 425.

e. Liquidation.

1) Ist die Aussetzung des Verfahrens nach § 223 (246 n. F.) C.P.O. zulässig, wenn der Teilhaber der offenen Handelsgesellschaft in Liqu. stirbt,

der nicht Liquidator ist? **45,** 340. — 2) Ist der Antrag auf Bestellung von Liquidatoren (Art. 133 H.G.B.) durch Klagerhebung geltend zu machen? **45,** 396. — 3) Verfahren, wenn gegen den Antrag auf gerichtliche Ernennung von Liquidatoren für eine offene Handelsgesellschaft Widerspruch erhoben wird? **45,** 394. — 4) Können zwei Liquidatoren der offenen Handelsgesellschaft die Gesellschaft in einem Rechtsstreite gegen einen Gesellschafter, der zugleich der dritte Liquidator ist, wirksam vertreten? **47,** 17. — 5) Kann die vorläufige Verteilung verfügbarer Gelder gegen die Liquidatoren auch im Wege der Klage verlangt werden? Auch gegen zwei Liquidatoren von dem Dritten, der zugleich Gesellschafter ist, wenn sie über die Art der Verteilung nicht einig sind? **47,** 19. — 6) Umfang der Pflicht der Liquidatoren, das Vermögen der Gesellschaft flüssig zu machen, und ihres Rechtes zur Eingehung neuer Verträge. **44,** 80.

f. Verjährung der Klagen gegen die Gesellschafter.

1) Findet der Art. 146 H.G.B. auch dann Anwendung, wenn die offene Handelsgesellschaft durch Eröffnung des Konkurses über ihr Vermögen aufgelöst wird? **42,** 83. — 2) Bewirkt die auf Grund des Landesrechtes erfolgte Eintragung der Konkurseröffnung im Handelsregister, wenn der Gemeinschuldner Mitglied einer offenen Handelsgesellschaft ist, daß damit nach Art. 146 H.G.B. die Verjährung der Klagen gegen ihn aus Ansprüchen gegen die Gesellschaft beginnt? **45,** 47.

§ 228. Die Kommanditgesellschaft.

a. Im allgemeinen.

1) Darf der Privatschuldner des Komplementars einer Kommanditgesellschaft gegen seine Schuld eine Forderung, die ihm gegen die Gesellschaft zusteht, nach Eröffnung des Konkurses über ihr Vermögen während der Dauer des Verfahrens aufrechnen? **41,** 25. — 2) Ist nach Auflösung der Kommanditgesellschaft der Gesellschafter, der das Geschäft mit der Firma übernommen hat, befugt, sich der Firma auch bei dem Abschlusse solcher Geschäfte zu bedienen, mit der die Gesellschaft sich nicht befaßt hat? **46,** 150. — 3) Ist der Konkursverwalter befugt, die Ansprüche der Gesellschaftsgläubiger als solcher gegen die Kommanditisten einer in Konkurs geratenen Kommanditgesellschaft auf Einzahlung der versprochenen Einlage einzuklagen? **46,** 352. — 4) Erfüllungsort für den Anspruch der Gesellschaftsgläubiger gegen den Kommanditisten einer in Konkurs geratenen Kommanditgesellschaft auf Zahlung der versprochenen Einlage. **46,** 353.

b. Die Kommanditgesellschaft auf Aktien.

1) Ist die Übertragung von Aktien in Ermangelung der nach Art. 182 Abs. 2 H.G.B. erforderlichen Einwilligung der Gesellschaft nur für diese unverbindlich oder nichtig? **41,** 6. 10. — 2) Ist auf den Stempel für das Einbringen von nicht in Geld bestehendem Vermögen der Stempel für die Errichtung der Gesellschaft ganz anzurechnen? (P.)

46, 239. — 3) Der Art. 182 Abs. 2 H.G.B. enthält zwingendes Recht. **41,** 7. — 4) Begriff einer angemessenen Sicherheit im Art. 202 Abs. 2 H.G.B. a. F. **48,** 35.

§ 229. Die Aktiengesellschaft.

a. Allgemeine Grundsätze.

1) Ist die Übertragung von Aktien in Ermangelung der nach Art. 182 Abs. 2 H.G.B. erforderlichen Einwilligung der Gesellschaft nur für diese unverbindlich oder nichtig? **41,** 6. 10. — 2) Der Art. 182 Abs. 2 (jetzt § 222 Abs. 4) H.G.B. enthält zwingendes Recht. **41,** 7. — 3) Notwendiger Inhalt des Aktienbuches. **41,** 19. — 4) Fall einer Simultangründung; deren Voraussetzungen. **41,** 12. — 5) Liegt in der Eintragung in das Aktienempfangsbescheinigungsbuch durch die Organe der Gesellschaft deren Genehmigung der Übertragung vinkulierter Aktien? **41,** 16. — 6) Kann die vertragsmäßig gestattete Aufrechnung einer Forderung gegen die Aktiengesellschaft als Sacheinlage erachtet werden? **42,** 1. — 7) Finden die Bestimmungen des Art. 209 e Abss. 3 und 4 H.G.B. a. F. auch auf Kapitalserhöhungen Anwendung? **42,** 4. — 8) Der Zeichnungsschein ist die selbständige Grundlage der Verpflichtungen des Zeichners gegenüber der Aktiengesellschaft. **42,** 3. — 9) Ist der Erwerb ausländischer Aktien im Auslande durch Beteiligung bei der Gründung der Gesellschaft eine „Anschaffung" der Aktien im Sinne der Anmerkung zu den Tarifnummern 1 und 2, bezw. des § 3 Abs. 1 des Reichsstempelgesetzes von 1894? **41,** 139. — 10) Wird durch die Verpfändung von Namensaktien, für die besondere Dividendenscheine nicht ausgegeben sind, auch ohne Benachrichtigung der Aktiengesellschaft ein Pfandrecht an den Dividenden begründet? (G.) **42,** 155. — 11) Aktienzeichnung für Rechnung eines anderen Mitgliedes des zum Zwecke der Erhöhung des Grundkapitales gebildeten Konsortiums. Begründung der Klage auf Erstattung des Gezahlten. (P.) **43,** 286. — 12) Ist ein Miterbe berechtigt, ein zum Nachlasse gehöriges Aktienbezugsrecht zum Besten des Nachlasses auszuüben? (P.) **44,** 247. — 13) „Einbringen" in eine neu errichtete Aktiengesellschaft im Sinne der Tarifnummer 25 c des preußischen Stempelgesetzes von 1895; kann es nur durch einen Aktionär oder auch durch einen Dritten geschehen? **44,** 280. — 14) Stempelsteuer für das Einbringen in eine Aktiengesellschaft, die durch Umwandelung einer Gewerkschaft in sie entsteht, in Preußen. **44,** 278. — 15) Sind die unter der Herrschaft des preußischen Stempelgesetzes zum vollen Nennwerte versteuerten Interimsscheine der in den Reichsstempelgesetzen vorgeschriebenen Stempelsteuer unterworfen. wenn unter deren Herrschaft eine neue Einzahlung erfolgt? **45,** 41. — 16) Berechnung des Urkundenstempels für ausländische Aktienbriefe, die nach dem Wortlaute je über mehrere Aktien ausgestellt sind. **42,** 40. — 17) Unterliegen Aktien deshalb, weil sie durch nachträglichen Vermerk auf ihnen als Vorzugsaktien bezeichnet sind, der Stempelsteuer nach Nr. 1 des Tarifes zum Reichsstempelgesetze von

1894? **45**, 87. — 18) Darf neben dem Reichsstempel für Anschaffungsgeschäfte der Stempel nach Tarifstelle 25c des preußischen Stempelgesetzes erhoben werden, wenn bei Errichtung der Aktiengesellschaft ein Gründer sich verpflichtet, gegen seine nicht durch Barzahlung zu leistende Einlage Aktien zu übernehmen? **45**, 99. — 19) Bedeutung der Zusicherung einer Konsortialbeteiligung in Beziehung auf die beabsichtigte Gründung einer Aktiengesellschaft. **46**, 27. — 20) Ist die Befreiung des § 13 Abs. 1 des Reichsstempelgesetzes von 1894 anwendbar, wenn die Aktiengesellschaft gegen Einreichung der bisherigen Aktien solche über höhere Beträge in entsprechend geringerer Zahl gewährt? **46**, 34. — 21) Ist auf den Stempel für das Einbringen von nicht in Geld bestehendem Vermögen der Gründungsstempel ganz anzurechnen? (P.) **46**, 239. — 22) Gehört der s. g. Agiogewinn zu dem nach § 16 des preußischen Einkommensteuergesetzes steuerpflichtigen Einkommen der Aktiengesellschaft? Begriff der Überschüsse im Sinne dieses Gesetzes. (P.) **46**, 262. — 23) Hängt die persönliche Haftung des für eine noch nicht eingetragene Aktiengesellschaft Handelnden, davon ab, daß er das Bestehen der Gesellschaft dem Dritten vorgespiegelt hat, oder daß diesem das Nichtbestehen unbekannt ist? **47**, 1. — 24) Ist das vor dem Gesetze vom 18. Juli 1884 im Gesellschaftsvertrage den Gründern zugesicherte Bezugsrecht auf neue Aktien auch für solche wirksam, die ausgegeben werden, um das herabgesetzte Grundkapital wieder auf die ursprüngliche Höhe zu bringen? **47**, 24. — 25) Müssen seit dem 1. Januar 1900 auch die vor Geltung des allgemeinen deutschen Handelsgesetzbuches errichteten Aktiengesellschaften einen Aufsichtsrat haben? **48**, 40. — 26) Ist durch § 248 H.G.B. von 1897 die Bestimmung des § 6 Abs. 1 des Reichsgesetzes vom 18. Juli 1884 aufgehoben worden? **48**, 47. — 27) Sind Genußscheine, die von der Aktiengesellschaft bei Aufnahme eines Darlehns neben den Schuldverschreibungen ausgegeben werden, Beurkundungen von Gesellschafts- oder von Gläubigerrechten? **49**, 10. — 28) Übertragbarkeit der bei Aufnahme eines Darlehns durch die Aktiengesellschaft neben den Schuldverschreibungen ausgegebenen Genußscheine. **49**, 14. — 29) Begriffsmerkmale des Interimsscheines im Gegensatze zur Aktie. **49**, 23. — 30) Ist die Bestimmung des Statutes gültig, daß der Aktionär ausgeschlossen werden kann, wenn er aufhört, Mitglied des Bundes der Landwirte zu sein, und daß er dann seine Aktien gegen Zahlung des Nominalbetrages an einen ihm zu bezeichnenden Dritten herausgeben muß? **49**, 77. — 31) Ist der s. g. Agiogewinn im Sinne des Gesetzes wegen Beseitigung der Doppelbesteuerung ein aus dem Gewerbebetriebe herrührendes Einkommen? **50**, 105.

b. Rechtsverhältnisse der Aktionäre.

1) Darf den Inhabern von Vorzugsaktien durch Beschluß der Generalversammlung die Hergabe eines Darlehns unter der Androhung nicht nur des Verlustes ihrer Vorzugsrechte, sondern auch der Schmälerung ihrer allgemeinen, auch den Stammaktien zustehenden Mitgliedsrechte auf-

erlegt werden? **41**, 97. — 2) Anfechtung eines Beschlusses der Generalversammlung, weil diese an einen vom Sitze der Aktiengesellschaft entfernten Ort berufen wurde. **44**, 8. — 3) Können die Bestimmungen des Statutes einer vor dem 1. Januar 1900 errichteten Aktiengesellschaft über die Rübenlieferungspflicht der Aktionäre durch einen Mehrheitsbeschluß der Generalversammlung geändert werden? **48**, 102. — 4) Ist die von einem Aktionär zur Sicherung des Restes seiner Einlage vorgenommene Hinterlegung von Wechseln als Einzahlung auf die Aktie anzusehen? **49**, 26. — 5) Für das Recht des Aktionärs ist dessen Beurkundung ohne Bedeutung; es besteht, auch wenn weder eine Aktie noch ein Interimsschein ausgestellt ist. **49**, 25. — 6) Ist die Bestimmung des Statutes gültig, daß der Aktionär ausgeschlossen werden kann, wenn er aufhört, Mitglied des Bundes der Landwirte zu sein, und daß er dann seine Aktien gegen Zahlung des Nominalbetrages an einen ihm zu bezeichnenden Dritten herausgeben muß? **49**, 77.

c. Organe der Aktiengesellschaft.

1) Liegt in der Eintragung in das Aktienempfangsbescheinigungsbuch durch die Organe der Gesellschaft deren Genehmigung der Übertragung vinkulierter Aktien? **41**, 16. — 2) Rechtsstellung der Generalversammlung; kann sie mit Dritten kontrahieren? **43**, 286. — 3) Können in derselben Generalversammlung, in der die Verhandlung über die Genehmigung der Bilanz vertagt worden ist, die Verwaltungsorgane gültig entlastet werden? **44**, 66. — 4) Wird der Vorstand einer Aktiengesellschaft durch Beschränkungen, die ihm durch Statut oder durch Beschluß der Generalversammlung auferlegt sind, gehindert, insoweit die Gesellschaft nach außen zu vertreten? **45**, 150. — 5) Müssen seit dem 1. Januar 1900 auch die vor der Geltung des allgemeinen deutschen Handelsgesetzbuches errichteten Aktiengesellschaften einen Aufsichtsrat haben? **48**, 40. — 6) Ist durch § 248 H.G.B. von 1897 die Bestimmung des § 6 Abs. 1 des Reichsgesetzes vom 18. Juli 1884 aufgehoben worden? **48**, 47. — 7) Voraussetzungen für die Annahme der stillschweigenden Erteilung einer Handlungsvollmacht durch den Vorstand einer Aktiengesellschaft an eins seiner Mitglieder. **48**, 56. — 8) Können die Bestimmungen des Statutes einer vor dem 1. Januar 1900 errichteten Aktiengesellschaft über die Rübenlieferungspflicht der Aktionäre durch einen Mehrheitsbeschluß der Generalversammlung geändert werden? **48**, 102. — 9) Ist die Generalversammlung befugt, das Maß des Bezugsrechtes der von der Aktiengesellschaft bei Aufnahme eines Darlehns neben den Schuldverschreibungen ausgegebenen Genußscheine ohne Zustimmung von deren Inhabern zu ändern? **49**, 15. — 10) Muß die Generalversammlung beim Mangel einer abweichenden Bestimmung der Statuten am Sitze der Gesellschaft abgehalten werden? **44**, 8. — 11) Kann der Sitz der Gesellschaft durch Beschluß des Aufsichtsrates verlegt werden, wenn dies im Statute zugelassen ist? **44**, 10. — 12) Anfechtung eines Generalversammlungsbeschlusses. **44**, 8.

d. Auflösung der Aktiengesellschaft.

1) Hört eine in Liquidation befindliche Aktiengesellschaft, die noch unverteiltes Vermögen besitzt, durch den Beschluß der Generalversammlung, die Liquidation sei als beendet anzusehen, und durch die Eintragung der Beendigung in das Handelsregister zu bestehen auf? **41**, 93. — 2) Der Liquidator ist nicht Mandatar der Aktionäre, sondern gesetzlicher Vertreter der Liquidationsgesellschaft. **41**, 95. — 3) Umfang der Pflicht der Liquidatoren, das Vermögen der Gesellschaft flüssig zu machen, und des Rechtes zur Eingehung neuer Geschäfte. **44**, 80. — 4) Befugnis des Liquidators einer aufgelösten Aktiengesellschaft zur Einforderung rückständiger Aktienbeträge. **45**, 153. — 5 Begriff der angemessenen Sicherheit im Art. 202 Abs. 2 H.G.B. a. F. **48**, 35. — 6) Unterliegt im Falle der Fusion die Ausreichung von Aktien der aufnehmenden Gesellschaft an die einzelnen Aktionäre der aufzunehmenden dem Anschaffungsstempel nach dem Reichsgesetze vom 27. April 1894 auch dann, wenn von dem s. g. Fusionsvertrage der Anschaffungsstempel schon entrichtet ist? **41**, 85.

§ 230. Eingetragene Genossenschaften. Gesellschaften mit beschränkter Haftung.

a. Errichtung. Aufnahme neuer Mitglieder.

1) Wird durch die mündliche Zusage, sich an der beabsichtigten Gründung einer Gesellschaft mit beschränkter Haftung in bestimmter Höhe zu beteiligen, eine rechtliche Verpflichtung begründet? **43**, 136. — 2) Die formlose Übernahme der Verpflichtung, einer eingetragenen Genossenschaft beizutreten, ist ungültig. **43**, 139. — 3) Ist bei Gesellschaften mit beschränkter Haftung auf den Stempel für das Einbringen von nicht in Geld bestehendem Vermögen der Gründungsstempel ganz anzurechnen? (P.) **46**, 239. — 4) Wieweit können die genossenschaftlichen Verpflichtungen der Genossen in einer durch das Statut vorbehaltenen späteren Geschäftsordnung bestimmt werden? **47**, 146. — 5) Auslegung der Bestimmungen eines Genossenschaftsstatutes über die Aufnahme neuer Mitglieder. **47**, 76. — 6) Liegt in der Bestimmung des Statutes einer Genossenschaft, die ein öffentliches Schlachthaus betreibt, daß den Metzgern der Gemeinde der Beitritt nicht versagt werden kann, ein Vertrag zu Gunsten Dritter? **47**, 81. — 7) Rechtliche Bedeutung der Zeichnung einer Stammeinlage einer Gesellschaft mit beschränkter Haftung im Auftrage eines Anderen. Steht der Verpflichtung zur Abtretung dieses Anteils aus dem Auftrage der § 15 Abs. 4 des Gesetzes von 1892 entgegen? **50**, 43. — 8) Ist die Bestimmung des Gesellschaftsvertrages mit beschränkter Haftung gültig, daß bei Stimmengleichheit der Rechtskonsulent der Gesellschaft zu entscheiden habe? **49**, 146. — 9) Ist die Bestimmung des Gesellschaftsvertrages einer Gesellschaft mit beschränkter Haftung gültig, daß bei Veräußerung eines Geschäftsanteils an einen Nichtgesellschafter die übrigen Gesellschafter das Vorkaufsrecht zum Nominalbetrage der Stammeinlage des veräußernden Gesellschafters haben sollen? **49**, 149.

— 10) Gesellschaft mit beschränkter Haftung; Unterschied zwischen dem Beitritt unter Erhöhung des Stammkapitales und der Übernahme eines alten Geschäftsanteiles. **50**, 47. — 11) Kann eine erst nach Eröffnung des Konkurses über die Genossenschaft erfolgte Eintragung in die Liste der Genossen die Mitgliedschaft begründen? **50**, 127.

b. Rechtsverhältnisse der Genossen (Gesellschafter) untereinander, sowie gegenüber der Genossenschaft (Gesellschaft) und dritten Personen.

1) Kann die Genossenschaft einem Genossen, der für den Schluß des Geschäftsjahres seinen Austritt erklärt hat, nach dieser Zeit noch zu genossenschaftlichen Leistungen heranziehen, wenn die Austrittserklärung infolge Verschuldens des Vorstandes in die Liste der Genossen nicht eingetragen ist? **41**, 56. — 2) Einzahlungen auf die Stammeinlage im Sinne der §§ 5. 7. 8 und 19 des Gesetzes von 1892 über die Gesellschaften mit beschränkter Haftung. **41**, 120. — 3) Kann der Genosse für den Fall seines Ausscheidens wirksam zu Beiträgen zur Bildung eines Amortisationsfonds verpflichtet werden, der zur Deckung eines bei einer künftigen Liquidation etwa zu erwartenden Ausfalles bestimmt ist? **42**, 79. — 4) Gelten die Vorschriften des H.G.B. über die Aufnahme eines Inventars und die Bilanz auch für die unter das Gesetz vom 1. Mai 1889 fallenden Genossenschaften trotz entgegenstehender Statutenbestimmungen? **43**, 123. — 5) Der Genosse kann eine falsche Bilanz anfechten. **43**, 127. — 6) Gilt die für die Abtretung von Geschäftsanteilen einer Gesellschaft mit beschränkter Haftung gesetzlich vorgeschriebene Form auch für die Abtretung von Teilen eines Geschäftsanteiles? **43**, 136. — 7) Kann der Genosse gegen die vom Verwalter des Genossenschaftskonkurses auf Zahlung des Vorschußbetrages erhobene Klage einwenden, er sei von einem Vorstandsmitgliede zum Beitritte durch Betrug verleitet worden? **45**, 106. — 8) Kann, wer seinen Beitritt zur Genossenschaft nach § 15 Gen.G. in deutscher Sprache erklärt hat, geltend machen, daß er dieser nicht mächtig sei, daher seine Erklärung der in den §§ 172. 174. 179 A.L.R. I. 5 vorgeschriebenen Form bedurft habe? **45**, 139. — 9) Ist zu einer notariell beglaubigten Erklärung, durch die von einem Dritten eine Einzahlung zu der von einer Gesellschaft m. beschr. H. beschlossenen Kapitalserhöhung übernommen wird, der Schuldverschreibungsstempel zu verwenden? (P.) **46**, 257. — 10) Unverschuldete Behinderung an der Erklärung des Widerspruches gegen die Mitgliederliste im Berichtigungsverfahren. **47**, 9. — 11) Einwirkung der Konkurseröffnung über das Vermögen der Genossenschaft auf das Berichtigungsverfahren. **47**, 11. — 12) Wieweit können die genossenschaftlichen Verpflichtungen der Mitglieder einer Genossenschaft in einer im Statute vorbehaltenen späteren Geschäftsordnung bestimmt werden? **47**, 146. — 13) Anfechtung eines Beschlusses der Generalversammlung der Genossenschaft außerhalb des § 49 (51 n. F.) Gen. Ges. wegen Eingriffes in die Sonderrechte der Genossen. **47**, 153. — 14) Begriff der Vermehrung der den Ge-

sellschaftern mit beschränkter Haftung obliegenden Leistungen im § 54 Abs. 3 des Gesetzes vom 20. April 1892. **47**, 181. — 15) Können Konventionalstrafen unbeschränkt gegen Gesellschafter mit beschränkter Haftung in Geschätsordnungen rc festgesetzt werden? **47**, 183. — 16) Darf die Gesellschaft mit beschränkter Haftung Anleihen aufnehmen, um die Einlagen der Gesellschafter für diese zu bezahlen? **47**, 185. — 17) Ist die Bestimmung des Gesellschaftsvertrages einer Gesellschaft mir beschränkter Haftung gültig, daß bei der Veräußerung eines Geschäftsanteiles an einen Nichtgesellschafter die übrigen Gesellschafter das Vorkaufsrecht zum Nominalbetrage der Stammeinlage des veräußernden Gesellschafters haben sollen? **49**, 149. — 18) Haben die Mitglieder einer Gesellschaft mit beschränkter Haftung ein unbeschränktes Recht auf Vorlegung und Einsicht der Geschäftsbücher der Gesellschaft mit Beilagen und Belägen? **49**, 148. — 19) Rechtliche Bedeutung der Zeichnung einer Stammeinlage einer Gesellschaft mit beschränkter Haftung im Auftrage eines Anderen. Steht der Verpflichtung zur Abtretung dieses Anteiles aus dem Auftrage der § 15 Abs. 4 des Gesetzes von 1892 entgegen? **50**, 43. — 20) Kann der Auftraggeber zur Zeichnung einer Stammeinlage einer Gesellschaft mit beschränkter Haftung die von ihm an die Gesellschaft geleistete Einzahlung zurückfordern, weil die Abtretung durch den Mandatar nicht in der Form des § 15 Abs. 3 des Gesetzes von 1892 erfolgt sei? **50**, 46. — 21) Ist bei Anwendung des § 111 (früher 104) Abs. 1 S. 3 Gen. Ges. eine auf Rechtsunkunde beruhende Nichtkenntnis eines Anfechtungsgrundes entschuldbar? **50**, 132. — 22) Ist, wenn eine vor dem 1. Oktober 1889 eingetragene Genossenschaft mit unbeschränkter Haftung, bei der einzelne Genossen mit mehr als *einem* Geschäftsanteile beteiligt waren, überschuldet ist, ein Beschluß der Generalversammlung gültig, durch den jedem Genossen eine gleich hohe Einzahlung auferlegt wird? **47**, 138.

c. Organe der Genossenschaft (Gesellschaft).

1) Kann der Genosse durch Beschluß der Generalversammlung für den Fall seines Ausscheidens rechtswirksam zu Beiträgen zur Bildung eines Amortisationsfonds verpflichtet werden, der zur Deckung eines bei einer künftigen Liquidation etwa zu erwartenden Ausfalles bestimmt ist? **42**, 79. — 2) Gesellschaft mit beschränkter Haftung: a) Kann die im Gesellschaftsvertrage erfolgte Bestellung des Geschäftsführers nur in derselben Weise widerrufen werden, wie die Abänderung des Gesellschaftsvertrages zulässig ist? **44**, 96. — b) Hat der Geschäftsführer, wenn seine Bestellung nur aus wichtigen Gründen widerrufen werden konnte, und diese nicht vorlagen, Anspruch auf Beseitigung des Widerrufsbeschlusses und Wiedereinsetzung in sein Amt? **44**, 98. — 3) Wird der Vorstand einer eingetragenen Genossenschaft durch Beschränkungen, die ihm durch Statut oder durch Beschluß der Generalversammlung auferlegt sind, gehindert, insoweit die Genossenschaft nach außen zu vertreten? **45**, 150. — 4) Klage des Konkursverwalters einer Genossenschaft mit unbeschränkter Haftpflicht gegen die Vorstandsmitglieder auf Ersatz eines auf Beschluß

der Generalversammlung verteilten Teiles des Reservefonds. **46**, 61. — 5) Inwieweit haften den Gläubigern der Genossenschaft deren Vorstandsmitglieder direkt? **46**, 62. — 6) Ist, wenn eine vor dem 1. Oktober 1889 eingetragene Genossenschaft mit unbeschränkter Haftpflicht, bei der einzelne Genossen mit mehr als einem Geschäftsanteile beteiligt waren, überschuldet ist, ein Beschluß der Generalversammlung gültig, durch den jedem Genossen eine gleich hohe Einzahlung auferlegt wird? **47**, 138. — 7) Anfechtung eines Beschlusses der Generalversammlung außerhalb des § 49 (51 n. F.) Gen. Ges. wegen Eingriffes in die Sonderrechte der Genossen. **47**, 153. — 8) Hat der Geschäftsführer einer Gesellschaft mit beschränkter Haftung, der zugleich Gesellschafter ist, ein klagbares Recht auf Anerkennung der von ihm aufgestellten Bilanz gegen die übrigen Gesellschafter? **49**, 141. — 9) Ist der Geschäftsführer einer Gesellschaft mit beschränkter Haftung, der zugleich Gesellschafter ist, berechtigt, über die Feststellung der von ihm aufgestellten Bilanz seine Stimme abzugeben? **49**, 146. — 10) Ist die Bestimmung des Gesellschaftsvertrages mit beschränkter Haftung gültig, daß bei Stimmengleichheit der Rechtskonsulent der Gesellschaft zu entscheiden hat? **49**, 146.

d. Auflösung und Liquidation der Genossenschaft (Gesellschaft). Ausscheiden einzelner Mitglieder. Verjährung der Klagen gegen die Genossen.

1) Kann die Genossenschaft einen Genossen, der für den Schluß des Geschäftsjahres seinen Austritt erklärt hat, nach diesem Zeitpunkte noch zu genossenschaftlichen Leistungen heranziehen, wenn die Austrittserklärung infolge Verschuldens des Vorstandes in die Liste der Genossen nicht eingetragen ist? **41**, 56. — 2) Kann der Genosse für den Fall seines Ausscheidens zu Beiträgen zur Bildung eines Amortisationsfonds verpflichtet werden, der zur Deckung eines bei einer künftigen Liquidation etwa zu erwartenden Ausfalles bestimmt ist? **42**, 79. — 3) Umfang der Pflicht des Liquidators einer eingetragenen Genossenschaft, das Vermögen flüssig zu machen, und des Rechtes zur Eingehung neuer Geschäfte. **44**, 80. — 4) Begriff der „Deckung" im § 88 (90 n. F.) Gen. Ges. **48**, 33. — 5) Kann der sein Guthaben aus der Liquidationsmasse fordernde Genosse sich darauf stützen, daß nach der von den Liquidatoren aufgestellten Bilanz Deckung für die Schulden und genügende Barmittel zur Befriedigung der Guthaben der Genossen vorhanden seien? **48**, 37. — 6) Wie ist die von einem Genossen schriftlich erklärte Kündigung seiner Mitgliedschaft mit der Wirkung rückgängig zu machen, daß die Mitgliedschaft erhalten bleibt? **49**, 29.

Drittes Kapitel. Von handelsrechtlichen Vereinigungen.

§ 231. Stille Gesellschaft.

1) Sind die Bestimmungen des H.G.B. über das innere Rechtsverhältnis zwischen dem stillen Gesellschafter und dem Inhaber des Handelsgewerbes zwingender Natur? Sind Abreden gültig, daß die in der stillen Gesellschaft angelegten Vermögensobjekte jedem anteilig gehören, und im Falle der Auflösung eine Liquidation stattfinden solle? **45**, 35. — 2) Ist bei der für den Fall der Auflösung vereinbarten Liquidation der stille Gesellschafter mitzuwirken berechtigt? **45**, 37. — 3) Möglichkeit einer gemeinrechtlichen stillen Gesellschaft in weiterem Sinne zur Betreibung eines Handelsgewerbes. **45**, 39. — 4) Wie ist nach gemeinem Rechte die Frage wegen der Eigentumsrechte der Gesellschafter an den beiderseitigen Einlagen zu beurteilen? **45**, 40. — 5) Kann die Errichtung einer stillen Gesellschaft ein wucherisches Kreditgeschäft enthalten? **46**, 112. — 6) Haftet der nicht erhobene Gewinn des stillen Gesellschafters für spätere Verluste mit? **48**, 77. — 7) Sind bei der Auflösung der stillen Gesellschaft für die Schlußabrechnung die schwebenden Geschäfte auch nach dem bisherigen Handelsgesetzbuche mit zu berücksichtigen? **48**, 81. — 8) Kann der Komplementar der stillen Gesellschaft die Gewinnberechnung wegen Irrtums anfechten? **48**, 82. — 9) Muß die Vereinbarung, daß der stille Gesellschafter seinen Gewinn stehen lassen und damit auch an späteren Verlusten teilnehmen soll, ausdrücklich, oder kann sie auch stillschweigend erfolgen? **48**, 83.

§ 232. Vereinigung zu einzelnen Handelsgeschäften für gemeinschaftliche Rechnung.

1) Exceptio doli eines Teilnehmers, wenn zu dessen Nachteil ein anderer Teilnehmer die ihm nach Art. 269 Abs. 2 H.G.B. zustehende Rechtsstellung mit Wissen oder Wissenmüssen des Gegenkontrahenten mißbraucht hat. (G.) **43**, 165. — 2) Konsortium zur Beschaffung der Mittel für die Kapitalserhöhung einer Aktiengesellschaft. Dadurch begründetes Rechtsverhältnis. (P.) **43**, 286. — 3) Finden die Bestimmungen des Art. 269 Abs. 2 H.G.B. auch auf die Vereinigung von Minderkaufleuten zum Betriebe eines Handelsgewerbes Anwendung? Wie muß der dabei vorausgesetzte Auftrag beschaffen sein, und ist namentlich die Bezeichnung der anderen Teilnehmer beim Abschlusse nötig? **47**, 227.

§ 233. Andere handelsrechtliche Vereinigungen.

Anwendung des § 5 H.G.B. von 1897 auf eine schon vor dem 1. Januar 1900 als offene Handelsgesellschaft eingetragene Nichthandelsgesellschaft. **50**, 158.

Viertes Kapitel. Von den Handelsgeschäften.

1. Handelsgeschäfte im allgemeinen.

§ 234. Begriff der Handelsgeschäfte.

Finden die Vorschriften des § 377 H.G.B. von 1897 auch bei einseitigen Handelsgeschäften Anwendung, namentlich gegen den Käufer, der Kaufmann ist? **49**, 157.

§ 235. Auslegung der Handelsgeschäfte.

1) Auslegung der Bestimmungen eines Genossenschaftsstatutes über die Aufnahme neuer Mitglieder. **47**, 76. — 2) Liegt in der Bestimmung des Statutes einer Genossenschaft, die ein öffentliches Schlachthaus betreibt, daß den Metzgern der Gemeinde der Beitritt nicht versagt werden kann, ein Vertrag zu Gunsten Dritter? **47**, 81. — 3) Bedeutung der Klausel „Kassa gegen Verladungsdokumente". **47**, 132. — 4) Bedeutung der Kaufklausel „Qualität Fair average of the season or allowance if inferior. Londoner Arbitrage" für sich allein und in Verbindung mit der Bedingung „Zahlung bei Ankunft des Schiffes auf der Elbe gegen Dokumente". **47**, 142. — 5) Auslegung der Klauseln einer Seeversicherungspolice „auf behaltene Ankunft" und „nur gegen Seegefahr". **47**, 175. 179. — 6) Welchen Sinn hat das briefliche Verlangen, auf das Vertragsangebot „sofort bei Empfang zu antworten"? **50**, 195.

§ 236. Solidarhaft. Bürgschaft.

1) Die Teilnehmer einer Vereinigung zu einzelnen Handelsgeschäften als Korrealgläubiger. **43**, 165. — 2) Finden die Bestimmungen des Art. 269 Abs. 2 H.G.B. auch auf Vereinigungen von Minderkaufleuten zum Betriebe eines Handelsgewerbes Anwendung? Wie muß der dabei vorausgesetzte Auftrag beschaffen sein, und ist namentlich beim Abschlusse die Bezeichnung der anderen Teilnehmer nötig? **47**, 227.

§ 237. Diligenzpflicht. Schadensersatz bei Handelsgeschäften.

1) Wann darf wegen Nichterfüllung eines Handelskaufes trotz Art. 354 H.G.B. Schadensersatz nach abstrakter Berechnung gefordert werden? **41**, 100. — 2) Haftung des Bankiers, der dem kaufenden Publikum Wertpapiere als sichere Anlage empfiehlt. (G.) **42**, 129. — 3) Voraussetzungen der Haftung des Kaskoversicherers für Totalschaden im Falle öffentlichen Verkaufes des versicherten Schiffes. **43**, 6. — 4) Beweisführung über die Höhe des an dem versicherten Schiffe durch Seeunfall entstandenen Schadens. **43**, 10. — 5) Grundsätze, nach denen bei der Seeversicherung der vom Versicherer zu erstattende Schaden zu berechnen ist. **44**, 20. — 6) Kann beim Annahmeverzuge des Käufers

der Verkäufer, der nicht nach Art. 343 Abs. 2 H.G.B. verfahren, sondern für die Aufbewahrung der Ware in anderer Weise gesorgt hat, die dadurch entstandenen Kosten als Schadensersatz fordern? (P.) **45**, 300. — 7) Haftet die offene Handelsgesellschaft aus dem Delikte ihres Gesellschafters, wenn dieser Wertpapiere, die er einem Dritten veruntreut, namens der Gesellschaft für ein dieser gewährtes Darlehn zum Pfande giebt? **46**, 18. — 8) Umfang und Art des von den Urhebern eines Prospektes im Sinne des § 43 des Börsengesetzes von 1896 zu leistenden Schadensersatzes. **46**, 83. — 9) Umfang der Pflicht des Schiffseigners zu eigener Sorgfalt in Ansehung der Ausführung eines von ihm abgeschlossenen Frachtvertrages durch den Schiffer. **48**, 64. — 10) Nach welchem Rechte ist über die Schadensersatzpflicht beim Zusammenstoße zweier Schiffe verschiedener fremder Nationalität auf hoher See vom deutschen Richter zu entscheiden, wenn die Heimatsseegesetze beider Schiffe übereinstimmen? **49**, 182. — 11) Haftet ein mit der Übersendung von Wertpapieren beauftragter Bankier, wenn er diese nicht unter Wertangabe sendet, sondern in einem eingeschriebenen Briefe unter Versicherung der Sendung bei einer Versicherungsgesellschaft? Wie, wenn nicht der volle Wert versichert war? **50**, 169.

§ 238. Zinsen. Kurs. Lagergeld. Provision.

1) Kommen bei Berechnung des Streitwertes Lagerkosten in Betracht, die der redhibierende Kläger für Aufbewahrung der Kaufsache fordert? **42**, 388. — 2) Kann beim Annahmeverzuge des Käufers der Verkäufer, der nicht nach Art. 343 Abs. 2 H.G.B. verfahren, sondern für die Aufbewahrung der Ware anders als durch Niederlegung gesorgt hat, die dadurch entstandenen Kosten als Schadensersatz fordern? (P.) **45**, 300. — 3) Ist bei der „glatt“ erfolgenden Prolongation eines Börsentermingeschäftes in dem Fortbezuge der Stückzinsen durch den Inhaber der Effekten oder in der Entrichtung einer Kontokorrentprovision ein Entgelt im Sinne des § 7 Abs. 2 (jetzt § 8 Abs. 2) des Reichsstempelgesetzes zu finden? **47**, 15.

§ 239. Kontokorrentvertrag. Saldo.

1) Kontokorrentverkehr als Grundlage des Gerichtsstandes des Vermögens. **44**, 386. — 2) Ist bei der „glatt“ erfolgenden Prolongation eines Börsentermingeschäftes die Entrichtung einer Kontokorrentprovision ein Entgelt im Sinne des § 7 Abs. 2 (jetzt § 8 Abs. 2) des Reichsstempelgesetzes? **47**, 15.

§ 240. Kaufmännische Anweisungen und Verpflichtungsscheine. Orderpapiere. Indossament. Rektapapiere. Check. Giroverkehr.

1) Eigentum an indossablen und mit Namenindossament versehenen Papieren kann ohne Indossament nicht übertragen werden. **41**, 4. — 2) Kann der Vollmachtgeber im Konkurse des Bevollmächtigten Checks

aussondern, die vom Käufer auf Anweisung an den Bevollmächtigten indossiert und gelangt, von diesem aber nach der seinem Vollmachtgeber abgegebenen Erklärung für dessen Rechnung in Verwahrung genommen waren? **41**, 3. — 3) Ist das Prokuraindossament bei Konnossementen zulässig? Notwendigkeit einer Unterschrift. **41**, 118. — 4) Bedeutung des Zusatzes „nur zur Spedition" beim Indossament eines Konnossementes. **41**, 119. — 5) Inwiefern kann die Hingabe eines Checks eine Geldzahlung vertreten? **41**, 123. — 6) Ist die einem Spediteur erteilte Weisung, die Ware einem Dritten zugehen zu lassen, eine der Annahme fähige Anweisung? (G.) **43**, 167. — 7) Örtliches Recht für die Regreßpflicht des Inländers, der einen im Auslande zahlbaren Chek ausstellt. (G.) **44**, 152. — 8) Besteht nach gemeinem Rechte eine Regreßpflicht des Ausstellers eines Checks mangels Zahlung? **44**, 158. — 9) Begriff des Checks und Folgerungen daraus. **44**, 158. — 10) Begriff des kaufmännischen Verpflichtungsscheines im Sinne der Tarifnummer 58 II des Stempelsteuergesetzes von 1895. (P.) **44**, 228. — 11) Findet auf kaufmännische Verpflichtungsscheine der § 1 Abs. 2 des Stempelsteuergesetzes von 1895 Anwendung? (P.) **44**, 234. — 12) Ist die nach der Zahlungseinstellung geschehene Aushändigung von Geld oder Wertpapieren an die Reichsbank behufs Gutschrift auf Girokonto nach § 23 (30 n. F.) K.O. anfechtbar, wenn sie nur erfolgt ist, um das Girokonto des späteren Gemeinschuldners zu erhöhen und dadurch die Honorierung einer früher von ihm ausgestellten Zahlungsanweisung zu ermöglichen? **45**, 110. — 13) Enthält die Einzahlung von Geld bei einem Bankhause für Rechnung eines Anderen eine Anweisung? (P.) **45**, 235. — 14) Annahme einer nicht urkundlichen Anweisung durch konkludente Handlungen. **47**, 28. — 15) Kann ein wegen Formmangels ungültiger Wechsel als Anweisung oder Verpflichtungsschein gelten? Auch ein präjudizierter oder verjährter Wechsel? **48**, 229. — 16) Voraussetzungen der Legitimation des Inhabers einer als Wechsel ungültigen, als Anweisung oder Verpflichtungsschein geltenden Urkunde durch Blankoindossament. **48**, 232.

§ 241. Inhaberpapiere. Legitimationspapiere.

1) Erwirbt der Centralbankier an Wertpapieren, die im Auftrage des Lokalbankiers zunächst für fremde Rechnung angeschafft waren, durch dessen spätere Anweisung, sie in das Effektenkonto der für seine eigene Rechnung angeschafften zu übertragen, und ihre Befolgung ein Pfand- oder Retentionsrecht? **41**, 34. — 2) Örtliches Recht für die Frage, ob gegen die Vindikation gestohlener Inhaberpapiere der Beklagte ein Zurückbehaltungsrecht wegen Lösungsanspruches hat. **41**, 152. — 3) Umfang der Pflicht des Pfandnehmers von Inhaberpapieren, die Befugnis des Verpfänders zur Verfügung über die Papiere zu prüfen. **41**, 207. — 4) Ist man redlicher Pfandnehmer von Inhaberpapieren, wenn man aus grober Fahrlässigkeit nicht wußte, daß die Papiere schon vor der Verpfändung einem Dritten verkauft, aber noch nicht übergeben waren? **41**, 210.

§ 242. Gutgläubiger Erwerb im Handelsverkehre als Entstehungsgrund von Eigentum und Pfandrecht.

1) Örtliches Recht für die Frage, ob gegen die Vindikation gestohlener Inhaberpapiere der Beklagte ein Zurückbehaltungsrecht wegen Lösungsanspruches hat. **41**, 152. — 2) Ist man redlicher Pfandnehmer von Inhaberpapieren, wenn man aus grober Fahrlässigkeit nicht wußte, daß die Papiere schon vor der Verpfändung einem Dritten verkauft, aber noch nicht übergeben waren? (P.) **41**, 210. — 3) Umfang der Pflicht des Pfandnehmers von Inhaberpapieren, die Befugnis des Verpfänders zur Verfügung über die Papiere zu prüfen. **41**, 207.

§ 243. Erfordernisse der vertragsmäßigen Bestellung des kaufmännischen Faustpfandes. Veräußerung der Pfandsache.

Wird durch die Verpfändung von Namensaktien, für die besondere Dividendenscheine nicht ausgegeben sind, auch ohne Benachrichtigung der Aktiengesellschaft ein Pfandrecht an den Dividenden begründet? (G.) **42**, 155.

§ 244. Kaufmännisches Retentionsrecht.

1) Erwirbt der Centralbankier an Wertpapieren, die im Auftrage des Lokalbankiers zunächst für fremde Rechnung angeschafft waren, durch dessen spätere Anweisung sie in das Effektenkonto der für seine eigene Rechnung angeschafften zu übertragen, und ihre Befolgung ein Zurückbehaltungsrecht? **41**, 34. — 2) Voraussetzungen des Zurückbehaltungsrechtes. **43**, 38. — 3) Rechtliche Folgen der Nichtbeachtung der Vorschriften des Art. 315 H.G.B. bei Ausübung des Verkaufsrechtes. **43**, 38.

§ 245. Abschließung der Handelsgeschäfte.

a. Willenserklärung. Stillschweigende Willenserklärung.

1) Annahme einer nicht urkundlichen Anweisung durch konkludente Handlungen. **47**, 28. — 2) Voraussetzungen für die Annahme der stillschweigenden Erteilung einer Handlungsvollmacht durch den Vorstand einer Aktiengesellschaft an eins seiner Mitglieder. **48**, 56.

b. Form.

Liegt nach § 126 Abs. 1 B.G.B. ein gültiges Wechselaccept oder sonst eine wirksame Schriftform vor, wenn der Prokurist nur mit der Firma des Vertretenen unterschreibt? **50**, 54.

c. Verträge unter Abwesenden.

1) Begriff der Korrespondenzverträge; wann sind sie stempelpflichtig? **42**, 180. — 2) Bezieht sich die für die Annahme einer Offerte brief-

lich gesetzte Frist im Zweifel auf die Absendung der Annahmeerklärung oder auf ihre Ankunft beim Offerenten? **43**, 75. — 3) Zeitpunkt des Vertragsschlusses über ein zugesandtes Lotterielos. **48**, 178. — 4) Kommt ein bei nicht gleichzeitiger Anwesenheit beider Teile nach § 128 B.G.B. beurkundeter Vertrag auch dann mit der Beurkundung der Annahme zustande, wenn in dem beurkundeten Antrage die Zeit der Gebundenheit bestimmt ist, und bis zu deren Ablaufe der Antragende die formgerechte Annahmeerklärung nicht erfährt? **49**, 131. — 5) Wird das Angebot eines Lotterieloses durch Ziehung des Loses vor erfolgter Annahme hinfällig? **50**, 191. — 6) Welchen Sinn hat das Verlangen, auf ein Vertragsangebot sofort beim Empfange zu antworten? **50**, 195. — 7) Ist der einen Vertrag Anbietende dem Empfänger zum Schadensersatze verpflichtet, wenn er ihn vorsätzlich oder fahrlässig hindert, das Angebot anzunehmen? **50**, 195.

§ 246. Erfüllung der Handelsgeschäfte.

a. Erfüllungsort.

1) Ist die Pflicht zur Rückgabe eines dem Wechselgläubiger übersandten Prolongationswechsels, wenn dieser trotzdem Zahlung verlangt, Bring- oder Holschuld? **41**, 20. — 2) Bedeutung des Erfüllungsortes für die Frage, welches örtliche Recht anzuwenden ist. (G.) **46**, 124. — 3) Handelskauf mit verschiedenem Erfüllungsorte für Käufer und Verkäufer. Welches örtliche Recht ist anzuwenden? (G.) **46**, 193. — 4) Erfüllungsort für den Anspruch der Gesellschaftsgläubiger gegen den Kommanditisten einer in Konkurs geratenen Kommanditgesellschaft auf Zahlung der versprochenen Einlage. **46**, 352. — 5) Erfüllungsort für die Verpflichtung des Käufers zur Abnahme bei Gattungskäufen, besonders wenn die Ware vom Käufer nicht angenommen, sondern an den Verkäufer zurückgegangen ist. **49**, 74. — 6) Wird der gesetzliche Erfüllungsort des Käufers dadurch geändert, daß der Kaufpreis durch das Accept eines auswärtigen Bankiers zu berichtigen ist? **50**, 270. — 7) Wo hat der Verkäufer den Wandelungsanspruch des Käufers auf Rückgabe des Kaufpreises wegen Mängel der übergebenen Ware zu erfüllen? (G., P.) **50**, 272.

b. Erfüllungszeit.

— — — — — — — —

2. Vom Kaufe.

(S. a. § 136.)

§ 247. Abschluß. Lieferungsgeschäft. Verpflichtungen der Kontrahenten im allgemeinen. Kauf nach Probe.

1) Zur Frage der Perfektion des Kaufvertrages. **41**, 330. — 2) Darf der Verkäufer nach Art. 354 H.G.B. einseitig zurücktreten, wenn

der Käufer mit der Bezahlung einer anderen Schuld aus einem mit dem Kaufvertrage in engem Zusammenhange stehenden Abkommen im Rückstande ist? **42**, 29. — 3) Wann sind Maschinen als vertretbare Sachen im Sinne des Art. 338 H.G.B. anzusehen? **45**, 63. — 4) Englisches Recht über die dem Verkäufer zustehenden Klagen, wenn es nicht zur Lieferung der Ware gekommen ist. **46**, 198. — 5) Auslieferungs- oder Lagerschein als Mittel zur Erfüllung eines Handelskaufes. **46**, 203. — 6) Einfluß der Übersendung einer Ausfallsprobe auf den vom Käufer unternommenen Beweis vertragswidriger Beschaffenheit der Ware. **47**, 129. — 7) Bedeutung der Klausel „Kassa gegen Verladungsdokumente". **47**, 132. — 8) Sind Abweichungen von der Kaufprobe, die den Gebrauch oder die Verkäuflichkeit der Ware nicht hindern, unbeachtlich? **47**, 134. — 9) Bedeutung der Klausel „Qualität: Fair average of the season or allowance if inferior. Londoner Arbitrage" allein und in Verbindung mit der Bedingung „Zahlung bei Ankunft des Schiffes auf der Elbe gegen Dokumente". **47**, 142. — 10) Erfüllungsort für die Verpflichtung des Käufers zur Abnahme bei Gattungskäufen, besonders wenn die Ware vom Käufer nicht angenommen, sondern zurückgesandt ist. **49**, 74. — 11) Kann nach dem B.G.B. der Käufer wegen Verschlechterung der Vermögenslage des Verkäufers von einem Zug um Zug zu erfüllenden, noch nicht fälligen Warenlieferungsvertrage zurücktreten? **50**, 255. — 12) Kann nach § 463 B.G.B. als Schadensersatz wegen Nichterfüllung die Rückzahlung des angezahlten Kaufpreises verlangt werden? **50**, 190.

§ 248. Empfangnahme. Mängel der Ware.

1) Dauer der Aufbewahrungspflicht des Käufers nach Art. 348 Abs. 1 H.G.B. **43**, 27. — 2) Voraussetzungen des Notverkaufes nach Art. 348 Abs. 5 H.G.B. Verkauf gegen Verbot des Verkäufers. **43**, 31. — 3) Verliert der Käufer, wenn sein Verkauf der zur Verfügung gestellten Ware mangels der Voraussetzungen des Art. 348 Abs. 5 H.G.B. als Notverkauf nicht anzuerkennen ist, ohne weiteres alle Ansprüche wegen Fehler der Ware? **43**, 31. — 4) Begriff der Empfangnahme im § 343 H.G.B. **43**, 44. — 5) Wann muß der Käufer die Ware untersuchen und die Mängel anzeigen, wenn sie in mehreren, nicht gleichzeitig abgesandten Posten geliefert wird? **43**, 64. — 6) Enthält, wenn der Käufer die Ware als mangelhaft zur Verfügung gestellt hat, seine nachträgliche Verfügung über einen Teil eine Genehmigung der ganzen Warenpartie? **43**, 66. — 7) Örtliches Recht für die Frage, welche Handlungen der Käufer vornehmen muß, um sich die Rechte aus den Mängeln der Ware zu erhalten? (G.) **46**, 193. — 8) Beweislast, wenn der Käufer bestreitet, daß die Ware die vereinbarte Herkunft habe. **47**, 124. — 9) Ist die Klausel „Qualität: Fair average of the season or allowance if inferior. Londoner Arbitrage" auf Fälle zu beziehen, wo der Käufer behauptet, daß die Ware (Tabak) betrügerisch gepackt sei? **47**, 142. — 10) Einfluß der Übersendung einer Ausfallsprobe auf den vom Käufer unternommenen Beweis vertragswidriger Beschaffenheit der Ware. **47**,

129. — 11) Sind Abweichungen von der Kaufprobe, die den Gebrauch oder die Verkäuflichkeit der Ware nicht beeinträchtigen, unbeachtlich? **47,** 134. — 12) Kann der Verkäufer, an den die Ware nach der Dispositionsstellung wegen Mängel zurückgelangt, mit Rechtswirkung gegen den Käufer Selbsthilfeverkauf vornehmen, wenn die Ware dem Verderben ausgesetzt ist? **48,** 136. — 13) Ist die Wandelungsklage zulässig, wenn der Kläger erklärt, er habe die Kaufsache veräußert und könne sie nicht zurückerwerben? **50,** 188. — 14) Hat die auf Antrag des Käufers nach § 488 Abs. 1 C.P.O. n. F. erfolgte Vernehmung Sachverständiger Einfluß auf die im Abs. 2 dem Verkäufer eingeräumte Befugnis? **49,** 388. — 15) Wo hat der Verkäufer den Wandelungsanspruch des Käufers auf Rückgabe des Kaufpreises wegen Mängel der übergebenen Ware zu erfüllen? **50,** 272.

§ 249. Distanzgeschäfte.

1) Wann muß der Käufer die Ware untersuchen und die Mängel anzeigen, wenn die Ware in mehreren, nicht gleichzeitig abgesandten Posten geliefert wird? **43,** 64. — 2) Hängt die Wirksamkeit der Mängelrüge von der richtigen Bezeichnung des Mangels in der Anzeige ab? **47,** 13. — 3) Dauer der Aufbewahrungspflicht des Käufers nach Art. 348 Abs. 1 H.G.B. **43,** 27. — 4) Voraussetzungen des Notverkaufes nach Art. 348 Abs. 5 H.G.B. Verkauf gegen das Verbot des Verkäufers. **43,** 31. — 5) Verliert der Käufer, wenn sein Verkauf der zur Verfügung gestellten Ware mangels der Voraussetzungen des Art. 348 Abs. 5 H.G.B. als Notverkauf nicht anzuerkennen ist, ohne weiteres alle Ansprüche wegen Fehler der Ware? **43,** 31. — 6) Muß bei Distanzgeschäften die Untersuchung besonders beschleunigt werden? **47,** 20. — 7) Ist bei Bemessung der Anzeigefrist auf die Zeit Rücksicht zu nehmen, die für eine zu einem sicheren Ergebnisse führende Untersuchung erforderlich ist? **47,** 22. — 8) Finden die Vorschriften des § 377 H.G.B. von 1897, insbesondere auch die Vorschriften über Distanzgeschäfte, auch bei einseitigen Handelsgeschäften Anwendung, namentlich gegen den Käufer, der Kaufmnan ist? **49,** 157.

§ 250. Annahmeverzug. Zahlungsverzug. Selbsthilfeverkauf.

a. Annahme- und Zahlungsverzug.

1) Darf der Verkäufer im Falle des Art. 354 H.G.B. vom Selbsthilfeverkaufe absehen und abstrakt Schadensersatz wegen Nichterfüllung fordern, wenn der Käufer infolge freiwilligen Verkaufes seiner Fabrik die Ware nicht weiter gebrauchte? Wie, wenn dem Verkäufer durch den Annahmeverzug die Erfüllung des Vertrages unmöglich geworden ist? **41,** 100. — 2) Darf der Art. 354 H.G.B. auf den Fall erstreckt werden, wenn der Käufer mit der Bezahlung einer anderen Schuld aus einem mit dem Kaufvertrage in engem Zusammenhange stehenden Abkommen im Rückstande ist? **42,** 29. — 3) Kommt bei dem s. g. kompli-

zierten Spezifikationskaufe der Käufer in Annahmeverzug, wenn er die schuldige Spezifikation unterläßt? **43**, 104. — 4) Kann beim Annahmeverzuge des Käufers der Verkäufer, der nicht nach Art. 343 Abs. 2 H.G.B. verfahren, sondern für die Aufbewahrung der Ware anders als durch Niederlegung gesorgt hat, die dadurch entstandenen Kosten als Schadensersatz fordern? (P.) **45**, 300. — 5) Voraussetzungen des Annahmeverzuges nach dem B.G.B. Ist das Angebot der Ware unnötig, wenn der Käufer auf die Übersendung der Faktura erklärt, daß er den Vertrag nicht anerkenne? **50**, 208. — 6) Können bei einem Zug um Zug zu erfüllenden, noch nicht fälligen Warenlieferungsgeschäfte die die Fälligkeit begründende Handlung, die Mahnung nach § 284 und die Aufforderung nach § 326 Abs. 1 S. 1 B.G.B. gleichzeitig miteinander erfolgen? **50**, 257.

b. Selbsthilfeverkauf beim Annahme- und Zahlungsverzug. Artt. 343. 354 H.G.B.

1) Der Selbsthilfeverkauf ist im Falle des Art. 354 H.G.B. beim Nichtfixgeschäfte, abgesehen von arglistiger Verzögerung, an eine Frist nicht gebunden. **41**, 64. — 2) Rechtliche Natur der auf den Selbsthilfeverkauf gestützten Ansprüche. **41**, 63. — 3) Steht, wenn eine Klage aus der zweiten Alternative des Art. 354 H.G.B. wegen Fehlens des Selbsthilfeverkaufes abgewiesen worden ist, der nach Vornahme des Selbsthilfeverkaufes aufs neue angestellten Klage die Einrede der Rechtskraft entgegen? **41**, 63. — 4) Darf der Verkäufer im Falle des Art. 354 H.G.B. vom Selbsthilfeverkaufe absehen und abstrakt Schadensersatz wegen Nichterfüllung fordern, wenn der Käufer infolge freiwilligen Verkaufes seiner Fabrik die Ware nicht weiter gebrauchte? Wie, wenn dem Verkäufer durch den Annahmeverzug die Erfüllung des Vertrages unmöglich geworden ist? **41**, 160. — 5) Begriff der Empfangnahme im Sinne des Art. 343 H.G.B. **43**, 44. — 6) Voraussetzungen des Selbsthilfeverkaufes nach Art. 343 Abs. 2 H.G.B. **43**, 46. — 7) Ist beim sog. komplizierten Spezifikationskaufe im Falle des Art. 354 H.G.B. der Selbsthilfeverkauf, und zwar so zulässig, daß eine nach den Vereinbarungen des Hauptvertrages zu liefernde Ware versteigert wird? **43**, 101. — 8) Genügt es für einen Selbsthilfeverkauf nach Art. 343 H.G.B., wenn eine nur der Gattung nach bestimmte Ware verkauft wird? **45**, 29. — 9) Kann der Verkäufer, an den die Ware nach Dispositionsstellung zurückgelangte, mit Rechtswirkung gegen den Käufer den Selbsthilfeverkauf vornehmen, falls die Ware dem Verderben ausgesetzt ist? **48**, 136.

§ 251. Verzug des Verkäufers. Deckungskauf.

Findet auch bei Beurteilung der Ordnungsmäßigkeit des Deckungskaufes freies richterliches Ermessen nach § 260 (287 n. F.) C.P.O. statt? **46**, 407.

§ 252. Wahlanzeige. Nachfrist. Art. 356 H.G.B.

— — — — — — —

§ 253. Fixgeschäfte. Börsentermingeschäfte. Börsengesetz vom 22. Juni 1896.

1) Anwendung des § 66 des Börsengesetzes auf Geschäfte, die nur deshalb nicht Börsentermingeschäfte im Sinne des § 48 des Gesetzes sind, weil die Kontrahenten die vom Börsenvorstande für den Terminhandel festgesetzten Geschäftsbedingungen ausgeschlossen haben. **42**, 43. — 2) Findet nach § 68 des Börsengesetzes der § 66 auch dann Anwendung, wenn von Nichteingetragenen im Auslande nach den Geschäftsbedingungen auswärtiger Börsen Börsentermingeschäfte abgeschlossen sind? **43**, 91. **44**, 52. — 3) Ist die im Börsengesetze angedrohte Ungültigkeit von Börsentermingeschäften von Amtswegen zu beachten? **44**, 54. — 4) Zeitliche Grenzen der Anwendbarkeit der Bestimmungen des Börsengesetzes über Börsentermingeschäfte. **44**, 54. — 5) Termingeschäfte an den Börsen des Auslandes. **44**, 52. — 6) Zur Anwendung der §§ 48. 66 des Börsengesetzes auf Differenzgeschäfte. Wirkung der Umgehung ihrer Bestimmungen. **44**, 103. — 7) Kann der Prinzipal, mit dem sein Handlungsgehilfe unter dem Namen eines Anderen Börsentermingeschäfte gemacht hat, Herausgabe des Gewinnes fordern, den der Handlungsgehilfe erzielt und aus der Kasse des Prinzipales erhalten hat? **45**, 31. — 8) Ist die Prolongation eines Börsentermingeschäftes, das zwischen denselben Kontrahenten glatt (ohne Report oder Deport) sich vollzieht, stempelsteuerfrei? **47**, 14. — 9) Ist bei der Prolongation eines Börsentermingeschäftes der Fortbezug der Stückzinsen durch den Inhaber der Effekten oder die Entrichtung einer Kontokorrentprovision ein Entgelt im Sinne des § 7 Abs. 2 (jetzt § 8 Abs. 2) des Reichsstempelgesetzes? **47**, 15. — 10) Folgen des verbotenen Börsenterminhandels (§§ 50. 51 des Börsengesetzes). **47**, 104. — 11) Nichtigkeit der börsenmäßigen Termingeschäfte in verbotenen Waren und Wertpapieren, auch wenn sie nicht im Börsengebäude oder während der Börsenzeit abgeschlossen sind und nicht unter den § 48 des Börsengesetzes fallen. **47**, 107. — 12) Begriff des Börsenterminhandels im Sinne des § 51 Abs. 2 des Börsengesetzes. **47**, 111. — 13) Bedeutung der Klausel in der Schlußnote „Fester Lieferungstermin 31. Dezember und täglich". **47**, 112. — 14) Kann, wer, ohne im Börsenregister eingetragen zu sein, Börsentermingeschäfte für seine Rechnung durch einen Kommissionär abschließen läßt, von diesem die ihm zur Zahlung an dessen Mitkontrahenten gegebenen und an diesen auch abgeführten Vorschüsse zurückfordern? **49**, 59. — 15) Ist ein Börsentermingeschäft als Anschaffungsgeschäft zu verstempeln, wenn in dem Geschäftszweige beide Kontrahenten in einem Börsenregister nicht eingetragen waren? **49**, 111.

3. Von den Kommissionsgeschäften.

§ 254. Allgemeines.

1) Greift die Befreiung des letzten Abwickelungsgeschäftes vom Anschaffungsstempel aus § 12 Abs. 2 des Reichsstempelgesetzes auch dann Platz, wenn ein an einem ausländischen Börsenplatze wohnhafter Kommissionär den Ankauf ausführte? **46**, 106. — 2) Voraussetzungen des Ersatzanspruches des Kommissionärs. **47**, 118. — 3) Kann der Kommissionär, der auf Befreiung von der eingegangenen Verbindlichkeit klagt, Leistung an sich selbst oder nur an seinen Mitkontrahenten verlangen? **47**, 125. — 4) Kann, wer, ohne im Börsenregister eingetragen zu sein, für seine Rechnung Börsentermingeschäfte durch einen Kommissionär abschließen läßt, von diesem die ihm zur Zahlung an dessen Mitkontrahenten gegebenen und an diesen auch abgeführten Vorschüsse zurückfordern? **49**, 59.

§ 255. Verkaufskommission.

— — — — — — — —

§ 256. Einkaufskommission.

1) Erwirbt der Centralbankier an Wertpapieren, die im Auftrage des Lokalbankiers zunächst für fremde Rechnung angeschafft waren, durch dessen spätere Anweisung, sie auf das Effektenkonto der für seine eigene Rechnung angeschafften zu übertragen, und ihre Befolgung ein Pfand- oder Retentionsrecht? **41**, 34. — 2) Frage, ob Einkaufskommission oder Kauf. **43**, 108. — 3) Rechtsfolgen, wenn der Kommittent bei Erteilung einer Einkaufskommission von dem Kommissionär arglistig durch wahrheitswidrige Angaben zur Setzung eines unverhältnismäßig hohen Limitums veranlaßt wird. **43**, 112. — 4) Greift die Befreiung des letzten Abwickelungsgeschäftes vom Anschaffungsstempel aus § 12 Abs. 2 des Reichsstempelgesetzes auch dann Platz, wenn ein an einem ausländischen Börsenplatze wohnender Kommissionär den Ankauf ausführte? **46**, 106. — 5) Muß der Einkaufskommissionär im Falle der Beanstandung der Ware durch den Kommittenten mit dem Verkäufer einen Prozeß über Abnahme und Bezahlung der Ware führen? Voraussetzungen seines Ersatzanspruches. **47**, 118. — 6) Kann der Einkaufskommissionär, der auf Befreiung von der eingegangenen Verbindlichkeit klagt, Zahlung an sich selbst oder nur an seinen Mitkontrahenten verlangen? **47**, 125. — 7) Verliert der Kommittent die Rechte aus § 4 Abs. 1 des s. g. Depotgesetzes vom 5. Juli 1896 dadurch, daß ihm nach Ablauf der dreitägigen Frist das Nummernverzeichnis vom Kommissionär zugeht? **48**, 7.

4. Von dem Speditionsgeschäfte.

§ 257.

1) Ist die einem Spediteur erteilte Weisung, die Ware einem Dritten zugehen zu lassen, eine der Annahme fähige Anweisung? **43**, 167. —

2) Erwirbt der Spediteur an dem nach einem Flußtransporte an ihn gelangten Gute ein Pfandrecht wegen seiner vor dem Transportbeginne gemachten Auslagen, wenn der Absender den von dem Schiffer gezeichneten Ladeschein, in dem diese Auslagen nicht vermerkt waren, dem gutgläubigen Ladungsempfänger ausgeliefert hatte? **44**, 116. — 3) Endpunkt der Haftung des Spediteurs aus den Artt. 384. 395 H.G.B. a. F. **48**, 108.

5. Von dem Frachtgeschäfte.

§ 258. Das Frachtgeschäft überhaupt. Binnenschiffahrt. Binnenschiffahrtsgesetz vom 15. Juni 1895.

(S. auch unten § 261: Seefracht.)

1) Hat der Adressat eines Geldbriefes nach dessen Ankunft am Bestimmungsorte einen Anspruch auf Auslieferung gegen die Postanstalt? **43**, 98. — 2) Steht dem Schiffseigner im Sinne des Binnenschiffahrtsgesetzes, dessen Schiff infolge Verschuldens einer Person der Besatzung eines anderen ihm gehörigen Schiffes beschädigt worden ist, gegen das aus diesem Schiffe und dessen Fracht gebildete Schiffsvermögen ein Schadensanspruch zu? **45**, 50; **47**, 171. — 3) Haftung des Eigentümers eines geschleppten Schiffes für ein dem Führer des Schleppdampfers zur Last fallendes Verschulden nach § 4 Abs. 3 des Binnenschiffahrtsgesetzes. **46**, 42. — 4) Kann zur Schiffsbesatzung eines geschleppten Schiffes auch der Führer des Schleppdampfers gerechnet werden? **46**, 45. — 5) Der Art. 792 H.G.B. ist auch nicht analog auf die Binnenschiffahrt anzuwenden. **47**, 168. — 6) Begriff des Schiffers im Sinne des Binnenschiffahrtsgesetzes. **48**, 64. — 7) Umfang der Pflicht des Schiffseigners zu eigener Sorgfalt für Ausführung der von ihm abgeschlossenen Frachtverträge durch den Schiffer. **48**, 68. — 8) Nach welchem Rechte ist die Verpflichtung des ausländischen Unterfrachtführers zu beurteilen? **48**, 110. — 9) Örtliches Recht für die Frage, ob für einen Transportunternehmer ein Rechtszwang zum Kontrahieren nach dem veröffentlichten gewöhnlichen Frachttarife besteht. **48**, 122. — 10) Ist der § 826 B.G.B. anwendbar, wenn eine Dampfschiffsgesellschaft im Konkurrenzkampfe mit anderen Transportunternehmern über eine an dem Unternehmen der Gegner beteiligte Firma die Ausschließung von ihren allgemeinen Frachttarifen verhängt? **48**, 114. — 11) Ende des Posttransportes, wenn das Poststück nach Ankunft am Bestimmungsorte wegen möglicher Zollpflicht nicht dem Adressaten ausgehändigt, sondern der Zollverwaltung übergeben wird. **48**, 257. — 12) Wann beginnt nach § 26 des Binnenschiffahrtsgesetzes die Verjährung der Ansprüche gegen den Frachtführer wegen Verlustes des Gutes, wenn ein bestimmter Ablieferungstag nicht vereinbart ist? **49**, 92. — 13) Haftet der Eigner des Schleppdampfers beim Zusammenstoße des geschleppten Schiffes mit einem anderen für den Schaden, der durch die Führung des geschleppten verschuldet ist? Grundsätze über die Haftung der bei einem Schleppzuge beteiligten Schiffe. **50**, 33. — 14) S. auch § 257 Nr. 2.

§ 259. Das Frachtgeschäft der Eisenbahnen.

1) Auslegung des Art. 6 lit. l und des Art. 11 der internationalen Übereinkunft über den Eisenbahnfrachtverkehr vom 14. Oktober 1890. Stillschweigendes Einverständnis über die Gewährung einer tarifwidrigen Frachtvergütung? Ist solches Einverständnis rechtswirksam? **42**, 24. — 2) Wieweit findet auf den internationalen Eisenbahnfrachtverkehr die Verkehrsordnung für die Eisenbahnen Deutschlands Anwendung? **42**, 26. — 3) Rechtliche Natur des Frachtzuschlages in § 53 Abs. 8 der Verkehrsordnung für die Eisenbahnen Deutschlands. **47**, 33. — 4) Bezieht sich die einjährige Frist des § 61 Abs. 4 der Verkehrsordnung auch auf den Frachtzuschlag des § 53 Abs. 8? **47**, 35. — 5) Unter welchen Umständen kann die Angabe des spezifischen Gewichtes bei den nach Anl. B XX zur Verkehrsordnung zu befördernden Gegenständen unterbleiben? **47**, 39. — 6) Befreit die Annahme ungenügend deklarirter Frachtstücke durch die Eisenbahn den Absender von der Zahlung eines Frachtzuschlages? **47**, 40.

Fünftes Kapitel. Vom Seehandel.

§ 260. Allgemeine Bestimmungen. Rheder und Rhederei. Schiffer. Schiffsmannschaft. Schiffsgläubiger.

1) Kann die Rhederei des Schiffes, das auf Grund des Reichsgesetzes vom 27. Dezember 1872 hilfsbedürftige Seeleute nach Deutschland zurückbefördert hat, von der Rhederei des Schiffes, dem die Seeleute angehört haben, den die gesetzliche Entschädigung übersteigenden Betrag der üblichen Passagepreise aus dem Rechtsgrunde der Geschäftsführung ohne Auftrag oder der nützlichen Verwendung fordern? **41**, 59. — 2) Ist der Korrespondentrheder als solcher zur Vertretung der Rhederei in Schiffskollisionsprozessen befugt? **42**, 69. — 3) Erlöschen der Befugnisse des Korrespondentrheders mit dem Untergange des Schiffes oder sonst mit dem Eintreten der Liquidation der Rhederei? **42**, 74. — 4) Steht dem Rheder, dessen Schiff durch Verschulden einer Person der Besatzung eines anderen ihm gehörigen Schiffes beschädigt worden ist, gegen das aus diesem Schiffe und dessen Fracht gebildete Schiffsvermögen ein Schadensanspruch zu? **45**, 50; **47**, 171. — 5) Kann zur Schiffsbesatzung eines geschleppten Schiffes auch der Führer des Schleppdampfers gerechnet werden? **46**, 45. — 6) Muß der Schiffer dulden, daß der Empfänger einer seewärts angebrachten Ladung diese bei der Übergabe an den Leichter an Bord des Seeschiffes verwiegen läßt? **49**, 103. — 7) Ist, wer ein Schiff auf Grund eines Mietvertrages für seine Rechnung zum Erwerbe durch die Seefahrt verwendet, im Verhältnisse zu Dritten als der Rheder anzusehen? **48**, 91.

§ 261. Von der Seefracht. Konnossement.

1) Begriff des Ladungsempfängers im Seefrachtrechte. **41**, 116. — 2) Ist das Prokuraindossament beim Konnossemente zulässig? Erfordernis der Unterschrift. **41**, 118. — 3) Bedeutung des Zusatzes „nur zur Spedition" beim Indossamente des Konnossementes. **41**, 118. — 4) Darf der Verfrachter, der nicht die im Konnossement bezeichneten, sondern nur andersartige Güter ausliefern kann, gegen den Empfänger geltend machen, daß dieser die Güter von den Abladern gekauft habe, und von diesen keine anderen Güter abgeladen seien? **46**, 3. — 5) Haben die unbeanstandete Übernahme der nach dem Konnossemente ausgelieferten Güter und die Unterlassung der nachträglich zulässigen Besichtigung zur Folge, daß auch die Ansprüche erlöschen, die daraus hergeleitet werden könnten, daß nicht die im Konnossemente bezeichneten, sondern Güter anderer Art ausgeliefert seien? **46**, 6. — 6) Wenn der Schiffer das im Konnossemente bezeichnete Gut nicht ausliefern kann, weil er nichts erhalten hat, so wird der Verfrachter so behandelt, als ob die Güter verloren wären. **46**, 7. — 7) Ist der Zeitfrachtvertrag stets eine Werkverdingung oder auch unter Umständen zum Teil ein Mietvertrag? **48**, 89. — 8) Unterschied des Zeitfrachtvertrages von der reinen Schiffsmiete. **48**, 91. — 9) Muß der Schiffer dulden, daß der Empfänger einer seewärts angebrachten Ladung diese bei der Übergabe an den Leichter an Bord des Seeschiffes verwiegen läßt? **49**, 103.

§ 262. Von der Haverei.

a. Große (gemeinschaftliche) und besondere Haverei.

1) Sind die im Falle der unabsichtlichen Strandung eines Seeschiffes auf die Abbringung verwendeten Kosten und die dabei dem Schiffe oder der Ladung absichtlich zugefügten Schäden nach den Grundsätzen der großen Haverei zu verteilen, wenn eine gemeinsame Gefahr für Schiff und Ladung vorgelegen hat? **44**, 136. — 2) Örtliches Recht für die Rückforderung gezahlter Havereibeiträge. **44**, 139.

b. Schaden durch Zusammenstoß von Schiffen.

1) Ist der Korrespondentrheder als solcher zur Vertretung der Rhederei in Schiffskollisionsprozessen befugt? **42**, 69. — 2) Zur Auslegung des Art. 24 der Kaiserlichen Verordnung vom 7. Januar 1880. **42**, 75. — 3) Zur Auslegung der Artt. 25. 18. 19. 29 der Verordnung zur Verhütung des Zusammenstoßes von Schiffen auf See vom 9. Mai 1897. **44**, 42. — 4) Rang einer im Auslande an einem ausländischen Flußschiffe entstandenen Hypothek gegenüber einem jüngeren, in Deutschland wegen eines Zusammenstoßes entstandenen Schiffspfandrechte, wenn das Schiff in Deutschland gepfändet und zur Zwangsversteigerung gebracht wird. (P.) **45**, 276 — 5) Nach welchem Rechte ist über die

rechtlichen Folgen des Zusammenstoßes zweier Schiffe verschiedener fremder Nationalität auf hoher See von deutschen Gerichten zu entscheiden, wenn die Heimatsseegesetze beider Schiffe übereinstimmen? **49**, 182. — 6) Haftet der Rheder des Schleppdampfers beim Zusammenstoße des geschleppten Schiffes mit einem anderen für den Schaden, der durch die Führung des geschleppten Schiffes verursacht ist? **50**, 33. — 7) Grundsätze über die Haftung der einzelnen, zu einem Schleppzuge verbundenen Schiffe bei einem Zusammenstoße mit anderen. **50**, 35.

§ 263. Von der Berge- und Hilfsleistung in Seenot. Strandungsordnung vom 17. Mai 1874.

1) Ist der Schlepper, wenn das geschleppte Schiff auf Grund gerät, zur Hilfsleistung verpflichtet? (G.) **46**, 203. — 2) Wie ist der Hilfslohn zu bestimmen, wenn ein nicht zum Erwerbe durch die Seefahrt bestimmtes Seeschiff aus Seenot gerettet, und angemessene Vergütung vorher vereinbart worden ist? Verhältnis zum Art. 746 H.G.B. **47**, 191.

§ 264. Von der Seeversicherung.

1) Liegt in der nachträglichen Vergrößerung des Ruderblattes eines für die Überführung über See versicherten Flußdampfschiffes ohne weiteres eine Vergrößerung oder Veränderung der Gefahr für die versicherte Reise? **43**, 1. — 2) Voraussetzungen der Haftung des Kaskoversicherers für Totalschaden im Falle öffentlichen Verkaufes des versicherten Schiffes. **43**, 6. — 3) Beweisführung für die Höhe eines an dem versicherten Schiffe durch Seeunfall entstandenen Schadens. **43**, 10. — 4) Einrede des Versicherers, daß der auswärtige Agent des Versicherten diesem wissentlich falsche Angaben gemacht habe, durch deren gutgläubige Weitergabe der Versicherte den Abschluß des Versicherungsvertrages erlangt habe. **43**, 143. — 5) Kommt ein Zollnachlaß, der im Falle einer Seebeschädigung der versicherten Güter am Bestimmnngsorte gewährt wird, dem Versicherer zu gute? **44**, 19. — 6) Grundsätze, nach denen die Schadensberechnung bei der Seeversicherung aufzustellen ist. **44**, 20. — 7) Wie verhält sich das Kairisiko der Seeversicherung zu einer daneben bestehenden Feuerversicherung? **44**, 31. — 8) Wonach bestimmt sich, wenn Seeversicherung und Feuerversicherung nebeneinander bestehen, bei laufender Police ihr Alter? **44**, 34. — 9) Der Art. 792 H.G.B. findet auf Binnenversicherung keine, auch keine analoge Anwendung. **47**, 170. — 10) Seeversicherung einer Forderung, zu deren Deckung das Schiff dient. **47**, 173. — 11) Bedeutung der Policeklauseln „auf behaltene Ankunft“ und „nur gegen Seegefahr“. **47**, 175. 179. — 12) Begriff einer „Veränderung der Reise“ im Sinne des Art. 817 Abs. 2 und einer „Abweichung von der Reise“ im Sinne des Art. 818 H.G.B. **48**, 10. — 13) Begriff des Totalverlustes bei der Forderungsversicherung. **47**, 177.

Siebenter Abschnitt. Das Wechselrecht.

§ 265. Statutenkollision.

Örtliches Recht für die Regreßpflicht des Trassanten. **44**, 157.

§ 266. Rechtliche Natur des Wechsels.

Ausstellung eines Wechsels zur Deckung einer Schuld aus Differenzgeschäften oder zur Leistung von Einschüssen auf sie. Auftrag zur Zahlung einer solchen Schuld. (G.) **45**, 158.

§ 267. Wechselfähigkeit.

— — — — — — —

§ 268. Erfordernisse eines gezogenen Wechsels.

1) Ist ein Wechsel gültig, der auf mehrere Personen gezogen ist? **43**, 87; **46**, 133. — 2) Jeder Wechsel darf nur einen bestimmten Zahlungsort haben. **43**, 90. — 3) Ist die Unterschrift des Ausstellers oder des Indossanten eines Wechsels formgültig, wenn bei einer aus Sach- und Namensbezeichnung zusammengesetzten Firma die Sachbezeichnung mit Stempeldruck hergestellt, und nur der Name geschrieben ist? **47**, 165. — 4) Muß die Bezeichnung als Wechsel in der Wechselerklärung enthalten sein, oder genügt das Wort in der Überschrift? **48**, 223. — 5) Kann eine wegen Formmangels als Wechsel ungültige Urkunde als kaufmännischer Verpflichtungsschein gelten? **48**, 229.

§ 269. Trassant und Remittent.

1) Wechselanspruch des Trassanten auf Ersatz der Kosten eines zur Erhaltung des Wechselrechtes nicht erforderlichen Protestes, dagegen nicht auf $^{1}/_{3}$ Prozent Provision. **41**, 127. — 2) Wechsel an eigene Order, auf dessen Rückseite als erste Namensschrift die des Ausstellers steht, aber der über dieser stehende Übertragungsvermerk durchstrichen ist. **41**, 412. — 3) Ist ein an eigene Order gezogener Wechsel gültig in blanco indossiert, wenn auf der Rückseite der Aussteller seinen Namen und über diesen das Wort „angenommen" gesetzt hat? **46**, 46. — 4) Örtliches Recht für die Regreßpflicht des Trassanten. **44**, 157. — 5) Ist der Remittent, der den mangels Zahlung protestierten Wechsel eingelöst hat, zur Regreßklage legitimiert, wenn auf der Rückseite des an die Order eines Dritten gezogenen Wechsels dem Vollgiro des Remittenten ein Blankogiro des Trassanten als erstes vorangeht? **47**, 126. — 6) Ist der von einer offenen Handelsgesellschaft unter ihrer Firma an Order einer mit einer anderen Firma unter denselben Gesellschaftern bestehenden

offenen Handelsgesellschaft ausgestellte eigene Wechsel gültig? **47**, 156. — 7) Ist die Unterschrift des Trassanten gültig, wenn bei einer aus Sach- und Namensbezeichnung zusammengesetzten Firma die Sachbezeichnung durch Stempeldruck hergestellt, und nur der Name geschrieben ist? **47**, 165. — 8) Sind Acceptant und Trassant notwendige Streitgenossen, wenn sie in einer Klage belangt sind und sich derselben Einrede bedienen? **48**, 215. — 9) Kann aus einem acceptierten, mangels Zahlung protestierten und nachher abhanden gekommenen gezogenen Wechsel nach dessen Kraftloserklärung auf Grund des Ausschlußurteiles Regreß gegen den Aussteller genommen werden? **49**, 132. — 10) Ist die Einlösung einer acceptierten Tratte vor dem Verfalltage durch den Aussteller als unentgeltliche Verfügung wegen Benachteiligung der Gläubiger anfechtbar? **50**, 134.

§ 270. Indossament.

1) Eigentum an indossablen und mit Namensindossament versehenen Papieren kann ohne Indossament nicht übertragen werden. **41**, 4. — 2) Zulässigkeit von Einreden gegen den durch Vollgiro legitimierten Prokuraindossatar. **41**, 114. — 3) Welche Wirkung hat das Vollindossament, wenn der Indossatar den einen Teil der Wechselsumme für eigene, den anderen für Rechnung des Indossanten beitreiben soll? **41**, 115. — 4) Wirkt die allgemein für den Eingang der Wechselsumme schriftlich außerhalb des Wechsels erklärte Bürgschaft auch zu deren Gunsten, die später den Wechsel durch Indossament erworben und die Bürgschaftsurkunde ausgehändigt erhalten haben? Können solche Bürgschaftsrechte durch Cession dem abgetreten werden, dem der Wechsel indossiert wird? (G.) **41**, 171. — 5) Wechsel an eigene Order, auf dessen Rückseite als erste Namensschrift die des Ausstellers steht, aber der über dieser stehende Übertragungsvermerk durchstrichen ist. **41**, 412. — 6) Einrede der Rechtskraft aus einem den Wechselinkassomandatar abweisenden Urteile gegen einen neuen Inkassomandatar. **43**, 40. — 7) Ist der Wechselcessionar zur Begebung des Wechsels durch Indossament befugt? **43**, 43. — 8) Umfang der Rechtskraft der Klagabweisung wegen mangelnder Wechsellegitimation. **43**, 39. — 9) Wirkt der zwischen dem Wechselgläubiger und dem Acceptanten geschlossene Stundungsvertrag im Zweifel auch zu Gunsten des Indossanten? (G.) **45**, 70. — 10) Ist ein an eigene Order gezogener Wechsel gültig in blanco indossiert, wenn der Aussteller auf die Rückseite seinen Namen gesetzt, über diesen aber das Wort „angenommen" gesetzt hat? **46**, 46. — 11) Ist, wer einen Wechsel indossiert oder auf Grund eines Blankoindossamentes weiter begiebt, im Sinne des § 445 C.P.O. n. F. Rechtsvorgänger des Erwerbers? **47**, 69. — 12) Wer ist beweispflichtig, wenn streitig ist, ob der Wechsel zu der Zeit, als der Indossant seinen Namen auf ihn setzte, schon auf diese Summe gelautet habe? **47**, 67. — 13) Ist der Remittent, der den mangels Zahlung protestierten Wechsel eingelöst hat, zur Regreßklage legitimiert, wenn auf der Rückseite des an die Order eines Dritten gezogenen Wechsels dem Vollgiro des Remittenten ein Blankogiro des

Wechselausstellers als erstes vorangeht? **47,** 126. — 14) Ist die Unterschrift des Indossanten gültig, wenn bei einer aus Sach- und Namensbezeichnung zusammengesetzten Firma die Sachbezeichnung durch Stempeldruck hergestellt, und nur der Name geschrieben ist? **47,** 165. — 15) Regreß des Indossanten, der den Wechsel eingelöst hat, gegen seinen Vormann. Einrede, beide Wechselunterschriften seien zum Zwecke gemeinschaftlicher Verbürgung für die Schuld des Acceptanten gegeben worden. **48,** 152. — 16) Kann der legitimierte Indossatar die Wechselklage gegen den Acceptanten und den Aussteller aus eigenem Rechte anstellen, obgleich er von einem Zwischenindossanten Deckung für die Wechselsumme erhalten hat? **48,** 214. — 17) Voraussetzungen der Legitimation des Inhabers einer als Wechsel ungültigen, als Anweisung oder Verpflichtungsschein gültigen Urkunde durch Blankoindossament. **48,** 232. — 18) Ist der § 88 Abs. 4 Nr. 7 Abs. 2 der preußischen Landgemeindeordnung vom 3. Juli 1891 auf ein namens einer Gemeinde gegebenes Wechselindossament anwendbar? **50,** 23. — 19) S. a. § 269 Nr. 5.

§ 271. Präsentation und Annahme. Blankoaccept. Domizilwechsel.

1) Wird durch die Beifügung des Namens eines Gasthofes und seiner Straßennummer zum Domizilvermerk im Wechsel der Inhaber des Gasthofes als Domiziliat bezeichnet? **48,** 141. — 2) Sind Acceptant und Aussteller eines Wechsels notwendige Streitgenossen, wenn sie in einer Klage belangt werden und sich derselben Einrede bedienen? **48,** 215. — 3) Enthält die vom Bezogenen unterschriebene, auf dem Wechsel vorgedruckte Erklärung „Angenommen per Aval" eine wirksame und unbeschränkte Annahme? **50,** 12. — 4) Genügt es, wenn der Prokurist des Trassaten das Accept nur mit der Firma unterschreibt, ohne seinen Namen beizufügen? **50,** 54.

§ 272. Zahlung.

1) Kann der Wechselschuldner die Bezahlung seiner Schuld verweigern, wenn er seinem Gläubiger einen Prolongationswechsel übersandt und nicht zurückerhalten hat? Ist die Rückgabepflicht Bring- oder Holschuld? **41,** 20. — 2) Legitimation zum Zahlungsempfange, wenn in einem Wechsel an eigene Order, auf dessen Rückseite als erste Namensschrift die des Ausstellers steht, der über ihr stehende Übertragungsvermerk durchstrichen ist? **41,** 412. — 3) Ist der Remittent, der den mangels Zahlung protestierten Wechsel eingelöst hat, legitimiert, wenn auf der Rückseite des an die Order eines Dritten gezogenen Wechsels dem Vollgiro des Remittenten ein Blankogiro des Trassanten vorangeht? **47,** 126. — 4) Die nach Art. 36 W.O. zu prüfende Legitimation ist nur eine formelle, für diese aber unerheblich, ob die Formvorschrift der preußischen Landgemeindeordnung von 1891 auf Indossamente anzuwenden ist. **50,** 26. — 5) Ist die Einlösung einer acceptierten Tratte vor dem Verfalltage durch den Aussteller als unentgeltliche Verfügung wegen Benachteiligung der Gläubiger anfechtbar? **50,** 134.

§ 273. Regreß mangels Zahlung.

1) Der Wechselanspruch des Trassanten und des ersten Nehmers eines eigenen Wechsels geht zwar auf Ersatz der Kosten eines zur Erhaltung des Wechselrechtes nicht erforderlichen Protestes, dagegen nicht auf $^1/_3$ Prozent Provision; diese kann aber der Regreßberechtigte auch von dem Acceptanten und dem Aussteller eines eigenen Wechsels fordern. **41**, 127. — 2) Ist der Remittent, der den mangels Zahlung protestierten Wechsel eingelöst hat, zur Regreßklage legitimiert, wenn auf der Rückseite des an die Order eines Dritten gezogenen Wechsels dem Vollgiro des Remittenten ein Blankogiro des Wechselausstellers als erstes vorangeht? **47**, 126. — 3) Ist die Einlösung eines präjudizierten Wechsels durch den, der dafür früher vom Wechselinhaber Valuta erhalten hat, eine Anstandspflicht im Sinne des § 814 B.G.B.? **48**, 143. — 4) Regreß des Indossanten, der den Wechsel eingelöst hat, gegen seinen Vormann. Einrede, beide Wechselunterschriften seien zum Zwecke gemeinschaftlicher Verbürgung für die Schuld des Acceptanten gegeben worden. **48**, 152. — 5) Kann aus einem acceptierten, mangels Zahlung protestierten und nachher abhanden gekommenen, gezogenen Wechsel nach dessen Amortisation auf Grund des Ausschlußurteiles Regreß gegen den Aussteller genommen werden? **49**, 132.

§ 274. Ehrenintervention.

— — — — — — — —

§ 275. Wechselduplikate. Wechselkopien.

— — — — — — — —

§ 276. Abhanden gekommene Wechsel.

1) Kommt Art. 74 W.O. zur Anwendung gegen die Kondiktion eines Wechsels durch den, dessen Bevollmächtigter unter Überschreitung seiner Vollmacht Waren gekauft und den zum Diskontieren erhaltenen Wechsel zur Deckung des Kaufpreises verwendet hat? (P.) **45**, 261. — 2) Kann aus einem acceptierten, mangels Zahlung protestierten und nachher abhanden gekommenen, gezogenen Wechsel nach dessen Amortisation auf Grund des Ausschlußurteiles Regreß gegen den Aussteller genommen werden? **49**, 132.

§ 277. Wechselurkunde. Mängel derselben. Wechselfälschung.

1) Ist ein gezogener Wechsel schon deshalb ungültig, weil er mehrere Personen nebeneinander als Bezogene bezeichnet? **46**, 133. — 2) Beweislast, wenn streitig ist, ob ein Wechsel zu der Zeit, als der verklagte Indossant seinen Namen darauf setzte, schon auf diese Summe lautete. **47**, 67. — 3) Ist der von einer offenen Handelsgesellschaft unter ihrer Firma an Order einer mit anderer Firma unter denselben Personen bestehenden offenen Handelsgesellschaft ausgestellter eigener Wechsel gültig?

47, 156. — 4) Enthält die vom Bezogenen unterschriebene, auf den Wechsel gedruckte Erklärung „Angenommen per Aval" eine wirksame und unbeschränkte Annahme? **50**, 12. — 5) Ist der Aval nur gültig, wenn sich auf dem Wechsel eine genügende Erstunterschrift befindet? **50**, 14.

§ 278. Wechselverjährung.

1) Wird die Wechselverjährung durch eine Klage unterbrochen, die erst nach Ablauf des auf die Klage anberaumten Termines zugestellt worden ist? **45**, 424. — 2) Kann ein verjährter Wechsel als Anweisung oder als Schuldschein oder als kaufmännischer Verpflichtungsschein gelten? **48**, 230.

§ 279. Klagerecht des Wechselgläubigers. Unterliegendes Verhältnis. Aval.

1) Wechselanspruch des Trassanten und des ersten Nehmers eines eigenen Wechsels auf Ersatz der Kosten eines zur Erhaltung des Wechselrechtes nicht erforderlichen Protestes, dagegen nicht auf $^1/_3$ Prozent Provision. **41**, 126. — 2) Wechselanspruch des Regreßberechtigten auf $^1/_3$ Prozent Provision auch gegen den Acceptanten und gegen den Aussteller eines eigenen Wechsels. **41**, 127. — 3) Umfang der Rechtskraft im Falle der Abweisung der Klage wegen mangelnder Wechsellegitimation. **43**, 39. — 4) Wird die Bereicherungsklage aus Art. 83 W.O. dadurch ausgeschlossen, daß beim Erlöschen des Wechselanspruches der Anspruch aus dem unterliegenden Rechtsverhältnisse noch fortbesteht? **44**, 78. — 5) Kann sich der Indossant gegenüber der Klage des Wechselgläubigers auf einen zwischen diesem und dem Acceptanten geschlossenen Stundungsvertrag berufen? (G.) **45**, 70. — 6) Kann der im Wechselprozesse auf Klage des Blankoindossatars rechtskräftig Verurteilte im Nachverfahren die Einrede der mangelnden Aktivlegitimation darauf stützen, daß er infolge rechtskräftigen Urteils die Herausgabe des Wechsels erlangt hat? **45**, 429. — 7) Verhältnis der Vorklage des Acceptanten auf Herausgabe eines Wechsels zu der nachher im Wechselprozesse erhobenen Klage auf Bezahlung der Wechselschuld. **47**, 186. — 8) Ist die Einlösung eines präjudizierten Wechsels durch den, der dafür früher vom Wechselinhaber Valuta erhalten hat, eine Anstandspflicht im Sinne des § 814 B.G.B.? **48**, 143. — 9) Regreßklage des Indossanten, der den Wechsel eingelöst hat, gegen seinen Vormann. Einrede, beide Wechselunterschriften seien zum Zwecke gemeinschaftlicher Verbürgung für die Schuld des Acceptanten gegeben worden. **48**, 152. — 10) Kann der legitimierte Indossatar die Wechselklage gegen den Acceptanten und den Aussteller des Wechsels aus eigenem Rechte anstellen, obgleich er von einem Zwischenindossanten Deckung für die Wechselsumme erhalten hat? **48**, 214. — 11) Besteht zwischen dem Acceptanten und dem Aussteller des Wechsels notwendige Streitgenossenschaft, wenn sie in einer Klage belangt werden und sich derselben Einrede bedienen? **48**, 215. — 12) Enthält die vom Bezogenen unterschriebene, auf dem Wechsel vorgedruckte Erklärung „Angenommen per Aval" eine wirksame und unbeschränkte

Annahme? **50,** 12. — 13) Bedeutung und Ableitung des Wortes „Aval". **50,** 14. — 14) Ist die Wechselbürgschaft nur gültig, wenn sich auf dem Wechsel eine genügende Erstunterschrift befindet? **50,** 14. — 15) Ist die Einrede der Rechtskraft gegen den Anspruch auf Herausgabe des Wechsels begründet, wenn der Anspruch darauf gestützt ist, daß der Wechselanspruch nicht entstanden sei, dieser aber inzwischen festgestellt ist? **50,** 416.

§ 280. Wechselprotest.

1) Ist der Wechselprotest ungültig, wenn in der Wechselabschrift der Name des Remittenten oder eines von mehreren Blankoindossanten ausgelassen ist? **44,** 121. — 2) Ist der Wechselprotest ungültig, wenn der Vorname des Protestanten in der Protesturkunde unrichtig angegeben ist? **45,** 120.

§ 281. Der eigene Wechsel.

1) Wechselanspruch des ersten Nehmers eines eigenen Wechsels auf Ersatz der Kosten eines zur Erhaltung des Wechselrechtes nicht erforderlichen Protestes, dagegen nicht auf $^1/_3$ Prozent Provision. **41,** 126. — 2) Wechselanspruch des Regreßberechtigten auf $^1/_3$ Prozent Provision auch gegen den Acceptanten einer Tratte und den Aussteller eines eigenen Wechsels. **41,** 127. — 3) Ist der von einer offenen Handelsgesellschaft unter ihrer Firma an die Order einer mit anderer Firma unter denselben Gesellschaftern bestehenden offenen Handelsgesellschaft ausgestellte eigene Wechsel gültig? **47,** 156.

Zweiter Teil.

Civilprozeß.

Erstes Kapitel. Allgemeine Grundsätze, betreffend den Civilprozeß und die Konkursordnung.

§ 282. Justiz- und Verwaltungssachen. Rechtsweg.

a. Allgemeines.

1) Wird der Rechtsweg dadurch allein unzulässig, daß der erhobene Anspruch dem öffentlichen Rechte entspringt, und bei der Entscheidung über ihn auch über Fragen des öffentlichen Rechtes entschieden werden muß? (P.) **41,** 272. — 2) Zeitliche Grenzen der Rechtsnormen über die Zulässigkeit des Rechtsweges. (P.) **42,** 283. — 3) Ist für die Beitreibung der auf Grund polizeilicher Maßnahmen einzuziehenden Gelder

das Verwaltungszwangsverfahren ausschließlich zulässig? (P.) **43**, 293. — 4) Ist für die Ansprüche des Fiskus auf Ersatz der durch die von der Strombauverwaltung auf Kosten der Eigentümer angeordnete und ausgeführte Beseitigung eines in der Oder gesunkenen Fahrzeuges entstandenen Kosten der Rechtsweg zulässig? (P.) **43**, 293. — 5) Kann der preußische Kompetenzgerichtshof das einem negativen Kompetenzkonflikte zu Grunde liegende Urteil des Reichsgerichtes aufheben? **44**, 4. 377. — 6) Darf sich das Gericht der Entscheidung über die Zulässigkeit des Rechtsweges deshalb enthalten, weil es die materielle Streitfrage ebenso wie die damit befaßt gewesene Verwaltungsbehörde beurteilt? **45**, 379. — 7) Wieweit ist der Rechtsweg zulässig über die Art der Ausübung der Hoheitsrechte? (P.) **44**, 225. — 8) Der Kompetenzkonflikt nach der preußischen Verordnung vom 1. August 1879 kann nicht mehr erhoben werden, wenn der Rechtsstreit beim Reichsgerichte anhängig ist. **48**, 195. — 9) Ist der Rechtsweg zulässig, wenn nur ein dem Rechtswege entzogener Präjudizialpunkt streitig, alle übrigen Klagebehauptungen aber unstreitig sind? **48**, 333. — 10) Inwiefern sind die Vorschriften der Landesgesetze über die Zuständigkeit der Gerichte und der Verwaltungsbehörden durch die Reichsgewerbeordnung geändert? **49**, 66.

b. Ansprüche gegen den Staat oder Staatsbeamte.

1) Ist der Rechtsweg zulässig, wenn mit der Klage die Verpflichtung zur Entrichtung eines von der Zollbehörde verlangten Zolles bestritten wird? **42**, 109. — 2) Kann der den Zeugen und Sachverständigen nach der Gebührenordnung vom 30. Juni 1878 zustehende Gebührenanspruch auch im ordentlichen Rechtswege geltend gemacht werden? Wenigstens wenn es sich um den Anspruch eines als Sachverständiger vernommenen öffentlichen Beamten nach einer landesgesetzlichen und aufrechterhaltenen Taxe handelt, und landesgesetzlich wegen solcher Gebühren der ordentliche Rechtsweg zusteht? **43**, 47. — 3) Können die von einem Reichsbeamten aus § 1 Abs. 1 des Reichsfürsorgegesetzes von 1886 erhobenen Pensionsansprüche im Rechtswege verfolgt werden, bevor die vorgesetzte Dienstbehörde seine Dienstunfähigkeit festgestellt hat? **44**, 35. — 4) Ist für die preußische Rheinprovinz der § 36 der preußischen Verordnung vom 26. Dezember 1808 maßgebend? (P.) **44**, 226. — 5) Wieweit ist der Rechtsweg zulässig für Ansprüche auf Unterlassung bezw. Beseitigung von Eigentumsstörungen, die durch den Betrieb oder die Einrichtungen einer Artilleriewerkstatt herbeigeführt werden? (P.) **44**, 225. — 6) Wieweit ist der Rechtsweg zulässig wegen der Art der Ausübung der Hoheitsrechte? (P.) **44**, 225. — 7) Verfolgung von Rechtsansprüchen aus dem Reichsbeamtengesetze vom 31. März 1873; „Entscheidung" im Sinne des § 150. **47**, 41. — 8) Ist der Rechtsweg zulässig für die Klage eines nichtrichterlichen Staatsbeamten gegen den Staat auf Feststellung seines Besoldungsdienstalters? (P.) **48**, 322. — 9) Ist der Rechtsweg zulässig für vermögensrechtliche Ansprüche eines im Reichsdienste angestellten Militäranwärters, die darauf gestützt sind, daß er früher als geschehen eine höhere Stelle hätte erhalten sollen? **49**, 1.

c. Gegenüber polizeilichen Verfügungen.

1) Ist der Rechtsweg gegen die polizeiliche Entziehung des Droschkenfahrscheines ausgeschlossen? **46**, 105. — 2) Wann liegt in der Genehmigung eines Bauplanes eine polizeiliche Verfügung im Sinne des Gesetzes vom 11. Mai 1842? (P.) **46**, 301.

d. Gegenüber Gemeinden.

1) Rechtsweg wegen des Gehaltsanspruches eines am 1. April 1897 nicht mehr im Dienste gewesenen Volksschullehrers aus der Zeit vor diesem Tage. (P.) **42**, 281. — 2) Ist der Rechtsweg für Streitigkeiten nur über das Ruhen der bereits festgesetzten Pension eines Gemeindebeamten zulässig? (P.) **44**, 204. — 3) Kann gegen eine Gemeinde aus ihrer Vertragspflicht, eine Abgabe von einem einzelnen Gemeindegliede nicht einzufordern, im ordentlichen Rechtswege geklagt werden? (P.) **46**, 245. — 4) Steht bezüglich des Benutzungsrechtes der Teilungsinteressenten an Separationswegen den Beteiligten der Rechtsweg offen gegen Verfügungen des Gemeindevorstandes, dem die Auseinandersetzungsbehörde die Verwaltung der gemeinschaftlichen Angelegenheiten übertragen hat? (P.) **47**, 314. — 5) Ist der Rechtsweg zulässig für die Heranziehung zu Interessentenlasten, die in einem Auseinandersetzungsverfahren begründet sind? Gesetz vom 2. April 1887. (P.) **48**, 341. — 6) Ist der Rechtsweg zulässig über die Verpflichtung zur Zahlung städtischer Entwässerungs(Kanalisations-)gebühren? (P.) **49**, 219.

e. In Bezug auf Kirche und Schule.

1) Ist der Rechtsweg zulässig für Streitigkeiten über die persönliche Fähigkeit zur Ausübung des Patronatsrechtes? (P.) **43**, 362. — 2) Ist bei einem beendeten Kirchen- oder Pfarrhausbau der Rechtsweg über den vom Patron zu leistenden Beitrag zulässig, wenn über die unter den Parteien streitige Notwendigkeit des Baues von der Bezirksregierung noch nicht entschieden ist? Wenigstens dann, wenn die Kosten den Betrag von 150 *M* nicht übersteigen? (P.) **50**, 311.

f. In Bezug auf Handel und Gewerbe.

1) Unterliegt die Wirkung der Eintragung eines Warenzeichens in die Zeichenrolle des Patentamtes, die unter dem Datum seiner Anmeldung zu dem früheren Zeichenregister erfolgt ist, der richterlichen Nachprüfung? **44**, 62. — 2) Rechtsweg für den Streit über die Abhängigkeit eines Patentes von einem älteren. **45**, 76. — 3) Wann liegt in der Genehmigung eines Bauplanes eine polizeiliche Verfügung im Sinne des Gesetzes vom 11. Mai 1842? (P.) **46**, 301. — 4) Inwiefern sind die Landesgesetze über die Zuständigkeit der Gerichte und der Verwaltungsbehörden durch die R.G.O. geändert? **49**, 66. — 5) S. auch unter h Nr. 5.

g. Enteignung.

1) Ist der Rechtsweg zulässig, wenn die Verwaltungsbehörde im Enteignungsverfahren einem von dem Unternehmer nicht bestrittenen Antrage auf Übernahme des Restgrundstückes entsprochen hat, der Enteignete aber es nur gegen die verlangte höhere Entschädigung hergeben wollte und nunmehr behalten will? Auch dann, wenn vor Beschreitung des Rechtsweges wegen Dringlichkeit die Enteignung des ganzen Grundstückes schon ausgesprochen worden ist? (P.) **42**, 225. — 2) Ist der Rechtsweg über die Frage zulässig, ob der Enteignungsunternehmer beim Vorhandensein von Hypotheken die Entschädigungssumme ganz oder nur in Höhe der Belastung hinterlegen darf? **45**, 381 und 382 Anm. 1.

h. Sonstige reichsrechtliche Verhältnisse.

1) Ist reichsgesetzlich der Rechtsweg ausgeschlossen, wenn mit der Klage die Verpflichtung zur Entrichtung eines von der Zollbehörde verlangten Zolles bestritten wird? **42**, 109. — 2) Wieweit ist der Rechtsweg zulässig bezüglich der bei der Eintragung eines Warenzeichens in die Rolle des Patentamtes von diesem getroffenen Entscheidung? **44**, 62. — 3) Kann der preußische Kompetenzgerichtshof das einem negativen Kompetenzkonflikte zu Grunde liegende Urteil des Reichsgerichtes aufheben? **44**, 4. 377. — 4) Grenzen der Befugnisse der ordentlichen Gerichte gegenüber dem Patentamte. Rechtsweg für den Streit über die Abhängigkeit eines Patentes von einem älteren. **45**, 73. — 5) Ist für den von einer Ortskrankenkasse gegen einen Gewerbetreibenden auf Anerkennung der Mitgliedschaft seiner Arbeiter erhobenen Anspruch der Rechtsweg zulässig, wenn die Arbeiter auf Verlangen einer Innungskrankenkasse bei dieser angemeldet sind? (P.) **46**, 57. — 6) Der Kompetenzkonflikt nach der preußischen Verordnung vom 1. August 1879 kann nicht mehr erhoben werden, wenn der Rechtsstreit beim Reichsgerichte anhängig ist. **48**, 195.

i. Vermischte Fälle.

1) Rechtsweg für die Klage aus dem mit einem Rentengutsvertrage für den Fall, daß dieser von der Generalkommission nicht bestätigt werde, abgeschlossenen Pachtvertrage. (P.) **41**, 293. — 2) Ist bei Streitigkeiten zwischen den Ortsarmenverbänden und den Kreisen wegen der Kosten der Verpflegung hilfsbedürftiger Geisteskranker der Rechtsweg unbedingt ausgeschlossen? (P.) **41**, 336. — 3) Ist der Rechtsweg für den von einem Anderen als dem öffentlichen Armenverbande erhobenen Anspruch auf Erstattung gewährter Armenunterstützung gegen einen Armenverband zulässig, bevor von der Verwaltungsbehörde über Notwendigkeit und Höhe der Unterstützung entschieden ist? (P.) **41**, 267. — 4) Ist für Ansprüche des Fiskus, die sich darauf stützen, daß die Strombauverwaltung die Beseitigung eines in der Oder gesunkenen Fahrzeuges auf

Kosten des Eigentümers angeordnet und ausgeführt hat, der Rechtsweg oder nur das Verwaltungszwangsverfahren zulässig? (P.) **43**, 293. — 5) Wieweit ist über die Art der Ausübung der staatlichen Hoheitsrechte der Rechtsweg zulässig? (P.) **44**, 225. — 6) Rechtsweg für die Bereicherungsklage gegen den Amtsverband, wenn die Verfügung des Amtsvorstehers, infolge deren vom Kläger die Kosten einer ihm aufgegebenen Grabenräumung eingezogen sind, im Verwaltungsstreitverfahren aufgehoben ist. (P.) **45**, 248. — 6) Ist, wenn zwischen vor 1900 geschiedenen Eheleuten nach dem 1. Januar 1900 ein Streit über die Erziehung der gemeinschaftlichen Kinder entsteht, der ordentliche Rechtsweg offen? (G.) **46**, 168. — 7) Giebt der § 1635 Abs. 1 S. 1 B.G.B. dem unschuldig geschiedenen Ehegatten ein im Prozeßwege verfolgbares Recht auf Erziehung der gemeinschaftlichen Kinder? **46**, 170. — 8) Wieweit ist zum Schutze des Fischereirechtes der Rechtsweg zulässig? (P.) **46**, 248. — 9) Ist der Rechtsweg zulässig für den Anspruch des Eigentümers einer öffentlichen Chaussee gegen einen anliegenden Grundbesitzer auf Beseitigung der von diesem angelegten Grabenübergänge zur Chaussee? (P.) **46**, 296. — 10) Ist im Gebiete des preußischen A.L.R. der Rechtsweg für Versicherungsstreitigkeiten durch allgemeine Bestimmungen eingeschränkt? (P.) **48**, 335. — 11) Ist der Rechtsweg zulässig über die Heranziehung zu Interessentenlasten, die in einem Auseinandersetzungsverfahren begründet sind? Gesetz vom 2. April 1887. (P.) **48**, 341. — 12) Ist der Streit zweier Kleinbahnen mit elektrischem Oberbetriebe darüber, ob die eine in die Leitungsdrähte der anderen Kreuzungsstücke einbauen dürfe, dem ordentlichen Rechtswege entzogen? (P.) **50**, 292. — 13) Steht wegen des Benutzungsrechtes der Teilungsinteressenten an Separationswegen den Beteiligten der Rechtsweg offen gegen Verfügungen des Gemeindevorstandes, dem die Auseinandersetzungsbehörde die Verwaltung der gemeinschaftlichen Angelegenheiten übertragen hat? (P.) **47**, 314.

§ 283. Verhältnis der Reichsjustizgesetze zu den Landesgesetzen. Einführungs- und Ausführungsgesetze.

(Vgl. a. oben § 1b.)

1) Kann der den Sachverständigen nach der Gebührenordnung vom 30. Juni 1878 zustehende Gebührenanspruch auch im Rechtswege geltend gemacht werden, wenn es sich um den Anspruch eines als Sachverständiger vernommenen Beamten nach landesgesetzlichen und aufrechterhaltenen Taxvorschriften handelt, und landesgesetzlich insoweit der ordentliche Rechtsweg gegeben ist? **43**, 51. — 2) Wirkung der landesgesetzlich im Handesregister erfolgten Eintragung der Konkurseröffnung auf die Verjährung von Klagen gegen den Gemeinschuldner aus Ansprüchen gegen die offene Handelsgesellschaft, deren Mitglied er ist. **45**, 47. — 3) Ist der Art. 505 Code de procédure civile durch die Civilprozeßordnung aufgehoben worden? **43**, 384; **48**, 361. — 4) Ist die Verhinderung des Richters, sich selbst als Zeugen zu vernehmen, im Sinne des § 24 des preußischen A.G. z.

G.V.G. eine thatsächliche oder eine rechtliche? **44**, 394. — 5) Kann der preußische Kompetenzgerichtshof das einem negativen Kompetenzkonflikte zu Grunde liegende Urteil des Reichsgerichtes aufheben? **44**, 4. 377. — 6) Ist der § 553 A.L.R. I. 9 über die Unterbrechung der Verjährung auch nach Einführung der C.P.O. unter Umständen anwendbar? **47**, 372. — 7) Verhältnis der preußischen Verordnung, betreffend die Kompetenzkonflikte ꝛc, vom 1. August 1879 zum § 17 Abs. 2 G.V.G. Der Kompetenzkonflikt kann nicht mehr erhoben werden, wenn der Rechtsstreit beim Reichsgerichte anhängig ist. **48**, 195. — 8) Steht die Bestimmung des § 63 des Großherzogl. hessischen Gesetzes vom 31. Mai 1879 über die unfreiwillige Versetzung eines Amtsrichters auf eine nichtrichterliche Stelle in Widerspruch mit § 8 G.V.G., ist daher ungültig? **49**, 112.

§ 284. Auslegung der Prozeßgesetze.

(S. a. oben § 3.)

a. Allgemeines. Analogie.

1) Ist ein Herkommen als allgemeine Rechtsquelle auch für das Gebiet des in der A.G.O. kodifizierten preußischen Prozeßrechtes ausgeschlossen? (P.) **41**, 392. — 2) Zur Auslegung des § 714 (810 n. F.) C.P.O. Gewöhnliche Zeit der Reise. **42**, 382. — 3) Was ist unter „Ansprüchen gegen den Landesfiskus wegen Verschuldung von Staatsbeamten" im § 39 Abs. 1 Ziff. 2 des preußischen Ausführungsgesetzes z. G.V.G. zu verstehen? **42**, 415. — 4) Analoge Anwendung des § 36 Ziff. 4 C.P.O. auf das Aufgebot eines Hypothekenbriefes, wenn das verpfändete Grundstück in verschiedenen Gerichtsbezirken liegt. **45**, 388. — 5) Analoge Anwendung des § 36 Ziff. 3 C.P.O. a. F. im Falle des § 705 (797 n. F.), wenn in der Klage Einwendungen von mehreren in verschiedenen Gerichtsbezirken wohnenden Schuldnern erhoben werden sollen. **45**, 391. — 6) Auslegung eines die Klage abweisenden Urteiles aus den Gründen als Abweisung zur Zeit. **47**, 370. — 7) Eingehende Auslegung des § 8 G.V.G., besonders zu der Frage, ob Richter wider ihren Willen auf eine nichtrichterliche Stelle versetzt werden können. **49**, 117. — 8) Wann ist im Sinne des § 109 C.P.O. n. F. die „Veranlassung zur Sicherheitsleistung" weggefallen? **50**, 377. — 9) Findet die Vorschrift des § 717 Abs. 2 C.P.O. n. F., daß der betreffende Schadensanspruch in demselben Prozesse erhoben werden kann, analoge Anwendung auf den Fall des § 945? **50**, 406.

b. Entscheidungen der vereinigten Civilsenate des Reichsgerichtes, betreffend Auslegung einzelner Prozeßgesetze.

1) Der Revisionsbeklagte, dem als solchem nach § 110 (119 n. F.) Abs. 2 S. 2 C.P.O. das Armenrecht bewilligt ist, bedarf in allen Fällen noch einer besonderen Bewilligung, wenn er sich der Revision anschließen will. **41**, 400. — 2) Gegen die in Gemäßheit des § 775 (890 n. F.)

Abs. 2 C.P.O. durch Beschluß des Prozeßgerichtes erster Instanz erlassene Strafandrohung ist das Rechtsmittel der Beschwerde zulässig. **42**, 419. — 3) Darf das höhere Gericht, auch wenn es nur über eine Kostenfestsetzungsbeschwerde zu entscheiden hat, von Amtswegen die in der unteren Instanz erfolgte Festsetzung des Streitwertes ändern? **44**, 403. — 4) Stehen den mit Gerichtsbarkeit versehenen Konsuln für die auf Ersuchen eines inländischen Gerichtes in einem bürgerlichen Rechtsstreite bewirkte Zustellung Gebühren nach dem Tarife vom 1. Juli 1872 Ziff. 7 zu? **44**, 409. — 5) Worin besteht der Streitwert bei der auf Erhöhung der Festsetzung des Streitwertes der Hauptsache gerichteten Beschwerde des Rechtsanwaltes? **45**, 402. — 6) Die Erhebung eines positiven Kompetenzkonfliktes nach der preußischen Verordnung vom 1. August 1879 mit den im § 7 daselbst festgesetzten Wirkungen ist nicht mehr zulässig, wenn der Rechtsstreit bereits durch Einlegung der Revision bei dem Reichsgerichte anhängig geworden ist. **48**, 195. — 7) Bei notwendiger Streitgenossenschaft wird durch die Urteilszustellung des einen Streitgenossen der Lauf der Rechtsmittelfrist nicht auch in Ansehung des anderen eröffnet. **48**, 417. — 8) Ist in Ehesachen das Urteil von Amtswegen zuzustellen, wenn einer Partei der Eid auferlegt ist, und die Ehe in beiden Fällen geschieden werden soll, aber nicht formell geschieden ist, und von dem Eide nur die Schuld- und die Kostenfrage abhängig gemacht sind? **48**, 423. — 9) In Fällen, wo das anzufechtende Urteil nach dem Antrage der Partei gleichzeitig mit der Rechtsmittelschrift zugestellt werden soll, ist das zur Entscheidung über das Rechtsmittel berufene Gericht nicht zuständig, auch die öffentliche Zustellung des anzufechtenden Urteiles zu bewilligen. **41**, 427.

§ 285. Zeitliche Wirksamkeit der Prozeßgesetze.

1) Das Vollstreckungsurteil nach § 661 C.P.O. a. F. kann nur erlassen werden, wenn die gesetzliche Voraussetzung der verbürgten Gegenseitigkeit zur Zeit des Erlasses des Vollstreckungsurteiles vorhanden war. **41**, 424. — 2) Zeitliche Grenzen der Rechtsnormen über die Zulässigkeit des Rechtsweges. (P.) **42**, 283. — 3) Ist die Wirksamkeit einer vor 1900 vollzogenen Pfändung von Zubehör eines Grundstückes seit dem 1. Januar 1900 nach dem neuen Rechte zu beurteilen? **46**, 173; **50**, 72. — 4) Ist die Zulässigkeit der von einem Hypothekengläubiger vor 1900 gegen die Pfändung von Zubehör eines Grundstückes erhobenen Interventionsklage seit dem 1. Januar 1900 nach dem neuen Rechte zu beurteilen? **46**, 172. — 5) Keine Rückwirkung der in § 99 Abs. 3 C.P.O. n. F. zugelassenen sofortigen Beschwerde auf vor dem 1. Januar 1900 ergangene Kostenentscheidungen. **46**, 345. — 6) Bestimmen sich auch die Wirkungen des vor dem 1. Januar 1900 beantragten Zwangsversteigerungsverfahrens nach dem bisherigen Rechte? **48**, 40; **50**, 73. — 7) Maßgebende Grundsätze für die Rückwirkung neuer Prozeßgesetze. **48**, 406. — 8) Ist über die gerichtliche Ernennung eines Schiedsrichters, auf die vor dem 1. Januar 1900 Klage erhoben

war, seit diesem Tage durch Beschluß zu entscheiden? **48**, 404. — 9) Anwendung des § 717 Abs. 2 C.P.O. n. F. auf den vor dem 1. Januar 1900 entstandenen Schaden, wenn infolge der vorläufigen Vollstreckbarkeit des Urteiles die Beitreibung schon vorher erfolgt war. **49**, 65. — 10) Zwangsvollstreckung aus einer Arrestvormerkung des bisherigen preußischen Rechtes nach dem Inkrafttreten der neuen Reichsgesetze. **49**, 106. — 11) Der § 1045 C.P.O. n. F. ist auch dann anzuwenden, wenn das Verfahren schon vor dem 1. Januar 1900 eingeleitet ist. **49**, 354. — 12) Unterliegt die Einrede des Schiedsvertrages der Beschränkung des § 528 Abs. 1 S. 1 C.P.O. n. F. auch dann, wenn das Verfahren erster Instanz schon vor dem 1. Januar 1900 beendet war? **49**, 429.

§ 286. Örtliche Wirksamkeit der Prozeßgesetze.

— — — — — — — —

§ 287. Zwingende (absolute) und nachgiebige (instruktionelle) Prozeßvorschriften.

Haben zwingende Rechtssätze schon als solche rückwirkende Kraft? **42**, 101.

Zweites Kapitel. Die Civilprozeßordnung.

1. Die Gerichte.

§ 288. Die Gerichtsverfassung. Gewerbegerichte.

1) Gehören Entschädigungsansprüche eines Arbeiters gegen den Arbeitgeber wegen Unterlassung der gebotenen Schutzmaßregeln vor die ordentlichen Civilgerichte oder vor die Gewerbegerichte? **41**, 136. — 2) Was ist unter „Entschädigungsanspruch aus dem Arbeitsverhältnisse" im § 3 des Gesetzes über die Gewerbegerichte vom 29. Juli 1890 zu verstehen? **41**, 137. — 3) Voraussetzungen der Einholung der Entscheidung der vereinigten Civilsenate. **41**, 160. 218. 269; **42**, 42. 279; **44**, 263; **45**, 87; **46**, 426. — 4) Ist die Verhinderung des Richters, sich selbst als Zeugen zu vernehmen, im Sinne des preußischen Ausführungsgesetzes zum G.V.G. eine thatsächliche oder eine rechtliche? **44**, 394. — 5) Hat der Gerichtsschreiber, wenn ihm der Anwalt eine Rechtsmittelschrift zur Erwirkung der Terminsbestimmung ohne Vorbehalt überreicht, die Terminsnote zu übertragen und die Abschrift zu beglaubigen? Kann die Partei verlangen, daß auch dann der Gerichtsschreiber selbst die Terminsnote beglaubige, wenn er einen Gerichtsvollzieher mit der Zustellung beauftragt? **45**, 415; **46**, 326. — 6) Steht die Bestimmung des § 63 des Großherzogl. hessischen Gesetzes vom 31. Mai 1879 über die unfreiwillige Versetzung eines Amtsrichters auf eine nicht-

richterliche Stelle in Widerspruch mit § 8 G.V.G., ist daher ungültig? **49**, 112. — 7) Können nach § 8 G.V.G. Richter wider ihren Willen auf eine nichtrichterliche Stelle versetzt werden? **49**, 117.

§ 289. Sachliche Zuständigkeit der Gerichte.

(S. a. oben § 282.)

1) Gerichtsstand für die Interventionsklage aus § 690 (771 n. F.) C.P.O. Wird die Zwangsvollstreckung schon durch Vornahme von Vollstreckungshandlungen zur Vollziehung einer einstweiligen Verfügung beendet? **41**, 393. — 2) Gehören zu den „öffentlichen Abgaben" im Sinne des § 70 Abs. 3 G.V.G. Beiträge, die eine Innung auf Grund des § 100f R.G.O. (Gesetz vom 6. Juli 1887) von Nichtmitgliedern erhebt? **42**, 358. — 3) Welches Gericht ist zuständig für die Wiedereinsetzung gegen Versäumung der Notfrist der aus diesem Grunde schon verworfenen sofortigen Beschwerde? **42**, 368. — 4) Was ist unter „Ansprüche gegen den Landesfiskus wegen Verschuldung von Staatsbeamten" im § 39 Abs. 1 Ziff. 2 des preußischen Ausführungsgesetzes zum G.V.G. zu verstehen? **42**, 415; **50**, 397. — 5) Sind nach § 39 des preußischen A.G. z. G.V.G. die Landgerichte für alle Ansprüche, auch für die des Staates, gegen Beamte wegen schuldhaften Verhaltens im Amte ausschließlich zuständig? **43**, 385. — 6) Begriff des Prozeßgerichtes im Sinne des § 686 (767 n. F.) C.P.O. **45**, 343. — 7) Sind, wenn Schadensansprüche gegen den Fiskus auf Verletzung seiner Vertragspflichten durch Staatsbeamte gestützt werden, die Landgerichte ohne Rücksicht auf den Streitwert ausschließlich zuständig? **46**, 340. — 8) Ist es für die Zulässigkeit der Revision von Bedeutung, daß das Landgericht sich sachlich für zuständig erachtet hat, obgleich der Streitwert den Betrag von 300 ℳ nicht überstieg? **46**, 342. — 9) Ist das Reichsgericht auch für Beschwerden gegen die im Regulierungsverfahren erlassenen Entscheidungen des Oberlandeskulturgerichtes zuständig? **46**, 356. — 10) Kann gegen die Klage des einen Ehegatten gegen den anderen auf Unterhalt die Einrede der Unzuständigkeit des Gerichtes darauf gestützt werden, daß bei Erhebung dieser Klage schon die Ehescheidungsklage, namentlich bei einer anderen Abteilung des Gerichtes, anhängig war? **47**, 379. — 11) Wird der § 551 C.P.O. n. F. verletzt, wenn statt der zuständigen Kammer für Handelssachen eine Civilkammer entscheidet? Wie, wenn als Beschwerdegericht in Sachen der freiwilligen Gerichtsbarkeit? **48**, 27. — 12) Ist das zur Entscheidung über das Rechtsmittel berufene Gericht zuständig, auf gestellten Antrag mit der öffentlichen Zustellung der Rechtsmittelschrift auch die des anzufechtenden Urteiles zu bewilligen? **41**, 427. — 13) Der Kompetenzkonflikt nach der preußischen Verordnung vom 1. August 1879 kann nicht mehr erhoben werden, wenn der Rechtsstreit beim Reichsgerichte anhängig ist. **48**, 195. — 14) Sind für den Anspruch auf Ersatz des von einem Eisenbahnzuge der preußischen Staatsbahn durch Verschulden eines Beamten verursachten Schadens die Landgerichte ohne Rücksicht auf

den Wert ausschließlich zuständig? **50**, 396. — 15) Gericht der Hauptsache; was ist im Sinne des § 927 Abs. 2 C.P.O. n. F. unter „Hauptsache" zu verstehen? **50**, 345. — 16) Gericht der Hauptsache, wenn bei dem Amtsgerichte eine einstweilige Verfügung erwirkt ist, um dem Antragsteller eine Vermessung zu ermöglichen, deren er zur Feststellung einer Geldforderung bedarf? **45**, 346. — 17) Gerichtsstand aus § 686 (767 n. F.) C.P.O. für die Klage, mit der ein auf Grund des R.H.G. zur Zahlung einer Rente verurteilter Unternehmer die Feststellung fordert, daß auf die nach § 7 Abs. 2 zu vermindernde Rente die zuviel gezahlten Beträge anzurechnen seien. **44**, 364.

§ 290. Wert des Streitgegenstandes.

(Revisionssumme s. unten § 337b.)

1) Streitwert bei Klagen, die die Ernennung eines Schiedsrichters oder andere zur Vorbereitung eines schiedsrichterlichen Verfahrens dienende Vorgänge betreffen. **41**, 362. — 2) Kommen bei der Berechnung des Streitwertes Lagerkosten in Betracht, die der redhibierende Kläger für die Aufbewahrung des Streitobjektes fordert? **42**, 388. — 3) Streitwert in einem Prozesse über lebenslängliche Alimente, die später nach den Bestimmungen des B.G.B. nicht mehr zu entrichten sind. **44**, 370. — 4) Darf das Beschwerdegericht im Kostenfestsetzungsverfahren von Amtswegen die von der unteren Instanz erfolgte Festsetzung des Streitwertes abändern? **44**, 403. — 5) Worin besteht der Streitwert bei der auf Erhöhung der Festsetzung des Streitwertes der Hauptsache gerichteten Beschwerde eines Rechtsanwaltes? **45**, 402. — 6) Berechnung der Beschwerdesumme für die von einem Rechtsanwalte in eigenem Namen gegen einen in der Beschwerdeinstanz erlassenen Wertfestsetzungsbeschluß eingelegte weitere Beschwerde, wenn der Rechtsanwalt die Partei nicht nur in der ersten, sondern auch in der Berufungsinstanz vertreten hat. **46**, 365. — 7) Ist der Anspruch der Ehefrau auf Getrenntleben während des Ehescheidungsprozesses ein vermögensrechtlicher? **46**, 382. — 8) Wert des Streitgegenstandes bei der Klage auf Herausgabe des über eine verpfändete Hypothek gebildeten Hypothekenbriefes für eine geringere Forderung. **46**, 401. — 9) Berechnung des Streitwertes bei der Wandelungsklage gegen einen beiderseits erfüllten Grundstückstauschvertrag. **46**, 422. — 10) Berechnung des Streitwertes bei Anfechtungsklagen außerhalb des Konkurses. Kommen dabei die auf dem Grundstücke, dessen Veräußerung angefochten wird, haftenden Hypotheken vom Werte des Grundstückes in Abzug? **47**, 375. — 11) Kann der Beschwerdewert in der höheren Instanz den Wert des Streitgegenstandes übersteigen? **47**, 420. — 12) Streitwert im Falle der Anfechtung eines Gewerkschaftsbeschlusses durch einen Gewerken. **48**, 381.

§ 291. Gesetzlicher Gerichtsstand.

a. Allgemeines.

1) Gerichtsstand für die Interventionsklage im Sinne des § 690 (771 n. F.) C.P.O. **41**, 393. — 2) Ausschließlicher Gerichtsstand für die Klage, mit der ein auf Grund des R.H.G. zur Zahlung einer Rente verurteilter Unternehmer die Feststellung fordert, daß auf die nach § 7 Abs. 2 zu vermindernde Rente die zuviel gezahlten Beträge anzurechnen seien. **44**, 364. — 3) Gericht der Hauptsache im Sinne der §§ 816. 821 (937. 943 n. F.) C.P.O. **45**, 346. — 4) Begriff des Prozeßgerichtes als Gerichtsstandes nach § 686 (767 n. F.) C.P.O. **45**, 343. — 5) Hat das Gericht vor der Bewilligung der öffentlichen Zustellung zu prüfen, ob es für die eingereichte Klage örtlich zuständig ist? **46**, 391. — 6) Ist, wenn gegen eine offene Handelsgesellschaft bei einem zuständigen Gerichte geklagt und nach deren Auflösung ein Gesellschafter zur Fortsetzung des Verfahrens geladen war, dieser, indem er seine Pflicht zur Übernahme der Parteirolle bestreitet, berechtigt, aus seiner Person die Einrede der örtlichen Unzuständigkeit vorzuschützen? **49**, 419. — 7) Gerichtsstand für die Anfechtungsklagen aus § 3 Ziff. 2 R.A.G. **48**, 401; **50**, 410. — 8) Muß das Gericht, bei dem thatsächlich die Hauptsache anhängig ist, seine Zuständigkeit für diese im Arrestverfahren prüfen? **50**, 346. — 9) Was ist im § 927 Abs. 2 C.P.O. unter Gericht der Hauptsache zu verstehen? **50**, 345. — 10) Rechtfertigt die nachträgliche Feststellung der Unzuständigkeit des Gerichtes für die Hauptsache die Aufhebung des Arrestes wegen veränderter Umstände? **50**, 346.

b. Die einzelnen Gerichtsstände.

1. Der allgemeine Gerichtsstand.

Kann auf die Unzulässigkeit weiterer Zwangsvollstreckung aus einer vollstreckbaren Urkunde im allgemeinen Gerichtsstande geklagt werden? **41**, 377.

2. Die besonderen Gerichtsstände.

Gerichtsstand der Niederlassung.

1) Gehören in den Gerichtsstand der Niederlassung auch auf den Dienstvertrag gegründete Klagen der für diese Niederlassung angestellten Handlungsgehilfen gegen den Geschäftsherrn? **42**, 379. — 2) Voraussetzungen des Gerichtsstandes der landwirtschaftlichen Niederlassung; ist Bewirtschaftung durch eigene Thätigkeit erforderlich? **44**, 354. — 3) Wie nahe muß, um den Gerichtsstand der Niederlassung zu begründen, auf deren Geschäftsbetrieb der Anspruch sich beziehen? **44**, 355. — 4) Ist unter „gewerblicher Niederlassung“ im § 2 des Reichsgesetzes zur Bekämpfung des unlauteren Wettbewerbes von 1896 auch eine Zweigniederlassung zu verstehen? **44**, 361. — 5) Sind die Eisenbahnbetriebsinspektionen einer

preußischen Staatseisenbahn Niederlassungen im Sinne des § 21 C.P.O. n. F.? **50**, 398. — 6) Kann, wer eine von ihm außerhalb seines Wohnortes betriebene Fabrik als Zweigniederlassung in das Handelsregister hat eintragen lassen und aus einem Geschäfte, das auf den Betrieb der Fabrik Bezug hat, verklagt wird, wirksam einwenden, daß von der Fabrik aus unmittelbar keine Geschäfte geschlossen werden? **50**, 428.

Gerichtsstand des Vermögens.

Gerichtsstand des Vermögens beim Kontokorrentverkehre des verklagten Ausländers mit Inländern. **44**, 386.

Gerichtsstand der belegenen Sache.

1) Gilt der ausschließliche dingliche Gerichtsstand auch gegen die Mitglieder der preußischen landesherrlichen Familie? Würde ein entgegengesetztes Herkommen rechtsverbindlich sein? **41**, 387. — 2) Gilt der Gerichtsstand des § 25 (24 n. F.) C.P.O. auch für die Klage, mit der eine Apothekengerechtigkeit als privilegierte geltend gemacht wird? **45**, 385. — 3) Ist der ausschließliche dingliche Gerichtsstand begründet, wenn nach Löschung der Hypothek gegen den Schuldner, der das Pfandgrundstück veräußert hat, auf Herausgabe des nach dem Landesrechte an die Stelle des Grundstückes getretenen Erlöses geklagt wird? **45**, 388.

Gerichtsstand des Vertrages (Erfüllungsortes).

1) Kann der Gerichtsstand des Erfüllungsortes auf eine Vertragsklausel über ihn gestützt werden, die der rechtlichen Natur des Vertrages widerspricht? **41**, 360. — 2) Ist der Gerichtsstand des Erfüllungsortes nach § 53 A.L.R. I. 16 für Klagen gegen den Fiskus auch aus Verträgen dort begründet, wo die öffentliche Kasse ihren Sitz hat? (P.) **42**, 249. — 3) Ist für die Klage des Konkursverwalters, mit der er die Ansprüche der Gesellschaftsgläubiger gegen den Kommanditisten einer in Konkurs geratenen Kommanditgesellschaft auf Einzahlung der versprochenen Einlage geltend macht, der Gerichtsstand des Erfüllungsortes am Sitze der Gesellschaft begründet? **46**, 352. — 4) Ist für die auf Anfechtung wegen Irrtumes oder wegen arglistiger Täuschung (§§ 119. 123. 143 B.G.B.) gestützte Klage auf Rückerstattung des Kaufpreises das Gericht des Wohnsitzes des Käufers, wo die Ware sich befindet, oder das des Wohnsitzes des Verkäufers begründet? Streitige Verpflichtung im Sinne des § 29 C.P.O.? **49**, 421. — 5) Wird dadurch allein, daß der Kläger die Erfüllung an einem bestimmten Orte verlangt, der Gerichtsstand des Erfüllungsortes begründet? **49**, 72. — 6) Wo ist der Erfüllungsort für die Verpflichtung des Käufers zur Abnahme bei Gattungskäufen, besonders wenn die Ware vom Käufer nicht angenommen, sondern an den Verkäufer zurückgegangen ist? Streitige Verpflichtung im Sinne des § 29 C.P.O. **49**, 74. — 7) Wird der gesetzliche Erfüllungsort des

Käufers dadurch geändert, daß der Kaufpreis durch das Accept eines auswärtigen Bankiers zu berichtigen ist? **50**, 270. — 8) Wo hat der Verkäufer den Wandelungsanspruch des Käufers auf Rückgabe des Kaufpreises wegen Mängel der übergebenen Ware zu erfüllen? (G.) **50**, 272.

Gerichtsstand der unerlaubten Handlung.

1) Ist für den Anfechtungsanspruch aus § 3 Ziff. 2 R.A.G. der Gerichtsstand der unerlaubten Handlung begründet? **48**, 401; **50**, 410. — 2) Besteht der Gerichtsstand der unerlaubten Handlung im Sinne des § 32 C.P.O. für alle im Titel 25 Buch II B.G.B. genannten Fälle? Auch für die Klagen aus § 1 R.H.G. und § 25 des preußischen Eisenbahngesetzes von 1838? **50**, 409.

Gerichtsstand der Widerklage.

Ist eine Widerklage, auch ohne die Voraussetzungen des § 33 C.P.O. zulässig, wenn die Voraussetzungen der Prorogation vorliegen? **46**, 424.

§ 292. Vereinbarter (prorogierter) Gerichtsstand.

Ist eine Widerklage auch ohne die Voraussetzungen des § 33 C.P.O. zulässig, wenn die Voraussetzungen der Prorogation vorliegen? **46**, 424.

§ 293. Oberrichterlich bestimmter Gerichtsstand.

1) Ist nach § 36 Ziff. 1 C.P.O. nur für einen erst zu erhebenden Prozeß das zuständige Gericht zu bestimmen oder auch in einem anhängigen für die höhere Instanz oder den zu ersuchenden Richter? **44**, 394. — 2) Kann nach § 36 Ziff. 3 C.P.O. auch für die Pfändung einer mehreren Schuldnern gemeinschaftlichen Forderung das zuständige Gericht bestimmt werden? **44**, 418. — 3) Anwendung des § 36 C.P.O. auf das Aufgebot eines Hypothekenbriefes, wenn das verpfändete Grundstück in verschiedenen Gerichtsbezirken liegt? **45**, 388. — 4) Anwendug des § 36 Ziff. 3 C.P.O. im Falle des § 705 (797 n. F.) C.P.O., wenn in der Klage Einwendungen von mehreren in verschiedenen Gerichtsbezirken wohnhaften Schuldnern erhoben werden sollen. **45**, 391.

§ 294. Ausschließung und Ablehnung der Richter.

1) Findet die Bestimmung des zuständigen Gerichtes nach § 36 Ziff. 1 C.P.O. nur für einen erst zu erhebenden Prozeß statt oder auch innerhalb des Prozesses für die höhere Instanz oder den zu ersuchenden Richter? **44**, 394. — 2) Ist die Verhinderung des Richters, sich selbst als Zeugen zu vernehmen, insbesondere im Sinne des § 24 des preußischen Ausführungsgesetzes zum G.V.G., eine thatsächliche oder eine rechtliche? **44**, 394. — 3) Darf der abgelehnte Richter an der Beschlußfassung

über das Ablehnungsgesuch auch dann nicht teilnehmen, wenn dieses nur gestellt ist, um die Thätigkeit des Gerichtes zu lähmen oder doch die Sache zu verschleppen? **44**, 402. — 4) Giebt es Fälle der Ausschließung eines Schiedsrichters kraft Gesetzes? **44**, 391. — 5) Verliert die Partei das Recht, einen Schiedsrichter abzulehnen, stets dadurch, daß sie trotz Kenntnis des Ablehnungsgrundes einen Antrag bei dem Schiedsrichter stellt? **44**, 391.

§ 295. Gerichtsvollzieher.

1) Ist der Gerichtsvollzieher bei der Vornahme der Pfändung Vertreter des Gläubigers? **43**, 180. — 2) Kann ein preußischer Gerichtsvollzieher, der Militärinvalide ist, die Fortzahlung seiner Invalidenpension fordern? **44**, 85. — 3) Beglaubigung der Abschrift der Terminsnote, wenn der Gerichtsschreiber den Gerichtsvollzieher mit der Zustellung einer Rechtsmittelschrift beauftragt. **45**, 415; **46**, 326. — 4) Wirksamkeit einer im Anwaltsprozesse durch den Gerichtsvollzieher bewirkten Zustellung, wenn dieser unter Vermittelung des Gerichtsschreibers beauftragt war, obgleich es sich nicht um die Wahrung einer Notfrist handelte. **47**, 397. — 5) Liegt ein unabwendbarer Zufall im Sinne des § 233 C.P.O. n. F. vor, wenn der nach § 166 Abs. 2 Ziff. 2 C.P.O. n. F. zustellende Gerichtsvollzieher die Beglaubigung der Abschrift der Terminsbestimmung versäumt hat? **48**, 409. — 6) Hat der Gerichtsvollzieher die Zwangsvollstreckung einzustellen, wenn ihm ein Postschein vorgelegt wird über einen Betrag, der zwar die im Vollstreckungstitel bezeichnete Forderung, nicht aber die Zwangsvollstreckungskosten deckt? **49**, 399.

2. Die Parteien.

§ 296. Parteifähigkeit. Prozeßfähigkeit. Gesetzlicher Vertreter.

1) Der Liquidator ist nicht Mandatar der Aktionäre, sondern gesetzlicher Vertreter der Liquidationsgesellschaft. **41**, 95. — 2) Prozeßlegitimation der Hofkammer der K. preußischen Familiengüter. **41**, 389. — 3) Wird in Preußen der Reichsmilitärfiskus stets durch die Korpsintendantur vertreten? **42**, 66. — 4) Ist der Korrespondentrheder als solcher zur Vertretung der Rhederei in Schiffskollisionsprozessen befugt? **42**, 69. — 5) Ist der gesetzliche Vertreter des Reichsmilitärfiskus in den das Festungsgelände betreffenden Angelegenheiten in Preußen der Kriegsminister? Auch wenn die Festung in Elsaß-Lothringen liegt? **43**, 12. — 6) Wird der Vorstand einer eingetragenen Genossenschaft oder einer Aktiengesellschaft durch Beschränkungen, die ihm durch das Statut oder die Generalversammlung auferlegt sind, gehindert, insoweit die Gesellschaft nach außen zu vertreten? **45**, 150. 152. — 7) Befugnis des Liquidators einer aufgelösten Aktiengesellschaft zur Einforderung rückständiger Aktienbeträge. **45**, 153. — 8) Ist der Regierungspräsident gesetzlich befugt, für eine klagende Pensionskasse seines Bezirkes statt des statutengemäßen Kuratoriums ein anderes Vertretungsorgan zu bestellen?

(P.) **46**, 221. — 9) Wer hat die Parteieide zu leisten im Falle der gesetzlichen Vertretung durch eine Kollegialbehörde? **45**, 428; **46**, 319 (identisch). — 10) Können die Mitglieder einer den Fiskus vertretenden Kollegialbehörde als Zeugen in diesem Prozesse vernommen werden? **45**, 427; **46**, 318 (identisch). — 11) Kann im Falle des Verlustes der Prozeßfähigkeit der Partei der Prozeßbevollmächtigte die Aussetzung des Verfahrens noch verlangen, nachdem er für den neuen gesetzlichen Vertreter der Partei aufgetreten ist und mündlich verhandelt hat? **46**, 379. — 12) Können zwei Liquidatoren einer offenen Handelsgesellschaft diese in einem Prozesse gegen einen Gesellschafter, der zugleich dritter Liquidator ist, wirksam vertreten? **47**, 17. — 13) Der Nachlaßpfleger hat keine Parteistellung kraft Amtes, ist vielmehr gesetzlicher Vertreter der Erben, und zwar der Person der Erben. **50**, 395.

§ 297. Streitgenossenschaft. Haupt- und Nebenintervention. Streitverkündung. Subjektive Klagenverbindung.

1) Verteilung der Prozeßkosten, wenn nach dem Urteile die durch das Verfahren gegen den einen Streitgenossen entstandenen Kosten dieser selbst, die gegen den anderen entstandenen der Kläger tragen soll. **41**, 399. — 2) Einfluß der Unterbrechung des Verfahrens gegen einen von zwei Revisionsklägern auf die Zulässigkeit der Revision des anderen, dessen Beschwerde allein die Revisionssumme nicht erreicht. **41**, 414. — 3) Kann die Eideszuschiebung an notwendige Streitgenossen noch zurückgenommen oder durch andere Beweismittel ersetzt werden, wenn der durch Beweisbeschluß angeordnete Eid schon von einigen Streitgenossen abgeleistet ist? **41**, 415. — 4) Teilhaber einer während des Prozesses aufgelösten offenen Handelsgesellschaft als notwendige Streitgenossen; Wirkungen, wenn dann der eine seine Rechte an den anderen abtritt, und dieser allein den Prozeß fortsetzt. **46**, 321. — 5) Kann der Berufungsbeklagte gegen den mit der Klage abgewiesenen Streitgenossen eine Anschließung erklären, wenn die Berufung nur von dem verurteilten anderen Streitgenossen eingelegt worden ist? **46**, 416. — 6) Besteht zwischen dem Acceptanten und dem Aussteller eines Wechsels notwendige Streitgenossenschaft, wenn sie in einer Klage belangt werden und sich derselben Einrede bedienen? **48**, 215. — 7) Bei notwendiger Streitgenossenschaft wird durch die Urteilszustellung des einen Streitgenossen der Lauf der Rechtsmittelfrist nicht auch in Ansehung des anderen eröffnet. **48**, 417. — 8) Förmlichkeiten des gegen notwendige Streitgenossen eingelegten Rechtsmittels, wenn ihnen das Urteil vom Rechtsmittelkläger zu verschiedenen Zeiten zugestellt ist. **49**, 427. — 9) Ist die Trennung zweier durch das Gericht verbundener Klagen mit verschiedenen Klägern zulässig, nachdem über sie einheitlich die mündliche Verhandlung stattgefunden hat und abgeschlossen ist? Berechnung der Revisionssumme, wenn in solchem Falle zwei besondere Urteile erlassen sind. **49**, 401. — 10) Rechtliche Stellung des Nebenintervenienten, der für die von ihm unterstützte Partei ein Rechtsmittel einlegt. **42**, 389.

§§ 56—60 C.P.O. a. F.

§§ 61—68 C.P.O. a. F.

— 11) Kann ein Nebenintervenient, der nicht Streitgenosse ist, auch in eigenem Namen und gegen die von ihm unterstützte Partei Rechtsmittel einlegen? **42**, 391. — 12) Findet der § 66 C.P.O. a. F. auf die Stellung eines Hypothekengläubigers des mit einer Klage auf Auflösung des Kaufvertrages belangten Beklagten Anwendung, wenn seine Hypothek an dem verkauften Grundstücke bestellt ist? **42**, 392. — 13) Muß der die Nebenintervention erklärende Schriftsatz auch der zu unterstützenden Partei zugestellt werden? **42**, 401. — 14) Kann die Nichtzustellung der Interventionsschrift an die zu unterstützende Partei auch von der Gegenpartei gerügt werden? **42**, 401. — 15) Genügt es für die Nebenintervention durch Einlegung eines Rechtsmittels, daß die Zustellung der Beitrittserklärung an die zu unterstützende Partei erst nach Ablauf der Rechtsmittelfrist erfolgt? **42**, 401. — 16) Heilung des Mangels in der Form des Beitrittes des Nebenintervenienten durch Nichtrüge der erschienenen Parteien. **42**, 403. — 17) Muß die unterstützte Partei von dem den Prozeß betreibenden Nebenintervenienten im Falle des § 66 (69 n. F.) C.P.O. beigeladen werden? **42**, 404. — 18) Kann ein Nebenintervenient eine Hauptintervention gegen beide Parteien desselben Hauptprozesses erheben? **46**, 404. — 19) Ist auf die in Gütergemeinschaft lebende Ehefrau als Nebenintervenientin in einem Prozesse gegen den Ehemann wegen einer das gemeinschaftliche Vermögen belastenden Schuld der § 66 (69 n. F.) C.P.O. anzuwenden? Kann sie trotz des Anerkenntnisses des Ehemannes den Prozeß fortsetzen? (P.) **44**, 345. — 20) Unter welchen Voraussetzungen ist die Beschwerde aus § 99 Abs. 3 C.P.O. n. F. gegen die Entscheidung über die Kosten der Nebenintervention zulässig? **46**, 393. — 21) Voraussetzungen und Wirkungen

§§ 69—73 C.P.O. a. F. der Streitverkündung, **45**, 353.

§ 298. Prozeßbevollmächtigte. Anwaltszwang. Rechtsanwaltsordnung.

1) Vertretung des ausländischen Patentinhabers durch den nach § 12 des Patentgesetzes zu bestellenden Vertreter auch in einem wegen Verletzung eines fremden Patentrechtes gegen jenen anhängig gemachten Rechtsstreite. **42**, 92. — 2) Kann ein den Rechtsanwalt zum Schadensersatze verpflichtendes Verschulden darin liegen, daß der Rechtsanwalt bei Ausführung des Auftrages der herrschenden Ansicht trotz eigener Bedenken gegen ihre Richtigkeit folgt? (P.) **42**, 325. — 3) Ist der Rechtsanwalt verpflichtet, sein Mandat niederzulegen, wenn er als Notar entgegengesetzten Interessen gedient hat? (P.) **43**, 262. — 4) Muß im Falle des § 25 A.L.R. I. 13 der Bevollmächtigte, wenn er den Auftrag behält, ohne dem Machtgeber Anzeige zu machen, den durch die Unterlassung der Anzeige oder den durch das Behalten des Auftrages entstandenen Schaden ersetzen? (P.) **43**, 262. — 5) Ist nach Abhaltung eines Beweisaufnahmetermines eine Beschwerde darüber zulässig, daß der Prozeßbevollmächtigte einer Partei zu diesem Termine nicht zugelassen sei, weil er seine Vollmacht nicht nachgewiesen habe? **43**, 425. — 6) Wird durch Erkrankung des zum Prozeßbevollmächtigten bestellten Rechtsanwaltes ein

Wechsel in dessen Person im Sinne des § 87 (91 n. F.) C.P.O. notwendig? **44**, 427. — 7) Ist eine einstweilige Verfügung dem Gegner selbst oder dessen Prozeßbevollmächtigtem für den Hauptprozeß zuzustellen? **45**, 364. — 8) Worin besteht der Streitwert bei der auf Erhöhung der Festsetzung des Streitwertes der Hauptsache gerichteten Beschwerde eines Rechtsanwaltes? **45**, 402. — 9) Legitimation der Parteivertreter im Ehescheidungsprozesse (§ 613 n. F. C.P.O.). **45**, 419. — 10) Kann im Falle des Verlustes der Prozeßfähigkeit der Partei der Prozeßbevollmächtigte die Aussetzung des Verfahrens noch verlangen, nachdem er für den neuen gesetzlichen Vertreter der Partei aufgetreten ist und mündlich verhandelt hat? **46**, 379. — 11) Sind die beim Reichsgerichte zugelassenen Anwälte befugt, in dem Verfahren der §§ 28—33 des Patentgesetzes die Berufung beim Patentamte einzulegen? **47**, 395. — 12) Wirksamkeit einer im Anwaltsprozesse durch den Gerichtsvollzieher bewirkten Zustellung, wenn dieser unter Vermittelung des Gerichtsschreibers beauftragt war, obgleich es sich nicht um Wahrung einer Notfrist handelte. **47**, 397. —13) Finden die §§ 80. 88. 613 C.P.O. n. F. auch auf einen Armenanwalt Anwendung? **47**, 413. — 14) Stillschweigende nachträgliche Genehmigung durch die Partei im Sinne des § 89 Abs. 2 C.P.O. n. F. **47**, 415. — 15) Ist ein gerichtlicher Vergleich, den die als Prozeßbevollmächtigte aufgetretenen Anwälte abgeschlossen haben, auch für die Partei bindend, die nur mündlich Vollmacht erteilt hat? **49**, 345. — 16) Ermächtigt die Prozeßvollmacht zur Abgabe und Annahme einer Anfechtungserklärung nach § 143 B.G.B. im Prozesse? **48**, 221; **49**, 393. — 17) Kann der Rücktritt vom Vertrage (§ 349 B.G.B.) rechtswirksam im Prozesse von dem Prozeßbevollmächtigten des Zurücktretenden gegenüber dem des Vertragsgegners erklärt werden? **50**, 143. — 18) Erlischt die Vollmacht des Prozeßbevollmächtigten, wenn das Verfahren infolge Todes der Partei ausgesetzt wird? **50**, 339. — 19) Unterliegen in Auseinandersetzungssachen die Beschwerden, über die das Reichsgericht zu entscheiden hat, insbesondere die sofortige Beschwerde gegen den die Revision zurückweisenden Beschluß der Generalkommission, dem Anwaltszwange? (P.) **50**, 347. — 20) Ist der Prozeßbevollmächtigte zur Abgabe und Empfangnahme der Aufrechnungserklärung in der mündlichen Verhandlung vor dem Prozeßgerichte befugt? **50**, 426. — 21) Haftung des Rechtsanwaltes, der in Sachen, die eine rechtliche Beurteilung erfordern, seine Klienten mit seinem Bureauvorstande verhandeln läßt. **48**, 59. — 22) Zeugnisweigerung eines Rechtsanwaltes über Verhandlungen bei einem Rechtsgeschäfte der Parteien, zu dem beide ihn als Vertrauensperson zugezogen hatten. **50**, 353. — 23) Zustellung einer Rechtsmittelschrift von Anwalt zu Anwalt durch einen bei dem Rechtsmittelgerichte nicht zugelassenen Anwalt. **41**, 358.

§ 299. Prozeßkosten im allgemeinen.

1) Verteilung der Prozeßkosten, wenn nach dem Urteile die durch das Verfahren gegen den einen Beklagten entstandenen Kosten dieser selbst,

die gegen den anderen entstandenen der Kläger tragen soll. **41,** 399. — 2) Genügt zur Anwendung des § 88 (92 n. F.) Abs. 2 C.P.O., daß durch den abgewiesenen Teil des Klagantrages Mehrkosten nicht entstanden sind? **42,** 84. — 3) Wie ist über die Kosten der Rechtsmittelinstanz zu entscheiden, wenn sowohl das Rechtsmittel selbst als auch die Anschließung zurückgewiesen werden? **44,** 374. — 4) Darf das Beschwerdegericht im Kostenfestsetzungsverfahren von Amtswegen die in der unteren Instanz erfolgte Festsetzung des Streitwertes ändern? **44,** 403. — 5) Wird durch Erkrankung des zum Prozeßbevollmächtigten bestellten Rechtsanwaltes ein Wechsel in der Person des Anwaltes im Sinne des § 87 (91 n. F.) C.P.O. notwendig? **44,** 427. — 6) Gehören die Kosten für die Erwirkung des Rückkehrbefehles und des Sühnetermines zu den Prozeßkosten? **45,** 367. — 7) Ist ein Zwischenurteil, durch das entschieden wird, daß der Beklagte zur Aufnahme des Verfahrens nicht befugt sei und deren Kosten zu tragen habe, ein vollstreckbarer Titel, auf Grund dessen die Festsetzung dieser Kosten erfolgen kann? **45,** 406. — 8) Unanwendbarkeit der sofortigen Beschwerde aus § 99 Abs. 3 C.P.O. n. F. gegen vor dem 1. Januar 1900 ergangene Kostenentscheidungen. **46,** 345. — 9) Ist nach § 99 Abs. 3 C.P.O. n. F. die sofortige Beschwerde gegen die Entscheidung über den Kostenpunkt auch dann zulässig, wenn eventuell in der Hauptsache kein Rechtsmittel gegeben sein würde? **46,** 348. — 10) Ist, wenn die Ehegatten in der allgemeinen Gütergemeinschaft des B.G.B. leben, gegen den Ehemann im Ehescheidungsprozesse eine einstweilige Verfügung auf Zahlung eines Kostenvorschusses an den Anwalt der Ehefrau gerechtfertigt? **46,** 354. — 11) Gegen die Zurückweisung des Kostenfestsetzungsgesuches steht die einfache Beschwerde zu. **46,** 376. — 12) Unter welcher Voraussetzung ist die Beschwerde aus § 99 Abs. 3 C.P.O. n. F. gegen die Entscheidung über die Kosten der Nebenintervention zulässig? **46,** 393. — 13) Kann im Ehescheidungsprozesse der Ehemann durch eine einstweilige Verfügung zur Zahlung eines Kostenvorschusses an den Anwalt der Frau angehalten werden, wenn für die Ehe der gesetzliche Güterstand des B.G.B. besteht? **47,** 72. — 14) Findet § 99 Abs. 3 C.P.O. n. F. auf eine Entscheidung über die Kosten einer vor ihrer Zustellung erledigten Klage Anwendung? **47,** 404. — 15) Wie ist über die Kosten zu entscheiden, wenn der Klagantrag nur infolge des im Laufe des Prozesses eingetretenen Wechsels der Gesetzgebung abgewiesen werden muß? **48,** 50. — 16) Findet, wenn das Anerkenntnisurteil nur wegen des Kostenpunktes mit der Berufung angegriffen war, gegen das Berufungsurteil Revision oder sofortige Beschwerde statt? **48,** 364. — 17) Zulässigkeit der Beschwerde an das Reichsgericht „in betreff der Prozeßkosten". Bedeutung dieser Worte im § 567 Abs. 2 C.P.O. n. F. **49,** 386. — 18) Gehören die Kosten der einstweiligen, auf Einstellung der Zwangsvollstreckung lautenden, Anordnung zu den Kosten des nachfolgenden Prozesses über die Interventionsklage? Welches Rechtsmittel, wenn sie in dieser beziffert eingeklagt waren, und über sie nach erledigter Hauptsache entschieden ist? **50,** 357. — 19) Besteht im Falle des § 99 Abs. 3 C.P.O. n. F. die Beschwerdesumme nur in dem Betrage der

Kosten, die bis zur Erledigung der Hauptsache entstanden sind? **50,** 368. — 20) Wann ist im Sinne des § 109 C.P.O. n. F. „die Veranlassung für eine Sicherheitsleistung" weggefallen? **50,** 377. — 21) Hat der Kläger, wenn er auf Grund einer während des Prozesses vom Beklagten erklärten Aufrechnung unterliegt, die Prozeßkosten zu tragen? **50,** 380. — 22) Kann im Falle der Errungenschaftsgemeinschaft des Code civil die Ehefrau im Ehescheidungsprozesse von dem Manne einen Kostenvorschuß verlangen? (F.) **49,** 327.

§ 300. Gerichtsgebühren.

1) Beträgt die Entscheidungsgebühr auch dann nur $^{5}/_{10}$ der vollen, wenn die Entscheidung des Gerichtes nur die Kosten des zurückgenommenen Rechtsmittels betrifft? **44,** 414. — 2) Hat für die Gebührenberechnung die Verbindung mehrerer Prozesse rückwirkende Kraft? **44,** 419. — 3) Nur der sofortigen Beschwerde unterliegt der Beschluß, daß nach § 84 Zw.G. von dem Kaufgelde zu entrichtende Kosten nicht anzusetzen seien, weil der Ersteher von der Zahlung von Gerichtskosten befreit ist? (P.) **45,** 392. — 4) Beschwerde einer zum Armenrechte zugelassenen Partei gegen den Beschluß, durch den von ihrer Einzahlung eines Kostenvorschusses die Erhebung des Zeugen- und Sachverständigenbeweises abhängig gemacht ist. **42,** 369.

§ 301. Anwaltsgebühren.

1) Beträgt die dem Rechtsanwalt für die Vertretung in der auf die Beweisaufnahme folgenden weiteren Verhandlung zukommende Gebühr, wenn die Beweisaufnahme nur einen Teil des Streitwertes betraf, auch nur $^{5}/_{10}$ der nach diesem Teile berechneten Gebühr? **42,** 409. — 2) Steht im Falle der Auslegung eines Eides durch bedingtes Endurteil dem Rechtsanwalt die Beweisgebühr nur dann zu, wenn er im Eidesleistungstermine erschienen war? **43,** 414. — 3) Stehen die Anwaltsgebühren für den Antrag auf Überweisung einer gepfändeten Forderung und für den Verzicht auf ein Pfändungspfandrecht auch dann zu, wenn die Pfändung der Forderung schon zur Vollziehung eines Arrestbefehles erfolgt war? **44,** 373. — 4) Setzen die Gebühr für die Vertretung in einem Beweisaufnahmeverfahren und die erhöhte Gebühr für die Vertretung in der weiteren mündlichen Verhandlung voraus, daß es zur Aufnahme der Beweise gekommen ist? **44,** 397. — 5) Gebühr des, den Gegner der Einspruch erhebenden Partei vertretenden Rechtsanwaltes für die mündliche Verhandlung, auf die das Versäumnisurteil erlassen ist, wenn diese unter den § 17 der G.O. f. R.A. fällt. **44,** 400. — 6) Sind die Anwaltsgebühren für die Erwirkung des Rückkehrbefehles und des Sühnetermins auf die Prozeßgebühr des Ehescheidungsprozesses anzurechnen? **45,** 368. — 7) Bei der auf Erhöhung der Festsetzung des Streitwertes der Hauptsache gerichteten Beschwerde des Rechtsanwaltes besteht der Streitwert nur in der Differenz der Höhe der Gebühren des Rechtsanwaltes. **45,** 402. — 8) Berechnung des Streitwertes für die von

einem Rechtsanwalt in eigenem Namen gegen einen in der Beschwerdeinstanz erlassenen Wertfestsetzungsbeschluß eingelegte weitere Beschwerde. **46**, 365. — 9) Steht dem Rechtsanwalt, wenn er auf getrennte Aufträge mehrfach in derselben Instanz Beweistermine wahrnimmt, eine erhöhte Prozeßgebühr zu? **47**, 412.

§ 302. Zeugen- und Sachverständigengebühren.

1) Voraussetzungen der Anwendung des § 14 der Gebührenordnung für Zeugen und Sachverständige auf mittelbare Staatsbeamte in Preußen. (P.) **41**, 363. — 2) Kann der den Zeugen und Sachverständigen nach der G.O. v. 30. Juni 1878 zustehende Gebührenanspruch auch im ordentlichen Rechtswege geltend gemacht werden? Wenigstens dann, wenn es sich um die Ansprüche eines als Sachverständiger vernommenen öffentlichen Beamten nach landesgesetzlichen und aufrechterhaltenen Taxvorschriften handelt, und landesgesetzlich wegen solcher Gebühren der ordentliche Rechtsweg zusteht? **43**, 47. — 3) Hat der zur Verhandlung über seine Zeugnisverweigerung geladene Zeuge Anspruch auf Zeugengebühren, wenn er in dieser Verhandlung seine Weigerung zurückzieht und sofort als Zeuge vernommen wird? **43**, 409. — 4) Ist gegen den Kostenansatz von Gebühren ausländischer Zeugen die Beschwerde zulässig? **44**, 389. — 5) Ist die Niederschlagung in Ansehung der Zeugengebühren nach § 6 G.K.G. zulässig? **44**, 390.

§ 303. Armenrecht.

1) Der Revisionsbeklagte, dem als solchem nach § 110 (119 n. F.) Abs. 2 S. 2 C.P.O. das Armenrecht bewilligt ist, bedarf in allen Fällen noch einer besonderen Bewilligung, wenn er sich der Revision anschließen will. **41**, 400. — 2) Befreit das Armenrecht auch von dem Kostenvorschusse für die Vernehmung von Zeugen und Sachverständigen? **42**, 368. — 3) Findet auch wegen partieller Beschränkung des Armenrechtes Beschwerde statt? **42**, 369. — 4) Erlangt der Gegner der armen Partei die Befreiung von den in § 107 (115 n. F.) Ziff. 1 C.P.O. bezeichneten Kosten auch für seine Widerklage oder Anschließung? **44**, 416. — 5) Anfangspunkt der Restitutionsfrist, wenn eine arme Partei die Berufungsfrist versäumt hat, weil sie infolge später Ablehnung ihres rechtzeitigen Armenrechtsgesuches nicht rechtzeitig einen bei dem Berufungsgerichte zugelassenen Anwalt hatte erlangen können. **47**, 377. — 6) Finden die §§ 80. 88. 613 C.P.O. n. F. auch auf einen Armenanwalt Anwendung? **47**, 413. — 7) Kann dem Nachlaßpfleger oder den von ihm vertretenen unbekannten Erben das Armenrecht bewilligt werden? **50**, 394.

3. Allgemeine Grundsätze des Verfahrens.

§ 304. Mündlichkeit. Öffentlichkeit.

Wird die vom Rechtsmittelbeklagten in einem Schriftsatze erklärte Anschließung, wenn dieser in der Rechtsmittelfrist zugestellt wird, durch die Zustellung oder durch die Verlesung in der mündlichen Verhandlung erhoben? **46**, 387.

§ 305. Vorbereitende Schriftsätze.

1) Genügt zur Aufnahme eines unterbrochenen Verfahrens die Zustellung des Urteiles, oder ist die Zustellung eines Schriftsatzes nötig? **41**, 403. — 2) Ist unter der in der Rechtsmittelfrist erfolgten Anschließung auch eine nur in einem zugestellten Schriftsatze erklärte anzusehen? **41**, 383. — 3) Muß der die Nebenintervention erklärende Schriftsatz auch der zu unterstützenden Partei zugestellt werden? **42**, 401. — 4) Muß die Unterschrift einer Prozeßschrift handschriftlich erfolgen, oder genügt ein Faksimile? **46**, 376. — 5) Über die Klageschrift s. unten § 312.

§ 306. Verhandlungsmaxime. Richterliches Amt. Fragerecht.

1) Versagung des rechtlichen Gehörs durch Berücksichtigung von Umständen, die nicht Gegenstand der Verhandlung gewesen sind. **41**, 293. — 2) Hinwirkung des Richters von Amtswegen auf zweckentsprechende Formulierung der Anträge. **41**, 376; **50**, 190. — 3) Fragerecht und Fragepflicht des Richters. **41**, 378; **48**, 279; **49**, 368. — 4) Darf das Gericht, wenn es die geschlossene Verhandlung zur Vervollständigung des Vortrages wieder zu eröffnen beschlossen hat, ohne diese erkennen, wenn eine oder beide Parteien nach Verkündung des Beschlusses nicht mehr anwesend waren? **41**, 377. — 5) Hat die Verbindung mehrerer Prozesse für die Gebührenberechnung rückwirkende Kraft? **44**, 419. — 6) Ist die Vorschrift des § 10 Abs. 1 des Enteignungsgesetzes von 1874 von Amtswegen zu berücksichtigen? (P.) **45**, 253. — 7) Ist die im Börsengesetze angedrohte Ungültigkeit von Börsentermingeschäften von Amtswegen zu prüfen? **44**, 54. — 8) Hat das Gericht vor Bewilligung der öffentlichen Zustellung zu prüfen, ob es für die eingereichte Klage örtlich zuständig ist? **46**, 391. — 9) Relative Rechtskraft eines bedingten Endurteiles. Darf das Berufungsgericht, wenn nur der Kläger Berufung eingelegt hat, von Amtswegen einen Teil des Klaganspruches abweisen? **49**, 381. — 10) Ist in Ehesachen das Urteil von Amtswegen zuzustellen, wenn einer Partei ein Eid auferlegt ist, und die Ehe in beiden Fällen geschieden werden soll, aber nicht formell geschieden ist, und von dem Eide nur die Schuld- und die Kostenfrage abhängig gemacht ist? **48**, 423. — 11) Darf der Richter dem Urteile eine Thatsache zu Grunde legen, über die die Parteien nicht gehört sind? **49**, 349. — 12) Ist die Trennung zweier verbundener Prozesse zulässig, nachdem über sie einheitlich die mündliche Verhandlung stattgefunden hat und abgeschlossen ist? Berechnung der Revisionssumme, wenn in solchem Falle getrennt zwei Urteile erlassen sind. **49**, 401.

§ 307. Beurkundung der mündlichen Verhandlung.

1) Ist ein gerichtlicher Prozeßvergleich, der als wesentlichen Bestandteil einen Erbverzicht, einen Ehevertrag, einen Vorvertrag über Abschließung eines Ehevertrages oder einen Vertrag über die Übertragung von Grundeigentum enthält, insoweit wegen Mangels der gerichtlichen oder notariellen Form nichtig? Wenigstens in Gebieten, wo in Ausführungsgesetzen zum B.G.B. für diese Verträge nur notarielle Form gestattet ist? **48**, 183. — 2) Ist ein gerichtlicher Prozeßvergleich, der als wesentlichen Bestandteil einen nach dem B.G.B. schriftliche Form erfordernden Vertrag enthält, insoweit nichtig? **48**, 191.

§ 308. Zustellungen.

1) Zustellung einer Rechtsmittelschrift von Anwalt zu Anwalt durch einen beim Rechtsmittelgerichte nicht zugelassenen Anwalt. **41**, 358. — 2) Ist das zur Entscheidung über das Rechtsmittel berufene Gericht zuständig, auf gestellten Antrag mit der öffentlichen Zustellung der Rechtsmittelschrift auch die des anzufechtenden Urteiles zu bewilligen? **41**, 427. — 3) Kann der Mangel ordnungsmäßiger Klagezustellung auch nach dem auf die Klage angesetzten Termine durch neue Zustellung geheilt werden? **44**, 353. — 4) Muß das Reichsgericht die Entscheidung des Landeskompetenzgerichtshofes, durch das ein Urteil des Reichsgerichtes aufgehoben ist, den Parteien zustellen? **44**, 377. — 5) Stehen dem mit Gerichtsbarkeit versehenen Konsul für die auf Ersuchen der inländischen Gerichte in einem bürgerlichen Rechtsstreite bewirkte Zustellung Gebühren nach dem Tarife vom 1. Juli 1872 Ziff. 7 zu? **44**, 409. — 6) Muß die Zustellung des Schriftsatzes nach § 4 R.A.G., wenn die Anfechtung gegen eine Ehefrau gerichtet ist, auch an deren im Anfechtungsprozesse mitbeklagten Ehemann erfolgt sein? **45**, 56. — 7) Ist eine einstweilige Verfügung dem Gegner selbst oder dessen Prozeßbevollmächtigtem für den Hauptprozeß zuzustellen? **45**, 364. — 8) Muß der Gerichtsschreiber, wenn ihm der Anwalt eine Rechtsmittelschrift zur Erwirkung der Terminsbestimmung ohne Vorbehalt überreicht hat, die Terminsnote übertragen und die Abschrift beglaubigen? Hat er die Beglaubigung auch dann vorzunehmen, wenn er einen Gerichtsvollzieher mit der Zustellung beauftragt? **45**, 415; **46**, 326. — 9) Muß der Gerichtsschreiber die Post unmittelbar um Bewirkung der Zustellung ersuchen, wenn diese unter seiner Mitwirkung erfolgen soll, und es in dem an ihn gerichteten Antrage ausdrücklich verlangt wird? **46**, 323. — 10) Ist zur Gültigkeit der Zustellung einer Zurücknahme des Rechtsmittels von Anwalt zu Anwalt das Vorhandensein einer förmlichen Urschrift der zuzustellenden Erklärung nötig? **46**, 357. — 11) Muß die Zustellung eines Schriftsatzes, die nach Ablauf der Notfrist noch nach § 207 Abs. 2 C.P.O. n. F. wirken soll, notwendig durch den Gerichtsschreiber vermittelt sein? **46**, 390. — 12) Setzt die Zurückweisung der Berufung durch Versäumnisurteil den Nachweis der Zustellung des erstinstanzlichen Urteiles voraus, und zwar

durch Vorlegung der Zustellungsurkunde? **46**, 372. — 13) Hat das Gericht vor Bewilligung der öffentlichen Zustellung zu prüfen, ob es für die eingereichte Klage örtlich zuständig ist? **46**, 391. — 14) Kann der Gerichtsschreiber, wenn er nach Übertragung der Terminsnote auf die zuzustellende Abschrift einen Gerichtsvollzieher mit der Zustellung beauftragt, die Abschrift der Terminsnote selbst beglaubigen? **46**, 399. — 15) Wirksamkeit einer im Anwaltsprozesse durch den Gerichtsvollzieher bewirkten Zustellung, wenn dieser unter Vermittelung des Gerichtsschreibers beauftragt war, obgleich es sich nicht um Wahrung einer Notfrist handelte. **47**, 397. — 16) Eröffnet durch die Zustellung des Urteiles der eine von mehreren notwendigen Streitgenossen die Rechtsmittelfrist auch für den anderen? **48**, 417. — 17) Ist in Ehescheidungssachen das Urteil von Amtswegen zuzustellen, wenn einer Partei ein Eid auferlegt ist, und die Ehe in beiden Fällen geschieden werden soll, aber formell noch nicht geschieden ist, und von dem Eide nur die Schuld- und die Kostenfrage abhängig gemacht sind? **48**, 423. — 18) Genügt zur „Bezeichnung der Person" im § 191 Nr. 2. 3 und 4 C.P.O. n. F. jeder Ausdruck, der geeignet ist, den Zustellungsempfänger über die Person zu vergewissern? **50**, 21. — 19) Ist die vorgängige Zustellung der Rechtsmittelschrift unbedingte Voraussetzung der vorläufigen Einstellung der Zwangsvollstreckung? **50**, 404.

§ 309. Ladungen. Termine. Fristen.

1) Muß nach § 300 (335 n. F.) Abs. 2 C.P.O. im Falle einer Vertagung die nicht erschienene Partei stets zu dem neuen Termine geladen werden oder nur, wenn der Antrag auf ein Versäumnisurteil zurückgewiesen und erst dann vertagt wurde? **41**, 355. — 2) Berechnung der Frist für den Antrag auf Wiedereinsetzung, wenn das Armenrecht für die Einlegung des Rechtsmittels vom Instanzgerichte versagt, vom Beschwerdegerichte aber bewilligt war. **41**, 367. — 3) Wirkungslosigkeit einer erst nach dem Termine zur mündlichen Verhandlung zugestellten Ladung zu diesem. **45**, 425. — 4) Hat der Gerichtsschreiber, wenn ihm der Anwalt eine Rechtsmittelschrift zur Erwirkung der Terminsbestimmung ohne Vorbehalt überreicht, die Terminsnote zu übertragen und die Abschrift zu beglaubigen? **45**, 415; **46**, 326. — 5) Kann die Partei verlangen, daß auch dann der Gerichtsschreiber die Terminsnote beglaubige, wenn er einen Gerichtsvollzieher mit der Zustellung beauftragt? **45**, 417; **46**, 327. Kann der Gerichtsschreiber in diesem Falle die Beglaubigung selbst vornehmen? **46**, 399. — 6) Anfangspunkt der Restitutionsfrist, wenn eine arme Partei die Berufungsfrist versäumt hat, weil sie infolge später Ablehnung ihres rechtzeitigen Armenrechtsgesuches nicht rechtzeitig einen beim Berufungsgerichte zugelassenen Anwalt hatte erlangen können? **47**, 377. Berechnung der Frist, wenn erst in der Beschwerdeinstanz das Armenrecht bewilligt war. **41**, 367.

§ 310. Folgen der Versäumnng. Restitution.

1) Welches Gericht ist zuständig für die Wiedereinsetzung gegen Versäumung der Notfrist der aus diesem Grunde bereits verworfenen sofortigen Beschwerde? **42,** 367. — 2) Berechnung der Restitutionsfrist, wenn das Armenrecht für die Einlegung des Rechtsmittels vom Instanzgerichte versagt, vom Beschwerdegerichte aber bewilligt war? **41,** 367. — 3) Anfangspunkt der Restitutionsfrist, wenn die arme Partei die Berufungsfrist versäumt hat, weil sie infolge später Ablehnung ihres rechtzeitigen Armenrechtsgesuches nicht mehr rechtzeitig einen beim Berufungsgerichte zugelassenen Rechtsanwalt hatte erlangen können. **47,** 377. — 4) Liegt ein unabwendbarer Zufall im Sinne des § 233 C.P.O. n. F. vor, wenn der nach § 166 Abs. 2 S. 2 zustellende Gerichtsvollzieher die Beglaubigung der Abschrift der Terminsbestimmung versäumt hat? **48,** 409.

§ 311. Unterbrechung, Aussetzung und Ruhen des Verfahrens.

1) Einfluß der Unterbrechnng des Verfahrens gegen einen von zwei Revisionsklägern auf die Zulässigkeit der Revision des anderen, dessen Beschwerde allein die Revisionssumme nicht erreicht. **41,** 414. — 2) Genügt zur Aufnahme des unterbrochenen Verfahrens die Zustellung des Urteiles, oder ist die Zustellung eines Schriftsatzes nötig? **41,** 403. — 3) Wird im Anwaltsprozesse das Verfahren unterbrochen, wenn nach Zustellung des Endurteiles eine Partei stirbt, bevor sie für die höhere Instanz einen Prozeßbevollmächtigten bestellt hat? **44,** 358. — 4) Unterbrechung des auf Vernichtung einer widerrechtlich erlangten photographischen Aufnahme gerichteten Rechtsstreites durch Eröffnung des Konkurses über das Vermögen des Beklagten. Wie ist die Aufnahme des Verfahrens zu bewirken? (G.) **45,** 171. — 5) Voraussetzungen der Unterbrechung durch Eröffnung des Konkurses über das Vermögen einer Partei. **45,** 326. — 6) Wirkung der Unterbrechung in Ansehung des während derselben ergangenen Urteiles. **45,** 327. — 7) Ist der vom Konkursverwalter ohne Aufnahme des Verfahrens erklärte Verzicht auf den Einspruch gegen ein während der Unterbrechung gegen den Gemeinschuldner erlassenes Versäumnisurteil zulässig? **45,** 328. — 8) Ist die Aussetzung des Verfahrens zulässig, wenn der Teilhaber einer offenen Handelsgesellschaft in Liquidation stirbt, der nicht Liquidator ist? **45,** 340. — 9) Eintritt der wahren Rechtsnachfolger einer verstorbenen, durch einen Anwalt vertretenen Partei in den Prozeß, wenn das erste Urteil zwischen den vom Gerichte zugelassenen falschen Rechtsnachfolgern und dem Gegner ergangen ist? **45,** 359. — 10) Kann in einem Prozesse über den Anspruch auf Unterlassung nach § 1 des Gesetzes gegen den unlauteren Wettbewerb das durch Eröffnung des Konkurses über das Vermögen des Beklagten unterbrochene Verfahren vom Konkursverwalter aufgenommen werden? **45,** 374. — 11) Dafür, ob die Aufnahme des durch Konkurseröffnung unterbrochenen Verfahren nach § 8 (10 n. F.) K.O. erfolgen muß, ist nicht

die Parteirolle ausschließlich maßgebend, sondern ob ein zur Vermehrung der Teilungsmasse dienlicher Anspruch verfolgt wird? **45,** 376. — 12) Ist ein Zwischenurteil, durch das entschieden wird, daß der Beklagte zur Aufnahme des Verfahrens nicht befugt sei und deren Kosten zu tragen habe, ein vollstreckbarer Titel, auf Grund dessen die Festsetzung dieser Kosten erfolgen kann? **45,** 406. — 13) Ist der Gesellschafter, der das Geschäft der offenen Handelsgesellschaft mit allen Aktiven und Passiven übernommen hat, Rechtsnachfolger der Gesellschaft als Prozeßpartei? **46,** 39. — 14) Kann im Falle des Verlustes der Prozeßfähigkeit der Partei der Prozeßbevollmächtigte die Aussetzung des Verfahrens noch verlangen, nachdem er für den neuen gesetzlichen Vertreter aufgetreten ist und mündlich verhandelt hat? **46,** 379. — 15) Wie ist ein auf Grund des § 620 Abs. 1 C.P.O. n. F. gestellter Antrag auf Aussetzung des Verfahrens prozessualisch zu behandeln? Darf er durch einen vor dem Endurteile erlassenen Beschluß zurückgewiesen werden? **46,** 385. — 16) Muß, wenn Ehescheidung nach § 1568 B.G.B. beantragt ist, und die Aussicht auf Aussöhnung nicht ausgeschlossen erscheint, stets das Verfahren ausgesetzt werden? **46,** 406. — 17) Bewirkt die Aufhebung des Konkursverfahrens eine Unterbrechung der die Konkursmasse betreffenden Prozesse? **47,** 372. — 18) Prozeßrechtliche Wirkungen einer Vereinbarung der Parteien, daß das Verfahren ruhen solle. **49,** 349. — 19) Ist auf die Entscheidung über den Streit, der das Bestehen oder den Inhalt einer Vereinbarung, daß der Prozeß ruhen solle, betrifft, der § 252 C.P.O. n. F. anwendbar? **49,** 352. — 20) Erlischt die Vollmacht des Prozeßbevollmächtigten, wenn das Verfahren infolge des Todes der Partei ausgesetzt wird? **50,** 339. — 21) Kann eine Partei die Entscheidung eines im Laufe des Prozesses durch Veränderung der Umstände entstandenen Streites über die Aktivlegitimation des Gegners nur verlangen, wenn zuvor die Aussetzung des Verfahrens erwirkt wird? **50,** 362. — 22) Muß, wenn über eine im Konkurse angemeldete, vom Konkursverwalter bestrittene, zur Zeit der Eröffnung des Konkurses im Wechselprozesse anhängige Forderung noch vor der Eröffnung ein Versäumnisurteil ergangen, und vom Gemeinschuldner Einspruch eingelegt war, der Gläubiger die Feststellung seiner Forderung oder der Konkursverwalter seinen Widerspruch verfolgen? In welcher Weise? **50,** 412.

4. Verfahren in erster Instanz vor den Landgerichten.

§ 312. Klagerhebung. Objektive Klagenverbindung. Rechtshängigkeit. Rechtsnachfolge in den Klaganspruch. Änderung, Verbesserung, Zurücknahme der Klage.

1) Im Prozesse ist es eine Frage der Bezeichnung der Partei, ob der Einzelkaufmann mit seinem bürgerlichen Namen oder mit seinem Handelsnamen, der Firma, bezeichnet wird. Ist letzteres zulässig? **41,** 407. — 2) Liegt eine Klagänderung vor, wenn der anfangs als un-

mittelbar erworben erhobene Klaganspruch auf Grund späterer Cession als cedierter geltend gemacht wird? **42**, 248. — 3) Ist im Falle des Überganges eines Warenzeichens auf einen Anderen die wider den Rechtsvorgänger erhobene Löschungsklage abzuweisen, wenn erst während des Prozesses das Zeichen umgeschrieben ist? **44**, 49. — 4) Muß die Rüge, daß die Klage nicht ordnungsmäßig zugestellt sei, vor der Einrede der Unzuständigkeit geprüft werden? **44**, 350. — 5) Kann der Mangel ordnungsmäßiger Zustellung der Klage noch nach dem auf die Klage angesetzten Termine durch neue Zustellung geheilt werden? **44**, 353. — 6) Liegt in der nachträglichen Geltendmachung eines während des Prozesses cediert erhaltenen weiteren Teiles des Klaganspruches eine Klagänderung oder eine zulässige Erweiterung? **45**, 242. — 7) Inwieweit ist ein ohne Klagerhebung eingeleitetes Verfahren nach der Civilprozeßordnung zu beurteilen? **45**, 395. — 8) Kann der Kläger gegen das die Klage abweisende Urteil unter Erweiterung der Zinsenforderung Berufung einlegen, wenn er vor der Einlegung wegen des eingeklagten Anspruches befriedigt ist? **45**, 412. — 9) Zur Auslegung des § 230 (253 n. F.) Abs. 2 Nr. 3 C.P.O. **45**, 424. — 10) Wird die Wechselverjährung durch eine Klage unterbrochen, die erst nach dem Ablaufe des auf die Klage anberaumten Verhandlungstermines zugestellt worden ist? **45**, 425. — 11) Ist der Gesellschafter, der das Geschäft der offenen Handelsgesellschaft mit allen Aktiven und Passiven übernommen hat, Rechtsnachfolger der Gesellschaft als Prozeßpartei? **46**, 39. — 12) Auf wen geht mit dem Aufhören der offenen Handelsgesellschaft deren Parteirolle im Prozesse über? **46**, 40. — 13) Bleibt ein Prozeß unverändert rechtshängig, wenn ihn einer von zwei Klägern, die notwendige Streitgenossen sind, auf Grund einer Rechtsabtretung des anderen allein fortführen wollte, aber auf Grund des § 236 Abs. 2 C.P.O. a. F. abgewiesen wurde? **46**, 321. — 14) Verhältnis der Vorklage des Acceptanten auf Herausgabe eines Wechsels zu der nachher im Wechselprozesse erhobenen Klage auf Bezahlung der Wechselschuld. Einrede der Rechtshängigkeit. **47**, 186. — 15) Kann gegen die Klage des einen Ehegatten gegen den anderen auf Unterhalt die Einrede der Rechtshängigkeit darauf gestützt werden, daß die Ehescheidungsklage unter den Parteien schon rechtshängig war? **47**, 379. — 16) Begriff der neuen Ansprüche im § 529 Abs. 2 C.P.O. n. F.; Verhältnis dieses Paragraphen zu dem bedingten Verbote der Klagänderung in der Berufungsinstanz. **47**, 390. — 17) Findet § 99 Abs. 3 C.P.O. n. F. auf die Entscheidung über die Kosten einer vor ihrer Zustellung erledigten Klage Anwendung? **47**, 404. — 18) Ist die Einrede der Rechtshängigkeit begründet, wenn aus dem Reichshaftpflichtgesetze auf Entschädigung geklagt, in erster Instanz auf Zahlung einer Rente erkannt, und vom Beklagten Berufung eingelegt ist, und dann, bevor über diese entschieden ist, der Verletzte eine neue Klage wegen desselben Unfalles erhebt? **47**, 405. — 19) Wann liegt im Falle der Einklagung einer Konventionalstrafe in dem Vorbringen neuer, während des Prozesses erfolgter Vertragsverletzungen in der Berufungsinstanz eine Klagänderung? **48**, 372. — 20) Begründet der Prozeß gegen eine offene Handelsgesellschaft die Einrede der Rechtshängigkeit für den wegen derselben Gesellschaftsschuld verklagten einzelnen Gesellschafter? **49**, 340. — 21) Einrede der Rechtshängigkeit auf Grund eines im Auslande anhängigen Rechtsstreites. **49**, 344. — 22) Voraussetzungen des Einwandes aus § 265 Abs. 3 C.P.O. n. F., daß der Kläger durch Abtretung des Klaganspruches die Aktivlegitimation verloren habe. **49**, 363. — 23) Wird eine mangelhaft erhobene Klage durch Berichtigung in der mündlichen Verhandlung in Ermangelung rechtzeitiger Rüge des Beklagten wirksam? Auch wenn sie gegen einen anderen Beklagten gerichtet wird als den, dem sie zugestellt ist? **49**, 376. — 24) Wird durch die Erhebung der Klage die Verjährung auch anderer, auf den gleichen Gegenstand gerichteter Ansprüche desselben Gläubigers gegen denselben Schuldner unterbrochen? (G.) **50**, 273. — 25) Wird durch die Erhebung eines Anspruches, der dann wegen Klagänderung oder sonst wegen Fehlens von Prozeßvoraussetzungen abgewiesen wird, dessen Verjährung unterbrochen? (G.) **50**, 276. — 26) Die Unterbrechung der Verjährung ist keine Folge der Rechtshängigkeit; darüber, ob außer der förmlichen Klagerhebung eine die gerichtliche Geltendmachung des Anspruches bezweckende Handlung sie unterbricht, entscheidet das bürgerliche Recht. **50**, 298. — 27) Hat die Einrede der Rechtshängigkeit denselben Umfang wie die Einrede der rechtskräftig entschiedenen Sache? **50**, 419. — 28) Eintritt in den Prozeß durch den wirklichen Rechtsnachfolger, wenn das erste Urteil zwischen dem vom Gerichte zugelassenen falschen Rechtsnachfolger und dem Gegner ergangen ist. **45**, 359.

§ 313. Feststellungsklage. Inzidentfeststellungsklage.

1) Zulässigkeit der Feststellungsklage eines Jagdpächters gegen einen anderen Jagdrechtsprätendenten. (F.) **41**, 345. — 2) Darf die Revision zurückgewiesen werden, wenn das Berufungsgericht die Feststellungsklage sowohl als formell unzulässig, als auch als materiell unbegründet abweist, in ersterer Beziehung aber auf Verletzung der §§ 231. 253 (256. 280 n. F.) C.P.O. beruht? **41**, 369. — 3) Voraussetzungen der Zulässigkeit der Feststellungsklage aus §§ 231. 253 (256. 280 n. F.) C.P.O. **41**, 372. — 4) Feststellungsklage zwischen zwei Forderungsprätendenten? **44**, 165. — 5) Ist ein Miterbe vor Teilung der Erbschaft berechtigt, eine negative Feststellungsklage gegen einen vorgeblichen Nachlaßgläubiger zu erheben? (P.) **44**, 183. — 6) Kann der Besitzer einer zu einem aufgebotenen Grundstücke gehörigen Parzelle eine negative Feststellungsklage dahin erheben, daß ihm gegenüber das erlassene Ausschlußurteil unwirksam sei? **48**, 370. — 7) Zulässigkeit einer Feststellungsklage über die Pflicht des Vaters, seiner Tochter im Falle ihrer Verheiratung eine Aussteuer zu gewähren. **49**, 370. — 8) Kann Gegenstand der Feststellungsklage nach § 280 C.P.O. n. F. nur ein Rechtsverhältnis oder auch eine bloße Thatsache sein? **50**, 399. — 9) Ist der Antrag auf Feststellung nach § 280 C.P.O. n. F. über ein streitig gewordenes Rechtsverhältnis noch zulässig, über das die Instanz schon nach § 303 C.P.O. n. F. durch Zwischenurteil entschieden hat? **50**, 402.

§ 314. Widerklage.

1) Erlangt der Gegner der armen Partei die Befreiung von dem in § 107 (115 n. F.) Ziff. 1 C.P.O. bezeichneten Kosten auch für seine Widerklage? **44**, 416. — 2) Ist die Anschließung des Beklagten wegen Abweisung der Widerklage an das vom Gegner wegen Abweisung der Klage eingelegte Rechtsmittel zulässig? **46**, 373. — 3) Ist eine Widerklage auch ohne die Voraussetzungen des § 33 C.P.O. zulässig, wenn die Voraussetzungen der Prorogation vorliegen? **46**, 424. — 4) Kann in Ehesachen eine Partei, nachdem über die von ihr eingelegte Berufung durch Teilurteil sachlich entschieden ist, sich behufs Erhebung einer Widerklage der Berufung des Gegners noch anschließen? **49**, 396.

§ 315. Prozeßhindernde Einreden.

1) Kann gegen die Klage des einen Ehegatten gegen den anderen auf Unterhalt die Einrede der Unzuständigkeit des Gerichtes oder der Rechtshängigkeit darauf gestützt werden, daß bei Erhebung dieser Klage schon die Ehescheidungsklage, namentlich bei einer anderen Abteilung des Gerichtes anhängig war? **47**, 379. — 2) Ist die Einrede der Rechtshängigkeit begründet, wenn aus dem Reichshaftpflichtgesetze auf Entschädigung geklagt, in erster Instanz auf Zahlung einer Rente erkannt, und vom Beklagten Berufung eingelegt ist, und dann, bevor über diese entschieden ist, der Verletzte eine neue Klage wegen desselben Unfalles erhebt? **47**, 405. — 3) Begründet der Prozeß gegen eine offene Handelsgesellschaft wegen einer Gesellschaftsschuld die Einrede der Rechtshängigkeit für den wegen derselben Schuld verklagten einzelnen Gesellschafter? **49**, 340. — 4) Einrede der Rechtshängigkeit auf Grund eines im Auslande anhängigen Rechtsstreites. **49**, 344. — 5) Ist, wenn gegen eine offene Handelsgesellschaft bei einem zuständigen Gerichte geklagt, und nach deren Auflösung ein Gesellschafter zur Fortsetzung des Verfahrens geladen war, dieser, indem er seine Pflicht, die Parteirolle zu übernehmen, bestreitet, berechtigt, aus seiner Person die Einrede der örtlichen Unzuständigkeit vorzuschützen? **49**, 419. — 6) Unterliegt die Einrede des Schiedsvertrages der Beschränkung des § 528 Abs. 1 S. 1 C.P.O. n. F. auch dann, wenn das Verfahren erster Instanz schon vor dem 1. Januar 1900 beendet war? **49**, 429. — 7) Muß die Rüge, daß die Klage nicht ordnungsmäßig zugestellt sei, vor der Einrede der Unzuständigkeit des Gerichtes geprüft werden? **44**, 350. — 8) Hat die Einrede der Rechtshängigkeit denselben Umfang wie die Einrede der rechtskräftig entschiedenen Sache? **50**, 419.

§ 316. Verhandlungstermin. Feststellung des Parteivorbringens zum Protokoll.

1) Wird die vom Rechtsmittelbeklagten in einem Schriftsatze erklärte Anschließung, wenn dieser in der Rechtsmittelfrist zugestellt wird, durch die Zustellung oder durch die Verlesung im Verhandlungstermine er=

hoben? **46**, 387. — 2) Liegt ein Revisionsgrund vor, wenn weder aus dem Thatbestande noch aus dem Protokolle die Thatsachen ersichtlich sind, auf die das Berufungsgericht die Rechtsförmlichkeit der Berufung gestützt hat? **47**, 402. — 3) Darf das Gericht, wenn es die geschlossene Verhandlung zur Vervollständigung des Vortrages wieder zu eröffnen beschlossen hat, ohne diese erkennen, weil eine oder beide Parteien nach Eröffnung des Beschlusses nicht mehr anwesend waren? **41**, 377.

§ 317. Rechtzeitigkeit des Parteivorbringens. Neu entstandene Thatsachen.

Können in dem Verfahren zur Erledigung eines bedingten Endurteiles neue Ehescheidungsgründe nachgebracht werden, die der Partei während der Hauptverhandlung noch nicht bekannt waren? **42**, 372.

§ 318. Freie Beweiswürdigung. Gesetzliche Beweisregeln.

1) Schätzung des Interesses, wenn der Schuldner die Herabsetzung der Konventionalstrafe auf den doppelten Betrag des Interesses fordert. (P.) **47**, 308. — 2) Welcher Beweis ist zur Widerlegung der Rechtsvermutung „Pater est quem nuptiae demonstrant" erforderlich? (G.) **41**, 157. — 3) Kann, wenn das Dasein einer Verschuldung nach der Natur der Sache nicht mehr mit voller Gewißheit widerlegt werden kann, der Nachweis genügen, daß sich aus dem Thatbestande keine Anzeichen für eine Verschuldung ergeben? **42**, 78. — 4) Beschränkung des Beweises bezüglich der Seeunfälle durch die „Allgemeinen Seeversicherungsbedingungen von 1867". **43**, 10. — 5) Eidesweigerung im Eheprozesse als möglicher Beweisgrund für einen Ehescheidungsgrund nach freier Beweiswürdigung. **43**, 422. — 6) Dürfen schriftliche Gutachten von Behörden bei der Beweiswürdigung im Civilprozesse berücksichtigt werden? **44**, 151. — 7) Darf der angebotene Sachverständigenbeweis stets als mißlungen angesehen werden, wenn die beweispflichtige Partei den Sachverständigen an der erforderlichen Untersuchung gehindert hat? **46**, 369. — 8) Hat die Weigerung des Editionseides zur Folge, daß der Besitz der Urkunde als bewiesen gilt? **44**, 425. — 9) Gestattet die freie Beweiswürdigung nach § 260 (287 n. F.) C.P.O. dem Gerichte, nach seinem Ermessen und abweichend von den materiellrechtlichen Vorschriften zu bestimmen, ob der Schadensersatz in Kapital oder in Rente zu leisten sei? **45**, 206. — 10) Ist die Vorschrift des Art. 1743 C. c. eine Formvorschrift oder eine durch § 14 Ziff. 2 E.G. z. C.P.O. beseitigte Beweisvorschrift? (F.) **45**, 314. — 11) Ist, wenn Schadensersatz wegen Vorenthaltung bestimmt bezeichneter Sachen gefordert wird, § 260 (287 n. F.) C.P.O. auf die Frage anwendbar, welche Sachen vorenthalten sind? **45**, 356. — 12) Findet auch bei Beurteilung der Ordnungsmäßigkeit eines Deckungskaufes freies richterliches Ermessen nach § 260 (287 n. F.) C.P.O. statt? Auch bei Prüfung des Kausalzusammenhanges zwischen der schädigenden Thatsache und dem eingetretenen Schaden? **46**, 407. — 13) Wieweit dürfen der Inhalt des von der

einen Partei in einem Vorprozesse geleisteten Eides und die im Vorprozesse abgegebenen Zeugenaussagen als Beweisgründe verwertet werden? Verschiedenheit des Zeugen= und des Urkundenbeweises. **46**, 410. — 14) Haben schriftliche, von den Ausstellern unterschriebene, Privatzeugnisse im Urkundenprozesse Beweiskraft? **49**, 374. — 15) Ist nach § 415 Abs. 2 C.P.O. n. F. auch der Gegenbeweis zulässig, daß der Unterschreiber die Urkunde zwar genehmigt, aber einen Teil der Erklärung nicht abgegeben und den betreffenden Teil der Verhandlung beim Vorlesen überhört habe? **50**, 421. — 16) Kann der Beweis der gerichtlichen Insinuation einer Schenkung durch Eideszuschiebung geführt werden? **50**, 424. — 17) Kann über die Kenntnis der nicht feststehenden Benachteiligungsabsicht des Schuldners dem Anfechtungsgegner ein Eid zugeschoben werden? **43**, 392.

§ 319. Notarietät. Richterliche Gesetzeskunde.

Pflicht des Richters, zu ermitteln, ob ein inländisches Polizeigesetz gehörig verkündet ist. **43**, 418.

§ 320. Gerichtliches Geständnis. Anerkenntnis.

1) Muß das Bestehen der Klageforderung auch dann festgestellt werden, wenn der mit einer liquiden Gegenforderung aufrechnende Beklagte die Klagebehauptungen für den Fall zugesteht, daß er auf Grund der Aufrechnung die Abweisung der Klage erreichen kann? (P.) **42**, 320. — 2) Muß eine in der Gütergemeinschaft lebende Ehefrau als Nebenintervenientin in einem Rechtsstreite ihres Ehemannes ein von diesem abgegebenes Anerkenntnis gegen sich gelten lassen? (P.) **44**, 345. — 3) Darf das Anerkenntnisurteil ohne Antrag des Klägers erlassen werden? **44**, 350. — 4) Das Anerkenntnisurteil wird erlassen nur auf Grund des in dem Anerkenntnisse liegenden Dispositivaktes; festgestellt werden die vom Kläger vorgetragenen Thatsachen nicht durch das Anerkenntnisurteil. **44**, 349.

§ 321. Rügepflicht der Parteien in betreff formeller Mängel des Verfahrens.

1) Kann die Nichtzustellung der Nebeninterventionsschrift an die zu unterstützende Partei auch von der Gegenpartei gerügt werden? **42**, 401. — 2) Heilung des Mangels in der Form des Beitrittes des Nebenintervenienten durch Nichtrüge der erschienenen Parteien. **42**, 403. — 3) Kann ein Verzicht auf die ungenügende Zustellung der Klage schon in dem Erscheinen des Beklagten im ersten Termine gefunden werden, wenn in diesem nicht verhandelt wird? **44**, 352. — 4) Ist die Vorschrift des § 267 (295 n. F.) C.P.O. auf Verhandlungen anwendbar, die ohne ordnungsmäßige Klagerhebung über einen vor die ordentlichen Gerichte gehörigen Anspruch vor diesen stattgefunden haben? **45**, 397. — 5) Zur Auslegung des § 267 (295 n. F.) C.P.O. **45**, 425. —

6) Wird eine mangelhaft erhobene Klage durch Berichtigung in der mündlichen Verhandlung in Ermangelung rechtzeitiger Rüge des Beklagten wirksam? Auch wenn sie gegen einen anderen Beklagten gerichtet wird, als den, dem sie zugestellt ist? **49**, 376.

§ 322. Entscheidungen. Beschlüsse.

1) Darf ein auf Grund des § 620 Abs. 1 C.P.O. n. F. gestellter Antrag auf Aussetzung des Verfahrens durch einen vor dem Endurteile erlassenen Beschluß zurückgewiesen werden? **46**, 385. — 2) Liegt in der Urteilsformel, daß die Sache in der Hauptsache erledigt sei, stets eine Entscheidung in der Hauptsache? **46**, 347. — 3) Ein Beschluß ist erlassen, wenn er verkündet, zugestellt oder einer Partei zur Zustellung übergeben ist. **46**, 418. — 4) Ist gegen einen Beschluß, durch den ein auf § 715 C.P.O. n. F. gestütztes Gesuch abgelehnt wird, die Beschwerde zulässig? **47**, 364. — 5) Ist über die Ernennung eines Schiedsrichters, auf die vor dem 1. Januar 1900 Klage erhoben war, nach diesem Tage durch Beschluß zu entscheiden? **48**, 404. — 6) Gelangt ein nicht verkündeter Beschluß zum äußeren Dasein auch dann durch die Zustellung, wenn diese für einen unrichtigen Adressaten bestimmt war? **50**, 352.

§ 323. Endurteil. Teilurteil. Zwischenurteil. Rechtskraft des Urteiles in formellem Sinne.

1) Wie ist ein nach der Absicht des Gerichtes auf Grund des § 275 (jetzt 303) C.P.O. erlassenes, nach seinem Inhalte aber dem § 276 (304) entsprechendes Zwischenurteil bezüglich der Rechtsmittel zu behandeln? **42**, 347. 395. — 2) Ist ein aus § 276 (304 n. F.) C.P.O. durch richterlichen Eid bedingtes Urteil zulässig? **42**, 349. — 3) Kann durch Teilurteil, ohne daß über einen Teil des Klaganspruches erkannt wird, die Berufung insoweit zurückgewiesen werden, als der Kompensationsanspruch des Beklagten aberkannt war? **42**, 356. — 4) Unter welchen Voraussetzungen darf die Rechtzeitigkeit einer sofortigen Beschwerde gegen ein Zwischenurteil angenommen werden? **42**, 402. — 5) Ist eine weitere sofortige Beschwerde der Partei zulässig, zu deren Nachteil auf die sofortige Beschwerde der Gegenpartei ein Zwischenurteil abgeändert ist? **42**, 402. — 6) Liegt ein Zwischenurteil nach § 275 (303 n. F.) C.P.O. oder ein Teilurteil vor, wenn der Kläger mehrere Ansprüche so erhoben hat, daß er den eingeklagten Betrag als Betrag des einen und sodann eventuell als den des anderen fordert, und in dem Urteil der Klagegrund des einen der Ansprüche verworfen wird? **42**, 406. — 7) Darf ein Anerkenntnisurteil ohne Antrag des Klägers erlassen werden? **44**, 350. — 8) Das Anerkenntnisurteil wird erlassen nur auf Grund des in dem Anerkenntnisse liegenden Dispositionsaktes; festgestellt werden die vom Kläger vorgetragenen Thatsachen nicht durch das Anerkenntnisurteil. **44**, 349. — 9) Ist bei teilweiser Abänderung einer Eidesauflage zu Gunsten des Berufungsklägers im übrigen die relative Rechtskraft zu

beachten? **44**, 366. — 10) Wieweit gelangt der Streitstoff zur Verhandlung und Entscheidung in die Berufungsinstanz, wenn in der ersten durch Endurteil auf Grund eines von mehreren Klagegründen der Anspruch zuerkannt ist? **45**, 316. — 11) Liegt ein Zwischenurteil nach § 275 (303 n. F.) oder nach § 276 (304) C.P.O. vor, wenn das Gericht einen auf mehrere Fundamente gestützten Anspruch insoweit dem Grunde nach für gerechtfertigt erklärt, als er sich auf den einen stützt? **45**, 318. — 12) Kann in einem Ehescheidungsprozesse, in dem durch Klage und Widerklage nur Scheidung der Ehe beantragt ist, ein Teilurteil erlassen werden? **45**, 400. — 13) Ist ein Zwischenurteil, durch das entschieden wird, daß der Beklagte zur Aufnahme des Verfahrens nicht befugt sei und deren Kosten zu tragen habe, ein vollstreckbarer Titel, auf Grund dessen die Festsetzung dieser Kosten erfolgen kann? **45**, 406. — 14) Endurteil, Teilurteil oder Zwischenurteil, wenn von zwei Klägern und notwendigen Streitgenossen der eine, dem der andere seine Rechte abtrat, den Prozeß allein fortführen wollte und durch Urteil auf Grund des § 236 Abs. 2 C.P.O. a. F. abgewiesen wurde? **46**, 321. — 15) Liegt in dem Ausspruche der Urteilsformel, daß die Sache in der Hauptsache erledigt sei, stets eine Entscheidung in der Hauptsache? **46**, 347. — 16) Wie muß das Gerichtssiegel angebracht werden, mit dem die vom Gerichtsschreiber zu erteilenden Urteilsausfertigungen zu versehen sind? **46**, 364. — 17) Wann ist das erlassene Urteil ein kontradiktorisches, wann ein Versäumnisurteil? Entscheidet darüber der Wille des Gerichtes, die Bezeichnung oder der Inhalt? **50**, 387. — 18) Ist der in § 302 C.P.O. n. F. erwähnte Vorbehalt wirksam, wenn er nur in den Gründen des Urteiles ausgesprochen wird? **47**, 364. — 19) Hängt, wenn ein Berichtigungsbeschluß (§ 319 C.P.O. n. F.) nur die Kosten betrifft, die Zulässigkeit der auf den Mangel der Voraussetzungen der Berichtigung gestützten weiteren Beschwerde an das Reichsgericht von einer Beschwerdesumme von 100 ℳ ab? **47**, 361. — 20) Auslegung eines die Klage abweisenden Urteiles aus den Gründen als Abweisung zur Zeit. **47**, 370. — 21) Findet, wenn ein Anerkenntnisurteil nur wegen des Kostenpunktes mit der Berufung angegriffen war, gegen das Berufungsurteil Revision oder sofortige Beschwerde statt? **48**, 364. — 22) Unter welchen Voraussetzungen darf die Rechtzeitigkeit einer sofortigen Beschwerde gegen ein Zwischenurteil angenommen werden? **47**, 430. — 23) Ist der Antrag auf Feststellung eines streitig gewordenen Rechtsverhältnisses nach § 280 C.P.O. n. F. zulässig, nachdem über dieses die Instanz schon durch Zwischenurteil entschieden hat? **50**, 402. — 24) Wenn das Berufungsgericht über den Grund des Anspruches vorab erkennen wollte, ist die Revision zulässig, auch wenn die Voraussetzungen eines Urteiles aus § 304 C.P.O. n. F. nicht vorlagen. **49**, 338. — 25) Darf nach Erlassung eines Beschlusses, durch den die Verhandlung über die Klage und über die Kompensationseinrede in getrennten Prozessen angeordnet ist, über den Grund der Gegenforderung vorab erkannt werden? **49**, 339. — 26) Darf das Gericht seinem Urteile eine Thatsache zu Grunde legen, über die die Parteien nicht gehört sind? **49**, 349. — 27) Relative

Rechtskraft des bedingten Endurteiles. Darf das Berufungsgericht, wenn nur der Kläger Berufung eingelegt hat, die Klage unbedingt abweisen? **49,** 381. — 28) Einfluß auf die Berechnung der Revisionssumme, wenn auf mehr als 1500 ℳ geklagt, vom Beklagten mit mehr als 1500 ℳ kompensiert, durch ein, die Kompensationseinrede für unbegründet erklärendes, Teilurteil aber der Beklagte wegen einer noch nicht spruchreifen Einrede nur zur Zahlung von weniger als 1500 ℳ verurteilt ist? **49,** 403. — 29) Begriffliche Abgrenzung zwischen Endurteil und Zwischenurteil. **50,** 277. — 30) Liegt Endurteil oder Zwischenurteil vor, wenn über den einen von zwei Klagegründen bedingt endlich erkannt, der andere aber nur in den Entscheidungsgründen als unbegründet bezeichnet wird? **50,** 278. — 31) Ist die Revision zulässig gegen Endurteile, die das Oberlandesgericht auf Grund des § 927 Abs. 1 C.P.O. erlassen hat? **50,** 342. — 32) Können in dem Verfahren zur Erledigung eines bedingten Endurteiles neue Ehescheidungsgründe nachgebracht werden, die der Partei während der Hauptverhandlung noch nicht bekannt waren? **42,** 372.

§ 324. Thatbestand des Urteiles.

1) Hängt, wenn ein Berichtigungsbeschluß (§ 319 C.P.O. n. F.) nur die Kosten betrifft, die Zulässigkeit der auf den Mangel der Voraussetzungen der Berichtigung gestützten weiteren Beschwerde an das Reichsgericht von einer Beschwerdesumme von 100 ℳ ab? **47,** 361. — 2) Darf der Richter dem Urteile eine Thatsache zu Grunde legen, über die die Parteien nicht gehört sind? **49,** 349. — Liegt ein Revisionsgrund vor, wenn weder aus dem Thatbestande des Urteiles noch aus dem Protokolle die Thatsachen ersichtlich sind, auf die das Berufungsgericht die Rechtsförmlichkeit der Berufung gestützt hat? **47,** 402.

§ 325. Entscheidungsgründe.

1) Auslegung eines die Klage abweisenden Urteiles ans den Entscheidungsgründen als Abweisung zur Zeit. **47,** 370. — 2) Ist der in § 302 C.P.O. n. F. erwähnte Vorbehalt wirksam, wenn er nur in den Entscheidungsgründen des Urteiles ausgesprochen wird? **47,** 364. — 3) Liegt Endurteil oder Zwischenurteil vor, wenn über den einen von zwei Klagegründen bedingt endlich erkannt, der andere aber nur in den Entscheidungsgründen als unbegründet bezeichnet wird? **50,** 278.

§ 326. Versäumnisurteil. Einspruch.

1) Darf ein Versäumnisurteil nach beim Ausbleiben einer Partei erfolgter Vertagung gegen sie in dem neuen Verhandlungstermine, wenn sie nicht geladen ist, nur dann nicht erlassen werden, wenn in dem früheren Termine der Antrag auf ein Versäumnisurteil gestellt und zurückgewiesen war? **41,** 355. — 2) Ist der vom Konkursverwalter ohne Aufnahme des Verfahrens erklärte Verzicht auf den Einspruch gegen

ein während der Unterbrechung gegen den Gemeinschuldner erlassenes Versäumnisurteil zulässig? **45**, 327. — 3) Setzt die Zurückweisung der Berufung durch Versäumnisurteil voraus, daß die Zustellung des erstinstanzlichen Urteiles, und zwar durch Vorlegung der Zustellungsurkunde, nachgewiesen wird? **46**, 372. — 4) Ist beim Nichterscheinen des Berufungsklägers eine nicht statthafte oder nicht frist- oder formgerechte Berufung durch kontradiktorisches oder durch Versäumnisurteil zu verwerfen? **46**, 372; **50**, 384. — 5) Wann ist das erlassene Urteil ein kontradiktorisches, wann ein Versäumnisurteil? Entscheidet darüber der Wille des Gerichtes, die Bezeichnung oder der Inhalt? **50**, 387.

§ 327. Allgemeine Bestimmungen über die Beweisaufnahme. Beweisbeschluß. Glaubhaftmachung. Sicherung des Beweises.

1) Beschränkung der Beweisführung bezüglich der Seeunfälle durch die „Allgemeinen Seeversicherungsbedingungen von 1867". **43**, 11. — 2) Ist nach dem Beweisaufnahmetermine eine Beschwerde darüber zulässig, daß ein Rechtsanwalt als Vertreter der Partei in diesem Termine nicht zugelassen ist, weil er seine Vollmacht nicht nachgewiesen hatte? **43**, 425. — 3) Ist gegen den Beschluß, durch den eine Beweisaufnahme im Auslande angeordnet wird, die Beschwerde zulässig? **46**, 367. — 4) Darf der angebotene Sachverständigenbeweis stets als mißlungen angesehen werden, wenn die beweispflichtige Partei den Sachverständigen an der erforderlichen Untersuchung gehindert hat? **46**, 369. — 5) Haben schriftliche, von den Ausstellern unterschriebene Privatzeugnisse im Urkundenprozesse Beweiskraft? **49**, 374. — 6) Hat die auf Antrag des Käufers nach § 488 Abs. 1 C.P.O. n. F. erfolgte Vernehmung von Sachverständigen Einfluß auf die im Abs. 2 dem Verkäufer eingeräumte Befugnis? Muß in diesem Falle das Gericht die nach § 487 Nr. 3 benannten Sachverständigen vernehmen? **49**, 388. — 7) Darf das Gericht eine ihm überreichte, vom Antragsteller selbst abgegebene eidesstattliche Versicherung als Mittel der Glaubhaftmachung berücksichtigen? **50**, 360.

§ 328. Außergerichtliches Geständnis.

— — — — — — —

§ 329. Zeugenbeweis.

(Zeugengebühren s. oben § 302.)

1) Ist die arme Partei von dem Vorschießen der Kosten für die Vernehmung von Zeugen und Sachverständigen frei? **42**, 369. — 2) Hat der zur Verhandlung über seine Zeugnisweigerung geladene Zeuge Anspruch auf Zeugengebühren, wenn er in dieser Verhandlung seine Weigerung zurückzieht und sofort als Zeuge vernommen wird? **43**, 409. — 3) Wann ist der Cedent einer Partei im Sinne des § 358 (393 n. F.) Ziff. 4 C.P.O. beim Ausgange des Rechtsstreites unmittelbar beteiligt? **44**, 374. — 4) Können die Mitglieder einer den Fiskus im Prozesse

vertretenden Kollegialbehörde in diesem als Zeugen vernommen werden? **45**, 427; **46**, 318 (identisch). — 5) Wieweit dürfen die in einem Vorprozesse abgegebenen Zeugenaussagen als Urkundenbeweis benutzt werden? Unterschied zwischen diesem und dem Zeugenbeweise. **46**, 410. — 6) Was sind im Sinne des § 385 Abs. 1 Ziff. 4 C.P.O. n. F. Handlungen, die eine Ehefrau als Vertreterin ihres Mannes vorgenommen hat? **47**, 431. — 7) Wann genügt statt wiederholter Beeidigung des Zeugen die Versicherung der Richtigkeit seiner Aussage unter Berufung auf den früher geleisteten Eid? **48**, 387. — 8) Inwieweit ist der Zeuge verpflichtet, vor seiner Vernehmung Ermittelungen über deren Gegenstand anzustellen? **48**, 392. — 9) Haben schriftliche, von der Ausstellern unterschriebene, Privatzeugnisse im Urkundenprozesse Beweiskraft? Unterschied zwischen Urkunden- und Zeugenbeweis. **49**, 374. — 10) Kann der aus einer prozeßführenden offenen Handelsgesellschaft während des Prozesses ausgeschiedene Gesellschafter als Zeuge in diesem vernommen werden, wenn die Gesellschaft fortbesteht? **49**, 425. — 11) Zeugnisverweigerung eines Rechtsanwaltes über Verhandlungen bei einem Rechtsgeschäfte der Parteien, zu dem beide ihn als Vertrauensperson zugezogen hatten. **50**, 353.

§ 330. Sachverständigenbeweis.

1) Kann der den Sachverständigen nach der Gebührenordnung vom 30. Juni 1878 zustehende Gebührenanspruch auch im Rechtswege geltend gemacht werden, wenn es sich um den Anspruch eines als Sachverständiger vernommenen öffentlichen Beamten nach landesgesetzlichen aufrechterhaltenen Taxvorschriften handelt, und landesgesetzlich der Rechtsweg insoweit gegeben ist? **43**, 51. — 2) Kann ein Sachverständiger noch nach Einreichung seines schriftlichen Gutachtens abgelehnt werden, wenn zu dessen Ergänzung seine Vernehmung angeordnet wird? **43**, 399. — 3) Dürfen schriftliche Gutachten von Behörden im Civilprozesse bei der Beweiswürdigung berücksichtigt werden? **44**, 151. — 4) Darf der angebotene Sachverständigenbeweis stets als mißlungen angesehen werden, wenn die beweispflichtige Partei den Sachverständigen an der erforderlichen Untersuchung gehindert hat? **46**, 369. — 5) Hat die auf Antrag des Käufers nach § 488 Abs. 1 C.P.O. n. F. erfolgte Vernehmung von Sachverständigen Einfluß auf die in Abs. 2 dem Verkäufer eingeräumte Befugnis? Muß das Gericht auch die nach § 487 Nr. 3 benannten Sachverständigen vernehmen? **49**, 388. — 6) Üben die Privatangestellten eines Gewerbetreibenden ein Gewerbe öffentlich zum Erwerbe aus, müssen sie daher der Ernennung zu Sachverständigen Folge leisten? **50**, 391. — 7) Ist die arme Partei von dem Vorschießen der Kosten für die Vernehmung von Sachverständigen frei? **42**, 369.

§ 331. Urkundenbeweis.

a. Beweiskraft der Urkunden.

1) Wieweit dürfen der Inhalt eines von der einen Partei in einem Vorprozesse geleisteten Eides und die im Vorprozesse abgegebenen Zeugen-

aussagen als Beweisgründe verwertet werden? Verschiedenheit des Zeugen und des Urkundenbeweises. **46**, 410. — 2) Ist nach § 415 Abs. 2 C.P.O. n. F. auch der Gegenbeweis zulässig, daß der Unterschreiber die Urkunde zwar genehmigt, aber einen Teil der Erklärung nicht abgegeben und diesen Teil der Verhandlung beim Vorlesen überhört habe? **50**, 421.

b. Verfahren beim Urkundenbeweise.

1) Voraussetzungen des Editionsantrages mit Rücksicht auf den Zweck des Editionsverfahrens. **44**, 422. — 2) Darf die Eidesnorm des § 391 (426 n. F.) Abs. 1 C.P.O. dahin geändert werden, daß der Eid hinsichtlich des Besitzes der Urkunde nur in negativer Fassung über die Überzeugung zu leisten ist? **44**, 423. — 3) Hat die Weigerung des Editionseides zur Folge, daß der Besitz der Urkunde als bewiesen gilt? **44**, 424. — 4) Finden auf den Editionseid auch die Vorschriften in Buch 2 Titel 10 Abschn. 1 C.P.O. Anwendung? **44**, 425.

§ 332. Beweis durch Eid.

a. Schiedseid.

1) Kann die Eideszuschiebung an notwendige Streitgenossen noch zurückgenommen oder durch andere Beweismittel ersetzt werden, wenn der durch Beweisbeschluß angeordnete Eid schon von einigen Streitgenossen abgeleistet ist? **41**, 415. — 2) Kann über die Kenntnis der — nicht feststehenden — Benachteiligungsabsicht des Schuldners dem Anfechtungsgegner der Eid zugeschoben werden? **43**, 392. — 3) Ist der Assignant Rechtsvorgänger des Assignatars im Sinne des § 410 (445 n. F.) C.P.O., wenn die Anweisung erfolgt, um dem Assignatar durch eine dem Assignanten gegen den Assignaten zustehende Forderuug Befriedigung zu verschaffen? (P.) **45**, 369. — 4) Darf das Berufungsgericht, wenn gegen ein durch Eid bedingtes Urteil nur der Kläger Berufung eingelegt hat, die Klage unbedingt abweisen? **44**, 366; **49**, 381. — 5) Eidesweigerung im Eheprozesse als möglicher Beweisgrund für einen Ehescheidungsgrund nach freier Beweiswürdigung. **43**, 422. — 6) Wer hat die Parteieide zu leisten im Falle gesetzlicher Vertretung des Fiskus durch eine Kollegialbehörde? **45**, 428; **46**, 319 (identisch). — 7) Ist die Zurücknahme der Eideszuschiebung in der Berufungsinstanz auch dann unbeschränkt zulässig, wenn in erster Instanz durch bedingtes Endurteil auf den Eid erkannt ist? Auch wenn eine Eideszuschiebung über Indizien derselben Thatsache an die Stelle treten soll? **46**, 328. — 8) Kann ein Offenbarungseid ein Parteieid im Sinne des § 543 (580 n. F.) Ziff. 1 C.P.O. sein? **46**, 343. — 9) Kann die Leistung des Offenbarungseides die in § 428 (463 n. F.) C.P.O. vorgesehene Wirkung haben? **46**, 344. — 10) Ist das Unternehmen der Verleitung zum Meineide eine „wissentliche Verletzung der Eidespflicht" im Sinne der §§ 457. 470. 471 Abs. 2. 477 Abs. 2 C.P.O. n. F.? **46**, 395. — 11) Wieweit darf ein

im Vorprozesse von der einen Partei geleisteter Eid als Beweisgrund benutzt werden? **46**, 410. — 12) Ist, wer einen Wechsel indossiert oder auf Grund eines Blankoindossamentes weiter begiebt, im Sinne des § 445 C.P.O. n. F. Rechtsvorgänger des Erwerbers? **47**, 69. — 13) Kann der Nachweis der gerichtlichen Insinuation der Schenkung durch Eideszuschiebung geführt werden? **50**, 424.

b. Richterlicher Eid.

1) Ist ein durch richterlichen Eid bedingtes Urteil aus § 276 (304 n. F.) C.P.O. zulässig? **42**, 349. — 2) Ist das Unternehmen der Verleitung zum Meineide eine wissentliche Verletzung der Eidespflicht im Sinne der § 457. 470. 471 Abs. 2. 477 Abs. 2 C.P.O. n. F.? **46**, 395. — 3) Ist bei teilweiser Abänderung einer Eidesauflage zu Gunsten des Berufungsklägers im übrigen die relative Rechtskraft zu beachten? **44**, 366. — 4) Ist im Beschwerdeverfahren die Auferlegung eines richterlichen Eides statthaft? **50**, 370. — 5) S. auch unter a die Nummern 4. 5. 6. 8. 9. 11. 12.

5. Rechtsmittel.

§ 333. Gemeinschaftliche Bestimmungen über Rechtsmittel und Rechtsmitteleinlegung, insbesondere für die Berufung und die Revision.

a. Zulässigkeit der Rechtsmittel.

1) Ist ein Rechtsmittel des Beklagten gegen das klagabweisende Urteil zulässig, wenn die Klage nicht als unbegründet, sondern auf Grund der Einrede der Zahlung abgewiesen worden ist? **41**, 379. — 2) Wie ist ein nach Absicht des Gerichtes auf Grund des § 275 (303 n. F.) erlassenes, nach seinem Inhalte aber dem § 276 (304 n. F.) C.P.O. entsprechendes Zwischenurteil bezüglich der Rechtsmittel zu behandeln? **42**, 347. 395. — 3) Ist beim Nichterscheinen des Rechtsmittelbeklagten ein nicht statthaftes oder nicht frist- oder formgerecht eingelegtes Rechtsmittel durch kontradiktorisches oder durch Versäumnisurteil als unzulässig zu verwerfen? **46**, 373; **50**, 384. — 4) Förmlichkeiten des gegen notwendige Streitgenossen eingelegten Rechtsmittels, wenn die Urteilszustellungen zwischen dem Rechtsmittelkläger und den einzelnen Prozeßgegnern je zu verschiedenen Zeiten stattgefunden haben. **49**, 427. — 5) Kann ein Nebenintervenient, der nicht Streitgenosse ist, auch in eigenem Namen und gegen die von ihm unterstützte Partei Rechtsmittel einlegen? **42**, 391. — 6) S. auch § 337 Nr. 1. 2. 11.

b. Fristenlauf. Einlegung der Rechtsmittel. Zurücknahme. Verzicht.

1) Zustellung einer Rechtsmittelschrift von Anwalt zu Anwalt durch einen beim Rechtsmittelgerichte nicht zugelassenen Anwalt. **41**, 358. —

2) Kann die Einreichung der Berufungsschrift als Einlegung der allein zulässigen sofortigen Beschwerde angesehen werden und deren Notfrist wahren? **43**, 415. — 3) Revisionseinlegung in Auseinandersetzungssachen durch Telegramm. (P.) **44**, 369. — 4) Beträgt die Entscheidungsgebühr auch dann nur $^5/_{10}$ der vollen, wenn die Entscheidung des Gerichtes nur die Kosten des zurückgenommenen Rechtsmittels betrifft? **44**, 414. — 5) Wird die zur Ladung des Rechtsmittelbeklagten erforderliche Terminsbestimmung dadurch unnötig, daß der Rechtsmittelkläger den Gegner zu dem auf dessen Rechtsmittel bestimmten Termin ladet? **45**, 377. — 6) Ist zu einer gültigen Zustellung der Zurücknahme eines Rechtsmittels von Anwalt zu Anwalt das Vorhandensein einer förmlichen Urschrift der zuzustellenden Erklärung nötig? **46**, 357. — 7) Im Falle der notwendigen Streitgenossenschaft wird durch die Zustellung des Urteiles seitens des einen Streitgenossen der Lauf der Rechtsmittelfrist nicht auch in Ansehung des anderen eröffnet. **48**, 417. — 8) Förmlichkeiten des gegen notwendige Streitgenossen eingelegten Rechtsmittels, wenn zwischen ihnen und dem Rechtsmittelkläger das Urteil zu verschiedenen Zeiten zugestellt ist. **49**, 427. — 9) Ist die vorgängige Zustellung der Rechtsmittelschrift unbedingte Voraussetzung der vorläufigen Einstellung der Zwangsvollstreckung? **50**, 404.

c. Anschließung an das Rechtsmittel.

1) Bleibt die in der Rechtsmittelfrist durch zugestellten Schriftsatz erklärte, in der mündlichen Verhandlung nicht aufrechterhaltene Anschließung anhängig, bis sie zurückgenommen oder durch Urteil zurückgewiesen oder verworfen ist? **41**, 381. — 2) Die Anschließung ist auch nur wegen des Kostenpunktes sowie beim Mangel der Revisionssumme und eventuell für den Fall zulässig, daß das Rechtsmittel des Gegners nicht verworfen werde. **41**, 383. — 3) Rechtliche Natur der Anschließung an ein Rechtsmittel. **41**, 382. — 4) Ist unter der in der Rechtsmittelfrist erfolgten Anschließung auch die nur in einem zugestellten Schriftsatze erklärte zu verstehen? **41**, 383. — 5) Der Revisionsbeklagte, dem als solchem das Armenrecht nach § 119 Ziff. 2 S. 2 C.P.O. n. F. bewilligt ist, bedarf in allen Fällen noch einer besonderen Bewilligung, wenn er sich der Revision anschließen will. **41**, 400. — 6) Erlangt der Gegner der armen Partei die Befreiung von den im § 115 Ziff. 1 C.P.O. n. F. bezeichneten Kosten auch für seine Anschließung? **44**, 416. — 7) Wie ist über die Kosten zu entscheiden, wenn sowohl das Rechtsmittel selbst als auch die Anschließung zurückgewiesen werden? **44**, 374. — 8) Wird eine nach Ablauf der Rechtsmittelfrist erhobene Anschließung dadurch hinfällig, daß der Rechtsmittelkläger bei der mündlichen Verhandlung auf seinen Anspruch verzichtet? **45**, 409. — 9) Wird die vom Rechtsmittelbeklagten in einem Schriftsatze erklärte Anschließung, wenn dieser innerhalb der Rechtsmittelfrist zugestellt wird, durch die Zustellung oder durch das Verlesen in der mündlichen Verhandlung erhoben? **46**, 387. — 10) Ist die Anschließung des Beklagten wegen Abweisung

der Widerklage an das vom Kläger wegen Abweisung der Klage eingelegte Rechtsmittel zulässig? **46**, 373. — 11) Ist die Revision ohne Rücksicht auf den Beschwerdewert gegen ein Urteil zulässig, durch das die Anschließung des Berufungsbeklagten als unzulässig verworfen worden ist? **46**, 415. — 12) Kann der Rechtsmittelbeklagte gegen den Streitgenossen, gegen den er mit seiner Klage abgewiesen worden ist, eine Anschließung vornehmen, wenn die Berufung nur von dem verurteilten anderen Streitgenossen eingelegt ist? **46**, 416. — 13) Kann in Ehesachen eine Partei, nachdem über die von ihr eingelegte Berufung durch Teilurteil sachlich entschieden ist, sich behufs Erhebung einer Widerklage der Berufung des Gegners noch anschließen? **49**, 396.

§ 334. Zulässigkeit der Berufung.

1) Kann die in der ersten Instanz völlig obsiegende Partei Berufung einlegen, um durch Erhebung einer Widerklage oder sonstwie ein noch günstigeres Urteil zu erlangen? Wenigstens in Ehescheidungs- und Eheungültigkeitssachen? **45**, 321. — 2) Wird die zur Ladung des Berufungsbeklagten erforderliche Terminsbestimmung dadurch unnötig, daß der Berufungskläger den Gegner zu dem auf dessen Berufung bestimmten Termine ladet? **45**, 377. — 3) Kann der Kläger gegen das die Klage abweisende Urteil unter Erweiterung der Zinsenforderung Berufung einlegen, wenn er vor der Einlegung wegen des eingeklagten Anspruches befriedigt ist? **45**, 412. — 4) Sind die beim Reichsgerichte zugelassenen Anwälte befugt, in dem Verfahren der §§ 28—33 des Patentgesetzes die Berufung bei dem Patentamte einzulegen? **47**, 395. — 5) Kann der Berufungsbeklagte gegen den mit der Klage abgewiesenen Streitgenossen eine Anschließung vornehmen, wenn die Berufung nur von dem verurteilten anderen Streitgenossen eingelegt ist? **46**, 416. — 6) S. auch § 333a und wegen der Anschließung § 333c.

§ 335. Verfahren in der Berufungsinstanz.

1) Wird ein vom Berufungsgerichte nach § 657 (719 n. F.) C.P.O. erlassener Einstellungsbeschluß ohne weiteres hinfällig, wenn die Berufung zurückgewiesen wird? **42**, 370. — 2) Können, wenigstens in der Berufungsinstanz, in dem Verfahren zur Erledigung eines bedingten Endurteiles neue Ehescheidungsgründe nachgebracht werden, die der Partei während der Hauptverhandlung noch nicht bekannt waren? **42**, 372. — 3) Genügt es, wenn die Prozeßvoraussetzungen, insbesondere auch die Zulässigkeit des Rechtsweges, erst in der Berufungsinstanz gegeben sind? **42**, 283. — 4) Antrag auf Zurückweisung der Berufung in einem Ehescheidungsprozesse, gestützt auf einen neuen Scheidungsgrund. **42**, 412. — 5) Wieweit gelangt der Streitstoff zur Verhandlung in die Berufungsinstanz, wenn in der ersten der Anspruch auf Grund eines von mehreren Klagegründen zuerkannt ist? **45**, 316. — 6) Begriff der „neuen Ansprüche" im § 529 Abs. 2 C.P.O. n. F.; Verhältnis dieses Paragraphen

zu dem bedingten Verbote der Klagänderung in § 527 n. F. **47**, 390. — 7) Wann liegt im Falle der Einklagung einer Konventionalstrafe in dem Vorbringen neuer, während des Prozesses erfolgter, Vertragsverletzungen in der Berufungsinstanz eine Klagänderung? **48**, 372. — 8) Unterliegt die Einrede des Schiedsvertrages der Beschränkung des § 528 Abs. 1 S. 1 C.P.O. n. F. auch dann, wenn das Verfahren erster Instanz schon vor dem 1. Januar 1900 beendet war? **49**, 429. — 9) Über Anschließung s. § 333 c.

§ 336. Urteil des Berufungsgerichtes.

1) Darf die Revision zurückgewiesen werden, wenn das Berufungsurteil die Feststellungsklage als formell unzulässig und auch als materiell unbegründet abweist, in ersterer Beziehung aber die §§ 231. 253 C.P.O. a. F. verletzt? **41**, 369. — 2) Darf das Berufungsgericht, wenn es ein bedingtes Endurteil teilweise zu Gunsten des Berufungsklägers abändert, ohne Anschließung zu einem anderen Teile zu dessen Nachteile den Eid ganz beseitigen? **44**, 366. — 3) Wieweit gelangt der Streitstoff zur Entscheidung in die Berufungsinstanz, wenn in der ersten der Anspruch auf Grund eines von mehreren Klagegründen zuerkannt ist? **45**, 316. — 4) Setzt die Zurückweisung der Berufung durch Versäumnisurteil den Nachweis der Zustellung des erstinstanzlichen Urteiles voraus, und zwar durch Vorlegung der Zustellungsurkunde? **46**, 372. — 5) Ist beim Nichterscheinen des Berufungsbeklagten eine nicht statthafte oder nicht frist- oder formgerecht eingelegte Berufung durch kontradiktorisches oder durch Versäumnisurteil als unzulässig zu verwerfen? **46**, 373; **50**, 384. — 6) Darf das Berufungsgericht, wenn ein Anspruch nach Grund und Betrag streitig ist, ohne über den Grund zu entscheiden, unter Verwerfung des vom ersten Richter als durchgreifend angesehenen Einwandes die Sache auch dem Grunde nach in die Vorinstanz zurückverweisen? **47**, 366. — 7) Unter welchen Voraussetzungen kann das Berufungsgericht sich die Entscheidung über die Klage vorbehalten und zugleich die Entscheidung über den Betrag einer von ihm dem Grunde nach für berechtigt erklärten Widerklage in die Vorinstanz zurückverweisen? **47**, 416. — 8) Bezieht sich der § 538 Abs. 1 Ziff 3 C.P.O. n. F. auch auf Ansprüche, die in der zweiten Instanz neu erhoben sind? **49**, 42. — 9) Relative Rechtskraft des bedingten Endurteiles. Darf das Berufungsgericht, wenn nur der Kläger Berufung eingelegt hat, die Klage unbedingt abweisen? **49**, 381.

§ 337. Zulässigkeit der Revision.

a. Überhaupt.

1) Ist die Revision des Beklagten gegen das klagabweisende Berufungsurteil zulässig, wenn die Klage nicht als unbegründet, sondern nur auf Grund der Einrede der Zahlung abgewiesen ist? **41**, 379. —

2) Ist gegen die als Teilurteil bezeichnete Entscheidung, die Berufung werde insoweit zurückgewiesen, als der Kompensationsanspruch des Beklagten aberkannt sei, die Revision zulässig? **42,** 356. — 3) Ist in Preußen die Revision in Prozessen gegen den Fiskus wegen Verschuldens einer „Behörde" ohne Rücksicht auf den Beschwerdewert zulässig? **42,** 417. — 4) Ist, wenn ein Schadensanspruch gegen den Fiskus auf Verletzung von Vertragspflichten des Fiskus durch Staatsbeamte gestützt wird, die Revision ohne Rücksicht auf den Beschwerdewert zulässig? **46,** 340. — 5) Wird die Revision dadurch zulässig, daß das in erster Instanz entscheidende Landgericht sich für sachlich zuständig erachtet hat, obgleich der Streitwert den Betrag von 300 ℳ nicht überstieg? **46,** 342. — 6) Ist die Revision ohne Rücksicht auf den Beschwerdewert gegen ein Urteil zulässig, durch das die Anschließung des Berufungsbeklagten als unzulässig verworfen worden ist? **46,** 415. — 7) Ist die Revision zulässig, wenn im Berufungsurteile über die Hauptsache und eine Nebenforderung entschieden ist, das Urteil aber nur wegen der Entscheidung über die Nebenforderung von mehr als 1500 ℳ angefochten wird? **47,** 256. — 8) Findet, wenn ein Anerkenntnisurteil nur wegen des Kostenpunktes mit der Berufung angefochten war, gegen das Berufungsurteil Revision oder sofortige Beschwerde statt? **48,** 364. — 9) Ist über die Frage, ob der Ehefrau während des Scheidungsprozesses das Getrenntleben zu gestatten sei, die Revision stets zulässig? **46,** 382. — 10) Beschwerdewert bei einer Klage auf Herausgabe des über eine für eine geringere Forderung verpfändete Hypothek gebildeten Hypothekenbriefes. **46,** 401. — 11) Wenn das Berufungsgericht über den Grund des Anspruches vorab erkennen wollte, ist die Revision zulässig, auch wenn die Voraussetzungen eines Urteiles aus § 304 C.P.O. n. F. nicht vorlagen. **49,** 338. — 12) Ist die Revision zulässig gegen Endurteile, die das Oberlandesgericht auf Grund des § 927 Abs. 2 C.P.O. erlassen hat? **50,** 342. — 13) S. a. § 333a und wegen Anschließung § 333c.

b. Revisionssumme.

1) Einfluß der nach Einlegung der Revision erfolgten Unterbrechung des Verfahrens gegen einen von zwei Revisionsklägern auf die Zulässigkeit der Revision des anderen, dessen Beschwerde allein die Revisionssumme nicht erreicht. **41,** 414. — 2) Nichteinrechnung des Gegenstandes unzulässiger Revisionsbeschwerden. **42,** 357. — 3) Kann der Beschwerdewert in der höheren Instanz den Wert des Streitgegenstandes übersteigen? **47,** 420. — 4) Sind die Beschwerdewerte zusammenzurechnen, wenn von zwei Klägern der eine nur wegen Abweisung seiner Klage, der andere nur wegen seiner Verurteilung auf die gegen ihn allein erhobene Widerklage Revision eingelegt hat? **46,** 397. — 5) Berechnung der Revisionssumme, wenn das Berufungsgericht zwei Urteile über zwei ursprünglich verbundene Prozesse erlassen, die Trennung aber erst nach einheitlicher und geschlossener mündlicher Verhandlung angeordnet hat. **49,** 401. — 6) Berechnung der Revisionssumme, wenn auf mehr als

1500 ℳ geklagt, vom Beklagten mit mehr als 1500 ℳ kompensiert, durch ein, die Kompensationseinrede für unbegründet erklärendes, Teilurteil aber der Beklagte wegen einer noch nicht spruchreifen Einrede nur zur Zahlung von weniger als 1500 ℳ verurteilt ist. **49**, 403.

§ 338. Verletzung des Gesetzes als Revisionsgrund. Neues Vorbringen.

1) Versagung des rechtlichen Gehörs durch Berücksichtigung von Umständen, die nicht Gegenstand der Verhandlung gewesen sind. **41**, 293. — 2) Unrichtige Vertragsauslegung als Revisionsgrund. **42**, 303. — 3) Unzulässigkeit des Vorbringens neuer Thatsachen in der Revisionsinstanz als Revisionsgrund, auch in Ehesachen. **44**, 354. — 4) Unterliegt die Auslegung eines Adjudikationsurteiles, insbesondere der in ihm enthaltenen Subhastationsbedingungen der Nachprüfung des Revisionsgerichtes? (P.) **45**, 331. — 5) Liegt ein Revisionsgrund vor, wenn weder aus dem Thatbestande, noch aus dem Protokolle die Thatsachen zu ersehen sind, aus denen das Berufungsgericht die Rechtzeitigkeit und die Beobachtung der Förmlichkeiten der Berufung entnommen hat? **47**, 402. — 6) Nichtausübung des Fragerechtes als Revisionsgrund. **48**, 279; **50**, 190. — 7) Ist dem Revisionsgerichte die Prüfung entzogen, ob eine Anfechtungserklärung nach § 121 B.G.B. unverzüglich abgegeben ist? **49**, 395.

§ 339. Revisible und nicht revisible Rechtsnormen.

1) Die Postordnung vom 11. Juni 1892 ist eine allgemeine Rechtsnorm. **43**, 99. — 2) Sind die Hausgesetze des hohen Adels revisibel? **43**, 412. — 3) Sind die vom Bundesrate beschlossenen, im Centralblatte für das Deutsche Reich von 1882 verkündeten „Grundsätze für die Besetzung der Subaltern- und Unterbeamtenstellen mit Militäranwärtern" eine verbindliche reichsrechtliche Verordnung? **48**, 84. — 4) Ist die verbindliche Kraft reichsrechtlicher Verordnungen des Bundesrates von ihrer Verkündung durch das Reichsgesetzblatt abhängig? **48**, 88. — 5) Wieweit steht dem Reichsgerichte die Prüfung der Rechtsgültigkeit einer gehörig verkündeten preußischen Verordnung zu? **48**, 205.

§ 340. Entscheidung des Revisionsgerichtes.

1) Darf die Revision zurückgewiesen werden, wenn das Berufungsgericht die Feststellungsklage sowohl als formell unzulässig als auch als materiell unbegründet abgewiesen hat, in ersterer Beziehung aber die §§ 231. 253 (256. 280 n. F.) C.P.O. verletzt? **41**, 369. — 2) Nach welchem zeitlichen Rechte hat das Revisionsgericht die Frage zu entscheiden, ob ein vor dem 1. Januar 1900 ergangenes Berufungsurteil auf Verletzung des Gesetzes beruht? **45**, 98. 421. — 3) Aufhebung einer dem Revisionskläger an sich günstigen Entscheidung wegen ihres inneren Zusammenhanges mit einer ihm ungünstigen, deren Aufhebung

auf seinen Antrag erfolgt. **46**, 428. — 4) „Reise zur Endentscheidung" im Sinne des § 565 Abs. 3 Ziff. 1 C.P.O. n. F. mit Rücksicht auf die Fälle des § 538 Abs. 1 Ziff. 3. **50**, 224. — 5) S. a. § 336 Nr. 2. 4. 5. 9.

§ 341. Beschwerde.

a. Einfache Beschwerde.

1) Zulässigkeit der Beschwerde einer zum Armenrechte zugelassenen Partei gegen den Beschluß, durch den von ihrer Einzahlung eines Kostenvorschusses die Erhebung des Zeugen- und Sachverständigenbeweises abhängig gemacht ist. **42**, 369. — 2) Ist nach Abhaltung eines Beweisaufnahmetermines eine Beschwerde darüber zulässig, daß ein Rechtsanwalt als Vertreter der Partei zu diesem Termine nicht zugelassen ist, weil er seine Vollmacht nicht nachgewiesen hat? **43**, 425. — 3) Ist gegen den Kostenansatz von Gebühren ausländischer Zeugen die Beschwerde zulässig? **44**, 389. — 4) Worin besteht der Streitwert bei der auf Erhöhung der Festsetzung des Streitwertes der Hauptsache gerichteten Beschwerde eines Rechtsanwaltes? **45**, 402. — 5) Ist das Reichsgericht auch für Beschwerden gegen Entscheidungen des Oberlandeskulturgerichtes zuständig, die im Regulierungsverfahren ergangen sind? **46**, 356. — 6) Kann in dem bloßen Widerspruche gegen einen Antrag der Gegenpartei ein Gesuch im Sinne des § 567 Abs. 1 C.P.O. n. F. gefunden werden? **46**, 366. — 7) Ist gegen Beschlüsse, durch die Beweisaufnahmen im Auslande angeordnet werden, Beschwerde zulässig? **46**, 367. — 8) Ist auch außer den Fällen des § 577 Abs. 4 in Verbindung mit § 576 Abs. 1 C.P.O. n. F. eine für den Fall der Zurückweisung des Gesuches im voraus eingelegte Beschwerde zulässig? **46**, 418. — 9) Ist gegen den Beschluß, durch den ein auf § 715 C.P.O. n. F. gestütztes Gesuch abgelehnt wird, die Beschwerde zulässig? **47**, 364. — 10) Ist in Sachen der freiwilligen Gerichtsbarkeit eine Beschwerde an das Reichsgericht zulässig? Insbesondere wenn sie darauf gestützt wird, daß das Oberlandesgericht, statt nach § 28 des Gesetzes vom 20. Mai 1898 die weitere Beschwerde dem Reichsgerichte vorzulegen, selbst darüber entschieden hat? **48**, 15. — 11) Voraussetzungen der Beschwerde gegen den Beschluß des Berufungsgerichtes, die Zwangsvollstreckung aus dem Urteile erster Instanz nur gegen Sicherheitsleistung zuzulassen. **47**, 419. — 12) Nach welchen Bestimmungen findet die Beschwerde gegen Entscheidungen des Grundbuchamtes wegen Eintragung einer Zwangshypothek statt? **48**, 242. — 13) Muß die Unterschrift einer Beschwerdeschrift eine handschriftliche sein, oder genügt ein Facsimile? **46**, 375. — 14) Gegen die Zurückweisung eines Kostenfestsetzungsgesuches findet die einfache Beschwerde statt. **46**, 376. — 15) Ist auf die Entscheidung über einen Streit, der das Bestehen oder den Inhalt einer Vereinbarung, daß das Verfahren ruhen solle, betrifft, der § 252 C.P.O. n. F. anwendbar? **49**, 352. — 16) Unterliegen in Auseinandersetzungssachen die Beschwerden,

über die das Reichsgericht zu entscheiden hat, dem Anwaltszwange? **50,** 347. — 17) Ist im Beschwerdeverfahren die Auferlegung eines richterlichen Eides statthaft? **50,** 370.

b. Sofortige Beschwerde.

1) Wie ist zu verfahren, wenn die sofortige Beschwerde wegen Versäumung der Notfrist verworfen ist, und gegen die Versäumung die Wiedereinsetzung in den vorigen Stand beantragt werden soll? **42,** 367. — 2) Unter welchen Voraussetzungen darf die Rechtzeitigkeit einer sofortigen Beschwerde gegen ein Zwischenurteil angenommen werden? **42,** 402; **47,** 430. — 3) Ist gegen einen nach § 775 (890 n. F.) Abs. 2 C.P.O. erlassenen Beschluß die Beschwerde, und zwar die sofortige, zulässig? **42,** 419. — 4) Die sofortige Beschwerde kann schon vor der Zustellung der anzugreifenden Entscheidung erhoben werden. **43,** 415; **50,** 352. — 5) Kann die Einreichung der Berufungsschrift als Einlegung der allein zulässigen sofortigen Beschwerde angesehen werden und deren Notfrist wahren? **43,** 416. — 6) Nur der sofortigen Beschwerde unterliegt der Beschluß, daß nach § 84 Zw.G. von dem Käufer zu entrichtende Kosten nicht anzusetzen seien, weil der Ersteher von der Zahlung von Gerichtskosten befreit sei. (P.) **45,** 392. — 7) Unanwendbarkeit der sofortigen Beschwerde aus § 99 Abs. 3 C.P.O n. F. gegen eine vor dem 1. Januar 1900 ergangene Kostenentscheidung. **46,** 345. — 8) Ist nach § 99 Abs. 3 C.P.O. n. F. die sofortige Beschwerde gegen die Entscheidung über den Kostenpunkt auch dann zulässig, wenn eventuell in der Hauptsache kein Rechtsmittel gegeben sein würde? **46,** 348. — 9) Unter welchen Voraussetzungen ist die Beschwerde aus § 99 Abs. 3 C.P.O. n. F. gegen eine Entscheidung über die Kosten der Nebenintervention zulässig? **46,** 393. — 10) Ist auch außer den Fällen des § 577 Abs. 4 in Verbindung mit § 576 Abs. 1 C.P.O. n. F. eine für den Fall der Zurückweisung des Gesuches im voraus eingelegte Beschwerde zulässig? **46,** 418. — 11) Greift der § 60 Abs. 2 B.G.B. auch dann Platz, wenn die Eintragung eines Vereines in das Vereinsregister deshalb abgelehnt wird, weil der aus der Satzung erhellende Vereinszweck dem § 21 B.G.B. nicht entspreche? **47,** 386. — 12) Findet § 99 Abs. 3 C.P.O. n. F. auf eine Entscheidung über die Kosten einer vor ihrer Zustellung erledigten Klage Anwendung? **47,** 404. — 13) Wird der § 551 C.P.O. n. F. verletzt, wenn in Sachen der freiwilligen Gerichtsbarkeit als Beschwerdegericht statt der zuständigen Kammer für Handelssachen die Civilkammer entscheidet? **48,** 27. — 14) Nach welchen Bestimmungen findet die Beschwerde gegen eine Entscheidung des Grundbuchamtes über die Eintragung einer Zwangshypothek statt? **48,** 242. — 15) Findet, wenn ein Anerkenntnisurteil nur wegen des Kostenpunktes mit der Berufung angefochten war, gegen das Berufungsurteil sofortige Beschwerde oder Revision statt? **48,** 364. — 16) Ist auf die Entscheidung über einen Streit, der das Bestehen oder den Inhalt einer Vereinbarung, daß der Prozeß ruhen soll, betrifft, der § 252 C.P.O. n. F.

anwendbar? **49**, 352. — 17) Unterliegt in Auseinandersetzungssachen die sofortige Beschwerde gegen den die Revision zurückweisenden Beschluß der Generalkommission dem Anwaltszwange? (P.) **50**, 347. — 18) Kann in Auseinandersetzungssachen die sofortige Beschwerde wirksam vor der ordnungsmäßigen Zustellung des anzufechtenden Beschlusses eingelgt werden? (P.) **50**, 352. — 19) Besteht im Falle des § 99 Abs. 3 C.P.O. n. F. die Beschwerdesumme nur in dem Betrage der Kosten, die bis zur Erledigung der Hauptsache entstanden sind? **50**, 368. — 20) Ist im Beschwerdeverfahren die Auferlegung eines richterlichen Eides zulässig? **50**, 370.

c. Weitere Beschwerde.

1) Enthält die Entscheidung des Beschwerdegerichtes einen neuen selbständigen Beschwerdegrund, wenn sie sachlich mit der Entscheidung der Vorinstanz übereinstimmt, aber auf Verletzung wesentlicher Vorschriften über das Verfahren beruht? **42**, 352. — 2) Ist eine weitere sofortige Beschwerde der Partei zulässig, zu deren Nachteil auf die sofortige Beschwerde der Gegenpartei ein Zwischenurteil abgeändert worden ist? **42**, 402. — 3) Berechnung des Beschwerdewertes für die von einem Rechtsanwalt in eigenem Namen gegen einen in der Beschwerdeinstanz erlassenen Wertfestsetzungsbeschluß eingelegte weitere Beschwerde. **46**, 365. — 4) Neuer selbständiger Beschwerdegrund, wenn in der Beschwerdeinstanz die örtliche Zuständigkeit der ersten Instanz verneint ist. **46**, 392. — 5) Hängt, wenn ein Berichtigungsbeschluß (§ 319 C.P.O. n. F.) nur die Kosten betrifft, die Zulässigkeit der auf den Mangel der Voraussetzungen der Berichtigung gestützten weiteren Beschwerde an das Reichsgericht von einer Beschwerdesumme von 100 *M* ab? **47**, 361. — 6) Ist in Sachen der freiwilligen Gerichtsbarkeit eine weitere Beschwerde an das Reichsgericht zulässig, wenn das Oberlandesgericht, statt die weitere Beschwerde nach § 28 Abs. 2 des Gesetzes vom 20. Mai 1896 dem Reichsgerichte vorzulegen, selbst entschieden hat? **48**, 15. — 7) Kann in Sachen der freiwilligen Gerichtsbarkeit die weitere Beschwerde darauf gestützt werden, daß über die erste statt der Kammer für Handelssachen eine Civilkammer des Landgerichtes entschieden habe? **48**, 27. — 8) Ist, wenn in Sachen der freiwilligen Gerichtsbarkeit die weitere Beschwerde begründet erscheint, die Sache in die Vorinstanz zurückzuverweisen? **48**, 31. — 9) Zur Erläuterung der Worte „in betreff der Prozeßkosten" im § 567 Abs. 2 C.P.O. n. F. **49**, 386. — 10) Besteht im Falle des § 99 Abs. 3 C.P.O. die Beschwerdesumme nur in dem Betrage der Kosten, die bis zur Erledigung der Hauptsache entstanden sind? **50**, 368.

6. Wiederaufnahme des Verfahrens.

§ 342. Nichtigkeits- und Restitutionsklage.

1) Giebt es eine Klage auf Nichtigkeitserklärung der Vollstreckungsklausel? **41**, 376. — 2) Kann die Restitutionsklage auf die durch den

Gegner erfolgte Leistung eines falschen Offenbarungseides gestützt werden? **46**, 343. — 3) Kann die Restitutionsklage wegen neu aufgefundener Urkunden auf die Behauptung gestützt werden, daß eine Patentschrift nachträglich aufgefunden sei? **48**, 375. — 4) Kann eine Verurteilung wegen Patentverletzung auf Grund einer späteren, das Patent vernichtenden, Entscheidung mit der Restitutionsklage angegriffen werden? **48**, 384. — 5) Kann § 580 Ziff. 4 C.P.O. n. F. Anwendung finden, wenn das durch Restitutionsklage angefochtene Urteil durch schuldhafte Verletzung der Eidespflicht bei Leistung eines Offenbarungseides herbeigeführt wurde? **46**, 344.

7. Besondere Prozeßarten.

§ 343. Urkunden- und Wechselprozeß.

1) Muß der im Urkunden- oder Wechselprozesse als Kläger unter seiner Firma und unter seinem bürgerlichen Namen auftretende Einzelkaufmann mit der Klage durch Urkunden nachweisen, daß er Inhaber der Firma sei? **41**, 407. — 2) Die Bezeichnung der Partei gehört nicht zu den klagebegründenden Thatsachen im Sinne der §§ 555. 556 (592. 593 n. F.) C.P.O. **41**, 410. — 3) Ist im Wechselprozesse die Klage aus einem Wechsel an eigene Order zulässig, auf dessen Rückseite als erste Namensschrift die des Ausstellers steht, wenn der über dieser stehende Übertragungsvermerk durchstrichen ist? **41**, 412. — 4) Kann der im Wechselprozesse auf die Klage des Blankoindossatares rechtskräftig Verurteilte im Nachverfahren die Einrede der mangelnden Aktivlegitimation darauf stützen, daß er infolge rechtskräftigen Urteiles die Herausgabe des Wechsels erlangt hat? **45**, 429. — 5) Verhältnis der Vorklage des Acceptanten auf Herausgabe des Wechsels zu der nachher im Wechselprozesse erhobenen Klage auf Bezahlung der Wechselschuld. Wirkung des im Wechselprozesse erlassenen Vorbehaltsurteiles auf die noch anhängige Vorklage. Rechtshängigkeit, Rechtskraft? **47**, 186. — 6) Sind Acceptant und Aussteller eines Wechsels notwendige Streitgenossen, wenn sie in einer Klage belangt werden und sich derselben Einrede bedienen? **48**, 215. — 7) Muß im Urkundenprozesse der in einer fremden Sprache abgefaßten Urkunde eine deutsche Übersetzung beigefügt werden? **48**, 232. — 8) Zwangsvollstreckung aus einem nach § 599 C.P.O. n. F. unter Vorbehalt der Rechte ergangenen Urteile. **49**, 163. — 9) Haben schriftliche, vom Aussteller unterschriebene Privatzeugnisse im Urkundenprozesse Beweiskraft? **49**, 374. — 10) Kann mit der Wechselklage gegen eine Ehefrau accessorisch gegen den Ehemann auf Duldung der Zwangsvollstreckung in das Vermögen der Ehefrau im Wechselprozesse geklagt werden? **50**, 51.

§ 344. Ehesachen.

1) Können in dem Verfahren zur Erledigung eines bedingten Endurteiles neue Ehescheidungsgründe nachgebracht werden, die der Partei

während des Hauptverfahrens noch nicht bekannt waren? **42**, 372. — 2) In der Berufungsinstanz können neue Klagegründe auch nur zu dem Zwecke vorgebracht werden, um eine Änderung der Entscheidung über die Schuldfrage herbeizuführen. **42**, 378. — 3) Begründung und Beweislast bezüglich der aus § 576 (616 n. F.) C.P.O. erhobenen Einrede. **42**, 384. — 4) Kann, wenn in erster Instanz nach seinem Antrage auf Ehescheidung erkannt ist, der Kläger, ohne selbst Berufung einzulegen, einen in erster Instanz nicht vorgebrachten Scheidungsgrund zur Begründung des Antrages auf Zurückweisung der Berufung der Gegenpartei verwerten? **42**, 412. — 5) Wieweit ist im Eheprozesse der Beweis zulässig, daß die von dem wegen Blödsinnes entmündigten Ehegatten begangenen Ehevergehen ihm zuzurechnen seien? (P.) **43**, 276. — 6) Eidesweigerung als möglicher Beweisgrund für einen Ehescheidungsgrund. **43**, 422. — 7) Unzulässigkeit des Vorbringens neuer Thatsachen in der Revisionsinstanz auch in Ehesachen. **44**, 354. — 8) Kann wenigstens in Ehesachen die in der ersten Instanz völlig obsiegende Partei Berufung einlegen, um durch Erhebung einer Widerklage oder sonstwie ein noch günstigeres Urteil zu erlangen? **45**, 321. — 9) Gehören die Kosten für die Erwirkung des Rückkehrbefehles und des Sühnetermines zu den Prozeßkosten? **45**, 367. — 10) Sind die Anwaltsgebühren für die Erwirkung des Rückkehrbefehles und des Sühnetermines auf die Prozeßgebühr für den Ehescheidungsprozeß anzurechnen? **45**, 368. — 11) Kann in einem Ehescheidungsprozesse, in dem durch Klage und Widerklage lediglich die Scheidung der Ehe beantragt ist, ein Teilurteil erlassen werden? **45**, 400. — 12) Legitimation der Parteivertreter im Eheprozesse nach § 613 C.P.O. n. F. **45**, 419. — 13) Nach Art. 201 E.G. z. B.G.B. darf auch in schon vorher anhängigen Sachen seit dem 1. Januar 1900 auf zeitliche Trennung von Tisch und Bett nicht mehr erkannt werden. **45**, 420. — 14) Bedarf die Feststellung eines dem § 1568 B.G.B. entsprechenden Thatbestandes stets der Bezugnahme auf die individuellen Verhältnisse der Ehegatten? **46**, 154. — 15) Ist eine einstweilige Verfügung auf Leistung eines Kostenvorschusses an die Ehefrau gegen den Mann zulässig, der mit seiner Frau in der allgemeinen Gütergemeinschaft des B.G.B. lebt und im Ehescheidungsprozesse Berufung eingelegt hat? **46**, 354. — 16) Muß, wenn Ehescheidung auf Grund des § 1568 B.G.B. beantragt ist, und die Aussicht auf Aussöhnung der Parteien nicht ausgeschlossen erscheint, stets die Aussetzung des Verfahrens angeordnet werden? **46**, 406. — 17) Kann im Ehescheidungsprozesse der Ehemann durch einstweilige Verfügung zur Zahlung eines Kostenvorschusses an den Anwalt der Frau angehalten werden, wenn in der Ehe der gesetzliche Güterstand des B.G.B. besteht? **47**, 72. — 18) Ist, wenn nach deutschem Rechte auf Scheidung, nach dem ausländischen auf beständige Trennung von Tisch und Bett zu erkennen wäre, in den Fällen der Artt. 201. 17. 27 E.G. z. B.G.B. Auflösung des Bandes der Ehe auszusprechen? **47**, 136. — 19) Kann während des Scheidungsprozesses der Unterhaltsanspruch des einen Ehegatten gegen den anderen nur durch Antrag auf einstweilige Verfügung nach § 627 C.P.O. n. F. oder auch durch ordentliche Klage verfolgt werden? **47**, 379. — 20) Kann gegen die Klage des einen Ehegatten auf Unterhalt der andere die Einrede der Unzuständigkeit oder die der Rechtshängigkeit darauf stützen, daß bereits die Ehescheidungsklage unter den Parteien anhängig war? **47**, 379. — 21) Finden die §§ 80. 88. 613 C.P.O. n. F. auch auf einen Armenanwalt im Eheprozesse Anwendung? **47**, 413. — 22) Stillschweigende nachträgliche Genehmigung der Prozeßführung durch die Partei im Sinne des § 89 Abs. 2 C.P.O. n. F. **47**, 415. — 23) Ist das Urteil von Amtswegen zuzustellen, wenn einer Partei ein Eid auferlegt ist, und die Ehe in beiden Fällen geschieden werden soll, aber nicht formell geschieden, und von dem Eide nur die Schuld- und die Kostenfrage abhängig gemacht ist? **48**, 423. — 24) Ist die Frage, ob der Ehefrau während des Scheidungsprozesses das Getrenntleben zu gestatten ist, eine vermögensrechtliche? **46**, 382. — 25) Finden auf die Frage, ob der Ehefrau das Getrenntleben während des Scheidungspropesses zu gestatten ist, die Vorschriften der §§ 936—944 C.P.O. oder des § 1353 Abs. 2 B.G.B. Anwendung? **46**, 384; **49**, 368. — 26) Wie ist ein auf Grund des § 620 Abs. 1 C.P.O. n. F. gestellter Antrag auf Aussetzung des Verfahrens prozessualisch zu behandeln? Darf er durch einen vor dem Endurteile erlassenen Beschluß zurückgewiesen werden? **46**, 385. — 27) Kann im Falle der Errungenschaftsgemeinschaft des C. c. die Ehefrau im Ehescheidungsprozesse von dem Ehemanne einen Kostenvorschuß verlangen? (F.) **49**, 327. — 28) Unter welchen Umständen ist im Scheidungsurteile auszusprechen, daß ein Ehegatte die Schuld an der Scheidung trage? **49**, 167. — 29) Kann in Ehesachen eine Partei, die selbst Berufung eingelegt hatte, nachdem über diese durch Teilurteil sachlich entschieden ist, sich behufs Erhebung einer Widerklage noch der Berufung des Gegners anschließen? **49**, 396.

§ 345. Entmündigungssachen.

1) Zulässigkeit des von dem Pfleger des zu Entmündigenden gestellten Entmündigungsantrages. (P.) **45**, 179. — 2) Was ist maßgebend dafür, ob eine Person wegen Geisteskrankheit oder wegen Geistesschwäche im Sinne des B.G.B. zu entmündigen ist? **50**, 203. — 3) S. auch Nr. 5 des vorstehenden Paragraphen.

§ 346. Mahnverfahren.

Anfechtung eines rechtskräftigen Zahlungs-(Vollstreckungs-)befehles, der nach Vereinbarung der Parteien für eine zur Zeit der Erlassung des Zahlungsbefehles noch nicht bestehende Forderung erwirkt ist, die erst nachher entstehen sollte. Ist er insoweit wirksam, als nach seiner Erlassung die in Aussicht genommene Forderung entstanden ist? **46**, 334.

§ 347. Konsularsachen.

Stehen dem mit Gerichtsbarkeit versehenen Konsul für die auf Ersuchen der inländischen Gerichte in bürgerlichen Rechtsstreitigkeiten bewirkten Zustellungen Gebühren nach dem Tarife vom 1. Mai 1872 Ziff. 7 zu? **44,** 409.

8. Die Zwangsvollstreckung.

§ 348. Allgemeine Bestimmungen.

1) Rechtliche Bedeutung der Vollstreckungsklausel. Darf sie aus einer vollstreckbaren Urkunde für künftige, noch nicht bestehende Forderungen erteilt werden? **41,** 373. — 2) Giebt es eine Klage auf Nichtigkeitserklärung der Vollstreckungsklausel? **41,** 376. — 3) Kann auf Unzulässigkeit weiterer Zwangsvollstreckung aus einer vollstreckbaren Urkunde im Gerichtsstande des Gläubigers geklagt werden? **41,** 377. — 4) Wird die Zwangsvollstreckung durch Vornahme von Vollstreckungshandlungen zum Zwecke der Vollziehung einer einstweiligen Verfügung beendet? **41,** 393. — 5) Das Vollstreckungsurteil nach § 661 (328 n. F.) C.P.O. kann nur erlassen werden, wenn die gesetzliche Voraussetzung der verbürgten Gegenseitigkeit zur Zeit des Erlasses des Vollstreckungsurteiles vorhanden war. **41,** 424. — 6) Ist nach der österreichischen Exekutionsordnung vom 27. Mai 1896 die Gegenseitigkeit im Sinne des § 661 Ziff. 5 (328 n. F.) C.P.O. verbürgt? **41,** 424; **48,** 377. — 7) Inwiefern steht die durch den Konkursverwalter nach § 117 (127 n. F.) K.O. vorgenommene Veräußerung einer Zwangsvollstreckung gleich? **42,** 89. — 8) Findet der § 657 (719 n. F.) C.P.O. auf Urteile Anwendung, durch die ein Arrest angeordnet oder eine einstweilige Verfügung getroffen ist? **42,** 361. — 9) Wird ein vom Berufungsrichter nach § 657 (719 n. F.) C.P.O. erlassener Einstellungsbeschluß ohne weiteres hinfällig, wenn die Berufung zurückgewiesen wird? **42,** 370. — 10) Womit beginnt die auf Unterlassung oder auf Duldung der Vornahme einer Handlung gerichtete Zwangsvollstreckung? **42,** 420. — 11) Der Gerichtsvollzieher als Vertreter des Gläubigers bei der Pfändung. **43,** 180. — 12) Anwaltsgebühr für die Zwangsvollstreckung in eine Forderung, die schon zur Vollziehung eines wegen desselben Anspruches angeordneten Arrestes gepfändet war. **44,** 373. — 13) Begriff des Prozeßgerichtes im Sinne des § 686 (767 n. F.) C.P.O. **45,** 343. — 14) Die Widerspruchsklage aus § 767 C.P.O. n. F. ist schon zulässig, wenn die Zwangsvollstreckung noch nicht begonnen hat, aber bevorsteht, und ein rechtliches Interesse vorliegt. **45,** 344. — 15) Anwendung des § 36 Ziff. 3 C.P.O. im Falle des § 705 (797 n. F.), wenn in der Klage Einwendungen von mehreren in verschiedenen Gerichtsbezirken wohnhaften Schuldnern erhoben werden sollen. **45,** 391. — 16) Hindert § 704 (796 n. F.) Abs. 2 C.P.O. die Anfechtung eines rechtskräftigen Vollstreckungsbefehles, der im Einverständnisse der Parteien für eine zur Zeit des Erlasses des

Zahlungsbefehles noch nicht entstandene Forderung erwirkt ist, die erst nachher entstehen sollte? Ist er insoweit wirksam, als nach der Erlassung des Zahlungsbefehles die in Aussicht genommene Forderung wirklich entstanden ist? **46**, 334. — 17) Ist gegen den Beschluß, durch den ein auf § 715 C.P.O. gestütztes Gesuch abgelehnt wird, die Beschwerde zulässig? **47**, 364. — 18) Ist die Ermächtigung des Vollstreckungsgerichtes zu dem Antrage des Gläubigers auf Erteilung der in § 792 C.P.O. n. F. bezeichneten Urkunde nötig? **48**, 399. — 19) Unter welchen Voraussetzungen ist ein Vollstreckungspfandrecht als Rechtshandlung des Schuldners nach dem § 3 Ziff. 1 R.A.G. anfechtbar? Verschaffung des Vollstreckungstitels. **47**, 223. — 20) Ist ein Zwischenurteil dahin, daß der Beklagte zur Aufnahme des Verfahrens nicht befugt sei und die Kosten des Verfahrens zu tragen habe, ein vollstreckbarer Titel, auf Grund dessen die Feststellung dieser Kosten erfolgen kann? **45**, 406. — 21) Kann die Eintragung einer Sicherungshypothek auf Grund mehrerer Schuldtitel desselben Gläubigers verlangt werden, von denen kein einzelner, wohl aber die Gesamtsumme 300 *M* übersteigt? **48**, 244. — 22) Anwendung des § 717 Abs. 2 C.P.O. n. F. auf den vor dem 1. Januar 1900 entstandenen Schaden, wenn infolge der vorläufigen Vollstreckbarkeit des Urteiles die Beitreibung schon vorher erfolgt ist? **49**, 65. — 23) Zwangsvollstreckung aus einem nach § 599 C.P.O. n. F. unter Vorbehalt der Rechte ergangenen Urteile. **49**, 163. — 24) Hat der Gerichtsvollzieher die Zwangsvollstreckung einzustellen, wenn ihm ein Postschein vorgelegt wird über einen Betrag, der zwar die im Vollstreckungstitel bezeichnete Forderung, nicht aber die Zwangsvollstreckungskosten deckt? **49**, 399. — 25) Kann der Kläger, wenn ein ihm die Kosten zur Last legendes, vorläufig vollstreckbares Urteil geändert wird, den ihn durch die Vollstreckung oder deren Abwehr entstandenen Schaden in dem anhängigen Prozesse geltend machen? **49**, 411. — 26) Unter welchen Voraussetzungen können Einwendungen gegen die Gültigkeit einer Pfändung von einem Dritten erhoben werden? **50**, 68. — 27) Gehören die Kosten der einstweiligen, auf Einstellung der Zwangsvollstreckung lautenden Anordnung zu den Kosten des nachfolgenden Prozesses über die Interventionsklage? Welches Rechtsmittel, wenn sie in in dieser beziffert eingeklagt waren, und über sie nach anderweit erledigter Hauptsache entschieden worden ist? **50**, 357. — 28) Grenzen für die Geltendmachung von Einwendungen gegen die Vollstreckungsklausel im Wege der Klage; diese ist nur zulässig, wenn der Schuldner die materielle Berechtigung der Klausel bestreitet. **50**, 365. — 29) Begründet die Entscheidung in dem Beschlußverfahren nach § 732 C.P.O. n. F. die Einrede der Rechtskraft gegenüber der auf Ungültigkeit der Vollstreckungsklausel nach § 768 erhobenen Klage? **50**, 372. — 30) Ist die vorgängige Zustellung der Rechtsmittelschrift unbedingte Voraussetzung der vorläufigen Einstellung der Zwangsvollstreckung? **50**, 404. — 31) Findet die Vorschrift des § 717 Abs. 2 C.P.O. n. F., daß der betreffende Schadensersatzanspruch in demselben Prozesse erhoben werden kann, entsprechende Anwendung auf den Fall des § 945? **50**, 406. —

32) Voraussetzungen der Beschwerde gegen den Beschluß des Berufungsgerichtes, daß die Zwangsvollstreckung aus dem Urteile erster Instanz nur gegen Sicherheitsleistung zugelassen werde. **47**, 419. — 33) Kann die Anordnung, daß die Zwangsvollstreckung nur gegen Sicherheitsleistung stattfinde, auch dann getroffen werden, wenn das Urteil erst in der Berufungsinstanz für vorläufig vollstreckbar erklärt wird? **47**, 419. — 34) Über Gerichtsvollzieher s. noch § 295 dieses Registers.

§ 349. Einspruch dritter Personen.

1) Ist die Pfändung hinterlegter Brandversicherungsgelder gegenüber einer später eingeleiteten Subhastation des Grundstückes wirksam? (P.) **41**, 203. — 2) Gerichtsstand für die Widerspruchsklage aus § 690 (771 n. F.) C.P.O. Wird die Zwangsvollstreckung schon durch die Vornahme von Zwangsvollstreckungshandlungen zur Vollziehung einer einstweiligen Verfügung beendet? **41**, 393. — 3) Kann der Konkursverwalter eine Pfändung schon deshalb als ungültig angreifen, weil der Gemeinschuldner schon vor der Pfändung die Pfandsachen an einen Dritten verkauft hatte? **42**, 343. — 4) Ist der auf Aufhebung einer Pfändung gegen den pfändenden Gläubiger klagende Konkursverwalter ein Dritter im Sinne des § 690 (jetzt 771) C.P.O.? **42**, 344. — 5) Hat der dritte Eigentümer der bei dem Schuldner gepfändeten und unauffindbar gewordenen Geldstücke einen Anspruch gegen den durch das Geld befriedigten Gläubiger? (G.) **43**, 179. — 6) Ist die Interventionsklage aus § 690 (771 n. F.) C.P.O. auch gegen die Zwangsvollstreckung in Forderungen zulässig? **43**, 403; **49**, 347. — 7) Ist die Zulässigkeit der von einem Hypothekengläubiger vor 1900 gegen die Pfändung von Zubehör eines Grundstückes erhobene Widerspruchsklage seit dem 1. Januar 1900 nach dem neuen Rechte zu beurteilen? **46**, 171; **50**, 73. — 8) Unter welchen Voraussetzungen ist ein Vollstreckungspfandrecht als Rechtshandlung des Schuldners nach § 3 Ziff. 1 R.A.G. anfechtbar? Verschaffung des Vollstreckungstitels. **47**, 223. — 9) Kann gegenüber der Pfändung des Anspruches auf Herausgabe einer beweglichen Sache die Interventionsklage aus § 771 C.P.O. n. F. auf das Eigentum an dieser Sache gestützt werden? **48**, 295. — 10) Unter welchen Voraussetzungen können Einwendungen gegen die Gültigkeit einer Pfändung von einem Dritten erhoben werden? **50**, 68. — 11) Gehören die Kosten der einstweiligen, auf Einstellung der Zwangsvollstreckung lautenden Anordnung zu den Kosten der nachfolgenden Interventionsklage? Welches Rechtsmittel, wenn sie in dieser beziffert eingeklagt waren, und über sie nach erledigter Hauptsache entschieden ist? **50**, 357. — 12) Grenzen für die Geltendmachung von Einwendungen gegen die Vollstreckungsklausel im Wege der Klage; diese ist nur zulässig, wenn die materielle Berechtigung der Klausel bestritten wird. **50**, 365. — 13) Begründet die Entscheidung in dem Beschlußverfahren nach § 732 C.P.O. n. F. die Einrede der Rechtskraft gegenüber der auf Ungültigkeit der Vollstreckungsklausel nach § 768 erhobenen Klage? **50**, 372.

§ 350. Vollstreckungspfandrecht.

1) Ist die Pfändung hinterlegter Brandversicherungsgelder gegenüber einer später eingeleiteten Subhastation des Grundstückes wirksam? **41,** 203. — 2) Wird die vorläufige außergerichtliche Pfändung einer Geldforderung nach § 744 (845 n. F.) C.P.O. dadurch unwirksam, daß die nachfolgende gerichtliche Pfändung der Konkursanfechtung unterliegt? **42,** 365. — 3) Kann der Konkursverwalter eine Pfändung deshalb als ungültig angreifen, weil der Gemeinschuldner schon vor der Pfändung die Pfandsachen an Dritte verkauft hatte? **42,** 343. — 4) Zur Auslegung des § 714 (810 n. F.) C.P.O. Gewöhnliche Zeit der Reife. **42,** 382. — 5) Hat der dritte Eigentümer der bei dem Schuldner gepfändeten und unauffindbar gewordenen Geldstücke einen Anspruch gegen den durch das Geld befriedigten Gläubiger? (G.) **43,** 179. — 6) Unter welchen Voraussetzungen ist ein Vollstreckungspfandrecht als eine Rechtshandlung des Schuldners im Sinne des § 3 Abs. 1 R.A.G. anfechtbar? **47,** 223. — 7) Kann die Eintragung einer Zwangshypothek auf Grund mehrerer Schuldtitel desselben Gläubigers verlangt werden, von denen kein einzelner, wohl aber die Gesamtsumme den Betrag von 300 *M* übersteigt? **48,** 244. — 8) Bedurfte es zur Wirksamkeit der Pfändung eines vor 1900 im Gebiete des A.L.R. angefallenen Erbteiles der Zustellung eines Verbotes an die Miterben als Drittschuldner? **49,** 405. — 9) Unter welchen Voraussetzungen können Einwendungeu gegen die Gültigkeit einer Pfändung von einem Dritten erhoben werden? **50,** 68.

§ 351. Zwangsvollstreckung wegen Geldforderungen.

a. In bewegliche körperliche Sachen.

1) Ist die Pfändung hinterlegter Feuerversicherungsgelder gegenüber einer später eingeleiteten Subhastation des Grundstückes wirksam? (P.) **41,** 203. — 2) Kann der Konkursverwalter eine Pfändung schon deshalb als ungültig angreifen, weil der Gemeinschuldner vor der Pfändung die Pfandsachen an Dritte verkauft hatte? **42,** 343. — 3) Der Gerichtsvollzieher als Vertreter des Gläubigers bei der Pfändung. **43,** 180. — 4) Hat der dritte Eigentümer der beim Schuldner gepfändeten Geldstücke einen Anspruch gegen den durch das Geld befriedigten Gläubiger? **43,** 179. — 5) Zur Auslegung des § 714 (810 n. F.) C.P.O. Gewöhnliche Zeit der Reife. **42,** 382. — 6) Ist die Wirksamkeit einer vor 1900 vollzogenen Pfändung von Zubehör eines Grundstückes seit dem 1. Januar 1900 nach dem neuen Rechte zu beurteilen? **46,** 173; **50,** 73.

b. In Forderungen und andere Vermögensrechte.

1) Bedeutung und rechtliche Wirkung einer im Falle des § 739 (840 n. F.) C.P.O. vom Drittschuldner abgegebenen Erklärung, daß er die Forderung als begründet anerkenne und Zahlung zu leisten bereit sei. **41,** 420. — 2) Wie muß im Pfändungsbeschlusse der Drittschuldner

bezeichnet werden? **42**, 325. — 3) Ist bei der Pfändung eines Miterbenanspruches ein Drittschuldner vorhanden? (P.) **42**, 329. — 4) Kann die Zustellung des Pfändungsbeschlusses an den Drittschuldner den Mangel seiner Bezeichnung im Beschlusse ersetzen? **42**, 330. — 5) Kann der Anspruch des Adressaten eines Geldbriefes gegen die Postanstalt gepfändet werden? **43**, 100. — 6) Wirkung der Pfändung des Anspruches auf Teilung einer Gütergemeinschaftsmasse. Kann dieser Anspruch wirksam zur Einziehung überwiesen werden? (F.) **43**, 375. — 7) Wie ist nach dem Zuschlage des subhastierten Grundstückes die Pfändung der Eigentümerhypothek zu bewirken? **43**, 427. — 8) Giebt es bei der Eigentümerhypothek einen Drittschuldner im Sinne der §§ 730. 744 (829. 845 n. F.) C.P.O.? **43**, 429. — 9) Kann die Eigentümerhypothek Gegenstand der Vorpfändung nach § 744 (845 n. F.) C.P.O. sein? **43**, 431. — 10) Ist die Widerspruchsklage aus § 690 (771 n. F.) C.P.O. gegen die Pfändung einer Forderung zulässig? **43**, 403; **49**, 347. — 11) Kann nach § 36 Ziff. 3 C.P.O. auch für die Pfändung einer mehreren Schuldnern gemeinschaftlichen Forderung das zuständige Gericht bestimmt werden? **44**, 418. — 12) Kann gegenüber der Pfändung des Anspruches auf Herausgabe einer beweglichen Sache die Interventionsklage aus § 771 C.P.O. n. F. auf das Eigentum an der Sache gestützt werden? **48**, 295. — 13) Hört der Erfüllungsverzug durch Arrestpfändung der Forderung auf? (G.) **49**, 201. — 14) Kann der Gläubiger, dessen Forderung gepfändet und zur Einziehung überwiesen ist, gegen den Drittschuldner auf Zahlung an den Pfändungspfandgläubiger klagen? (G.) **49**, 203. — 15) Welche Wirkung hat die vom Schuldner wegen Konkurrenz mehrerer Cessionen mit mehreren Pfändungen vorgenommene Hinterlegung des ganzen Schuldbetrages gegenüber dem ursprünglichen Gläubiger? Eröffnung des Verteilungsverfahrens über den ganzen hinterlegten Betrag. **49**, 357. — 16) Wird die vorläufige außergerichtliche Pfändung einer Geldforderung nach § 744 (845 n. F.) C.P.O. dadurch unwirksam, daß die nachfolgende gerichtliche Pfändung der Konkursanfechtung unterliegt? **42**, 365. — 17) Bedurfte es zur Wirksamkeit der Pfändung eines vor 1900 im Gebiete des A.L.R. angefallenen Erbteiles der Zustellung eines Verbotes an die Miterben als Drittschuldner? (P.) **49**, 405.

c. In das unbewegliche Vermögen. Zwangsversteigerung. Zwangsverwaltung. Kollokationsverfahren.

(Verteilung der Kaufgelder s. unten d.)

1) Ist die Pfändung hinterlegter Feuerversicherungsgelder gegenüber einer später eingeleiteten Subhastation wirksam? (P.) **41**, 203. — 2) Findet das Vorrecht des die Zwangsverwaltung betreibenden Gläubigers für seine Vorschüsse auch dann statt, wenn sie durch den Verkauf von Erntevorräten hätten gedeckt werden können und sollen, diese aber unverkauft geblieben und dann mit dem Grundstücke versteigert sind? (P.) **41**, 321. — 3) Kann bei der Zwangsversteigerung eines von zwei

Grundstücken desselben Eigentümers aus der bisherigen Art der Benutzung die stillschweigende Bestellung einer Grundgerechtigkeit gefolgert werden? (G.) **42,** 158; (P.) **49,** 236. — 4) Wird die Ersatzübernahme auch dann wirksam, wenn der Ersteher infolge der Vereinbarung mit dem Eigentümer des mithaftenden Grundstückes die Korrealhypothek bezahlt, und ihm dafür in gleicher Höhe eine Hypothek an dem bisher mithaftenden Grundstücke bestellt wird? (P.) **42,** 176. — 5) Ist das gemeinrechtliche jus tollendi durch das preußische Zwangsversteigerungsgesetz gegenüber dem Ersteher beseitigt oder beschränkt? (G., P.) **42,** 194. — 6) Wie ist bei der Zwangsversteigerung der Rückstand einer gemeinen Last zu behandeln, die sich in einmaliger Ausübung erschöpft? Stehen die gesetzlichen Kaufbedingungen, insbesondere die Vorschriften über das geringste Gebot, seinem Übergang auf den Ersteher entgegen? (P.) **42,** 276. — 7) Zwangsversteigerung eines Grundstückes, das mit einer Grunddienstbarkeit und mit der Verpflichtung, deren Anlagen zu unterhalten, belastet ist. Einfluß des Umstandes, daß eine Geldvergütung für die Wiederherstellung der zerstörten Anlage in das geringste Gebot aufgenommen war. (P.) **43,** 244. — 8) Geht der Anspruch auf die im Enteignungsverfahren festgestellte Entschädigung durch den Zuschlag in der Zwangsversteigerung auf den Erwerber über? (P.) **43,** 299. — 9) Erlischt nach dem rheinisch-französischen Rechte die Hypothek mit dem Zuschlage in der Zwangsversteigerung? **43,** 303. — 10) Darf der Ersteher des versteigerten Grundstückes eine Gesamthypothek, die er in Anrechnung auf den Kaufpreis übernommen und gegen Auszahlung abgetreten erhalten hat, gegen die mithaftenden Grundstücke des Subhastaten geltend machen? (P.) **43,** 340. — 11) Ist die Abtretung einer Mietzinsforderung gegen den Hypothekengläubiger wirksam, wenn sie vor der Beschlagnahme des Grundstückes erfolgt und nicht wegen Benachteiligung der Gläubiger anfechtbar ist? Welche Rechte hat der Ersteher des vermieteten Hauses der Abtretung gegenüber? (F.) **43,** 387. — 12) Der Grundstückseigentümer wird Eigentümer des Versteigerungserlöses. **44,** 293. — 13) Unterliegen die an den Zwangsverwalter gezahlten und von ihm hinterlegten Pachtgelder dem dinglichen Rechte der Hypothekengläubiger? (P.) **44,** 310. — 14) Rechtliche Stellung des Zwangsverwalters; ist er nur Vertreter des Eigentümers? (P.) **44,** 311. — 15) Hat die Kenntnis des Erstehers davon, daß eine nach dem Grundbuche zu dem versteigerten Grundstücke gehörige Parzelle im Eigentume eines Dritten steht, zur Folge, daß der Ersteher durch den Zuschlag nicht das Eigentum der Parzelle erwirbt? (P.) **45,** 284. — 16) Unterliegt die Auslegung der in einem Adjudikationsurteile enthaltenen Subhastationsbedingungen der Nachprüfung des Revisionsgerichtes? (P.) **45,** 331. — 17) Ist die Wirksamkeit einer vor 1900 erfolgten Pfändung von Zubehörstücken eines Grundstückes seit dem 1. Januar 1900 nach dem neuen Rechte zu beurteilen? **46,** 173; **50,** 73. — 18) Rechtliche Natur des Zuschlagsurteiles. (P.) **46,** 307. — 19) Kann ein Anspruch, der nach erteiltem Zuschlage gegen den Ersteher als rückständiges und überwiesenes Kaufgeld durch Zwangsvollstreckung beigetrieben werden könnte, gegen ihn auch im Wege der Klage verfolgt werden? (P.) **46**, 304. — 20) Bezieht sich der Art. 172 E. G. zu B.G.B. auch auf Fälle der Zwangsversteigerung? **48**, 38. — 21) Kündigungsrecht dessen, der das Mietgrundstück vor 1900 erstanden hat, aber erst im Jahre 1900 als Eigentümer eingetragen ist, in Ansehung eines älteren Mietvertrages. **48**, 38. — 22) Ein vor dem 1. Januar 1900 beantragtes Zwangsversteigerungsverfahren ist nicht nur prozessualisch nach dem bisherigen Rechte durchzuführen, sondern auch seine Wirkungen bestimmen sich nach dem bisherigen Rechte. **48**, 40; **50**, 73. — 23) Zwangsvollstreckung aus einer Arrestvormerkung des bisherigen preußischen Rechtes nach dem Inkrafttreten der neuen Reichsgesetze. **49**, 106. — 24) Wie muß ein Dritter das s. g. thatsächliche Zubehör besitzen, wenn bewirkt werden soll, daß es vom Zuschlage nicht mit ergriffen wird? (P.) **49**, 253. — 25) Kann die Eintragung einer Sicherungshypothek nach § 866 C.P.O. n. F. auf Grund mehrerer Schuldtitel desselben Gläubigers verlangt werden, von denen kein einzelner, wohl aber die Gesamtsumme den Betrag von 300 ℳ übersteigt? **48**, 244.

d. Verteilungsverfahren. Kaufgelderbelegung.

1) Verteilung des Gesamterlöses in der Zwangsversteigerung auf mehrere Grundstücke, soweit es dabei auf die Zubehöreigenschaft mitversteigerter Mobilien ankommt. Wie, wenn die mehreren Grundstücke zusammen ein Fabriketablissement gebildet haben? **41**, 317. — 2) Bereicherungsklage des bei der Zwangsversteigerung ausgefallenen Hypothekengläubigers außerhalb des Versteigerungsverfahrens gegen einen zur Hebung gelangten voreingetragenen beim Vorhandensein von Zwischengläubigern. (P.) **42**, 245. — 3) Nach Durchführung des gegen den Anspruch eines Hypothekengläubigers von nachstehenden erhobenen Widerspruches nehmen an dem weiteren Verfahren nur die Parteien des Widerspruchsstreites ohne Rücksicht auf Zwischengläubiger teil. **42**, 247. — 4) Nur der sofortigen Beschwerde unterliegt der Beschluß, daß nach § 84 Zw.G. aus dem Kaufgelde zu entnehmende Kosten nicht anzusetzen seien, weil der Ersteher von der Zahlung von Gerichtskosten befreit ist. (P.) **45**, 392. — 5) Wirkung der Eröffnung des Verteilungsverfahrens über den ganzen Betrag, den der Schuldner wegen der Konkurrenz mehrerer Cessionen mit mehreren Pfändungen unter Anzeige an das Vollstreckungsgericht hinterlegt hat. **49**, 361.

§ 352. Zwangsvollstreckung zur Erwirkung der Herausgabe von Sachen und zur Erwirkung von Handlungen und Unterlassungen.

1) Findet der § 779 (894 n. F.) C.P.O. auf alle Arten von Willenserklärungen Anwendung? **42**, 63. — 2) Ist gegen einen nach § 775 (890 n. F.) Abs. 2 C.P.O. erlassenen Beschluß die Beschwerde, und zwar die sofortige, zulässig? **42**, 419. — 3) Womit beginnt die auf Unterlassung oder auf Duldung der Vornahme einer Handlung gerichtete Zwangsvollstreckung? **42**, 420. — 4) Muß vor der Strafandrohung aus § 775 (890 n. F.) Abs. 2 C.P.O. der Schuldner gehört werden?

42, 424. — 5) Unter welchen Voraussetzungen kann eine juristische Person aus § 775 (890 n. F.) C.P.O. zu Strafe verurteilt werden? **43**, 406. — 6) Findet aus einem Urteil, durch das der Schuldner zur Abgabe einer Willenserklärung verurteilt ist, Zwangsvollstreckung nach §§ 887. 888 C.P.O. n. F. statt? **48**, 399. — 7) Übergabe einer löschungsfähigen Quittung über eine Hypothek als Willenserklärung im Sinne des § 894 C.P.O. n. F. **48**, 399. — 8) Gilt mit dem Eintreten der Rechtskraft des Urteiles eine Willenserklärung auch dann als abgegeben, wenn der Beklagte dazu unter dem Vorbehalte seiner beschränkten Erbenhaftung verurteilt ist? **49**, 415.

§ 353. Offenbarungseid. Haft.

1) Kann der Offenbarungseid ein Parteieid im Sinne des § 543 (580 n. F.) Ziff. 1 C.P.O. sein? **46**, 343. — 2) Kann der § 543 (580 n. F.) Ziff. 4 C.P.O. Anwendung finden, wenn das durch Restitutionsklage angefochtene Urteil durch schuldhafte Verletzung der Eidespflicht bei der Leistung eines Offenbarungseides herbeigeführt worden ist? **46**, 344. — 3) Hat die Leistung eines Offenbarungseides die in § 428 (463 n. F.) C.P.O. vorgesehenen Wirkungen? **46**, 344.

9. Arrest und einstweilige Verfügungen.

§ 354.

a. Gemeinsames. Arrest.

1) Kann der Gläubiger schon vor Erlangung eines vollstreckbaren Titels zur Sicherung seines Anfechtungsrechtes Arrest oder eine einstweilige Verfügung erwirken? **41**, 89. — 2) Findet der § 657 (719 n. F.) C.P.O. auf Urteile Anwendung, durch die ein Arrest angeordnet oder eine einstweilige Verfügung getroffen ist? **42**, 361. — 3) Begriff der „Instanz" für die Arrestvollziehung und für die Gebührenberechnung des Rechtsanwaltes. **44**, 373. — 4) Totalverlust der versicherten Forderung durch den, auf Grund eines von dem Gläubiger erwirkten Arrestes erfolgten, Zwangsverkauf des haftenden Schiffes. **47**, 178. — 5) Zwangsvollstreckung aus einer Arrestvormerkung des bisherigen preußischen Rechtes nach dem Inkrafttreten der neuen Reichsgesetze. **49**, 106. — 6) Hat der Vermieter eines Schiffes keinen Anspruch auf Miete für die Zeit, während der das Schiff infolge Arrestes gepfändet war, auch wenn der Mieter selbst den Arrest erwirkt hat? **48**, 93. — 7) Ist die Revision zulässig gegen Endurteile, die das Oberlandesgericht auf Grund des § 927 Abs. 1 C.P.O. erlassen hat? **50**, 342. — 8) Was ist im Sinne des § 927 Abs. 2 C.P.O. unter Hauptsache zu verstehen? **50**, 345. — 9) Rechtfertigt die nachträglich für die Hauptsache festgestellte Unzuständigkeit des Gerichtes die Aufhebung des Arrestes wegen veränderter Umstände? **50**, 346. — 10) Hat das Gericht, bei dem thatsächlich die Hauptsache anhängig ist, seine Zuständigkeit für diese im Arrestverfahren zu prüfen? **50**, 346. — 11) Wann ist im Falle des § 109 C.P.O. n. F. die „Veranlassung zur Sicherheitsleistung" weggefallen? **50**, 377. — 12) Findet

die Vorschrift des § 717 Abs. 2 C.P.O. n. F., daß der betreffende Schadensanspruch in demselben Verfahren erhoben werden kann, entsprechende Anwendung auf den § 945? **50**, 406. — 13) Im Arrestprozesse werden auch für die Einreden nur Mittel der Glaubhaftmachung, die sofort vorgeführt werden, zugelassen. **50**, 407.

b. Einstweilige Verfügungen.

1) Kann der Gläubiger schon vor der Erlangung eines vollstreckbaren Titels zur Sicherung seines Anfechtungsrechtes eine einstweilige Verfügung erwirken? **41**, 89. — 2) Findet der § 657 (719 n. F.) C.P.O. auf Urteile Anwendung, durch die eine einstweilige Verfügung getroffen ist? **42**, 361. — 3) Wird die Zwangsvollstreckung durch Vornahme der Vollstreckungshandlungen zum Zwecke der Vollziehung einer einstweiligen Verfügung beendet? **41**, 393. — 4) Darf die durch einstweilige Verfügung angedrohte Strafe noch verhängt werden, wenn die vor Aufhebung der Verfügung begangene Zuwiderhandlung erst nachher zur Aburteilung gelangt? **43**, 396. — 5) Gericht der Hauptsache, wenn bei dem Amtsgerichte eine einstweilige Verfügung erwirkt ist, um dem Antragsteller eine Vermessung zu ermöglichen, deren er zur Feststellung einer Geldforderung bedarf. **45**, 346. — 6) Ist eine einstweilige Verfügung dem Gegner selbst zuzustellen oder dessen Prozeßbevollmächtigtem für den Hauptprozeß? **45**, 364. — 7) Ist, wenn die Eheleute in der allgemeinen Gütergemeinschaft des B.G.B. leben, im Ehescheidungsprozesse gegen den Ehemann eine einstweilige Verfügung auf Zahlung eines Kostenvorschusses an den Anwalt der Ehefrau gerechtfertigt? **46**, 354. — 8) Kann während des Scheidungsprozesses der Unterhaltsanspruch des einen Ehegatten gegen den anderen nur durch Antrag auf eine einstweilige Verfügung oder auch durch ordentliche Klage verfolgt werden? **47**, 379. — 9) Kann im Ehescheidungsprozesse der Ehemann durch einstweilige Verfügung zur Zahlung eines Kostenvorschusses an den Anwalt der Frau angehalten werden, wenn in der Ehe der gesetzliche Güterstand des B.G.B. besteht? **47**, 72. — 10) Kann im Falle der Errungenschaftsgemeinschaft des Code civil die Ehefrau im Ehescheidungsprozesse von dem Ehemanne durch einstweilige Verfügung einen Kostenvorschuß erlangen? **49**, 327. — 11) Ist in den Fällen des § 627 C.P.O. n. F. für die Frage, ob eine das Getrenntleben der Ehegatten gestattende einstweilige Verfügung zu erlassen sei, der § 940 C.P.O. oder nur der § 1353 Abs. 2 B.G.B. maßgebend? **49**, 368. — 12) Findet die Vorschrift des § 717 Abs. 2 C.P.O. n. F., daß der betreffende Schadensanspruch in demselben Prozesse erhoben werden kann, entsprechende Anwendung auf den Fall des § 945? **50**, 406.

10. Aufgebotsverfahren.

§ 355.

1) Aufrechnung einer auf erlassenes Aufgebot nicht angemeldeten Forderung gegen eine zum Nachlasse gehörige nach ergangenem Ausschluß-

urteile. (G.) **42**, 138. — 2) Anwendung des § 36 C.P.O. auf das Aufgebot eines Hypothekenbriefes, wenn die verpfändeten Grundstücke in verschiedenen Gerichtsbezirken liegen. **45**, 388. — 3) Zur Auslegung des § 957 Abs. 2 Ziff. 1 C.P.O. n. F. **48**, 367. — 4) Kann der Besitzer einer Parzelle, die zu dem aufgebotenen Grundstücke gehört, aber von dem Antragsteller nicht mit besessen wurde, verlangen, daß ihm gegenüber das Ausschlußurteil für unwirksam erklärt werde? **48**, 370. — 5) Kann aus einem acceptierten, mangels Zahlung protestierten und nachher abhandengekommenen, gezogenen Wechsel nach dessen Amortisation auf Grund des Ausschlußurteiles Regreß gegen den Aussteller genommen werden? **49**, 132.

11. Schiedsrichterliches Verfahren.

§ 356.

1) Haftet der Schiedsrichter für ein bei Erlassung des Schiedsspruches begangenes Versehen? (P.) **41**, 251. — 2) Streitwert bei Klagen, die die Ernennung eines Schiedsrichters oder andere zur Vorbereitung des schiedsrichterlichen Verfahrens dienende Vorgänge betreffen. **41**, 362. — 3) Ist die Fortsetzung des schiedsrichterlichen Verfahrens nach Erlassung eines Schiedsspruches zulässig, wenn dieser im Versäumnisverfahren erlassen und deshalb aufgehoben worden ist? **41**, 396. — 4) Kann die Unzulässigkeit des Verfahrens wegen Ungültigkeit des Schiedsvertrages (Differenzgeschäfte) von dem durch den Schiedsspruch Verurteilten noch geltend gemacht werden, wenn er vor dem Schiedsgerichte, ohne die Unzulässigkeit zu rügen, Abweisung der Klage beantragt und Widerklage erhoben hatte? **43**, 407. — 5) Giebt es Fälle in denen ein ernannter Schiedsrichter kraft Gesetzes ausgeschlossen ist? **44**, 391. — 6) Verliert die Partei das Recht, einen Schiedsrichter abzulehnen, stets dadurch, daß sie trotz Kenntnis des Ablehnungsgrundes einen Antrag beim Schiedsgerichte stellt? **44**, 391. — 7) Ist ein Schiedsspruch anfechtbar, wenn von der Partei ein Schiedsrichter hätte abgelehnt werden können? **44**, 392. — 8) Wird der nach Ablauf der Frist des § 855 (1029 n. F.) C.P.O. gestellte Antrag auf gerichtliche Ernennung eines Schiedsrichters dadurch erledigt, daß der Gegner nachträglich den Schiedsrichter bezeichnet? **45**, 382. — 9) Kann das zu einem Schiedsspruche beantragte Vollstreckungsurteil auf einen Teil des Schiedsspruches beschränkt werden? **46**, 419. — 10) Ist der § 1045 C.P.O. auch dann anwendbar, wenn die Ernennung eines Schiedsrichters von der Gegenseite mit der Behauptung bekämpft wird, der Ernannte habe nicht die im Schiedsvertrage ausbedungenen Eigenschaften? **47**, 401. — 11) Anfechtung eines Schiedsspruches wegen Unzulässigkeit des Verfahrens, die in der Verletzung gesetzlicher Vorschriften über das Verfahren gefunden wird, wegen Versagung des rechtlichen Gehöres und wegen fehlender Gründe. **47**, 424. — 12) Ist über die gerichtliche Ernennung eines Schiedsrichters, auf die vor dem 1. Januar 1900 Klage erhoben war, seit diesem Tage durch Beschluß zu entscheiden? **48**, 404; **49**, 354. — 13) Darf über die Replik, der

Schiedsvertrag sei infolge Weigerung oder begründeter Ablehnung des Schiedsrichters erloschen, das Gehör deshalb versagt werden, weil der Kläger nicht in dem Beschlußverfahren des § 1045 C.P.O. eine Entscheidung über das Erlöschen herbeigeführt hat? **49**, 353. — 14) Darf über die Klage auf Aufhebung des Schiedsspruches entschieden werden, ohne daß seine Niederlegung bei dem zuständigen Gerichte festgestellt worden ist? **49**, 409. — 15) Unterliegt die Einrede des Schiedsvertrages der Beschränkung des § 528 Abs. 1 S. 1 C.P.O. n. F. auch dann, wenn das Verfahren in erster Instanz schon vor dem 1. Januar 1900 beendet war? **49**, 429.

Drittes Kapitel. Konkursordnung.

1. Konkursrecht.

§ 357. Allgemeine Bestimmungen.

1) Findet die Verjährung des Art. 146 H.G.B. auch dann statt, wenn die offene Handelsgesellschaft durch Konkurseröffnung aufgelöst wird? **42**, 83. — 2) Können, wenn ein Gesellschafter einer gemeinrechtlichen Societät in Konkurs gerät, die Gläubiger aus dem Betriebe der Gesellschaft verlangen, aus den Vermögensstücken der Gesellschaft vorab befriedigt zu werden? **42**, 103. — 3) Wirkung der auf Grund von Landesgesetzen erfolgten Eintragung der Konkurseröffnung in das Handelsregister auf die Verjährung von Klagen gegen den Gemeinschuldner aus Ansprüchen gegen die offene Handelsgesellschaft, deren Mitglied er ist. **45**, 47. — 4) Voraussetzungen der Unterbrechung des Verfahrens durch Eröffnung des Konkurses über das Vermögen einer Partei. **45**, 326. — 5) Kann in einem Prozesse über den Anspruch auf Unterlassung nach § 1 des Gesetzes über den unlauteren Wettbewerb das durch Eröffnung des Konkurses über das Vermögen des Beklagten unterbrochene Verfahren vom Konkursverwalter aufgenommen werden? **45**, 374. — 6) Dafür, ob die Aufnahme des durch die Konkurseröffnung unterbrochenen Verfahrens nach § 8 (10 n. F.) K.O. erfolgen muß, ist nicht die Parteirolle ausschließlich maßgebend, sondern der Umstand, ob ein zur Vermehrung der Teilungsmasse dienlicher Anspruch verfolgt wird. **45**, 376. — 7) Gehen die durch testamentarisches, aber nicht im Grundbuche eingetragenes Veräußerungsverbot beschränkten Rechte am Grundstücke nur mit dieser Beschränkung auf die Konkursmasse bezw. den Konkursverwalter über? (P.) **46**, 165. — 8) Einfluß der Konkurseröffnung über das Vermögen der Genossenschaft auf das Berichtigungsverfahren. **47**, 11. — 9) Bewirkt die Aufhebung des Konkursverfahrens eine Unterbrechung der die Konkursmasse betreffenden Prozesse? **47**, 372. — 10) Gehört in einem vor 1900 eröffneten Konkurse der dem Gemeinschuldner nach dem früheren Rechte zustehende väterliche Nießbrauch auch für die Zeit seit dem 1. Januar 1900 zur Konkursmasse? **48**, 191 — 11) Kann die Konkursmasse wegen Verwendungen, die der Gemeinschuldner auf ein unter

Eigentumsvorbehalt überliefert erhaltenes Kaufgrundstück gemacht hat, gegen den Verkäufer, dem es vom Konkursverwalter unter Ablehnung der Erfüllung zurückgegeben ist, auf Ersatz klagen, obgleich der Sachwert mit den Verwendungen den Vertragsanspruch des Verkäufers nicht übersteigt? (G.) **49,** 139.

§ 358. Erfüllung der Rechtsgeschäfte.

1) Kann der Gemeinschuldner die Erfüllung eines zweiseitigen Vertrages nach § 15 K.O. a. F. verlangen, wenn der Konkursverwalter die Erfüllung aus der Konkursmasse ausdrücklich oder stillschweigend abgelehnt hat? **41,** 133. — 2) Kann der Beklagte mit einem Schadensersatzanspruche wegen Nichterfüllung eines zweiseitigen Vertrages durch den Konkursverwalter gegen dessen Anspruch auf die vom Gemeinschuldner geleistete Anzahlung aufrechnen? **46,** 98. — 3) Kann die Konkursmasse wegen Verwendungen, die vom Gemeinschuldner auf ein unter Eigentumsvorbehalt überliefert erhaltenes Kaufgrundstück gemacht sind, gegen den Verkäufer, dem es vom Konkursverwalter unter Ablehnung der Erfüllung zurückgegeben ist, auf Ersatz klagen, obgleich der Sachwert mit Verwendungen den Betrag der Vertragsansprüche des Verkäufers nicht übersteigt? (G.) **49,** 189. — 4) Wird die bedungene Vertragsstrafe, wenn der Konkursverwalter die Erfüllung ablehnt, verwirkt, auch wenn sie als wirkliche Strafe erscheint? (G.) **49,** 191.

§ 359. Anfechtung.

(S. a. Anfechtung außerhalb des Konkurses oben § 160.)

1) Findet der § 3 Ziff. 2 R.A.G. — § 24 (31 n. F.) K.O. — einer offenen Handelsgesellschaft gegenüber schon dann Anwendung, wenn nur ein Teilhaber in dem fraglichen Verwandtschaftsverhältnisse zu dem Mitkontrahenten steht? **43,** 105. — 2) Beweislast in betreff der Benachteiligungsabsicht bei Erfüllungs- und Deckungsgeschäften. **43,** 107. — 3) Kann über die — nicht feststehende — Benachteiligungsabsicht des Schuldners dem Anfechtungsgegner der Eid zugeschoben werden? **43,** 392. — 4) Setzt § 11 Abs. 2 Ziff. 2 R.A.G. — § 33 Abs. 2 Ziff. 2 K.O. a. F. — voraus, daß der Abschluß des anzufechtenden Vertrages in der Frist des § 3 Ziff. 2 R.A.G. — § 24 Ziff. 2 K.O. a. F. — erfolgt ist? **45,** 45. — 5) Was hat im Falle des § 11 Abs. 2 Ziff. 2 R.A.G. — § 33 Abs. 2 Ziff. 2 K.O. a. F. — der Anfechtungsbeklagte zu beweisen? **45,** 47. — 6) Unter welchen Voraussetzungen ist eine Vollstreckungspfändung als Rechtshandlung des Schuldners nach § 3 Ziff. 1 R.A.G. — § 24 (31 n. F.) Ziff. 1 K.O. — anfechtbar? Verschaffung des Vollstreckungstitels. **47,** 223. — 7) Ist für den Anfechtungsanspruch aus § 3 Ziff. 2 R.A.G. — § 24 (31 n. F.) Ziff. 2 K.O. — der Gerichtsstand der unerlaubten Handlung begründet? **48,** 401; **50,** 410. — 8) Anwendung der in § 24 (31 n. F.) Ziff. 2 K.O. aufgestellten Vermutung der Fraudulosität auf Deckungsgeschäfte. Begriff der Erfüllungs- und Deckungsgeschäfte. **45,** 23. — 9) Ist die nach der Zahlungseinstellung geschehene Aushändigung von Geld oder Wertpapieren an die

Reichsbank behufs Gutschrift auf Girokonto nach § 23 (30 n. F.) Ziff. 1 K.O. anfechtbar, wenn sie nur erfolgt ist, um das Girokonto des späteren Gemeinschuldners zu erhöhen und dadurch die Honorierung einer früher von ihm ausgestellten Zahlungsanweisung zu ermöglichen? **45**, 110. — 10) Anfechtung aus § 23 (30 n. F.) Ziff. 2 K.O. gegenüber Konkursgläubigern, denen ein Dritter sich auf Grund einer gegenüber dem Gemeinschuldner gegen eine Gegenleistung übernommenen Verpflichtung zur Bezahlung ihrer Forderungen verpflichtet hat. **46**, 101. — 11) Ist eine Zahlung anfechtbar, die der Gläubiger unmittelbar von einem Dritten im Auftrage des Gemeinschuldners erhalten hat? **48**, 149. — 12) Wie ist die Bestimmung des Begriffes der Zahlungseinstellung zu verstehen, daß der Schuldner in der Allgemeinheit aufgehört habe, die fälligen Ansprüche seiner Gläubiger zu befriedigen? **50**, 39. — 13) Ist die Einlösung einer acceptierten Tratte vor dem Verfalltage durch den Aussteller als dessen unentgeltliche Verfügung nach § 32 K.O. n. F. anfechtbar? **50**, 134. — 14) Wird die vorläufige außergerichtliche Pfändung einer Geldforderung — § 744 (845 n. F.) C.P.O. — dadurch unwirksam, daß die nachfolgende gerichtliche Pfändung der Konkursanfechtung unterliegt? **42**, 365. — 15) Verliert die anfechtbare Handlung ihre Wirksamkeit nur für die Zukunft, sodaß die bereits erzeugten Wirkungen nicht ohne weiteres zusammenfallen? **42**, 367.

§ 360. Aussonderung. Absonderung.

a. Aussonderung. Verfolgungsrecht.

1) Über die gesetzlichen Voraussetzungen der Aussonderung können die Parteien nicht paktieren. **41**, 1. — 2) Kann der Vollmachtgeber im Konkurse des Bevollmächtigten Checks aussondern, die vom Käufer auf Anweisung an den Bevollmächtigten indossiert und gelangt, von diesem aber nach der seinem Vollmachtgeber abgegebenen Erklärung für dessen Rechnung in Verwahrung genommen waren? **41**, 3. — 3) Kann das Verfolgungsrecht ohne Rücksicht auf Abweichungen des für seine Ausübung sonst etwa maßgebenden Rechtes unter allen Umständen geltend gemacht werden, wenn es nach dem Rechte des Bestimmungsortes begründet ist? (P.) **41**, 333. — 4) Kann der Eigentümer einen Hypothekenposten aus der Konkursmasse aussondern, den unter Mißbrauch seiner Vollmacht der Kridar sich widerrechtlich hat zuschreiben lassen? (G.) **44**, 1. — 5) Anspruch auf Aussonderung von Grundstücken, die dem Gemeinschuldner mit dem Auftrage aufgelassen worden sind, sie für Rechnung des Auflassenden zu veräußern. **45**, 80. — 6) Ist der auf Vernichtung einer widerrechtlich erlangten photographischen Aufnahme gerichtete Anspruch als Aussonderungsanspruch zu behandeln? (G.) **45**, 173.

b. Absonderungsrecht.

1) Besteht das Absonderungsrecht des Hypothekengläubigers an dem Erlöse beweglicher Zubehörstücke auch bei einer nach § 117 (127 n. F.)

K.O. durch den Konkursverwalter erfolgten Veräußerung, wenn er diesem vorher erklärt hat, daß er abgesonderte Befriedigung aus dem Erlöse verlange. **42,** 85. — 2) Kann, wenn ein Gesellschafter einer gemeinrechtlichen Societät in Konkurs gerät, der Gläubiger aus dem Betriebe der Gesellschaft verlangen, aus den Vermögensstücken der Gesellschaft vorab befriedigt zu werden? **42,** 103. — 3) Besteht ein Absonderungsrecht, wenn der Anspruch auf Auslieferung der von einem Dritten verwahrten Waren verpfändet oder zur Sicherstellung vom Schuldner abgetreten, aber der Besitz der Waren erst nach Eröffnung des Konkurses über dessen Vermögen durch den Gläubiger erlangt wird? **43,** 71.

§ 361. Aufrechnung.

1) Darf der Privatschuldner eines offenen Gesellschafters oder des Komplementars einer Kommanditgesellschaft gegen seine Schuld eine Forderung, die ihm gegen die Gesellschaft zusteht, nach der Eröffnung des Konkurses über deren Vermögen während dessen Dauer aufrechnen? **41,** 25. — 2) Kann der Beklagte mit einer Schadensersatzforderung wegen Nichterfüllung eines zweiseitigen Vertrages durch den Konkursverwalter gegen dessen Anspruch auf die vom Gemeinschuldner geleistete Anzahlung aufrechnen? **46,** 98.

§ 362. Massegläubiger. Massekosten.

1) Zu welcher Art von Massekosten gehört das Honorar des Konkursverwalters? **43,** 64. — 2) Haftet der Staat dem Konkursverwalter für das diesem durch das Konkursgericht festgesetzte Honorar? **43,** 62.

§ 363. Konkursgläubiger.

1) Steht das Vorrecht des § 54 (61 n. F.) Ziff. 5 K.O. nur für das Vermögen zu, das allein auf Grund des Gesetzes der Verwaltung des Gemeinschuldners unterliegt? **42,** 21. — 2) Kann der Anspruch aus einem Legate in dem Konkurse über das Vermögen des vorbehaltlosen Erben als Konkursforderung geltend gemacht werden? **43,** 235. — 3) Aufnahme eines Darlehns für einen Anderen unter dessen Verbürgung. Rechtsfolgen für das Verhältnis zwischen dem Hauptschuldner und dem Bürgen, wenn beide in Konkurs geraten. **42,** 36. — 4) Steht im Konkurse des Pflegers das Vorrecht des § 54 (61 n. F.) Ziff. 5 K.O. auch den Ersatzforderungen der Pflegebefohlenen zu, die vor der Übernahme der Pflegschaft entstanden sind? **45,** 156.

2. Konkursverfahren.

§ 364. Konkursverwalter. Gläubigerausschuß.

1) Bewirkt die Anerkennung einer Konkursforderung durch den Konkursverwalter oder den Fallimentssyndik, daß nun die Zinsen als Be-

standteil des Kapitals anzusehen sind, daher nach Art. 2277 C. c. nicht mehr verjähren? (F.) **42**, 84. — 2) Inwiefern steht die durch den Konkursverwalter nach § 117 (127 n. F.) K.O. vorgenommene Veräußerung der Zwangsvollstreckung gleich? **42**, 89. — 3) Kann der Konkursverwalter eine Pfändung deshalb als ungültig angreifen, weil der Gemeinschuldner schon vor der Pfändung die Pfandsachen an Dritte verkauft hatte? **42**, 343. — 4) Ist der auf Aufhebung einer Pfändung gegen den pfändenden Gläubiger klagende Konkursverwalter ein Dritter im Sinne des § 690 (771 n. F.) C.P.O.? **42**, 344. — 5) Der Konkursverwalter kann in der Konkursmasse vorgefundene Wechsel unter Benutzung auf ihnen befindlicher Blankogiros des Gemeinschuldners begeben. **43**, 41. — 6) In welchem Sinne hat der Konkursverwalter ein Amt? **43**, 62. — 7) Haftet der Staat dem Konkursverwalter für das vom Konkursgerichte festgesetzte Honorar? **43**, 62. — 8) Zu welcher Art von Massekosten gehört das Honorar des Konkursverwalters? **43**, 64. — 9) Ist der vom Konkursverwalter ohne Aufnahme des Verfahrens erklärte Verzicht auf den Einspruch gegen ein während der Unterbrechung gegen den Gemeinschuldner erlassenes Versäumnisurteil zulässig? **45**, 324. — 10) Kann in einem Prozesse über den Anspruch auf Unterlassung nach § 1 des Gesetzes gegen den unlauteren Wettbewerb das durch Eröffnung des Konkurses über das Vermögen des Beklagten unterbrochene Verfahren vom Konkursverwalter aufgenommen werden? **45**, 374. — 11) Klage des Konkursverwalters einer eingetragenen Genossenschaft mit unbeschränkter Haftpflicht gegen die Vorstandsmitglieder auf Ersatz eines auf Grund Beschlusses der Generalversammlung verteilten Teiles des Reservefonds. **46**, 61. — 12) Ist das testamentarische, aber im Grundbuche nicht eingetragene Veräußerungsverbot für die Gläubigerschaft bezw. den Verwalter im Konkurse des Fiduziars bindend? (G.) **46**, 165. — 13) Ist der Konkursverwalter befugt, die Ansprüche der Gesellschaftsgläubiger als solcher gegen den Kommanditisten einer in Konkurs geratenen Kommanditgesellschaft auf Einzahlung der versprochenen Einlage einzuklagen? **46**, 352. — 14) Ist der als Konkursverwalter fungierende Notar rechtlich verhindert, Vertragsanträge, die ein Dritter an die Konkursmasse macht, notariell zu beurkunden? Gilt das so beurkundete Angebot als dem Konkursverwalter zugegangen, oder ist Zustellung nötig? **49**, 127. — 15) Ist bei der Anfechtung der Vorschußberechnung des Konkursverwalters einer eingetragenen Genossenschaft die auf Rechtsunkunde beruhende Nichtkenntnis des Anfechtungsgrundes entschuldbar? **50**, 132. — 16) Kann die Konkursmasse wegen Verwendungen, die vom Gemeinschuldner auf ein unter Eigentumsvorbehalt überliefert erhaltenes Kaufgrundstück gemacht sind, gegen den Verkäufer, dem es vom Konkursverwalter unter Ablehnung der Erfüllung zurückgegeben ist, auf Ersatz klagen, während der Sachwert mit den Verwendungen den Vertragsanspruch des Verkäufers nicht übersteigt? (G.) **49**, 189. — 17) Wird eine bedungene Vertragsstrafe, wenn der Konkursverwalter die Erfüllung des Vertrages ablehnt, verwirkt, auch wenn sie als wirkliche Strafe erscheint? (G.) **49**, 191. — 18) Muß, wenn über eine im Konkurse angemeldete und vom Konkursverwalter bestrittene, zur

Zeit der Eröffnung des Konkursverfahrens im Wechselprozesse anhängige Forderung noch vor der Konkurseröffnung ein Versäumnisurteil erlassen, und vom Gemeinschuldner Einspruch eingelegt war, der Gläubiger die Feststellung seiner Forderung, oder der Konkursverwalter seinen Widerspruch verfolgen? In welcher Weise? **50**, 412.

§ 365. Das Verfahren.

1) Bewirkt die Anerkennung einer Konkursforderung durch den Konkursverwalter oder den Fallimentssyndik, daß nun die Zinsen als Bestandteil des Kapitales anzusehen sind, daher nach Art. 2277 C. c. nicht mehr verjähren? (F.) **42**, 84. — 2) Wirkung der Feststellung einer Forderung zur Konkurstabelle Dritten gegenüber. **46**, 10. — 3) Bewirkt die Aufhebung des Konkursverfahrens eine Unterbrechung der die Konkursmasse betreffenden Prozesse? **47**, 372. — 4) Muß, wenn über eine im Konkurse angemeldete und vom Konkursverwalter bestrittene, zur Zeit der Eröffnung des Konkurses im Wechselprozesse anhängige Forderung noch vor der Konkurseröffnung ein Versäumnisurteil erlassen, und vom Gemeinschuldner Einspruch eingelegt war, der Gläubiger die Feststellung seiner Forderung oder der Konkursverwalter seinen Widerspruch verfolgen? In welcher Weise? **50**, 412.

§ 366. Zwangsvergleich.

1) Ist ein Abkommen im Sinne des § 168 (181 n. F.) S. 3 K.O. nur dann nichtig, wenn der Bevorzugung des Gläubigers einer der Vertragschließenden sich bewußt war? **41**, 41. — 2) Ist das Versprechen der Nachzahlung der durch den Zwangsvergleich erlassenen Schuldquote schlechthin unverbindlich? (G.) **42**, 118. — 3) Bleibt trotz des Zwangsvergleiches die Forderung in Höhe des Restes als Naturalobligation bestehen? **42**, 118. — 4) Rechtliche Natur des Zwangsvergleiches? **42**, 119.

§ 367. Konkurs über das Vermögen von Handelsgesellschaften und Genossenschaften sowie über einen Nachlaß.

1) Darf der Privatschuldner eines offenen Gesellschafters oder des Komplementars einer Kommanditgesellschaft gegen seine Schuld eine Forderung, die ihm gegen die Gesellschaft zusteht, nach Eröffnung des Konkurses über deren Vermögen während der Dauer des Verfahrens aufrechnen? **41**, 25. — 2) Kann ein Genosse gegen die vom Verwalter des Genossenschaftskonkurses auf Zahlung des Vorschußbetrages erhobene Klage einwenden, er sei von einem Vorstandsmitgliede durch betrügerische Vorspiegelungen zum Beitritte verleitet worden? **45**, 106. — 3) Klage des Konkursverwalters einer eingetragenen Genossenschaft mit unbeschränkter Haftpflicht gegen deren Vorstandsmitglieder auf Ersatz eines auf Grund Beschlusses der Generalversammlung verteilten Teiles des Reservefonds. **46**, 61. — 4) Einfluß der Konkurseröffnung über das Vermögen einer Genossenschaft auf das Berichtigungsverfahren bezüglich der Mitgliederliste. **47**, 11. — 5) Kann eine erst nach Eröffnung des Kon-

kurses über die Genossenschaft erfolgte Eintragung in die Liste der Genossen die Mitgliedschaft begründen? **50**, 127. — 6) Ist bei der Anfechtung der Vorschußberechnung des Konkursverwalters einer eingetragenen Genossenschaft die auf Rechtsunkunde beruhende Nichtkenntnis des Anfechtungsgrundes entschuldbar? **50**, 132.

§ 368. Konkurs im Auslande.

— — — — — — — —

3. Strafbestimmungen.

§ 369.

— — — — — — — —

Dritter Teil.

Staatsrecht.

§ 370. Kompetenz der Verwaltungsbehörden, insbesondere der Polizeibehörden. Verwaltungsverfahren.

1) Welche Behörde hat die Ortsstatuten für Berlin zu bestätigen? **42**, 313. — 2) Ist das Verwaltungszwangsverfahren für die Beitreibung der auf Grund polizeilicher Maßnahmen einzuziehenden Gelder ausschließlich zulässig? (P.) **43**, 293. — 3) Können von einem Reichsbeamten die aus § 1 Abs. 1 des Reichsfürsorgegesetzes von 1886 erhobenen Pensionsansprüche erst gerichtlich verfolgt werden, nachdem die vorgesetzte Dienstbehörde seine Dienstunfähigkeit festgestellt hat? **44**, 35. — 4) Ist eine Zahlung, die infolge von Bedrohung mit Verwaltungszwangsvollstreckung geleistet ist, im Sinne des § 207 A.L.R. I. 16 abgenötigt? Von wann ist sie zu verzinsen? (P.) **45**, 7. — 5) Wieweit unterliegen die Entscheidungen des Patentamtes bezüglich der Eintragung eines Warenzeichens in die Patentrolle der Nachprüfung der Gerichte? **44**, 62. — 6) Können durch eine im Verwaltungswege erlassene Betriebsordnung für die Benutzung einer dem Staate gehörenden öffentlichen Wasserstraße die gesetzlichen Bestimmungen über die Verpflichtung zum Schadensersatze abgeändert werden? (G.) **45**, 162. — 7) Kann darauf, daß durch Polizeiverordnung der Anschluß an die städtische Wasserleitung angeordnet ist, ein Schadensanspruch der Grundeigentümer gegen die Stadtgemeinde gestützt werden? (P.) **45**, 251. — 8) Ist eine im Geltungsbereiche des Publikandums vom 29. April 1772 erlassene Polizeiverordnung gültig, nach der die im städtischen Schlachthofe für gesundheitsschädlich erklärten Teile eines Schlachtviehes nicht an den Abdecker abgeliefert, sondern vernichtet werden sollen? (P.) **45**, 267. — 9) Kann der Regierungspräsident für eine klagende Pensionskasse in seinem Bezirke statt des statutenmäßigen Kuratoriums ein anderes Vertretungsorgan

bestellen? **46,** 221. — 10) Wann liegt in der Genehmigung eines Bauplanes eine den Rechtsweg ausschließende polizeiliche Verfügung im Sinne des Gesetzes vom 11. Mai 1842? (P.) **46,** 301. — 11) Unterschied zwischen Polizeiverfügung und Polizeiverordnung. (P.) **45,** 271. — 12) Kann wegen eines ohne Rechtsgrund erlassenen polizeilichen Bauverbotes nach dessen Aufhebung Entschädigung nach den Grundsätzen der Enteignung verlangt werden? (P., F.) **46,** 286. — 13) Der Kompetenzkonflikt nach der preußischen Verordnung vom 1. August 1879 kann nicht mehr erhoben werden, wenn der Rechtsstreit beim Reichsgerichte anhängig ist. **48,** 195. — 14) Inwiefern sind die Vorschriften der Landesgesetze über die Zuständigkeit der Verwaltungsbehörden und der Gerichte durch die Reichsgewerbeordnung abgeändert worden? **49,** 66. — 15) Wieweit ist der Oberpräsident zur Entscheidung über die Schiffbarkeit öffentlicher Flüsse zuständig? (P.) **49,** 319. — 16) S. auch Justiz- und Verwaltungssachen § 282 oben.

§ 371. Wegeregal und Wegepolizei.

1) Stehen Kommunikationswege den Land- und Heerstraßen gleich, unterliegen sie namentlich dem Landstraßenregale des Staates? (P.) **44,** 173. — 2) Wann haftet der Fiskus für die Folgen mangelhafter Unterhaltung von Landstraßen, wenn er nicht als Inhaber des Landstraßenregales, sondern nur aus anderen Gründen unterhaltungspflichtig ist? (P.) **44,** 176.

§ 372. Öffentliche Armen- und Krankenpflege.

1) Ist der Rechtsweg für den von einem Anderen als einem öffentlichen Armenverbande erhobenen Anspruch auf Erstattung gewährter Armenunterstützung gegen einen Armenverband zulässig, bevor von der Verwaltungsbehörde über Notwendigkeit und Höhe der Unterstützung entschieden ist? (P.) **41,** 267. — 2) Ist bei Streitigkeiten zwischen den Ortsarmenverbänden und den Kreisen wegen der Kosten der Verpflegung hilfsbedürftiger Geisteskranker der Rechtsweg unbedingt ausgeschlossen? (P.) **41,** 336. — 3) Unter welchen Voraussetzungen gehören die Kosten der Zwangsheilung der aus dem Polizeigefängnisse dem öffentlichen Krankenhause zugeführten Prostituierten zu den vom Staate zu tragenden Kosten der örtlichen Polizeiverwaltung? (P.) **42,** 211.

§ 373. Quartierleistung. Naturalleistungen für die bewaffnete Macht. Militärwesen. Wehrpflicht.

1) Wird in Preußen der Reichsmilitärfiskus im Prozesse stets durch die Korpsintendantur vertreten? **42,** 66. — 2) Ist der gesetzliche Vertreter des Reichsmilitärfiskus in den das Festungsgelände betreffenden Angelegenheiten der preußische Kriegsminister, auch wenn die Festung in Elsaß-Lothringen liegt? **43,** 12. — 3) Wieweit ist bei der richterlichen Festsetzung der Entschädigung für Festungsrayonbeschränkungen auf Erleichterungen Rücksicht zu nehmen, die erst nach der Festsetzung der Entschädigung durch die Verwaltungsbehörde eingetreten sind? **43,** 15. — 4) Kann ein als Supernumerar im Civildienste beschäftigter Militär-

anwärter ohne förmliches Disziplinarverfahren entlassen werden? (P.) **43,** 217. — 5) Kann ein Militärinvalide die Fortzahlung seiner Invalidenpension verlangen, nachdem er in Preußen als Gerichtsvollzieher angestellt worden ist? **44,** 85. — 6) Gehört die preußische Landgendarmerie zum aktiven deutschen Heere? **44,** 191. — 7) Finden auf die Oberwachtmeister und Gendarmen der preußischen Landgendarmerie der Abs. 1 Ziff. 5 oder der Abs. 1 Ziff. 8 und die Abss. 2 und 4 des § 749 (850 n. F.) C.P.O. Anwendung? **44,** 192. — 8) Sind Verpfändungen und Anweisungen der Diensteinkünfte und Pensionen der Oberwachtmeister und Gendarmen der preußischen Landgendarmerie gültig? **44,** 190. — 9) Ist in allen Festungswerken schlechthin die Militärverwaltung jagdberechtigt? (P.) **44,** 198. — 10) Gilt das Verbot der Ausübung der Jagd mit Feuergewehr (§ 5 Abss. 2 und 3 des Gesetzes vom 31. Oktober 1848) auch für die Festungswerke? (P.) **44,** 199. — 11) Wieweit ist der Rechtsweg zulässig für Ansprüche auf Unterlassung bezw. Beseitigung von Eigentumsstörungen, die durch den Betrieb oder durch die Einrichtungen einer Artilleriewerkstatt herbeigeführt werden? (P.) **44,** 225. — 12) Ist die Civilpension eines aus dem Reichsbankdienste pensionierten Militärpensionärs um den Betrag der gesetzlichen Invalidenpension zu kürzen? **45,** 123. — 13) Was ist unter „Civildienst des Reiches" im § 106, was in den §§ 107. 108 des Reichsmilitärpensionsgesetzes zu verstehen? **45,** 133. — 14) Was ist „Institutendienst" im Sinne der §§ 107. 108 des Reichsmilitärpensionsgesetzes? **45,** 137. — 15) Ist die Civilversorgung der Militäranwärter durch die vom Bundesrate im Jahre 1882 festgestellten s. g. „Grundsätze" mit Gesetzeskraft geregelt? **48,** 84. — 16) Gewährt den Militäranwärtern der § 21 der s. g. „Grundsätze" des Bundesrates vom 7. und 21. März 1882 einen klagbaren Anspruch auf die darin festgesetzte Remuneration? **48,** 86. — 17) Ist der Rechtsweg zulässig für vermögensrechtliche Ansprüche eines im Reichsdienste angestellten Militäranwärters, die darauf gestützt sind, daß er früher eine höhere Stelle hätte erhalten sollen? **49,** 1. — 18) Gewährt der § 21 der Grundsätze des Bundesrates für die Besetzung der Subaltern- und Unterbeamtenstellen mit Militäranwärtern vom 7. und 21. März 1882 den zu einem Dienstzweige einberufenen Militäranwärtern einen klagbaren Anspruch auf das Diensteinkommen (ganz oder zu $^3/_4$) mindestens der untersten etatsmäßigen Stelle dieses Dienstzweiges? **49,** 3.

§ 374. Öffentliche Abgaben.

a. Allgemeines.

1) Gehören zu den „öffentlichen Abgaben" im Sinne des § 70 Abs. 3 G.V.G. Beiträge, die eine Innung auf Grund des § 100 f R.G.O. (Gesetz vom 6. Juli 1887) von Nichtmitgliedern erhebt? **42,** 358. — 2) Innungen, neue, nach § 57 R.G.O., sind Korporationen des öffentlichen Rechtes. **42,** 359. — 3) Unter welchen Voraussetzungen richtet sich die Verjährungsfrist für öffentliche Abgaben nach § 10 des Gesetzes vom 18. Juni 1840? (P.) **43,** 326. — 4) Darf der Fiskus Stempelforderungen im Wege der Aufrechnung geltend machen? **47,** 331. —

5) Das Reichsgesetz vom 13. Mai 1870, wegen Beseitigung der Doppelbesteuerung, gilt auch für juristische Personen. **50**, 101.

b. Direkte Steuern.

1) Ist der Grundstückseigentümer, der seine Besitzung vor dem 28. Juli 1893 durch Gutsüberlassungsvertrag erlangt hat, zur Rückerstattung der dem Erblasser seines Vorbesitzers gewährten Grundsteuerentschädigung verpflichtet, wenn er selbst weder Erbe noch Erbeserbe des Entschädigungsempfängers geworden ist? (P.) **41**, 233. — 2) Kosten der Kommission zur Veranlagung der Einkommensteuer; hat auch dann der Staat sie zu tragen, wenn der Stadtbürgermeister oder an dessen Stelle ein anderes Magistratsmitglied den Vorsitz in der Kommission führt? (P.) **43**, 314. — 3) Gehört der s. g. Agiogewinn zu dem nach § 16 des preußischen Einkommensteuergesetzes vom 24. Juni 1891 steuerpflichtigen Einkommen der Aktiengesellschaften? Begriff der Überschüsse im Sinne dieses Gesetzes. **46**, 262. — 4) Darf nach dem Reichsgesetze wegen Beseitigung der Doppelbesteuerung vom 13. Mai 1870 der Bundesstaat, in dem ein Deutscher seinen Wohn- oder Aufenthaltsort hat, dessen aus Grundbesitz oder Gewerbebetrieb in einem anderen Bundesstaate herrührendes Einkommen nur dann nicht besteuern, wenn dieser dies Einkommen thatsächlich besteuert? **50**, 97. — 5) Der § 3 des Gesetzes wegen Beseitigung der Doppelbesteuerung bildet nur eine Ausnahme von der Regel des § 1. **50**, 101. — 6) Im Sinne des § 3 des Gesetzes wegen Beseitigung der Doppelbesteuerung ist das Einkommen aus Grundbesitz nur dessen laufender Reinertrag. **50**, 104. — 7) Das Reichsgesetz, wegen Beseitigung der Doppelbesteuerung, vom 13. Mai 1870 gilt auch für juristische Personen. **50**, 101. — 8) Ist der s. g. Agiogewinn im Sinne des Gesetzes wegen Beseitigung der Doppelbesteuerung ein aus dem Gewerbebetriebe herrührendes Einkommen? **50**, 105.

c. Indirekte Steuern.

1. Zölle. Verbrauchssteuern rc.

1) Sind bei der Branntweinsteuer die s. g. Fehlmengen als ein besonderer Gegenstand der Besteuerung anzusehen? (P.) **41**, 289. — 2) Ist, wenn Getreide in losem Zustande nach einem Freihafengebiete oder einem Freibezirke gebracht ist, bei der dortigen Zollstelle in aus dem Zollinlande stammende Säcke verpackt und in diesem Zustande in das Zollgebiet geschafft wird, der Zoll nach dem Brutto- oder nach dem Nettogewichte zu erheben? **42**, 107. — 3) Begriff und Bedeutung der Zollinie für die Frage, nach welchem Zustande der eingeführten Waren der Zoll zu erheben ist. **42**, 107. — 4) Ist eine vorgeschobene Zollstelle für die Verzollung so anzusehen, als läge sie innerhalb der Zollinie? **42**, 110. — 5) Sachlegitimation des Landesfiskus für Zollstreitigkeiten. **42**, 109. — 6) Kommt ein Zollnachlaß, der bei Seebeschädigung der versicherten Güter am Bestimmungsorte gewährt wird, dem Versicherten zu gute? **44**, 19. — 7) Ist ein unmittelbar auf die Förderung gewerbs-

mäßigen, gegen einen befreundeten Staat im Grenzgebiete betriebenen Schmuggels abzielender Vertrag unsittlich und nichtig? (P.) **42,** 295. — 8) Inwiefern haftet die Zollverwaltung dem Absender eines eingeschriebenen Briefes, der ihr nach seiner Ankunft am Bestimmungsorte von der Post zur zollamtlichen Behandlung übergeben und dann bei ihr in Verlust geraten ist? **48,** 255.

2. Erbschaftssteuer.

1) Erhebung der Erbschaftssteuer im Falle der fideikommissarischen Substitution auf den Überrest. (P.) **43,** 209. — 2) Von wann läuft die Verjährung für die Rückforderung einer nur vorläufig festgestellten Erbschaftssteuer? (P.) **44,** 207. — 3) Von wann hat der Fiskus den überhobenen Betrag zu verzinsen? (P.) **44,** 210. — 4) Ist bei einer letztwilligen Verfügung, nach der eine bestimmte Summe zu milden Zwecken verwendet, aber an mehrere Institute und Vereine verteilt werden soll, die Steuerpflicht einheitlich oder nach den einzelnen Zuwendungen zu beurteilen? (P.) **45,** 197. — 5) Zur Auslegung des § 8 des Erbschaftssteuergesetzes vom $\frac{\text{30. Mai 1873}}{\text{19. Mai 1891}}$. (P.) **45,** 199. — 6) Berechnung der Erbschaftssteuer, wenn der Erblasser angeordnet hat, daß die Erben mit ihrem bisherigen Gesellschafter die offene Handelsgesellschaft fortsetzen und ihm einen größeren Geschäftsanteil als bisher gewähren sollen. (P.) **45,** 215. — 7) Sind Vereinbarungen der Beteiligten über die Teilung des Nachlasses oder über die Höhe einer Nachlaßschuld für die Berechnung der Erbschaftssteuer maßgebend? (P.) **48,** 301. — 8) Verjährt die Rückforderung überhobener Erbschaftssteuerbeträge stets in sechs Monaten? (P.) **48,** 304.

3) Urkundenstempel.

a) Reichsrecht.

1) Unterliegt im Falle der Fusion die Ausreichung von Aktien der aufnehmenden Gesellschaft an die einzelnen Aktionäre der aufzunehmenden Gesellschaft dem Anschaffungsstempel nach dem Reichsgesetze vom 27. April 1894 auch dann, wenn von dem s. g. Fusionsvertrage der Anschaffungsstempel schon entrichtet ist? **41,** 85. — 2) Ist der Erwerb ausländischer Aktien im Auslande durch Beteiligung bei der Gründung der Gesellschaft eine „Anschaffung" der Aktien im Sinne der Anmerkung zu den Tarifnummern 1 u. 2 bezw. des § 3 Abs. 1 des Reichsstempelgesetzes von 1894? **41,** 139. — 3) Begriff des Anschaffungsgeschäftes im Sinne des Reichsstempelgesetzes vom 29. Mai 1885. Bedingt uneigentliche Hinterlegung. **42,** 9. — 4) Berechnung des Urkundenstempels für ausländische Aktienbriefe, die nach dem Wortlaute je über mehrere Aktien ausgestellt sind. **42,** 40. — 5) „Mengen von Sachen oder Waren" im Sinne der Stempelsteuergesetzgebung. **42,** 255; **43,** 290. — 6) „Vertretbare" Sachen im Sinne der Stempelsteuergesetze. **42,** 258; **43,** 304. — 7) Gleiche Bedeutung des Begriffes „Mengen von Sachen oder Waren" in der Stempelsteuergesetzgebung des Reiches und Preußens.

42, 258; **43**, 306. — 8) Sind die unter der Herrschaft der preußischen Stempelgesetze nach ihrem vollen Nennwerte versteuerten Interimsscheine der in den Reichsstempelgesetzen vorgeschriebenen Stempelsteuer unterworfen, wenn unter deren Herrschaft eine Einzahlung erfolgt? **45**, 41. — 9) Unterliegen Aktien deshalb, weil sie durch nachträglichen Vermerk auf ihnen als mit Vorzugsrechten versehene Aktien bezeichnet werden, der Stempelsteuer nach Nr. 1 zum Reichsstempelgesetze von 1894? **45**, 87. — 10) Liegt ein neues stempelpflichtiges Geschäft im Sinne des § 8 Abs. 2 des Reichsgesetzes vom 27. April 1894 vor, wenn von der beim Abschlusse eines Kassageschäftes vorbehaltenen Befugnis Gebrauch gemacht wird, Hinausschiebung der Erfüllung zu verlangen? **45**, 65. — 11) Darf neben dem Reichsstempel für Anschaffungsgeschäfte der Stempel nach Tarifstelle 25c des preußischen Stempelgesetzes erhoben werden, wenn bei Errichtung der Aktiengesellschaft ein Gründer sich verpflichtet, gegen seine nicht durch Barzahlung zu leistende Einlage Aktien zu übernehmen? **45**, 99. — 12) Ist die Befreiung des § 13 Abs. 1 des Reichsgesetzes vom 27. April 1894 anwendbar, wenn die Aktiengesellschaft den Aktionären gegen Einreichung der über geringere Beträge lautenden Aktien solche über höhere Beträge in entsprechend geringerer Zahl gewährt? **46**, 34. — 13) Greift die Befreiung des letzten Abwickelungsgeschäftes vom Anschaffungsstempel aus § 12 Abs. 2 des Reichsstempelgesetzes auch dann Platz, wenn ein an einem ausländischen Börsenplatze wohnhafter Kommissionär den Ankauf auszuführen hatte? **46**, 106. — 14) Ist die Prolongation eines Termingeschäftes, die zwischen denselben Kontrahenten glatt (ohne Report oder Deport) sich vollzieht, stempelsteuerfrei? Ist der Fortbezug der Stückzinsen durch den Inhaber der Effekten oder die Entrichtung einer Kontokorrentprovision ein Entgelt im Sinne des § 7 Abs. 2 (jetzt § 8 Abs. 2) des Reichsstempelgesetzes? **47**, 15. — 15) Ist die von einem Aktionär zur Sicherung des Restes seiner Einlage vorgenommene Hinterlegung von Wechseln als Einzahlung auf die Aktie anzusehen? **49**, 26. — 16) Ist ein Börsentermingeschäft als Anschaffungsgeschäft zu verstempeln, wenn in dem Geschäftszweige beide Kontrahenten in einem Börsenregister nicht eingetragen waren? **49**, 111.

β) Landesrecht.

1) Zur Auslegung der Tarifstelle 70c des Stempelsteuergesetzes vom 31. Juli 1895. Mehrjährige Versicherungsverträge. (P.) **41**, 245. — 2) Begriff der Korrespondenzverträge; wann sind sie stempelpflichtig? (P.) **42**, 180. — 3) Ist der in einem schriftlichen Kaufvertrage zugleich enthaltene Schiedsvertrag über Entscheidung von Streitigkeiten aus dem Kaufvertrage als dessen Bestandteil im Sinne des § 10 Abs. 3 des Stempelsteuergesetzes von 1895 anzusehen? (P.) **42**, 191. — 4) Möglichkeit der Ermittelung des Wertes des Gegenstandes als Voraussetzung der Stempelfreiheit der darüber errichteten Urkunde gemäß § 4a des Gesetzes vom 31. Juli 1895. (P.) **42**, 193. — 5) Sind nach § 2 des Stempelgesetzes vom 31. Juli 1895 Urkunden über zweiseitige Verträge, die von dem einen Kontrahenten innerhalb, von dem anderen

außerhalb des Geltungsbereiches zu erfüllen sind, stempelpflichtig? **42,** 197. — 6) Was sind im Sinne der Befreiung 3 zur Tarifstelle 32 des Stempelsteuergesetzes von 1895 Sachen, die zum unmittelbaren Verbrauche in einem Gewerbe dienen sollen? Gehören Eisenbahnschwellen dazu? (P.) **42,** 233. — 7) Zur Auslegung des § 10 Abs. 3 und der Tarifstelle 32 Abs. 5 des Stempelsteuergesetzes vom 31. Juli 1895. (P.) **42,** 239. — 8) Findet bei Versicherungsverträgen und Bestätigungen der Schlesischen Provinzial-Landfeuersocietät, die bewegliche Sachen im Versicherungswerte von mehr als 3000 *M* betreffen, die Befreiung 2 der Tarifnummer 70 des Gesetzes vom 31. Juli 1895 Anwendung? (P.) **43,** 248. — 9) Bedeutung von „Umlage" in der Befreiung 2 zur Tarifstelle 70 des Stempelgesetzes von 1895. (P) **43,** 251. — 10) Begriff der „Mengen von Sachen oder Waren" im Sinne der Befreiung 3 zur Tarifstelle 32 des Gesetzes von 1895. (P.) **42,** 255; **43,** 290. — 11) „Vertretbare Sachen" im Sinne der Stempelsteuergesetzgebung. **42,** 258; **43,** 304. — 12) Ist die Vereinbarung, daß bei nicht pünktlicher Zinszahlung das Hypothekenkapital sofort fällig sein und dies Recht des Gläubigers in das Grundbuch eingetragen werden soll, nach Tarifstelle 59 des Gesetzes vom 31. Juli 1895 stempelpflichtig? (P.) **42,** 264. — 13) Schuldverschreibung im Sinne des Stempelsteuergesetzes von 1895. (P.) **42,** 266; **44,** 220; **48,** 351. — 14) Sind die in Nr. 2 Abs. 3 des Tarifes zum Stempelgesetze von 1895 erwähnten Anträge auf Umschreibung von Namensaktien im Aktienbuche als bloße Formalakte stempelpflichtig? (P.) **43,** 240. — 15) Ist die Befreiung 3 der Tarifstelle 32 des Stempelgesetzes von 1895 auch dann anwendbar, wenn nur je zwei Stücke der zu liefernden Sachen einander gleich sein sollen? (P.) **43,** 304. — 16) Gleiche Bedeutung des Begriffes „Mengen von Sachen oder Waren" in den Stempelsteuergesetzen des Reiches und Preußens. **42,** 258; **43,** 306. — 17) Ist eine Schuldverschreibung stempelpflichtig, die einen Bestandteil eines nicht beurkundeten Hauptgeschäftes bildet? (P.) **44,** 216. — 18) Von wann ist ein unrichtig erhobener Stempelbetrag zu verzinsen? (P.) **44,** 222. — 19) Begriff des kaufmännischen Verpflichtungsscheines im Sinne der Tarifnummer 58II des Stempelsteuergesetzes von 1895. (P.) **44,** 228. — 20) Findet auf die kaufmännischen Verpflichtungsscheine der § 1 Abs. 3 des Stempelgesetzes von 1895 Anwendung? (P.) **44,** 234. — 21) „Einbringen" im Sinne der Tarifnummer 25c des Stempelgesetzes von 1895; kann es nur durch einen Aktionär geschehen oder auch durch einen außerhalb der Aktiengesellschaft stehenden Dritten? **44,** 280. — 22) Versteuerung des Einbringens in eine Aktiengesellschaft, die durch Umwandlung einer Gewerkschaft entsteht, in Preußen. **44,** 278. — 23) Sind schriftliche Veränderungsgenehmigungen, die im Falle des Wechsels des Eigentümers von der Feuerversicherungsgesellschaft ausgestellt werden, nach Tarifstelle 70 des Stempelgesetzes von 1895 zu verstempeln? (P.) **44,** 323. — 24) Sind die unter der Herrschaft der preußischen Stempelgesetze nach ihrem vollen Nennwerte versteuerten Interimsscheine der in den Reichsstempelgesetzen vorgeschriebenen Stempelsteuer unterworfen, wenn unter deren Herrschaft eine Einzahlung erfolgt? **45,** 41. — 25) Ist Abs. 1

oder Abs. 2 der Tarifstelle 25d des Stempelsteuergesetzes von 1895 anzuwenden, wenn der ausscheidende Gesellschafter oder bei der Auflösung ein Gesellschafter Grundstücke oder bewegliche Vermögensgegenstände erhält? (P.) **45**, 218. — 26) Ist der Urkundenstempel nur einmal oder mehrfach zu erheben, wenn einem Konsumverein die Erlaubnis zum Kleinhandel mit Spiritus für mehrere Betriebsstätten in mehreren Urkunden erteilt wird? (P.) **45**, 195. — 27) Ist der die Emission einer Anleihe betreffende Notariatsakt als Darlehnsvertrag stempelpflichtig? (P.) **45**, 231. — 28) Unterliegt die einseitige schriftliche Erklärung, einen Kux auf einen Anderen zu übertragen, der Stempelsteuer nach Tarifstelle 34 des Gesetzes von 1895? (P.) **45**, 246. — 29) Sind schriftliche Verpflichtungen zur Entrichtung wiederkehrender Geldleistungen von unbestimmter Dauer als stempelpflichtige Schuldverschreibungen anzusehen? (P.) **45**, 289; **48**, 351. — 30) Unterliegen Versicherungspolicen bezw. deren Verlängerungen dem vollen tarifmäßigen Stempel auch dann, wenn sie für einen subjektiv von der Stempelsteuer befreiten Versicherten ausgestellt werden? (P.) **46**, 216. — 31) Ist der Auflassungsstempel zu entrichten, wenn die Auflassung unter Vorlegung von zwei Urkunden erklärt wird, wonach der neue Erwerber das Grundstück von einem Dritten gekauft hat, dem der Eigentümer sich verpflichtet hatte, auf Verlangen das Grundstück an ihn oder an einen Dritten zu verkaufen? (P.) **46**, 234. — 32) Ist bei Akiengesellschaften, Kommanditgesellschaften auf Aktien und Gesellschaften mit beschränkter Haftung auf den Stempel für das Einbringen von nicht in Geld bestehendem Vermögen in die Gesellschaft der Stempel für die Errichtung der Gesellschaft ganz in Anrechnung zu bringen? (P.) **46**, 239. — 33) Stempel für eine notariell beglaubigte Erklärung, durch die von einem Dritten eine Einzahlung zu der von einer Gesellschaft mit beschränkter Haftung beschlossenen Kapitalserhöhung übernommen wird. Liegt darin eine Schuldverschreibung? (P.) **46**, 257. — 34) Wie ist beim Verkaufe eines Handelsgeschäftes mit Aktiven und Passiven die Stempelsteuer zu berechnen? (P.) **46**, 266. — 35) Wann sind bei der Berechnung des Stempels für eine Urkunde über eine Verbürgung für Kapital und Zinsen die Zinsen zu berücksichtigen? (P.) **46**, 272. — 36) Ist bei den von Ausländern im Auslande errichteten Urkunden im Sinne des § 2 des Stempelgesetzes von 1895 die Stempelpflicht durch den Gebrauch der Urkunde bedingt? Kann der Inhaber einer Urkunde, der an ihrem Gegenstande ein rechtliches Interesse hat, schon vor dem Gebrauche zur Zahlung der Stempelsteuer angehalten werden? (P.) **46**, 274. — 37) Unterliegt eine Urkunde, in der in unmittelbarem Anschlusse an die von einem Hypothekengläubiger erklärte Löschungsbewilligung der Grundeigentümer den Löschungsantrag stellt, dem allgemeinen Vertragsstempel? (P.) **46**, 291. — 38) Ruht bei Pacht- und Mietverträgen die Stempelpflicht auf der Vertragsurkunde oder auf dem nach Tarifstelle 48 Abs. 2 einzureichenden Verzeichnisse? **46**, 293. — 39) Sind auch der Pächter und der Mieter zur Entrichtung der Stempelsteuer für den Pacht- und Mietvertrag verpflichtet? (P.) **46**, 294. — 40) Haften die nach § 5 Abs. 4 des Stempelsteuergesetzes Befreiten als Verpächter und Vermieter für die nach Abs. 6 zu entrichtende Hälfte des

Stempels? (P.) **46**, 295. — 41) Unterliegt bei kündbaren, auf unbestimmte Zeit geschlossenen Versicherungsverträgen die stillschweigende Verlängerung durch Unterlassung der Kündigung jedesmal der Versteuerung nach Tarifstelle 70 des Stempelgesetzes von 1895? (P.) **46**, 308. — 42) Ist die Tarifstelle 32 des Stempelsteuergesetzes von 1895 anwendbar, wenn ein durch Auflassung schon erfüllter Grundstückskauf wegen Gewährsmängel durch Vertrag rückgängig gemacht wird? (P.) **47**, 303. — 43) Kann der Fiskus Stempelforderungen im Wege der Aufrechnung geltend machen? (P.) **47**, 331. — 44) Unterliegen Cessionsurkunden dem Schenkungsstempel, wenn die Cession schenkungshalber erfolgt ist, dies aber in der Urkunde nicht ausgedrückt ist? (P.) **47**, 335. — 45) Was sind Ausfertigungen von Schriftstücken im Sinne der Tarifstelle 10 des Stempelgesetzes vom 31. Juli 1895? (P.) **47**, 343. — 46) Ist die Übertragung eines Geldkapitales ein Veräußerungsgeschäft im Sinne der Tarifstelle 32 des Stempelgesetzes von 1895? (P.) **48**, 347. — 47) Deckt die Stempelfreiheit eines Geschäftes nach Ziff. 2 der „Ermäßigungen und Befreiungen" zu Tarifstelle 32 des Gesetzes von 1895 den Leibrentenvertrag, der darin gefunden werden könnte, überhaupt alle Geschäfte, die als Bestandteile des stempelfreien anzusehen sind? (P.) **48**, 349. — 48) Zur Auslegung des § 2 des Stempelgesetzes von 1895. Sind die im Auslande ausgestellten amtlichen und notariellen Zeugnisse in Privatsachen nach Tarifstelle 77 bezw. 46 stempelpflichtig, wenn zu ihrer Ausstellung Geschäfte, die im Inlande zu erfüllen sind, Veranlassung gegeben haben? (P.) **49**, 226. — 49) Bezieht sich der § 3 Abs. 2 des Stempelgesetzes von 1895, wonach für die Stempelpflicht die Hinzufügung von Bedingungen ohne Bedeutung ist, auch auf s. g. uneigentliche Bedingungen? (P.) **49**, 223. — 50) Sind Verlagsverträge nach Tarifstelle 71 Nr. 2 oder nach Tarifstelle 32 lit. c des Stempelgesetzes von 1895 zu versteuern? (P.) **49**, 278. — 51) Umfang der Stempelbefreiung bei der amtlichen Beglaubigung von Unterschriften unter Urkunden, deren Inhalt die Eintragung in das Grundbuch betrifft. (P.) **49**, 299. — 52) Begriff von „Verbrauch" im Sinne der Befreiungsvorschrift Tarifstelle 32 Nr. 3 (Kauf- und Tauschverträge) des Stempelgesetzes von 1895. (P.) **49**, 308. — 53) Unterliegt das Versprechen einer Geldzahlung, das nur als Teil eines einheitlichen gegenseitigen Vertrages erscheint, dem Schuldverschreibungsstempel? (P.) **49**, 312. — 54) Unterliegt, wenn in einem Kaufvertrage über ein zur Schankwirtschaft eingerichtetes Grundstück für den Verzicht des Verkäufers auf die Wirtschaftskonzession eine besondere Vergütung festgesetzt ist, diese dem Kaufstempel nach Tarifstelle 32a des Stempelsteuergesetzes von 1895? (P.) **49**, 321. — 55) Wann ist eine Vertragsurkunde, nach deren Inhalt die Kontrahenten einander Gegenstände im Wege des Austausches veräußern, nicht als Tauschvertrag, sondern als zwei Kaufverträge zu verstempeln? (P.) **50**, 285. — 56) Enthält ein korrespektives Testament (§ 2273 B.G.B.) zwei nach dem Gesetze von 1895 stempelpflichtige Rechtsgeschäfte oder nur die Bestandteile eines? **50**, 308.

d. Kommunalsteuern.

1) Kann gegen eine Gemeinde aus ihrer vertragsmäßigen Verpflichtung, eine Abgabe von einem einzelnen Gemeindeangehörigen nicht einzufordern, im ordentlichen Rechtswege geklagt werden? (P.) **46**, 245. — 2) Rechtliche Bedeutung der Entwässerungs-(Kanalisations-)gebühren. Ist der Rechtsweg über die Verpflichtung, sie zu bezahlen, gegen die Stadtgemeinde zulässig? (P.) **49**, 219. — 3) Ist für die Auferlegung von Entwässerungs-(Kanalisations-)gebühren von der Gemeinde den Grundeigentümern Entschädigung zu leisten, mit deren Rechtsvorgängern vorher ein entgeltlicher privatrechtlicher Vertrag über die Benutzung der Entwässerungsanlage geschlossen war? (P.) **49**, 221.

e. Beitreibungsverfahren.

1) Ist das Verwaltungszwangsverfahren für die Beitreibung der auf Grund polizeilicher Maßnahmen einzuziehenden Geldbeträge ausschließlich anwendbar? **43**, 293. — 2) Ist eine infolge von Bedrohung mit dem Verwaltungszwangsverfahren geleistete Zahlung im Sinne des § 207 A.L.R. I. 16 abgenötigt? (P.) **45**, 7.

§ 375. Rechtsverhältnisse der Beamten.

a. Reichsbeamte. Übertritt aus dem Landesdienste in den Reichsdienst.

1) Kommt bei der Berechnung der Pension eines Reichsbeamten für die Pension dessen Urlaubszeit in Anrechnung? **41**, 111. — 2) Rückwirkung der Vorschriften des Reichsbeamtengesetzes über den Beginn der für die Höhe der Pension maßgebenden Dienstzeit. **43**, 132. — 3) Ist die Dienstzeit eines Reichsbeamten auch dann vom Tage der ersten eidlichen Verpflichtung an zu rechnen, wenn er nur auf Kündigung und unter Ausschluß des Anspruches auf Pension angestellt war? **43**, 129. — 4) Muß, wenn die Pensionsberechtigung sich auf ein Nebenamt gründen soll, das Hauptamt zum Reichsdienste gehören? **43**, 131. — 5) Regelt das Reichsbeamtengesetz einheitlich und erschöpfend die Pensionsrechte der Reichsbeamten dem Reiche gegenüber für das ganze Reich? **43**, 131. — 6) Ist die Dienstunfähigkeit des Reichsbeamten, der einen Anspruch aus § 1 Abs. 1 des Reichsfürsorgegesetzes von 1886 erhebt, durch die vorgesetzte Dienstbehörde oder im Rechtswege durch die Gerichte festzustellen? **44**, 35. — 7) Sind die Reichsbankbeamten unmittelbare Reichsbeamte? **45**, 126. — 8) Ist die Civilpension eines aus dem Reichsbankdienste pensionierten Militärpensionärs um den Betrag der gesetzlichen Invalidenpension zu kürzen? **45**, 123. — 9) Verfolgung von Rechtsansprüchen aus dem R.B.G. vom 31. März 1873. „Entscheidung“ im Sinne des § 150. **47**, 41. — 10) Hat ein unter Vorbehalt der Kündigung diätarisch angestellter Reichsbeamter im Falle der Verhinderung durch Krankheit Anspruch auf Fortbezug der Diäten? **48**, 1. — 11) Sind die vom Bundesrate beschlossenen, im Centralblatte für das Deutsche Reich von 1882 verkündeten „Grundsätze für die Besetzung der Subaltern- und Unterbeamtenstellen mit Militäranwärtern“ eine verbindliche reichsrecht-

liche Verordnung? **48,** 84. — 12) Ist der Rechtsweg zulässig für vermögensrechtliche Ansprüche eines im Reichsdienste angestellten Militäranwärters, die darauf gestützt sind, daß er früher als geschehen eine höhere Stelle hätte erhalten sollen? **49,** 1. — 13) Steht nach den vom Bundesrate beschlossenen s. g. Grundsätzen vom 7. und 21. März 1882, insbesondere § 21, dem zu einem Dienstzweige einberufenen Militäranwärter mindestens das Diensteinkommen (ganz oder zu $^3/_4$) der untersten etatsmäßigen Stelle des betreffenden Dienstzweiges zu? **49,** 3. — 14) Rechtliche Natur des Gehaltsanspruches eines öffentlichen Beamten. **42,** 125.

b. Landesbeamte.

1) Haftung des Richters der freiwilligen Gerichtsbarkeit für Versehen. (P.) **41,** 197. — 2) Ist die vom Richter der freiwilligen Gerichtsbarkeit erteilte Auskunft nur als Rat im Sinne des § 219 A.L.R. I. 13 anzusehen? (P.) **41,** 202. — 3) Ist ein stellvertretender Fleischschauamts-Vorsteher des städtischen Centralviehhofes in Berlin ein auf Lebenszeit angestellter Gemeindebeamter? (P.) **41,** 224. — 4) Voraussetzungen der Anwendung des § 14 der Gebührenordnung für Zeugen und Sachverständige auf mittelbare Staatsbeamte in Preußen (P.) **41,** 363. — 5) Rechtliche Natur des Gehaltsanspruches eines öffentlichen Beamten. **42,** 125. — 6) Berechnung der Dienstzeit der Lehrer an öffentlichen Anstalten für die Höhe der Pension. (P.) **42,** 165. — 7) Ist für die Berechnung der für die Höhe der Pension maßgebenden Dienstzeit eines Kreisschulinspektors, der früher Lehrer war, der § 13 der Verordnung vom 28. Mai 1846 anwendbar? (P.) **42,** 169. — 8) Rechtsweg für den Gehaltsanspruch eines am 1. April 1897 nicht mehr im Dienste gewesenen Volksschullehrers aus der Zeit vor diesem Tage. (P.) **42,** 281. — 9) Amtsverlust als unmittelbare Wirkung des rechtskräftigen Strafurteiles. (P.) **42,** 284. — 10) Wird der durch ein rechtskräftiges Strafurteil bewirkte Amtsverlust durch die im Wiederaufnahmeverfahren erfolgte Freisprechung wieder aufgehoben? (P.) **42,** 284. — 11) Kann ein als Supernumerar in der Verwaltung der direkten Steuern beschäftigter Militäranwärter ohne Disziplinarverfahren entlassen werden? (P.) **43,** 217. — 12) Sind nach § 39 des preußischen Ausführungsgesetzes zu § 70 Abs. 3 G.V.G. die Landgerichte für alle Ansprüche gegen öffentliche Beamte wegen schuldhaften Verhaltens im Amte ausschließlich zuständig, auch für die des Staates? (P.) **43,** 385. — 13) Können Medizinalbeamte in Städten mit Königlicher Polizeiverwaltung Vergütung für ihre im ortspolizeilichen Interesse ausgeübte Thätigkeit verlangen, und von wem? (P.) **43,** 220; **47,** 319. — 14) Sind für die Haftbarkeit des Richters aus seiner Amtsführung in der Rheinprovinz die Vorschriften des preußischen A.L.R. anwendbar? **43,** 384; **48,** 361. — 15) Ist der Art. 505 Code de procédure civile noch gültig, und bezieht er sich auch auf den Richter der freiwilligen Gerichtsbarkeit? (F.) **43,** 385. — 16) Ist der Art. 505 Code de proc. civ. auch auf die Haftung dem Staate gegenüber anzuwenden? Nicht die Grundsätze des Mandates. (F.) **43,** 386. — 17) Haftet der

Spruchrichter für ein Versehen bei der Urteilsfällung? (P.) **41,** 252. — 18) Pflicht des Richters, zu ermitteln, ob eine erlassene inländische Polizeiverordnung gehörig verkündet worden ist? **43,** 418. — 19) Kann ein preußischer Gerichtsvollzieher, der Militärinvalide ist, die Fortzahlung der Invalidenpension fordern? **44,** 85. — 20) Betriebsunfälle im Sinne des preußischen Fürsorgegesetzes vom 18. Juni 1887. Gehören dazu die aus betriebsgemäßen Zuständen oder Handlungen hervorgehenden Unfälle? (P.) **44,** 253. — 21) Können Staatsbeamte ihr Diensteinkommen und ihre Pension wirksam verpfänden oder anweisen? (P.) **44,** 190. — 22) Ist die Pfändung von Gehalt und Pension der Oberwachtmeister und Gendarmen der preußischen Landgendarmerie nach denselben Grundsätzen zulässig, wie bei den Beamten? **44,** 192. — 23) Setzt der § 65 Abs. 4 der preußischen Städteordnung vom 30. Mai 1853 eine anderweite Anstellung im preußischen Staats- oder Gemeindedienste voraus? (P.) **44,** 203. — 24) Ist der Rechtsweg für Streitigkeiten über das Ruhen der schon festgesetzten Pension eines Gemeindebeamten zulässig? (P.) **44,** 204. — 25) Voraussetzungen der Haftung des Staates für das Verschulden seiner Beamten, insbesondere auch für deren unerlaubte Handlungen. (G.) **45,** 168; **47,** 241; (P.) **47,** 328. — 26) Muß ein im Gemeindedienste angestellter Vollziehungsbeamter, der mit seinem Diensteinkommen auf Mahn- und Beitreibungsgebühren angewiesen ist, im Falle unberechtigter Entlassung sich das Diensteinkommen um den Betrag anderweiten Verdienstes kürzen lassen? (P.) **45,** 242. — 27) Ist im § 65 der preußischen Städteordnung vom 30. Mai 1853 unter „Gemeindedienst" ein solcher nur in Preußen oder auch in einem anderen deutschen Bundesstaate zu verstehen? **45,** 306. — 28) Steht die Syndikatsklage, insbesondere gegen einen Notar, nur den bei dem Rechtsakte Beteiligten oder auch jedem geschädigten Dritten zu? (G.) **46,** 213. — 29) Wann beginnt der Lauf der Dienstzeit für die Berechnung der Pension der Staatsbeamten? **47,** 283. — 30) Die Vorschrift des § 19 Abs. 1 Nr. 2 des Pensionsgesetzes von 1872 betrifft nur Zeitabschnitte, die hinter der Beeidigung des Beamten zurückliegen, und nur einzelne Beamtenkategorien. (P.) **47,** 288. — 31) Sind die vom Bundesrate beschlossenen, im Centralblatte für das Deutsche Reich von 1882 verkündeten „Grundsätze für die Besetzung der Subaltern- und Unterbeamtenstellen mit Militäranwärtern" eine verbindliche, reichsrechtliche Verordnung? **48,** 84. — 32) Gelten als Ausführungsvorschriften im Sinne des Art. IV des Gesetzes vom 21. Juni 1897, betreffend die Tagegelder und Reisekosten der Staatsbeamten, ohne weiteres auch die vor diesem zu dem früheren betreffenden Gesetze vom Staatsministerium erlassenen? (P.) **48,** 285. — 33) Haftet ein badischer Notar bei der Anfertigung des Entwurfes eines eigenhändigen Testamentes dem Eingesetzten aus einem Versehen, das sich auf die Gültigkeit nach materiellem Rechte bezieht? (B.) **48,** 257. — 34) Haftet nach Ziff. 1 des Art. 505 Code de proc. civ. der rheinische Vormundschaftsrichter aus seiner Amtsführung nur für Arglist oder auch für Fahrlässigkeit? (F.) **48,** 361. — 35) Steht einem preußischen nichtrichterlichen Beamten eintretendenfalls ein Rechtsanspruch auf Gewährung der etatsmäßigen Gehaltszulage zu? (P.) **48**, 321. — 36) Ist der Rechtsweg zulässig für die Klage eines nichtrichterlichen Staatsbeamten gegen den Staat auf Feststellung seines Besoldungsdienstalters? (P.) **48**, 322. — 37) Haftung des Notars für die Nachlässigkeit seines Büreaupersonales. **49**, 26. — 38) Steht die Bestimmung des § 63 des hessischen Gesetzes vom 31. Mai 1879 über die unfreiwillige Versetzung eines Amtsrichters auf eine nichtrichterliche Stelle in Widerspruch mit § 8 G.V.G., ist daher ungültig? **49**, 112. — 39) Können nach § 8 G.V.G. Richter wider ihren Willen auf eine nichtrichterliche Stelle versetzt werden? **49**, 117. — 40) Haftet der Notar als Beamter für ein Versehen bei Abfassung einer von ihm entworfenen und nachher notariell beglaubigten Urkunde dem dadurch Geschädigten? (P.) **49**, 269. — 41) Abgrenzung der Amtsthätigkeit des Notars als Beamten gegenüber seiner sonstigen Berufsthätigkeit, die auf Dienstvertrag, Auftrag u. s. w. beruhen kann. (P.) **49**, 273. — 42) Was ist unter „Ansprüchen wegen Verschuldung eines Staatsbeamten" in dem preußischen Ausführungsgesetze zum G.V.G. zu verstehen? **50**, 397.

§ 376. Sonstige staatsrechtliche Verhältnisse verschiedenen Inhaltes.

1) Ist der Staat zur Entschädigung verpflichtet, wenn er im öffentlichen Interesse durch die Strombauverwaltung oder eine andere Verwaltungsbehörde in Privatrechte verletzend eingreift? (G.) **41**, 142. 191; **49**, 241. — 2) Welcher Staat haftet, wenn der, in dessen Gebiete der Eingriff in Privatrechte erfolgt, insoweit seine Hoheitsrechte dem verletzenden Staate übertragen hatte? (G.) **41**, 192. — 3) Unter welchen Voraussetzungen gehören die Kosten der Zwangsheilung der aus dem Polizeigefängnisse dem öffentlichen Krankenhause zugeführten Prostituierten zu den vom Staate zu tragenden Kosten der örtlichen Polizeiverwaltung? (P.) **42**, 211. — 4) Unter welchen Voraussetzungen sind Ortsstatuten von Stadtgemeinden Gesetze im Sinne des § 12 E.G. zur C.P.O? (P.) **42**, 312. — 5) Form der Verkündung ortsstatutarischer Anordnungen. (P.) **42**, 314. — 6) Welche Behörde hat Ortsstatuten für Berlin zu bestätigen? (P.) **42**, 313. — 7) Die Standschaftsrechte sind in Preußen durch die veränderte Kreis- und Provinzialverwaltung beseitigt. (P.) **43**, 367. — 8) Haftet dem Konkursverwalter der Staat für das vom Konkursgerichte festgesetzte Honorar? **43**, 62. — 9) Unterliegen Kommunikationswege dem Landstraßenregale des Staates? (P.) **44**, 173. — 9) Hat der Jagdberechtigte eine Klage wegen unbefugter Ausübung der Jagd in dem an den des Klägers grenzenden Jagdbezirke? (P.) **44**, 195. — 10) Ist in allen Festungswerken schlechthin die Militärverwaltung jagdberechtigt? (P.) **44**, 198. — 11) Gilt das Verbot der Ausübung der Jagd mit Feuergewehren (§ 5 Abss. 2. 3 des Gesetzes vom 31. Oktober 1848) auch für die Festungswerke? (P.) **44**, 199. — 12) Kann der preußische Kompetenzgerichtshof das einem negativen Kompetenzkonflikte zu Grunde liegende Urteil des Reichsgerichtes aufheben? **44**, 4; 377. — 13) Stehen dem mit Gerichtsbarkeit versehenen Konsul für die auf Ersuchen inländischer Gerichte in einem bürgerlichen Rechtsstreite bewirkte Zustellung Gebühren nach dem Tarife vom 1. Juli 1872 Ziff. 7 zu?

44, 309. — 14) Kann der Regierungspräsident für eine klagende Pensionskasse seines Bezirkes statt des statutenmäßigen Kuratoriums ein anderes Vertretungsorgan bestellen? 46, 221. — 15) Der Kompetenzkonflikt nach der preußischen Verordnung vom 1. August 1879 kann nicht mehr erhoben werden, wenn der Rechtsstreit beim Reichsgerichte anhängig ist. 48, 195. — 16) Sind die auf Grund des § 78 R.U.V.G. vom 6. Juli 1884 von der Berufsgenossenschaft erlassenen Unfallverhütungsvorschriften Polizeigesetze im Sinne des § 26 A.L.R. I. 6? (P.) 48, 327. — 17) Ist der § 120a. R.G.O. ein Polizeigesetz im Sinne des § 26 A.L.R. I. 6? (P.) 48, 330.

Vierter Teil.

Kirchenrecht.

§ 377.

1) Haben die Niederlassungen der durch das Gesetz vom 31. Mai 1875 vom Gebiete der preußischen Monarchie ausgeschlossenen Orden und ordensähnlichen Kongregationen die Korporationsrechte verloren und eventuell mit der Wiederzulassung wiedererlangt? (P.) 41, 303. — 2) Auslegung des Art. 5 § 4 des preußischen Gesetzes vom 24. April 1887, betreffend Abänderung der kirchenpolitischen Gesetze. (P.) 41, 305. — 3) Unterschied zwischen Kongregationen und Klostergesellschaften. (P.) 41, 313. — 4) Rechtliche Natur der Kongregation vom heiligen Herzen Jesu. 41, 308. 5) Die §§ 1194 flg. A.L.R. II. 11 sind durch die preußische Verfassung von 1850 nicht aufgehoben worden. (P.) 41, 311. — 6) Hat der Kirchenpatron, wenn ohne seine Schuld der von ihm präsentierte Prediger nicht bestätigt wird, ein Recht auf Erneuerung der inzwischen abgelaufenen Präsentationsfrist? Einmal oder auch wiederholt? (G.) 43, 172. — 7) Muß der Kirchenpatron zum Neubau des durch das Wachstum der Gemeinde neben dem bisherigen nötig gewordenen zweiten Kirchengebäudes beitragen? (P.) 43, 332. — 8) Erwerbsgründe des Kirchenpatronates. (P.) 43, 334. — 9) Ist für Streitigkeiten über die persönliche Fähigkeit zur Ausübung des Patronatsrechtes (§ 6 I d des Gesetzes vom 8. Mai 1887) der Rechtsweg zulässig? (P.) 43, 361. — 10) Wird die persönliche Fähigkeit zur Ausübung des mit dem Besitze eines Landgutes verbundenen Patronatsrechtes nach jetzigem Rechte durch jede strafrechtliche Verurteilung wegen Betruges verloren? (P.) 43, 362. — 11) Erstreckt sich die Kirchenbaulast des Patrons auch auf ein infolge der Errichtung einer zweiten Predigerstelle nötig gewordenes Diakonatshaus? (P.) 45, 208. — 12) Ist bei einem beendeten Kirchen- oder Pfarrhausbau der Rechtsweg für den vom Patron zu leistenden Baukostenbeitrag zulässig, wenn über die unter den Parteien streitige Notwendigkeit des Baues von der Bezirksregierung noch nicht entschieden ist? Wenigstens dann, wenn die Kosten den Betrag von 150 ℳ nicht übersteigen? (P.) 50, 311. — 13) Rechte an Friedhöfen. S. oben § 94c.

II

Alphabetisches Register.

(Die fetten Ziffern bezeichnen den Band, die gewöhnlichen die Seiten.)

A

vollzieher mit der Zustellung beauftragt, die Abschrift der Terminsnote selbst beglaubigen? **46,** 399.

Absender. Befreiet die Annahme ungenügend deklarierter Frachtstücke durch die Eisenbahn den Absender von der Zahlung eines Frachtzuschlages? **47,** 40. — 2) Inwiefern haftet die Zollverwaltung dem Absender eines eingeschriebenen Briefes, der ihr nach seiner Ankunft am Bestimmungsorte von der Post zur zollamtlichen Behandlung übergeben und dann bei ihr in Verlust geraten ist? **48,** 255. — 3) Wer ist Mitkontrahent der Post beim Postanweisungsvertrage, wenn die Einlieferung der Anweisung und die Einzahlung auf einem Einzelscheine, und wer, wenn sie in einem Posteinlieferungsbuche bescheinigt worden ist? **41,** 107.

Absendung. Bezieht sich die für die Annahme einer Offerte brieflich gesetzte Frist im Zweifel auf die Absendung der Annahmeerklärung oder auf ihre Ankunft beim Offerenten? **43,** 75.

Absicht. S. Benachteiligung.

Absolutes und dispositives Recht. S. Syst. Reg. §§ 8. 287. 321.

Absonderungsrecht. 1) Besteht das Recht des Hypothekengläubigers auf abgesonderte Befriedigung aus dem Erlöse beweglicher Zubehörstücke auch bei einer durch den Konkursverwalter nach § 117 (127 n. F.) K.O. erfolgten Veräußerung, wenn er diesem vorher erklärt hat, daß er abgesonderte Befriedigung aus dem Erlöse verlange? **42,** 85. — 2) Können, wenn ein Gesellschafter einer gemeinrechtlichen Societät in Konkurs gerät, die Gläubiger aus dem Betriebe der Gesellschaft verlangen, aus den Vermögensstücken der Gesellschaft vorab befriedigt zu werden? **42,** 103. — 3) Besteht ein Absonderungsrecht, wenn der Anspruch auf Auslieferung der von einem Dritten verwahrten Waren verpfändet oder zur Sicherstellung vom Schuldner abgetreten wird, aber erst nach der Eröffnung des Konkurses über dessen Vermögen der Gläubiger den Besitz der Waren erlangt? **43,** 71.

Abstrakter Vertrag. Aus der Sicherung einer Spielschuld durch formales Schuldversprechen findet eine Klage ebensowenig statt, wie aus der Spielschuld selbst. (G.) **49,** 193.

Abtretung. 1) Enthält die Zuteilung einzelner Erbschaftsstücke an einen Miterben bei der Erbteilung eine Abtretung von Rechten? (F.) **43,** 242. — 2) Erlischt die persönliche Schuld des Bestellers einer Hypothek dadurch, daß ihm diese nach der Veräußerung des Grundstückes abgetreten wird? (P.) **43,** 265. — 3) Ist in dem Falle der Abtretung eines Warenzeichens an einen Anderen die wider den Rechtsvorgänger angestellte Löschungsklage abzuweisen, wenn erst während des Prozesses das Zeichen umgeschrieben ist? **44,** 49. — 4) Ist die Abtretung einer Mietzinsforderung gegen den Hypothekengläubiger wirksam, wenn sie vor der Beschlagnahme des Grundstückes erfolgt und nicht wegen Benachteiligung der Gläubiger anfechtbar ist? Welche Rechte hat der Ersteher des vermieteten Hauses der Abtretung gegenüber? (F.) **43,** 387. — 5) Ist der Vertrag gültig, durch den die Mitbenutzung eines zur Eintragung angemeldeten Warenzeichens ohne

Übergang des Geschäftsbetriebes gestattet wird? **44,** 71. — 6) Nach welchem Rechte sind Einreden aus dem persönlichen Schuldverhältnisse gegen die Klage aus einer vor dem Inkrafttreten des B.G.B. eingetragenen und abgetretenen Hypothek zu beurteilen? **47,** 229. — 7) Ist die Vorschrift des § 36 Abs. 2 des Enteignungsgesetzes über die Verzinsung der Entschädigungssumme auch im Falle freiwilliger Abtretung nach § 16 anzuwenden? (P.) **47,** 311. — 8) Kann der als Gläubiger einer nicht valutierten Hypothek Eingetragene diese an einen Gläubiger des Eigentümers ohne des letzteren Einwilligung abtreten? (P.) **44,** 273. — 9) Die Abtretung einer nicht valutierten Hypothek hat zum Gegenstande nicht die noch nicht bestehende Hypothek, sondern die Befugnis, durch Valutazahlung oder Unterlegung einer anderen Forderung die Hypothek zu begründen. (P.) **44,** 297. — 10) Kann eine Hypothek ohne die ihr zu Grunde liegende persönliche Forderung abgetreten werden? (P.) **45,** 185. — 11) Zulässigkeit der Abtretung eines dinglichen Klagerechtes. (P.) **46,** 230. — 12) Kann die Abtretung eines dinglichen Klagerechtes in der Auflassung einer im Grundbuche nicht für den Auflassenden eingetragenen Grundfläche gefunden werden? (P.) **46,** 229. — 13) Im übrigen s. Cession.

Abweichung von der Reise. Begriff im Sinne des Art. 817 Abs. 2 H.G.B. **48,** 10.

Abwesende. Verträge unter Abwesenden. 1) Bezieht sich die für die Annahme einer Offerte brieflich gesetzte Frist im Zweifel auf die Absendung der Annahmeerklärung oder auf die Ankunft beim Offerenten? **43,** 75. — 2) Zeitpunkt des Vertragsschlusses über ein zugesandtes Lotterielos. **48,** 171. — 3) Kommt ein bei nicht gleichzeitiger Anwesenheit beider Teile nach § 128 B.G.B. beurkundeter Vertrag auch dann mit der Beurkundung der Annahme zustande, wenn in dem beurkundeten Antrage die Zeit der Gebundenheit bestimmt ist, und bis dahin der Antragende die formgerechte Annahmeerklärung nicht erfährt? **49,** 131. — 4) Wird das Angebot eines Lotterieloses durch dessen Ziehung vor erfolgter Annahme hinfällig? **50,** 191. — 5) Welchen Sinn hat das Verlangen, auf das Vertragsangebot „sofort bei Empfang" zu antworten? **50,** 195. — 6) Ist der einen Vertrag Anbietende dem Empfänger zum Schadensersatze verpflichtet, wenn er ihn vorsätzlich oder fahrlässig hindert, das Angebot anzunehmen? **50,** 195.

Abwickelungsgeschäft. S. Anschaffungsgeschäft.

Accept. 1) Enthält die vom Bezogenen unterschriebene, auf dem Wechsel vorgedruckte Erklärung „Angenommen per Aval" eine wirksame und unbeschränkte Annahme? **50,** 12. — 2) Genügt es, wenn der Prokurist des Trassaten das Accept nur mit der Firma unterschreibt ohne Hinzufügung seines Namens? **50,** 54. — 3) S. auch Acceptant.

Acceptant. Sind Acceptant und Aussteller eines Wechsels notwendige Streitgenossen, wenn sie in einer Klage belangt werden und sich derselben Einrede bedienen? **48,** 215.

Accession. Eigentumserwerb. S. Inädifikation, Uferrecht.

Accessorium. 1) Wirkt die allgemein für den Eingang der Wechselsumme außerhalb des Wechsels schriftlich erklärte Bürgschaft auch zu deren Gunsten, die später durch Indossament den Wechsel erworben und die Bürgschaftsurkunde ausgehändigt erhalten haben? Können solche Bürgschaftsrechte durch Cession dem abgetreten werden, dem der Wechsel indossiert wird? (G.) **41,** 171. — 2) Die Abtretung einer nicht valutierten Hypothek hat zum Gegenstande nicht die noch nicht bestehende Hypothek, sondern die Befugnis, durch Valutazahlung oder Unterlegung einer anderen Forderung die Hypothek zu begründen. (P.) **44,** 297. — 3) Kann eine Hypothek ohne die ihr zu Grunde liegende persönliche Forderung abgetreten werden? (P.) **45,** 185. — 4) Konvalescenz einer mangels Valutazahlung unwirksamen Hypothek durch Unterlegung der Forderung eines Dritten. (P.R.) **44,** 294; **50,** 80. — 5) S. auch Pertinenz.

Actio ad exhibendum. S. Editionspflicht und Syst. Reg. § 65.

Actio communi dividundo. S. Teilungsklage.

Actio de in rem verso. S. Syst. Reg. § 181.

Actio de pauperie. 1) Nähere Bestimmung ihrer Voraussetzungen auf seiten des schädigenden Tieres. (G.) **48,** 259. — 2) Steht ihr, wenn die Hinterbliebenen des Getöteten klagen, die Einrede seines eigenen Verschuldens entgegen? (G.) **48,** 261.

Actio doli. 1) Actio doli oder Vertragsklage? (G.) **42,** 125. — 2) Unterschied zwischen der Wandelungsklage und der auf arglistige Täuschung (§§ 123. 142 B.G.B.) gestützten Klage. **49,** 422. — 3) S. auch Betrug, Arglist.

Actio familiae erciscundae. S. Erbteilungsklage.

Actio finium regundorum. S. Grenzscheidungsklage.

Actio legis Aquiliae. S. Syst. Reg. § 156.

Actio negatoria. S. Syst. Reg. § 62.

Actio negotiorum gestorum. 1) Kann die Rhederei des Schiffes, das auf Grund des Reichsgesetzes vom 27. Dezember 1872 hilfsbedürftige Seeleute nach Deutschland zurückbefördert hat, von der Rhederei des Schiffes, dem die Seeleute angehört haben, den die gesetzliche Entschädigung übersteigenden Betrag der üblichen Passagepreise aus dem Rechtsgrunde der Geschäftsführung ohne Auftrag fordern? **41,** 59. — 2) Umfang des Ersatzanspruches des Geschäftsführers ohne Auftrag. (G.) **41,** 60. — 3) Rechtswirkungen der Geschäftsführung ohne Auftrag, wenn der Geschäftsbesorger weiß, daß der Geschäftsherr sich schon geweigert hat, das Geschäft vorzunehmen. (P.) **43,** 287. — 4) Voraussetzungen eines auf Geschäftsführung ohne Auftrag zu gründenden Anspruches. (P.) **43,** 298.

Actio pro socio. Wie ist nach gemeinem Rechte die Frage wegen des Eigentumes der Gesellschafter an den beiderseitigen Einlagen zu beurteilen? **45,** 40.

Actio quanti minoris. 1) Verhältnis des Anspruches auf Ersatz des Interesses zur actio quanti minoris. (G.) **41,** 163. — 2) Berechnung der Preisminderung. (G.) **41**, 163. — 3) S. auch Syst. Reg. §§ 136d. 248.

Actio quod metus causa. 1) Ist eine Zahlung, die infolge von Bedrohung mit Verwaltungszwangsvollstreckung geleistet ist, im Sinne des § 207 A.L.R. I. 16 abgenötigt? (P.) **45**, 7. — 2) Von wann ist eine abgenötigte Zahlung zu verzinsen? (P.) **45**, 9.

Actio redhibitoria. S. Wandelungsklage.

Adel. Sind die Hausgesetze des hohen Adels revisibel? **43**, 412.

Adhäsion. S. Anschließung.

Adjazenten. S. Anlieger.

Ädilitische Rechtsmittel. S. Syst. Reg. §§ 136d. 248. 249.

Adjudikatar. S. Ersteher.

Adjudikationsurteil. 1) Unterliegt die Auslegung der in einem Adjudikationsurteile enthaltenen Subhastationsbedingungen der Nachprüfung des Revisionsgerichtes? (P.) **45**, 331. — 2) Rechtliche Natur des Adjudikationsurteiles. (P.) **45**, 333; **46**, 307. — 3) Im übrigen s. Zuschlag.

Adressat. Hat der Adressat einen Rechtsanspruch auf Auslieferung der der Postsendung? **43**, 98.

Aftermiete. Afterpacht. 1) Ist das Kündigungsrecht des Mieters im Falle des § 312 A.L.R. I. 21 stets durch die vorgängige Stellung eines Aftermieters bedingt? (P.) **41**, 247. — 2) Haftet der Afterverpächter auch ohne eigenes Verschulden dem Afterpächter, der vom Eigentümer aus der Pachtsache entsetzt wird? (G.) **41**, 147.

Agent. Agenturvertrag. 1) Einrede des Versicherers, daß der auswärtige Agent des Versicherten diesem wissentlich falsche Angaben gemacht habe, durch deren gutgläubige Weitergabe der Versicherte den Abschluß des Versicherungsvertrages erlangt habe. (G.) **43**, 143. — 2) Begriff des Agenten. **46**, 121. — 3) Rücktritt vom Agenturvertrage. (G.) **46**, 124. — 4) Rechtliche Stellung der Agenten der Versicherungsgesellschaften. (G.) **46**, 184. — 5) Haftet der Versicherungsnehmer für unrichtige Beantwortung der in dem Versicherungsantrage enthaltenen Fragen auch dann, wenn dabei der Agent der Versicherungsgesellschaft mitgewirkt hat? (G.) **46**, 185. — 6) Kommt ein Versicherungsvertrag zustande, wenn die Unterzeichnung der Police und ihre Aushändigung an den Antragsteller durch den zwar zu diesen Handlungen, aber nicht zum Vertragsabschlusse beauftragten Agenten erfolgen? **50**, 75.

Agiogewinn. 1) Ist er im Sinne des Gesetzes wegen Beseitigung der Doppelbesteuerung ein aus dem Gewerbebetriebe herrührendes Einkommen? **50**, 105. — 2) Gehört der Agiogewinn zu dem nach § 16 des preußischen Einkommensteuergesetzes vom 24. Juni 1891 steuerpflichtigen Einkommen der Aktiengesellschaften? (P.) **46**, 262.

Akkord. 1) Einwand des Schuldners gegen ein beim Akkorde gegebenes Nachzahlungsversprechen, hergenommen aus dem nachträglichen Wegfalle der Vermögensverbesserung oder aus der Konkurrenz anderer Gläubiger. (G.) **42**, 151. — 2) S. auch Zwangsvergleich.

Aktien. 1) Ist die Übertragung von Aktien in Ermangelung der nach Art. 182 Abs. 2 H.G.B. erforderlichen Einwilligung der Gesellschaft nur für diese unverbindlich oder nichtig? **41,** 6. 10. — 2) Der Art. 182 Abs. 2 (§ 222 Abs. 4 n. F.) H.G.B. enthält zwingendes Recht. **41,** 7. — 3) Liegt in der Eintragung in das Aktienempfangsbescheinigungsbuch durch die Organe der Gesellschaft deren Genehmigung der Übertragung vinkulierter Aktien? **41,** 16. — 4) Darf den Inhabern von Vorzugsaktien durch Beschluß der Generalversammmlung die Hingabe eines Darlehns unter der Androhung nicht nur des Verlustes ihrer Vorzugsrechte, sondern auch der Schmälerung ihrer allgemeinen, auch den Inhabern von Stammaktien zustehenden Mitgliedsrechte auferlegt werden? **41,** 97. — 5) Ist der Erwerb ausländischer Aktien im Auslande durch Beteiligung bei der Gründung der Gesellschaft eine „Anschaffung" der Aktien im Sinne der Anmerkung zu den Tarifnummern 1 und 2 bezw. des § 3 Abs. 1 des Reichsstempelgesetzes von 1894? **41,** 139. — 6) Berechnung des Urkundenstempels für ausländische Aktienbriefe, die nach dem Wortlaute je über mehrere Aktien ausgestellt sind. **42,** 40. — 7) Wird durch die Verpfändung von Namensaktien, für die besondere Dividendenscheine nicht ausgegeben sind, auch ohne Benachrichtigung der Aktiengesellschaft ein Pfandrecht an den Dividenden begründet? (G.) **42,** 155. — 8) Aktienzeichnung für Rechnung eines anderen Mitgliedes des zum Zwecke der Erhöhung des Grundkapitales gebildeten Konsortiums. Begründung der Klage auf Erstattung des Gezahlten. (P.) **43,** 286. — 9) Unterliegen Aktien deshalb, weil sie durch nachträglichen Vermerk auf ihnen als mit Vorzugsrechten versehene Artien bezeichnet sind, der Stempelsteuer nach Nr. 1 des Tarifes zum Reichsstempelgesetze von 1894? **45,** 87. — 10) Darf neben dem Reichsstempel für Anschaffungsgeschäfte der Stempel nach Tarifstelle 25c des preußischen Stempelgesetzes erhoben werden, wenn bei Errichtung der Aktiengesellschaft ein Gründer sich verpflichtet hat, gegen seine nicht durch Barzahlung zu leistende Einlage Aktien zu übernehmen? **45,** 99. — 11) Befugnis des Liquidators einer aufgelösten Aktiengesellschaft zur Einforderung rückständiger Aktienbeträge. **45,** 153. — 12) Ist die Befreiung des § 13 Abs. 1 des Reichsstempelgesetzes von 1894 anwendbar, wenn die Aktiengesellschaft gegen Einreichung der bisherigen Aktien solche über höhere Beträge in entsprechend geringerer Zahl gewährt? **46,** 34. — 13) Ist das vor dem Gesetze vom 18. Juli 1884 im Gesellschaftsvertrage zugesicherte Bezugsrecht auf neue Aktien auch für solche wirksam, durch die das herabgesetzte Grundkapital wieder auf die ursprüngliche Höhe gebracht wird? **47,** 24. — 14) Unterschied zwischen Interimsscheinen und Aktien. **49,** 23. — Unterliegt im Falle der Fusion die Ausreichung von Aktien der aufnehmenden Gesellschaft an die einzelnen Aktionäre der aufzunehmenden dem Anschaffungsstempel nach dem Reichsgesetze vom 27. April 1894 auch dann, wenn von dem s. g. Fusionsvertrage der Anschaffungsstempel schon entrichtet ist? **41,** 85. — 16) Ist die Bestimmung des Statuts gültig, daß ein Aktionär

Aktie noch Interimsschein ausgestellt ist. **49**, 25. — 7) Ist die Bestimmung des Statutes einer Aktiengesellschaft gültig, daß ein Aktionär ausgeschlossen werden kann, wenn er aufhört, Mitglied des Bundes der Landwirte zu sein, und daß er dann seine Aktie gegen Zahlung des Nominalbetrages an eine ihm zu bezeichnende Person herausgeben muß? **49**, 77.

Aktiva und Passiva. 1) Findet der Art. 145 Abs. 2 H.G.B. Anwendung, wenn nach Auflösung der offenen Handelsgesellschaft das Geschäft mit Aktiven und Passiven von dem einen Gesellschafter übernommen wird? **43**, 133. — 2) Ist ein Gesellschafter, der das Geschäft der offenen Handelsgesellschaft mit allen Aktiven und Passiven übernommen hat, Rechtsnachfolger der Gesellschaft als Prozeßpartei? **46**, 39. — 3) Wie ist beim Verkaufe eines Handelsgeschäftes mit Aktiven und Passiven die Stempelsteuer zu berechnen? (P.) **46**, 266. — 4) Folgt schon aus der Anzeige der Übernahme eines Handelsgeschäftes auch der Übergang der Verbindlichkeiten? **50**, 120. — 5) Haftet, wer zwei übernommene Handelsgeschäfte unter einer aus der Verbindung ihrer Firmennamen gebildeten neuen Firma als einheitliches Geschäft fortführt, nach § 25 H.G.B. n. F. für ihre in früherer Zeit entstandenen Verbindlichkeiten? **50**, 117.

Aktivlegitimation. 1) Sachlegitimation des Landesfiskus in Zollstreitigkeiten. **42**, 109. — 2) Ist, wenn eine Gemeindeservitut zur Befriedigung individueller Bedürfnisse der Gemeindeglieder dient, ein einzelnes Gemeindeglied zu ihrer Geltendmachung durch Klage legitimiert? (G.) **44**, 145. — 3) Befugnis des Liquidators einer aufgelösten Aktiengesellschaft zur Einforderung rückständiger Aktienbeträge. **45**, 153. — 4) Kann der im Wechselprozesse auf die Klage des Blankoindossatars rechtskräftig unter Vorbehalt Verurteilte im Nachverfahren die Einrede der mangelnden Aktivlegitimation darauf stützen, daß er infolge eines rechtskräftigen Urteiles die Herausgabe des Wechsels erlangt habe? **45**, 429. — 5) Kann der Eigentümer, der eine von ihm auf den Kaufpreis übernommene Hypothek durch Zahlung und Cession erworben hat, gegen seinen Verkäufer die zu Grunde liegende persönliche Forderung geltend machen? Ist der Cessionar des Eigentümerhypothekars dazu befugt? **45**, 187. — 6) Unterschied zwischen Aktivlegitimation und gesetzlicher Vertretungsmacht. **46**, 222. — 7) Ist der Konkursverwalter befugt, den Anspruch der Gesellschaftsgläubiger als solcher gegen den Kommanditisten einer in Konkurs geratenen Kommanditgesellschaft auf Einzahlung der versprochenen Einlage einzuklagen? **46**, 352. — 8) Kann in einem Prozesse über den Anspruch auf Unterlassung nach § 1 des Gesetzes gegen den unlauteren Wettbewerb das durch Eröffnung des Konkurses über das Vermögen des Beklagten unterbrochene Verfahren vom Konkursverwalter aufgenommen werden? **45**, 374. — 9) Kann eine durch einen Eisenbahnunfall verletzte Ehefrau gegen den Unternehmer auf Ersatz der von ihrem Ehemanne für sie aufgewandten Heilungskosten klagen? Kann der Unternehmer zur Zahlung an den mitklagenden Ehemann verurteilt werden? **47,** 211. — 10) Anspruch der bei einem Eisenbahnunfalle verletzten Ehefrau auf Schadensersatz wegen Aufhebung oder Beschränkung ihrer Erwerbsfähigkeit, wenn sie als Geschäftsgehilfin ihres Ehemannes thätig gewesen ist? Steht der § 211 A.L.R. II. 1 diesem Anspruche entgegen? **47,** 84. — 11) Kann die in Gütergemeinschaft lebende Ehefrau nach der Scheidung vor der Auseinandersetzung ohne ihren Mann gegen einen Dritten auf Rückgewähr eines zum Gesamtgute gehörenden Gegenstandes klagen? Auch gegen den Ehemann? **48,** 269. — 12) Voraussetzungen des Einwandes aus § 265 Abs. 3 C.P.O. n. F., daß der Kläger durch Abtretung des Klaganspruches die Aktivlegitimation verloren habe. **49,** 363. — 13) Kann eine Partei die Entscheidung eines im Laufe des Prozesses durch Veränderung der Umstände entstandenen Streites über die Aktivlegitimation des Gegners nur verlangen, wenn zuvor eine Aussetzung des Verfahrens erwirkt wird? **50,** 362.

Akzept. S. Accept.

Aleatorische Verträge. S. Syst. Reg. § 150.

Alimentation. Alimentationspflicht. 1) Streitwert in einem Rechtsstreite über lebenslängliche Alimente, die später nach den Bestimmungen des B.G.B. nicht mehr zu entrichten sein werden. **44,** 370. — 2) Ist die gesetzliche Unterhaltspflicht der Geschwister mit dem Inkrafttreten des B.G.B. auch dann weggefallen, wenn sie schon vorher durch rechtskräftiges Urteil festgestellt war? **46,** 65. — 3) Ist auf den Verpflegungsanspruch der geschiedenen Ehefrau nach § 798 A.L.R. II. 1 seit dem 1. Januar 1900 die Vorschrift des § 1581 B.G.B. anzuwenden? **48,** 4. — 4) Wieweit kann der Unterhaltsanspruch der geschiedenen Ehefrau gegen ihren für allein schuldig erklärten Mann im Falle seiner Wiederverheiratung nach dem Rechte des B.G.B. beschränkt werden? **48,** 112. — 5) Nach welchem Rechte sind die Unterhaltsansprüche der Kinder zu beurteilen, wenn die Ehe der Eltern vor dem 1. Januar 1900 geschieden worden ist? **49,** 155. — 6) Zulässigkeit einer Feststellungsklage über die Verpflichtung des Vaters, seiner Tochter im Falle ihrer Verheiratung eine Aussteuer zu gewähren? **49,** 370. — 7) Ist der § 1614 Abs. 1 B.G.B. auch dann anwendbar, wenn schon vor dem 1. Januar 1900 auf den Unterhalt für die Zukunft verzichtet, oder ein Vergleich darüber geschlossen war? **50,** 96. — 8) Nach welchem Rechte richtet sich der Unterhaltsanspruch der geschiedenen Ehefrau, wenn das den Ehemann für schuldig erklärende Scheidungsurteil zwar vor dem 1. Januar 1900 ergangen, aber, ohne angegriffen zu werden, erst nachher rechtskräftig geworden ist? **50,** 304. — 9) Zu den Schuldverhältnissen im Sinne des Art. 170 E.G. z. B.G.B. gehören auch die familienrechtlichen Obligationen, die zwischen geschiedenen Eheleuten infolge der Scheidung entstehen. **50,** 305.

Allgemeine Gütergemeinschaft. 1) Ist, wenn die Ehegatten in der allgemeinen Gütergemeinschaft des B.G.B. leben, im Ehescheidungsprozesse gegen den Ehemann eine einstweilige Verfügung auf Zahlung eines Kostenvorschusses an den Anwalt der Ehefrau zulässig? **46,** 354. — 2) Welches Gericht hat die Bekanntmachung, daß durch Vertrag vor der Ehe die Gütergemeinschaft ausgeschlossen sei, zu bewirken? (P.) **41,** 197. — 3) Im übrigen s. Syst.-Reg. §§ 189 flg.

Allgemeine Seeversicherungsbedingungen von 1867. — 1) Liegt in der nachträglichen Vergrößerung des Ruderblattes eines für die Überführung über See versicherten Flußdampfers ohne weiteres eine Vergrößerung oder Veränderung der Gefahr für die versicherte Reise? **43,** 1. — 2) Beschränkung der Beweise durch sie bezüglich der Seeunfälle. **43,** 10. — 3) S. auch Quellenregister unter Bremen und Hamburg (fünfter Teil des Quellenregisters: Landesgesetze.).

Altenteil. 1) Ist der Altenteil dinglicher Natur, insbesondere eine Reallast? (P.) **43,** 346. — 2) Hat der Verkäufer des Grundstückes einen eingetragenen, vom Käufer nicht übernommenen Altenteil nach § 183 oder nach § 184 A.L.R. I. 11 zu vertreten? (P.) **43,** 347.

Alter. Entscheidet bei der Kollision von zwei im Sinne des § 24 A.B.G. an sich bevorrechtigten Mutungen das Alter des Fundes oder das der Mutung? (P.) **49,** 261.

Alterszulage. Steht einem preußischen nichtrichterlichen Beamten gegebenenfalls ein Rechtsanspruch auf die Alterszulage zu? (P.) **48,** 321.

Amortisation. — Kann aus einem acceptierten, mangels Zahlung protestierten und nachher abhanden gekommenen, gezogenen Wechsel nach dessen Amortisation auf Grund des Ausschlußurteiles Regreß gegen den Aussteller genommen werden? **49,** 132.

Amortisationsfonds. Können die Mitglieder einer Genossenschaft durch Beschluß der Generalversammlung für den Fall ihres Ausscheidens zu Beiträgen zur Bildung eines Amortisationsfonds verpflichtet werden, der zur Deckung eines bei einer künftigen Liquidation etwa zu erwartenden Ausfalles bestimmt ist? **42,** 79.

Amt. 1) Wird der auf Grund rechtskräftigen Strafurteiles eingetretene Verlust des öffentlichen Amtes durch die im Wiederaufnahmeverfahren erfolgte Aufhebung jenes Urteiles wieder aufgehoben? (P.) **42,** 284. — 2) Amtsverlust als unmittelbare Wirkung des rechtskräftigen Strafurteiles. (P.) **42,** 284. — 3) In welchem Sinne hat der Konkursverwalter ein Amt? **43,** 62. — 4) Der Nachlaßpfleger hat keine Parteistellung kraft Amtes, ist vielmehr gesetzlicher Vertreter des Erben, und zwar der Person des Erben. **50,** 394.

Amtsgericht. Gericht der Hauptsache, wenn bei dem Amtsgerichte eine einstweilige Verfügung erwirkt ist, um dem Antragsteller eine Vermessung zu ermöglichen, deren er zur Feststellung einer Geldforderung bedarf? **45,** 346.

Amtsrichter. Steht die Bestimmung des § 63 des Großherzogl. hessischen Gesetzes vom 31. Mai 1879 über die unfreiwillige Versetzung eines Amtsrichters auf eine nichtrichterliche Stelle in Widerspruch mit § 8 G.V.G., ist daher ungültig? **49,** 112.

Amtsverband. Rechtsweg für die Bereicherungsklage gegen einen Amtsverband, wenn die Verfügung des Amtsvorstehers, infolge deren vom

Kläger die Kosten einer ihm aufgegebenen Grabenräumung eingezogen worden sind, im Verwaltungsstreitverfahren aufgehoben ist. (P.) **45**, 248.

Amtsverlust. S. Amt.

Amtsvorsteher. S. Amtsverband.

Amtswegen, von. 1) Ist die im Börsengesetze angedrohte Ungültigkeit von Börsentermingeschäften von Amtswegen zu beachten? **44**, 54. — 2) Darf das Beschwerdegericht im Kostenfestsetzungsverfahren von Amtswegen die in der unteren Instanz erfolgte Festsetzung des Streitwertes ändern? **44**, 403. — 3) Relative Rechtskraft des bedingten Endurteiles. Darf das Berufungsgericht, wenn nur der Kläger Berufung eingelegt hat, einen Teil des Klaganspruches unbedingt abweisen? **44**, 366; **49**, 381. — 4) Ist die Vorschrift des § 10 Abs. 1 des Enteignungsgesetzes von 1874 von Amtswegen zu berücksichtigen? (P.) **45**, 253. — 5) Ist in Ehesachen das Urteil von Amtswegen zuzustellen, wenn einer Partei ein Eid auferlegt ist, und die Ehe in beiden Fällen geschieden werden soll, aber nicht formell geschieden ist, und von dem Eide nur die Schuld- und die Kostenfrage abhängig gemacht sind? **48**, 423.

Analogie. S. Syst. Reg. § 3b.

Analphabet. S. Schreibensunfähigkeit.

Anbieten der Erfüllung. S. Annahmeverzug.

Anciennität. S. Dienstzeit.

Änderung der Klage. S. Klagänderung.

Anerkenntnis. 1) Bedeutung und rechtliche Wirkung einer im Falle des § 739 C.P.O. a. F. vom Drittschuldner abgegebenen Erklärung, daß er die Forderung anerkenne und Zahlung zu leisten bereit sei. (P., G.) **41**, 422. — 2) Mündlicher vom Beklagten schriftlich anerkannter Vertrag. Steht dem daraus Klagenden der Einwand entgegen, daß er später seine Verpflichtung von neuen Bedingungen abhängig gemacht habe? **42**, 229. — 3) Muß eine in der Gütergemeinschaft lebende Ehefrau als Nebenintervenientin in dem Rechtsstreite ihres Ehemannes ein von diesem abgegebenes Anerkenntnis gelten lassen? **44**, 345. — 4) Aus der Anerkennung einer Spielschuld findet eine Klage ebensowenig statt wie aus der Spielschuld selbst. (G.) **49**, 193.

Anerkenntnis der Vaterschaft. 1) Steht dem anerkannten natürlichen Kinde ein Vorbehaltsrecht an dem Nachlasse des Vaters zu, und wie ist es zu berechnen? (P.) **46**, 312. — 2) Hat das anerkannte natürliche Kind von dem ihm gesetzlich zustehenden Nachlaßanteile Früchte und Zinsen schon vom Todestage des Erblassers an zu fordern? (F.) **46**, 346.

Anerkenntnisurteil. 1) Darf es ohne Antrag des Klägers erlassen werden? **44**, 350. — 2) Das Anerkenntnisurteil wird erlassen lediglich auf Grund des in der Anerkennung liegenden Dispositivaktes; festgestellt wird dadurch der vom Kläger vorgetragene Sachverhalt nicht. **44**, 349. — 3) Findet, wenn ein Anerkenntnisurteil nur wegen des Kostenpunktes mit der Berufung angefochten war, gegen das Berufungsurteil Revision oder sofortige Beschwerde statt? **48**, 364.

Anerkennungsklage. S. Feststellungsklage.

Anerkennungsvertrag. S. Anerkenntnis.

Anfechtung. 1) Ein Genosse kann eine falsche Bilanz der eingetragenen Genossenschaft anfechten. **43,** 127. — 2) Anfechtung frauduloser Veräußerungen, insbesondere Schenkungen, durch den in einem unwiderruflich gewordenen korrespektiven Testamente oder in einem Erbvertrage eingesetzten Dritten. Voraussetzungen der Anfechtung einer Schenkung im einzelnen. (G.) **41,** 168. — 3) Anfechtung eines Beschlusses der Generalversammlung einer Aktiengesellschaft, weil diese an einen vom Sitze der Gesellschaft entfernten Ort berufen war? **44,** 8. — 4) Anfechtung eines rechtskräftigen Zahlungs=(Vollstreckungs=)Befehles, der nach Vereinbarung der Parteien für eine nicht bestehende Forderung erwirkt ist, die erst nachher entstehen sollte. Ist er insoweit wirksam, als nach seiner Erlassung die in Aussicht genommene Forderung wirklich entstanden ist? **46,** 334. — 5) Anfechtung eines Genossenschaftsbeschlusses außerhalb des § 49 (51 n. F.) Gen. G. vom 1. Mai 1889 wegen Eingriffes in die Sonderrechte der Genossen. **47,** 153. — 6) Anfechtung eines auf Einstellung des Betriebes lautenden Gewerkschaftsbeschlusses durch einen Gewerken aus § 115 A.B.G. (P.) **47,** 293. — 7) Anfechtung eines Schiedsspruches wegen Unzulässigkeit des Verfahrens, die in der Verletzung gesetzlicher Vorschriften über das Verfahren gefunden wird, wegen Versagung des rechtlichen Gehöres und wegen fehlender Gründe. **47,** 424. — 8) Steht einem Ehegatten, der die vor dem 1. Januar 1900 geschlossene Ehe wegen eines erst nach diesem Tage entdeckten Irrtumes anficht, die sechsmonatige Frist des § 1339 B.G.B. auch dann zu, wenn die Frist nach dem bisherigen Rechte kürzer ist? **48,** 166. — 9) Hat, falls ein in väterlicher Gewalt stehendes Kind ohne Genehmigung des Vaters eine Ehe schließt, dieser das Recht, die Ehe als ungültig anzufechten und das Kind bis auf die Hälfte des Pflichtteiles zu enterben, oder nur eines von diesen? (P.) **42,** 268. — 10) Ist ein Schiedsspruch anfechtbar, wenn ein Schiedsrichter von der Partei hätte abgelehnt werden können? **44,** 293. — 11) Erfordernis einer Anfechtungserklärung nach § 143 B.G.B. **48,** 218. — 12) Ermächtigt die Prozeßvollmacht zur Abgabe und zur Annahme einer Anfechtungsklärung nach § 143 B.G.B. im Prozesse? **48,** 221; **49,** 393. — 13) Kann ein Vertrag wegen Betruges angefochten werden, wenn schon beim Abschlusse der eine Kontrahent die Absicht hatte, ihn nicht zu erfüllen, und dies dem anderen verheimlicht? (P.) **48,** 282. — 14) Streitwert im Falle der Anfechtung eines Gewerkschaftsbeschlusses durch einen Gewerken **48,** 381. — 15) Ist dem Revisionsgerichte die Prüfung entzogen, ob eine Anfechtung nach § 121 B.G.B. rechtzeitig erfolgt ist? **49,** 395. — 16) Unterschied der Wandelungsklage und der auf arglistige Täuschung oder auf Irrtum (§§ 119. 123. 143 B.G.B.) gestützten Klage. **49,** 422. — 17) Ist bei der Anfechtung der Vorschußberechnung des Konkursverwalters einer eingetragenen Genossenschaft die auf Rechtsunkenntnis beruhende Nichtkenntnis des Anfechtungsgrundes entschuldbar? **50,** 132. — 18) Voraussetzungen der Anfechtung eines Testamentes wegen Irrtumes des

Anmeldung. 1) Kommt es für die Frage, ob Modelle eines Arbeitsgerätes oder Gebrauchsgegenstandes dem Arbeits- oder Gebrauchsgewerke dienen sollen, nur auf die Absicht des Anmeldenden an? **48,** 21. — 2) Ist für den Inhalt des Musterschutzes die Eintragung in die Rolle des Patentamtes oder die Anmeldung in Verbindung mit dem beizufügenden Modelle maßgebend? **48,** 73. — 3) Einfluß der Nichtübereinstimmung zwischen dem Erteilungsbeschlusse und der bekanntgemachten Anmeldung des Patentes auf dessen Gültigkeit. **46,** 175; **50,** 196. — 4) Das Aufgebotsverfahren auf Grund der bekanntgemachten und öffentlich ausgelegten Anmeldung des Patentes ist notwendige Voraussetzung einer gültigen Patenterteilung. **46,** 176; **50,** 201. — 5) Muß, wenn über eine im Konkurse angemeldete und vom Konkursverwalter bestrittene, zur Zeit der Eröffnung des Konkurses im Wechselprozesse anhängige Forderung noch vor der Konkurseröffnung ein Versäumnisurteil erlassen, und vom Gemeinschuldner Einspruch eingelegt war, der Gläubiger die Feststellung seiner Forderung oder der Konkursverwalter seinen Widerspruch verfolgen? In welcher Weise? **50,** 412.

Annahme. 1) Können nach vorbehaltloser Annahme der Hauptschuld noch Verzugszinsen gefordert werden? (G.) **42,** 123. — 2) Bezieht sich unter Kaufleuten die für die Annahme einer Offerte brieflich gesetzte Frist im Zweifel auf die Absendung oder auf die Ankunft der Annahmeerklärung beim Offerenten? **43,** 75. — 3) Annahme einer nicht urkundlichen Anweisung durch konkludente Handlungen. **47,** 28. — 4) Kommt ein bei nicht gleichzeitiger Anwesenheit beider Teile nach § 128 B.G.B. beurkundeter Vertrag auch dann mit der Beurkundung der Annahme zustande, wenn in dem beurkundeten Antrage die Zeit der Gebundenheit bestimmt ist, und bis dahin der Antragende die formgerechte Annahme nicht erfährt? **49,** 131. — 5) Wird das Angebot eines Lotterieloses durch dessen Ziehung vor erfolgter Annahme hinfällig? **50,** 191. — 6) Ist der einen Vertrag Anbietende dem Empfänger zum Schadensersatze verpflichtet, wenn er ihn vorsätzlich oder fahrlässig hindert, das Angebot anzunehmen? **50,** 195. — 7) S. auch Abnahme, Accept.

Annahmeverzug. 1) Darf der Verkäufer im Falle des Art. 354 H.G.B. vom Selbsthilfeverkaufe absehen und abstrakt Schadensersatz wegen Nichterfüllung fordern, wenn der Käufer infolge freiwilligen Verkaufes seiner Fabrik die Ware nicht weiter gebraucht? Wie, wenn dem Verkäufer durch den Annahmeverzug die Erfüllung des Vertrages unmöglich geworden ist? **41,** 100. — 2) Kommt bei dem s. g. komplizierten Spezifikationskaufe der Käufer in Annahmeverzug, wenn er die schuldige Spezifikation unterläßt? **43,** 104. — 3) Kann der Verkäufer, der nicht nach Maßgabe des Art. 343 Abs. 2 H.G.B. verfahren, sondern für Aufbewahrung der Ware anders als durch Niederlegung gesorgt hat, die Erstattung der dadurch entstandenen Kosten als Schadensersatz fordern? (P.) **45,** 300. — 4) Voraussetzungen des Annahmeverzuges nach dem B.G.B. Ist ein Angebot der Ware am Erfüllungsorte nicht nötig, wenn der Käufer auf die Übersendung der Faktura erklärt, daß er den Vertrag nicht anerkenne? **50,** 208. — 5) S. auch Selbsthilfeverkauf.

Anordnung. S. Einstweilige Anordnung.

Anpreisung. Abgrenzung unrichtiger Angaben thatsächlicher Art im Sinne des Gesetzes gegen den unlauteren Wettbewerb von erlaubter Anpreisung. **44,** 11.

Anschaffung. Anschaffungsgeschäft. 1) Darf neben dem Reichsstempel für Anschaffungsgeschäfte der Stempel nach Tarifstelle 25c des preußischen Stempelgesetzes von 1895 erhoben werden, wenn bei Errichtung einer Aktiengesellschaft ein Gründer sich verpflichtet, gegen seine nicht durch Barzahlung zu leistende Einlage Aktien zu übernehmen? **45,** 99. — 2) Begriff der Anschaffungsgeschäfte im Sinne der Stempelsteuergesetze. **42,** 9. — 3) Im übrigen s. Syst. Reg. § 374c 3α.

Anschließung. 1) Bleibt die in der Rechtsmittelfrist durch zugestellten Schriftsatz erklärte, in der mündlichen Verhandlung nicht aufrechterhaltene Anschließung anhängig, bis sie zurückgenommen oder durch Urteil zurückgewiesen oder verworfen ist? **41,** 381. — 2) Die Anschließung ist auch nur bezüglich des Kostenpunktes sowie beim Mangel der Revisionssumme und eventuell für den Fall, daß das Rechtsmittel des Gegners nicht verworfen werde, zulässig. **41,** 383 — 3) Rechtliche Natur der Anschließung an ein Rechtsmittel. **41,** 382. — 4) Ist unter der in der Rechtsmittelfrist erfolgten Anschließung auch die nur in einem zugestellten Schriftsatze erklärte zu verstehen? **41,** 383. — 5) Der Revisionsbeklagte, dem als solchem nach § 110 Abs. 2 S. 2 C.P.O. a. F. das Armenrecht bewilligt ist, bedarf in allen Fällen noch einer besonderen Bewilligung, wenn er sich der Revision anschließen will. **41,** 400. — 6) Wie ist über die Kosten zu entscheiden, wenn sowohl das Rechtsmittel selbst als auch die Anschließung zurückgewiesen werden? **44,** 374. — 7) Erlangt der Gegner der armen Partei die Befreiung von den im § 107 (115 n. F.) Ziff. 1 C.P.O. bezeichneten Kosten auch für seine Anschließung? **44,** 416. — 8) Wird eine nach Ablauf der Berufungsfrist erhobene Anschlußberufung dadurch hinfällig, daß der Berufungskläger in der mündlichen Verhandlung auf seinen Anspruch verzichtet? **45,** 409. — 9) Ist die Anschließung des Beklagten wegen Abweisung der Widerklage an das vom Kläger wegen Abweisung der Klage eingelegte Rechtsmittel zulässig? **46,** 373. — 10) Wird die vom Rechtsmittelbeklagten in einem Schriftsatze erklärte Anschließung, wenn dieser in der Rechtsmittelfrist zugestellt wird, durch die Zustellung oder durch den Vortrag in der mündlichen Verhandlung erhoben? **46,** 387. — 11) Ist die Revision ohne Rücksicht auf den Beschwerdewert gegen ein Urteil zulässig, durch das die Anschließung des Berufungsbeklagten als unzulässig verworfen ist? **46,** 415. — 12) Kann der Rechtsmittelbeklagte gegenüber dem Streitgenossen, gegen den er mit seiner Klage abgewiesen ist, eine Anschließung vornehmen, wenn die Berufung nur von dem anderen, verurteilten Streitgenossen eingelegt worden ist? **46,** 416. — 13) Kann in Ehesachen eine

Antretung der Erbschaft. S. Syst. Reg. § 310.

Anwalt. S. Anwaltszwang. Armenanwalt. Rechtsanwalt.

Anwaltsgebühren. S. Syst. Reg. § 301.

Anwaltszwang. 1) Zustellung einer Rechtsmittelschrift von Anwalt zu Anwalt durch einen beim Rechtsmittelgerichte nicht zugelassenen Anwalt. **41**, 358. — 2) Ist die einstweilige Verfügung von dem, der sie erwirkt hat, dem Gegner selbst oder dessen Prozeßbevollmächtigtem für den Hauptprozeß zuzustellen? **45**, 364. — 3) Sind die beim Reichsgerichte zugelassenen Anwälte befugt, in dem Verfahren der §§ 28—33 des Patentgesetzes die Berufung bei dem Patentamte einzulegen? **47**, 395. — 4) Wirksamkeit einer im Anwaltsprozesse durch den Gerichtsvollzieher bewirkten Zustellung, wenn dieser unter Vermittelung des Gerichtsschreibers beauftragt war, obgleich es sich nicht um die Wahrung einer Notfrist handelte? **47**, 397. — 5) Unterliegen in Auseinandersetzungssachen die Beschwerden, über die das Reichsgericht zu entscheiden hat, insbesondere die sofortige Beschwerde gegen den die Revision zurückweisenden Beschluß der Generalkommission, dem Anwaltszwange? **50**, 347.

Anweisung. 1) Ist die einem Spediteur erteilte Weisung, die Ware einem Dritten zugehen zu lassen, eine der Annahme fähige Anweisung? (G.) **43**, 167. — 2) Können Beamte ihr Diensteinkommen und ihre Pension wirksam anweisen? Können es Gendarmen und Oberwachtmeister der Landgendarmerie? (P.) **44**, 190. — 3) Enthält die Einzahlung eines Geldbetrages bei einem Bankhause für Rechnung eines Anderen eine Anweisung? (P.) **45**, 235. — 4) Ist der Assignant Rechtsvorgänger des Assignatars im Sinne des § 410 (445 n. F.) C.P.O., wenn die Anweisung erfolgt, um dem Assignatar durch eine dem Assignanten gegen den Assignaten zustehende Forderung Befriedigung zu verschaffen? (P.) **45**, 369. — 5) Annahme einer nicht urkundlichen Anweisung durch konkludente Handlungen. **47**, 28. — 6) Kann ein präjudizierter oder verjährter Wechsel als Anweisung gelten? Kann es ein wegen Formmangels ungültiger Wechsel? **48**, 230. — 7) Voraussetzungen der Legitimation des Inhabers einer als Wechsel ungültigen, als Anweisung geltenden Urkunde durch Blankoindossament. **48**, 232.

Anzeige. Anzeigepflicht. 1) Wird die vorläufige Anzeige von der Absicht der Pfändung einer Geldforderung nach § 744 (845 C.P.O. n. F.) dadurch unwirksam, daß die nachfolgende gerichtliche Pfändung der Konkursanfechtung unterliegt? **42**, 365. — 2) Hat der Versicherungsnehmer für die unrichtige Beantwortung der in dem Versicherungsantrage enthaltenen Fragen auch dann einzustehen, wenn der Versicherungsagent dabei mitgewirkt hat? (G.) **46**, 185. — 3) Kann, wenn der gegen Unfälle Versicherte einem Dritten die Anzeige des Unfalles aufträgt, und dieser Dritte die Anzeigefrist schuldhaft versäumt, die Versäumung als entschuldigt gelten? (P.) **50**, 295. — 4) Muß die Anzeige durch Zustellung eines Schriftsatzes nach § 4

R.A.G., wenn die Anfechtung gegen eine Ehefrau gerichtet ist, auch an den im Anfechtungsprozesse mitbeklagten Ehemann erfolgen? **45**, 56.

Apothekengerechtigkeit. — Gilt der Gerichtsstand des § 25 (24 u. F.) C.P.O. auch für die Klage, mit der eine Apothekengerechtigkeit als privilegierte geltend gemacht wird? (P.) **45**, 385.

Aqua profluens. 1) Ist eine Einrichtung, durch die Wasser aus einem Privatflusse zunächst durch ein Pumpwerk gehoben und dann weitergeleitet wird, eine Ableitung im Sinne des § 13 Abs. 1 Nr. 2 des Privatflußgesetzes vom 28. Februar 1843? (P.) **47**, 291. — 2) Umfang des Rechtes des Gegenüberliegers auf Zurückleitung des Wassers nach § 13 Nr. 2 des Gesetzes vom 28. Februar 1843? (P.) **49**, 90.

Aquilische Klage. S. Syst. Reg. § 156.

Arbeiter. 1) Sind die §§ 115 flg. R.G.O. (Ges. v. 1. Juni 1891), wonach der Lohn der gewerblichen Arbeiter bar zu zahlen ist, auch auf Schauspieler und Opernsänger anwendbar? **41**, 55. — 2) Was ist unter „Entschädigungsansprüche aus dem Arbeitsverhältnisse" im Sinne des § 3 Ziff. 2 des Gesetzes über die Gewerbegerichte vom 29. Juni 1890 zu verstehen? **41**, 136. — 3) Gehören Entschädigungsansprüche eines Arbeiters gegen den Arbeitgeber wegen Unterlassung der gebotenen Schutzvorrichtungen vor die Gewerbegerichte? **41**, 137. — 4) Ist für den von der Ortskrankenkasse gegen einen Gewerbetreibenden auf Anerkennung der Mitgliedschaft seiner Arbeiter erhobenen Anspruch der Rechtsweg zulässig, wenn die Arbeiter auf Verlangen der Innungskrankenkasse bei dieser angemeldet sind? (P.) **46**, 57. — 5) Ist der § 120a R.G.O. ein Polizeigesetz im Sinne des § 26 A.L.R. I. 6? (P.) **48**, 327. — 6) Ist der § 120a R.G.O. zum Schutze nur der Arbeiter oder auch Dritter bestimmt? **48**, 330. — 7) Sind die ohne Kündigung die Arbeit niederlegenden Arbeiter auch dann zum Schadensersatze verpflichtet, wenn sie nach der Arbeitsweigerung sofort entlassen werden? Unter welchen Umständen haften sie solidarisch? (G.) **47**, 246. — 8) Gehören zu einer Innungskrankenkasse auch die Arbeiter einer offenen Handelsgesellschaft, deren Teilhaber nicht sämtlich Mitglieder der Innung sind? **50**, 1.

Arbeitgeber. 1) Gehören Entschädigungsansprüche eines Arbeiters gegen den Arbeitgeber wegen Unterlassung der gebotenen Schutzmaßregeln vor die Gewerbegerichte? **41**, 136. — 2) Begriff des Arbeitgebers im Sinne des Krankenversicherungsgesetzes. **42**, 5. — 3) Kann in die Stelle des Arbeitgebers im Sinne des Krankenversicherungsgesetzes mit öffentlichrechtlicher Wirkung durch Vertrag ein Vertreter gebracht werden? **42**, 9. — 4) Ist für den gegen einen Gewerbetreibenden auf Anerkennung der Mitgliedschaft seiner Arbeiter erhobenen Anspruch der Rechtsweg zulässig, wenn die Arbeiter auf Verlangen der Innungskrankenkasse bei dieser angemeldet sind? (P.) **46**, 57. — 5) S. auch Arbeiter.

Arbeiterversicherung. S. Syst. Reg. § 151f.

Verkäufer dem Käufer und dieser einem Dritten den Anspruch auf Herausgabe einer bei dem Spediteur lagernden Ware abgetreten hat, dem Dritten mit Erfolg entgegengehalten werden, daß der Käufer den Erwerb durch falsche Vorspiegelung der Kreditwürdigkeit erwirkt habe, und dabei der Dritte beteiligt gewesen sei? **49,** 100. — 13) Ist für die auf Anfechtung wegen Arglist gestützte Klage auf Rückerstattung des Kaufpreises das Gericht des Wohnsitzes des Käufers, wo die Ware sich befindet, oder das des Wohnsitzes des Verkäufers zuständig? Streitige Verpflichtung im Sinne des § 29 C.P.O.? **49,** 421. — 14) Unterschied zwischen der Wandelungsklage und der auf arglistige Täuschung (§§ 123. 142. 143 B.G.B. gestützten) Klage. **49,** 422. — 15) Kann ein Genosse gegen die Klage des Verwalters im Genossenschaftskonkurse auf Zahlung des Vorschußbetrages einwenden, er sei von den Vorstandsmitgliedern durch arglistige Täuschung zum Beitritte verleitet worden? **45,** 106. — 16) Kann ein Vertrag wegen arglistiger Täuschung angefochten werden, wenn schon beim Abschlusse der eine Kontrahent die Absicht hat, ihn nicht zu erfüllen, und dies dem anderen verheimlicht? (P.) **48,** 282. — 17) Haftet, wenn die erforderliche Genehmigung des Vormundschaftsgerichtes zum Vertrage erteilt ist, das Mündel auch für die Folgen eines vom Vormunde beim Vertragsschlusse begangenen Betruges? (P.) **50,** 281.

Armenanwalt. 1) Finden die Vorschriften der §§ 80. 88 und 613 C.P.O. n. F. auch auf einen Armenanwalt Anwendung? Stillschweigende nachträgliche Genehmigung. **47,** 413.

Armenpflege, öffentliche. S. Syst. Reg. § 372.

Armenrecht. 1) Der Revisionsbeklagte, dem als solchem nach § 110 (119 n. F.) Abs. 2 S. 2 C.P.O. das Armenrecht bewilligt ist, bedarf in allen Fällen noch einer besonderen Bewilligung, wenn er sich der Revision des Gegners anschließen will. **41,** 400. — 2) Befreit das Armenrecht auch von dem Vorschießen der Kosten für die Vernehmung von Zeugen und Sachverständigen? **42,** 368. — 3) Findet auch wegen partieller thatsächlicher Beschränkung des Armenrechtes Beschwerde statt? **42,** 369. — 4) Erlangt der Gegner der armen Partei die Befreiung von den in § 107 (115 n. F.) Ziff. 1 C.P.O bezeichneten Kosten auch für seine Widerklage oder für eine Anschließung? **44,** 416. — 5) Anfangspunkt der Restitutionsfrist, wenn eine arme Partei die Berufungsfrist versäumt hat, weil sie infolge später Ablehnung ihres rechtzeitigen Armenrechtsgesuches nicht rechtzeitig einen beim Berufungsgerichte zugelassenen Anwalt hatte erlangen können. **47,** 377. — 6) Kann dem Nachlaßpfleger oder den von ihm vertretenen unbekannten Erben das Armenrecht bewilligt werden? **50,** 394. — 7) S. auch das vorhergehende Wort Armenanwalt.

Armenverband. 1) Ist bei Streitigkeiten zwischen den Ortsarmenverbänden und den Kreisen wegen der Kosten der Verpflegung hilfsbedürftiger Geisteskranker der Rechtsweg unbedingt ausgeschlossen? (P.) **41,** 336. — 2) S. auch das folgende Wort Armenunterstützung.

Armenunterstützung. Ist der Rechtsweg für den von einem Anderen als einem öffentlichen Armenverbande erhobenen Anspruch auf Erstattung gewährter Armenunterstützung gegen einen Armenverband zulässig, bevor von der Verwaltungsbehörde über Notwendigkeit und Höhe der Unterstützung entschieden ist? (P.) **41,** 267.

Arrest. 1) Kann der Gläubiger schon vor Erlangung eines vollstreckbaren Titels zur Sicherung seines Anfechtungsrechtes einen Arrest erwirken? **41,** 89. — 2) Findet der § 657 (719 n. F.) C.P.O. auf Urteile Anwendung, durch die ein Arrest angeordnet wird? **42,** 361. — 3) Abgrenzung der Instanz für die Arrestvollstreckung bezüglich der Berechnung der Gebühren der Rechtsanwälte. **44,** 373. — 4) Totalverlust einer versicherten Forderung durch den auf Grund eines von dem Gläubiger erwirkten Arrestes erfolgten Zwangsverkauf des für die Forderung haftenden Schiffes. **47,** 178. — 5) Hat der Vermieter eines Schiffes keinen Anspruch auf Miete für die Zeit, während der das Schiff infolge Arrestes gepfändet ist, auch wenn der Mieter selbst den Arrest erwirkt hat? **48,** 93. — 6) Zwangsvollstreckung aus einer Arrestvormerkung des bisherigen preußischen Rechtes nach dem Inkrafttreten der neuen Reichsgesetze. **49,** 106. — 7) Ist die Revision zulässig gegen Endurteile, die das Oberlandesgericht auf Grund des § 927 Abs. 2 C.P.O. erlassen hat? **50,** 342. — 8) Was ist im Sinne des § 927 Abs. 2 C.P.O. unter Hauptsache zu verstehen? **50,** 345. — 9) Rechtfertigt die nachträglich festgestellte Unzuständigkeit des Gerichtes für die Hauptsache die Aufhebung des Arrestes wegen veränderter Umstände? **50,** 346. — 10) Hat das Gericht, bei dem thatsächlich die Hauptsache anhängig ist, seine Zuständigkeit für diese im Arrestverfahren zu prüfen? **50,** 346. — 11) Wann ist im Sinne des § 109 C.P.O. n. F. „die Veranlassung zur Sicherheitsleistung" (der verhängte Arrest) weggefallen? **50,** 377. — 12) Findet die Vorschrift des § 717 Abs. 2 C.P.O. n. F., daß der betreffende Schadensersatz in demselben Prozesse erhoben werden kann, entsprechende Anwendung auf den Fall des § 945? **50,** 406. — 13) Im Arrestverfahren werden, auch bei der Verteidigung des Arrestbeklagten, nur die Mittel der Glaubhaftmachung, die sofort vorgeführt werden, zugelassen. **50,** 407.

Arrestgericht. S. Arrest Nr. 7—10. 12.

Arrestvollstreckung. S. Arrest Nr. 3. 6.

Arrestvormerkung. S. Arrest Nr. 6.

Artilleriewerkstatt. Wieweit ist der Rechtsweg zulässig für Ansprüche auf Unterlassung bezw. Beseitigung von Eigentumsstörungen, die durch den Betrieb oder die Einrichtungen einer Artilleriewerkstatt herbeigeführt sind? (P.) **44,** 225.

Ascendent. Ist der dem schenkenden Ascendenten nach Art. 747 C. c. zustehende Anspruch auf die im Nachlasse des beschenkten Descendenten noch vorhandenen geschenkten Gegenstände oder auf deren noch ausstehenden Preis oder auf die deren Rückgabe betreffende Klage ein Erbrecht im Sinne des Art. 213 E.G. z. B.G.B.? **50,** 181.

Assekuranzpolice. 1) Zur Auslegung der Tarifstelle 70c des Stempelsteuergesetzes vom 31. Juli 1895. Mehrjährige Versicherungsverträge. (P.) **41,** 245. — 2) Findet bei Versicherungsverträgen und Bestätigungen der Schlesischen Provinzial-Landfeuersocietät, die bewegliche Sachen im Versicherungswerte von mehr als 3000 ℳ betreffen, die Befreiung 2 der Tarifnummer 70 des Gesetzes vom 31. Juli 1895 Anwendung? (P.) **43,** 248. — 3) Sind schriftliche Veränderungsgenehmigungen, die im Falle des Wechsels des Eigentümers von der Feuerversicherungsgesellschaft ausgestellt werden, nach Tarifstelle 70 des Stempelgesetzes von 1895 zu verstempeln? (P.) **44,** 323. — 4) Unterliegen Versicherungspolicen bezw. deren Verlängerungen dem vollen tarifmäßigen Stempel auch dann, wenn sie für einen subjektiv von der Stempelsteuer befreiten Versicherten ausgestellt werden? (P.) **46,** 216. — 5) Unterliegt bei kündbaren, auf unbestimmte Zeit geschlossenen Versicherungsverträgen die stillschweigende Verlängerung durch Unterlassen der Kündigung jedesmal der Versteuerung nach Tarifstelle 70 des Stempelgesetzes von 1895? (P.) **46,** 308.

Assignation. S. Anweisung.

Aufbewahrung. Aufbewahrungspflicht. 1) Steht der Gültigkeit des Gesetzes, betreffend die Pflicht der Kaufleute zur Aufbewahrung fremder Wertpapiere, vom 5. Juli 1896 die in Nr. 20 des Reichsgesetzblattes von 1896 erschienene Berichtigung entgegen? **41,** 32. — 2) Tragweite des § 8 Abs. 2 des s. g. Depotgesetzes von 1896. **41,** 34. — 3) Aufbewahrungspflicht des Käufers nach Art. 348 Abs. 1 H.G.B. a. F. Ihre Dauer. **43,** 32. — 4) Erstattung der Kosten der Aufbewahrung beim Annahmeverzuge des Käufers? (P.) **45,** 300. — 5) Verliert der Kommittent das Recht aus § 4 Abs. 1 des s. g. Depotgesetzes vom 5. Juli 1896 dadurch, daß ihm nach Ablauf der dreitägigen Frist das Nummernverzeichnis vom Kommissionär zugeht? **48,** 7.

Aufforderung. Können bei einem Zug um Zug zu erfüllenden, noch nicht fälligen Warenlieferungsgeschäfte die die Fälligkeit begründende Handlung, die Mahnung nach § 284 und die Aufforderung nach § 326 Abs. 1 S. 1 B.G.B. gleichzeitig miteinander erfolgen? **50,** 257.

Aufgebot. 1) Aufrechnung einer auf erlassenes Aufgebot nicht angemeldeten Forderung gegen eine zum Nachlasse gehörige nach ergangenem Ausschlußurteile. (G.) **42,** 138. — 2) Anwendung des § 36 C.P.O. über die Bestimmung des zuständigen Gerichtes auf das Aufgebot eines Hypothekenbriefes, wenn die verpfändeten Grundstücke in verschiedenen Gerichtsbezirken liegen. **45,** 388. — 3) Das Aufgebotsverfahren auf Grund der bekanntgemachten und öffentlich ausgelegten Anmeldung ist die notwendige Voraussetzung einer gültigen Patenterteilung. **46,** 174; **50,** 201. — 4) Kann der Besitzer einer Parzelle, die zu einem aufgebotenen Grundstücke gehört, aber von dem Antragsteller nicht mit besessen wurde, verlangen, daß ihm gegenüber das Ausschlußurteil für unwirksam erklärt werde? **48,** 370. — 5) Zur Auslegung des § 957 Abs. 2 Ziff. 1 C.P.O. **48,**

Unterlassung eines zur Erhaltung eines Rechtes des Gesamtgutes an sich nötigen Widerspruches für die Frau ohne Nachteil, wenn der Ehemann im Komplott mit dem Dritten zum Nachteil der Frau den Widerspruch unterlassen hat? (P.) **48**, 272. — 3) Wirkt die durch Ehescheidung herbeigeführte Auflösung der Errungenschaftsgemeinschaft auf die Zeit der Erhebung der Scheidungsklage zurück? (F.) **50**, 334. — 4) Kann die Ehefrau zur Feststellung der Aktiven und Passiven der Errungenschaftsgemeinschaft die Vorlegung der Geschäftsbücher ihres geschiedenen Ehemannes verlangen? (F.) **50**, 336.

Auseinandersetzung der Gesellschafter und Gemeinschafter. 1) Können, wenn ein Gesellschafter einer gemeinrechtlichen Societät in Konkurs gerät, die Gläubiger aus dem Betriebe der Gesellschaft verlangen, aus den Vermögensstücken der Gesellschaft vorab befriedigt zu werden? **42**, 103. — 2) Bestimmung der Anteile bei der Gemeinschaft in zweifelhaften Fällen. (P.) **42**, 164. — 3) Wirkung der Gemeinschaft auf das durch freiwillige Vertragserfüllung des losgesprochenen Schuldners an den einen Gemeinschafter Erlangte. (P.) **42**, 162. — 4) Umfang der Pflicht der Liquidatoren einer Handelsgesellschaft oder eingetragenen Genossenschaft, deren Vermögen flüssig zu machen, und ihres Rechtes zur Eingehung neuer Verträge. **44**, 80. — 5) Ist Abs. 1 oder Abs. 2 der Tarifstelle 25d des preußischen Stempelsteuergesetzes von 1895 anzuwenden, wenn der ausscheidende Gesellschafter oder bei der Auflösung ein Gesellschafter Grundstücke oder bewegliche Vermögensgegenstände erhält? (P.) **45**, 218. — 6) Können zwei Liquidatoren die offene Handelsgesellschaft in dem Rechtsstreite mit einem Gesellschafter, der zugleich der dritte Liquidator ist, wirksam vertreten? **47**, 17. — 7) Kann die vorläufige Verteilung verfügbarer Gelder gegen die Liquidatoren auch im Wege der Klage verlangt werden? Auch gegen zwei Liquidatoren von dem dritten, der zugleich Gesellschafter ist, wenn sie über die Art der Verteilung nicht einig sind? **47**, 19. — 8) Sind bei der Auflösung der stillen Gesellschaft für die Schlußabrechnung die schwebenden Geschäfte auch nach dem bisherigen Handelsgesetzbuche mit zu berücksichtigen? **48**, 81. — 9) Kann der sein Guthaben aus der Liquidationsmasse fordernde Genosse sich darauf stützen, daß nach der von den Liquidatoren aufgestellten Bilanz Deckung für die Schulden und genügende Barmittel zur Befriedigung der Guthaben der Genossen vorhanden seien? **48**, 37. — 10) Kann die für einen noch nicht fälligen Anspruch auf Teilung nach §§ 749. 753 B.G.B. eingeleitete Zwangsversteigerung nach dem Eintritte der Fälligkeit fortgesetzt, oder muß das Verfahren von neuem begonnen werden? **47**, 363. — 11) S. auch Einlage Nr. 2.

Auseinandersetzung der Miterben. 1) Rechtswirkung der Übernahme sämtlicher Nachlaßschulden bei der Erbauseinandersetzung durch einen Miterben. (G.) **43**, 181. — 2) Enthält die Zuteilung einzelner Erbschaftssachen an einen Miterben bei der Erbteilung eine Abtretung von Rechten? (F.) **43**, 242. — 3) Sind die Kuxe des neueren Rechtes als ausstehende Kapitalien im Sinne des § 328 A.L.R. II. 2 zu konferieren? (P) **43**, 353. — 4) Muß der Sohn, der nur kraft Erbvertretungsrechtes zur Erbschaft gelangt, selbst wenn er die Erbschaft des Vaters ausgeschlagen hat, auch die Schulden einwerfen, die der Vater gegenüber dem Erblasser hatte? (F.) **44**, 343. — 5) Sind Vereinbarungen der Beteiligten über die Teilung des Nachlasses oder über die Höhe einer Nachlaßschuld für die Berechnung der Erbschaftssteuer maßgebend? (P.) **48**, 301. — 6) Wie ist für Nachlaßforderungen der Art. 1220 mit dem Art. 883 C. c. zu vereinigen? (F.) **50**, 327. — 7) Sind die Artt. 1220 und 883 C. c. auch auf Forderungen aus dem Verkaufe von Nachlaßliegenschaften anwendbar? (F.) **50**, 330.

Auseinandersetzungssachen. Auseinandersetzungsverfahren. 1) Einlegung der Revision durch Telegramm. (P.) **44**, 369. — 2) Rechtliche Natur des Benutzungsrechtes der Teilungsinteressenten an den Separationswegen. (P.) **47**, 314. — 3) Steht den Beteiligten der Rechtsweg offen gegen Verfügungen des Gemeindevorstandes, dem die Auseinandersetzungsbehörde die Verwaltung der gemeinschaftlichen Angelegenheiten übertragen hat? (P.) **47**, 314. — 4) Ist der Rechtsweg zulässig für die Heranziehung zu Interessentenlasten, die in dem Auseinandersetzungsverfahren begründet sind? Gesetz vom 2. April 1887. (P) **48**, 341. — 5) Ist die Ersitzbarkeit des Rechtes, Bäume auf einem in fremdem Eigentume stehenden Wege zu haben, zu pflanzen und zu nutzen, durch die Gemeinheitsteilungsordnung vom 7. Juni 1821 ausgeschlossen worden? (P.) **49**, 311. — 6) Unterliegen die Beschwerden, über die das Reichsgericht zu entscheiden hat, insbesondere die sofortige Beschwerde gegen den die Revision zurückweisenden Beschluß der Generalkommission, dem Anwaltszwange? (P) **50**, 347. — 7) Kann in Auseinandersetzungssachen die sofortige Beschwerde wirksam vor der ordnungsmäßigen Zustellung des anzufechtenden Beschlusses eingelegt werden? (P.) **50**, 352.

Ausfallprobe. S. Probe.

Ausfertigung. 1) Wie muß das Gerichtssiegel angebracht werden, mit dem die vom Gerichtsschreiber zu erteilenden Urteilsausfertigungen zu versehen sind? **46**, 364. — 2) Was sind „Ausfertigungen von Schriftstücken" im Sinne der Tarifstelle 10 des Stempelgesetzes vom 31. Juli 1895? (P.) **47**, 343.

Ausführung der Rechte (Urkundenprozeß). S. Vorbehalt der Rechte.

Ausführungsvorschriften. Gelten als solche im Sinne des Art. IV. des Gesetzes vom 21. Juni 1897, betr. die Tagegelder und Reisekosten der Staatsbeamten, ohne weiteres auch die vor diesem zu dem früheren betreffenden Gesetze vom Staatsministerium erlassenen? Auch die unter B 2 und D 1 der Zusammenstellung des Staatsministerialbeschlusses vom 13. Mai 1884? (P) **48**, 285.

Ausgeschiedener Genossenschafter. S. Ausscheiden.

Ausgeschiedener Gesellschafter. S. Ausscheiden, Ausschließung.

Ausgleichung. S. Kollation.

Auskunft. 1) Hat der Pflichtteilsberechtigte, der nicht Erbe ist, das Recht des § 2314 B.G.B. auf Erteilung von Auskunft auch gegen den Testamentsvollstrecker? **50**, 225. — 2) Ist die vom Richter der freiwilligen Gerichtsbarkeit erteilte Auskunft nur als ein Rat im Sinne des § 219 A.L.R. I. 13 anzusehen? (P.) **41**, 202.

Ausland. Ausländer. 1) Vertretung des ausländischen Patentinhabers durch den nach § 12 des Patentgesetzes zu bestellenden Vertreter auch in einem wegen Verletzung eines fremden Patentes gegen den Vertretenen anhängig gemachten Rechtsstreite. **42**, 92. — 2) Ist der Erwerb ausländischer Aktien im Auslande durch Beteiligung bei der Gründung der betreffenden Gesellschaft eine „Anschaffung" der Aktien im Sinne der Anmerkung zu den Tarifnummern 1 und 2 bezw. des § 3 Abs. 1 des Reichsstempelgesetzes von 1894? **41**, 139. — 3) Findet nach § 68 des Börsengesetzes von 1896 der § 66 auch dann Anwendung, wenn von Nichteingetragenen im Auslande nach den Geschäftsbedingungen auswärtiger Börsen Börsentermingeschäfte abgeschlossen sind? **43**, 91; **44**, 52. — 4) Örtliches Recht für die Regreßpflicht des Inländers, der einen im Auslande zahlbaren Check ausstellt. **44**, 153. — 5) Gerichtsstand des Vermögens beim Kontokorrentverkehre des verklagten Ausländers mit Inländern? **44**, 386. — 6) Ist gegen den Kostenansatz von Gebühren im Auslande vernommener Zeugen die Beschwerde zulässig? **44**, 389. — 7) Dringt die Klage aus § 12 des Warenzeichengesetzes vom 12. Mai 1897 gegen den durch, der ein mit dem hier geschützten verwechselbares, einer ausländischen Firma im Auslande geschütztes Warenzeichen in Deutschland an Leer-Packungen und -Umhüllungen anbringt und sie so mit den davon getrennt gehaltenen Waren ins Ausland schickt, wo sie, wie er weiß, von der im Auslande zeichenberechtigten Empfängerin in jene Verpackungen und Umhüllungen eingethan und so in Verkehr gesetzt werden? **45**, 143. — 8) Liegt eine Patentverletzung durch Inverkehrbringen vor, wenn ein in Deutschland ansässiger Kaufmann Nachbildungen patentierter Gegenstände aus dem Auslande nach seinem Niederlassungsorte kommen läßt, um sie von dort an einen ausländischen Besteller zu schicken? **45**, 147. — 9) Wirksamkeit und Rang einer im Auslande an einem ausländischen Flußschiffe bestellten Hypothek, wenn das Schiff in Deutschland gepfändet und zur Zwangsversteigerung gebracht wird. (P.) **45**, 276. — 10) Liegt eine Patentverletzung in dem Verkaufe eines Receptes, das die wesentlichen Bestandteile eines patentierten Verfahrens enthält, nach dem Auslande? **46**, 14. — 11) Greift die Befreiung des letzten Abwickelungsgeschäftes vom Anschaffungsstempel aus § 12 Abs. 2 des Reichsstempelgesetzes auch dann Platz, wenn ein an einem ausländischen Börsenplatze wohnender Kommissionär den Ankauf ausführte? **46**, 106. — 12) Voraussetzungen des gewerblichen Rechtsschutzes der Ausländer in Ansehung des Gebrauches eines Namens als Warenzeichen. **46**, 125. — 13) Sind ausländische Warenzeichen nur zu schützen, wenn sie in ihrem Heimatstaate Schutz genießen? **46**, 126. — 14) Ist bei den von Ausländern im Auslande errichteten Urkunden im Sinne des § 2 des preußischen

Stempelgesetzes von 1895 die Stempelpflicht durch den Gebrauch der Urkunde bedingt? Kann der Inhaber der Urkunde, der an ihrem Gegenstande ein rechtliches Interesse hat, schon vor dem Genrauche zur Zahlung der Stempelsteuer angehalten werden? (P.) **46**, 274. — 15) Ist gegen den Beschluß, durch den eine Beweisaufnahme im Auslande angeordnet wird, Beschwerde zulässig? **46**, 367. — 16) Nach welchem örtlichen Rechte ist die Verpflichtung des ausländischen Unterfrachtführers zu beurteilen? **48**, 110. — 17) Kann zwischen Ausländern, deren Heimatsrecht nur eine Trennung von Tisch und Bett zuläßt, in Deutschland nach Art. 17 E.G. z. B.G.B. auf Scheidung vom Bande oder auf Aufhebung der ehelichen Gemeinschaft nach §§ 1575. 1576 B.G.B. erkannt werden? **48**, 145. — 18) Sind die im Auslande ausgestellten amtlichen und notariellen Zeugnisse in Privatsachen nach Tarifstelle 77 bezw. 46 des Stempelgesetzes von 1895 stempelpflichtig, wenn zu ihrer Ausstellung Geschäfte, die im Inlande zu erfüllen sind, Veranlassung gegeben haben? (P.) **49**, 226. — 19) Einrede der Rechtshängigkeit wegen eines im Auslande anhängigen Rechtsstreites. **49**, 344. — 20) Nach welchem Rechte ist über die rechtlichen Folgen des Zusammenstoßes zweier Schiffe verschiedener fremder Nationalität auf hoher See von deutschen Gerichten zu entscheiden, wenn die Heimatsgesetze beider Schiffe übereinstimmen? **49**, 182.

Ausländische Aktien. 1) Ist deren Erwerb im Auslande durch Beteiligung bei der Gründung der Gesellschaft eine „Anschaffung“ der Aktien im Sinne der Anmerkung zu den Tarifnummern 1 und 2 bezw. des § 3 Abs. 1 des Reichsstempelgesetzes von 1894? **41**, 139. — 2) Berechnung des Urkundenstempels für ausländische Aktienbriefe, die nach ihrem Wortlaute je über mehrere Aktien ausgestellt sind. **42**, 40.

Ausländischer Börsenplatz. S. Ausland Nr. 3. 12.

Ausländischer Patentinhaber. S. Ausland Nr. 1.

Ausländisches Recht. Ist, wenn nach deutschem Rechte auf Scheidung, nach dem ausländischen auf beständige Trennung von Tisch und Bett zu erkennen wäre, in den Fällen der Artt. 201. 17. 27 E.G. z. B.G.B. Auflösung des Bandes der Ehe auszusprechen? **47**, 136.

Ausländischer Rechtsstreit. S. Ausland Nr. 20.

Ausländische Urkunden. S. Ausland Nr. 15. 19.

Ausländisches Urteil. 1) Das Vollstreckungsurteil nach § 661 (328 n. F.) C.P.O. kann nur erlassen werden, wenn die gesetzliche Voraussetzung der verbürgten Gegenseitigkeit zur Zeit des Erlasses des Vollstreckungsurteiles vorhanden war. **41**, 424. — 2) Ist nach der österreichischen Exekutionsordnung vom 27. Mai 1896 die Gegenseitigkeit im Sinne des § 661 Ziff. 5 (328 n. F.) C.P.O. verbürgt? **41**, 424; **48**, 377. — 3) Ist in Chile die Gegenseitigkeit verbürgt für die Anerkennung ausländischer Urteile? **49**, 345.

Ausländisches Warenzeichen. S. Ausland Nr. 8. 14.

Ausländische Zeugen. S. Ausland Nr. 6.

Ausschließlicher Gerichtsstand. 1) Gilt der ausschließliche dingliche Gerichtsstand auch gegen die Mitglieder der preußischen landesherrlichen Familie? Würde ein entgegengesetztes Herkommen rechtsverbindlich sein? **41,** 388. — 2) Gehören zu den „öffentlichen Abgaben“ im Sinne des § 70 Abs. 3 G.V.G. Beiträge, die eine Innung auf Grund des § 100f R.G.O. (Gesetz vom 6. Juli 1887) von Nichtmitgliedern erhebt? **42,** 358. — 3) Sind in Preußen die Landgerichte für alle Ansprüche, auch für die des Staates, gegen Beamte wegen schuldhaften Verhaltens im Amte ausschließlich zuständig? **43,** 385. — 4) Gerichtsstand aus § 686 (767 n. F.) C.P.O. für die Klage, mit der ein auf Grund des R.H.G. zur Zahlung einer Rente verurteilter Unternehmer die Feststellung fordert, daß auf die nach § 7 Abs. 2 zu vermindernde Rente die zuviel gezahlten Beträge anzurechnen seien. **44,** 364. — 5) Anwendung des § 36 Ziff. 3 C.P.O. auf den § 705 (797 n. F.) C.P.O., wenn in der Klage Einwendungen von mehreren, in verschiedenen Gerichtsbezirken wohnhaften Schuldnern erhoben werden sollen. **45,** 391. — 6) Ist der ausschließliche dingliche Gerichtsstand begründet, wenn nach Löschung der Hypothek gegen den Schuldner, der das Pfandgrundstück veräußert hat, auf Herausgabe des nach dem Landesrechte an die Stelle des Grundstückes getretenen Erlöses geklagt wird? **45,** 389. — 7) Gilt der ausschließliche dingliche Gerichtsstand auch für die Klage, mit der eine Apothekengerechtigkeit als privilegierte geltend gemacht wird? **45,** 385. — 8) Sind, wenn Schadensansprüche gegen den Fiskus auf Verletzung seiner Vertragspflichten gestützt werden, die Landgerichte ohne Rücksicht auf den Streitwert ausschließlich zuständig? **46,** 340. — 9) Sind für die Ansprüche auf Ersatz des Schadens, den der Kläger durch einen Eisenbahnzug der preußischen Staatseisenbahn infolge Verschuldens eines Beamten erlitten hat, die Landgerichte ohne Rücksicht auf den Streitwert ausschließlich zuständig? **50,** 396. — 10) Was ist unter „Ansprüche wegen Verschuldung von Staatsbeamten“ im § 39 Ziff. 2 des preußischen A.G. z. G.V.G. zu zu verstehen? **50,** 397.

Ausschließung. 1) Ist die Bestimmung des Statutes einer Aktiengesellschaft gültig, daß ein Aktionär ausgeschlossen werden kann, wenn er aufhört, Mitglied des Bundes der Landwirte zu sein, und daß er dann seine Aktien gegen Zahlung des Nominalbetrages an eine ihm zu bezeichnende Person herausgeben muß? **49,** 77. — 2) Welches Gericht hat die Bekanntmachung, daß durch Vertrag vor der Ehe die Gütergemeinschaft ausgeschlossen sei, zu bewirken? Haftung des unzuständigen Richters, der die Bekanntmachung erläßt und veranlaßt, daß sie durch den zuständigen nicht erfolgt, für die Folgen seines Versehens. **41,** 197. — 3) Bekanntmachung des Ausschlusses der Gütergemeinschaft durch den unzuständigen Richter in dem Amtsblatte, das auch für den zuständigen besteht. **41,** 198. — 4) Giebt es Fälle, in denen ein Schiedsrichter von der Ausübung seines Amtes kraft Gesetzes ausgeschlossen ist? **44,** 391. — 5) Klage eines unter der Herrschaft des B.G.B. aus einem älteren Vereine ausgeschlossenen Mitgliedes auf

Aufhebung dieses Beschlusses. **49**, 150. — 6) Steht dem Richter neben der Prüfung, ob satzungsgemäß verfahren ist, auch die sachliche zu, ob ein tristiger Grund zur Ausschließung aus dem Vereine vorgelegen hat? **49**, 154.

Ausschlußfrist. S. Präklusivfrist.

Ausschlußurteil. 1) Aufrechnung einer auf erlassenes Aufgebot nicht angemeldeten Forderung gegen eine zum Nachlasse gehörige nach ergangenem Ausschlußurteile. (G.) **42**, 138. — 2) Unter welchen Umständen kann das Ausschlußurteil wegen Unzulässigkeit des Aufgebotsverfahrens angefochten werden? **48**, 367. — 3) Kann der Besitzer einer Parzelle, die zu einem aufgebotenen Grundstücke gehört, aber nicht vom Antragsteller mit besessen wurde, verlangen, daß ihm gegenüber das Ausschlußurteil für unwirksam erklärt werde? **48**, 370. — 4) Kann aus einem acceptierten, mangels Zahlung protestierten und nachher abhanden gekommenen, gezogenen Wechsel nach dessen Kraftloserklärung auf Grund des Ausschlußurteiles Regreß gegen den Aussteller genommen werden? **49**, 132.

Aussetzung des Verfahrens. 1) Ist sie zulässig, wenn der Teilhaber einer offenen Handelsgesellschaft in Liquidation stirbt, der nicht Liquidator ist? **45**, 340. — 2) Kann im Falle des Verlustes der Prozeßfähigkeit der Partei der Prozeßbevollmächtigte die Aussetzung des Verfahrens noch verlangen, nachdem er für den neuen gesetzlichen Vertreter der Partei aufgetreten ist und mündlich verhandelt hat? **46**, 379. — 3) Wie ist ein auf Grund des § 620 Abs. 1 C.P.O. n. F. gestellter Antrag prozessualisch zu behandeln? Darf er durch einen vor dem Endurteile erlassenen Beschluß zurückgewiesen werden? **46**, 385. — 4) Muß, wenn Ehescheidung nach § 1568 B.G.B. beantragt, und die Aussöhnung der Parteien nicht aussichtslos ist, stets die Aussetzung des Verfahrens angeordnet werden? **46**, 406. — 5) Erlischt die Vollmacht des Prozeßbevollmächtigten, wenn das Verfahren infolge des Todes der Partei ausgesetzt wird? **50**, 339. — 6) Kann eine Partei die Entscheidung eines im Laufe des Prozesses durch eine Veränderung der Umstände entstandenen Streites über die Aktivlegitimation des Gegners nur verlangen, wenn zuvor die Aussetzung des Verfahrens erwirkt wird? **50**, 362.

Aussichtsrecht. 1) Kann die Entstehung des Lichtrechtes aus § 142 A.L.R. I. 8 durch eine vom Nachbarn innerhalb der zehnjährigen Frist angestellte Klage und erwirkte Grundbucheintragung gehindert werden? (P.) **44**, 312. — 2) Rechtliche Natur des Aussichtsrechtes. Ist es eine Grundgerechtigkeit? Eigentumsbeschränkung? Entsteht es durch Verjährung? (P.) **44**, 314. — 3) Wird der nach zehnjährigem Bestehen der Fenster gesetzlich gewährte Schutz durch einen gegen ihre Anlegung von dem Nachbarn erhobenen Widerspruch oder durch einen mündlichen vertragsmäßigen Vorbehalt, sie jederzeit verbauen zu dürfen, ausgeschlossen? (P.) **46**, 269. — 4) Welches Stockwerk ist das untere im Sinne des § 142 A.L.R. I. 8? (P.) **47**, 264.

Aussonderung: 1) Über die gesetzlichen Voraussetzungen des Aussonderungsrechtes können die Parteien nicht paktieren. **41**, 1. — 2) Kann der Vollmachtgeber im Konkurse des Bevollmächtigten Checks aussondern, die vom Käufer auf Anweisung an den Bevollmächtigten indossiert und gelangt, von diesem aber nach seiner dem Vollmachtgeber abgegebenen Erklärung für dessen Rechnung in Verwahrung genommen waren? **41**, 3. — 3) Kann der Verkäufer das Verfolgungsrecht ohne Rücksicht auf abweichende Vorschriften des für seine Ausübung sonst etwa maßgebenden Rechtes unter allen Umständen geltend machen, wenn es nach dem Rechte des Bestimmungsortes begründet ist? (P.) **41**, 333. — 4) Kann der Grundstückseigentümer einen Hypothekenposten aus der Konkursmasse aussondern, den unter Mißbrauch seiner Vollmacht der Kridar sich widerrechtlich hat zuschreiben lassen? (G.) **44**, 1. — 5) Anspruch auf Aussonderung von Grundstücken, die dem Gemeinschuldner mit der Abrede aufgelassen sind, sie für Rechnung des Auflassenden zu veräußern. **45**, 80. — 6) Ist der auf Vernichtung einer widerrechtlich erlangten photographischen Aufnahme gerichtete Anspruch als Aussonderungsanspruch zu behandeln? (G.) **45**, 172.

Aussteller. S. Trassant.

Aussteuer. Zulässigkeit der Feststellungsklage über die Pflicht des Vaters, seiner Tochter im Falle ihrer Verheiratung eine Aussteuer zu gewähren. **49**, 370.

Ausstreichung. S. Durchstreichung.

Austritt. S. Ausscheiden.

Austrittserklärung. Kann die eingetragene Genossenschaft, einen Genossen, der für den Schluß des Geschäftsjahres seinen Austritt erklärt hat, nach diesem Zeitpunkte noch zu genossenschaftlichen Leistungen heranziehen, wenn die Austrittserklärung infolge Verschuldens des Vorstandes in die Liste der Genossen nicht eingetragen war? **41**, 56.

Ausweichen der Schiffe auf See. S. Syst. Reg. § 262b Nr. 2 u. 3.

Außerehelicher Beischlaf. 1) Besteht das Verbot der Erforschung der Vaterschaft in Art. 340 C. c. als zwingende lex fori noch fort? **48**, 168. — 2) Ist nach dem Inkrafttreten des B.G.B. aus vorher erfolgtem außerehelichen Beischlafe die Deflorationsklage noch zulässig? **49**, 204. — 3) Setzt die Deflorationsklage Schwängerung voraus? (G.) **49**, 206. — 4) Genügt zur Begründung der Deflorationsklage die Vollziehung des Beischlafes, oder ist Verführung nötig? Gesetzliche Präsumtion hinsichtlich der Verführung. (G.) **49**, 206.

Außerkontraktliches Verschulden. S. Syst. Reg. §§ 119. 156flg.

Außerordentliche Erbfolge. 1) Steht dem anerkannten natürlichen Kinde ein Vorbehaltsrecht an dem Nachlasse des Vaters zu, und wie ist es zu berechnen? (F.) **46**, 312. — 2) Hat das anerkannte natürliche Kind von dem ihm gesetzlich zustehenden Nachlaßanteile Früchte und Zinsen schon vom Todestage des Erblassers an zu fordern? (F.) **46**, 314. — 3) Ist der dem schenkenden Ascendenten nach Art. 747 C. c. zustehende Anspruch auf die im Nachlasse des beschenkten Descendenten noch vorhandenen geschenkten Gegenstände u. s. w. ein Erbrecht im Sinne des Art. 213 E.G. z. B.G.B.? **50,** 181.

Auszug. S. Altenteil.

Autonomie. 1) Städtisches Regulativ mit Gesetzeskraft auf Grund gesetzlicher Delegation. (P.) **41,** 226. — 2) Welche Statuten der Wassergenossenschaften sind Gesetze im Sinne des § 12 E.G. z. C.P.O.? (P.) **42,** 305. — 3) Unter welchen Voraussetzungen sind Ortsstatuten von Stadtgemeinden Gesetze im Sinne des § 12 E.G. z. C.P.O.? (P.) **42,** 309. — 4) Form der Verkündung ortsstatutarischer Anordnungen. (P.) **42,** 314. — 5) Welche Behörde hat Ortsstatuten für Berlin zu bestätigen? (P.) **42,** 313. — 6) Sind die Hausgesetze des hohen Adels revisibel? **43,** 412. — 7) Sind die auf Grund des § 78 R.U.V.G. vom 6. Juli 1884 von den Berufsgenossenschaften erlassenen Unfallverhütungsvorschriften Polizeigesetze im Sinne des § 26 A.L.R. I. 6? **48,** 327.

Autor. S. Syst. Reg. §§ 170—174 (Reichsgesetze, betreffend das Urheberrecht an Schriftwerken u. s. w., an Werken der bildenden Künste, an Photographien, Mustern und Modellen).

Aval. 1) Enthält die vom Bezogenen unterschriebene, auf dem Wechsel vorgedruckte Erklärung „Angenommen per Aval" eine wirksame und unbeschränkte Annahme? **50,** 12. — 2) Bedeutung und Ableitung des Wortes „Aval". **50,** 14. — 3) Ist die Wechselbürgschaft nur gültig, wenn sich auf dem Wechsel eine genügende Erstunterschrift befindet? **50,** 14.

B

Bach. S. Privatfluß.

Band der Ehe. 1) Ist ein Rechtsgrund des früheren Rechtes zur zeitlichen Trennung von Tisch und Bett ein „Trennungsgrund" im Sinne des Art. 201 E.G. z. B.G.G.? **47,** 31. — 2) Kann zwischen Ausländern, deren Heimatsrecht nur eine Trennung von Tisch und Bett zuläßt, nach Art. 17 E.G. z. B.G.B. auf Scheidung der Ehe dem Bande nach oder auf Aufhebung der ehelichen Gemeinschaft im Sinne der §§ 1575. 1576 B.G.B. erkannt werden? **47,** 136; **48,** 145.

Bank. S. Bankier.

Bankier. 1) Erwirbt der Centralbankier an Wertpapieren, die im Auftrage des Lokalbankiers zunächst für fremde Rechnung angeschafft waren, durch dessen spätere Anweisung, sie auf das Effektenkonto der für seine eigene Rechnung angeschafften zu übertragen, und ihre Befolgung ein Pfand- und Retentionsrecht? **41,** 34. — 2) Haftung des Bankiers, der dem kaufenden Kunden Wertpapiere als sichere Anlage empfiehlt. Können die Ansprüche daraus auch mit der Klage aus dem infolge dieser Empfehlung mit ihm geschlossenen Vertrage verfolgt werden? (G.) **42,** 129. — 3) Stellung des Bankiers gegenüber seinem Privatkunden. Rechtsfolgen, wenn er arglistig den Kunden bei einer Einkaufskommission zur Setzung eines unnötig hohen Limitums veranlaßt.

43, 111. — 4) Handelt ein mit der Übersendung von Wertpapieren beauftragter Bankier schuldhaft, wenn er diese nicht unter Wertangabe sendet, sondern in einem eingeschriebenen Briefe unter Versicherung der Sendung bei einer Versicherungsgesellschaft? Wie haftet er, wenn nicht der volle Wert versichert war? **50**, 169.

Bau. 1) Kann, wenn der Grundeigentümer baut, die Baubank, von der er das Grundstück mit der Verpflichtung zu bauen erworben hat, als Bauherr angesehen werden? **45**, 5. — 2) Überhängen einer Grenzmauer in die Luftschicht über dem Nachbargrundstücke. Voraussetzung der Ersitzung eines Rechtes hierauf. (P.) **45**, 286. — 3) Ist Nachbar im Sinne des § 142 A.L.R. I. 8 auch der, dessen Haus von dem Grundstücke des Neubaues durch eine im Eigentume eines Dritten stehende Bodenfläche oder durch eine öffentliche Straße getrennt ist? (P.) **45**, 294. — 4) Wann liegt in der Genehmigung eines Bauplanes eine, den Rechtsweg ausschließende, polizeiliche Verfügung im Sinne des Gesetzes vom 11. Mai 1842? **46**, 301. — 5) Besteht für die Beweislast ein Unterschied, je nachdem auf einen Grenzüberbau das ältere Recht oder das des B.G.B. angewendet wird? (P.) **47**, 115. — 6) Finden ein nach § 12 des Straßengesetzes erlassenes Ortsstatut und eine entsprechende Polizeiverordnung auch auf Wohngebäude Anwendung, deren Errichtung schon vorher mit polizeilicher Erlaubnis begonnen war? (P.) **46**, 382. — 7) Sind die §§ 912—916 B.G.B. analog anzuwenden, wenn der Eigentümer eines Grundstückes, von dem eine Teilfläche mit einer das Überbauen verbietenden Grunddienstbarkeit belastet ist, über die Grenze des unbelasteten Teiles auf den belasteten hinüberbaut? (F.) **47**, 359. — 8) Begriff des Überbaues. Ist die Ausführung eines Baues, durch den eine Grundgerechtigkeit des Nachbars verletzt wird, nach dem B.G.B. wie ein Überbau zu behandeln? (G.) **48**, 264.

Baubank. S. Bauherr.

Baubeschränkung. S. Bau.

Bauerlaubnis. S. Bau Nr. 6.

Baufluchtlinie. S. Fluchtlinie.

Baugeschäfte. Verein der Baugeschäfte zur Förderung der gemeinsamen gewerblichen Interessen seiner Mitglieder. Auslegung des § 152 Abs. 2 R.G.O. **50**, 28.

Bauherr. 1) Verliert der Bauherr seine Ansprüche wegen Baumängel durch Übernahme des Gebäudes ohne ausdrückliche Rüge der in die Augen fallenden Mängel? (P.) **44**, 240. — 2) Begriff des Bauherrn im Sinne des § 27 des Bauunfallversicherungsgesetzes vom 11. Juli 1887. **45**, 2. — 3) Kann, wenn der Grundeigentümer baut, die Baubank, von der er das Grundstück mit der Verpflichtung zu bauen erworben hat, als Bauherr angesehen werden? **45**, 5.

Bauland. Die Bewertung der enteigneten Fläche als Bauland darf nur für den Zeitpunkt der Festsetzung der Fluchtlinie, nicht für den der Enteignung erfolgen. (P.) **48**, 336.

Baumängel. Verliert der Bauherr seine Ansprüche wegen Baumängel durch Übernahme des Gebäudes ohne ausdrückliche Rüge der in die Augen fallenden Mängel? (P.) **44,** 240.

Baumpflanzung. Ist der den Windmühlen aus der Zeit vor dem 18. November 1819 gewährte Schutz (§ 247 A.L.R. II. 15) gegen Baumpflanzungen neben dem B.G.B. in Kraft geblieben? (P.) **50,** 319.

Bauplan. Wann liegt in der Genehmigung eines Bauplanes eine den Rechtsweg ausschließende polizeiliche Verfügung im Sinne des Gesetzes vom 11. Mai 1842? (P.) **46,** 301.

Baupolizei. 1) Kann wegen eines ohne Rechtsgrund erlassenen polizeilichen Bauverbotes nach dessen Aufhebung Entschädigung nach den Grundsätzen des Enteignungsrechtes verlangt werden? (P., F.) **46,** 286. — 2) Kann aus § 51 R.G.O. Entschädigung verlangt werden, wenn ein anfangs gestatteter Gewerbebetrieb später untersagt wird, weil er nach baupolizeilichen Vorschriften nicht hätte gestattet werden dürfen? **50,** 4. — 3) Finden ein nach § 12 des Straßengesetzes vom 2. Juli 1875 erlassenes Ortsstatut und die entsprechende Polizeiverordnung auch auf Wohngebäude Anwendung, deren Errichtung schon vorher mit polizeilicher Erlaubnis begonnen war? (P.) **46,** 283. — 4) S. auch das vorstehende Wort Bauplan.

Bauunfallversicherung. 1) Begriff des Bauherrn im Sinne des Bauunfallversicherungsgesetzes vom 11. Juli 1887. **45,** 2. — 2) Kann, wenn der Grundeigentümer baut, die Baubank, von der er das Grundstück mit der Verpflichtung zu bauen erworben hat, als Bauherr angesehen werden? **45,** 5.

Bauverbot. S. Baupolizei.

Bauverdingung. S. Werkverdingung.

Beamte. 1) Voraussetzungen der Anwendung des § 14 G. O. für Zeugen und Sachverständige auf mittelbare Staatsbeamte in Preußen. (P.) **41,** 363. — 2) Kann ein als Supernumerar beschäftigter Militäranwärter ohne Disziplinarverfahren entlassen werden? (P.) **43,** 217. — 3) Können Staatsbeamte ihr Diensteinkommen und ihre Pension wirksam verpfänden oder anweisen? (P.) **44,** 193. — 4) Betriebsunfälle im Sinne des preußischen Fürsorgegesetzes vom 18. Juni 1887; gehören dazu die aus betriebsgemäßen Zuständen oder Handlungen hervorgehenden Unfälle? (P.) **44,** 253. — 5) Steht die Syndikatsklage, insbesondere gegen einen Notar, nur den bei dem Rechtsakte Beteiligten oder auch jedem geschädigten Dritten zu? (G.) **46,** 213. — 6) Haftet ein badischer Notar bei Anfertigung des Entwurfes eines eigenhändigen Testamentes dem Eingesetzten aus einem Versehen, das sich auf die Gültigkeit nach materiellem Rechte bezieht? **48,** 357. — 7) Haftung des Notars für die Nachlässigkeit seines Büreaupersonales. **49,** 26. — 8) Ist ein stellvertretender Fleischschauamtsvorsteher des städtischen Centralviehhofes in Berlin ein auf Lebenszeit angestellter Gemeindebeamter? (P.) **41,** 224. — 9) Rechtliche Natur des Gehaltsanspruches eines öffentlichen Beamten. **42,** 125. — 10) Sind nach § 39 des preußischen Ausführungsgesetzes zum § 70

Abs. 3 G.V.G. die Landgerichte für alle Ansprüche gegen Beamte wegen schuldhaften Verhaltens im Amte ausschließlich zuständig, auch für die des Staates? (P.) **43,** 385. — 11) Kann ein preußischer Gerichtsvollzieher, der Militärinvalide ist, die Fortzahlung seiner Invalidenpension fordern? **44,** 85. — 12) Voraussetzungen der Haftung des Staates für das Verschulden seiner Beamten, insbesondere auch für ihre unerlaubten Handlungen. (G.) **45,** 168; **47,** 241; (P.) **47,** 328. — 13) Muß ein im Gemeindedienste angestellter Vollziehungsbeamter, der mit seinem Diensteinkommmen auf Mahn- und Beitreibungsgebühren angewiesen ist, im Falle unberechtigter Entlassung sich das Diensteinkommen um den Betrag anderweiten Verdienstes kürzen lassen? (P.) **45,** 242. — 14) Ist im § 65 der preußischen Städteordnung vom 30. Mai 1853 unter „Gemeindedienst" ein solcher nur in Preußen oder auch in einem anderen deutschen Bundesstaate gemeint? (P.) **45,** 306. — 15) Wann beginnt der Lauf für die Berechnung der Pension der Beamten? (P.) **47,** 283. — 16) Die Vorschrift des § 19 Abs. 1 Nr. 2 des Pensionsgesetzes von 1872 betrifft nur Zeitabschnitte, die hinter der Beeidigung des Beamten zurückliegen, und nur einzelne Beamtenkategorien. (P.) **47,** 288. — 17) Haftet der Notar als Beamter für ein Versehen bei Abfassung der von ihm privatschriftlich entworfenen und nachher notariell beglaubigten Urkunde dem dadurch Geschädigten? (P.) **49,** 269. — 18) Abgrenzung der Amtsthätigkeit des Notars als Beamten gegenüber seiner sonstigen Berufsthätigkeit, die auf Dienstvertrag, Auftrag u. s. w. beruhen kann. (P.) **49,** 273. — 19) Was ist im § 39 Ziff. 2 des preußischen Ausführungsgesetzes zum G.V.G. „unter Ansprüche wegen Verschuldung der Staatsbeamten" zu verstehen? (P.) **50,** 397. — 20) Steht die Bestimmung des § 63 des Großherzoglich hessischen Gesetzes vom 31. Mai 1879 über die unfreiwillige Versetzung eines Amtsrichters auf eine nichtrichterliche Stelle in Widerspruch mit § 8 G.V.G., ist daher ungültig? **49,** 112. — 21) Können nach § 8 G.V.G. Richter wider ihren Willen auf eine nichtrichterliche Stelle versetzt werden? **49,** 117. — 22) Im übrigen s. Lehrer, Medizinalbeamte, Pension, Reichsbeamte, Richter, Staatsbeamte, Gemeinde, Syst. Reg. § 375.

Bebauung. 1) Sind die Ansprüche aus einem Überbau seit dem 1. Januar 1900 nach den Vorschriften der §§ 912 flg. B.G.B. auch dann zu beurteilen, wenn sie schon vorher durch Klagerhebung geltend gemacht worden sind? **46,** 143. — 2) Sind die §§ 912—916 B.G.B. analog anzuwenden, wenn der Eigentümer eines Grundstückes, von dem eine Teilfläche mit einer das Überbauen verbietenden Grunddienstbarkeit belastet ist, über die Grenze des unbelasteten Teiles auf den belasteten hinüberbaut? (F.) **47,** 359. — 3) Besteht für die Beweislast ein Unterschied, je nachdem auf einen Grenzüberbau das ältere Recht oder das des B.G.B. angewendet wird? (P.) **47,** 115.

Bebauungsplan. Ist ein auf Grund des § 12 des Fluchtliniengesetzes erlassenes Ortsstatut auf Privatwege anwendbar, die in einen von der Gemeindebehörde zur Ausführung beschlossenen Bebauungsplan einbezogen sind? (P.) **42,** 287. — 2) Ein auf Grund des Fluchtliniengesetzes erlassenes Ortsstatut findet auch auf ältere Fluchtlinienfestsetzungen Anwendung. (P.) **42,** 289.

Bedingtes Urteil. 1) Können in dem Verfahren zur Erledigung eines bedingten Endurteiles neue Scheidungsgründe vorgebracht werden, die der Partei im Hauptverfahren noch nicht bekannt waren? **42,** 372. — 2) Ist die Zurücknahme der Eideszuschiebung in der Berufungsinstanz auch dann unbeschränkt zulässig, wenn in der ersten Instanz durch bedingtes Endurteil auf den Eid erkannt ist? Auch wenn eine Eideszuschiebung über Indizien derselben Thatsache an die Stelle treten soll? **46,** 328. — 3) Ist ein bedingtes Endurteil in Ehesachen von Amtswegen zuzustellen, wenn sowohl im Falle der Leistung wie der Weigerung des Eides die Ehe geschieden werden soll, aber nicht formell geschieden, und von dem Eide nur die Schuld- und die Kostenfrage abhängig gemacht sind? **48,** 423. — 4) Relative Rechtskraft des bedingten Endurteiles. Darf das Berufungsgericht, wenn nur der Kläger Berufung eingelegt hat, die Klage unbedingt abweisen? **49,** 381.

Bedingung. 1) Ist die bedingt erklärte Genehmigung einer ungültigen Ehe beim Eintritte der Bedinguug rechtswirksam? (G.) **44,** 147. — 2) Bezieht sich der § 3 Abs. 2 des Stempelsteuergesetzes von 1895, wonach für die Stempelpflicht die Hinzufügung einer Bedingung ohne Bedeutung ist, auch auf s. g. uneigentliche Bedingungen? (P.) **49,** 223.

Bedrohung. S. Drohung.

Beeidigung. 1) Wann ist der Cedent einer Partei im Sinne des § 358 (393 n. F.) Ziff. 4 C.P.O. beim Ausgange des Rechtsstreites unmittelbar beteiligt? **44,** 374. — 2) Bedeutung der Beeidigung der Staatsbeamten für den Beginn des Laufes der Dienstzeit behufs Berechnung der Pension. (P.) **47,** 283. — 3) Die Vorschrift des § 19 Abs. 1 Nr. 2 des Pensionsgesetzes von 1872 betrifft nur Zeitabschnitte, die hinter der Beeidigung des Beamten zurückliegen, und nur einzelne Beamtenkategorien. (P.) **47,** 288. — 4) Wann genügt statt nochmaliger Beeidigung eines Zeugen dessen Versicherung der Richtigkeit der Aussage unter Berufung auf den früher geleisteten Eid? **48,** 387.

Beeinträchtigung. Vorübergehende Beeinträchtigung des Eigentumes oder sonstiger dinglicher Rechte giebt einen Anspruch auf Schadensersatz auch gegen den fahrlässigen Verursacher. (G.) **47,** 249.

Beendigung der Instanz. S. Instanz.

Befrachter. S. Syst. Reg. § 261.

Befreiung von Stempelsteuer und öffentlichen Abgaben. S. Syst. Reg. § 374.

Befriedigung. 1) Kann aus § 3 R.A.G. gegen den geklagt werden, dem ein Dritter auf Verlangen des Schuldners ein diesem aus einem Tauschvertrage geschuldetes Grundstück aufgelassen hat? Darf der Klagantrag dahin gehen, den Beklagten zur Duldung der Zwangsvollstreckung in das Grundstück zu verurteilen? **43,** 83. — 2) Anwendung der in § 24 (31 n. F.) Ziff. 2 K.O. aufgestellten Vermutung der Fraudulosität auf Deckungsgeschäfte. Begriff von Erfüllungs- und Deckungsgeschäften. **45**, 23. — 3) Anfechtung aus § 23 (30 n. F.) Ziff. 2 K.O. gegen Konkursgläubiger, denen ein Dritter sich auf Grund einer gegenüber dem Gemeinschuldner gegen eine Gegenleistung übernommenen Verpflichtung zur Bezahlung ihrer Forderungen verpflichtet hat. **46**, 101. — 4) Ist eine Zahlung anfechtbar, die der Gläubiger unmittelbar von einem Dritten im Auftrage des Gemeinschuldners erhalten hat? **48**, 149. — 5) Wie ist die Bestimmung des Begriffes der Zahlungseinstellung zu verstehen, daß der Schuldner in der Allgemeinheit aufgehört habe, die fälligen Ansprüche seiner Gläubiger zu befriedigen? **50**, 39. — 6) Ist die Einlösung eines acceptierten Wechsels vor dem Verfalltage durch den Aussteller als eine unentgeltliche Verfügung anfechtbar? **50**, 134.

Befristung. S. Dies. Frist.

Begebungsvertrag. Der Konkursverwalter kann in der Konkursmasse vorgefundene Wechsel unter Benutzung der auf ihnen befindlichen Blankogiros des Gemeinschuldners begeben. **43**, 41.

Beglaubigung. 1) Muß der Gerichtsschreiber, wenn ihm der Anwalt eine Rechtsmittelschrift zur Erwirkung der Terminsbestimmung ohne Vorbehalt überreicht hat, die Terminsnote übertragen und die Abschrift beglaubigen? Hat er die Beglaubigung auch dann vorzunehmen, wenn er einen Gerichtsvollzieher mit der Zustellung beauftragt? **45**, 415; **46**, 326. — 2) Kann der Gerichtsschreiber, wenn er nach Übertragung der Terminsnote auf die zuzustellende Abschrift einen Gerichtsvollzieher mit der Zustellung beauftragt, die Abschrift der Terminsnote selbst beglaubigen? **46**, 399. — 3) Liegt ein unabwendbarer Zufall im Sinne des § 233 C.P.O. n. F. vor, wenn der nach § 166 Abs. 2 S. 2 zustellende Gerichtsvollzieher die Beglaubigung der Abschrift der Terminsbestimmung versäumt hat? **48**, 409. — 4) Umfang der Stempelbefreiung bei der amtlichen Beglaubigung von Unterschriften unter Urkunden, die eine Eintragung in das Grundbuch betreffen. (P.) **49**, 299.

Begünstigung. 1) Ist ein Abkommen im Sinne des § 168 (181 n. F.) K.O. nur dann nichtig, wenn der Bevorzugung des Gläubigers einer der den Vertrag Schließenden sich bewußt war? **41**, 41. — 2) Ist das Versprechen der Nachzahlung der durch den Zwangsvergleich erlassenen Schuldquote schlechthin unverbindlich? (G.) **42**, 418.

Behaltene Ankunft. Bedeutung der Seeversicherungsklausel „auf die behaltene Ankunft". **47**, 175.

Beholzungsrecht. Wird eine Holzungsgerechtigkeit von unbestimmtem Umfange dadurch in eine Reallast verwandelt, daß sie nach § 235 A.L.R. I. 22 auf ein bestimmtes Holzdeputat festgesetzt wird? (P.) **48**, 323.

Behörde. 1) Ist in Preußen die Revision in Prozessen gegen den Fiskus wegen Verschuldens einer „Behörde" ohne Rücksicht auf den Beschwerdewert zulässig? **42**, 417. — 2) Wird in Preußen der Reichsmilitärfiskus im Prozesse stets durch die Korpsintendantur vertreten? **42**,

66. — 3) Ist der gesetzliche Vertreter des Reichsmilitärfiskus in den das Festungsgelände betreffenden Angelegenheiten der preußische Kriegsminister, auch wenn die Festung in Elsaß-Lothringen liegt? **43**, 12. — 4) Wer hat die Parteieide zu leisten im Falle der gesetzlichen Vertretung des Fiskus durch eine Kollegialbehörde? **45**, 428; **46**, 319 (identisch). — 5) Können die Mitglieder einer den Fiskus im Prozesse gesetzlich vertretenden Kollegialbehörde in diesem Prozesse als Zeugen vernommen werden? **45**, 427; **46**, 318 (identisch). — 6 Prozeßlegitimation der Hofkammer der Königlich preußischen Familiengüter. (P.) **41**, 389. — 7) Welche Behörde hat Ortsstatuten für Berlin zu bestätigen? (P.) **42**, 313.

Beischlaf. 1) Ist nach dem Inkrafttreten des B.G.B. aus einem vorher erfolgten Beischlafe die Deflorationsklage noch zulässig? (G.) **49**, 204. — 2) Setzt die Deflorationsklage Schwängerung voraus? (G.) **49**, 206. — 3) Genügt zur Begründung der Deflorationsklage die Vollziehung des Beischlafes, oder ist Verführung nötig? Gesetzliche Präsumtion hinsichtlich der Verführung. (G.) **49**, 206.

Beistand. Zur Kündigung einer Einbringensforderung (B.G.B.) durch die Ehefrau ist nicht Mitwirkung, sondern nur Einwilligung, vorher erklärte Zustimmung des Mannes nötig. **50**, 213.

Beiträge. 1) Gehören zu den „öffentlichen Abgaben" im Sinne des § 70 Abs. 3 G.V.G. Beiträge, die eine Innung auf Grund des § 100 f R.G.O. (Gesetz vom 6. Juli 1887) von Nichtmitgliedern erhebt? **42**, 358. — 2) Kann der Genosse für den Fall seines Ausscheidens zu Beiträgen zur Bildung eines Amortisationsfonds verpflichtet werden, der zur Deckung eines bei einer künftigen Liquidation der Genossenschaft etwa zu erwartenden Ausfalles bestimmt ist? **42**, 79.

Beitritt zu einer Gesellschaft, offenen Handelsgesellschaft, Aktiengesellschaft, eingetragenen Genossenschaft, Gesellschaft mit beschränkter Haftung. S. Syst. Reg. §§ 148. 227. 229. 230.

Beitritt zum Vertrage. Liegt in der Bestimmung des Statutes einer Genossenschaft, die ein öffentliches Schlachthaus betreibt, daß den Metzgern der Gemeinde der Beitritt nicht versagt werden könne, ein Vertrag zu Gunsten Dritter? **47**, 81.

Bekanntmachung. 1) Ein Antrag des Unternehmers ist nötig, wenn mit der Wirkung der Beschränkung der Eigentumsfreiheitsklage (§ 26 R.G.O.) die im § 17 R.G.O. vorgeschriebene Bekanntmachung nach § 25 unterbleiben soll. **41**, 29. — 2) Welches Gericht hat die Bekanntmachung, daß durch Vertrag vor der Ehe die Gütergemeinschaft ausgeschlossen sei, zu bewirken? (P.) **41**, 197. — 3) Haftung des unzuständigen Richters, der die Bekanntmachung des Ausschlusses erläßt und veranlaßt, daß sie durch den zuständigen nicht erfolgt, für die Folgen seines Versehens. **41**, 197. — 4) Bekanntmachung des Ausschlusses der Gütergemeinschaft durch den unzuständigen Richter in demselben Amtsblatte, das auch für den zuständigen besteht. **41**, 198. — 5) Einfluß der Nichtübereinstimmung zwischen dem Erteilungsbeschlusse und der bekanntgemachten Anmeldung auf die Gültigkeit des Patentes.

46, 175; 50, 196. — 6) Das Aufgebotsverfahren auf Grund der Bekanntmachung der Anmeldung ist unerläßliche Voraussetzung einer gültigen Patenterteilung. 46, 176; 50, 201.

Belegene Sache. 1) Gerichtsstand S. Syst. Reg. § 291. — 2) Lex rei sitae. S. Syst. Reg. §. 7.

Benachrichtigung. 1) Wird die außergerichtliche Benachrichtigung von der bevorstehenden Pfändung einer Geldforderung — § 744 (845 n. F.) C.P.O. — dadurch unwirksam, daß die nachfolgende gerichtliche Pfändung der Konkursanfechtung unterliegt? 42, 365. — 2) Verhindert die Signifikation der Cession gegenüber der Klage des Cessionars auch die compensation judiciaire einer illiquiden Gegenforderung? (F.) 43, 380. — 3) Muß die Zustellung des Schriftsatzes nach § 4 R.A.G., wenn die Anfechtung gegen eine Ehefrau gerichtet ist, auch an deren im Anfechtungsprozesse mitbeklagten Ehemann erfolgt sein? 45, 56. — 4) S. auch Bekanntmachung.

Benachteiligung der Gläubiger. 1) Wesen der Anfechtung wegen Benachteiligung der Gläubiger und der Rückgewähr. 47, 219. — 2) Kann gegen die Anfechtungsklage wegen betrügerischer Bestellung einer Hypothek eine Einrede deshalb zustehen, weil der Kläger die gleichzeitig gegen einen nachstehenden Hypothekengläubiger erhobene Anfechtungsklage, nachdem dessen Hypothek im Verteilungsverfahren ausgefallen ist, zurückgenommen hat? 47, 216. — 3) Anfechtung wegen Benachteiligung der Gläubiger s. im einzelnen Syst. Reg. § 160 und (im Konkurse) § 259.

Benachteiligungsabsicht. 1. Beweislast im betreff der Absicht, die Gläubiger zu benachteiligen, bei Erfüllungs- und Deckungsgeschäften. 43, 107. — 2) Kann über die — nicht feststehende — Benachteiligungsabsicht des Schuldners dem Anfechtungsgegner der Eid zugeschoben werden? 43, 392. — 3) Ist die in § 24 (31 n. F.) Ziff. 2 K.O. enthaltene Vermutung der Fraudulosität bei einem in dem kritischen Jahre abgeschlossenen Deckungsgeschäfte als beseitigt zu betrachten? 45, 23.

Beneficialerbe. S. Syst. Reg. § 212.

Benutzungsart. Ist die Verwendung zum Torfstiche eine Benutzungsart des Grundstückes im Sinne des § 10 Abs. 1 des Enteignungsgesetzes von 1874? (P.) 45, 256.

Bereicherung. 1) Kann die Rhederei des Schiffes, das auf Grund des Reichsgesetzes vom 27. Dezember 1872 hilfsbedürftige Seeleute nach Deutschland zurückbefördert hat, von der Rhederei des Schiffes, dem die Seeleute angehört haben, den die gesetzliche Entschädigung übersteigenden Betrag des üblichen Passagepreises aus dem Rechtsgrunde der nützlichen Verwendung fordern? 41, 59. — 2) Umfang des Anspruches aus einer nützlichen Verwendung. (G.) 41, 61. — 3) Klage des bei der Zwangsversteigerung ausgefallenen Hypothekengläubigers außerhalb des Verteilungsverfahrens gegen einen zur Hebung gelangten voreingetragenen aus der Bereicherung beim Vorhandensein von Zwischengläubigern. (P.) 42, 245. — 4) Ist der Anspruch wegen Bereicherung aus fremdem Vermögen auf den Gewinn beschränkt, den der Berechtigte selbst hätte ziehen können? (G., P.) **43**, 59. — 5) Zulässigkeit und Voraussetzungen der actio de in rem verso utilis. (G.) **43**, 161. — 6) Hat der dritte Eigentümer der bei dem Schuldner gepfändeten und unauffindbar gewordenen Geldstücke einen Anspruch gegen den durch das Geld befriedigten Gläubiger? (G.) **43**, 179. — 7) Kann der Gläubiger, dessen Antrag auf Eintragung einer Hypothek vom Grundbuchrichter abgelehnt war, nach der auf Anordnung des Beschwerdegerichtes erfolgten Eintragung von den inzwischen voreingetragenen Hypothekengläubigern Einräumung des Vorrechtes wegen widerrechtlicher Bereicherung verlangen? (P.) **43**, 216. — 8) Wird die Klage aus Art. 83 W.O. dadurch ausgeschlossen, daß beim Erlöschen der Wechselverbindlichkeit der Anspruch aus dem unterliegenden Rechtsverhältnisse noch fortbesteht? **44**, 78. — 9) Geht der Bereicherungsanspruch unter, soweit der Empfänger infolge der Zuwendung eine Forderung verloren hat, aus der er sonst eine gleichartige Leistung gewonnen hätte? Beweislast. (G.) **44**, 144. — 10) Rechtsweg für die Bereicherungsklage gegen einen Amtsverband, wenn die Verfügung des Amtsvorstehers, infolge deren vom Kläger die Kosten einer ihm aufgegebenen Grabenräumung eingezogen sind, im Verwaltungsstreitverfahren aufgehoben ist? (P.) **45**, 248. — 11) Kondiktion eines Wechsels durch den, dessen Bevollmächtigter unter Überschreitung seiner Vollmacht Waren gekauft und den zum Diskontieren erhaltenen Wechsel zur Deckung des Kaufpreises verwendet hat. (P.) **45**, 261. — 12) Liegt rechtlose Bereicherung der offenen Handelsgesellschaft vor, wenn ein Gesellschafter Wertpapiere eines Dritten veruntreut und sie namens der Gesellschaft für ein dieser gewährtes Darlehn zum Pfande giebt? **46**, 18. — 13) Steht der Klage wegen ungerechtfertigter Bereicherung die Rechtskraft des den Anspruch des Gegners anerkennenden Urteiles entgegen? **46**, 77. — 14) Ist der Anspruch auf Herausgabe einer ungerechtfertigten Bereicherung nach dem B.G.B. nur subsidiär? **48**, 139. — 15) Ist die Einlösung eines präjudizierten Wechsels durch den, der dafür früher vom Wechselinhaber Valuta erhalten hat, eine Anstandspflicht im Sinne des § 814 B.G.B.? **48**, 143. — 16) Voraussetzungen des Anspruches wegen ungerechtfertigter Bereicherung. **49**, 49. — 17) Kann die Konkursmasse wegen Verwendungen, die der Gemeinschuldner auf ein unter Eigentumsvorbehalt überliefert erhaltenes Kaufgrundstück gemacht hat, gegen den Verkäufer, dem es vom Konkursverwalter unter Ablehnung der Erfüllung zurückgegeben worden ist, auf Ersatz klagen, obgleich der Sachwert mit den Verwendungen den Vertragsanspruch des Verkäufers nicht übersteigt? (G.) **49**, 189. — 18) Beweislast, wenn die Bereicherungsklage gegen den befriedigten Hypothekengläubiger auf das Nichtbestehen des Schuldgrundes gestützt wird? (P.) **49**, 300.

Bergbaubetrieb. S. Bergwerksbetrieb.

Berge- und Hilfslohn. Wie ist der Hilfslohn zu bestimmen, wenn ein Seeschiff, das nicht zum Erwerbe durch die Schiffahrt bestimmt ist, aus Seenot gerettet wird? — Örtliches Recht. — Einfluß des Umstandes,

salze Bergbau treiben? (P.) **49**, 295. — 6) Verweigerung der Zubuße, weil sie zu einem anderen Unternehmen, als dem Betriebe des verliehenen Bergwerkes bestimmt ist. (P.) **49**, 298.

Bergwerksunternehmung. Gehören preußische Kuxe neueren Rechtes zu den im § 50 Abs. 2 des Börsengesetzes bezeichneten Anteilen an Bergwerksunternehmungen? **47**, 104.

Berichtigung. 1) Steht der Gültigkeit des Gesetzes, betreffend die Pflichten der Kaufleute bei der Aufbewahrung fremder Wertpapiere, vom 5. Juli 1896 die in Nr. 20 des Reichsgesetzblattes von 1896 erschienene Berichtigung entgegen? **41**, 32. — 2) Einfluß der nachträglichen Berichtigung eines Gesetzes auf dessen Gültigkeit. **41**, 34. — 3) Anwendung des § 896 B.G.B. über die Berichtigung des Grundbuches auf Briefhypotheken des bisherigen preußischen Rechtes. **47**, 158. — 4) Hängt, wenn der Beschluß aus § 319 C.P.O. n. F. nur die Kosten betrifft, die Zulässigkeit der auf den Mangel der Voraussetzungen der Berichtigung gestützten weiteren Beschwerde an das Reichsgericht von einer Beschwerdesumme von 100 ℳ ab? **47**, 361. — 5) Besteht die Verpflichtung, nach §§ 894 flg. B.G.B. bei der Berichtigung des Grundbuches mitzuwirken, auch dann, wenn die Unrichtigkeit schon beim Inkrafttreten des neuen Liegenschaftsrechtes vorlag? **48**, 50. — 6) Wie hat der als Gläubiger einer nach älterem Rechte eingetragenen, nicht valutierten Hypothek Eingetragene zur Berichtigung des Grundbuches mitzuwirken? **48**, 48. — 7) S. auch das folgende Wort.

Berichtigungsverfahren. 1) Unverschuldete Behinderung an der Erklärung des Widerspruches gegen die Mitgliederliste der eingetragenen Genossenschaft im Berichtigungsverfahren. **47**, 9. — 2) Einwirkung der Eröffnung des Konkurses über das Vermögen der eingetragenen Genossenschaft auf das Berichtigungsverfahren. **47**, 11.

Berlin. Welche Behörde hat Ortsstatuten für die Stadt Berlin zu bestätigen? (P.) **42**, 313.

Berufsgenossenschaft. 1) Ist die Entscheidung des Reichsversicherungsamtes, durch die ein Betrieb einer bestimmten Berufsgenossenschaft zugewiesen wird, für die Gerichte bindend? **47**, 54. — 2) Sind die auf Grund des § 78 R.U.V.G. vom 6. Juli 1884 von der Berufsgenossenschaft erlassenen Unfallverhütungsvorschriften Polizeigesetze im Sinne des § 26 A.L.R. I. 6? (P.) **48**, 327.

Berufung. Zulässigkeit. 1) Ist die Berufung des Beklagten gegen das die Klage abweisende Urteil zulässig, wenn die Klage nicht als unbegründet, sondern nur auf Grund der Einrede der Zahlung abgewiesen worden ist? **41**, 379. — 2) Wie ist ein nach Absicht des Gerichtes auf Grund des § 275 (303 n. F.) erlassenes, nach seinem Inhalte aber dem § 276 (304 n. F.) C.P.O. entsprechendes Zwischenurteil bezüglich der Rechtsmittel zu behandeln? **42**, 347. 395. — 3) Kann die in erster Instanz völlig obsiegende Partei Berufung einlegen, um z. B. durch Erhebung einer Widerklage ein noch günstigeres Urteil zu erwirken? Wenigstens in Ehescheidungs- und Eheungültigkeitssachen? **45,** 321. — 4) Kann ein Nebenintervenient, der nicht Streitgenosse ist, auch in eigenem Namen und gegen die von ihm unterstützte Partei ein Rechtsmittel einlegen? **42,** 391. — 5) Kann der Kläger gegen das die Klage abweisende Urteil unter Erweiterung der Zinsenforderung Berufung einlegen, wenn er vor der Einlegung wegen des eingeklagten Anspruches befriedigt worden ist? **45,** 412. — 6) Sind die beim Reichsgerichte zugelassenen Anwälte befugt, in dem Verfahren der §§ 28—33 des Patentgesetzes die Berufung bei dem Patentamte einzulegen? **47,** 395. — 7) Förmlichkeit der gegen notwendige Streitgenossen eingelegten Berufung, wenn ihnen vom Rechtsmittelkläger das Urteil zu verschiedenen Zeiten zugestellt ist. **49,** 427.

Berufungsfrist. S. Rechtsmittelfrist.

Berufungsinstanz. 1. Neues Vorbringen. 1) Können, wenigstens in der Berufungsinstanz, in dem Verfahren zur Erledigung eines bedingten Endurteiles neue Ehescheidungsgründe nachgebracht werden, die der Partei während der Hauptverhandlung noch nicht bekannt waren? **42,** 372. — 2) Antrag auf Zurückweisung der Berufung in Ehesachen, gestützt auf einen neuen Scheidungsgrund. **42,** 412. — 3) Begriff des neuen Anspruches im § 529 Abs. 2 C.P.O. n. F. Verhältnis des § 529 zu dem bedingten Verbote der Klageänderung im § 527 n. F. **47,** 390. — 4) Wann liegt im Falle der Einklagung einer Konventionalstrafe in dem Vorbringen neuer, während des Prozesses erfolgter, Vertragsverletzungen in der Berufungsinstanz eine Klageänderung? **48,** 372. — 5) Bezieht sich der § 538 Abs. 1 Nr. 3 C.P.O. auch auf Ansprüche, die in der Berufungsinstanz neu erhoben sind? **49,** 42.

Berufungsinstanz. 2. Verfahren. 1) Bleibt die in der Rechtsmittelschrift durch zugestellten Schriftsatz erklärte, in der mündlichen Verhandlung nicht aufrechterhaltene Anschließung anhängig, bis sie zurückgenommen oder durch Urteil verworfen oder zurückgewiesen ist? **41,** 381. — 2) Die Anschließung ist auch nur wegen des Kostenpunktes sowie nur eventuell für den Fall zulässig, daß das Rechtsmittel des Gegners nicht verworfen wird. **41,** 383. — 3) Genügt es, wenn die allgemeinen Prozeßvoraussetzungen, insbesondere die Zulässigkeit des Rechtsweges, erst in der Berufungsinstanz gegeben sind? **42,** 283. — 4) Wird ein vom Berufungsgerichte nach § 657 (719 n. F.) C.P.O. erlassener Einstellungsbeschluß ohne weiteres hinfällig, wenn die Berufung zurückgewiesen wird? **42,** 370. — 5) Antrag auf Zurückweisung der Berufung in Ehesachen, gestützt auf einen neuen Scheidungsgrund. **42,** 412. — 6) Wieweit gelangt der Streitstoff zur Verhandlung in der Berufungsinstanz, wenn in der ersten der Anspruch auf Grund eines von mehreren Klagegründen zuerkannt ist? **45,** 316. — 7) Wird die zur Ladung des Berufungsbeklagten erforderliche Terminsbestimmung dadurch unnötig, daß der Berufungskläger den Gegner zu dem auf dessen Berufung bestimmten Termine ladet? **45,** 377. — 8) Ist die Anschließung des Beklagten wegen Abweisung der Widerklage an die vom Kläger wegen Abweisung der Klage eingelegte Berufung zulässig? **46**, 373. — 9) Kann der Berufungsbeklagte gegen den mit der Klage abgewiesenen Streitgenossen eine Anschließung vornehmen, wenn die Berufung nur von dem anderen Streitgenossen, der verurteilt war, eingelegt ist? **46**, 416. — 10) Begriff der „neuen Ansprüche" im § 529 Abs. 2 C.P.O. n. F. Verhältnis des § 529 zu dem bedingten Verbote der Klagänderung im § 527 n. F. **47**, 390. — 11) Kann in Ehesachen eine Partei, nachdem über die von ihr eingelegte Berufung durch Teilurteil sachlich entschieden ist, sich behufs Erhebung einer Widerklage der Berufung des Gegners noch anschließen? **49**, 396. — 12) Unterliegt die Einrede des Schiedsvertrages der Beschränkung des § 528 Abs. 1 S. 1 C P.O. n. F. auch dann, wenn das Verfahren erster Instanz schon vor dem 1. Januar 1900 beendet war? **49**, 429.

Berufungsinstanz. 3. Urteil. 1) Darf das Berufungsgericht, wenn es ein bedingtes Endurteil teilweise zu Gunsten des Berufungsklägers abändert, ohne Anschließung zu einem anderen Teile zu dessen Ungunsten den Eid ganz beseitigen? **44**, 366 — 2) Darf es, wenn nur der Kläger Berufung eingelegt hat, die Klage unbedingt abweisen? **49**, 381. — 3) Wieweit gelangt der Streitstoff zur Entscheidung in der Berufungsinstanz, wenn in der ersten der Anspruch auf Grund eines von mehreren Klagegründen zuerkannt ist? **45**, 316. — 4) Setzt die Zurückweisung der Berufung durch Versäumnisurteil voraus, daß die Zustellung des ersten Urteiles, und zwar durch Vorlegung der Zustellungsurkunde nachgewiesen wird? **46**, 372. — 5) Ist beim Nichterscheinen des Berufungsklägers eine nicht statthafte oder nicht form- oder fristgerechte Berufung durch kontradiktorisches oder durch Versäumnisurteil als unzulässig zu verwerfen? **46**, 373; **50**, 384. — 6) Kann das Berufungsgericht, wenn ein Anspruch nach Grund und Betrag streitig ist, ohne über ersteren zu entscheiden, unter Verwerfung des vom ersten Richter als durchgreifend angesehenen Einwandes die Sache auch dem Grunde nach in die erste Instanz zurückverweisen? **47**, 366. — 7) Unter welchen Voraussetzungen kann das Berufungsgericht sich die Entscheidung über die Klage vorbehalten und zugleich die Entscheidung über den Betrag einer von ihm dem Grunde nach für berechtigt erklärten Widerklage in die Vorinstanz zurückverweisen? **47**, 416. — 8) Bezieht sich der § 538 Abs. 1 Ziff. 3 C.P O. auch auf Ansprüche, die in zweiter Instanz neu erhoben sind? **49**, 42.

Berufungsschrift. S. Rechtsmittelschrift.

Beschädigung von Sachen. S. Syst. Reg. § 156.

Bescheinigung. S. Glaubhaftmachung

Beschlagnahme. 1) Ist die Abtretung der Mietzinsforderungen gegenüber dem Hypothekengläubiger wirksam, wenn sie vor der Beschlagnahme des Grundstückes erfolgt und nicht wegen Benachteiligung der Gläubiger anfechtbar ist? Welche Rechte hat der Ersteher des vermieteten Hauses der Abtretung gegenüber? (F.) **43**, 387. — 2) Ist, wo die Beschlagnahme des Dienstlohnes nach dem Gesetze von 1869 unzulässig ist, auch die Aufrechnung mit Gegenforderungen des Arbeitgebers unstatthaft? **41**, 51.

Beschluß. 1) Zulässigkeit der Beschwerde einer zum Armenrechte zugelassenen Partei gegen den Beschluß, durch den von ihrer Einzahlung eines Kostenvorschusses die Erhebung eines Zeugen- oder Sachverständigenbeweises abhängig gemacht ist. **42**, 369. — 2) Ist gegen einen nach § 775 (890 n. F.) Abs. 2 C.P.O. erlassenen Beschluß die Beschwerde, und zwar die sofortige, zulässig? **42**, 419. — 3) Nur der sofortigen Beschwerde unterliegt der Beschluß, daß nach dem § 84 Zw. Ges. aus dem Kaufgelde zu entnehmende Kosten nicht anzusetzen seien, weil der Ersteher von der Zahlung von Gerichtskosten befreit ist. (P.) **45**, 392. — 4) Ist gegen den Beschluß, durch den eine Beweisaufnahme im Auslande angeordnet wird, Beschwerde zulässig? **46**, 367. — 5) Darf ein auf Grund des § 620 Abs. 1 C P.O. gestellter Antrag auf Aussetzung des Verfahrens durch einen vor dem Endurteile erlassenen Beschluß zurückgewiesen werden? **46**, 385. — 6) Ein Beschluß ist erlassen, wenn er verkündet, zugestellt oder einer Partei zur Zustellung übergeben ist. **46**, 418. — 7) Voraussetzungen der Beschwerde gegen den Beschluß des Berufungsgerichtes, die Zwangsvollstreckung aus dem Urteil erster Instanz nur gegen Sicherheitsleistung zuzulassen. **47**, 419. — 8) Unterliegt in Auseinandersetzungssachen die sofortige Beschwerde gegen den die Revision zurückweisenden Beschluß der Generalkommission dem Anwaltszwange? **50**, 347. — 9) Kann in Auseinandersetzungssachen die sofortige Beschwerde wirksam vor der ordnungsmäßigen Zustellung des anzufechtenden Beschlusses eingelegt werden? (P) **50**, 352. — 10) Ist gegen den Beschluß, durch den ein auf § 715 C P.O. n. F. gestütztes Gesuch abgelehnt wird, die Beschwerde zulässig? **47**, 364. — 11) Ist über die Ernennung eines Schiedsrichters seit dem 1. Januar 1900 durch Beschluß zu entscheiden, auch wenn sie schon vor diesem Tage mittels Klage beantragt war? **48**, 404. — 12) Gelangt ein nicht verkündeter Beschluß auch durch die Zustellung an einen unrichtigen Adressaten zum äußeren Dasein? **50**, 352.

Beschränkte Haftung. 1) Was versteht das Gesetz, betreffend die Gesellschaften mit beschränkter Haftung, vom 20. April 1892 unter Einzahlung auf die Stammeinlagen? **41**, 120. — 2) Gilt die gesetzliche Formvorschrift für die Abtretung eines Geschäftsanteiles einer Gesellschaft mit beschränkter Haftung auch für die Abtretung von Teilen desselben? **43**, 136. — 3) Wird durch die mündliche Zusage, sich an der beabsichtigten Gründung einer Gesellschaft mit b. H. in bestimmter Höhe zu beteiligen, eine rechtliche Verpflichtung begründet? **43**, 136. — 4) Kann die im Gesellschaftsvertrage erfolgte Bestellung des Geschäftsführers einer Gesellschaft mit b. H. nur so widerrufen werden, wie eine Änderung des Gesellschaftsvertrages zulässig ist? **44**, 96. — 5) Hat der Geschäftsführer einer Gesellschaft mit b. H., wenn seine Bestellung nur aus wichtigen Gründen widerrufen werden konnte, und diese nicht vorlagen, Anspruch auf Beseitigung des Widerrufsbeschlusses und auf Wiedereinsetzung in sein Amt? **44,** 98. — 6) Begriff der Vermehrung der den Gesellschaftern mit b. H. obliegenden Leistungen im § 54 Abs. 3 des Gesetzes vom 20. April 1892. **47,** 181. — 7) Können in der Geschäftsordnung einer Gesellschaft mit b. H. Konventionalstrafen unbeschränkt gegen Gesellschafter festgesetzt werden? **47,** 183. — 8) Darf die Gesellschaft mit b. H. Anleihen aufnehmen, um die Einlagen der Gesellschafter für diese zu bezahlen? **47,** 185. — 9) Hat der Geschäftsführer der Gesellschaft mit b. H., der zugleich Gesellschafter ist, ein klagbares Recht auf Anerkennung der von ihm aufgestellten Bilanz gegen die übrigen Gesellschafter? **49,** 141. — 10) Darf der Geschäftsführer einer Gesellschaft mit b. H., der zugleich Gesellschafter ist, über die Feststellung der von ihm aufgestellten Bilanz mitstimmen? **49,** 146. — 11) Ist die Bestimmung des Gesellschaftsvertrages mit b. H. gültig, daß bei Stimmengleichheit der Rechtskonsulent der Gesellschaft zu entscheiden habe? **49,** 146. — 12) Haben die Mitglieder einer Gesellschaft mit b. H. ein unbeschränktes Recht auf Vorlegung und Einsicht der Geschäftsbücher der Gesellschaft mit Beilagen und Belägen? **49,** 148. — 13) Ist die Bestimmung des Gesellschaftsvertrages einer Gesellschaft mit b. H. gültig, daß bei der Veräußerung eines Geschäftsanteiles an einen Nichtgesellschafter die übrigen Gesellschafter das Vorkaufsrecht zum Nominalbetrage der Stammeinlage des veräußernden Gesellschafters haben sollen? **49,** 149. — 14) Rechtliche Bedeutung der Zeichnung eines Stammanteiles einer Gesellschaft mit b. H. im Auftrage eines Anderen. Steht der Verpflichtung zur Abtretung dieses Anteiles aus dem Auftrage der § 15 Abs. 4 des Gesetzes von 1892 entgegen? **50,** 43. — 15) Kann der Auftraggeber zur Zeichnung einer Stammeinlage einer Gesellschaft mit b. H. die von ihm an die Gesellschaft geleistete Einzahlung zurückfordern, weil die Abtretung des Anteiles an ihn durch den Mandatar nicht in der Form des § 15 Abs. 3 des Gesetzes von 1892 erfolgt ist? **50,** 46. — 16) Unterschied zwischen dem Beitritte zu einer Gesellschaft mit b. H. unter Erhöhung des Stammkapitales und der Übernahme eines altes Geschäftsanteiles. **50,** 47.

Beschränkung des Eigentumsrechtes. 1) Muß der Eigentümer eines Gemeindefriedhofes die freie Ausübung des Leichenbestattungsgewerbes auf ihm dulden? (P.) **42,** 56. — 2) Beschränkungen des Eigentumes an dem einem öffentlichen Gebrauche gewidmeten Grundstücke. (P.) **42,** 208. — 3) Wieweit sind bei der richterlichen Festsetzung der Entschädigung für Festungsrayonbeschränkungen die Erleichterungen zu berücksichtigen, die erst nach Festsetzung der Entschädigung durch die Verwaltungsbehörde eingetreten sind? **43,** 15. — 4) Ist das Lichtrecht eine Eigentumsbeschränkung? (P.) **44,** 314. — 5) Finden ein nach § 12 des Straßengesetzes vom 2. Juli 1895 erlassenes Ortsstatut und eine entsprechende Polizeiverordnung auch auf Wohngebäude Anwendung, deren Errichtung schon vorher mit polizeilicher Erlaubnis begonnen war? (P.) **46,** 283. — 6) Ist die auf dem betreffenden Grundbuchblatte nicht eingetragene vertragsmäßige Verpflichtung des

Erwerbers einer Kohlenabbaugerechtigkeit, einen Tonnenzins zu zahlen, als „Beschränkung des Eigentumsrechtes" im Sinne des § 11 E.E.G. anzusehen? (P.) **49**, 212. — 7) Ist der den Windmühlen aus der Zeit vor dem 18. November 1819 gewährte Schutz gegen Baumpflanzungen (§ 247 A.L.R. II. 15) neben dem B.G.B. in Kraft geblieben? (P.) **50**, 319. — 8) Umfang des den Windmühlen nach § 247 A.L.R. II. 15 gegen Verkümmerung des „nötigen" Windes gebührenden Schutzes. (P.) **50**, 325. — 9) S. auch Syst. Reg. § 51.

Beschreibung. Rechtliche Bedeutung der einem eingetragenen Warenzeichen beigegebenen Beschreibung. **48**, 209.

Beschwerde. 1) Nach welchen Bestimmungen findet die Beschwerde gegen Entscheidungen des Grundbuchamtes wegen Eintragung einer Zwangshypothek statt? **48**, 242. — 2) Im übrigen: Einfache, sofortige, weitere Beschwerde s. Syst. Reg. § 341 a. b. c.

Beschwerdegrund. 1) Neuer selbständiger Beschwerdegrund, wenn die Entscheidung des Beschwerdegerichtes zwar sachlich der Vorinstanz beitritt, aber auf Verletzung wesentlicher Vorschriften des Verfahrens beruht. **42**, 352. — 2) Neuer selbständiger Beschwerdegrund, wenn das Landgericht die Voraussetzungen der öffentlichen Zustellung, das Beschwerdegericht die örtliche Zuständigkeit des Landgerichtes verneint. **46**, 392. — 3) S. a. Syst. Reg. § 341.

Beschwerdeschrift. Muß sie handschriftlich unterschrieben werden, oder genügt ein Facsimile? **46**, 375.

Beschwerdesumme. Beschwerdewert. 1) Worin besteht der Streitwert bei der auf Erhöhung der Festsetzung des Streitwertes der Hauptsache gerichteten Beschwerde des Rechtsanwaltes? **45**, 402. — 2) Berechnung der Beschwerdesumme für die von einem Rechtsanwalt in eigenem Namen gegen den in der Beschwerdeinstanz erlassenen Wertfestsetzungsbeschluß eingelegte weitere Beschwerde. **46**, 365. — 3) Kann der Beschwerdewert in der höheren Instanz den Wert des Streitgegenstandes übersteigen? **47**, 420. — 4) Hängt, wenn ein Berichtigungsbeschluß (§ 319 C.P.O. n. F.) nur die Kosten betrifft, die Zulässigkeit der auf den Mangel der Voraussetzungen der Berichtigung gestützten weiteren Beschwerde an das Reichsgericht von einer Beschwerdesumme von 100 *M* ab? **47**, 361. — 5) Zur Erläuterung der Worte „in betreff der Prozeßkosten" im § 567 Abs. 2 C.P.O. n. F. **49**, 386. — 6) Besteht die Beschwerdesumme im Falle des § 99 Abs. 3 C.P.O. n. F. nur in dem Betrage der Kosten, die bis zur Erledigung der Hauptsache entstanden sind? **50**, 368. — 7) Revisionssumme. S. Syst. Reg. § 337 b.

Beschwerdeverfahren. 1) Ist im Beschwerdeverfahren die Auferlegung eines richterlichen Eides statthaft? **50**, 370. — 2) Im übrigen s. Syst. Reg. § 341.

Besitz. 1) Kann der Besitz von Waren übertragen werden durch die Übergabe eines über sie von der Zollverwaltung ausgestellten Niederlagescheines? **43**, 72. — 2) Besitzerwerb für die Stadtgemeinde durch ihren Bürgermeister. (P.) **44**, 305. — 3) Besitzerwerb für den Vertretenen nach dem Willen des Absenders trotz abweichenden Willens des Vertreters. (P.) **44**, 306. — 4) Voraussetzungen des Besitzes eines negativen Rechtes, insbesondere des Lichtrechtes. (P.) **44**, 319. — 5) Übertragung des Besitzes durch konkludente Handlungen. (P.) **47**, 270. — 6) Haftet auf Schadensersatz, wer sich des Besitzes einer fremden beweglichen Sache entäußert, die er in Kenntnis des fremden Eigentumes ohne Wissen des Eigentümers in Besitz genommen hat? (P.) **47**, 275. — 7) Überträgt der seine Mobilien an seine Frau veräußernde Ehemann den Besitz durch einen mit ihr abgeschlossenen Leihvertrag, wenn die Sachen in der ehemännlichen Verwaltung bleiben? (P.) **48**, 318. — 8) Was ist ein „ähnliches Verhältnis, vermöge dessen der Besitzer einer Sache einem Anderen gegenüber auf Zeit zum Besitze berechtigt oder verpflichtet ist," im Sinne der §§ 868. 930 B.G.B.? **49**, 170. — 9) Wie muß der Besitz eines Dritten an dem s. g. thatsächlichen Zubehör beschaffen sein, wenn er hindern soll, daß es vom Zuschlage mit ergriffen wird? (P.) **49**, 253. — 10) Besitzstörung oder Besitzentziehung, wenn der Nachbar eine in seinen Luftraum reichende Dachausladung abschneidet? **50**, 11.

Besitzentäußerung. S. Besitz Nr. 6.

Besitzentziehung. S. Besitz Nr. 10.

Besitzschutz. Nach welchem Rechte regelt er sich, wenn das Besitzdelikt vor dem 1. Januar 1900 begangen worden ist? Findet auf ihn der § 864 Abs. 2 B.G.B. Anwendung? **50**, 8.

Besitzstörung. S. Besitz Nr. 10.

Besitzübertragung. S. Besitz, Übergabe.

Besoldungsdienstalter. Ist der Rechtsweg zulässig, für die Klage eines nichtrichterlichen Staatsbeamten gegen den Staat auf Feststellung seines Besoldungsdienstalters? (P.) **48**, 322.

Besserungsversprechen. S. Nachzahlungsversprechen.

Bestätigung. 1) Welche Behörde hat Ortsstatuten für Berlin zu bestätigen? (P.) **42**, 313. — 2) Findet bei Versicherungsverträgen und Bestätigungen der Schlesischen Provinzial-Landfeuersocietät, wenn sie bewegliche Sachen von über 3000 ℳ Versicherungswert betreffen, die Befreiung 2 zur Tarifstelle 70 des preußischen Stempelsteuergesetzes von 1895 Anwendung? **43**, 248.

Bestandteil. S. Substanzteil.

Bestimmtheit. 1) Wirkt die allgemein für den Eingang der Wechselsumme außerhalb des Wechsels schriftlich erklärte Bürgschaft auch zu deren Gunsten, die später durch Indossament den Wechsel erworben und die Bürgschaftsurkunde ausgehändigt erhalten haben? **41**, 171. — 2) Ist eine, die Umwandelung eines gewerblichen Unternehmens in eine Aktiengesellschaft bezielende Offerte wegen Unbestimmtheit unverbindlich, wenn die näheren Bestimmungen über die Höhe des Grundkapitales und die sonstigen Geschäftseinrichtungen dem anderen Teile überlassen sind? (P.) **41**, 282. — 3) Besteht, wenn Einzelgrundstücke mehrerer Eigentümer zu einer nach allen Richtungen unentwirrbaren Fläche geworden sind, Miteigentum an dieser? (G.) **44**, 169.

— 4) Ungültigkeit eines Vertrages wegen Mangels genügender Bestimmtheit seines Inhaltes. (P.) **46**, 259. — 5) Kommt bei dem s. g. komplizierten Spezifikationskaufe der Käufer in Annahmeverzug, wenn er die schuldige Spezifikation unterläßt? **43**, 104.

Beteiligter. Steht die Syndikatsklage, insbesondere gegen einen Notar, nur den bei dem Rechtsakte unmittelbar Beteiligten oder auch jedem geschädigten Dritten zu? (G.) **46**, 213.

Betrieb. Betriebsstätte. 1) Können die dem Eisenbahnbetriebe als solchem eigentümlichen unvermeidlichen Gefahren als höhere Gewalt im Sinne des § 1 R.H.G. angesehen werden? **44**, 27; **50**, 94. — 2) Gehört zum Betriebe einer Eisenbahn im Sinne des § 1 R.H.G. das Umschlagen einer Weiche durch den Weichenwärter? **46**, 23. — 3) Ist die Entscheidung des Reichsversicherungsamtes, durch den ein Betrieb einer Berufsgenossenschaft zugewiesen wird, für die Gerichte maßgebend? **47**, 54. — 4) Ist der Urkundenstempel nur einmal oder mehrfach zu erheben, wenn einem Konsumverein die Erlaubnis zum Kleinhandel mit Spiritus für mehrere Betriebsstätten in mehreren Urkunden erteilt wird? (P.) **45**, 195. — 5) Gewerbebetrieb s. dieses Wort.

Betriebskrankenkasse. 1) Haftet der vom Betriebsunternehmer bestellte Rechnungsführer wegen seiner Veruntreuungen dem Unternehmer oder der Kasse oder beiden und worauf? **45**, 20. — 2) Juristische Persönlichkeit der Betriebskrankenkassen. **45**, 21.

Betriebsordnung. Können durch eine im Verwaltungswege erlassene Betriebsordnung für die Benutzung einer dem Staate gehörigen öffentlichen Wasserstraße die gesetzlichen Bestimmungen über die Verpflichtung zum Schadensersatz abgeändert werden? (G.) **45**, 162.

Betriebsunfall. 1) Gehören zu den Betriebsunfällen im Sinne der Reichsunfallversicherungsgesetze und des preußischen Fürsorgegesetzes die aus betriebsgemäßen Zuständen oder Handlungen hervorgehenden Unfälle? **44**, 253. — 2) Sind die auf Grund des § 78 R.U.V.G. vom 6. Juli 1884 von der Berufsgenossenschaft erlassenen Unfallverhütungsvorschriften Polizeigesetze im Sinne des § 26 A.L.R. I. 6? **48**, 327.

Betriebsunternehmer. 1) Ein Antrag des Betriebsunternehmers ist nötig, wenn mit der Wirkung des § 26 die im § 17 R.G.O. vorgeschriebene Bekanntmachung nach § 25 unterbleiben soll. **41**, 29. — 2) Kann der Betriebsunternehmer den von ihm bestellten Rechnungsführer der Betriebskrankenkasse wegen Veruntreuungen in Anspruch nehmen, oder kann dies nur die Kasse und worauf? **45**, 20. — 3) Gewerberechtlicher Unterschied zwischen der Konzessionserteilung an den Betriebsunternehmer und der Erlaubnis zur persönlichen Ausübung der gewerblichen Thätigkeit. **46**, 105. — 4) Ist der § 67a des Krankenversicherungsgesetzes von 1892 auch auf Fabrikkrankenkassen anzuwenden, die von Anfang an für den Betrieb verschiedener Unternehmer errichtet waren? **49**, 16.

Betrug. 1) Kann ein Genosse gegen die von dem Verwalter des Genossenschaftskonkurses auf Zahlung des Vorschußbetrages erhobene Klage einwenden, er sei von einem Vorstandsmitgliede durch Betrug zum Beitritte verleitet worden? **45,** 106. — 2) Kann für einen deutschen Richter fremdes Recht auch dann in Betracht kommen, wenn es sich um einen Betrug des Verkäufers handelt? (G.) **46,** 196. — 3) Rechtsfolgen, wenn der Kommittent bei der Erteilung einer Einkaufskommission absichtlich durch wahrheitswidrige Angaben des Kommissionärs zur Setzung eines unnötig hohen Limitums veranlaßt wird. **43,** 108. — 4) Hängt die persönliche Haftung des für eine noch nicht eingetragene Aktiengesellschaft Handelnden davon ab, daß er das Bestehen der Gesellschaft dem Dritten vorgespiegelt hat, oder daß diesem das Bestehen unbekannt ist? **47,** 1. — 5) Liegt Betrug vor, wenn schon beim Vertragsschlusse der eine Kontrahent die Absicht hat, den Vertrag nicht zu erfüllen, und dies dem anderen verheimlicht? (P.) **48,** 282. — 6) Unterschied zwischen der Wandelungsklage und der auf arglistige Täuschung (§§ 123. 142 B.G.B.) gestützten Klage. **49,** 422. — 7) Haftet, wenn die Genehmigung des Vormundschaftsgerichtes zum Vertrage erteilt ist, das Mündel auch für die Folgen eines vom Vormunde beim Vertragsschlusse begangenen Betruges? (P.) **50,** 281.

Bett. S. Tisch und Bett.

Bevollmächtigter. 1) Muß er im Falle des § 25 A.L.R. I. 13, wenn er den Auftrag behält, ohne dem Machtgeber von der Beschaffenheit der Sache Anzeige zu machen, den durch das Unterlassen der Anzeige oder den durch das Behalten des Auftrages entstandenen Schaden ersetzen? (P.) **43,** 262. — 2) Im übrigen s. Prozeßbevollmächtigter, Vollmacht.

Bewegliche Sachen. 1) Gehören dazu im Sinne des § 328 A.L.R. II. 2 die Kuxe des neueren Rechtes? (P.) **43,** 354. — 2) Können Schienen Gegenstand des Gebrauchsmusterschutzes sein, wenn sie zur Herstellung einer unbeweglichen Sache, einer Mauer, bestimmt sind? **50,** 125. — 3) Bezieht sich der § 366 Nr. 9 R.St.G.B. nur auf bewegliche Sachen oder auch auf mit dem Boden dauernd verbundene Anlagen? **47,** 330.

Beweisanträge. Hat die auf Antrag des Käufers nach § 488 Abs. 1 C.P.O. n. F. erfolgte Vernehmung von Sachverständigen Einfluß auf die im Abs. 2 dem Verkäufer eingeräumte Befugnis? Muß in diesem Falle das Gericht die nach § 487 Nr. 3 benannten Sachverständigen vernehmen? **49,** 388.

Beweisaufnahme. Beweisaufnahmeverfahren. 1) Beschränkung der Beweisführung bezüglich der Seeunfälle durch die Allgemeinen Seeversicherungsbedingungen von 1867. **43,** 11. — 2) Ist nach einem Beweisaufnahmetermine eine Beschwerde darüber zulässig, daß ein Rechtsanwalt als Vertreter der Partei in diesem Termine nicht zugelassen ist, weil er seine Vollmacht nicht nachgewiesen hat? **43,** 425. — 3) Ist gegen den Beschluß, durch den eine Beweisaufnahme im Auslande angeordnet wird, die Beschwerde zulässig? **46,** 367. —

4) Darf die angebotene Beweisaufnahme durch Sachverständige stets als mißlungen angesehen werden, wenn die beweispflichtige Partei den Sachverständigen an der erforderlichen Untersuchung gehindert hat? **46**, 369. — 5) S. auch Beweisgebühr.

Beweisbeschluß. Kann die Eideszuschiebung an notwendige Streitgenossen noch zurückgenommen oder durch andere Beweismittel ersetzt werden, wenn der durch Beweisbeschluß angeordnete Eid schon von einigen Streitgenossen abgeleistet ist? **41**, 415.

Beweisführung. Beschränkung der Beweisführung bezüglich der Seeunfälle durch die Allgemeinen Seeversicherungsbedingungen von 1867. **43**, 10.

Beweisgebühr. 1) Steht sie im Falle der Auflegung eines Eides durch bedingtes Endurteil dem Rechtsanwalte nur dann zu, wenn er in dem Eidesleistungstermine erschienen war? **43**, 414. — 2) Setzen die Gebühr für die Vertretung in einem Beweisaufnahmeverfahren und die erhöhte Gebühr für die Vertretung in der weiteren mündlichen Verhandlung voraus, daß es zur Aufnahme des Beweises gekommen ist? **44**, 397. — 3) Gebühr des den Gegner der Einspruch erhebenden Partei vertretenden Rechtsanwaltes für die mündliche Verhandlung, auf die das Versäumnisurteil erlassen ist, wenn diese unter den § 17 G.O. für R.A. fällt. **44**, 400.

Beweisgrund. 1) Eidesweigerung im Eheprozesse als möglicher Beweisgrund für einen Ehescheidungsgrund nach freier Beweiswürdigung. **43**, 422. — 2) Inwieweit dürfen ein von der einen Partei in einem Vorprozesse geleisteter Eid und die in einem Vorprozesse erstatteten Zeugenaussagen als Beweisgrund dienen? **46**, 410.

Beweiskraft. 1) Welcher Beweis ist zur Widerlegung der Rechtsvermutung der Ehelichkeit eines Kindes erforderlich? **41**, 157. — 2) Kann der Nachweis der gerichtlichen Insinuation der Schenkung durch Eideszuschiebung geführt werden? **50**, 424. — 3) Dürfen schriftliche Gutachten von Behörden bei der Beweiswürdigung im Civilprozesse berücksichtigt werden? **44**, 151. — 4) Hat die Weigerung des Editionseides zur Folge, daß der Besitz der Urkunde als bewiesen gilt? **44**, 425. — 5) Haben schriftliche, von den Ausstellern unterschriebene, Privatzeugnisse im Urkundenprozesse Beweiskraft? **49**, 374. — 6) Darf das Gericht eine ihm überreichte, vom Antragsteller selbst schriftlich abgegebene, eidesstattliche Versicherung als Mittel der Glaubhaftmachung berücksichtigen? **50**, 360. — 7) S. auch das vorstehende Wort Beweisgrund.

Beweislast. 1) Ist, wenn die Zulässigkeit einer gesetzlich möglichen, in dem Handelsregister eingetragenen, Firma bestritten wird, die Gesetzmäßigkeit der Eintragung so lange vorauszusetzen, bis die Unzulässigkeit vom Gegner nachgewiesen wird? **41**, 20. — 2) Beweislast, wenn der Schuldner dem angeblichen Cessionar ohne Prozeß gezahlt hat, dann dem ursprünglichen Gläubiger rechtskräftig verurteilt ist und nun das früher Gezahlte von dem angeblichen Cessionar zurückfordert. (G.) **41**, 150. — 3) Beweislast, wenn der Gläubiger auf Grund des Vertrages Ansprüche erhebt, deren Voraussetzung die Nichterfüllung des Gegners ist. **41**, 221; **45**, 359. — 4) Beweislast in betreff der Zugehörigkeit der streitigen Parzelle zum Grundstücke. (P.) **42**, 202. — 5) Ändert sich die Beweislast des eingetragenen Eigentümers durch spätere Zurückführung des Grundbuchblattes auf das Steuerbuch? **42**, 200. — 6) Beweislast bei der Klage auf Bewilligung der Löschung einer Hypothekenvormerkung. (P.) **42**, 319. — 7) Beweislast bei der Einrede aus § 576 (616 n. F.) C.P.O. **42**, 384. — 8) Beweislast bezüglich der Anfechtung von Erfüllungs- und Deckungsgeschäften wegen Benachteiligung der Gläubiger. **43**, 107. — 9) Beweislast, wenn gegenüber der Bereicherungsklage gestritten wird, ob der Empfänger infolge der Zuwendung eine Forderung verloren hat, aus der er sonst eine gleichartige Leistung erlangt haben würde. (P.) **44**, 144. — 10) Wird die Beweislast durch die den Versicherungsvertrag beherrschende bona fides beeinflußt? **44**, 150. — 11) Setzt der § 11 Abs. 2 Ziff. 2 R.A.G. voraus, daß der Abschluß des anzufechtenden Vertrages in der Frist des § 3 Abs. 2 erfolgt ist? **45**, 45. — 12) Was hat im Falle des § 11 Abs. 2 Ziff. 2 R.A.G. der Anfechtungsbeklagte zu beweisen? **45**, 47. — 13) Beweislast, wenn streitig ist, ob ein Wechsel zu der Zeit, als der verklagte Indossant seinen Namen darauf setzte, schon auf diese Summe gelautet habe. **47**, 67. — 14) Besteht bezüglich der Beweislast ein Unterschied, je nachdem auf einen Grenzüberbau das ältere Recht oder das Recht des B.G.B. angewendet wird? (P.) **47**, 115. — 15) Beweislast, wenn der Käufer bestreitet, daß die gelieferte Ware die vereinbarte Herkunft habe. **47**, 124. — 16) Wodurch wird die Vermutung des Bestehens einer Hypothekenforderung entkräftet, und der Gläubiger beweispflichtig? **49**, 7. — 17) Beweislast, wenn die Bereicherungsklage gegen den befriedigten Hypothekengläubiger auf das Nichtbestehen des Schuldgrundes gestützt wird. (P.) **49**, 300. — 18) Beweislast, wenn der Hypothekengläubiger bei der Geltendmachung der Hypothek ihr ein anderes persönliches Schuldverhältnis als das eingetragene substituiert. (P.) **49**, 302.

Beweismittel. 1) Kann die Eideszuschiebung an notwendige Streitgenossen durch andere Beweismittel ersetzt werden, wenn der durch Beweisbeschluß angeordnete Eid schon von einigen Streitgenossen geleistet ist? **41**, 415. — 2) Beschränkung des Beweises bezüglich der Seeunfälle durch die Allgemeinen Seeversicherungsbedingungen von 1867. **43**, 10. 3) Kann über die Kenntnis der — nicht feststehenden — Benachteiligungsabsicht des Schuldners dem Anfechtungsgegner der Eid zugeschoben werden? **43**, 392. — 4) Kann der Nachweis der gerichtlichen Insinuation der Schenkung durch Eideszuschiebung geführt werden? **50**, 424.

Beweispflicht. S. Beweislast.

Beweisregel. 1) Hat die Weigerung des Editionseides zur Folge, daß der Besitz der Urkunde als bewiesen gilt? **44**, 425. — 2) Ist die Vorschrift des Art. 1743 C. c. eine Formvorschrift oder eine durch den § 14 Ziff. 2 E.G. z. C.P.O. beseitigte Beweisvorschrift? (F.) **45**,

tümers eines geschleppten Schiffes für ein dem Führer des Schleppdampfers zur Last fallendes Verschulden. **46**, 42. — 4) Kann zur Schiffsbesatzung eines geschleppten Schiffes auch der Führer des Schleppdampfers gerechnet werden? **46**, 45. — 5) Der Art. 792 H.G.B. findet auf die Binnenschiffahrt keine, auch keine analoge Anwendung. **47**, 170. — 6) Liegt Doppelversicherung vor, wenn jemand nach erfolgter Versicherung eines ihm gehörigen Hinterhangsfahrzeuges das ihm gehörige Schleppschiff, insbesondere auch gegen Haftpflicht, so versichert, daß Hinterhangsfahrzeuge des Versicherten in den durch die Versicherung gedeckten Fällen so angesehen werden sollen, als ob sie Fahrzeuge Dritter wären? **47**, 168. — 7) Begriff des Schiffers im Sinne des Binnenschiffahrtsgesetzes. **48**, 68. — 8) Umfang der Verpflichtung des Schiffseigners zu eigener Sorgfalt in Ansehung der Ausführung eines von ihm abgeschlossenen Frachtvertrages durch den Schiffer. **48**, 64. — 9) Wann beginnt nach § 26 des Binnenschiffahrtsgesetzes die Verjährung der Ansprüche gegen den Frachtführer wegen Verlustes des Gutes, wenn ein bestimmter Ablieferungstag nicht vereinbart ist? **49**, 92. — 10) Haftet der Eigner des Schleppdampfers aus einem Zusammenstoße des geschleppten Schiffes mit einem anderen für den Schaden, der durch die Führung des geschleppten Schiffes verschuldet ist? **50**, 33. — 11) Grundsätze über die Haftung der einzelnen, zu einem Schleppzuge verbundenen Schiffe bei einem Zusammenstoße mit anderen. **50**, 35.

Blankoindossament. 1) Ist ein an eigene Order gezogener Wechsel gültig in blanco indossiert, wenn der Aussteller auf die Rückseite seinen Namen, über diesen aber das Wort „angenommen" gesetzt hat? **46**, 46. — 2) Ist, wer einen Wechsel auf Grund eines Blankoindossamentes weiter begiebt, im Sinne des § 445 C.P.O. u. F. Rechtsvorgänger des Erwerbers. **47**, 167. — 3) Voraussetzungen der Legitimation des Inhabers einer als Wechsel ungültigen, als Anweisung oder Verpflichtungsschein gültigen Urkunde durch Blankoindossament. **48**, 232.

Bleigehalt. Verstößt die Herstellung von Konservenbüchsen gegen das Reichsgesetz vom 25. Juni 1887, wenn von der mehr als 10% Blei enthaltenden Lötung der Außenseite ein geringer Teil nach der im übrigen nicht gelöteten Innenseite dringt? **46**, 12.

Blödsinn. Rechtsfolgen der Handlungen eines wegen Blödsinnes Entmündigten, namentlich für die Ehescheidung. (P.) **43**, 278.

Börsengesetz. 1) Anwendung des § 66 des Börsengesetzes auf Geschäfte, die nur deshalb nicht Börsentermingeschäfte im Sinne des § 48 sind, weil die Kontrahenten die vom Börsenvorstande für den Terminhandel festgesetzten Bedingungen ausgeschlossen haben. **42**, 43. — 2) Zur Auslegung der §§ 48. 66 des Gesetzes. **44**, 103. — 3) Wann liegt grobes Verschulden des Urhebers eines Prospektes im Sinne des § 43 des Börsengesetzes von 1896 vor? Umfang und Art des Schadensersatzes in solchem Falle. **46**, 83. — 4) Bedeutung der §§ 50. 51 des Gesetzes. **47**, 107. — 5) S. auch Börsentermingeschäft.

Börsenhandel. S. das vorstehende Wort Börsengesetz Nr. 3.

Börsenregister. S. Börsentermingeschäft.

Börsentermingeschäft. 1) Findet nach § 68 des Börsengesetzes vom 22. Juni 1896 dessen § 66 auch dann Anwendung, wenn von Nichteingetragenen im Auslande nach den Geschäftsbedingungen ausländischer Börsen Termingeschäfte abgeschlossen sind? **43**, 91; **44**, 52. — 2) Ist die im Börsengesetze angedrohte Ungültigkeit von Börsentermingeschäften von Amtswegen zu beachten? **44**, 54. — 3) Zeitliche Grenzen der Anwendbarkeit der Bestimmungen des Börsengesetzes über Börsentermingeschäfte. **44**, 54. — 4) Anwendung des § 66 des Börsengesetzes auf Geschäfte, die nur deshalb nicht Börsentermingeschäfte im Sinne des § 48 sind, weil die Kontrahenten die vom Börsenvorstande für den Terminhandel festgesetzten Bedingungen ausgeschlossen haben. **42**, 43. — 5) Zur Auslegung der §§ 48. 66 des Börsengesetzes vom 22. Juni 1896. **44**, 103. — 6) Kann der Prinzipal, mit dem sein Handlungsgehilfe unter dem Namen eines Anderen Börsentermingeschäfte gemacht hat, Herausgabe des Gewinnes fordern, den der Handlungsgehilfe erzielt und aus der Kasse des Prinzipals erhalten hat? **45**, 31. — 7) Ist die Prolongation des Börsentermingeschäftes, die sich zwischen denselben Kontrahenten glatt — ohne Report oder Deport — vollzieht, stempelsteuerfrei? **47**, 14. — 8) Ist der Fortbezug der Stückzinsen durch den Inhaber der Effekten oder die Entrichtung einer Kontokorrentprovision bei der Prolongation ein Entgelt im Sinne des § 7 Abs. 2 (jetzt § 8 Abs. 2) des Reichsstempelgesetzes? **47**, 15. — 9) Folgen des verbotenen Terminhandels (§§ 50. 51 des Börsengesetzes). **47**, 104. — 10) Nichtigkeit der börsenmäßigen Termingeschäfte in verbotenen Waren und Wertpapieren, auch wenn sie nicht im Börsengebäude oder während der Börsenzeit abgeschlossen sind und nicht unter den § 48 des Börsengesetzes fallen. **47**, 107. — 11) Begriff des Börsenterminhandels im Sinne des § 51 Abs. 2 des Börsengesetzes. **47**, 111. — 12) Bedeutung der Klausel in der Schlußnote „fester Lieferungstermin 31. Dezember und täglich". **47**, 112. — 13) Kann, wer, ohne im Börsenregister eingetragen zu sein, Börsentermingeschäfte für seine Rechnung durch einen Kommissionär abschließt, von diesem die ihm zur Zahlung an dessen Mitkontrahenten gegebenen und an diesen auch abgeführten Vorschüsse zurückfordern? **49**, 59. — 14) Ist ein Börsentermingeschäft als Anschaffungsgeschäft zu verstempeln, wenn es in einem Geschäftszweige abgeschlossen ist, für den zur Zeit des Abschlusses nicht beide Kontrahenten in einem Börsenregister eingetragen waren? **49**, 111. — 15) Börsentermingeschäft im engeren und im weiteren Sinne. **42**, 50.

Börsenterminhandel. S. Börsentermingeschäft.

Böser Glaube. S. Glaube.

Bösliche Verlassung. Begriff nach den §§ 677 flg. A.L.R. II. 1 und nach § 1567 B.G.B. **46**, 158.

Brandversicherungsgelder. Erwirbt der Grundeigentümer die mit Versicherungsgeldern für abgebrannte Gebäude bezahlte Hypothek, oder

schaft herbeigeführten Änderung alle Gemeindemitglieder berechtigt, und stehen daher solche Rechte jetzt nach § 6 des Fischereigesetzes von 1874 der politischen Gemeinde zu? (P.) **50**, 301.

Bürgermeister. 1) Wieweit kann durch die alleinige Unterschrift ihres Bürgermeisters die Stadtgemeinde nach der preußischen Städteordnung vom 30. Mai 1853 verpflichtet werden? (P.) **44**, 303. — 2) Besitzerwerb für die Stadtgemeinde durch ihren Bürgermeister. (P.) **44**, 305.

Bürgschaft. 1) Wirkt die allgemein für den Eingang der Wechselsumme außerhalb des Wechsels schriftlich erklärte Bürgschaft auch zu deren Gunsten, die später den Wechsel durch Indossament erworben und die Bürgschaftsurkunde ausgehändigt erhalten haben? Können solche Bürgschaftsrechte durch Cession dem abgetreten werden, dem der Wechsel indossiert wird? (G.) **41**, 171. — 2) Aufnahme eines Darlehns für einen Anderen mit dessen Verbürgung. Folgen für das Rechtsverhältnis zwischen ihnen, wenn beide in Konkurs geraten. **42**, 36. — 3) Naturalobligation als Grundlage einer Bürgschaft. (G.) **42**, 119. — 4) Regreßklage des Indossanten, der den Wechsel eingelöst hat, gegen seinen Vormann; Einrede, beide Wechselunterschriften seien zum Zwecke gemeinschaftlicher Verbürgung für die Schuld des Acceptanten gegeben worden. **48**, 152. — 5) Findet die Vorschrift des § 766 B.G.B. über die Form des Bürgschaftsvertrages auf einen Kreditauftrag im Sinne des § 778 Anwendung? **50**, 160.

C

(Die hier nicht aufzufindenden Wörter suche man unter K.)

Cautio defensum iri. Einfluß des Erbietens zu ihrer Bestellung im Falle einer Mehrheit von Anspruchsprätendenten. (G.) **44**, 165.

Cedent. 1) Kann der klagende Cessionar einer Teilforderung den mit einer gegen den Cedenten begründeten Gegenforderung aufrechnenden Beklagten auf den dem Cedenten verbliebenen Teil der Forderung verweisen? (P.) **42**, 324. — 2) Kann der Mangel der persönlichen Haftung des Cedenten einen Mangel der Richtigkeit der Forderung bedeuten, für den auch der Cedent einer Hypothekenforderung aufkommen muß? (P.) **43**, 269. — 3) Wann ist der Cedent einer Partei im Sinne des § 358 (393 n. F.) Ziff. 4 C.P.O. bei dem Ausgange des Rechtsstreites unmittelbar beteiligt? **44**, 374. — 4) Voraussetzungen des Einwandes aus § 265 Abs. 3 C.P.O. n. F., daß der Kläger durch Cession des Klaganspruches die Aktivlegitimation verloren habe. **49**, 363.

Cessibilität. 1) Können die Rechte aus der für eine Wechselschuld zu Gunsten des ersten Wechselnehmers außerhalb des Wechsels eingegangenen Bürgschaft wirksam durch Cession dem abgetreten werden, dem der Wechsel indossiert wird? (G.) **41**, 171. — 2) Ist die Abtretung einer Mietzinsforderung dem Hypothekengläubiger gegenüber wirksam, wenn sie vor der Beschlagnahme des Grundstückes erfolgt und nicht wegen Benachteiligung der Gläubiger anfechtbar ist? Welche Rechte hat der Ersteher des vermieteten Hauses der Abtretung gegenüber? (F.) **43**, 387. — 3) Kann eine Hypothek ohne die ihr zu Grunde liegende persönliche Forderung abgetreten werden? (P.) **45**, 185. — 4) Cessibilität s. g. Genußscheine, die von einer Aktiengesellschaft bei der Aufnahme eines Darlehns neben dem Schuldscheine ausgegeben werden mit dem Rechte auf gewisse Bezüge vom Reingewinne und von der Liquidationsmasse. **49**, 14. — 5) Zulässigkeit der Abtretung eines dinglichen Klagerechtes. (P.) **46**, 230.

Cession. 1) Beweislast, wenn der Schuldner dem angeblichen Cessionar ohne Prozeß gezahlt hat, dann dem ursprünglichen Gläubiger zur Zahlung rechtskräftig verurteilt ist und nun das früher Gezahlte von dem angeblichen Cessionar zurückfordert. (G.) **41**, 150. — 2) Können die Rechte aus der für eine Wechselschuld zu Gunsten des ersten Wechselnehmers außerhalb des Wechsels eingegangenen Bürgschaft wirksam dem cediert werden, dem der Wechsel indossiert wird? (G.) **41**, 171. — 3) Enthält die Zuteilung einzelner Erbschaftsstücke bei der Erbteilung an einen Miterben eine Abtretung von Rechten? (F.) **43**, 242. — 4) Verhindert die Signifikation der Cession, wenn die Gegenforderung illiquide ist, auch die compensation judiciaire gegen die Klage des Cessionars? (F.) **43**, 380. — 5) Ist die Abtretung einer Mietzinsforderung dem Hypothekengläubiger gegenüber wirksam, wenn sie vor der Beschlagnahme des Grundstückes erfolgt und nicht wegen Benachteiligung der Gläubiger anfechtbar ist? Welche Rechte hat der Ersteher des vermieteten Hauses der Cession gegenüber? (F.) **43**, 387. — 6) Kann der als Gläubiger einer nicht valutierten Hypothek Eingetragene die Hypothek an einen Gläubiger des Eigentümers ohne des letzteren Zustimmung abtreten? (P.) **44**, 273. — 7) Die Abtretung einer nicht valutierten Hypothek hat zum Gegenstande nicht die noch nicht bestehende Hypothek, sondern die Befugnis, durch Valutazahlung oder Unterlegung einer anderen Forderung die Hypothek zu begründen. (P.) **44**, 297. — 8) Zulässigkeit der Cession eines dinglichen Klagerechtes. (P.) **46**, 230. — 9) Kann die Cession eines dinglichen Klagerechtes in der Auflassung einer im Grundbuche nicht für den Auflassenden eingetragenen Grundfläche gefunden werden? (P.) **46**, 229. — 10) Kann eine Hypothek ohne die ihr zu Grunde liegende persönliche Forderung abgetreten werden? (P.) **45**, 185. — 11) Kann der Eigentümer, der eine von ihm auf den Kaufpreis übernommene Hypothek durch Zahlung und Cession erworben hat, gegen seinen Verkäufer die zu Grunde liegende persönliche Forderung geltend machen? Ist der Cessionar des Eigentümerhypothekars dazu befugt? (P.) **45**, 187. — 12) Unterliegen nach dem preußischen Stempelgesetze Cessionsurkunden dem Schenkungsstempel, wenn die Cession schenkungshalber erfolgt, dies aber in der Urkunde nicht ausgedrückt ist? (P.) **47**, 335. — 13) Übertragung des Eigentumes einer bei dem Spediteur lagernden Ware durch Abtretung des Anspruches auf Herausgabe. **49**, 97. — 14) Kann, wenn der Verkäufer dem Käufer und dieser einem Dritten den Anspruch auf Herausgabe der bei einem Spediteur lagernden Ware abgetreten hat, dem Dritten mit Erfolg entgegengehalten werden, daß der Käufer den Erwerb durch falsche Vorspiegelung der Kreditwürdigkeit bewirkt habe, und dabei der Dritte beteiligt gewesen sei? **49**, 100. — 15) Voraussetzungen des Einwandes aus § 265 Abs. 3 C.P.O. n. F., daß der Kläger durch Abtretung des Klaganspruches die Aktivlegitimation verloren habe. **49**, 363.

Cessionar. 1) Kann der klagende Cessionar einer Teilforderung den mit einer gegen den Cedenten begründeten Gegenforderung aufrechnenden Beklagten auf den dem Cedenten verbliebenen Teil der Forderung verweisen? (P.) **42**, 324. — 2) Geht der Cessionar, der in gutem Glauben den Besitz des Hypothekenbriefes erlangt hat, dem Gläubiger des Cedenten vor, der vor Zustellung der Cession die Hypothekenforderung gepfändet hat? (F.) **42**, 332. — 3) Ist der Wechselcessionar befugt, den Wechsel durch Indossament zu begeben? **43**, 43. — 4) Kann der Eigentümer, der eine von ihm auf den Kaufpreis übernommene Hypothek durch Zahlung und Cession erworben hat, gegen seinen Verkäufer die zu Grunde liegende persönliche Forderung geltend machen? Ist der Cessionar des Eigentümerhypothekars dazu befugt? (P.) **45**, 187. — 5) Kann der klagende Cessionar einer Teilforderung gegen die vom Beklagten behufs Aufrechnung geltend gemachte Gegenforderung einen ihm erst nachher abgetretenen Teil der Forderung zur Gegenkompensation benutzen? (P.) **45**, 240. — 6) Kann gegen den Cessionar einer Urteilsforderung, der bei der Abtretung gewußt hat, daß das Urteil durch eine unerlaubte Handlung erlangt war, und es dann hat vollstrecken lassen, auf Schadensersatz geklagt werden? **46**, 80.

Cessionsstempel. Cessionsurkunde. Unterliegen nach den preußischen Stempelgesetzen Cessionsurkunden dem Schenkungsstempel, wenn die Cession schenkungshalber erfolgt, dies aber in der Urkunde nicht ausgedrückt ist? (P.) **47**, 335.

Chaussee. Ist der Rechtsweg zulässig für den Anspruch des Eigentümers einer öffentlichen Chaussee gegen einen anliegenden Grundbesitzer auf Beseitigung der von diesem angelegten Grabenübergänge zur Chaussee? (P.) **46**, 296.

Check. 1) Kann der Vollmachtgeber im Konkurse des Bevollmächtigten Checks aussondern, die vom Käufer auf Anweisung an den Bevollmächtigten indossiert und gelangt, von diesem aber nach der seinem Vollmachtgeber abgegebenen Erklärung für dessen Rechnung in Verwahrung genommen waren? **41**, 3. — 2) Inwiefern kann die Hingabe eines Checks eine Geldzahlung vertreten? **41**, 123. — 3) Ist die Regreßpflicht des Inländers, der einen im Auslande zahlbaren Check ausstellt, nach dem Rechte des ausländischen Zahlungsortes oder nach dem seines Wohnortes oder dem seiner Handelsniederlassung zu beurteilen? (G.) **44**, 152. — 4) Besteht eine Regreßpflicht des Ausstellers eines Checks mangels Zahlung? (G.) **44**, 158. — 5) Begriff des Checks und Folgerungen daraus. **44**, 158.

kräftig verurteilt ist und nun das früher Gezahlte von dem angeblichen Cessionar zurückfordert? (G.) **41**, 150.

Condictio ob injustam causam. Condictio ob turpem causam. 1) Steht die Rückforderung aus einem gegen den § 288 R.St.G.B. verstoßenden Rechtsgeschäfte nur dem Fiskus zu? (P.) **44**, 291. — 2) Klage auf Vernichtung einer widerrechtlich erlangten photographischen Aufnahme. Ist sie als Aussonderungsanspruch zu behandeln? (G.) **45**, 170. — 3) Die Spielschuld ist zwar unklagbar, aber erfüllbar ohne Rückforderungsrecht, auch wenn ein für sie gegebener Wechsel bezahlt ist, einerlei ob er an Zahlungsstatt oder zahlungshalber gegeben war. (G.) **47**, 50. — 4) Kann eine Zahlung, die infolge Bedrohung mit Verwaltungszwangvollstreckung geleistet ist, als abgenötigt im Sinne des § 207 A.L.R. I. 16 zurückgefordert werden? (P.) **45**, 7.

Condictio sine causa. 1) Hat der dritte Eigentümer der bei dem Schuldner gepfändeten und unauffindbar gewordenen Geldstücke einen Anspruch gegen den durch das Geld befriedigten Gläubiger? (G.) **43**, 179. — 2) Kann der Gläubiger, dessen Antrag auf Eintragung einer Hypothek vom Grundbuchrichter abgelehnt war, nach der auf Anordnung des Beschwerdegerichtes erfolgten Eintragung von den inzwischen eingetragenen Hypothekengläubigern wegen ungerechtfertigter Bereicherung Einräumung des Vorrechtes verlangen? (P.) **43**, 216. — 3) Ist der Rechtsweg für die Bereicherungsklage gegen einen Amtsverband zulässig, wenn die Verfügung des Amtsvorstehers, infolge deren vom Kläger die Kosten einer ihm aufgegebenen Grabenräumung eingezogen sind, im Verwaltungsstreitverfahren aufgehoben ist? (P.) **45**, 248. — 4) Liegt rechtlose Bereicherung der offenen Handelsgesellschaft vor, wenn ein Gesellschafter Wertpapiere Dritten veruntreut und sie namens der Gesellschaft für ein dieser gewährtes Darlehn zum Pfande giebt? **46**, 18. — 5) Kann eine an Zahlungsstatt auf eine Schuld aus unklagbaren Differenzgeschäften hingegebene Hypothek zurückgefordert werden, wenn neben Hingabe der Hypothek die persönliche Verbindlichkeit des Schuldners fortbestanden hat? **47**, 48. — 6) Voraussetzungen des Anspruches wegen ungerechtfertigter Bereicherung. **49**, 49. — 7) S. auch condictio causa data causa non secuta.

Conditio. S. Bedingung.

Confessio in jure. S. Geständnis, Anerkenntnis.

Constitutum debiti proprii. S. Syst. Reg. § 153.

Constitutum possessorium. 1) Ist dieses zwischen Eheleuten möglich, wenn dabei der den Besitz übertragende Ehemann sich die ehemännlichen Verwaltungsrechte an den betreffenden Sachen vorbehält? (P.) **48**, 318. — 2) Was ist ein „ähnliches Verhältnis, vermöge dessen der Besitzer einer Sache einem Anderen gegenüber auf Zeit zum Besitze berechtigt oder verpflichtet ist", im Sinne der §§ 868. 930 B.G.B.? **49**, 170.

Culpa. S. Verschulden.

Culpa in eligendo. Haftet der, der die Erfüllung einer von ihm übernommenen Verpflichtung einem Bevollmächtigten überträgt, nur für culpa in eligendo? (P.) **41,** 195.

Curator. S. Konkursverwalter. Nachlaßverwalter. Pfleger.

D

Dames du Sacré—Cœur de Jésus sind nach preußischem Rechte erbfähig. **41,** 313.

Dampfschiffahrtsgesellschaft. Ist § 826 B.G.B. anwendbar, wenn eine Dampfschiffahrtsgesellschaft im Konkurrenzkampfe mit anderen Transportunternehmern über eine an dem Unternehmen der Gegner beteiligte Firma als Zwangsmittel die Ausschließung von ihren allgemeinen Frachttarifen verhängt? **48,** 114.

Darlehn. 1) Darf den Inhabern von Vorzugsaktien durch Beschluß der Generalversammlung die Hergabe eines Darlehns unter der Androhung nicht nur des Verlustes ihrer Vorzugsrechte, sondern auch der Schmälerung ihrer allgemeinen, auch den Stammaktien zustehenden Mitgliedsrechte auferlegt werden? **41,** 97. — 2) Aufnahme eines Darlehns im Interesse eines Anderen unter dessen Verbürgung. Rechtsfolgen für das Verhältnis zwischen ihnen, wenn beide in Konkurs verfallen. **42,** 36. — 3) Was ist ein „zweiseitiges Rechtsgeschäft, das denselben wirtschaftlichen Zwecken dienen soll wie ein Darlehn" im § 302a R.St.G.B. in der Fassung des Wuchergesetzes vom 19. Juni 1893? **43,** 116; **46,** 115. — 4) Ist der die Emission der Anleihe einer Aktiengesellschaft betreffende Notariatsakt als Darlehnsvertrag stempelpflichtig? (P.) **45,** 201. — 5) Übertragbarkeit der bei der Aufnahme eines Darlehns durch die Aktiengesellschaft neben den Schuldverschreibungen ausgegebenen Genußscheine. **49,** 14.

Darlehnsschuldschein. S. Schuldschein.

Datio in solutum. S. Zahlungsstatt.

Datum. 1) Ist das eigenhändige Testament nur gültig, wenn es an demselben Tage datiert worden ist, an dem es unterschrieben wurde? (F.) **43,** 378. — 2) Muß nach § 2242 B.G.B. auch die Angabe im Protokolle über Ort und Tag der Verhandlung vorgelesen und genehmigt werden, auch im Protokolle bei Strafe der Nichtigkeit des Testamentes festgestellt werden, daß dies geschehen ist? **50,** 215.

Debitor cessus. S. Cession, Cessionar, Denunziation.

Decharge. 1) Können in derselben Generalversammlung, in der die Verhandlung über die Genehmigung der Bilanz vertagt wird, die Verwaltungsorgane der Gesellschaft gültig entlastet werden? **44,** 66. — 2) Hat der Geschäftsführer einer Gesellschaft mit beschränkter Haftung, der zugleich Gesellschafter ist, ein klagbares Recht auf Anerkennung der von ihm aufgestellten Bilanz gegen die übrigen Gesellschafter? **49,** 141.

Deckung. Begriff im § 88 (90 n. F.) Gen.Ges. **48,** 33.

Deckungsgeschäft. 1) Ist ein Kauf gültig, der zum Zwecke der Sicherung des Gläubigers und mit der Bestimmung geschlossen wird, daß die Kaufsachen im Besitze des Schuldners bleiben sollen? (F.) **43**, 393. — 2) Beweislast in betreff der Benachteiligungsabsicht bei der Anfechtung von Erfüllungs- und Deckungsgeschäften. **43**, 107. — 3) Anwendung der im § 24 (31 n. F.) Ziff. 2 K.O. aufgestellten Vermutung der Fraudulosität auf die Deckungsgeschäfte. **45**, 23. — 4) Begriff der Erfüllungs- und Deckungsgeschäfte. **45**, 24.

Deckungskauf. Findet auch bei Beurteilung der Ordnungsmäßigkeit eines Deckungskaufes freies richterliches Ermessen nach § 260 (287 n. F.) C.P.O. statt? **46**, 407.

Deflorationsklage. 1) Ist nach dem Inkrafttreten des B.G.B. aus einem vorher erfolgten Beischlafe die Deflorationsklage noch zulässig? (G.) **49**, 204. — 2) Setzt die Deflorationsklage Schwängerung voraus? (G.) **49**, 206. — 3) Genügt zur Begründung der Deflorationsklage die Vollziehung des Beischlafes, oder ist Verführung nötig? Gesetzliche Präsumtion der Verführung. (G.) **49**, 206.

Deklaration. Befreit die Annahme eines ungenügend deklarierten Frachtstückes durch die Eisenbahn den Absender von der Verpflichtung zur Zahlung des Frachtzuschlages? **47**, 40.

Delation der Erbschaft. Ist die transmissio Justinianea davon abhängig, daß der Erbe seine Berufung zur Erbschaft erfahren hat? (G.) **41**, 161.

Delation des Eides. S. Eideszuschiebung.

Delegation. Städtisches Regulativ mit Gesetzeskraft auf Grund gesetzlicher Delegation. (P.) **41**, 226.

Delikt. S. Unerlaubte Handlung, Verschulden.

Denunziation. 1) Geht im Gebiete des rheinisch-französischen Rechtes der Cessionar, der in gutem Glauben den Besitz des Hypothekenbriefes erlangt hat, dem Gläubiger des Cedenten vor, der vor der Zustellung der Cession die Hypothekenforderung gepfändet hat? (F., P.) **42**, 332. — 2) S. auch Signifikation.

Deposition. 1) Verschafft, wenn wegen Dringlichkeit ein Enteignungsbeschluß vor endgültiger Feststellung der Entschädigung erlassen ist, eine zur Zeit der Zustellung des Beschlusses eingetragene, dann bei der Zwangsversteigerung ausgefallene und gelöschte Hypothek dem Gläubiger einen Anspruch gegen den Unternehmer auf Hinterlegung der demnächst erhöhten Entschädigung? (P.) **43**, 299. — 2) Unter welchen Voraussetzungen kann sich der Schuldner wegen Ungewißheit der Person des Gläubigers durch Hinterlegung des Geschuldeten von seiner Verbindlichkeit befreien? (G.) **44**, 164. — 3) Wird der Unternehmer durch die Hinterlegung der im Verwaltungswege festgesetzten, im Rechtswege angefochtenen Entschädigungssumme von der Verzinsung des hinterlegten Betrages frei? (P.) **47**, 260. — 4) Befreit im Enteignungsverfahren die Hinterlegung der vorläufig festgesetzten Entschädigungssumme den Unternehmer von der vereinbarten Pflicht zur Verzinsung überhaupt oder doch nach der Dringlichkeitserklärung? (P.)

49, 257. — 5) Kann die nach dem Inkrafttreten des B.G.B. auf Grund des § 234 A.L.R. I. 16 erfolgte Übergabe eines Grundstückes zu gerichtlicher Aufsicht und Verwahrung als Erfüllung eines vorher entstandenen Schuldverhältnisses dienen? **48,** 19. — 6) Ist der Rechtsweg darüber zulässig, ob der Enteignungsunternehmer beim Vorhandensein von Hypotheken die Entschädigungssumme ganz oder nur in Höhe der Belastungen hinterlegen darf? (P.) **45,** 381. 382. Anm. 1. — 7) Ist die von einem Aktionär zur Sicherung des Restes seiner Einlage vorgenommene Hinterlegung von Wechseln als Einzahlung auf die Aktie anzusehen? **49,** 26. — 8) Durch welche Art der Hinterlegung kann der Schuldner sich von seiner Verbindlichkeit befreien? (G.) **49,** 202. — 9) Welche Wirkung hat eine vom Schuldner wegen Konkurrenz mehrerer Cessionen mit mehreren Pfändungen bewirkte Hinterlegung des ganzen Schuldbetrages gegenüber dem ursprünglichen Gläubiger? Eröffnung des Verteilungsverfahrens über den ganzen Betrag **49,** 357.

Depositum. 1) Liegt ein s. g. Anschaffungsgeschäft vor, wenn die Deponierung von Wertpapieren mit der Abrede erfolgt, daß der Empfänger berechtigt sein soll, statt der erhaltenen andere Stücke gleicher Art zurückzugeben? **42,** 9. — 2) Kann gegen eine vor dem 1. Januar 1900 nach gemeinem Rechte entstandene Forderung aus einem depositum irregulare mit einer gleichfalls vorher entstandenen Gegenforderung nach dieser Zeit aufgerechnet werden? **50,** 37. — 3) S. auch Depotgesetz.

Depotgesetz. 1) Steht der Gültigkeit dieses Gesetzes vom 5. Juli 1896 die in Nr. 20 des Reichsgesetzblattes von 1896 erschienene Berichtigung entgegen? **41,** 32. — 2) Tragweite des § 8 Abs. 2 des s. g. Depotgesetzes. **41,** 34. — 3) Verliert der Kommittent das Recht aus dem § 4 Abs. 1 des Depotgesetzes vom 5. Juli 1896 dadurch, daß ihm nach Ablauf der dreitägigen Frist das Nummernverzeichnis vom Kommissionär zugeht? **48,** 7. — 4) Erwirbt der Centralbankier an Wertpapieren, die im Auftrage des Lokalbankiers zunächst für fremde Rechnung angeschafft und entsprechend eingetragen waren, durch dessen spätere Anweisung, sie auf das Effektenkonto der für seine eigene Rechnung angeschafften zu übertragen, und ihre Befolgung ein Pfand- und Retentionsrecht daran? **41,** 34.

Descendent. S. Ascendent.

Detention. S. Gewahrsam.

Deviation. S. Abweichung von der Reise, Veränderung der Reise.

Devolutiveffekt. 1) Darf die Revision zurückgewiesen werden, wenn das Berufungsurteil die Feststellungsklage sowohl als formell unzulässig, als auch als materiell unbegründet abweist, in ersterer Beziehung aber die §§ 231. 253 (256. 280 n. F.) C.P.O. verletzt? **41,** 369. — 2) Darf das Berufungsgericht, wenn es ein bedingtes Endurteil teilweise zu Gunsten des Berufungsklägers abändert, zu einem anderen Teile ohne Anschließung zu dessen Nachteile den Eid ganz beseitigen?

wegen zu beachten? **44**, 54. — 5) Zur Anwendung der §§ 48. 66 des Börsengesetzes vom 22. Juni 1896 auf Differenzgeschäfte. Umgehung dieser Bestimmungen. **44**, 103. — 6) Wechselausstellung zur Deckung einer Schuld aus Differenzgeschäften oder Leistung eines Einschusses auf sie. Auftrag zur Zahlung einer solchen Schuld. (G.) **45**, 158. — 7) Kann eine an Zahlungsstatt auf eine Schuld aus unklagbaren Differenzgeschäften hingegebene Hypothek zurückgefordert werden, wenn neben der Hingabe der Hypothek die persönliche Verpflichtung des Schuldners fortbestanden hat? **47**, 48. — 8) Kann der, ohne im Börsenregister eingetragen zu sein, für seine Rechnung Börsentermingeschäfte durch einen Kommissionär Abschließende von diesem die ihm zur Zahlung an dessen Mitkontrahenten gegebenen und an diesen auch gezahlten Vorschüsse zurückfordern? **49**, 59. — 9) Ist ein Vergleich darüber, ob die streitigen Verträge gültige Kauf- oder Kommissionsgeschäfte, oder ob sie klaglose Differenzgeschäfte sind, unwirksam, wenn diese wirklich Differenzgeschäfte sind? (G.) **49**, 192. — 10) Aus dem Anerkenntnisse einer Spielschuld oder deren Sicherung durch formales Schuldversprechen findet eine Klage ebensowenig statt, wie aus der Spielschuld selbst. (G.) **49**, 193.

Diligentia. S. Verschulden.

Dingliche Klage. 1) Gilt der Gerichtsstand des § 25 (24 n. F.) C.P.O. auch für die Klage, mit der die Apothekengerechtigkeit als privilegierte geltend gemacht wird? **45**, 385. — 2) Ist der ausschließliche dingliche Gerichtsstand begründet, wenn nach Löschung der Hypothek gegen den Schuldner, der das Pfandgrundstück veräußert hat, auf Herausgabe des nach dem Landesrechte an die Stelle des Grundstückes getretenen Erlöses vom Pfandgläubiger geklagt wird? **45**, 388. — 3) Zulässigkeit der Abtretung des dinglichen Klagerechtes. (P.) **46**, 230. — 4) Kann die Abtretung des dinglichen Klagerechtes in der Auflassung einer im Grundbuche nicht für den Auflassenden eingetragenen Grundfläche gefunden werden? (P.) **46**, 229.

Dingliche Rechte. 1) Geschlossene Zahl der dinglichen Rechte im B.G.B. **48**, 63. — 2) Spricht der Art. 184 E.G. z. B.G.B. nur von solchen dinglichen Rechten, die im Grundbuche eingetragen sind? **48**, 63. — 3) Dingliche Rechte an fremden Sachen. S. Syst. Reg. §§ 66 flg.

Dinglicher Gerichtsstand. S. Syst. Reg. § 291 b 2.

Dinglicher Vertrag. Kann durch dinglichen Vertrag zu Gunsten eines Dritten eine Grunddienstbarkeit bestellt werden? (F.) **47**, 356. — 2) Ist ein dinglicher Vorvertrag zu einer „Einigung" im Sinne des § 873 B.G.B. möglich? Form des obligatorischen Vertrages, der die Verpflichtung zu einer dinglichen Rechtsänderung enthält. **48**, 133.

Direkte Steuern. S. Syst. Reg. § 374 b.

Dispositionsfähigkeit. S. Handlungsfähigkeit, Verfügungsfähigkeit.

Dispositionsstellung. 1) Enthält, wenn der Käufer die Ware als mangelhaft zur Verfügung gestellt hat, seine nachträgliche Verfügung über einen Teil eine Genehmigung der ganzen Warenpartie? **43**, 66. —

2) Verliert der Käufer, wenn sein Verkauf der zur Verfügung gestellten Waren mangels der Voraussetzungen des Art. 348 Abs. 5 H.G.B. als Notverkauf nicht anzuerkennen ist, ohne weiteres alle Ansprüche wegen Fehler der Ware? **43, 27.** — 3) Kann der Verkäufer, an den die Ware nach der Dispositionsstellung zurückgelangt, mit Rechtswirkung gegen den Käufer Selbsthilfeverkauf vornehmen, wenn die Ware dem Verderben ausgesetzt ist? **48, 136.**

Dispositives und absolutes Recht. S. Syst. Reg. §§ 8. 321.

Distanzgeschäft. 1) Dauer der Aufbewahrungspflicht des Käufers nach Art. 348 Abs. 1 H.G.B. **43, 27.** — 2) Voraussetzungen des Notverkaufes nach Art. 348 Abs. 1 H.G.B. Verkauf gegen Verbot des Verkäufers. **43, 31.** — 3) Verliert der Käufer, wenn sein Verkauf der zur Verfügung gestellten Ware mangels der Voraussetzungen des Art. 348 Abs. 5 H.G.B. als Notverkauf nicht anzuerkennen ist, ohne weiteres alle Ansprüche wegen Mängel der Ware? **43, 36.** — 4) Wann muß der Käufer die Ware untersuchen und die Mängel anzeigen, wenn sie in mehreren nicht gleichzeitig abgesandten Posten geliefert wird? **43, 64.** — 5) Enthält, wenn der Käufer die Ware als mangelhaft zur Verfügung gestellt hat, seine nachträgliche Verfügung über einen Teil eine Genehmigung der ganzen Warenpartie? **43, 66.** — 6) Hängt die Wirksamkeit der Mängelrüge von der richtigen Bezeichnung des Mangels in der Anzeige ab? **47, 13.** — 7) Muß bei Distanzgeschäften die Untersuchung der Ware besonders beschleunigt werden? **47, 20.** — 8) Ist bei Bemessung der Anzeigefrist auf die Zeit Rücksicht zu nehmen, die für eine zu einem sicheren Ergebnisse führende Untersuchung erforderlich ist? **47, 22.**

Disziplinarverfahren. Kann ein als Supernumerar beschäftigter Militäranwärter ohne förmliches Disziplinarverfahren entlassen werden? (P.) **43, 217.**

Dividende. Wird durch die Verpfändung von Namensaktien, für die besondere Dividendenscheine nicht ausgegeben sind, auch ohne Benachrichtigung der Aktiengesellschaft ein Pfandrecht an den Dividenden begründet? (G.) **42, 155.**

Dolus. S. Arglist.

Domizil. S. Wohnsitz.

Domizilierter Wechsel. Wird durch die Beifügung des Namens eines Gasthofes und seiner Straßennummer zum Domizilvermerk im Wechsel der Inhaber des Gasthofes als Domiziliat bezeichnet? **48, 141.**

Domizilwechsel. 1) Örtliches Recht für die Frage, ob nach dem Domizilwechsel der Eheleute eine an ihrem früheren Wohnsitze begangene Handlung einen Ehescheidungsgrund bildet. (P.) **41, 215.** — 2) Ist einem im Gebiete des gemeinen Rechtes durch Erbvertrag unwiderruflich gewordenen Rechte auf den Nachlaß eines nachher in die Rheinprovinz übergesiedelten und dort verstorbenen Erblassers der Rechtsschutz zu versagen? (F.) **41, 350.**

Donatio. S. Schenkung.

Doppelbesteuerung. 1) Darf nach dem Gesetze vom 13. Mai 1870 der Bundesstaat, in dem ein Deutscher seinen Wohn- oder Aufenthaltsort hat, dessen aus Grundbesitz oder Gewerbebetrieb in einem anderen Bundesstaate herrührendes Einkommen nur dann nicht besteuern, wenn dieser das Einkommen thatsächlich besteuert? **50,** 97. — 2) Der § 3 des Gesetzes vom 13. Mai 1870 bildet nur eine Ausnahme von dem § 1; im Sinne des § 3 ist das Einkommen aus Grundbesitz nur der Reinertrag. **50,** 104. — 3) Das Reichsgesetz vom 13. Mai 1870 gilt auch für juristische Personen. **50,** 101. — 4) Ist der s. g. Agiogewinn einer Aktiengesellschaft im Sinne des Gesetzes wegen Beseitigung der Doppelbesteuerung ein aus dem Gewerbebetriebe herrührendes Einkommen? **50,** 105.

Doppelseitige Verträge. S. Auflösungsklage, Zweiseitige Verträge.

Doppelversicherung. 1) Liegt sie vor, wenn jemand nach Versicherung eines s. g. Hinterhangsfahrzeuges das ihm gehörige Schleppschiff (insbesondere auch gegen Haftpflicht) so versichert, daß Hinterhangsfahrzeuge des Versicherten in den durch die Versicherung gedeckten Fällen so angesehen werden sollen, als ob sie Dritten gehörten? **47,** 168. — 2) Der Art. 792 H.G.B. ist auch nicht analog auf die Binnenversicherung anzuwenden. **47,** 170. — 3) Wie verhält sich das Quairisiko der Seeversicherung zu einer daneben bestehenden Feuerversicherung? Wonach bestimmt sich das Alter beider, wenn sie auf laufender Police beruhen? **44,** 31.

Dramatisches Werk. S. Syst. Reg. § 170.

Dringlichkeit. Befreit im Enteignungsverfahren die Hinterlegung der vorläufig festgestellten Entschädigungssumme den Unternehmer von der vereinbarten Pflicht zur Verzinsung überhaupt oder doch nach der Dringlichkeitserklärung? (P.) **49,** 257.

Dritte. 1) Ist der auf Aufhebung einer Pfändung gegen den pfändenden Gläubiger klagende Konkursverwalter ein Dritter im Sinne des § 690 (771 n. F.) C.P.O.? **42,** 343 — 2) Sind letztwillig angeordnete Verfügungsbeschränkungen des Erben wirksam, an deren Aufrechterhaltung kein Dritter interessiert ist? (P.) **43,** 335. — 3) Einrede der Arglist des Eigentümers, in dessen Grundstück unter Mißbrauch seiner Vollmacht der Kridar sich widerrechtlich eine Hypothek hatte zuschreiben lassen, gegen die Klage des Konkursverwalters. (G.) **44,** 1. — 4) „Dritter" im Sinne des § 98 des R.U.V.G. vom 6. Juli 1884. **47,** 54. — 5) Ist im Konkurse eine Zahlung anfechtbar, die ein Gläubiger unmittelbar von einem Dritten im Auftrage des Gemeinschuldners erhalten hat? **48,** 149. — 6) Unter welchen Voraussetzungen können Einwendungen gegen die Gültigkeit einer Pfändung von einem Dritten erhoben werden? **50,** 68.

Drittschuldner. 1) Kann der Gläubiger, dessen Forderung gepfändet und zur Einziehung überwiesen ist, gegen den Drittschuldner auf Zahlung an den Pfändungspfandgläubiger klagen? (G.) **49,** 203. — 2) Bedeutung und rechtliche Wirkung einer im Falle des § 739 (840 n. F.) C.P.O. vom Drittschuldner abgegebenen Erklärung, daß er die Forderung als begründet anerkenne und Zahlung zu leisten bereit sei.

E

Editionspflicht. 1) Findet der Art. 145 Abs. 2 H.G.B. Anwendung, wenn nach Auflösung der offenen Handelsgesellschaft das Geschäft mit Aktiven und Passiven von einem der Gesellschafter übernommen wird? **43,** 133. — 2) Kann nach der Scheidung die Ehefrau zur Feststellung der Aktiven und Passiven der Errungenschaftsgemeinschaft die Vorlegung der Geschäftsbücher des Ehemannes verlangen? (F.) **50,** 336. — 3) Voraussetzungen des Editionsantrages mit Rücksicht auf den Zweck des Editionsverfahrens. **44,** 422. — 4) Haben die Mitglieder einer Gesellschaft mit beschränkter Haftung ein unbeschränktes Recht auf Vorlegung und Einsicht der Geschäftsbücher der Gesellschaft mit Beilagen und Belägen? **49,** 148. — 5) Hat der Pflichtteilsberechtigte, der nicht Erbe ist, das Recht des § 2314 B.G.B. auf Auskunftserteilung über den Bestand des Nachlasses auch gegen den Testamentsvollstrecker? **50,** 225.

Ehe. 1) Ungültigkeit der Ehe mangels väterlicher Einwilligung nach Landesrecht, obgleich dessen Voraussetzungen etwas anders geregelt waren, als jetzt durch das Reichsgesetz vom 6. Februar 1875. (F.) **42,** 336. — 2) Kann die nachträgliche Genehmigung einer ungültigen Ehe nur unbedingt erfolgen? (G.) **44,** 147.

Ehebruch. 1) Ist die fälschliche Anschuldigung des Ehebruches, wenn vom Vertreter des Beklagten im Prozesse vorgebracht, ein Ehescheidungsgrund? (P.) **43,** 277. — 2) Klage der Ehefrau auf Scheidung wegen eines neuen Ehebruches nach Verzeihung früherer. (P.) **43,** 330. — 3) Kann seit dem 1. Januar 1900 wegen eines vorher begangenen Ehebruches auf Scheidung erkannt werden, wenn nach den bisherigen Gesetzen wegen eines ebenfalls vorher begangenen Ehebruches des Klägers Aufrechnung zulässig war? **46,** 90; **47,** 4. — 4) Ehehindernis des Ehebruches. Begriff des Mitschuldigen; ist subjektive Mitschuld nötig? **49,** 83.

Ehefrau. 1) Ist die Ehefrau nach A.L.R. und märkischem Provinzialrechte gegenüber der Klage aus einer von ihr mit Zustimmung ihres Ehemannes eingegangenen Verpflichtung passiv legitimiert? (P.) **41,** 259. — 2) Verpflichtungsfähigkeit der märkischen Ehefrau ohne Zustimmung ihres Mannes? (P.) **41,** 261. — 3) Kann eine im Güterrechte des A.L.R. lebende Ehefrau Schadensansprüche aus dem § 3 Abs. 2 R.H.G. erheben? (P.) **42,** 33. — 4) Kann eine Ehefrau nach gegenseitiger Verzeihung früherer Ehebrüche wegen eines neuen Ehebruches des Mannes die Scheidung unbedingt verlangen? (P.) **43,** 330. — 5) Kann eine Ehefrau unter Umständen einen von dem ihres Ehemannes unabhängigen Wohnsitz haben? **41,** 180. — 6) Ist auf die in Gütergemeinschaft lebende Ehefrau als Nebenintervenientin ihres Ehemannes in einem Prozesse wegen einer das gütergemeinschaftliche Vermögen belastenden Schuld der § 66 (69 n. F.) C.P.O. anzuwenden? Kann sie trotz eines Anerkenntnisses ihres Ehemannes den Prozeß fortsetzen? (P.) **44,** 345. — 7) Bezieht sich die Beschränkung der §§ 387. 388 A.L.R. II. 1 nur auf Verfügungen über Grundstücke und Gerechtigkeiten? (P.) **44,** 349. — 8) Muß die Zustellung des Schriftsatzes nach § 4 R.A.G., wenn die Anfechtung gegen eine Ehefrau gerichtet ist, auch an deren im Anfechtungsprozesse mitbeklagten Ehemann erfolgt sein? **45,** 56. — 9) Kann eine Ehefrau im Falle der allgemeinen Gütergemeinschaft des B.G.B. im Ehescheidungsprozesse gegen den Ehemann eine einstweilige Verfügung auf Zahlung eines Kostenvorschusses an ihren Prozeßbevollmächtigten verlangen? **46,** 354. — 10) Kann die Ehefrau von ihrem Manne im Scheidungsprozesse einen Kostenvorschuß verlangen, wenn in der Ehe der gesetzliche Güterstand des B.G.B. besteht? **47,** 72. — 11) Anspruch der bei einem Eisenbahnunfalle verletzten Ehefrau auf Schadensersatz wegen aufgehobener oder beschränkter Erwerbsfähigkeit, wenn sie als Geschäftsgehilfin ihres Mannes thätig gewesen ist? **47,** 84. — 12) Ist, wenn bei demselben Eisenbahnunfalle verunglückte Eheleute in getrennten Prozessen auf Schadensersatz geklagt haben, das Urteil, das dem Ehemanne eine mit Einrechnung des Wertes der gewerblichen Beihilfe der Ehefrau bemessene Rente zugesprochen hat, bei der von der Ehefrau wegen ihrer Erwerbsunfähigkeit nach dem R.H.G. geforderten Entschädigung zu berücksichtigen? **47,** 92. — 13) Kann die durch einen Eisenbahnunfall verletzte Ehefrau gegen den Unternehmer auf Ersatz der von ihrem Ehemanne für sie aufgewandten Heilungskosten klagen? **47,** 211. — 14) Was sind im Sinne des § 385 Abs. 1 Nr. 4 C.P.O. n. F. Handlungen, die eine Ehefrau als Vertreterin ihres Mannes vorgenommen hat? **47,** 431. — 15) Hört der Anspruch der vor dem 1. Januar 1900 unschuldig geschiedenen Ehefrau auf standesgemäße Verpflegung im Falle des § 1581 B.G.B. auf, wenn sie jene noch auf Grund des A.L.R. gefordert hatte? **48,** 4. — 16) Wieweit kann der Unterhaltsanspruch der geschiedenen Ehefrau gegen ihren für allein schuldig erklärten Ehemann im Falle seiner Wiederverheiratung beschränkt werden? **48,** 112. — 17) Rechtliche Stellung der in Gütergemeinschaft lebenden Ehefrau nach Scheidung der Ehe. Kann sie vor der Vermögensauseinandersetzung ohne den Ehemann gegen einen Dritten auf Rückgewähr eines zum Gesamtgute gehörigen Gegenstandes klagen? Auch gegen den Ehemann? (P.) **48,** 269. — 18) Ist im Falle der Gütergemeinschaft die Unterlassung eines zur Erhaltung der Rechte des Gesamtgutes an sich nötigen Widerspruches für die Ehefrau ohne Nachteil, wenn der Mann im Komplott mit dem Dritten den Widerspruch unterlassen hat? (P.) **48,** 272. — 19) Überträgt der seine Mobilien an seine Frau veräußernde Ehemann den Besitz durch einen mit ihr abgeschlossenen Leihvertrag, wenn die Sachen in der ehemännlichen Verwaltung bleiben? (P.) **48,** 318. — 20) Kann im Falle der Errungenschaftsgemeinschaft des C. c. im Ehescheidungsprozesse die Ehefrau von ihrem Manne einen Kostenvorschuß verlangen? (F.) **49,** 327. — 21) Braucht der Schuldner einer Einbringensforderung sich über Annahme oder Zurückweisung einer Kündigung nicht zu erklären (§§ 182. 111 B.G.B.), wenn die Ehefrau bei der Kündigung weder eine Einwilligung ihres Mannes beilegt noch sie behauptet? **50,** 212. — 22) Zur Kündigung einer Einbringensforderung durch die Ehefrau ist nicht die Mitwirkung, sondern nur die Einwilligung, vorher erklärte Zustimmung, des Mannes nötig. **50**, 213. — 23) Finden die Vorschriften des B.G.B. auf den Unterhaltsanspruch der geschiedenen Ehefrau Anwendung, wenn das den Ehemann für schuldig erklärende Scheidungsurteil zwar vor dem 1. Januar 1900 ergangen, aber, ohne angegriffen zu sein, erst nachher rechtskräftig geworden ist? (P.) **50**, 304. — 24) Rechtliche Wirkung des Art. 1121 C. c. auf einen von dem Ehemanne zu Gunsten der Ehefrau abgeschlossenen Lebensversicherungsvertrag, namentlich im Hinblicke auf Art. 1096 C. c. (F.) **50**, 325. — 25) Fällt im Falle der gesetzlichen Gütergemeinschaft des rheinischen Rechtes der Anspruch der Ehefrau aus dem zu ihren Gunsten von dem Manne geschlossenen Lebensversicherungsvertrage in die Gemeinschaftsmasse? (F.) **50**, 326. — 26) Kann die Ehefrau zur Feststellung der Aktiva und Passiva der Errungenschaftsgemeinschaft die Vorlegung der Geschäftsbücher des von ihr geschiedenen Ehemannes verlangen? (F.) **50**, 336. — 27) Erwerb der im Güterrechte des A.L.R. lebenden Ehefrau; Rechte des Mannes an diesem Erwerbe (P.) **42**, 33.

Ehegatten. 1) Wieweit kann unter gerichtlich getrennten Ehegatten durch Vertrag über die Fürsorge für ihr Kind rechtsgültig bestimmt werden? (G.) **42**, 137. — 2) Ist das von den Ehegatten errichtete gemeinschaftliche Testament gültig, auch wenn es kein wechselseitiges ist? (P.) **43**, 343. — 3) Ist der Streit, der zwischen vor 1900 geschiedenen Ehegatten über die Erziehung des gemeinschaftlichen Kindes entstanden ist, nach dem 1. Januar 1900 im Prozeßwege oder durch den Vormundschaftsrichter zu entscheiden? (G.) **46**, 168. — 4) Giebt der § 1635 Abs. 1 S. 1 B.G.B. dem unschuldig geschiedenen Ehegatten ein im Prozeßwege verfolgbares Recht auf die Erziehung der gemeinschaftlichen Kinder? **46**, 170. — 5) Ist, wenn bei demselben Eisenbahnunfalle verunglückte Ehegatten in getrennten Prozessen auf Schadensersatz geklagt haben, ein Urteil, das dem Ehemanne eine mit Einrechnung des Wertes der gewerblichen Beihilfe der Ehefrau bemessene Rente zugesprochen hat, bei der von der Ehefrau wegen ihrer Erwerbsunfähigkeit nach dem R.H.G. geforderten Entschädigung zu berücksichtigen? **47**, 92. — 6) Kann während des Scheidungsprozesses der Unterhaltungsanspruch des einen Ehegatten gegen den anderen nur durch den Antrag auf eine einstweilige Verfügung nach § 627 C.P.O. n. F. oder auch durch ordentliche Klage verfolgt werden? **47**, 379. — 7) Kann gegen die von dem einen Ehegatten gegen den anderen auf Unterhalt erhobene Klage die Einrede der Unzuständigkeit oder der Rechtshängigkeit darauf gestützt werden, daß die Ehescheidungsklage zwischen den Parteien bereits rechtshängig war? **47**, 379. — 8) Steht dem Ehegatten, der die vor dem 1. Januar 1900 geschlossene Ehe wegen eines erst seit diesem Tage entdeckten Irrtumes anfechten will, die sechsmonatige Frist des § 1339 B.G.B. auch dann zu, wenn die Frist nach dem bisherigen Rechte kürzer ist? **48**, 166. — 9) Rechtswirkung eines vor 1900 unter der Herrschaft des französischen Rechtes geschlossenen Ehevertrages, durch den ein Ehegatte in erbrechtlicher Beziehung den Kindern aus einer früheren Ehe gleichgestellt wird, gegenüber den Vorschriften der §§ 1931. 2303. 2307 B.G.B. **49,** 44. — 10) Ist in den Fällen des § 627 C.P.O. n. F. für die Frage, ob eine das Getrenntleben der Ehegatten gestattende einstweilige Verfügung zu erlassen sei, der § 940 C.P.O. n. F. oder nur der § 1353 Abs. 2 B.G.B. maßgebend? **49,** 368. — 11) Kann ein unter der Herrschaft des A.L.R. von Eheleuten errichtetes korrespektives Testament seit dem 1. Januar 1900 von dem einen bei Lebzeiten des anderen durch eine neue Verfügung von Todeswegen aufgehoben werden? (P.) **50,** 316. — 12) Nach welchem Rechte richtet sich der Unterhaltsanspruch der Ehefrau, wenn das den Ehemann für schuldig erklärende Scheidungsurteil zwar vor dem 1. Januar 1900 ergangen, aber, ohne angegriffen zu werden, erst nachher rechtskräftig geworden ist? **50,** 304. — 13) Zu den Schuldverhältnissen im Sinne des Art. 170 E.G. z. B.G.B. gehören auch die familienrechtlichen Obligationen, die zwischen geschiedenen Ehegatten infolge der Scheidung entstehen. **50,** 305.

Ehegelöbnis. S. Eheschließung.

Ehehindernis. 1) Ungültigkeit der Ehe mangels väterlicher Einwilligung nach Landesrecht, obgleich dessen Voraussetzungen etwas anders geregelt waren, als jetzt durch das Reichsgesetz vom 6. Februar 1875. (F.) **42,** 340. — 2) Verhältnis des § 36 des Personenstandsgesetzes von 1875 zum Art. 182 C. c. **42,** 341. — 3) Begriff des Mitschuldigen im § 33 Nr. 5 des Personenstandsgesetzes von 1875; ist subjektive Mitschuld nötig? **49,** 83.

Eheliche Folge. 1) Gehören die Kosten für die Erwirkung des Rückkehrbefehles und des Sühnetermines zu den Prozeßkosten? **45,** 368. — 2) Sind die Anwaltsgebühren für die Erwirkung des Rückkehrbefehles und des Sühnetermines auf die Prozeßgebühr des Ehescheidungsprozesses anzurechnen? **45,** 368.

Eheliche Güterverhältnisse. Römisches Recht. S. Syst. Reg. § 188.
— Gemeines deutsches Recht. S. Syst. Reg. § 189.
— Bürgerliches Gesetzbuch. S. Syst. Reg. § 189a.
— Preußisches Recht. S. Syst. Reg. § 190.
— Französisches Recht. S. Syst. Reg. § 191.

Ehemäkler. S. Heiratsvermittelung.

Ehemann. 1) Kann auf die Klage der durch einen Eisenbahnunfall verletzten Ehefrau der Unternehmer verurteilt werden, die von ihrem Ehemann für sie aufgewandten Heilungskosten an diesen zu zahlen? **47,** 211. — 2) Recht des Ehemannes an dem Erwerbe der im Güterrechte des A.L.R. lebenden Ehefrau. (P.) **42,** 33. — 3) Muß die Zustellung des Schriftsatzes nach § 4 R.A.G., wenn die Anfechtung gegen eine Ehefrau gerichtet wird, auch an deren im Anfechtungsprozesse mitbeklagten Ehemann erfolgt sein? **45,** 56. — 4) Wieweit kann der Unterhaltsanspruch der geschiedenen Ehefrau gegen ihren für allein schuldig erkannten Ehemann im Falle seiner Wiederverheiratung beschränkt werden? **48**, 112. — 5) Kann im Ehescheidungsprozesse der Ehemann durch einstweilige Verfügung zur Zahlung eines Kostenvorschusses an den Anwalt der Ehefrau angehalten werden, wenn in der Ehe der gesetzliche Güterstand des B.G.B. besteht? **47**, 72. — 6) Überträgt der seine Mobilien an seine Frau veräußernde Ehemann den Besitz durch einen mit ihr abgeschlossenen Leihvertrag, wenn die Sachen in der ehemännlichen Verwaltung bleiben? (P.) **48**, 318. — 7) Kann mit der Wechselklage gegen die Ehefrau accessorisch auf Duldung der Zwangsvollstreckung in das Vermögen der Ehefrau im Wechselprozesse gegen den Ehemann geklagt werden? (P.) **50**, 51. — 8) Zur Kündigung einer Einbringensforderung ist nicht die Mitwirkung, sondern nur die Einwilligung, vorher erklärte Zustimmung, des Ehemannes nötig. **50**, 213.

Eherecht. 1) Örtliches Recht für die Ehescheidung. (G., P.) **41**, 177; (F.) **44**, 340. — 2) Örtliches Recht für die Frage, ob nach dem Domizilwechsel der Eheleute eine an ihrem früheren Wohnsitze begangene Handlung einen Ehescheidungsgrund bildet. (P.) **41**, 215. — 3) Welches konfessionelle Recht ist für die Ehescheidung zwischen Katholiken und Protestanten maßgebend? (G.) **43**, 175. — 4) Beurteilung der Schuldfrage, wenn die Ehe auf Grund des preußischen A.L.R. vom Landgerichte rechtskräftig geschieden, und über die nur wegen der Schuldfrage eingelegte Berufung unter der Herrschaft des B.G.B. zu entscheiden ist. **46**, 147. — 5) Kann zwischen Ausländern, deren Heimatsrecht nur eine Trennung von Tisch und Bett zuläßt, nach Art. 17 E.G. z. B.G.B. auf Ehescheidung oder auf Aufhebung der ehelichen Gemeinschaft im Sinne der §§ 1575. 1576 B.G.B. erkannt werden? **47**, 136; **48**, 145.

Ehesachen. 1) Begründung und Beweislast der aus § 576 (616 n. F.) C.P.O. erhobenen Einrede. **42**, 384. — 2) Unzulässigkeit des Vorbringens neuer Thatsachen in der Revisionsinstanz auch in Ehesachen. **44**, 354. — 3) Gehören die Kosten für die Erwirkung des Rückkehrbefehles und des Sühneverfahrens zu den Prozeßkosten? **45**, 368. — 4) Sind die Anwaltsgebühren für die Erwirkung des Rückkehrbefehles und des Sühnetermines auf die Prozeßkosten im Ehescheidungsprozesse anzurechnen? **45**, 368. — 5) Verfahren in Ehesachen. S. Syst. Reg. § 344.

Ehescheidung. Ehescheidungsgrund. 1) Für die Ehescheidung ist das Recht des Prozeßgerichtes maßgebend. (G., P.) **41**, 177; (F.) **44**, 340. — 2) Örtliches Recht für die Frage, ob nach dem Domizilwechsel der Eheleute eine an ihrem früheren Wohnsitze begangene Handlung einen Ehescheidungsgrund bildet. (P.) **41**, 215. — 3) Bilden unter Protestanten Sävitien gemeinrechtlich einen Ehescheidungsgrund? (G.) **41**, 219. — 4) Kann, wenn in erster Instanz auf Ehescheidung erkannt ist, der Kläger, ohne selbst Berufung einzulegen, einen in erster Instanz nicht vorgebrachten Scheidungsgrund zur Begründung des Antrages auf Zurückweisung der Berufung der Gegenpartei verwenden? **42**, 412. — 5) Welches konfessionelle Recht ist für die Ehescheidung zwischen Protestanten und Katholiken maßgebend? (S.) **43**, 175. — 6) Unter welchen Umständen ist die Bedrohung mit Thätlichkeiten ein Scheidungsgrund? (P.) **43**, 277. — 7) Ist die fälschliche Anschuldigung eines Ehebruches, wenn zur Verteidigung im Prozesse vorgebracht, ein Ehescheidungsgrund? (P.) **43**, 277. — 8) Kann die Ehe auf Grund von Ehevergehen geschieden werden, die von einem Ehegatten nach seiner Entmündigung wegen Blödsinnes begangen sind? (P.) **43**, 276. — 9) Kann die Ehefrau nach gegenseitiger Verzeihung früherer Ehebrüche wegen eines neuen Ehebruches des Mannes die Scheidung unbedingt verlangen? (P.) **43**, 330. — 10) Was ist im Sinne des § 719 A.L.R. II. 1 „Veranlassung eines Ehevergehens"? (P.) **43**, 345. — 11) Wieweit findet der Art. 201 E.G. z. B.G.B. Anwendung auf vor dem 1. Januar 1900 anhängig gewordene Ehescheidungssachen? **45**, 95. — 12) Nach welchem zeitlichen Rechte hat das Revisionsgericht die Frage zu entscheiden, ob ein vor dem 1. Januar 1900 ergangenes Berufungsurteil in Ehescheidungssachen auf Gesetzesverletzung beruht? **45**, 98. 421. — 13) Nach Art. 201 E.G. z. B.G.B. darf, auch in schon vorher anhängigen Sachen, seit dem 1. Januar 1900 auf zeitliche Trennung von Tisch und Bett nicht mehr erkannt werden. **45**, 420. — 14) Kann seit dem 1. Januar 1900 wegen eines vorher begangenen Ehebruches auf Scheidung erkannt werden, wenn nach dem bisherigen Rechte wegen eines ebenfalls vorher begangenen Ehebruches des Klägers Aufrechnung zulässig war? **46**, 90; **47**, 4. — 15) Beurteilung der Schuldfrage, wenn die Ehe auf Grund des preußischen A.L.R. vom Landgerichte rechtskräftig geschieden, und über die nur wegen der Schuldfrage eingelegte Berufung unter der Herrschaft des B.G.B. zu entscheiden ist. **46**, 147. — 16) Bedarf die Feststellung, daß die Verfehlung des verklagten Ehegatten die im § 1568 B.G.B. angeführte Wirkung gehabt habe, stets der Bezugnahme auf die individuellen Verhältnisse der Ehegatten? **46**, 154. — 17) Begriff der böslichen Verlassung nach § 677 A.L.R. II. 1 und nach § 1567 B.G.B. **46**, 158. — 18) Ist die Frist des § 1571 Abs. 1 B.G.B. auch dann maßgebend, wenn die Scheidungsklage schon vor 1900 erhoben ist? **46**, 156. — 19) Kann, wenn in einem schon vorher anhängigen Prozesse nach dem 1. Januar 1900 auf Scheidung wegen Ehevergehens des Beklagten erkannt wird, auch die klagende Partei für schuldig erklärt worden, wenn zwar die Voraussetzungen des § 677 A.L.R. II. 1, aber nicht die des § 1567 B.G.B. vorliegen? **46**, 157. — 20) Voraussetzungen der Anwendbarkeit des § 1574 Abs. 3 B.G.B. in einem vor 1900 anhängig gewordenen Ehescheidungsprozesse. **46**, 158. — 21) Ausschließung der Kompensation in Ehescheidungssachen nach dem B.G.B. **46**, 162. — 22) Kann auf Grund des § 1568 B.G.B. die Ehe geschieden werden, wenn auch gegen den klagenden Ehegatten die Voraussetzungen seiner Anwendbarkeit vorliegen? **46**, 159. — 23) Rechtsfolgen der Ehescheidung für die nach dem 1. Januar 1900 entstehenden Streitigkeiten der vor 1900 geschiedenen Ehegatten über die gemeinsamen Kinder.

Zuständigkeit des Prozeßgerichtes? (G.) **46**, 168. — 24) Ist ein Rechtsgrund zur zeitlichen Trennung von Tisch und Bett ein Trennungsgrund im Sinne des Art. 201 E.G. z. B.G.B. **47**, 31. — 25) Kann eine schwere Verletzung der ehelichen Pflichten im Sinne des § 1568 B.G.B. auch in Mißhandlungen gefunden werden, die an sich weder als lebens- oder gesundheitsgefährliche, noch als rohe erscheinen? **47**, 32. — 26) Finden auf die Frage, ob der Ehefrau das Getrenntleben während des Scheidungsprozesses zu gestatten sei, die Vorschriften der §§ 936—944 C.P.O. n. F. oder des § 1353 Abs. 2 B.G.B. Anwendung? **46**, 385. — 27) Ist, wenn nach deutschem Rechte auf Scheidung, nach dem ausländischen auf beständige Trennung von Tisch und Bett zu erkennen wäre, in den Fällen der Artt. 201. 17. 27 E.G. z. B.G.B. Auflösung des Bandes der Ehe auszusprechen? **47**, 136. — 28) Kann zwischen Ausländern, deren Heimatsrecht nur Trennung von Tisch und Bett zuläßt, auf Aufhebung der ehelichen Gemeinschaft im Sinne der §§ 1575. 1576 B.G.B. erkannt werden? **48**, 145. — 29) Berücksichtigung verziehener Mißhandlungen bei einer auf § 1568 B.G.B. gestützten Ehescheidungsklage. **49**, 37. — 30) Unter welchen Voraussetzungen ist im Scheidungsurteile auszusprechen, daß ein Ehegatte Schuld an der Scheidung trage? **49**, 167. — 31) Nach welchem Rechte richtet sich der Unterhaltsanspruch der geschiedenen Ehefrau, wenn das den Ehemann für schuldig erklärende Scheidungsurteil zwar vor dem 1. Januar 1900 ergangen, aber, ohne angegriffen zu werden, erst nachher rechtskräftig geworden ist? (P.) **50**, 304. — 32) Wirkt die durch Ehescheidung herbeigeführte Auflösung der Errungenschaftsgemeinschaft auf die Zeit der Erhebung der Scheidungsklage zurück? (F.) **50**, 334.

Ehescheidnngsprozeß. Verfahren. S. Syst. Reg. § 344.

Ehescheidungsstrafe. 1) Örtliches Recht. (G., P.) **41**, 176. — 2) Nach welchem Rechte richtet sich der Unterhaltsanspruch der geschiedenen Ehefrau, wenn das den Ehemann für schuldig erklärende Scheidungsurteil vor 1900 ergangen, aber, ohne angegriffen zu sein, erst im Jahre 1900 rechtskräftig geworden ist? (P.) **50**, 304.

Eheschließung. 1) Die Form richtet sich nach den Gesetzen des Ortes der Eheschließung, die Fähigkeit zur Eingehung der Ehe aber für jeden Teil nach dem Rechte seines Wohnsitzes zur Zeit der Eheschließung. (P., F.) **42**, 336. — 2) Verhältnis des § 36 des Personenstandsgesetzes vom 6. Februar 1875 zum Art. 182 C. c. **42**, 341. — 3) Kann eine Eheschließung in einem gerichtlichen Prozeßvergleiche gültig vorgenommen werden? **48**, 191.

Eheungültigkeit. Eheungültigkeitsklage. 1) Hat, falls ein in väterlicher Gewalt stehendes Kind ohne Genehmigung des Vaters eine Ehe schließt, dieser das Recht, die Ehe als ungültig anzufechten und das Kind bis auf die Hälfte des Pflichtteiles zu enterben oder nur eines von diesen? (P.) **42**, 268. — 2) Ungültigkeit der Ehe mangels väterlicher Einwilligung im Geiste des Landesrechtes, obgleich dessen Voraussetzungen etwas anders geregelt waren, als jetzt nach dem

Reichsgesetze vom 6. Februar 1875. **42**, 336. — 3) Verhältnis des § 36 des Personenstandsgesetzes von 1875 zum Art. 182 C. c. **42**, 337. — 4) Kann eine Ehe, die wegen wesentlichen Irrtums ungültig ist, durch bedingte Genehmigung beim Eintritte der Bedingung gültig werden? (G.) **44**, 147. — 5) Steht dem Ehegatten, der die vor dem 1. Januar 1900 geschlossene Ehe wegen eines erst nach diesem Tage entdeckten Irrtumes anfechten will, die sechsmonatige Frist des § 1339 B.G.B. auch dann zu, wenn nach dem bisherigen Rechte die Frist kürzer war? **48**, 166.

Ehevergehen. S. Ehescheidung.

Ehevertrag. Rechtswirkung eines vor 1900 unter der Herrschaft des französischen Rechtes geschlossenen Ehevertrages, durch den ein Ehegatte in erbrechtlicher Beziehung den Kindern aus einer früheren Ehe gleichgestellt wird, gegenüber den Vorschriften der §§ 1931. 2303. 2307 B.G.B. **49**, 44.

Eid. 1) S. die folgenden Wörter und über den richterlichen Eid Syst. Reg. § 332b. — 2) Editionseid. S. dieses Wort.

Eidesauflage. 1) Ist bei deren teilweiser Abänderung zu Gunsten des Berufungsklägers im übrigen die relative Rechtskraft zu beachten? **44**, 366. — 2) Darf das Berufungsgericht, wenn gegen ein durch Eid bedingtes Endurteil nur der Kläger Berufung eingelegt hat, die Klage unbedingt abweisen? **49**, 381. — 3) Ist im Beschwerdeverfahren die Auferlegung eines richterlichen Eides zulässig? **50**, 370.

Eidesfolgen. 1) Hat die Weigerung des Editionseides zur Folge, daß der Besitz der Urkunde als bewiesen gilt? **44**, 425. — 2) Kann die Leistung des Offenbarungseides die in § 428 (463 n. F.) C.P.O. vorgesehenen Wirkungen haben? **46**, 344. — 3) Wieweit darf ein in einem Vorprozesse von der einen Partei geleisteter Eid als Beweisgrund benutzt werden? **46**, 410.

Eidesleistung. 1) Kann die Eideszuschiebung an notwendige Streitgenossen noch zurückgenommen oder durch andere Beweismittel ersetzt werden, wenn der durch Beweisbeschluß angeordnete Eid schon von einigen Streitgenossen abgeleistet ist? **41**, 415. — 2) Wer hat die Parteieide zu leisten im Falle der gesetzlichen Vertretung des Fiskus durch eine Kollegialbehörde? **45**, 428; **46**, 319 (identisch). — 3) S. auch das vorstehende Wort: Eidesfolgen.

Eidesnorm. Darf die Norm des Editionseides so geändert werden, daß der Eid hinsichtlich des Besitzes der Urkunde nur in negativer Fassung über die Überzeugung zu leisten ist? **44**, 423.

Eidespflicht. Ist das Unternehmen der Verleitung zum Meineide eine „wissentliche Verletzung der Eidespflicht" im Sinne der §§ 457. 470 471 Abs. 2. 477 Abs. 2 C.P.O. n. F.? **46**, 395.

Eidesstattliche Versicherung. Darf das Gericht eine ihm überreichte, vom Antragsteller selbst schriftlich abgegebene, eidesstattliche Versicherung als Mittel der Glaubhaftmachung berücksichtigen? **50**, 360.

Eidesweigerung. 1) Kann die Weigerung des Eides in einem Vorprozesse als Beweisgrund für einen Ehescheidungsgrund nach freier

Überzeugung benutzt werden? **43,** 422. — 2) Hat die Weigerung des Editionseides zur Folge, daß der Besitz der Urkunde als bewiesen gilt? **44,** 425.

Eideszurücknahme. S. Eideszuschiebung.

Eideszuschiebung. 1) Kann die Eideszuschiebung an notwendige Streitgenossen noch zurückgenommen oder durch andere Beweismittel ersetzt werden, wenn der durch Beweisbeschluß angeordnete Eid schon von einigen Streitgenossen abgeleistet ist? **41,** 415. — 2) Kann über die Kenntnis der — nicht feststehenden — Benachteiligungsabsicht des Schuldners dem Anfechtungsgegner der Eid zugeschoben werden? **43,** 392. — 3) Ist der Assignant Rechtsvorgänger des Assignatars im Sinne des § 410 (445 n. F.) C.P.O., wenn die Anweisung erfolgt, um dem Assignatar durch eine dem Assignanten gegen den Assignaten zustehende Forderung Befriedigung zu verschaffen? (P.) **45,** 369. — 4) Ist die Zurücknahme der Eideszuschiebung in der Berufungsinstanz auch dann unbeschränkt zulässig, wenn in der ersten Instanz durch bedingtes Endurteil auf den Eid erkannt ist? Auch wenn eine Eideszuschiebung über Indizien derselben Thatsache an die Stelle treten soll? **46,** 328. — 5) Ist, wer einen Wechsel indossiert oder auf Grund eines Blankoindossamentes weiter begeben hat, im Sinne des § 445 C.P.O. n. F. Rechtsvorgänger des Erwerbers? **47,** 69. — 6) Kann der Nachweis der gerichtlichen Insinuation einer Schenkung durch Eideszuschiebung geführt werden? **50,** 424.

Eigene Order. 1) Ist im Wechselprozesse die Klage aus einem Wechsel an eigene Order zulässig, auf dessen Rückseite als erste Namensschrift die des Ausstellers steht, aber der über dieser stehende Übertragungsvermerk durchstrichen ist? **41,** 412. — 2) Ist ein an eigene Order gezogener Wechsel gültig in blanco indossiert, wenn der Aussteller auf die Rückseite seinen Namen, über diesen aber das Wort „Angenommen" gesetzt hat? **46,** 46.

Eigene Rechnung. Kann der Prinzipal, mit dem sein Handlungsgehilfe für eigene Rechnung unter dem Namen eines Anderen Börsentermingeschäfte gemacht hat, Herausgabe des Gewinnes fordern, den der Handlungsgehilfe gemacht und aus der Kasse des Prinzipals erhalten hat? **45,** 31.

Eigenes Verschulden. 1) Ist der Afterverpächter auch ohne eigenes Verschulden dem Afterpächter schadensersatzpflichtig, wenn dieser vom Eigentümer aus der Pachtsache entsetzt wird? (G.) **41,** 147. — 2) Steht der actio de pauperie, wenn die Hinterbliebenen des Getöteten klagen, die Einrede seines eigenen Verschuldens entgegen? (G.) **48,** 261. — 3) Tritt die Vermutung des § 26 A.L.R. I. 6 ein, wenn auch der Beschädigte ein auf Schadensverhütung abzielendes Polizeigesetz vernachlässigt hat, oder wenn ihm sonst ein grobes Verschulden zur Last fällt? (P.) **43,** 369. — 4) Kann der Ersatz des infolge der Verletzung eines Vertragsverhältnisses entstandenen mittelbaren Schadens und entgangenen Gewinnes abgelehnt werden, weil der Beschädigte das von ihm wahrgenommene vertragswidrige Verhalten nicht gehindert habe? (P.) **41**, 292. — 5) Beschränkung der Ersatzpflicht in Vertragsverhältnissen auf den unmittelbaren Schaden, wenn der Beschädigte durch grobes Versehen die Abwendung des weiteren Schadens unterlassen hat. **42**, 299. — 6) Kann konkurrierendes Verschulden des Unternehmers einer durch den Starkstrom der elektrischen Straßenbahn geschädigten Fernsprechanlage vorliegen, wenn diese jener gegenüber im Sinne des § 12 des Telegraphengesetzes nicht schutzpflichtig ist? (P.) **43**, 261. — 7) Liegt eigenes Verschulden vor, wenn der bei der Fahrt in einem Straßenbahnwagen Verletzte in der begründeten Furcht eines Zusammenstoßes unerlaubt den Perron des fahrenden Wagens zu verlassen sucht? **50**, 95. — 8) Haftet der Tierhalter aus § 833 B.G.B. auch dann, wenn der Verletzte zum Schutze Dritter gegen die von dem Tiere drohende Gefahr aus freiem Entschlusse eingegriffen hat? **50**, 222. — 9) Wird der Anspruch auf Schadensersatz dadurch ausgeschlossen, daß der Beschädigte den Schaden durch eigene Thätigkeit hätte abwenden können und müssen? (G.) **46**, 207.

Eigener Wechsel. 1) Wechselanspruch des ersten Nehmers eines eigenen Wechsels auf Ersatz der Kosten eines zur Erhaltung des Wechselrechtes nicht erforderlichen Protestes, dagegen nicht auf $^1/_3$ Prozent Provision. **41**, 127. — 2) Provisionsanspruch des Regreßberechtigten auch dem Aussteller eines eigenen Wechsels gegenüber. **41**, 127. — 3) Ist der von einer offenen Handelsgesellschaft unter ihrer Firma an die Order einer mit anderer Firma unter denselben Gesellschaftern bestehenden offenen Handelgesellschaft ausgestellter eigener Wechsel gültig? **47**, 156.

Eigennutz, strafbarer, im Sinne des § 288 R.St.G.B. Voraussetzungen. **42**, 172.

Eigentum. Eigentümer. 1) Ist der Eigentümer eines Gemeindefriedhofes berechtigt, auf diesem die freie Ausübung des Leichenbestattungsgewerbes zu hindern? (P.) **42**, 56. — 2) Beschränkung des Eigentumes an dem einem öffentlichen Gebrauche gewidmeten Grundstücke. (P.) **42**, 208. — 3) Wieweit reicht das Recht des Eigentümers eines Grundstückes an dem über diesem befindlichen Luftraume? (P.) **42**, 207. — 4) Kann neben dem Inhaber des durch übermäßigen Lärm störenden Maschinenbetriebes auch der Eigentümer des Hauses, in dem der Gewerbebetrieb stattfindet, in Anspruch genommen, und welche Anträge können gegen ihn gestellt werden? (P.) **45**, 298. — 5) Zeitliche Grenzen des mit dem 1. Januar 1900 in Kraft getretenen Rechtes in Ansehung des Erwerbes und des Inhaltes des Eigentumes, besonders beim Überbau. **46**, 144. — 6) Hat der Eigentümer, einschränkende Polizeivorschriften vorbehalten, das Recht, sein Hauswasser, auch das zum Geschäftsbetriebe benutzte, auf die öffentliche Straße zu leiten? (F.) **46**, 316. — 7) Wird die Verjährung des Schadensanspruches des Eigentümers wegen Bergschadens dadurch unterbrochen, daß der Bergbautreibende den Pächter für entzogene Nutzungen entschädigt? (P.) **46**, 280. — 8) Hat der Eigentümer Anspruch auf

Schadensersatz wegen vorübergehender Beeinträchtigung seines Rechtes gegen den fahrlässigen Verursacher? (G.) **47**, 249. — 9) Übertragung des Eigentumes der beim Spediteur lagernden Ware durch Abtretung des Herausgabeanspruches. **49**, 97. — 10) Bedürfen der Form des § 313 B.G.B. auch die Verträge, durch die der eine sich dem anderen unter Erteilung einer Vollmacht verpflichtet, das Eigentum eines Grundstückes an einen von dem anderen zu bestimmenden Dritten zu übertragen? **50**, 163. — 11) Hat der Eigentümer Anspruch auf Schadensersatz, wenn auf dem Nachbargrundstücke ein mit Feuers- und Explosionsgefahr verbundenes Gewerbe betrieben und dadurch sein Grundstück entwertet wird? (R., F.) **50**, 226. — 12) S. auch Eigentumserwerb, Miteigentum.

Eigentümergrundschuld. Muß der als Hypothekengläubiger Eingetragene bei der Umwandelung der dem Eigentümer als Grundschuld zugefallenen Hypothek in eine Hypothek mitwirken? **48**, 55.

Eigentümerhypothek. 1) Erwirbt der eine Gesamthypothek gegen Quittung auszahlende Eigentümer eines der belasteten Grundstücke die Hypothek an den anderen Grundstücken? (P.) **41**, 213. — 2) Kann die Eigentümerhypothek Gegenstand einer Vorpfändung nach § 744 (§ 845 n. F.) C.P.O. sein? **43**, 431. — 3) Giebt es bei der Eigentümerhypothek einen Drittschuldner im Sinne der §§ 730. 744 (829. 845 n. F.) C.P.O.? **43**, 429. — 4) Wie ist nach dem Zuschlage des subhastierten Grundstückes die Pfändung der Eigentümerhypothek zu bewirken? **43**, 427. — 5) Kann der Eigentümer, der eine von ihm auf den Kaufpreis übernommene Hypothek durch Zahlung und Cession erworben hat, gegen seinen Verkäufer die zu Grunde liegende persönliche Forderung geltend machen? Ist der Cessionar des Eigentümerhypothekars dazu befugt? (P.) **45**, 187. — 6) Erwirbt der Grundeigentümer die mit Versicherungsgeldern für abgebrannte Gebäude bezahlte Hypothek, oder erlischt diese? (P.) **47**, 267. — 7) Ist die unter dem älteren Rechte eingetragene nicht valutierte Hypothek mit dem Inkrafttreten des neuen Liegenschaftsrechtes zur Eigentümerhypothek geworden? Muß der als Gläubiger Eingetragene zur Berichtigung des Grundbuches mitwirken? **48**, 48; **50**, 80.

Eigentumsbeschränkungen, gesetzliche. 1) Gehört das Lichtrecht des § 142 A.L.R. I. 8 dazu? (P.) **44**, 314. — 2) Unterschied zwischen Eigentumsbeschränkung und Grundgerechtigkeit des Nachbars. (P.) **44**, 315. — 3) Ist der den Windmühlen aus der Zeit vor dem 18. November 1819 gewährte Schutz (§ 247 A.L.R. II. 15) gegen Baumpflanzungen neben dem B.G.B. in Kraft geblieben? (P.) **50**, 319. — 4) Umfang des den Windmühlen nach § 247 A.L.R. II. 15 gegen Verkümmerung des „nötigen" Windes gewährten Schutzes. (P.) **50**, 325. — 5) S. auch Aussichtsrecht, Bau, Fenster, Nachbar.

Eigentumserwerb. 1) Eigentum an indossabelen und mit Namensindossament versehenen Papieren kann ohne Indossament nicht übertragen werden. **41**, 4. — 2) Findet der Eigentumserwerb durch Vermischung auch auf Grundstücke Anwendung, die verschiedenen Eigentümern gehören, aber zu einer nach keiner Richtung mehr entwirrbaren Fläche geworden sind? (G.) **44**, 169. — 3) Die Übertragung des Eigentumes an Kuxen vollzieht sich durch die Erklärung des Übertragungswillens des bisherigen Eigentümers und die Annahme dieser Erklärung von seiten des Anderen. Schriftliche Form ist nur für den ersten Teil nötig. (P.) **45**, 247. — 4) Erwirbt der Ersteher trotz seines Wissens, daß eine nach dem Grundbuche zu dem zur Zwangsversteigerung stehenden Grundstücke gehörende Parzelle im Eigentume eines Dritten steht, deren Eigentum durch den Zuschlag? (P.) **45**, 284. — 5) Zeitliche Grenzen der Vorschriften des B.G.B. in Ansehung des Erwerbes und des Inhaltes des Eigentumes, besonders beim Überbau. **46**, 143. — 6) Übertragung des Eigentumes einer bei dem Spediteur lagernden Ware durch Abtretung des Anspruches auf Herausgabe. **49**, 97. — 7) Mittelbarer Besitz und Eigentum durch ein „ähnliches Verhältnis, vermöge dessen der Besitzer einer Sache einem Anderen gegenüber auf Zeit zum Besitze berechtigt oder verpflichtet ist", im Sinne der §§ 868. 930 B.G.B. **49**, 170. — 8) Gehen Grundstücke, die in eine offene Handelsgesellschaft eingebracht werden, in deren Eigentum über ohne Auflassung und ohne Eintragung in das Grundbuch? (P.) **49**, 254. — 9) Erlischt der Mietvertrag, wenn der Mieter und dessen Ehefrau später das Eigentum des gemieteten Grundstückes erwerben? (P.) **49**, 285. — 10) Im übrigen s.:

Eigentumserwerb an Grundstücken durch Auflassung. (P.) S. Syst. Reg. § 56.

— durch Accession. S. Inädifikation.

— durch Adjudikation. S. Ersteher.

— durch Ersitzung. S. Ersitzung.

— durch Okkupation. S. Okkupation.

— durch Tradition. S. Besitz, Übergabe.

— im Handelsverkehre. S. Syst. Reg. § 242.

Eigentumsfreiheitsklage. S. Syst. Reg. § 62.

Eigentumsklage. 1) Örtliches Recht für die Vindikation beweglicher Sachen und den ihr entgegengehaltenen Lösungsanspruch. (G.) **41**, 152. — 2) Kann die Abtretung der Eigentumsklage in der Auflassung einer im Grundbuche nicht für den Auflassenden eingetragenen Grundfläche gefunden werden? (P.) **46**, 229. — 3) Übertragung des Eigentumes einer bei dem Spediteur lagernden Ware durch Abtretung des Anspruches auf Herausgabe. **49**, 97.

Eigentumsübertragung. S. Übergabe, Eigentumserwerb.

Eigentumsvorbehalt. 1) Tritt ein Gebäude trotz des Eigentumsvorbehaltes in die hypothekarische Haftung des Grundstückes ein? (P.) **44**, 288. — 2) Die nachträgliche Vereinbarung eines Eigentumsvorbehaltes macht den schon eingetretenen Eigentumserwerb nicht rückgängig. **49**, 172.

Einbringen. 1) Stempelsteuer für das Einbringen in eine Aktiengesellschaft, die durch Umwandelung einer Gewerkschaft in sie entsteht, in Preußen. **44**, 278. — 2) „Einbringen" in eine neuerrichtete Aktien-

Befreiung von der eingegangenen Verbindlichkeit klagt, Zahlung an sich selbst oder nur an seinen Mitkontrahenten verlangen? **47**, 125. — 6) Verliert der Kommittent die Rechte aus § 4 Abs. 1 des s. g. Depotgesetzes vom 5. Juli 1896 dadurch, daß ihm nach Ablauf der dreitägigen Frist das Nummernverzeichnis vom Kommissionär zugeht? **48**, 7.

Einkommen. 1) Gehört der s. g. Agiogewinn zu dem nach § 16 des preußischen Einkommensteuergesetzes steuerpflichtigen Einkommen der Aktiengesellschaft? Begriff der Überschüsse im Sinne dieses Gesetzes. **46**, 262. — 2) Darf nach dem Gesetze wegen Beseitigung der Doppelbesteuerung der Bundesstaat, in dem ein Deutscher seinen Wohn- oder Aufenthaltsort hat, dessen aus Grundbesitz oder Gewerbebetrieb in einem anderen Bundesstaate herrührendes Einkommen nur dann nicht besteuern, wenn dieser dies Einkommen thatsächlich besteuert? **50**, 97. — 3) Ist der s. g. Agiogewinn im Sinne des Gesetzes wegen Beseitigung der Doppelbesteuerung ein aus dem Gewerbebetriebe herrührendes Einkommen? **50**, 105.

Einkommensteuer. 1) Kosten der Kommission zu ihrer Veranlagung in den Stadtkreisen. Hat auch dann der Staat sie zu tragen, wenn der Stadtbürgermeister oder an dessen Stelle ein anderes Magistratsmitglied den Vorsitz in der Kommission führt? (P.) **43**, 314. — 2) S. auch Einkommen.

Einlage. 1) „Einzahlung auf die Stammeinlage" im Sinne der §§ 5. 7. 8. 19 des Reichsgesetzes vom 20. April 1892, betreffend die Gesellschafter mit beschränkter Haftung. **41**, 120. — 2) Wie ist bei der stillen Gesellschaft nach gemeinem Rechte das Eigentumsrecht der Gesellschafter an den beiderseitigen Einlagen zu beurteilen? **45**, 40. — 3) Ist der Konkursverwalter befugt, die Ansprüche der Gesellschaftsgläubiger als solcher gegen den Kommanditisten einer in Konkurs geratenen Kommanditgesellschaft auf Zahlung der versprochenen Einlage einzuklagen? **46**, 352. — 4) Darf neben dem Reichsstempel für Anschaffungsgeschäfte der Stempel nach Tarifstelle 25c des preußischen Stempelgesetzes erhoben werden, wenn bei Errichtung der Aktiengesellschaft ein Gründer sich verpflichtet hat, gegen seine nicht durch Barzahlung zu leistende Einlage Aktien zu übernehmen? **45**, 99. — 5) Darf eine Gesellschaft mit beschränkter Haftung Anleihen aufnehmen, um die Einlagen der Gesellschafter für diese zu bezahlen? **47**, 185. — 6) Ist die von einem Aktionär zur Sicherung des Restes seiner Einlage vorgenommene Hinterlegung von Wechseln als Einzahlung auf die Aktien anzusehen? **49**, 26. — 7) Gehen Grundstücke, die in die offene Handelsgesellschaft eingebracht werden, ohne Auflassung und ohne Eintragung in das Grundbuch, in deren Eigentum über? (P.) **49**, 254. — 8) Rechtliche Bedeutung der Zeichnung einer Stammeinlage einer Gesellschaft mit beschränkter Haftung im Auftrage eines Anderen. Steht der Verpflichtung zur Abtretung dieses Anteiles aus dem Auftrage der § 15 Abs. 4 des Gesetzes von 1892 entgegen? **50**, 43. — 9) Kann der Auftraggeber zur Zeichnung einer Stammeinlage die auf diese geleistete Einzahlung von der Gesellschaft m. b. H.

zurückfordern, weil die Abtretung durch den Mandatar nicht in der Form des § 15 Abs. 3 des Gesetzes von 1892 erfolgt ist? **50,** 46.

Einlegung der Rechtsmittel. S. Rechtsmitteleinlegung.

Einrede. 1) Verliert der Schuldner seine Einwendungen gegen eine Forderung auch dann, wenn diese in einem Prozesse nur eventuell vom Kläger geltend gemacht, und in dem Urteile nur über den Prinzipalantrag erkannt ist? (P.) **42,** 216. — 2) Begründung und Beweislast bezüglich der aus § 576 (616 n. F.) C.P.O. erhobenen Einrede. **42,** 384. — 3) Kann der Erbschaftsbesitzer gegen den klagenden Testamentserben sich auf das noch nicht ausgeübte Exeptionsrecht des Fiskus berufen? (G.) **43,** 141. — 4) Einfluß auf die exceptio doli, wenn der Stellvertreter eines Anderen als solcher mit sich selbst einen Vertrag schließt. (G.) **43,** 164. — 5) Einrede der Arglist, wenn sowohl der im Namen eines Anderen kontrahierende Stellvertreter als auch der Mitkontrahent wußten und wissen mußten, daß dieser Vertrag dem Willen des Vertretenen nicht entsprechen könne. (G.) **43,** 166. — 6) Einrede der Arglist gegen die Klage des Verpfänders auf Herausgabe des Hypothekenbriefes über die verpfändete Hypothek, wenn der Pfandgläubiger zwar durch die Zahlung eines Dritten befriedigt worden ist, später aber das Empfangene dem Dritten zurückzahlen muß. Rechtsstellung dessen, der nach der Zahlung die Hypothek erworben hat, wenn zur Zeit des Erwerbes die Verpfändung im Grundbuche noch nicht gelöscht war. (P.) **43,** 349. — 7) Einrede der Arglist des Eigentümers, auf dessen Grundstück unter Mißbrauch seiner Vollmacht der Gemeinschuldner sich widerrechtlich eine Hypothek hat zuschreiben lassen, gegen die Klage des Konkursverwalters. (G.) **44,** 1. — 8) Einrede der Arglist. **45,** 119. — 9) Kann gegen die Anfechtungsklage wegen betrügerischer Bestellung einer Hypothek eine Einrede deshalb zustehen, weil der Kläger die gegen einen nachstehenden Hypothekengläubiger gleichzeitig erhobene Klage, nachdem dessen Hypothek im Verteilungsverfahren ausgefallen ist, zurückgenommen hat? **47,** 216. — 10) Nach welchem zeitlichen Rechte sind Einreden aus dem persönlichen Schuldverhältnisse gegen eine Klage aus einer vor dem Inkrafttreten des B.G.B. eingetragenen und abgetretenen Hypothek zu beurteilen? **47,** 229. — 11) Kann, wenn der Verkäufer dem Käufer und dieser einem Dritten den Anspruch auf Herausgabe der bei einem Spediteur lagernden Ware abgetreten hat, dem Dritten mit Erfolg entgegengehalten werden, daß der Käufer den Erwerb durch falsche Vorspiegelung der Kreditwürdigkeit bewirkt habe, und dabei der Dritte beteiligt gewesen sei? **49,** 100. — 12) Kann der beklagte Intestaterbe gegen den klagenden Testamentserben sich auf das noch nicht ausgeübte Exeptionsrecht des Fiskus berufen? (G.) **43,** 141. — 13) Kann ein Genosse gegen die Klage des Verwalters im Genossenschaftskonkurse auf Zahlung des Vorschußbetrages einwenden, er sei von einem Vorstandsmitgliede durch arglistige Täuschung zum Beitritte verleitet worden? **45,** 106. — 14) S. auch Kompensationseinrede, prozeßhindernde Einrede, Rechtskraft, Retentionseinrede.

Einreden in der Exekutionsinstanz. 1) Wird ein vom Berufungsgerichte nach § 657 (719 n. F.) C.P.O. erlassener Einstellungsbeschluß ohne weiteres hinfällig, wenn die Berufung zurückgewiesen wird? **42,** 370. — 2) Kann der Konkursverwalter eine Pfändung deshalb als ungültig angreifen, weil der Gemeinschuldner schon vor der Pfändung die Pfandsachen an Dritte verkauft hatte? **42,** 343. — 3) Findet der § 657 (719 n. F.) C.P.O. auf Urteile Anwendung, durch die ein Arrest angeordnet oder eine einstweilige Verfügung getroffen ist? **42,** 361. — 4) Begriff des Prozeßgerichtes im Sinne des § 686 (767 n. F.) C.P.O. **45,** 343. — 5) Die Widerspruchsklage aus § 767 C.P.O. n. F. ist schon zulässig, wenn die Zwangsvollstreckung noch nicht begonnen hat, aber bevorsteht, und ein rechtliches Interesse vorliegt. **45,** 344. — 6) Anwendung des § 36 Ziff. 3 C.P.O. im Falle des § 705 (797 n. F.) C.P.O., wenn in der Klage Einwendungen von mehreren, in verschiedenen Gerichtsbezirken wohnhaften, Schuldnern erhoben werden sollen. **45,** 391. — 7) Zwangsvollstreckung aus einem nach § 599 C.P.O. n. F. unter Vorbehalt der Rechte ergangenen Urteile. **49,** 143. — 8) Hat der Gerichtsvollzieher die Zwangsvollstreckung einzustellen, wenn ihm ein Postschein vorgelegt wird über einen Betrag, der zwar die im Vollstreckungstitel bezeichnete Forderung, nicht aber die Zwangsvollstreckungskosten deckt? **49,** 399. — 9) Unter welchen Umständen können Einwendungen gegen die Gültigkeit einer Pfändung von einem Dritten erhoben werden? **50,** 68. — 10) Ist die Interventionsklage aus § 690 (771 n. F.) C.P.O. gegen die Gültigkeit der Pfändung einer Forderung zulässig? **43,** 403; **49,** 347. — 11) Kann die Anordnung, daß die Zwangsvollstreckung nur gegen Sicherheitsleistung stattfinde, auch dann getroffen werden, wenn das Urteil erst in der Berufungsinstanz für vorläufig vollstreckbar erklärt ist? **47,** 419. — 12) Grenzen für die Geltendmachung von Einwendungen gegen die Vollstreckungsklausel im Wege der Klage; diese ist nur zulässig, wenn der Schuldner die materielle Berechtigung der Klausel bestreitet. **50,** 365. — 13) Begründet die Entscheidung in dem Beschlußverfahren nach § 732 C.P.O. n. F. die Einrede der Rechtskraft gegenüber der auf Ungültigkeit der Vollstreckungsklausel nach § 768 erhobenen Klage? **50,** 372. — 14) Ist die vorgängige Zustellung der Rechtsmittelschrift unbedingte Voraussetzung der vorläufigen Einstellung der Zwangsvollstreckung? **50,** 404. — 15) Interventionsklage (§ 771 C.P.O. n. F.) s. dieses Wort.

Einseitiges Rechtsgeschäft. 1) Gilt der § 1 Abs. 3 des preußischen Stempelgesetzes von 1895 auch für einseitige Rechtsgeschäfte? (P.) **44,** 234. — 2) Ist die einseitige schriftliche Erklärung, einen Kux auf einen Anderen zu übertragen, nach Tarifstelle 34 des Stempelgesetzes von 1895 zu versteuern? (P.) **45,** 246.

Einspruch. Ist der vom Konkursverwalter ohne Aufnahme des Verfahrens erklärte Verzicht auf den Einspruch gegen ein während der Unterbrechung gegen den Gemeinschuldner erlassenes Versäumnisurteil zulässig? **45,** 327.

Einstellung der Zwangsvollstreckung. S. Einreden in der Exekutionsinstanz, Interventionsklage.

Einstellung des Gewerbebetriebes. 1) Was ist im Falle einer schädlichen Stauanlage für ein Wassertriebwerk unter dem Gewerbebetriebe zu verstehen, auf dessen Einstellung nach § 26 R.G.O. nicht geklagt werden kann? **49,** 89. — 2) Auf welche Anlagen erstreckt sich der Schutz des § 26 R.G.O.? **45,** 297. — 3) Ein Antrag des Betriebsunternehmers ist nötig, wenn mit der Wirkung des § 26 die im § 17 R.G.O. vorgeschriebene Bekanntmachung nach § 25 unterbleiben soll. **41,** 29.

Einstweilige Anordnung. Gehören die Kosten der einstweiligen, auf Einstellung der Zwangsvollstreckung lautenden, Anordnung zu den Kosten des nachfolgenden Prozesses über die Interventionsklage? Welches Rechtsmittel, wenn sie in dieser beziffert eingeklagt waren, und über sie nach erledigter Hauptsache entschieden ist? **50,** 357.

Einstweilige Verfügung. 1) Kann der Gläubiger schon vor Erlangung eines vollstreckbaren Titels zur Sicherung seines Anfechtungsrechtes eine einstweilige Verfügung erwirken? **41,** 89. — 2) Kann im Falle der Errungenschaftsgemeinschaft des Code civil die Ehefrau im Ehescheidungsprozesse von ihrem Ehemanne durch eine einstweilige Verfügung einen Kostenvorschuß erlangen? **49,** 327. — 2) Wird die Zwangsvollstreckung durch die Vornahme von Vollstreckungshandlungen zum Zwecke der Vollziehung einer einstweiligen Verfügung beendet? **41,** 393. — 3) Findet der § 657 (719 n. F.) C.P.O. auf Urteile Anwendung, durch die eine einstweilige Verfügung getroffen ist? **42,** 361. — 4) Darf die durch eine einstweilige Verfügung angedrohte Strafe noch verhängt werden, wenn die vor der Aufhebung der Verfügung begangene Zuwiderhandlung erst nachher zur Aburteilung kommt? **43,** 396. — 5) Gericht der Hauptsache, wenn bei dem Amtsgerichte eine einstweilige Verfügung erwirkt ist, um dem Antragsteller eine Vermessung zu ermöglichen, deren er zur Feststellung einer Geldforderung bedarf. **45,** 346. — 6) Ist die einstweilige Verfügung von der erwirkenden Partei dem Gegner selbst oder dessen Prozeßbevollmächtigtem für den Hauptprozeß zuzustellen? **45,** 364. — 7) Ist, wenn die Eheleute in der allgemeinen Gütergemeinschaft des B.G.B. leben, im Ehescheidungsprozesse gegen den klagenden Ehemann eine einstweilige Verfügung auf Zahlung eines Kostenvorschusses an den Anwalt der Ehefrau zulässig? **46,** 354. — 8) Kann im Ehescheidungsprozesse der Ehemann durch einstweilige Verfügung zur Zahlung eines Kostenvorschusses an den Anwalt der Ehefrau angehalten werden, wenn in der Ehe der gesetzliche Güterstand des B.G.B. besteht? **47,** 72. — 9) Kann während des Scheidungsprozesses der Unterhaltsanspruch des einen Ehegatten gegen den anderen nur durch den Antrag auf eine einstweilige Verfügung nach § 627 C.P.O. n. F. oder auch durch ordentliche Klage verfolgt werden? **47,** 379. — 10) Ist in den Fällen des § 627 C.P.O. n. F. für die Frage, ob eine das Getrenntleben der Ehegatten gestattende einstweilige Verfügung zu erlassen sei, der

§ 940 C.P.O. oder nur der § 1353 Abs. 2 B.G.B. maßgebend? **49,** 368. — 11) Findet die Vorschrift des § 717 Abs. 2 C.P.O. n. F., daß der betreffende Schadensanspruch in demselben Prozesse erhoben werden kann, entsprechende Anwendung auf den Fall des § 945? **50,** 406. — 12) Wann ist im Sinne des § 109 C.P.O. n. F. die Veranlassung zur Sicherheitsleistung weggefallen? **50,** 377. — 13) Im Arrestprozesse werden auch für Einreden nur solche Mittel der Glaubhaftmachung, die sofort vorgeführt werden, zugelassen. **50,** 407. — 14) S. auch Arrest Nr. 3. 7. 8. 9. 10.

Eintragung. Eintragungsgesuch. 1) Vermutung für die Gesetzmäßigkeit der Eintragungen im Handelsregister. **41,** 22. — 2) Liegt in der Eintragung des neuen Erwerbers in das Aktienempfangsbescheinigungsbuch durch die Organe der Aktiengesellschaft deren Genehmigung der Übertragung vinkulierter Aktien? **41,** 16. — 3) Bewirkt die erst nach der Eintragung des Eigentümers erfolgte Zurückführung des Grundbuchblattes auf das Steuerbuch eine Veränderung der Beweislast? **42,** 200. — 4) Kann eine Vormerkung zur Erhaltung des Rechtes auf Eintragung auf Grund der Bewilligung des Grundstückseigentümers eingetragen werden? Ist die Rechtsbeständigkeit davon abhängig, daß in der Eintragungsbewilligung der Schuldgrund der vorgemerkten Hypothek angegeben ist? **42,** 315. — 5) Rangordnung späterer zusätzlicher Eintragungen zur Hypothek in der Spalte „Veränderungen". (P.) **43,** 212. — 6) Wirkung der landesgesetzlich im Handelsregister erfolgten Eintragung der Konkurseröffnung auf die Verjährung von Klagen gegen den Gemeinschuldner aus Ansprüchen gegen die offene Handelsgesellschaft, deren Mitglied er ist. **45,** 47. — 7) Kann die gleich anfangs eingetragene sechsjährige Schutzfrist eines gewerblichen Musters oder Modelles verlängert werden? **46,** 93. — 8) Ist die Eintragung einer gesetzlich nicht zulässigen Verlängerung der Schutzfrist für Muster und Modelle rechtswirksam? **46,** 97. — 9) Hängt die persönliche Haftung des für eine noch nicht eingetragene Aktiengesellschaft Handelnden davon ab, daß er das Bestehen der Gesellschaft dem Dritten vorspiegelt, oder daß diesem das Nichtbestehen unbekannt ist? **47,** 1. — 10) Kann nach dem B.G.B. der Eigentümer zweier Grundstücke an dem einen zu Gunsten des Anderen eine Grundgerechtigkeit bestellen? Ist sie der Eintragung in das Grundbuch fähig? **47,** 202. — 11) Darf ein Nutzungspfandrecht nach dem Inkrafttreten des B.G.B. auch dann nicht mehr in das Grundbuch eingetragen werden, wenn es vorher vorgemerkt war? **48,** 61. — 12) Unter welchen Voraussetzungen kann die Vorlegung der für eine Grundbucheintragung erforderlichen Urkunden durch die Bezugnahme auf Gerichtsakten ersetzt werden? **48,** 400. — 13) Wirkung gegen den Erwerber einer Kohlenabbaugerechtigkeit, wenn auf dem für sie angelegten Grundbuchblatte die vertragsmäßige Verpflichtung, einen Tonnenzins zu zahlen, nicht mit eingetragen ist? (P.) **49,** 208. — 14) Umfang der Stempelbefreiungen bei der amtlichen Beglaubigung von Unterschriften unter Urkunden, deren Inhalt eine Eintragung in das Grundbuch betrifft. (P.) **49**, 299. — 15) Kann die erst nach der Eröffnung des Konkurses über die Genossenschaft erfolgte Eintragung in die Liste der Genossen die Mitgliedschaft begründen? **50**, 127. — 16) Unter welchen Voraussetzungen ist die Eintragung der s. g. Goldklausel als Zahlungsbedingung zu einer Hypothek zulässig? **50**, 145. — 17) Genügt zur Eintragung der Goldklausel die Bezugnahme auf die Eintragungsbewilligung? **50**, 149. — 18) Muß die Goldklausel auf Antrag in den Eintragungsvermerk aufgenommen werden? **50**, 151. — 19) Wer eine sein Handelsgewerbe betreffende Eintragung in das Handelsregister herbeiführt, ist mit dem Einwande, sie entspreche nicht dem Sachverhalte, nicht zu hören, soweit es sich um seiner Disposition unterliegende Verhältnisse handelt. **50**, 429. — 20) Negatorische Klage, wenn die Eintragung eines Geschmacksmusters zu Unrecht erfolgt ist. **45**, 61.

Einverleibung neuer Gebietsteile. Inwieweit wird durch sie die Geltung von Rechtsnormen auf die neuen Gebietsteile unmittelbar ausgedehnt? (P.) **48**, 280.

Einwendung. S. Einrede.

Einwendung in der Zwangsvollstreckung. S. Einreden in der Exekutionsinstanz.

Einwerfung. S. Kollation.

Einzahlung. 1) Ist der Konkursverwalter befugt, den Anspruch der Gesellschaftsgläubiger als solcher gegen den Kommanditisten einer in Konkurs geratenen Kommanditgesellschaft auf Einzahlung der versprochenen Einlage einzuklagen? Erfüllungsort für diesen Anspruch. **46**, 352. — 2) Was versteht das Gesetz, betreffend die Gesellschaften mit beschränkter Haftung, vom 20. April 1892 unter „Einzahlung auf die Stammeinlage"? **41**, 120. — 3) Sind die unter der Herrschaft der preußischen Stempelgesetze nach dem vollen Nennwerte versteuerten Interimsscheine der in den Reichsstempelgesetzen vorgeschriebenen Stempelsteuer unterworfen, wenn unter deren Herrschaft eine neue Einzahlung erfolgt? **45**, 41. — 4) Enthält die Einzahlung von Geld bei einem Bankhause für Rechnung eines anderen eine Anweisung oder einen Auftrag? Bis wann ist Widerruf zulässig? (P.) **45**, 236. — 5) Ist zu einer notariell beglaubigten Erklärung, durch die von einem Dritten eine Einzahlung zu der von einer Gesellschaft mit beschränkter Haftung beschlossenen Kapitalserhöhung übernommen wird, der Schuldverschreibungsstempel zu verwenden? (P.) **46**, 257. — 6) Ist, wenn eine vor dem 1. Oktober 1889 eingetragene Genossenschaft mit unbeschränkter Haftpflicht, bei der einzelne Genossen mit mehr als einem Geschäftsanteile beteiligt waren, überschuldet ist, der Beschluß der Generalversammlung gültig, durch den jedem Genossen eine gleich hohe Einzahlung auferlegt wird? **47**, 138. — 7) Ist die von einem Aktionär zur Sicherung des Restes seiner Einlage vorgenommene Hinterlegung von Wechseln als Einzahlung auf die Aktien anzusehen? **49**, 26.

Einziehung. Erstreckt sich die im § 26 des Reichsgesetzes vom 11. Juni 1870 angeordnete Einziehung auch auf Nachdrucksexemplare und Vor-

gleichenden Landfläche zu angemessenem Preise dem Enteigneten angeboten wird? (P.) **41**, 257. — 2) Ist der Rechtsweg zulässig, wenn die Verwaltungsbehörde einem von dem Unternehmer nicht bestrittenen Antrage auf Übernahme des Restgrundstückes entsprochen hat, der Enteignete aber dies nur gegen die verlangte höhere Entschädigung hergeben wollte und nunmehr behalten will? Auch dann, wenn vor Beschreitung des Rechtsweges wegen Dringlichkeit die Enteignung des ganzen Grundstückes schon ausgesprochen worden ist? (P.) **42**, 225. — 3) Darf für die Frage, ob das nach der Enteignung verbliebene Restgrundstück nach seiner bisherigen Bestimmung noch zweckmäßig benutzt werden kann, eine Straßenanlage berücksichtigt werden, deren Herstellung erst durch die Enteignung ermöglicht ist? **42**, 394. — 4) Was ist unter einem „Teil der Anlage" zu verstehen, von dessen Ausführung die dreijährige Verjährung des § 31 des Enteignungsgesetzes von 1874 zu laufen beginnt? (P.) **43**, 237. — 5) Geht der Anspruch auf die im Enteignungsverfahren festgestellte Entschädigung durch den Zuschlag bei der Zwangsversteigerung des Grundstückes auf den Erwerber über? (P.) **43**, 299. — 6) Verschafft, wenn wegen Dringlichkeit ein Enteignungsbeschluß vor endgültiger Feststellung der Entschädigung erlassen ist, eine zur Zeit der Zustellung des Beschlusses eingetragene, dann bei der Zwangsversteigerung ausgefallene und gelöschte Hypothek dem Gläubiger einen Anspruch gegen den Unternehmer auf Hinterlegung der demnächst erhöhten Entschädigung? (P.) **43**, 299. — 7) Verfahren zur Festsetzung der Fluchtlinie als Beginn der „Inanspruchnahme" eines Grundstückes im Sinne des Enteignungsgesetzes. Maßgebender Zeitpunkt. (P.) **43**, 357. — 8) Kann als Teil der Enteignungsentschädigung Ersatz der Mietausfälle verlangt werden, die schon während und infolge des vorhergehenden Verfahrens zur Festsetzung der Fluchtlinie entstanden sind? (P.) **43**, 357. — 9) Ist der Einwand des Unternehmers zulässig, daß nicht er, sondern ein Anderer, in dessen Interesse die Enteignung erfolge, entschädigungspflichtig sei? (P.) **44**, 325. — 10) Muß der Unternehmer den Minderwert des Restgrundstückes auch dann ersetzen, wenn möglich ist, daß die Anlage auch ohne Enteignung eines Teiles des Grundstückes hätte ausgeführt werden können? (P.) **44**, 331. — 11) Ist die Bestimmung des § 10 Abs. 1 des Enteignungsgesetzes von 1874 von Amtswegen zu berücksichtigen? (P.) **45**, 253. — 12) Ist die Verwendung zum Torfstiche eine Benutzungsart des Grundstückes im Sinne des § 10 Abs. 1? (P.) **45**, 256. — 13) Ist der Rechtsweg über die Frage zulässig, ob der Enteignungsunternehmer beim Vorhandensein von Hypotheken die Entschädigungssumme ganz oder nur in Höhe der Belastung hinterlegen darf? (P.) **45**, 381. 382 Anm. 1. — 14) Kann wegen eines ohne Rechtsgrund erlassenen polizeilichen Bauverbotes nach dessen Aufhebung Entschädigung nach den Grundsätzen des Enteignungsrechtes verlangt werden? (P., F.) **46**, 286. — 15) Wird der Unternehmer durch die Hinterlegung der im Verwaltungswege festgesetzten, im Rechtswege angefochtenen Entschädigungssumme von deren Verzinsung frei? (P.)

47, 260. — 16) Ist die Vorschrift des § 36 Abs. 2 des Enteignungsgesetzes über die Verzinsung der Entschädigungssumme auch im Falle der freiwilligen Abtretung nach § 16 anzuwenden? (P.) **47**, 311. — 17) Die Bewertung der enteigneten Fläche als Bauland darf nur für den Zeitpunkt der Fluchtlinienfestsetzung, nicht für den der Enteignung erfolgen. (P.) **48**, 336. — 18) Befreit die Hinterlegung der vorläufig festgestellten Entschädigungssumme den Unternehmer von der vereinbarten Pflicht zur Verzinsung überhaupt oder wenigstens nach der Dringlichkeitserklärung? (P.) **49**, 257. — 19) Findet die Bestimmung des § 10 Abs. 2 des Enteignungsgesetzes von 1874 auch dann Anwendung, wenn die Enteignung erst erfolgt, nachdem die Anlage, für die das Enteignungsrecht erteilt ist, im wesentlichen schon fertig ist? (P.) **49**, 317. — 20) Kann im Enteignungsverfahren der für einen Vorbesitzer entstandene, dem jetzigen Eigentümer cedierte Anspruch auf Entschädigung wegen der vor der Enteignung dem enteigneten Grundstücke aufgelegten Servitut der Unbebaubarkeit geltend gemacht werden? (P.) **50**, 314. — 21) S. auch Fluchtlinie.

Enterbung. 1) Wieweit geht das Enterbungsrecht des Vaters wegen einer gegen seinen Willen vom Kinde geschlossenen oder noch zu schließenden Ehe? (P.) **42**, 268. — 2) Finden die Grundsätze der exheredatio bona mente Anwendung, wenn der Noterbe zwar auf den Pflichtteil eingesetzt, aber in seinem wahren Interesse für seine Lebenszeit auf die Einkünfte aus dem Pflichtteile beschränkt worden ist? (G.) **45**, 174.

Enterbungsgrund. 1) Können Erbverträge aus den in der Nov. 115 genannten Enterbungsgründen widerrufen werden? (G.) **47**, 237. — 2) S. auch Enterbung.

Entgangener Gewinn. Kann der Ersatz des infolge der Verletzung eines Vertragsverhältnisses entgangenen Gewinnes abgelehnt werden, weil der Beschädigte das von ihm wahrgenommene vertragswidrige Verhalten nicht gehindert habe? (P.) **41**, 292.

Entgeltlicher Vertrag. Ist für die Auferlegung von Entwässerungs-(Kanalisations-)gebühren von der Gemeinde den Grundeigentümern Entschädigung zu leisten, mit deren Rechtsvorgängern ein entgeltlicher privatrechtlicher Vertrag über die Benutzung der Entwässerungsanlage geschlossen war? (P.) **49**, 219.

Entlassung. 1) Ist ein auf Lebenszeit angestellter Hausoffiziant zur Räumung der Dienstwohnung verpflichtet, wenn ihn die Herrschaft ohne gesetzmäßigen Grund entläßt? (P.) **42**, 253. — 2) Sind die ohne Kündigung die Arbeit niederlegenden Arbeiter auch dann zum Schadensersatze verpflichtet, wenn sie nach der Arbeitsweigerung sofort entlassen werden? Unter welchen Umständen haften sie solidarisch? (G.) **47**, 246. — 3) Entlassung der Beamten. S. Syst. Reg. § 375.

Entlastung. S. Decharge.

Entmündigung. 1) Vertrag über den künftigen Nachlaß eines noch lebenden Geisteskranken. Kann dessen zur Gültigkeit erforderliche Zustimmung durch seinen Kurator erklärt werden? (G.) **41**, 173. —

2) Wieweit ist im Eheprozesse der Beweis zulässig, daß die von dem wegen Blödsinnes entmündigten Ehegatten begangenen Ehevergehen ihm zuzurechnen seien? (P.) **43**, 276. — 3) Zulässigkeit des von dem Pfleger des zu Entmündigenden gestellten Entmündigungsantrages. (P.) **45**, 179. — 4) Was ist dafür maßgebend, ob eine Person wegen Geisteskrankheit oder wegen Geistesschwäche im Sinne des B.G.B. zu entmündigen ist? **50**, 203. — 5) Entmündigungsverfahren s. Syst. Reg. § 345.

Entsagung. S. Verzicht.

Entsagung der Erbschaft. S. Erbschaftsentsagung.

Entschädigung. S. Schadensersatz.

Entscheidung. 1) Liegt in der Urteilsformel, daß die Sache in der Hauptsache erledigt sei, stets eine Entscheidung in der Hauptsache? **46**, 347. — 2) „Entscheidung" im Sinne des Reichsbeamtengesetzes vom 31. März 1873. **47**, 41.

Entscheidungsgründe. 1) Ist der im § 302 C.P.O. n. F. erwähnte Vorbehalt wirksam, wenn er nur in den Entscheidungsgründen des Urteiles ausgesprochen wird? **47**, 364. — 2) Auslegung eines die Klage abweisenden Urteiles aus den Entscheidungsgründen als Abweisung zur Zeit. **47**, 370. — 3) Liegt ein Endurteil oder ein Zwischenurteil vor, wenn in der Urteilsformel nur über den einen von zwei Klagegründen bedingt endlich erkannt, über den anderen nur in den Entscheidungsgründen ausgeführt wird, daß er unbegründet sei? **50**, 278.

Entschuldbarer Irrtum. S. Irrtum.

Entwährung. S. Syst. Reg. § 136e.

Entwässerungsgebühren. 1) Deren rechtliche Natur. Zulässigkeit des Rechtsweges. (P.) **49**, 219. — 2) Ist für ihre Auferlegung von der Gemeinde den Grundeigentümern Entschädigung zu leisten, mit deren Rechtsvorgängern die Gemeinde einen entgeltlichen privatrechtlichen Vertrag über die Benutzung der Entwässerungsanlage geschlossen hatte? (P.) **49**, 221.

Erbauseinandersetzung. S. Erbteilung.

Erbbaurecht. Ist die Einigung über dessen Bestellung, wenn als wesentlicher Bestandteil in einen gerichtlichen Prozeßvergleich aufgenommen, nach dem B.G.B. wegen Formmangels nichtig? **48**, 191.

Erbe. 1) Ist die transmissio Justinianea davon abhängig, daß der Erbe vor seinem Tode die Berufung zur Erbschaft gekannt hat? (G.) **41**, 161. — 2) Ist die Wahl des in einem mit Kodizillarklausel versehenen Testamente zum Erben Eingesetzten nach l. 8 Cod. 6, 36 nur dann unwiderruflich, wenn sie im Prozesse erklärt wird? (G.) **41**, 165. — 3) Stellung und Rechte des Erben dem Testamentsvollstrecker gegenüber. (P.) **42**, 221. — 4) Ist die testamentarische Zuwendung des Pflichtteiles stets als Erbeinsetzung aufzufassen, wenn der Pflichtteilsberechtigte dabei als Erbe bezeichnet ist? (P.) **42**, 328. — 5) Kann der beklagte Intestaterbe gegen den klagenden Testamentserben sich auf das noch nicht ausgeübte Exeptionsrecht des Fiskus berufen? (G.) **43**, 141. — 6) Tritt bei der fideikommissarischen

Substitution auch nach eingetretenem Substitutionsfalle, wenn der fideikommissarische Erbe der Erbschaft entsagt, im Zweifel der gesetzliche Erbe ein, oder verbleibt der Nachlaß dem Fiduziar oder dessen Erben? **43**, 228. — 7) Kann ein Vermächtnis als Konkursforderung im Konkurse des vorbehaltlosen Erben geltend gemacht werden? **43**, 235. — 8) Sind letztwillig angeordnete Verfügungsbeschränkungen des Erben wirksam, an deren Aufrechterhaltung kein Dritter interessiert ist? (P.) **43**, 335. — 9) Der Nachlaßpfleger hat keine Parteistellung kraft Amtes, ist vielmehr gesetzlicher Vertreter des Erben, und zwar der Person des Erben. **50**, 394. — 10) Kann den vom Nachlaßpfleger vertretenen unbekannten Erben das Armenrecht bewilligt werden? **50**, 394.

auch nach eingetretenem Substitutionsfalle, wenn der fideikommissarische Erbe der Erbschaft entsagt, im Zweifel die gesetzliche Erbfolge ein, oder verbleibt der Nachlaß dem Fiduziar oder dessen Erben? (P.) **43**, 228. — 2) Muß der Sohn, der nur kraft Erbvertretungsrechtes zur Erbschaft gelangt, selbst wenn er der Erbschaft des Vaters entsagt hat, auch die Schulden einwerfen, die der Vater gegenüber dem Erblasser hatte? (F.) **44**, 343.

Erbschaftserwerb. S. Syst. Reg. §§ 210 flg.

Erbschaftsgläubiger. S. Nachlaßgläubiger.

Erbschaftsklage. 1) Kann der Erbschaftsbesitzer sich gegen die Erbschaftsklage auf das noch nicht ausgeübte Exeptionsrecht des Fiskus berufen? (G.) **43**, 141. — 2) Kann der Pflichtteilsberechtigte, der es erst nach der Errichtung des Testamentes geworden ist, dieses anfechten, wenn ihm darin ohne Rücksicht auf die sein Pflichtteilsrecht demnächst begründenden Umstände eine Zuwendung gemacht ist (§ 2079 B.G.B.)? **50**, 238.

Erbschaftssteuer. 1) Wie ist die Erbschaftssteuer im Falle der fideikommissarischen Substitution auf den Überrest zu erheben? (P.) **43**, 209. — 2) Von wann läuft die Verjährung für die Rückforderung einer nur vorläufig festgestellten Erbschaftssteuer? (P.) **44**, 207. — 3) Von wann ist der an Erbschaftssteuer überhobene Betrag vom Fiskus zu verzinsen? (P.) **44**, 210. — 4) Ist bei einer letztwilligen Verfügung, wenn eine bestimmte Summe zu milden Zwecken verwendet, aber an mehrere Institute und Vereine verteilt werden soll, die Steuerpflicht einheitlich oder nach den einzelnen Zuwendungen zu beurteilen? (P.) **45**, 197. — 5) Zur Auslegung des § 8 des Erbschaftssteuergesetzes vom $\frac{\text{30. Mai 1873}}{\text{19. Mai 1891}}$. (P.) **45**, 199. — 6) Berechnung der Erbschaftssteuer, wenn der Erblasser angeordnet hat, daß die Erben mit dem bisherigen Gesellschafter die offene Handelsgesellschaft fortsetzen und ihm einen größeren Geschäftsanteil als bisher gewähren sollen. (P.) **45**, 215. — 7) Sind Vereinbarungen der Beteiligten über die Teilung des Nachlasses oder über die Höhe einer Nachlaßschuld für die Berechnung der Erbschaftssteuer maßgebend? (P.) **48**, 301. — 8) Verjährt die Rückforderung überhobener Erbschaftssteuerbeträge stets in sechs Monaten? (P.) **48**, 304.

Erbschaftsteilung. S. Erbteilung.

Erbschaftsvertrag. 1) Genügt zur Gültigkeit des Vertrages über die künftige Erbschaft eines geisteskranken Dritten die Zustimmung seines Kurators? (G.) **41**, 173. — 2) Erbvertrag s. dieses Wort.

Erbteil. 1) Bedurfte es zur Wirksamkeit der Pfändung eines vor 1900 im Gebiete des A.L.R. angefallenen Erbteiles der Zustellung eines Verbotes an die Miterben als Drittschuldner? (P.) **49**, 405. — 2) Macht es einen Unterschied, ob als Gegenstand der Pfändung das Erbrecht, der Erbteil oder der Anspruch des Schuldners auf Teilung bezeichnet ist? **49**, 408.

Erbteilung. 1) Sind die Kuxe des neueren Rechtes als ausstehende

Kapitalien im Sinne des § 328 A.L.R. II. 2 zu konferieren? (P.) **43**, 353. — 2) Muß der Sohn, der nur kraft Erbvertretungsrechtes zur Erbschaft gelangt, selbst wenn er die Erbschaft des Vaters ausgeschlagen hat, auch die Schulden einwerfen, die der Vater gegenüber dem Erblasser hatte? (F.) **44**, 343. — 3) Rechtswirkung der Übernahme sämtlicher Nachlaßschulden durch einen Miterben bei der Erbauseinandersetzung. (G.) **43**, 181. — 4) Enthält die Zuteilung einzelner Erbschaftsstücke an einen Miterben bei der Erbteilung eine Abtretung von Rechten? (F.) **43**, 242. — 5) Sind Vereinbarungen der Beteiligten über die Teilung des Nachlasses oder über die Höhe einer Nachlaßschuld für die Berechnung der Erbschaftssteuer maßgebend? (P.) **48**, 301. — 6) Wie ist für Nachlaßforderungen der Art. 1220 mit dem Art. 883 C. c. zu vereinigen? (F.) **50**, 327. — 7) Sind die Artt. 1220 und 883 C. c. auch auf Forderungen aus dem Verkaufe von Nachlaßliegenschaften anwendbar? (F.) **50**, 330.

Erbunwürdigkeit. 1) Kann sich ein Dritter auf sie berufen, solange der zur Exeption Berechtigte sie noch nicht geltend gemacht hat? (G.) **43**, 141. — 2) Ist die Wirkung der Indignität an eine Willenserklärung des Exipienten geknüpft? (G.) **43**, 142.

Erbvertrag. 1) Anfechtung fraudulöser Veräußerungen, insbesondere Schenkungen, durch den in einem zu seinen Gunsten abgeschlossenen Erbvertrage rechtsgültig eingesetzten Dritten. (G.) **41**, 168. — 2) Ist einem im Gebiete des gemeinen Rechtes durch Erbvertrag unwiderruflich erworbenen Rechte auf den Nachlaß eines nachher in die Rheinprovinz übergesiedelten und dort verstorbenen Erblassers der Rechtsschutz zu versagen? (F.) **41**, 350. — 3) Können Erbverträge aus den in der Nov. 115 genannten Enterbungsgründen widerrufen werden? (G.) **47**, 237. — 4) Ist nach dem B.G.B. ein offener, nicht in besonderer amtlicher Verwahrung befindlicher, Erbvertrag nach dem Tode des Erblassers an das Nachlaßgericht abzuliefern? Auch wenn er vor 1900 errichtet, der Erblasser aber erst nach Beginn dieses Jahres gestorben ist? **48**, 96. — 5) Rechtswirkung eines vor 1900 unter der Herrschaft des französischen Rechtes geschlossenen Ehevertrages, durch den ein Ehegatte in erbrechtlicher Beziehung den Kindern aus einer früheren Ehe gleichgestellt wird, gegenüber den Vorschriften der §§ 1931. 2303. 2307 B.G.B. **49**, 44.

Erbvertretungsrecht. S. Erbteilung.

Erbverzicht. Ist ein Erbverzicht, wenn als wesentlicher Bestandteil in einem gerichtlichen Prozeßvergleiche enthalten, nach dem B.G.B. wegen Formmangels nichtig? **48**, 183.

Exeption. S. Erbunwürdigkeit.

Erfindung. 1) Voraussetzungen des Musterschutzes in Ansehung des Erfindungsgehaltes. **48**, 76. — 2) Schließen Gebrauchsmusterschutz und Patentschutz einander aus? **44**, 74. — 3) Liegt eine Vorbenutzung der Erfindung im Sinne des § 5 Abs. 1 des Patentgesetzes schon darin, daß vor der Patentanmeldung vom Inlande aus im Auslande die später patentierte Maschine bestellt ist, die Lieferung nach dem

Erfüllungsort. 1) Ist die Pflicht zur Rückgabe eines dem Wechselgläubiger übersandten Prolongationswechsels, wenn dieser trotzdem Zahlung verlangt, Bring- oder Holschuld? **41,** 23. — 2) Kann der Gerichtsstand des Erfüllungsortes auf eine Vertragsklausel gestützt werden, die der rechtlichen Natur des Vertrages widerspricht? **41,** 360. — 3) Erfüllungsort zweiseitiger Verträge im Sinne des § 2 des preußischen Stempelgesetzes vom 31. Juli 1895. **42,** 197. — 4) Bezieht sich der im § 53 A.L.R. I. 16 geregelte Zahlungsort für öffentliche Kassen auch auf Zahlungen aus Verträgen? (P.) **42,** 249. — 5) Bedeutung des Erfüllungsortes für das anzuwendende örtliche Recht. (G.) **46,** 124. — 6) Örtliches Recht für die Kaufverträge mit verschiedenem Erfüllungsorte für Käufer und Verkäufer. (G.) **46,** 193. — 7) Sind die Sätze eines fremden Rechtes über die dem Verkäufer zustehenden Klagen anzuwenden, wenn der Erfüllungsort für den Käufer im Gebiete des fremden Rechtes liegt? (G.) **46,** 199. — 8) Erfüllungsort für die Ansprüche der Gesellschaftsgläubiger gegen den Kommanditisten einer in Konkurs geratenen Kommanditgesellschaft auf Zahlung der versprochenen Einlage. **46,** 352. — 9) Erfüllungsort für die Verpflichtung des Käufers zur Abnahme der Ware bei Gattungskäufen. **49,** 74. — 10) Ist für die auf Anfechtung wegen Irrtums oder arglistiger Täuschung gestützte Klage (§§ 119. 123. 143 B.G.B.) auf Rückerstattung des Kaufpreises das Gericht des Wohnsitzes des Käufers, wo sich die Ware befindet, oder das des Wohnsitzes des Verkäufers zuständig? Streitige Verpflichtung im Sinne des § 29 C.P.O. **49,** 421. — 11) Wird der gesetzliche Erfüllungsort des Käufers dadurch geändert, daß der Kaufpreis durch das Accept eines auswärtigen Bankiers zu berichtigen ist? **50,** 270. — 12) Wo hat der Verkäufer den Wandelungsanspruch des Käufers auf Rückzahlung des Kaufpreises wegen Mängel der übergebenen Ware zu erfüllen? (G., P.) **50,** 272.

Erfüllungsverzug. S. Lieferungsverzug, Verzug, Zahlungsverzug.

Erhebung der Klage. S. Klagantrag, Rechtshängigkeit.

Erhöhung des Grundkapitales. 1) Finden die Bestimmungen des Art. 209e Abss. 3 und 4 des bisherigen H.G.B. auch auf Kapitalserhöhungen Anwendung? **42,** 4. — 2) Die Kapitalserhöhung kann auch durch Sacheinlage erfolgen. **42,** 4. — 3) Konsortium zur Beschaffung der Mittel für die Erhöhung des Grundkapitales einer Aktiengesellschaft. Dadurch begründete Rechtsverhältnisse. **43,** 286. — 4) Stempel für die notariell beglaubigte Erklärung, durch die eine Einzahlung zu der von einer Gesellschaft mit beschränkter Haftung beschlossenen Kapitalserhöhung übernommen wird. Liegt darin eine Schuldverschreibung? (P.) **46,** 257. — 5) Gesellschaft mit beschränkter Haftung. Unterschied zwischen dem Beitritte unter Erhöhung des Grundkapitales und der Übernahme eines alten Geschäftsanteiles. **50,** 47.

Erlaß. 1) Hat die Ausführung des Auftrages, nach dem Tode des Auftraggebers an dessen Schuldner den Schuldschein zurückzugeben,

gegen den § 1 des Gesetzes zur Bekämpfung des unlauteren Wettbewerbes der Thäter mit dem Ablaufe der Verjährungsfrist ein Recht auf ferneres gleiches Thun? **49**, 22. — 6) Erlischt nach dem Rechte des Code civil der Nießbrauch an Grundstücken durch zehnjährige Ersitzung des Nießbrauches oder der Freiheit? (F.) **49**, 331.

Ersteher. 1) Nur der sofortigen Beschwerde unterliegt der Beschluß, daß nach § 84 Zw.G. aus dem Kaufgelde zu entnehmende Kosten nicht anzusetzen seien, weil der Ersteher von der Zahlung der Gerichtskosten befreit sei. (P.) **45**, 392. — 2) Wird die Ersatzübernahme auch dann wirksam, wenn der Ersteher infolge einer Vereinbarung mit dem Eigentümer des mithaftenden Grundstückes die Korrealhypothek bezahlt, und ihm dafür in gleicher Höhe eine Hypothek an dem bisher mithaftenden Grundstücke bestellt wird? (P.) **42**, 176. — 3) Kann ein Anspruch, der nach erteiltem Zuschlage gegen den Ersteher als rückständiges und überwiesenes Kaufgeld durch Zwangsvollstreckung beigetrieben werden könnte, gegen ihn auch im Wege der Klage verfolgt werden? (P.) **46**, 304. — 4) Ist das gemeinrechtliche jus tollendi durch das Eigentumserwerbsgesetz oder durch das Zwangsvollstreckungsgesetz von 1883 gegenüber dem Ersteher des Grundstückes beseitigt oder eingeschränkt? (P.) **42**, 194. — 5) Geht auf den Ersteher der in der Zwangsversteigerung nicht angemeldete Rückstand einer gemeinen Last über, die sich in einmaliger Ausübung erschöpft? (P.) **42**, 276. — 6) Geht der Anspruch auf die im Enteignungsverfahren festgestellte Entschädigung durch den Zuschlag in der Zwangsversteigerung auf den Ersteher über? (P) **43**, 299. — 7) Darf der Ersteher des versteigerten Grundstückes eine Gesamthypothek, die er in Anrechnung auf den Kaufpreis übernommen und gegen Auszahlung abgetreten erhalten hat, gegen die mitverhafteten Grundstücke des Subhastaten geltend machen? (P.) **43**, 340. — 8) Welche Rechte hat der Ersteher des vermieteten Hauses der Abtretung einer Mietzinsforderung gegenüber, wenn die Abtretung vor der Beschlagnahme des Grundstückes und in nicht anfechtbarer Weise erfolgt ist? **43**, 387. — 9) Hat die Kenntnis des Erstehers davon, daß eine nach dem Grundbuche zu dem versteigerten Grundstücke gehörige Parzelle im Eigentume eines Dritten steht, zur Folge, daß der Ersteher durch den Zuschlag nicht das Eigentum der Parzelle erwirbt? (P.) **45**, 284.

Erste Instanz. S. Instanz.

Ersuchter Richter. Ist nach § 36 C.P.O. nur für einen erst zu erhebenden Prozeß das zuständige Gericht zu bestimmen oder auch in einem bereits anhängigen der zu ersuchende Richter? **44**, 394.

Erteilungsbeschluß. 1) Umfang des Patentschutzes bei Nichtübereinstimmung des Erteilungsbeschlusses und der ausgefertigten Patenturkunde. **46**, 68. — 2) Einfluß der Nichtübereinstimmung zwischen dem Erteilungsbeschlusse und der bekannt gemachten Anmeldung auf die Gültigkeit des Patentes. **46**, 176; **50**, 196.

Erweiterung. S. Klagerweiterung.

Erwerbende Verjährung. S. Ersitzung.

Familienfideikommiß. Kann jemand eine Sache zu freiem Eigentume ersitzen, wenn er glaubt, sie sei ihm gehöriges Fideikommißgut? (G.) **47**, 244.

Familienname. S. Name.

Farbe eines Warenzeichens; ihre Bedeutung für den Rechtsschutz gegen Verwechselungsgefahr. **43**, 93.

Faustpfand. 1) Ist man redlicher Pfandnehmer von Inhaberpapieren, wenn man aus grober Fahrlässigkeit nicht wußte, daß die Papiere schon vor der Verpfändung einem Dritten verkauft, aber noch nicht übergeben waren? (P.) **41**, 210. — 2 Umfang der Pflicht des Pfandnehmers von Inhaberpapieren, die Befugnis des Verpfänders zur Verfügung über die Papiere zu prüfen. (P.) **41**, 207. — 3) Wird durch die Verpfändung von-Namensaktien, für die besondere Dividendenscheine nicht ausgegeben sind, auch ohne Benachrichtigung der Aktiengesellschaft ein Pfandrecht an den Dividenden begründet? (G.) **42**, 155. — 4) Schadensersatz nach § 91 A.L.R. I. 6 wegen unbefugten Gebrauches der Pfandsache, durch den Pfandgläubiger. (P.) **44**, 266. — 5) Keine Pflicht des Pfandgläubigers, den Pfandgegenstand durch einen anderen, wenn auch gleichwertigen, ersetzen zu lassen. (G.) **41**, 33.

Fehler. S. Mängel.

Fenster. Fensterrecht. 1) Wird der nach zehnjährigem Bestehen der Fenster gesetzlich gewährte Schutz durch einen gegen ihre Anlegung von dem Nachbarn erhobenen Widerspruch oder durch einen mündlichen vertragsmäßigen Vorbehalt, sie jederzeit verbauen zu dürfen, ausgeschlossen? (P.) **46**, 269. — 2) Kann die Entstehung des Lichtrechtes aus § 142 A.L.R. I. 8 durch eine vom Nachbarn innerhalb der zehnjährigen Frist angestellte Klage und erwirkte Grundbucheintragung gehindert werden? (P.) **44**, 312. — 3) Rechtliche Natur des Lichtrechtes. Ist es Grundgerechtigkeit? Eigentumsbeschränkung? Entsteht es durch Verjährung? (P.) **44**, 314. — 4) Ist Nachbar im Sinne des § 142 A.L.R. I. 8 auch der, dessen Haus von dem Grundstücke des Neubaues durch eine im Eigentume eines Dritten stehende Bodenfläche oder durch eine öffentliche Straße getrennt ist? (P.) **45**, 294. — 5) Welches Stockwerk ist das untere im Sinne des § 142 A.L.R. I. 8? (P.) **47**, 264.

Fernsprechanlage. Kann konkurrierendes Verschulden des Unternehmers einer durch den Starkstrom einer elektrischen Straßenbahn geschädigten Fernsprechanlage vorliegen, wenn diese jener gegenüber nicht schutzpflichtig im Sinne des § 12 des Telegraphengesetzes ist? (P.) **43**, 261.

Fernsprechverkehr. Kann der Mieter einer Wohnung oder eines zum Gewerbebetriebe dienenden Raumes vom Vermieter die Gestattung des Anschlusses an den Fernsprechverkehr und die Abgabe der von der Post geforderten Einwilligungserklärung verlangen? (P.) **49**, 306.

Feststellung. Muß, wenn über eine im Konkurse angemeldete und vom Konkursverwalter bestrittene, zur Zeit der Eröffnung des Konkurses im Wechselprozesse anhängige, Forderung noch vor der Eröffnung ein Versäumnisurteil erlassen, und vom Gemeinschuldner Einspruch eingelegt

Substitut des Erben oder Fiduziarerben sein? Macht es einen Unterschied, wenn das Vorausvermächtnis unter einer Bedingung ausgesetzt ist? (P.) **43**, 310. — 4) Ist das dem Fiduziarerben auferlegte, aber im Grundbuche nicht eingetragene Veräußerungsverbot für die Gläubiger und den Verwalter im Konkurse des Fiduziars bindend? (P.) **46**, 165. — 5) Ist, wenn in dem zweiten Testamente nur ein heres ex re certa eingesetzt ist, ein Universalvermächtnis zu Gunsten der im ersten Testamente Eingesetzten zu vermuten? (G.) **46**, 181.

Fiduziar. S. Fideikommissarische Substitution.

Fiduziarisches Rechtsgeschäft. Kann die Aussonderung von Grundstücken aus der Konkursmasse verlangt werden, die dem Gemeinschuldner mit der Abmachung aufgelassen worden sind, daß er sie für Rechnung des Auflassenden veräußern solle? **45**, 80.

Filialgeschäft. S. Zweigniederlassung.

Fingierte Cession. Kann der Eigentümer, der eine von ihm auf den Kaufpreis übernommene Hypothek durch Zahlung und Cession erworben hat, gegen seinen Verkäufer die zu Grunde liegende persönliche Forderung geltend machen? Ist der Cessionar des Eigentümerhypothekars dazu befugt? (P.) **45**, 187.

Fingiertes Geschäft. S. Simulation.

Finderrecht. S. Fund.

Firma. 1) Ist, wenn die Zulässigkeit einer rechtlich möglichen, im Handelsregister eingetragenen Firma bestritten wird, die Gesetzmäßigkeit der Eintragung vorauszusetzen, bis die Unzulässigkeit vom Gegner nachgewiesen wird? **41**, 20. — 2) Ist auch für eine offene Handelsgesellschaft eine bloße Sachfirma unter Umständen möglich? **41**, 21. — 3) Firmenschutz kann nicht in Anspruch nehmen, wer einem Anderen durch Vertrag die Führung des Namens gestattet hat. **42**, 150. — 4) Kann in dem Gebrauche eines Firmenzusatzes, der eine unrichtige thatsächliche Angabe enthält, unlauterer Wettbewerb gefunden, und die Löschung des Zusatzes im Handelsregister verlangt werden? **44**, 17. — 5) Darf nach Auflösung der Kommanditgesellschaft der Gesellschafter, der das Geschäft mit dem Rechte, die Firma fortzuführen, übernommen hat, sich der Firma auch bei dem Abschlusse solcher Geschäfte bedienen, mit denen die Gesellschaft sich nicht befaßt hatte? **46**, 150. — 6) Benutzung eines Stempelabdruckes bei der Wechselunterschrift einer aus Sach- und Namensbezeichnung zusammengesetzten Firma. **47**, 165. — 7) Fortsetzung des Gebrauches der Firma durch Fortsetzung des Gebrauches des die Firma enthaltenden Warenzeichens. Unlauterer Wettbewerb dadurch. **48**, 233. — 8) Genügt es (§ 126 Abs. 1 B.G.B.) zur Gültigkeit des Wechselacceptes, wenn der Prokurist nur mit der Firma unterschreibt, ohne seinen Namen beizufügen? **50**, 54. — 9) Haftet, wer zwei übernommene Handelsgeschäfte unter einer aus der Verbindung ihrer Firmennamen gebildeten Firma als einheitliches Geschäft fortführt, nach § 25 H.G.B. n. F. für deren in früherer Zeit begründete Geschäftsschulden? **50**, 117.

lungen seiner Beamten. (G.) **45,** 168; **47,** 241; (P.) **47,** 328. — 11) S. auch Staat.

Fixgeschäft. S. Börsentermingeschäft.

Flächenmuster. Wieweit sind Flächenmuster, bei denen die neue Gestaltung durch Schriftzeichen zum Ausdrucke kommt, jedenfalls des Musterschutzes unfähig? **48,** 77.

Fleischschauamtsvorsteher. Ist ein stellvertretender Fleischschauamtsvorsteher des städtischen Centralviehhofes in Berlin ein auf Lebenszeit angestellter Gemeindebeamter? (P.) **41,** 224.

Fluchtlinie. 1) Ist ein auf Grund des § 12 des Fluchtliniengesetzes erlassenes Ortsstatut auf Privatwege anwendbar, die in einen von der Gemeindebehörde zur Ausführung bestimmten Bebauungsplan einbezogen sind? (P.) **42,** 287. — 2) Ein auf Grund des § 12 des Fluchtliniengesetzes erlassenes Ortsstatut findet auch auf ältere Fluchtlinienfestsetzungen Anwendung. (P.) **42,** 289. — 3) Verfahren zur Festsetzung der Fluchtlinien als Beginn der Inanspruchnahme eines Grundstückes im Sinne des Enteignungsgesetzes. Maßgebender Zeitpunkt. (P.) **43,** 357. — 4) Kann als Teil der Enteignungsentschädigung Ersatz des Mietausfalles verlangt werden, der schon während und infolge des vorhergehenden Verfahrens zur Festsetzung der Fluchtlinie entstanden ist? **43,** 357. — 5) Finden ein nach § 12 des Fluchtliniengesetzes von 1875 erlassenes Ortsstatut und die entsprechende Polizeiverordnung auch auf Wohngebäude Anwendung, deren Errichtung schon vorher mit polizeilicher Genehmigung begonnen war? (P.) **46,** 283. — 6) Die Bewertung der enteigneten Flächen als Bauland darf nur für den Zeitpunkt der Festsetzung der Fluchtlinie, nicht für den der Enteignung erfolgen. (P.) **48,** 336.

Fluß, öffentlicher. S. Syst. Reg. § 88.

Fluß. Privatfluß. S. Syst. Reg. § 89.

Flußbett. S. Syst. Reg. § 88.

Flußschiff. 1) Liegt in der nachträglichen Vergrößerung des Ruderblattes eines für die Überführung über See versicherten Flußdampfschiffes ohne weiteres eine Vergrößerung oder Veränderung der Gefahr für die versicherte Reise? **43,** 1. — 2) Wirksamkeit einer in Holland an einem holländischen Flußschiffe bestellten Hypothek, wenn das Schiff in Deutschland gepfändet und zur Zwangsversteigerung gebracht wird. Rang gegenüber einem jüngeren, in Deutschland entstandenen Schiffspfandrechte. (P.) **45,** 276.

Flußschiffahrt. 1) Kommen für die Frage der Öffentlichkeit eines Flusses künstliche Hindernisse in Betracht, die der Schiffahrt entgegenstehen? (P.) **45,** 183. — 2) Wird ein Privatfluß dadurch, daß er vom Staate schiffbar gemacht wird, in seiner ganzen Ausdehnung öffentlich? (P.) **45,** 184. — 3) Wieweit ist der Oberpräsident zur Entscheidung über die Schiffbarkeit öffentlicher Flüsse zuständig? (P.) **49,** 319. — 4) Binnenschiffahrt, Binnenschiffahrtsgesetz S. Binnenschiffahrt.

Flut. S. Ebbe.

Folge, eheliche. S. Eheliche Folge.

Forderung. Forderungsrecht. 1) Ist die Interventionsklage aus § 690 (771 n. F.) C.P.O. auch bei der Zwangsvollstreckung in Forderungen zulässig? **43,** 403; **49,** 347. — 2) Seeversicherung einer Forderung, zu deren Sicherheit das Schiff dient. **47,** 173. — 3) Begriff des Totalverlustes bei der Seeversicherung einer Forderung. **47,** 177. — 4) Begeht ein Dritter, der durch seine Mitwirkung die Verletzung eines ihm bekannten Forderungsrechtes dem Schuldner ermöglicht, eine unrechte That im Sinne des L.R.S. 1382? (B.) **49,** 333. — 5) Kuxe sind nicht reine Forderungsrechte, sondern Vermögensrechte mit eigener Selbständigkeit und als solche Sachen im Sinne des § 3, nicht des § 7 A.L.R. I. 2. (P.) **45,** 247.

Form der Handelsgeschäfte. S. Syst. Reg. § 245b.

Form der Rechtsgeschäfte im allgemeinen. S. Syst. Reg. § 33.

Form der Testamente. S. Syst. Reg. § 204a.

Form der Zustellung. S. Zustellung.

Fortune de mer. S. Schiffsvermögen.

Forum. S. Syst. Reg. §§ 291 flg.

Frachtführer. 1) Nach welchem örtlichen Rechte ist die Verpflichtung des ausländischen Unterfrachtführers zu beurteilen? **48,** 110. — 2) Wann beginnt nach § 26 des Binnenschiffahrtsgesetzes die Verjährung des Anspruches gegen den Frachtführer wegen Verlustes des Gutes, wenn ein bestimmter Ablieferungstag nicht vereinbart ist? **49,** 92.

Frachtgeschäft. Überhaupt und Eisenbahnfrachtgeschäft insbesondere. S. Syst. Reg. §§ 258. 259.

Frachtgeschäft. Binnenschiffahrt. S. Syst. Reg. § 258.

Frachtgeschäft. Seerecht. S. Syst. Reg. § 261.

Frachtgut. 1) Hat der Adressat eines Geldbriefes nach dessen Ankunft am Bestimmungsorte gegen die Postanstalt einen Anspruch auf Auslieferung? **43,** 98. — 2) Darf der Verfrachter, der nicht die im Konnossemente bezeichneten, sondern nur andersartige Güter abliefern kann, gegen den Empfänger geltend machen, daß dieser die Güter von den Abladern gekauft habe, und von diesen keine anderen Güter abgeladen seien? **46,** 3. — 3) Haben die unbeanstandete Übernahme der nach dem Konnossemente ausgelieferten Güter und die Unterlassung der nachträglich zulässigen Besichtigung zur Folge, daß auch die Ansprüche erlöschen, die daraus hergeleitet werden könnten, daß nicht die im Konnossemente bezeichneten, sondern Güter anderer Art ausgeliefert sind? **46,** 6. — 4) Wenn der Schiffer die im Konnossemente bezeichneten Güter nicht ausliefern kann, weil er nichts erhalten hat, so wird der Verfrachter so behandelt, als ob die Güter verloren wären. **46,** 7.

Frachttarif. 1) Örtliches Recht für die Frage, ob für einen Transportunternehmer ein Rechtszwang zum Kontrahieren nach dem veröffentlichten gewöhnlichen Frachttarife besteht. **48,** 122. — 2) Ist der § 826 B.G.B. anzuwenden, wenn eine Dampfschiffahrtsgesellschaft im Konkurrenzkampfe mit anderen Transportunternehmern über eine an

in Ausübung der freiwilligen Gerichtsbarkeit anwendbar? (F.) **43,** 384; **48,** 361. — 4) Ist in Sachen der freiwilligen Gerichtsbarkeit eine Beschwerde an das Reichsgericht zulässig? Kann sie darauf gestützt werden, daß das Oberlandesgericht, statt die weitere Beschwerde nach § 28 Abs. 2 des Gesetzes vom 20. Mai 1898 dem Reichsgerichte vorzulegen, selbst entschieden habe? **48,** 15. — 5) Kann die weitere Beschwerde im Sinne des § 551 C.P.O. n. F. darauf gestützt werden, daß über die erste statt der Kammer für Handelssachen die Civilkammer des Landgerichtes entschieden habe? **48,** 27. — 6) Ist, wenn die weitere Beschwerde für begründet erklärt wird, die Sache in die Vorinstanz zurückzuverweisen? **48,** 31. — 7) Ist der als Konkursverwalter fungierende Notar rechtlich verhindert, Vertragsanträge, die ein Dritter der Konkursmasse macht, notariell zu beurkunden? **49,** 127.

Fremdes Verschulden. S. Syst. Reg. § 157.

Friedhof. 1) Erstreckt sich die Freiheit des Leichenbestattungsgewerbes nach der R.Gew.O. nur auf die freie Zulassung zum Gewerbe, nicht auch auf die Art seiner Ausübung? **42,** 52. — 2) Ist der Eigentümer eines Kommunalfriedhofes berechtigt, einen das Leichenbestattungsgewerbe Betreibenden von der Ausübung des Gewerbes auf dem Friedhofe auszuschließen? **42,** 56. — 3) Friedhöfe können im Eigentume der Kirchen, der Gemeinden oder einzelner Personen stehen. **42,** 57.

Frist. 1) Beginn der Frist des § 41 Abs. 2 E.E.G., wenn die durch nicht prompte Zinszahlung bedingte Kündigung vor Ablauf der für die Zinszahlung bestimmten äußersten Frist erfolgt. (P.) **41,** 326. — 2) Berechnung der Frist für den Antrag auf Wiedereinsetzung in den vorigen Stand, wenn das Armenrecht für die Einlegung des Rechtsmittels vom Instanzgerichte versagt, vom Beschwerdegerichte bewilligt wurde. **41,** 367. — 3) Bezieht sich unter Kaufleuten die für die Annahme einer Offerte brieflich gesetzte Frist im Zweifel auf die Absendung der Annahme oder auf deren Ankunft beim Offerenten? **43,** 75. — 4) Frist für die Erhebung der Scheidungsklage nach § 1571 Abs. 1 B.G.B. Kommt sie auch dann in Betracht, wenn die Klage schon vor dem 1. Januar 1900 erhoben war? **46,** 156. — 5) Ist bei Bemessung der Mängelrügefrist auf die Zeit Rücksicht zu nehmen, die für eine zu einem sicheren Ergebnisse führende Untersuchung nötig ist? **47,** 22. — 6) Bezieht sich die einjährige Frist des § 61 Abs. 4 der Verkehrsordnung für die Eisenbahnen Deutschlands auch auf den Frachtzuschlag des § 53 Abs. 8? **47,** 35. — 7) Anfangspunkt der Wiedereinsetzungsfrist, wenn eine arme Partei die Berufungsfrist versäumt hat, weil sie infolge später Ablehnung ihres rechtzeitigen Armenrechtsgesuches nicht rechtzeitig einen bei dem Berufungsgerichte zugelassenen Anwalt hatte erlangen können. **47,** 377. — 8) Unterschied zwischen Verjährungsfrist und Präklusivfrist. **48,** 163. — 9) Ist die Bestimmung des Art. 169 Abs. 1 S. 1 E.G. z. B.G.B. über die Verjährungsvorschriften auch auf Präklusivfristen zu beziehen? **48,** 157. — 10) Steht dem Ehegatten, der die vor dem 1. Januar 1900 geschlossene Ehe wegen eines erst nach diesem

Tage entdeckten Irrtumes anfechten will, die sechsmonatige Frist des § 1339 B.G.B. auch dann zu, wenn nach dem bisherigen Rechte die Frist kürzer ist? **48**, 166. — 11) Ist ein Handlungsgehilfe zur Krankenversicherung verpflichtet, wenn in Beziehung auf ihn die Kündigungsfrist verkürzt ist? **48**, 180. — 12) Welches zeitliche Recht entscheidet über die Berechnung der Fristen, die nach Ende 1899 in betreff eines schon vorher entstandenen Rechtsverhältnisses vereinbart sind? **50**, 253. — 13) Kann, wenn der Versicherte einem Dritten aufträgt, den erlittenen Unfall bei der Versicherungsgesellschaft anzuzeigen, und der Dritte die Anzeigefrist schuldhaft versäumt, die Versäumung als entschuldigt gelten? (P.) **50**, 295. — 14) S. auch Verjährung.

Früchte. 1) Voraussetzungen, unter denen der Käufer von Früchten eines mit Hypotheken oder Grundschulden belasteten Landgutes im Falle absichtlicher Verschleuderung des Inventares für den Ausfall einer Hypothek ersatzpflichtig ist. (P.) **42**, 170. — 2) Pfändung von Früchten auf dem Halme. Was ist unter „gewöhnliche Zeit der Reife" zu verstehen? **42**, 382. — 3) Früchte und Zinsen. Hat sie das anerkannte natürliche Kind von dem ihm gesetzlich zustehenden Anteile am Nachlasse des Vaters schon von dessen Tode an zu fordern? **46**, 314.

Fund. Entscheidet bei der Kollision zweier im Sinne des § 24 A.B.G. an sich bevorrechtigter Mutungen das Alter des Fundes oder das der Mutung? (P.) **49**, 261.

Fundpunkt. 1) Ist nach dem preußischen A.B.G. und nach dem württembergischen Berggesetze von 1874 die Fündigkeit der Mutung dadurch bedingt, daß das entdeckte Mineral sich am Fundpunkte in abbauwürdiger Menge befindet? **49**, 227. — 2) Bedeutung der Tiefenlage des Fundpunktes bei Funden, die mittels eines Bohrloches oder eines Schachtbetriebes gemacht sind. (P., Württ.) **49**, 233.

Fürsorgegesetz des Reiches. Wie erfolgt die Feststellung der Dienstunfähigkeit eines Reichsbeamten, der Ansprüche aus § 1 Abs. 1 des Gesetzes erhebt? Zulässigkeit des Rechtsweges? **44**, 35.

Fürsorgegesetz, preußisches. Begriff des Betriebsunfalles im Sinne des preußischen Fürsorgegesetzes. Gehören dazu auch die aus betriebsgemäßen Zuständen und Handlungen hervorgehenden Unfälle? (P.) **44**, 257.

Furtum. S. Diebstahl, Unterschlagung.

Fusion von Aktiengesellschaften. Unterliegt im Falle der Fusion die Ausreichung von Aktien der aufnehmenden Gesellschaft an die einzelnen Aktionäre der aufzunehmenden dem Anschaffungsstempel nach dem Reichsstempelgesetze von 1894 auch dann, wenn von dem s. g. Fusionsvertrage der Anschaffungsstempel schon entrichtet ist? **41**, 85.

G

Garantie. Hängt die persönliche Haftung des für eine noch nicht eingetragene Aktiengesellschaft Handelnden davon ab, daß er das Bestehen der Gesellschaft dem Dritten vorgespiegelt hat, oder daß diesem das Nichtbestehen unbekannt war? **47**, 1.

Gastwirtschaft. Wann ist das Inventar einer Gastwirtschaft Zubehör des Grundstückes? **48**, 207.

Gattung. Genügt es für einen Selbsthilfeverkauf nach Art. 343 H.G.B. a. F., wenn nur der Gattung nach bestimmte Ware verkauft wird? **45**, 29.

Gattungskauf. 1) Dessen Übergang in den Kauf einer individuell bestimmten Sache durch Übereinkunft. (P.) **43**, 182. — 2) Erfüllungsort für die Verpflichtung des Käufers zur Abnahme der Ware bei Gattungskäufen, besonders wenn die Ware vom Käufer nicht angenommen und an den Verkäufer zurückgesandt worden ist. **49**, 74.

Gebäude. 1) Tritt es, obgleich der Erbauer das Eigentum sich vorbehält, in die hypothekarische Haftung des Grundstückes ein? (P.) **44**, 288. — 2) Finden ein nach § 12 des Fluchtliniengesetzes von 1875 erlassenes Ortsstatut und die entsprechende Polizeiverordnung auch auf Wohngebäude Anwendung, deren Errichtung schon vorher mit polizeilicher Genehmigung begonnen war? (P) **46**, 283.

Gebäudeservitut. S. G r u n d g e r e c h t i g k e i t.

Gebrauchsgegenstand. 1) Kann die Verwendung eines bestimmten Stoffes den Musterschutz für das Modell eines Arbeitsgerätes oder Gebrauchsgegenstandes begründen? **41**, 37. — 2) Können als Gebrauchsgegenstände Kunststeine bezw. Schienen geschützt werden, die nur zur Herstellung von Mauerwerk dienen und so Bestandteile einer unbeweglichen Sache werden sollen? **44**, 76; **50**, 125. — 3) Kann ein Gebrauchsgegenstand wegen neuer Gestaltung geschützt werden, wenn sein Modell zwar dem bereits bekannten entlehnt ist, aber dem Zwecke der neuen Verwendung angepaßt und danach gestaltet werden mußte? **50**, 125. — 4) S. auch G e b r a u c h s z w e c k.

Gebrauchsmuster. Gebrauchsmusterschutz. S. Syst. Reg. § 174a.

Gebrauchszweck. Kommt es für die Frage, ob Modelle von Arbeitsgerätschaften oder Gebrauchsgegenständen dem Arbeits- oder Gebrauchszwecke d i e n e n s o l l e n, nur auf die Absicht des Anmelders an? **48**, 21.

Gebühren. 1) Können die Medizinalbeamten in Städten mit Königlicher Polizeiverwaltung Vergütung für ihre im ortspolizeilichen Interesse ausgeübte Thätigkeit verlangen, und von wem? **43**, 220; **47**, 319. — 2) Stehen dem mit Gerichtsbarkeit versehenen Konsul für die auf Ersuchen eines inländischen Gerichtes in einem bürgerlichen Rechtsstreite bewirkte Zustellung Gebühren nach dem Tarife vom 1. Juli 1872 Ziff. 7 zu? **44**, 409.

Gebühren des Gerichtes. S. Syst. Reg. § 300.

Gebühren der Rechtsanwälte. S. Syst. Reg. § 301.

— der Sachverständigen und Zeugen. S. Syst. Reg. § 302.

Gebührenberechnung. Hat für sie die Verbindung mehrerer Prozesse rückwirkende Kraft? **44**, 419.

Geburt, eheliche und uneheliche. S. Syst. Reg. § 19a.

48, 275. — 5) Kann, wenn eine Gemeindeservitut individuellen Bedürfnissen der Gemeindeglieder dient, ein einzelnes Mitglied sie im Wege der Klage geltend machen? (G.) **44**, 145. — 6) Setzt der § 65 Abs. 4 der preußischen Städteordnung vom 30. Mai 1853 eine anderweite Anstellung im preußischen Staats- oder Gemeindedienste voraus? **44**, 203; **45**, 306. — 7) Ist der Rechtsweg für Streitigkeiten über das Ruhen der bereits festgesetzten Pension eines Gemeindebeamten zulässig? (P.) **44**, 204. — 8) Wieweit kann die Stadtgemeinde nach der Städteordnung von 1853 durch die alleinige Unterschrift ihres Bürgermeisters verpflichtet werden? (P.) **44**, 303. — 9) Besitzerwerb der Stadtgemeinde durch ihren Bürgermeister. (P.) **44**, 305. — 10) Kann daraus, daß durch Polizeiverordnung der Anschluß an die städtische Wasserleitung angeordnet ist, ein Schadensanspruch der Grundeigentümer gegen die Stadtgemeinde hergeleitet werden? (P.) **45**, 251. — 11) Ist ein im Gemeindedienste angestellter Vollziehungsbeamter, der mit seinem Diensteinkommen auf Mahn- und Beitreibungsgebühren angewiesen ist, im Falle unberechtigter Entlassung verpflichtet, sich das Diensteinkommen um den Betrag anderweiten Verdienstes kürzen zu lassen? (P.) **45**, 242. — 12) Kann gegen die Gemeinde aus ihrer vertragsmäßigen Verpflichtung, eine Gemeindeabgabe von einem einzelnen Gemeindeangehörigen nicht einzufordern, im Rechtswege geklagt werden? (P.) **46**, 245. — 13) Ist für die Auferlegung von Entwässerungs-(Kanalisations-)gebühren von der Gemeinde den Grundeigentümern Schadensersatz zu leisten, mit deren Rechtsvorgängern sie vorher einen entgeltlichen Vertrag über die Benutzung der Entwässerungsanlage geschlossen hatte? (P.) **49**, 221. — 14) Haben die Gemeinden ein Recht auf Entschädigung, wenn das ihnen durch den § 7 des preußischen Fischereigesetzes vom 30. Mai 1874 verliehene Fischereirecht durch eine im öffentlichen Interesse errichtete Anlage beeinträchtigt wird? **49**, 241. — 15) Ist der § 88 Abs. 4 Nr. 7 Abs. 2 der preußischen Landgemeindeordnung vom 3. Juli 1891 auf ein namens der Gemeinde gegebenes Wechselindossament anzuwenden? (P.) **50**, 23. — 16) Waren zur Ausübung von Fischereiberechtigungen, die in früherer Zeit allen „Bürgern" einer Stadt verliehen sind, nach den durch die neueren Städteordnungen hinsichtlich der Gemeindemitgliedschaft herbeigeführten Änderungen alle Gemeindemitglieder berechtigt, und stehen daher solche Rechte jetzt nach § 6 des Fischereigesetzes von 1874 der politischen Gemeinde zu? **50**, 301.

Gemeindeabgaben. S. Syst. Reg. § 374d.

Gemeindebeamte. S. Gemeinde.

Gemeindedienst. S. Gemeinde.

Gemeindeservitut. Kann, wenn sie zur Befriedigung individueller Bedürfnisse der Gemeindeglieder dient, ein einzelnes Mitglied sie im Wege der Klage geltend machen? (G.) **44**, 145.

Gemeindesteuer. S. Syst. Reg. § 374d.

Gemeindevorsteher. Steht wegen des Benutzungsrechtes der Teilungsinteressenten an den Separationswegen den Beteiligten der Rechtsweg offen gegen Verfügungen des Gemeindevorstehers, dem die Auseinandersetzungsbehörde die Verwaltung der gemeinschaftlichen Angelegenheiten übertragen hat? (P.) **47**, 314.

Gemeine Lasten. 1) Wie ist bei der Zwangsversteigerung der Rückstand einer gemeinen Last zu behandeln, die sich in einmaliger Ausübung erschöpft? (P.) **42**, 276. — 2) Begriff der gemeinen Last im Sinne des Zwangsvollstreckungsgesetzes von 1883. (P.) **42**, 279. — 3) Begriff der gemeinen Last im § 175 A.L.R. I. 11. (P.) **43**, 206. — 4) Kann eine gemeine Last diese Eigenschaft dadurch verlieren, daß sie den in der Provinz gewöhnlich vorkommenden Umfang überschreitet? (P.) **43**, 208. — 5) Begriff der gemeinen Last im Sinne des § 183 A.L.R. I. 11. Kann die Rentenbankrente eine gemeine Last sein? (P.) **44**, 246.

Gemeines Recht und Partikularrecht. S. Syst. Reg. § 1a.

Gemeinheitsteilung. S. Auseinandersetzungsverfahren.

Gemeinschaft. 1) Kann die für einen noch nicht fälligen Anspruch auf Teilung nach den §§ 749. 753 B.G.B. eingeleitete Zwangsversteigerung nach dem Eintritte der Fälligkeit fortgesetzt, oder muß das Verfahren von neuem begonnen werden? **47**, 363. — 2) Bestimmung der Anteile der Gemeinschafter in zweifelhaften Fällen. (P.) **42**, 164. — 3) Wirkung der Gemeinschaft auf das durch freiwillige Erfüllung des schon freigesprochenen Schuldners an den einen Gemeinschafter Erlangte. (P.) **42**, 162. — 4) Tritt Miteigentum ein, wenn mehrere Einzelgrundstücke verschiedener Eigentümer zu einer nach keiner Richtung entwirrbaren Fläche geworden sind? **44**, 169.

Gemeinschaftliches Testament. 1) Anfechtung fraudulöser Veräußerungen, insbesondere Schenkungen durch den in einem unwiderruflich gewordenen korrespektiven Testamente zum Erben eingesetzten Dritten. Voraussetzungen der Anfechtung einer solchen Schenkung im einzelnen. (G.) **41**, 168. — 2) Unwiderruflichkeit des korrespektiven Testamentes für den Überlebenden, der das ihm darin Zugewandte angenommen hat. (G.) **41**, 169. — 3) Sind die beiden in einem korrespektiven Testamente (§ 2270 B.G.B.) enthaltenen letztwilligen Verfügungen so voneinander abhängig, daß sie zu Bestandteilen eines einheitlichen Rechtsgeschäftes werden? **50**, 309. — 4) Ist das von beiden Ehegatten in einer Urkunde errichtete Testament gültig, auch wenn es kein wechselseitiges ist? (P.) **43**, 343. — 5) Kann ein unter der Herrschaft des preußischen A.L.R. von den Ehegatten errichtetes korrespektives Testament seit dem 1. Januar 1900 von dem einen bei Lebzeiten des anderen durch eine neue Verfügung von Todeswegen aufgehoben werden? **50**, 316.

Gemeinschuldner. 1) Kann der Gemeinschuldner die Erfüllung eines zweiseitigen Vertrages verlangen, wenn der Konkursverwalter die Erfüllung aus der Konkursmasse abgelehnt hat? **41**, 133. — 2) Der Konkursverwalter kann die in der Konkursmasse vorgefundenen Wechsel unter Benutzung der darauf befindlichen Blankogiros des Gemeinschuldners begeben. **43**, 41. — 3) Wirkung der auf Grund der

unter der Androhung nicht nur des Verlustes ihrer Vorzugsrechte, sondern auch der Schmälerung ihrer allgemeinen, auch den Stammaktionären zustehenden Mitgliedsrechte auferlegt werden? **41**, 97. — 3) Rechtsstellung der Generalversammlung der Aktiengesellschaft. Kann sie mit Dritten kontrahieren? **43**, 286. — 4) Muß die Generalversammlung beim Mangel einer abweichenden Bestimmung der Statuten am Sitze der Gesellschaft abgehalten werden? **44**, 8. — 5) Anfechtung eines Beschlusses der Generalversammlung. **44**, 10. — 6) Können in derselben Generalversammlung einer Aktiengesellschaft, in der die Verhandlung über die Genehmigung der Bilanz vertagt wird, die Verwaltungsorgane entlastet werden? **44**, 66. — 7) Wird der Vorstand einer eingetragenen Genossenschaft oder einer Aktiengesellschaft durch Beschränkungen, die ihm durch Beschluß der Generalversammlung auferlegt sind, gehindert, insoweit die Gesellschaft nach außen zu vertreten? **45**, 150. — 8) Klage des Konkursverwalters einer eingetragenen Genossenschaft mit unbeschränkter Haftpflicht gegen deren Vorstandsmitglieder auf Ersatz eines als Gewinn verteilten Teiles des Reservefonds; Einwand, daß die Verteilung auf einem Beschlusse der Generalversammlung beruhe. **46**, 61. — 9) Ist, wenn eine vor dem 1. Oktober 1889 eingetragene Genossenschaft mit unbeschränkter Haftpflicht, bei der einzelne Genossen mit mehr als einem Geschäftsanteile beteiligt waren, überschuldet ist, ein Beschluß der Generalversammlung gültig, durch den jedem Genossen eine gleich hohe Einzahlung auferlegt wird? **47**, 138. — 10) Anfechtung eines Genossenschaftsbeschlusses außerhalb des § 49 des Gesetzes vom 1. Mai 1889 (§ 51 n. F.) wegen Eingriffes in die Sonderrechte der Genossen. **47**, 153. — 11) Können die Bestimmungen des Statutes einer vor dem 1. Januar 1900 errichteten Aktiengesellschaft über die Rübenlieferungspflicht der Aktionäre durch einen Mehrheitsbeschluß der Generalversammlung geändert werden? **48**, 102. — 12) Ist die Generalversammlung befugt, das Maß des Bezugsrechtes der Genußscheine, die neben Schuldverschreibungen unter Zusicherung bestimmter Bezüge aus dem Reingewinne und der Liquidationsmasse ausgegeben sind, ohne Zustimmung von deren Inhabern zu ändern? **49**, 15. — 13) Ist die Bestimmung des Gesellschaftsvertrages einer Gesellschaft mit beschränkter Haftung, daß bei Stimmengleichheit in der Generalversammlung der Rechtskonsulent der Gesellschaft zu entscheiden habe, gültig? **49**, 146. — 14) Ist der Geschäftsführer einer Gesellschaft mit beschränkter Haftung, der zugleich Gesellschafter ist, berechtigt, über die Feststellung der von ihm aufgestellten Bilanz in der Generalversammlung seine Stimme abzugeben? **49**, 146. — 15) Kann der Genosse durch Beschluß der Generalversammlung für den Fall seines Ausscheidens zu Beiträgen zur Bildung eines Amortisationsfonds verpflichtet werden, der zur Deckung eines bei einer künftigen Liquidation etwa zu erwartenden Ausfalles bestimmt ist? **42**, 79.

Generalvollmacht. Die Generalvollmacht ist ein einheitliches Ganzes und unterliegt in allen Beziehungen den Bestimmungen des Civilrechtes;

die Bestimmungen über die Prozeßvollmacht sind nicht unmittelbar auf sie anwendbar. (P.) 41, 264.

Genossenschaft. 1) Kann, wer seinen Beitritt zur Genossenschaft nach § 15 Gen.Ges. in deutscher Sprache erklärt hat, geltend machen, daß er dieser nicht mächtig sei, daher die in den §§ 172. 174. 179 A.L.R. I. 5 vorgeschriebene Form nötig gewesen sei? 45, 139. — 2) Im übrigen s. Syst. Reg. § 230.

Genossenschaftsbeschluß. S. Generalversammlung.

Genossenschaftsstatut. S. Statut.

Genus. S. Gattung.

Genußschein. 1) Sind Genußscheine, die von einer Aktiengesellschaft bei der Aufnahme eines Darlehns neben den Schuldverschreibungen ausgegeben werden, Beurkundungen von Gesellschaftsrechten oder von Gläubigerrechten? 49, 10. — 2) Übertragbarkeit der bei Aufnahme eines Darlehns durch die Aktiengesellschaft neben den Schuldverschreibungen ausgegebenen Genußscheine. 49, 14. — 3) Ist die Generalversammlung befugt, das Maß des Bezugsrechtes der von der Aktiengesellschaft bei Aufnahme eines Darlehns neben den Schuldverschreibungen ausgegebenen Genußscheine ohne Zustimmung ihrer Inhaber zu ändern? 49, 15.

Gericht der Hauptsache. S. Hauptsache.

Gerichtlicher Vergleich. S. Vergleich.

Gerichtsbarkeit. S. Freiwillige Gerichtsbarkeit.

Gerichtsgebühren. Gerichtskosten. S. Syst. Reg. § 300.

Gerichtspersonen. Form der in das Protokoll über eine Testamentserrichtung nach § 2241 Nr. 2 B.G.B. aufzunehmenden „Bezeichnung der bei der Verhandlung mitwirkenden“ Gerichtspersonen. Genügt ihre Unterschrift? 50, 16.

Gerichtsschreiber. 1) Hat er, wenn ihm der Anwalt eine Rechtsmittelschrift zur Erwirkung der Terminsbestimmung ohne Vorbehalt überreicht, die Terminsnote zu übertragen und die Abschrift zu beglaubigen? 45, 415; 46, 326. — 2) Muß der Gerichtsschreiber die Post unmittelbar um Bewirkung der Zustellung ersuchen, wenn diese unter seiner Mitwirkung erfolgen soll, und dies in dem an ihn gerichteten Antrage ausdrücklich verlangt wird? 46, 323. — 3) Muß die Zustellung des Schriftsatzes, der nach Ablauf der Notfrist noch nach § 207 Abs. 2 C.P.O. n. F. wirken soll, durch den Gerichtsschreiber vermittelt sein? 46, 390. — 4) Kann der Gerichtsschreiber, wenn er nach Übertragung der Terminsnote auf die zuzustellende Abschrift einen Gerichtsvollzieher mit der Zustellung beauftragt, die Abschrift der Terminsnote wirksam selbst beglaubigen? 46, 399. — 5) Wirksamkeit einer im Anwaltsprozesse durch den Gerichtsvollzieher bewirkten Zustellung, wenn dieser unter Vermittelung des Gerichtsschreibers beauftragt wurde, obgleich es sich nicht um die Wahrung einer Notfrist handelte. 47, 397.

Gerichtssiegel. Wie muß es an den vom Gerichtsschreiber zu erteilenden Urteilsausfertigungen angebracht sein? 46, 364.

Gerichtsstand. 1) Gilt der ausschließliche dingliche Gerichtsstand auch gegen die Mitglieder der preußischen landesherrlichen Familie? **41,** 389. — 2) Gerichtsstand für die Interventionsklage (Widerspruchsklage) des § 690 (771 n. F.) C.P.O. Wird die Zwangsvollstreckung schon durch die Vollziehung einer einstweiligen Verfügung beendet? **41,** 393. — 3) Kann gegen die Klage des einen Ehegatten gegen den anderen auf Unterhalt die Einrede der Unzuständigkeit darauf gestützt werden, daß bei Erhebung der Klage schon die Ehescheidungsklage, namentlich bei einer anderen Abteilung des Gerichtes, anhängig war? **47,** 379. — 4) Gerichtsstand für die Klage, mit der ein auf Grund des Haftpflichtgesetzes zur Zahlung einer Rente verurteilter Unternehmer die Feststellung fordert, daß auf die nach § 7 Abs. 2 zu vermindernde Rente die zuvielgezahlten Beträge anzurechnen seien. **44,** 364. — 5) Begriff des Prozeßgerichtes im Sinne des § 686 (767 n. F.) C.P.O. **45,** 343. — 6) Gericht der Hauptsache im Sinne der §§ 816. 821 (937. 943 n. F.) C.P.O. **45,** 346. — 7) Hat das Gericht vor Bewilligung der öffentlichen Zustellung zu prüfen, ob es für die eingereichte Klage örtlich zuständig sei? **46,** 391. — 8) Gerichtsstand für die Anfechtungsklagen aus § 3 Ziff. 2 R.A.G. **48,** 401; **50,** 410. — 9) Ist, wenn gegen eine offene Handelsgesellschaft bei einem zuständigen Gerichte geklagt, und nach deren Auflösung ein Gesellschafter zur Fortsetzung des Verfahrens geladen war, dieser, indem er seine Pflicht zur Übernahme der Parteirolle bestreitet, berechtigt, aus seiner Person die Einrede der örtlichen Unzuständigkeit vorzuschützen? **49,** 419. — 10) Was ist im § 927 Abs. 2 C.P.O. n. F. unter „Hauptsache" zu verstehen? **50,** 345. — 11) Findet die Vorschrift des § 717 Abs. 2 C.P.O. n. F., daß der betreffende Schadensanspruch in demselben Prozesse erhoben werden kann, auch Anwendung auf den Fall des § 945? **50,** 407. — 12) Im übrigen s. Zuständigkeit und besonders Syst. Reg. §§ 291—293.

Gerichtsstandschaft. S. Parteifähigkeit.

Gerichtsverfassung. S. Syst. Reg. § 288.

Gerichtsvollzieher. 1) Ist der Gerichtsvollzieher bei Vornahme der Pfändung Vertreter des Gläubigers? **43,** 180. — 2) Kann ein preußischer Gerichtsvollzieher, der Militärinvalide ist, die Fortzahlung seiner Invalidenpension fordern? **44,** 85. — 3) Beglaubigung der Abschrift der Terminsnote, wenn der Gerichtsschreiber den Gerichtsvollzieher mit der Zustellung einer Rechtsmittelschrift beauftragt. **45,** 415; **46,** 326. — 4) Kann der Gerichtsschreiber, wenn er nach Übertragung der Terminsnote auf die zuzustellende Abschrift den Gerichtsvollzieher mit der Zustellung beauftragt, die Abschrift der Terminsnote selbst beglaubigen, oder muß es der Gerichtsvollzieher thun? **46,** 399. — 5) Wirksamkeit einer im Anwaltsprozesse durch den Gerichtsvollzieher bewirkten Zustellung, wenn dieser unter Vermittelung des Gerichtsschreibers beauftragt wurde, obgleich es sich nicht um die Wahrung einer Notfrist handelte? **47,** 397. — 6) Unterlassung des Gerichtsvollziehers, die Abschrift der Terminsnote zu beglaubigen, als unabwendbarer Zufall

von Differenzgeschäften mit einem Dritten gerichtete Gesellschaftsvertrag ungültig? (G.) **43**, 148. — 3) Möglichkeit einer gemeinrechtlichen stillen Gesellschaft im weiteren Sinne zum Betriebe eines Handelsgewerbes. **45**, 39. — 4) Ist das vor dem Gesetze vom 18. Juli 1884 im Gesellschaftsvertrage den Gründen zugesicherte Bezugsrecht auf neue Aktien auch für solche wirksam, die ausgegeben werden, um das herabgesetzte Grundkapital wieder auf die ursprüngliche Höhe zu bringen? **47**, 24. — 5) Kohlensyndikat; Rechtsverhältnis im Falle der Auflösung einer dabei beteiligten Gewerkschaft. (P.) **48**, 305. — 6) Ist die Bestimmung des Gesellschaftsvertrages einer Gesellschaft mit beschränkter Haftung gültig, daß bei Stimmengleichheit der Rechtskonsulent der Gesellschaft zu entscheiden hat? **49**, 146. — 7) Ist die Bestimmung des Gesellschaftsvertrages mit beschränkter Haftung gültig, daß bei Veräußerung eines Geschäftsanteiles an einen Nichtgesellschafter die übrigen Gesellschafter das Vorkaufsrecht zum Nominalbetrage der Stammeinlage des veräußernden Gesellschafters haben sollen? **49**, 149.

Gesetz. 1) Einfluß der nachträglichen Berichtigung eines Gesetzes auf dessen Gültigkeit. **41**, 34. — 2) Welche Statuten von Wassergenossenschaften sind Gesetze im Sinne des § 12 E.G. z. C.P.O.? (P.) **42**, 305. — 3) Unter welchen Voraussetzungen sind Ortsstatuten von Stadtgemeinden Gesetze im Sinne des § 12 E.G. z. C.P.O.? (P.) **42**, 309. — 4) Die Postordnung vom 11. Juni 1892 hat die rechtliche Natur und Wirksamkeit einer allgemeinen Rechtsnorm. **43**, 99. — 5) Sind im § 12 Einl. zum A.L.R. unter Gesetzen auch örtliche Polizeiverordnungen zu verstehen? (P.) **44**, 275. — 6) Zur Feststellung des Begriffes der Umgehung des Gesetzes; Wirkung der Umgehung. **44**, 108. — 7) Nach preußischem Rechte gelten die vom Könige erlassenen Privilegien als Gesetze. (P.) **45**, 272. — 8) Im Falle der Beeinträchtigung wohlerworbener Rechte durch Gesetz ist ein Anspruch auf Entschädigung nur gegeben, wenn ihn das beeinträchtigende Gesetz selbst anerkennt. (P.) **46**, 254. — 9) Wieweit steht dem Reichsgerichte die Prüfung der Rechtsgültigkeit einer gehörig verkündeten preußischen Verordnung zu? **48**, 205. — 10) Wird durch die Einverleibung neuer Gebietsteile auf diese die Geltung von Gesetzen unmittelbar ausgedehnt? (P.) **48**, 280. 11) S. a. Syst. Reg. § 2. — 12) Auslegung der Gesetze. S. Syst. Reg. § 3. 284. — 13) Zeitliche Grenzen der Wirksamkeit der Gesetze. S. Syst. Reg. § 6. — 14) Örtliche Grenzen der Wirksamkeit der Gesetze (Statutenkollision). S. Syst. Reg. §§ 7. 265. 286.

Gesetzliche Beweisregel. S. Beweisregel.

Gesetzliche Cession. S. Fingierte Cession.

Gesetzlicher Erbe. S. Intestaterbe.

Gesetzlicher Gerichtsstand. S. Syst. Reg. § 291.

Gesetzlicher Vertreter. 1) Der Liquidator ist nicht Mandatar der Aktionäre, sondern gesetzlicher Vertreter der Liquidationsgesellschaft. **41**, 95. — 2) Prozeßlegitimation der Hofkammer der Königlich preußischen Familiengüter. (P.) **41**, 389. — 3) Ist der Korespondentrheder als solcher zur Vertretung der Rhederei in Schiffskollisionsfällen befugt? **42**, 69. —

4) Wird in Preußen der Reichsmilitärfiskus im Prozesse stets durch die Korpsintendantur vertreten? **42**, 66. — 5) Wer ist gesetzlicher Vertreter des Reichsmilitärfiskus in Festungsangelegenheiten, wenn die Festung in Preußen liegt? Wer, wenn sie in Elsaß-Lothringen liegt? **43**, 12. — 6) Wird der Vorstand einer eingetragenen Genossenschaft oder einer Aktiengesellschaft durch Beschränkungen, die ihm durch Statut oder durch Beschluß der Generalversammlung auferlegt sind, gehindert, insoweit die Gesellschaft nach außen wirksam zu vertreten? **45**, 150. — 7) Befugnis des Liquidators einer aufgelösten Aktiengesellschaft zur Einforderung rückständiger Aktienbeträge. **45**, 153. — 8) Können die Mitglieder einer den Fiskus im Prozesse vertretenden Kollegialbehörde in diesem Prozesse als Zeugen vernommen werden? **45**, 427; **46**, 318 (identisch). — 9) Wer hat die Parteieide zu leisten im Falle der gesetzlichen Vertretung des Fiskus durch eine Kollegialbehörde? **45**, 428; **46**, 319 (identisch). — 10) Ist der Regierungspräsident gesetzlich befugt, für eine klagende Pensionskasse seines Bezirkes statt des statutenmäßigen Kuratoriums ein anderes Vertretungsorgan zu bestellen? (P.) **46**, 221. — 11) Können zwei Liquidatoren einer offenen Handelsgesellschaft diese in einem Prozesse gegen einen Gesellschafter, der zugleich der dritte Liquidator ist, wirksam vertreten? **47**, 17. — 12) Der Nachlaßpfleger hat keine Parteirolle kraft Amtes, ist vielmehr gesetzlicher Vertreter des Erben, und zwar der Person des Erben. **50**, 395. — 13) Kann im Falle des Verlustes der Prozeßfähigkeit der Prozeßbevollmächtigte die Aussetzung des Verfahrens noch verlangen, nachdem er für den neuen gesetzlichen Vertreter der Partei aufgetreten ist und mündlich verhandelt hat? **46**, 379.

Gesetzliches Erbrecht. S. Syst. Reg. §§ 205 flg.

Gesetzliches Pfandrecht. 1) Erwirbt der Centralbankier an Wertpapieren, die im Auftrage des Lokalbankiers zunächst für fremde Rechnung angeschafft waren, durch dessen spätere Anweisung, sie in das Effektenkonto der für seine eigene Rechnung angeschafften zu übertragen, und deren Befolgung ein Pfand- und Retentionsrecht? **41**, 34. — 2) Erwirbt der Spediteur an den nach dem Flußtransporte an ihn gelangten Gütern ein Pfandrecht wegen seiner früheren Auslagen, wenn der Absender den vom Schiffer ohne Aufnahme dieser Auslagen gezeichneten Ladeschein dem gutgläubigen Ladungsempfänger ausgeliefert hatte? **44**, 116. — 3) Das Recht des Verpächters an den vom Pächter eingebrachten Sachen ist ein wahres Pfandrecht. (P.) **44**, 267. — 4) Anwendung des § 91 A.L.R. I. 6 wegen unbefugten Gebrauches der Pfandsache durch den Pfandgläubiger. (P.) **44**, 266. — 5) Rang einer in Holland an einem holländischen Flußschiffe bestellten Hypothek gegenüber einem jüngeren in Deutschland aus einem Zusammenstoße entstandenen Schiffspfandrechte, wenn das Schiff in Deutschland gepfändet und zur Zwangsversteigerung gebracht wird. (P.) **45**, 276. — 6) Sind die §§ 561 Abs. 2 und 581 Abs. 2 B.G.B. auf das vor 1900 entstandene Pfandrecht des Verpächters und Vermieters anzuwenden? **49**, 57.

Gesetzliche Zinsen. S. Zinsen.

Geständnis, gerichtliches. Muß das Bestehen der Klageforderung auch dann festgestellt werden, wenn der mit einer liquiden Gegenforderung aufrechnende Beklagte die Klagebehauptungen für den Fall zugesteht, daß er auf Grund der Aufrechnung die Abweisung der Klage erreichen kann? (P.) **42,** 320.

Gesuch. Kann in dem bloßen Widerspruche gegen den Antrag der Gegenpartei ein Gesuch im Sinne des § 567 Abs. 1 C.P.O. n. F. gefunden werden? **46,** 366.

Getrennter Prozeß. Getrennte Verhandlung. S. Kompensationseinrede, Prozeßhindernde Einrede, Vorabentscheidung, Vorbehalt der Rechte.

Getrenntleben. 1) Ist der Anspruch der Ehefrau auf Gestattung des Getrenntlebens während des Ehescheidungsprozesses ein vermögensrechtlicher? **46,** 382. — 2) Finden auf die Frage, ob der Ehefrau während des Scheidungsprozesses das Getrenntleben zu gestatten sei, die Vorschriften der §§ 936—944 C.P.O. oder der § 1353 Abs. 2 B.G.B. Anwendung? **46,** 384; **49,** 368.

Gewagte Geschäfte. S. Syst. Reg. § 150.

Gewährleistung. S. Syst. Reg. § 120 (Cession), § 136d, e (Kauf).

Gewalt. S. Väterliche Gewalt.

Gewässer. S. Syst. Reg. §§ 88. 89.

Gewerbe. 1) Was sind im Sinne der Befreiung 3 zur Tarifstelle 32 des Stempelsteuergesetzes von 1895 Sachen, die zum unmittelbaren Verbrauche in einem Gewerbe dienen sollen? Gehören Einbahnschwellen dazu? (P.) **42,** 233. — 2) Üben die Privatangestellten eines Gewerbtreibenden ein Gewerbe öffentlich zum Erwerbe aus, müssen sie daher der Ernennung zu Sachverständigen Folge leisten? **50,** 391. — 3) Im übrigen s. die folgenden Wörter und Syst. Reg. § 167.

Gewerbebetrieb. 1) Ein Antrag des Unternehmers ist nötig, wenn mit der Wirkung des § 26 die im § 17 R.G.O. vorgeschriebene Bekanntmachung nach § 25 unterbleiben soll. **41,** 29. — 2) Erstreckt sich die Freiheit des Leichenbestattungsgewerbes nach der R.G.O. nur auf die freie Zulassung zum Gewerbebetriebe oder auch auf die Art seiner Ausübung? **42,** 52. — 3) Ist der Eigentümer eines Kommunalfriedhofes berechtigt, einen das Leichenbestattungsgewerbe Betreibenden von dessen Ausübung auf dem Friedhofe auszuschließen? **42,** 56. — 4) Auf welche Anlagen erstreckt sich der Schutz des § 26 R.G.O.? **45,** 297. — 5) Kann mit der actio negatoria neben dem Inhaber der durch übermäßigen Lärm störenden Maschinen auch der Eigentümer des Hauses, in dem der Gewerbebetrieb stattfindet, verklagt, und welche Anträge können gegen ihn gestellt werden? (P.) **45,** 298. — 6) Begriff der Untersagung des Gewerbebetriebes im Sinne des § 40 R.G.O. **46,** 104. — 7) Gewerberechtlicher Unterschied zwischen der Konzessionserteilung an den Betriebsunternehmer und der Erlaubnis zur persönlichen Ausübung der gewerblichen Thätigkeit. **46,** 105. — 8) Voraussetzungen der im § 26 R.G.O. zugelassenen Klage auf Ersatz des durch einen nach § 16 genehmigten Gewerbebetrieb zugefügten Schadens. **47,**

99. — 9) Sind, wenn ein Gebäude nur zum Teil zu einem Gewerbebetriebe eingerichtet ist, die dem Betriebe bestimmungsgemäß dienenden Geräte Zubehör des Grundstückes? **48**, 207. — 10) Was versteht der § 7 Ziff. 6 R.G.O. unter „Abgaben, welche für den Betrieb eines Gewerbes entrichtet werden"? **49**, 69. — 11) Was ist im Falle einer schädlichen Stauanlage für ein Wassertriebwerk unter dem Gewerbebetriebe zu verstehen, auf dessen Einstellung nach § 26 R.G.O. nicht geklagt werden kann? **49**, 89. — 12) Kann aus § 51 R.G.O. Entschädigung verlangt werden, wenn ein anfangs gestatteter Gewerbebetrieb später untersagt wird, weil er nach den baupolizeilichen Vorschriften nicht hätte gestattet werden dürfen? **50**, 4. — 13) Ist der s. g. Agiogewinn im Sinne des Gesetzes zur Beseitigung der Doppelbesteuerung ein aus dem Gewerbebetriebe herrührendes Einkommen? **50**, 105. — 14) Hat der Eigentümer Anspruch auf Schadensersatz, wenn auf dem Nachbargrundstücke ein mit Feuers- oder Explosionsgefahr verbundenes Gewerbe mit Genehmigung aus § 16 R.G.O. betrieben, und dadurch sein Grundstück entwertet wird? (R., F.) **50**, 226. — 15) Der Betrieb eines mit Feuers- oder Explosionsgefahr verbundenen Gewerbes widerspricht nicht den guten Sitten im Sinne des § 826 B.G.B. **50**, 229.

Gewerbefreiheit. Erstreckt sie sich nur auf die Zulassung zum Gewerbe oder auch auf die Art seiner Ausübung? **42**, 51.

Gewerbegericht. 1) Gehören Entschädigungsansprüche eines Arbeiters gegen den Arbeitgeber wegen Unterlassung der gebotenen Schutzvorrichtungen vor die Gewerbegerichte? **41**, 136. — 2) Was ist unter „Entschädigungsansprüche aus dem Arbeitsverhältnisse" im § 3 des Gesetzes über die Gewerbegerichte vom 29. Juli 1890 zu verstehen? **41**, 137.

Gewerbeordnung. S. Syst. Reg. § 167.

Gewerbesteuer. 1) Was versteht der § 7 Ziff. 6 R.G.O. unter den „an den Staat und die Gemeinde zu entrichtenden" Gewerbesteuern? **49**, 69. — 2) Darf nach dem Reichsgesetze wegen Beseitigung der Doppelbesteuerung vom 13. Mai 1870 der Bundesstaat, in dem ein Deutscher seinen Wohn- oder Aufenthaltsort hat, dessen aus dem Gewerbebetriebe in einem anderen Bundesstaate herrührendes Einkommen nur dann nicht besteuern, wenn dieser das Einkommen thatsächlich besteuert? **50**, 97.

Gewerbeunternehmer. S. Gewerbebetrieb, Betriebsunternehmer.

Gewerbliche Abgaben. Was versteht der § 7 Ziff. 6 R.G.O. unter Abgaben, die für den Betrieb eines Gewerbes entrichtet werden? **49**, 69.

Gewerbliche Anlage. 1) Auf welche gewerbliche Anlagen erstreckt sich der Schutz des § 26 R.G.O.? **45**, 297. — 2) Im übrigen s. Gewerbebetrieb.

Gewerbliche Arbeiter. 1) Sind die in einem Schauspielunternehmen engagierten Schauspieler und Opernsänger gewerbliche Arbeiter oder Gehilfen des Unternehmers im Sinne der R.G.O.? **41**, 55. — 2) Ist, wie die Beschlagnahme des Lohnes, so auch die Aufrechnung mit Gegenforderungen des Arbeitgebers unzulässig? **41**, 51. — 3) Ist der § 120a R.G.O. zum Schutze nur der Arbeiter oder auch Dritter bestimmt? **48**, 330. — 4) S. auch Gewerbegericht.

Gewerbliche Beihilfe. Ist, wenn bei demselben Eisenbahnunfalle verunglückte Ehegatten in getrennten Prozessen auf Schadensersatz geklagt haben, das Urteil, das dem Ehemanne eine mit Einrechnung des Wertes der gewerblichen Beihilfe der Frau bemessene Rente zuerkannt hat, bei der von der Ehefrau wegen Erwerbsunfähigkeit geforderten Entschädigung zu berücksichtigen? **47**, 92.

Gewerbliche Krankheit. Kann sie als Betriebsunfall im Sinne der Unfallversicherungs- und der Fürsorgegesetze angesehen werden? **44**, 260.

Gewerblicher Schutz. 1) Voraussetzungen des gewerblichen Rechtsschutzes der Ausländer in Ansehung des Gebrauches eines Namens als Warenzeichens. **46**, 125. — 2) Sind ausländische Warenzeichen nur zu schützen, wenn sie in ihrem Heimatstaate Schutz genießen? **46**, 126. — 3) Ist der den Windmühlen aus der Zeit vor dem 18. November 1819 im § 247 A.L.R. II. 15 gegen Baumpflanzungen gewährte Schutz neben dem B.G.B. in Kraft geblieben? (P.) **50**, 319. — 4) Umfang des den Windmühlen nach § 247 A.L.R. II. 15 gegen Verkümmerung des „nötigen" Windes gewährten Schutzes. (P.) **50**, 323.

Gewerkschaft. 1) Haften Miteigentümer von Kuxen neueren Rechtes für die auf diese fallenden Gewerkschaftsbeiträge solidarisch? (P.) **44**, 213. — 2) Anfechtung eines auf Einstellung des Betriebes lautenden Gewerkschaftsbeschlusses durch einen Gewerken aus § 115 A B.G. (P.) **47**, 293. — 3) Stempelsteuer für das Einbringen in eine Aktiengesellschaft, die durch Umwandlung einer Gewerkschaft in sie entsteht, in Preußen. **44**, 278. — 4) Erlöschen die Verbindlichkeiten einer Gewerkschaft aus einem Syndikatsvertrage ohne weiteres durch ihre Auflösung, insbesondere Veräußerung des Bergwerkes? (P.) **48**, 305. — 5) Inwiefern kann eine Gewerkschaft trotz eines vorliegenden Auflösungsgrundes noch fortbestehen? (P.) **48**, 311. — 6) Streitwert im Falle der Anfechtung eines Gewerkschaftsbeschlusses durch einen Gewerken. **48**, 381. — 7) Ist die Rechts- und Erwerbsfähigkeit der Gewerkschaft auf den Betrieb des verliehenen Bergwerkes und die damit zusammenhängenden Geschäfte beschränkt? (P.) **49**, 293. — 8) Darf eine Gewerkschaft, deren verliehenes Bergwerk nicht betrieben wird, aus dem Rechte des Grundeigentümers auf nicht verleihbares Mineral, insbesondere in der Provinz Hannover auf Kalisalze, Bergbau treiben? (P.) **49**, 295. — 9) Kann ein Gewerke die Zahlung der Zubuße verweigern, weil sie zu einem anderen Unternehmen, als dem Betriebe des verliehenen Bergwerkes bestimmt ist? (P.) **49**, 298. — 10) Kuxe. S. dieses Wort.

Gewinn. 1) Darf der durch unbefugte Anwendung eines durch Patent geschützten Verfahrens erzielte Gewinn als Entschädigung für die Patentverletzung gefordert werden? **43**, 56. — 2) Kann der Prinzipal, mit dem sein Handlungsgehilfe unter dem Namen eines Anderen

Börsentermingeschäfte gemacht hat, Herausgabe des Gewinnes fordern, den der Handlungsgehilfe erzielt und aus der Kasse des Prinzipales erhalten hat? **45**, 31 — 3) Pflicht zur Rechnungslegung über den aus Patentverletzungen gezogenen Gewinn. (G.) **46**, 17. — 4) Kann von dem nach § 15 des Warenzeichengesetzes vom 12. Mai 1894 zur Entschädigung Verpflichteten der Verletzte Rechnungslegung über den gemachten Gewinn verlangen? **47**, 100. — 5) Haftet der nicht erhobene Gewinn des stillen Gesellschafters für spätere Verluste mit? **48**, 77. — 6) Kann bei der stillen Gesellschaft die Gewinnberechnung vom Komplementar wegen Irrtumes angefochten werden? **48**, 82. — 7) Muß die Vereinbarung, daß der stille Gesellschafter seinen Gewinn stehen lassen und damit für spätere Verluste haften soll, ausdrücklich erfolgen? **48**, 83.

Gewohnheitsrecht. 1) Ist das Herkommen als allgemeine Rechtsquelle auch für das Gebiet des in der A.G.O. kodifizierten preußischen Prozeßrechtes ausgeschlossen? (P.) **41**, 392. — 2) Voraussetzungen der Begründung eines Privatbergregales durch partikuläres Gewohnheitsrecht. (G.) **44**, 135.

Gezogener Wechsel. Erfordernisse. S. Syst. Reg. § 268.

Giro. S. Indossament.

Giroverkehr. Ist die nach der Zahlungseinstellung geschehene Aushändigung von Geld oder Wertpapieren an die Reichsbank behufs Gutschrift auf Girokonto nach § 23 (30 n. F.) Nr. 1 K.O. anfechtbar, wenn sie nur erfolgt ist, um das Girokonto des späteren Gemeinschuldners zu erhöhen und dadurch die Honorierung einer früher von ihm ausgestellten Zahlungsanweisung zu ermöglichen? **45**, 110.

Glatt. Ist die Prolongation eines Termingeschäftes, wenn sie sich glatt (ohne Report oder Deport) vollzieht, stempelfrei? **47**, 15.

Glaube. 1) Umfang der Pflicht des Pfandnehmers von Inhaberpapieren, die Befugnis des Verpfänders zur Verfügung über die Papiere zu prüfen. **41**, 207. — 2) Ist man redlicher Pfandnehmer von Inhaberpapieren, wenn man aus grober Fahrlässigkeit nicht wußte, daß die Papiere schon vor der Verpfändung einem Dritten verkauft, aber noch nicht übergeben waren? **41**, 210. — 3) Geht der Cessionar, der in gutem Glauben den Besitz des Hypothekenbriefes erlangt hat, dem Gläubiger des Cedenten vor, der vor der Zustellung der Cession die Hypothekenforderung gepfändet hat? (P., F.) **42**, 332. — 4) Hat die Kenntnis des Erstehers davon, daß eine nach dem Grundbuche zu dem versteigerten Grundstücke gehörende Parzelle im Eigentume eines Dritten steht, zur Folge, daß der Ersteher durch den Zuschlag nicht das Eigentum der Parzelle erwirkt? (P.) **45**, 284. — 5) Zur Bestimmung des Begriffes von Treu und Glauben. **46**, 144. — 6) Was ist zur Anwendung des § 157 B.G.B. erforderlich? Ist insbesondere zur Feststellung einer Verkehrssitte der bloße Hinweis auf entsprechende handelsrechtliche Normen genügend? **49**, 161.

Glaubhaftmachung. Darf das Gericht eine ihm übergebene, vom An-

Mitglied sie im Wege der Klage geltend machen? (G.) **44**, 145. — 4) Ist das Lichtrecht des § 142 A.L.R. I. 8 eine Grundgerechtigkeit? (P.) **44**, 314. — 5) Unterschied zwischen Grundgerechtigkeit und Eigentumsbeschränkung. (P.) **44**, 315. — 6) Voraussetzungen der Ersitzung des Rechtes auf das Überhängen einer Grenzmauer in die Luftschicht über dem Nachbargrundstücke. (P.) **45**, 288. — 7) Kann nach dem B.G.B. der Eigentümer zweier Grundstücke an dem einen zu Gunsten des anderen eine Grunddienstbarkeit bestellen? Ist solche Bestellung der Eintragung in das Grundbuch fähig? **47**, 202. — 8) Kann durch einen dinglichen Vertrag zu Gunsten eines Dritten eine Grundgerechtigkeit bestellt werden? (F.) **47**, 356. — 9) Sind die §§ 912—916 B.G.B. analog anzuwenden, wenn der Eigentümer eines Grundstückes. von dem eine Teilfläche mit einer das Überbauen verbietenden Grunddienstbarkeit belastet ist, über die Grenze des unbelasteten Teiles auf den belasteten hinüberbaut? (F.) **47**, 359. — 10) Liegt in dem Schweigen des Inhabers einer Grundgerechtigkeit zur Herstellung eines diese verletzenden Zustandes durch den Eigentümer des dienenden Grundstückes stets ein Verzicht auf das Recht? (G.) **48**, 262. — 11) Ist die Aufführung eines Baues, durch den eine Grundgerechtigkeit des Nachbars verletzt wird, nach dem B.G.B. wie ein Überbau zu behandeln? **48**, 264. — 12) Wird eine Holzungsgerechtigkeit von unbestimmtem Umfange dadurch in eine Reallast verwandelt, daß sie nach § 235 A.L.R. I. 22 auf ein bestimmtes Holzdeputat festgesetzt wird? (P.) **48**, 323. — 13) Ist die Ersitzbarkeit des Rechtes, auf einem fremden Wege Bäume zu haben, zu pflanzen und zu nutzen, durch die Gemeinheitsteilungsordnung vom 7. Juni 1821 ausgeschlossen worden? (P.) **49**, 311. — 14) Kann nach § 1023 B.G.B. die Verlegung einer Grunddienstbarkeit auf ein anderes Grundstück verlangt werden? **50**, 32.

Grundkapital. 1) Gesellschaft mit beschränkter Haftung. Unterschied zwischen dem Beitritte unter Erhöhung des Grundkapitales und der Übernahme eines alten Geschäftsanteiles. **50**, 47. — 2) Im übrigen s. Erhöhung des Grundkapitales.

Grundsätze. 1) Sind die vom Bundesrate beschlossenen, im Centralblatte für das Deutsche Reich von 1882 verkündeten „Grundsätze für die Besetzung der Subaltern- und Unterbeamtenstellen mit Militäranwärtern" eine verbindliche reichsrechtliche Verordnung? **48**, 84. — 2) Steht nach den vom Bundesrate beschlossenen s. g. Grundsätzen vom 7. nnd 21. März 1882, insbesondere dem § 21 dem zu einem Dienstzweige einberufenen Militäranwärter mindestens das Diensteinkommen (ganz oder zu $^3/_4$) der untersten etatsmäßigen Stelle des betreffenden Dienstzweiges zu? **49**, 3.

Grundschuld. Hat der als Gläubiger Eingetragene auch bei der Umwandelung einer nach dem neuen Liegenschaftsrechte dem Eigentümer als Grundschuld zugefallenen bisherigen Hypothek in eine Hypothek mitzuwirken? **48**, 48; **50**, 80.

Grundsteuerentschädigung. Ist der Grundstückseigentümer, der seine Besitzung vor dem 28. Juli 1893 durch Gutsüberlassungsvertrag erlangt hat, zur Rückerstattung der dem Erblasser seines Vorbesitzers gewährten Grundsteuerentschädigung verpflichtet, wenn er selbst weder Erbe noch Erbeserbe des Entschädigungsempfängers geworden ist? (P.) **41**, 233.

Grundstück. 1) Kann nach § 1023 B.G.B. die Verlegung einer Grunddienstbarkeit auf ein anderes Grundstück verlangt werden? **50**, 32. — 2) Unter welchen Voraussetzungen gehen eingebrachte Grundstücke in das Vermögen der offenen Handelsgesellschaft über? **50**, 159. — 3) Bedürfen der Form des § 313 B.G.B. auch die Verträge, durch die der eine sich dem anderen unter Erteilung einer Vollmacht verpflichtet, das Eigentum an einem Grundstücke auf einen von dem anderen zu bezeichnenden Dritten zu übertragen? **50**, 163. — 4) S. auch Zwangsvollstreckung in das unbewegliche Vermögen und Syst. Reg. §§ 49. 51. 56.

Gründung. S. Gründer.

Gutachten. Dürfen schriftliche Gutachten von Behörden im Civilprozesse bei der Beweiswürdigung berücksichtigt werden? **44**, 151.

Gutachten. S. Arbitrator.

Gütergemeinschaft, eheliche. 1) Anspruch auf Teilung der Gütergemeinschaftsmasse als Gegenstand der Pfändung und Überweisung. Wirkung? (F.) **43**, 375. — 2) Ist auf die in Gütergemeinschaft lebende Ehefrau als Nebenintervenientin in einem Prozesse gegen den Ehemann wegen einer das gütergemeinschaftliche Vermögen belastenden Schuld der § 66 (69 n. F.) C.P.O. anzuwenden? Kann sie trotz eines Anerkenntnisses ihres Ehemannes den Prozeß fortsetzen? **44**, 345. — 3) Bezieht sich die Beschränkung des ehemännlichen Rechtes aus den §§ 387. 388 A.L.R. II. 1 nur auf Verfügungen über Grundstücke und Gerechtigkeiten? (P.) **44**, 350. — 4) Ist, wenn die Ehegatten in der allgemeinen Gütergemeinschaft des B.G.B. leben, im Ehescheidungsprozesse gegen den Ehemann eine einstweilige Verfügung auf Zahlung eines Kostenvorschusses an den Anwalt der Ehefrau gerechtfertigt? **46**, 354. — 5) Rechtliche Stellung der in der Gütergemeinschaft lebenden Ehefrau nach Scheidung der Ehe. Kann sie vor der Vermögensauseinandersetzung ohne ihren Ehemann gegen einen Dritten auf Rückgewähr eines zum Gesamtgute gehörigen Gegenstandes klagen? Auch gegen den Ehemann? (P.) **48**, 269. — 6) Ist die Unterlassung eines zur Erhaltung eines Rechtes des Gesamtgutes an sich nötigen Widerspruches für die Frau ohne Nachteil, wenn der Ehemann im Komplott mit dem Dritten den Widerspruch unterlassen hat? (P.) **48**, 272. — 7) Kann im Falle der Errungenschaftsgemeinschaft des C. c. die Ehefrau im Ehescheidungsprozesse von dem Ehemanne einen Kostenvorschuß verlangen? (F.) **49**, 327. — 8) Wirkt die durch Ehescheidung herbeigeführte Auflösung der Errungenschaftsgemeinschaft auf die Zeit der Erhebung der Scheidungsklage zurück? (F.) **50**, 334. — 9) Kann die Ehefrau zur Feststellung der Aktiva und Passiva der

Gutsherrliche Rechte. Sind nach Aufhebung des Eigentumsrechtes des Erbverpächters dessen Berechtigungen, die nur zum Zwecke der Erhaltung und Hebung des Kulturzustandes des Grundstückes eingeräumt sind, in Kraft geblieben? (P.) **50**, 287.

Gutslasten. Hat die vom Käufer eines Trennstückes übernommene Verpflichtung, einen Teil der Gutslasten zu tragen, die Natur einer Reallast? (P.) **45**, 188.

Gutsüberlassungsvertrag. Ist ein Grundstückseigentümer, der seine Besitzung vor dem 28. Juli 1893 durch Gutsüberlassungsvertrag erlangt hat, zur Rückerstattung der dem Erblasser seines Vorbesitzers gewährten Grundsteuerentschädigung verpflichtet, wenn er selbst weder Erbe noch Erbeserbe des Entschädigungsempfängers geworden ist? (P.) **41**, 233.

H

Haftpflichtgesetz vom 7. Juni 1871. S. Syst. Reg. § 169.

Haftung für Vergehen anderer. S. Verschulden anderer.

Halden. Haftet der Bergwerksbesitzer für die Schädigung einer Windmühle durch Windentziehung infolge der Aufschüttung von Halden? (P.) **49**, 281.

Hamburg. 1) Gilt das passive Zinsprivilegium des Fiskus noch in Hamburg? (G.) **42**, 124. — 2) Allgemeine Seeversicherungsbedingungen von 1867. Liegt in der nachträglichen Vergrößerung des Ruderblattes eines für die Überführung über See versicherten Flußdampfers ohne weiters eine Vergrößerung oder Veränderung der Gefahr für die versicherte Reise? **43**, 1. — 3) Wird durch die allgemeinen Seeversicherungsbedingungen von 1867 die Beweisführung bezüglich der Seeunfälle beschränkt? **43**, 10.

Hand. Bedeutung des kaufmännischen Ausdruckes „an Hand lassen" in einer Offerte. **43**, 81.

Handelsbücher. 1) Bleibt, wenn bei der Auflösung einer offenen Handelsgesellschaft ein Gesellschafter das Geschäft mit Aktiven und Passiven übernimmt und die bisherigen Bücher weiter führt, den übrigen das Recht auf beliebige Einsicht und Benutzung der Bücher? **43**, 133. — 2) Haben die Mitglieder einer Gesellschaft mit beschränkter Haftung ein unbeschränktes Recht auf Einsicht der Geschäftsbücher der Gesellschaft mit Beilagen und Belägen? **49**, 148.

Handelsfirma. S. Syst. Reg. § 221.

Handelsgebrauch. Unterschied zwischen Handelsgebrauch und Handelssitte. **44**, 33.

Handelsgeschäft. 1) Findet der Art. 145 Abs. 2 H.G.B. Anwendung, wenn nach Auflösung einer offenen Handelsgesellschaft das Geschäft mit Aktiven und Passiven von dem einen Gesellschafter übernommen wird? **43**, 133. — 2) Ist ein Gesellschafter, der das Handelsgeschäft mit allen Aktiven und Passiven übernommen hat, Rechtsnachfolger der offenen Handelsgesellschaft als Prozeßpartei? **46**, 39. — 3) Wie ist beim Verkaufe eines Handelsgeschäftes mit Aktiven und Passiven die

Stempelsteuer zu berechnen? (P.) **46,** 266. — 4) Finden die Vorschriften des § 377 H.G.B. n. F. auch bei einseitigen Handelsgeschäften Anwendung, namentlich gegen den Käufer, der Kaufmann ist? **49,** 157. — 5) Haftet, wer zwei übernommene Handelsgeschäfte unter einer aus der Verbindung ihrer Firmennamen gebildeten Firma als einheitliches Geschäft fortführt, nach § 25 H.G.B. n. F. für ihre in früherer Zeit entstandenen Geschäftsschulden? **50,** 117. — 6) Folgt allein aus der Anzeige der Übernahme eines Handelsgeschäftes auch der Übergang der Verbindlichkeiten? **50,** 120. — 7) S. auch Handelsgewerbe.

Handelsgesellschaft. S. Syst. Reg. §§ 227—229. 231—233.

Handelsgesetzbuch von 1897. Wieweit haben die Bestimmungen seines mit dem 1. Januar 1898 eingeführten Abschnittes 6 des ersten Buches rückwirkende Kraft? **42,** 97; **43,** 25.

Handelsgewerbe. 1) Wer eine sein Handelsgewerbe betreffende Eintragung im Handelsregister herbeiführt, ist mit der Einwendung, sie entspreche nicht dem Sachverhalte, nicht zu hören, soweit es sich um seiner Disposition unterliegende Verhältnisse handelt. **50,** 429. — 2) Ist der Betrieb einer Ziegelei ein Handelsgewerbe? **50,** 157. — 3) Zeitliche und sachliche Anwendung des § 5 des Handelsgesetzbuches von 1897. **50,** 158.

Handelsniederlassung. Über Zweigniederlassungen s. dieses Wort.

Handelspapiere. S. Syst. Reg. §§ 240. 248.

Handelsrecht. (Reichsrecht und Landesrecht.) S. Syst. Reg. § 218.

Handelsrechtliche Vereinigung. Anwendung des § 5 H.G.B. von 1897 auf eine schon vor dem 1. Januar 1900 als offene Handelsgesellschaft eingetragene Nichthandelsgesellschaft. **50,** 158.

Handelsregister. 1) Vermutung für die Gesetzmäßigkeit der im Handelsregister enthaltenen Eintragungen. **41,** 22. — 2) Welche Bedeutung hat die Eintragung einer Liquidation, wenn sie der wahren Sachlage nicht entspricht? **41,** 93. — 3) Kann die Löschung eines thatsächlich unrichtigen Firmenzusatzes wegen unlauteren Wettbewerbes verlangt werden? **44,** 17. — 4) Wirkung der landesgesetzlich erfolgten Eintragung der Konkurseröffnung auf die Verjährung von Klagen gegen den Gemeinschuldner aus Ansprüchen gegen die offene Handelsgesellschaft, deren Mitglied er ist. **45,** 47. — 5) Wer eine sein Handelsgewerbe betreffende Eintragung im Handelsregister herbeiführt, ist mit dem Einwande, sie entspreche nicht dem Sachverhalte, nicht zu hören, soweit es sich um Verhältnisse handelt, die seiner Disposition unterliegen. **50,** 429.

Handelssitte. S. Handelsgebrauch.

Handlungen. 1) Wird durch die mündliche Zusage, sich an der beabsichtigten Gründung einer Gesellschaft mit beschränkter Haftung in bestimmter Höhe zu beteiligen, eine rechtliche Verpflichtung begründet? **43,** 136. — 2) Die formlose Übernahme der Verpflichtung, einer eingetragenen Genossenschaft beizutreten, ist ungültig. **43,** 139. — 3) Sind die Verlagsverträge als Veräußerungsverträge oder als Verträge über Handlungen anzusehen? (P.) **49,** 279. — 4) Was sind im Sinne des § 385 Abs. 1 Ziff. 4 C.P.O. n. F. Handlungen, die eine Ehefrau als Vertreterin ihres Mannes vorgenommen hat? **47,** 431. — 5) Bedeutung der Zusicherung einer Konsortialbeteiligung in Beziehung auf die beabsichtigte Gründung einer Aktiengesellschaft. **46,** 27. — 6) Findet aus einem Urteile, durch das der Schuldner zur Abgabe einer Willenserklärung verurteilt ist, Zwangsvollstreckung nach den §§ 887. 888 C.P.O. n. F. statt? **48,** 399. — 7) Übergabe einer löschungsfähigen Quittung über eine Hypothek als Willenserklärung im Sinne des § 894 C.P.O. n. F. **48,** 399. — 8) Bedürfen der Form des § 313 B.G.B. auch die Verträge, durch die der eine sich gegenüber dem anderen unter Erteilung einer Vollmacht verpflichtet, das Eigentum an einem Grundstücke auf einen von dem anderen zu bestimmenden Dritten zu übertragen? **50,** 163.

Handlungsfähigkeit. 1) Verpflichtungsfähigkeit der märkischen Ehefrau ohne Zustimmung ihres Mannes. (P.) **41,** 261. — 2) Kann eine im Güterrechte des A.L.R. lebende Ehefrau Schadensansprüche aus § 3 Abs. 2 R.H.G. erheben? (P.) **42,** 32. — 3) Die Fähigkeit zur Eingehung einer Ehe richtet sich für jeden Teil nach dem Recht seines Wohnsitzes zur Zeit der Eheschließung. (P., F.) **42,** 336. — 4) Ist die Rechts- und Erwerbsfähigkeit einer Gewerkschaft auf den Betrieb des verliehenen Bergwerkes und die damit zusammenhängenden Geschäfte beschränkt? (P.) **49,** 294. — 5) Bezieht sich die Beschränkung in den §§ 387. 388 A.L.R. II. 1 nur auf Verfügungen über Grundstücke und Gerechtigkeiten? (P.) **44,** 349. — 6) Zur Kündigung einer Einbringensforderung ist nach dem B.G.B. nicht die Mitwirkung, sondern nur die Einwilligung, vorher erklärte Zustimmung des Ehemannes nötig. **50,** 213. — 7) Die Vorschrift des § 88 Abs. 4 Nr. 7 Abs. 2 der preußischen Landgemeindeordnung vom 3. Juli 1891 bestimmt die Form der urkundlichen Verpflichtung der Landgemeinden, beschränkt aber nicht ihre oder ihrer Vertreter Handlungsfähigkeit. **50,** 27. — 8) Unterschied zwischen Geisteskrankheit und Geistesschwäche im Sinne des B.G.B. **50,** 203. — 9) S. auch Ehefrau, Prozeßfähigkeit, Verfügungsfähigkeit.

Handlungsgehilfe. 1) Hat der § 75 Abss. 2 und 3 H.G.B. von 1897 für die schon vor dem 1. Januar 1898 eingegangenen Vertragsverhältnisse rückwirkende Kraft? **42,** 97. — 2) Klage aus dem Dienstvertrage gegen den Geschäftsherrn im Gerichtsstande der Niederlassung, für die der Handlungsgehilfe angestellt ist. **42,** 379. — 3) Konkurrenzklausel. Hat bezüglich dieser der § 74 H.G.B. von 1897 rückwirkende Kraft? **43,** 23. — 4) Unter welchen Umständen haftet der Geschäftsinhaber für das Handeln ohne Vollmacht seiner Handlungsgehilfen? (G.) **43,** 189. — 5) Ist der § 343 B.G.B. über die Herabsetzung der Konventionalstrafe, auf den der § 75 H.G.B. von 1897 sich bezieht, insoweit schon mit dem 1. Januar 1898 in Kraft getreten? **44,** 59. — 6) Kann der Prinzipal, mit dem sein Handlungsgehilfe unter dem Namen eines Anderen Börsentermingeschäfte gemacht hat, Herausgabe des Gewinnes fordern, den der Handlungsgehilfe erzielt und aus der Kasse des Prinzipals erhalten hat? **45**, 31. — 7) Sind die §§ 74. 75 H.G.B. von 1897 auf ein Vertragsverhältnis anzuwenden, das schon vor dem 1. Januar 1898, aber erst mit Wirkung von diesem Tage an eingegangen ist? **48**, 129. — 8) Ist ein Handlungsgehilfe zur Krankenversicherung verpflichtet, wenn in Ansehung seiner die Kündigungsfrist vertragsmäßig verkürzt ist? **48**, 180.

Handlungsvollmacht. 1) Voraussetzungen für die Annahme der stillschweigenden Erteilung einer Handlungsvollmacht durch den Vorstand einer Aktiengesellschaft an eines seiner Mitglieder. **48**, 56. — 2) Stillschweigende Handlungsvollmacht. Dritten gegenüber kommt es darauf an, wie die Bevollmächtigung in die äußere Erscheinung tritt, besonders wenn der Prinzipal zuläßt, daß ein Anderer sich als Bevollmächtigter geriert. **50**, 76.

Handzeichen. Wird ein Notariatsakt, der nicht enthält, weshalb ein Beteiligter nur unterkreuzt habe, durch ein ergänzendes Nachtragsattest des Notars und der Schreibzeugen gültig? (P.) **43**, 274.

Hannover. Darf eine Gewerkschaft, deren verliehenes Bergwerk nicht betrieben wird, aus dem Rechte des Grundeigentümers in der Provinz Hannover auf Kalisalze Bergbau treiben? (P.) **49**, 295.

Hauptintervention. Kann sie ein Nebenintervenient gegen beide Parteien des Hauptprozesses erheben? **46**, 404.

Hauptsache. 1) Gericht der Hauptsache im Sinne der §§ 816. 821 (937. 943 n. F.) C.P.O. **45**, 346. — 2) Was ist im § 927 Abs. 2 C.P.O. unter Hauptsache zu verstehen? **50**, 345. — 3) Rechtfertigt die nachträglich festgestellte Unzuständigkeit des Gerichtes für die Hauptsache die Aufhebung des Arrestes wegen veränderter Umstände? **50**, 346. — 4) Muß das Gericht, bei dem thatsächlich die Hauptsache anhängig ist, seine Zuständigkeit für diese im Arrestverfahren prüfen? **50**, 346. — 5) Liegt in dem Ausspruche der Urteilsformel, daß die Sache in der Hauptsache erledigt sei, stets eine Entscheidung in der Hauptsache? **46**, 347. — 6) Ist nach § 99 Abs. 3 C.P.O. n. F. die sofortige Beschwerde gegen die Entscheidung über den Kostenpunkt auch dann zulässig, wenn eventuell in der Hauptsache kein Rechtsmittel gegeben sein würde? **46**, 348. — 7) Findet der § 99 Abs. 3 C.P.O. n. F. Anwendung, wenn die Hauptsache vor der Zustellung der Klage erledigt war, und nur über die Kosten erkannt ist? **47**, 404. — 8) Besteht im Falle des § 99 Abs. 3 C.P.O. n. F. die Beschwerdesumme nur in dem Betrage der Kosten, die bis zur Erledigung der Hauptsache entstanden sind? **50**, 368.

Hauptschuldner. S. Bürge, Solidarobligation.

Hausbesitzer. Hat jeder Hausbesitzer, einschränkende Polizeivorschriften vorbehalten, das Recht, das s. g. Hauswasser, auch das zum Geschäftsbetriebe benutzte, auf die öffentliche Straße zu leiten? (F.) **46**, 316.

Hausgesetze des hohen Adels. Sind sie revisibel? **43**, 412.

Hauskinder. 1) Kann der Vater über ausstehende Forderungen eines minderjährigen Kindes, die diesem zur Sicherheit besonders verschrieben sind, mit

Einwilligung des Vormundschaftsgerichtes gültig verfügen, oder ist die Bestellung eines Pflegers nötig? (P.) **41**, 227. — 2) Hat, falls ein in väterlicher Gewalt stehendes Kind ohne Genehmigung des Vaters eine Ehe schließt, dieser das Recht, die Ehe als ungültig anzufechten und das Kind bis auf die Hälfte des Pflichtteiles zu enterben, oder nur eins von diesen? (P.) **42**, 268. — 3) Ist der Vater zur Enterbung des Kindes bis auf die Hälfte des Pflichtteiles für den Fall berechtigt, daß es gegen das letztwillige Verbot des Vaters nach dessen Tode sich mit einer bestimmten Person verheiratet? (P.) **42**, 274. — 4) Ungültigkeit der Ehe mangels väterlicher Einwilligung nach Landesrecht, obgleich dessen Voraussetzungen etwas anders geregelt waren, als jetzt durch das Reichsgesetz vom 6. Februar 1875. (F.) **42**, 340.

Hausoffiziant. Ist er zur Räumung der Dienstwohnung verpflichtet, wenn ihn die Herrschaft ohne gesetzmäßigen Grund entläßt? (P.) **42**, 253.

Hauswasser. Hat jeder Hausbesitzer, einschränkende Polizeivorschriften vorbehalten, das Recht, das s. g. Hauswasser, auch das zum Geschäftsbetriebe benutzte, auf die öffentliche Straße zu leiten? (F.) **46**, 316.

Haverei. 1) Sind die im Falle unabsichtlicher Strandung eines Seeschiffes auf die Abbringung verwendeten Kosten und die dazu dem Schiffe oder der Ladung absichtlich zugefügten Schäden nach den Grundsätzen der großen Haverei zu verteilen, wenn keine gemeinsame Gefahr für Schiff und Ladung vorgelegen hat? **44**, 136. — 2) Örtliches Recht für die Rückforderung gezahlter Havereibeiträge. **44**, 139.

Hehlerei. Sie kann nur in Beziehung auf Sachen verübt werden, die unmittelbar durch eine strafbare Handlung erlangt sind. **48**, 296.

Heimliche Nebenabreden. S. Simulation.

Heirat. S. Ehe, Ehefrau.

Heiratsvermittelung. 1) Sind die Bestimmungen des B.G.B. auf einen vor dessen Inkrafttreten versprochenen und verdienten Ehemäklerlohn anwendbar? **46**, 152. 178. — 2) Verstößt der einen Ehemäklerlohn zusichernde Vertrag gegen die guten Sitten? (P.) **46**, 177.

Herausgabeanspruch. S. Syst. Reg. § 60.

Hereditas jacens. 1) Ist nach gemeinem Rechte der Pfleger oder Kurator des ruhenden Nachlasses gegen die Klagen der Vermächtnisnehmer passiv legitimiert? **43**, 153. — 2) Der Nachlaßpfleger hat keine Parteistellung kraft Amtes, ist vielmehr gesetzlicher Vertreter der unbekannten Erben, und zwar ihrer Person. **50**, 394. — 3) Kann dem Nachlaßpfleger oder den von ihm vertretenen unbekannten Erben das Armenrecht bewilligt werden? **50**, 395.

Hereditatis petitio. S. Erbschaftsklage.

Heres ex re certa. Ist, wenn nur ein solcher in einem zweiten Testamente eingesetzt ist, ein Universalvermächtnis zu Gunsten der in dem ersten Testamente Eingesetzten zu vermuten? (G.) **46**, 181.

Herkommen. Ist ein Herkommen als allgemeine Rechtsquelle auch für das Gebiet des in der Allgemeinen Gerichtsordnung kodifizierten preußischen Prozeßrechtes ausgeschlossen? (P.) **41**, 392.

bestimmung versäumt hat? **48**, 409. — 3) Begriff der höheren Gewalt im Sinne des § 233 C.P.O. n. F. **48**, 410. — 4) Liegt höhere Gewalt vor, wenn in einer Großstadt ein Straßenbahnwagen mit einem plötzlich aus einem Hause rückwärts auf die Straße geschobenen Wagen zusammenstößt? **50**, 94.

Holland. Wirksamkeit und Rang eines in Holland an einem holländischen Flußschiffe bestellten Pfandrechtes gegenüber einem jüngeren in Deutschland aus einem Zusammenstoße entstandenen Schiffspfandrechte, wenn das Schiff in Deutschland gepfändet und zur Zwangsversteigerung gebracht wird. (P.) **45**, 276.

Holzdeputat. S. Holzungsgerechtigkeit.

Holzungsgerechtigkeit. Wird eine solche von unbestimmtem Umfange dadurch in eine Reallast verwandelt, daß sie nach § 235 A.L.R. I. 22 auf ein bestimmtes Holzdeputat festgesetzt wird? (P.) **48**, 323.

Honorar. 1) Haftet der Staat dem Konkursverwalter für das vom Konkursgerichte festgesetzte Honorar? **43**, 62. — 2) Zu welcher Art von Massekosten gehört das Honorar des Konkursverwalters? **43**, 64.

Hypothek. Kann eine an Zahlungsstatt auf eine Schuld aus unklagbaren Differenzgeschäften hingegebene Hypothek zurückgefordert werden, wenn neben Hingabe der Hypothek die persönliche Verbindlichkeit des Schuldners fortbestanden hat? **47**, 48.

Hypothek des französischen Rechtes. 1) Verschafft, wenn wegen Dringlichkeit ein Enteignungsbeschluß vor endgültiger Feststellung der Entschädigung erlassen ist, eine zur Zeit der Zustellung des Beschlusses eingetragene, dann bei der Zwangsversteigerung ausgefallene und gelöschte Hypothek dem Gläubiger einen Anspruch gegen den Unternehmer auf Hinterlegung der demnächst erhöhten Enteignungsentschädigung? **43**, 299. — 2) Erlischt die Hypothek mit dem Zuschlage in der Zwangsversteigerung? **43**, 303. — 3) S. auch Hypothek des preußischen Rechtes a Nr. 3.

Hypothek des neuen Liegenschaftsrechtes (B.G.B.), auch dessen Einfluß auf ältere Hypotheken. 1) Wenn das neue Recht Sachen, die nach dem bisherigen nicht Zubehör des Grundstückes waren, die Zubehöreigenschaft verleiht, so treten sie zwar mit dem Inkrafttreten des neuen Rechtes in die Haftung für die Hypotheken ein, aber nur belastet mit den durch die bisher zulässige Pfändung entstandenen Pfandrechten. **46**, 171. — 2) Ist ein nach preußischem A.L.R. begründetes, mit einer Hypothek verbundenes, antichretisches Pfandrecht mit dem Inkrafttreten des B.G.B. weggefallen, oder besteht es mit dem bisherigen Inhalte und Range neben der Hypothek fort? **47**, 57. — 3) Anwendung des § 896 B.G.B. auf die Briefhypothek des bisherigen preußischen Rechtes. **47**, 158. — 4) Darf ein antichretisches Pfandrecht an Grundstücken nach dem Inkrafttreten des B.G.B. auch dann nicht mehr in das Grundbuch eingetragen werden, wenn es vorher vorgemerkt war? **48**, 62. — 5) Zwangsvollstreckung aus einer Arrestvormerkung des bisherigen preußischen Rechtes nach dem Inkrafttreten der neuen Reichsgesetze.

49, 106. — 6) Ist die unter dem älteren Rechte eingetragene nicht valutierte Hypothek mit dem Inkrafttreten des neuen Liegenschaftsrechtes zur Eigentümerhypothek geworden? Zur Eigentümergrundschuld? Muß der als Gläubiger Eingetragene zur Berichtigung des Grundbuches mitwirken? **48,** 48; **50,** 80. — 7) Wodurch wird die Vermutung des Bestehens einer Hypothekenforderung entkräftet, und der Gläubiger beweispflichtig? **49,** 7. — 8) Voraussetzungen des Rechtes des Hypothekengläubigers, der Entfernung von Zubehörstücken entgegenzutreten. **50,** 68. — 9) Wirkung einer unter dem früheren Rechte eingetragenen Hypothek nach Anlegung des neuen Grundbuches. **50,** 72. — 10) Ist der unter dem B.G.B. geschlossene Vertrag, daß eine Hypothek des preußischen Rechtes von nun an eine andere Forderung sichern solle, obligatorisch gültig ohne die Form des § 873 B.G.B.? **50,** 77. — 11) Genügt zur Eintragung der s. g. Goldklausel zu einer Hypothek die Bezugnahme auf die Eintragungsbewilligung? **50,** 149. — 12) Umwandelung einer Kautionshypothek des preußischen Rechtes in eine Maximalhypothek des § 1190 B.G.B. nach Art. 192 E.G. **49,** 164.

Hypothek des preußischen Rechtes.

a. Abtretung der Hypothek.

1) Erlischt die persönliche Schuld des Bestellers einer Hypothek dadurch, daß diese ihm nach der Veräußerung des Pfandgrundstückes abgetreten wird? **43,** 265. — 2) Kann der Mangel der persönlichen Haftung des Cedenten einen Mangel der Richtigkeit der Forderung bedeuten, für den auch der Cedent einer Forderung einstehen muß? **43,** 269. — 3) Geht im Gebiete des rheinisch-französischen Rechtes der Cessionar, der in gutem Glauben den Besitz des Hypothekenbriefes erlangt hat, dem Gläubiger des Cedenten vor, der vor der Zustellung der Cession die Forderung gepfändet hat? (P. F.) **42,** 332. — 4) Kann der Ersteher des versteigerten Grundstückes eine Gesamthypothek, die er in Anrechnung auf den Kaufpreis übernommen und gegen Auszahlung abgetreten erhalten hat, gegen die mitverhafteten Grundstücke des Subhastaten geltend machen? **43,** 340. — 5) Kann der als Gläubiger einer nicht valutierten Hypothek Eingetragene die Hypothek ohne Genehmigung des Eigentümers an dessen Gläubiger abtreten? **44,** 273. — 6) Die Abtretung einer nicht valutierten Hypothek hat zum Gegenstande nicht die noch nicht bestehende Hypothek, sondern die Befugnis, durch Zahlung der Valuta oder durch Unterlegung einer anderen Forderung die Hypothek zu begründen. **44,** 297. — 7) Kann eine Hypothek ohne die ihr zu Grunde liegende persönliche Forderung abgetreten werden? **45,** 185. — 8) Kann der Eigentümer, der eine von ihm auf den Kaufpreis übernommene Hypothek durch Zahlung und Cession erworben hat, gegen seinen Verkäufer die zu Grunde liegende persönliche Forderung geltend machen? Ist der Cessionar des Eigentümerhypothekars dazu befugt? **45,** 187. — 9) Nach welchem Rechte sind Einreden aus dem persönlichen Schuldverhältnisse gegen die Klage aus einer vor dem Inkrafttreten des B.G.B. eingetragenen und abgetretenen Hypothek zu beurteilen? **47,** 229.

b. **Accessorische Natur der Hypothek.**

1) Voraussetzungen der Konvalescenz einer wegen fehlender Valutazahlung unwirksamen Hypothek durch Unterlegung der Forderung eines Dritten. **44**, 294; **50**, 80. — 2) Ist der Gläubiger an die Angabe des Schuldgrundes einer ohne diese zu seinen Gunsten eingetragenen Vormerkung gebunden, die er in einem Rechtsstreite einmal gemacht hat? **45**, 176. — 3) Kann eine Hypothek ohne die ihr zu Grunde liegende persönliche Forderung abgetreten werden? **45**, 185. — 4) Nach welchem Rechte sind Einreden aus dem persönlichen Schuldverhältnisse gegen die Klage aus einer vor dem Inkrafttreten des B.G.B. eingetragenen und abgetretenen Hypothek zu beurteilen? **47**, 229.

c. **Hypothek des Eigentümers.** S. **Eigentümerhypothek.**

d. **Eintragung der Hypothek.**

1) Kann eine Vormerkung zur Erhaltung des Rechtes auf Eintragung einer Hypothek auf Grund der Bewilligung des Grundstückseigentümers eingetragen werden? Ist ihre Rechtsbeständigkeit davon abhängig, daß in der Eintragungsbewilligung der Schuldgrund der vorgemerkten Hypothek angegeben wird? **42**, 315. — 2) Rangordnung in Ansehung späterer Eintragungen in der Spalte „Veränderungen“. **43**, 212. — 3) Kann der Gläubiger, dessen Antrag auf Eintragung einer Hypothek vom Grundbuchrichter abgelehnt war, nach der auf Anordnung des Beschwerdegerichtes erfolgten Eintragung von den inzwischen eingetragenen Hypothekengläubigern Einräumung des Vorrechtes wegen widerrechtlicher Bereicherung verlangen? **43**, 216. — 4) Darf ein Nutzungspfandrecht nach dem Inkrafttreten des B.G.B. auch dann nicht mehr in das Grundbuch eingetragen werden, wenn es vorher vorgemerkt war? **48**, 61.

e. **Gesamthypothek.** S. **Korrealhypothek.**

f. **Guter Glaube des Erwerbers der Hypothek.** S. Syst. Reg. § 49.

g. **Hypothekarische Klage. Einreden gegen die Klage.** S. Syst. Reg. § 80 e.

h. **Korrealhypothek.** S. **dieses Wort.**

i. **Löschung der Hypothek.**

1) Eigentumsfreiheitsklage auf Löschung einer Hypothek. **44**, 203. — 2) Haben die nacheingetragenen Hypothekengläubiger einen Anspruch auf Löschung voreingetragener Hypotheken, für die keine Valuta gezahlt ist? **44**, 269. — 3) Umfang der Rechtskraft im Falle der Abweisung einer Klage auf Löschung einer Hypothek. **46**, 10.

k. **Rangordnung der Hypotheken.**

1) Rangordnung in Ansehung späterer zusätzlicher Eintragungen in der Spalte „Veränderungen“. **43**, 212. — 2) Kann der Gläubiger, dessen Antrag auf Eintragung einer Hypothek vom Grundbuchrichter abgelehnt war, nach der auf Anordnung des Beschwerdegerichtes erfolgten Eintragung von den inzwischen eingetragenen Hypothekengläubigern die Einräumung des Vorrechtes wegen widerrechtlicher Bereicherung verlangen? **43**, 216.

l. **Rechtlicher Inhalt und Umfang der Hypothek.**

1) Ist die Pfändung hinterlegter Feuerversicherungsgelder gegenüber einer später eingeleiteten Subhastation des Grundstückes wirksam? **41,** 203. — 2) Erwirbt der eine Gesamthypothek gegen Quittung auszahlende Eigentümer eines der belasteten Grundstücke die Hypothek an den anderen Grundstücken? **41,** 213. — 3) Besteht das Absonderungsrecht des Hypothekengläubigers an dem Erlöse beweglicher Zubehörstücke auch bei einer nach § 117 (127 n. F.) K.O. durch den Konkursverwalter erfolgten Veräußerung, wenn er diesem vorher erklärt hat, daß er abgesonderte Befriedigung aus dem Erlöse verlange? **42,** 85. — 4) Voraussetzungen, unter denen der Käufer von Zubehör und Früchten eines mit Hypotheken und Grundschulden belasteten Landgutes im Falle absichtlicher Verschleuderung des Inventars für den Ausfall der Hypotheken ersatzpflichtig ist. **42,** 170. — 5) Verschafft, wenn wegen Dringlichkeit ein Enteignungsbeschluß vor endgültiger Feststellung der Entschädigung erlassen ist, eine zur Zeit der Zustellung des Beschlusses eingetragene, dann bei der Zwangsversteigerung ausgefallene und gelöschte Hypothek dem Gläubiger einen Anspruch gegen den Unternehmer auf Hinterlegung der demnächst erhöhten Entschädigung? **43,** 299. — 6) Kann der Ersteher des versteigerten Grundstückes eine Gesamthypothek, die er in Anrechnung auf den Kaufpreis übernommen und gegen Auszahlung abgetreten erhalten hat, gegen das mitverhaftete Grundstück des Subhastaten geltend machen? **43,** 340. — 7) Voraussetzungen der Schadensersatzpflicht dessen, der den Hypothekengläubiger durch Entfernung von beweglichen Sachen schädigt, die diesem als Zubehör des Grundstückes haften. **44,** 186. — 8) Haben die nacheingetragenen Hypothekengläubiger ein Recht auf die nachträglich eingezahlte Valuta einer voreingetragenen nicht valutierten Hypothek? **44,** 269. — 9) Haben die nacheingetragenen Hypothekengläubiger einen Anspruch auf Löschung voreingetragener Darlehnshypotheken, für die keine Valuta gezahlt ist? **44,** 271. — 10) Tritt ein neues Gebäude trotz des Eigentumsvorbehaltes des Erbauers in die hypothekarische Haftung des Grundstückes ein? **44,** 288. — 11) Dauert das dingliche Recht der Hypothekengläubiger an den Pachtgeldern fort, die der Zwangsverwalter eingezogen und zu einer Sequestrationsmasse gesammelt hat? **44,** 310. — 12) Wenn das neue Recht Sachen, die nach dem bisherigen nicht Zubehör des Grundstückes waren, die Zubehöreigenschaft verleiht, so treten sie zwar mit dem Inkrafttreten des neuen Rechtes in die Haftung für die Hypotheken ein, aber behaftet mit dem durch eine bisher zulässige Pfändung erworbenen Pfandrechte. **46,** 171. — 13) Nach welchem Rechte sind Einreden aus dem persönlichen Schuldverhältnisse gegen die Klage aus einer vor dem Inkrafttreten des B.G.B. eingetragenen und abgetretenen Hypothek zu beurteilen? **47,** 229.

m. **Übernahme der Hypothekenschulden seitens des Erwerbers des belasteten Grundstückes.** S. Syst. Reg. § 80 f.

n. **Verpfändung der Hypothek.** S. Syst. Reg. § 82.

Hypothekenbrief. 1) Kann er für sich allein als selbständiges Ver=

Indossament. Indossant. Indossatar. 1) Eigentum an indossablen und mit Namensindossament versehenen Papieren kann ohne Indossament nicht übertragen werden. **41,** 4. — 2) Zulässigkeit von Einreden gegen den durch Vollgiro legitimierten Prokuraindossatar. **41,** 114. — 3) Welche Wirkung hat das Vollindossament, wenn der Indossatar den einen Teil der Wechselsumme für eigene Rechnung, den anderen für Rechnung des Indossanten beitreiben soll? **41,** 115. — 4) Ist das Prokuraindossament bei Konnossementen zulässig? Notwendigkeit der Unterschrift. **41,** 118. — 5) Bedeutung des Zusatzes „nur zur Spedition" zu dem Indossamente des Konnossementes. **41,** 119. — 6) Wirkt die allgemein für den Eingang der Wechselsumme schriftlich außerhalb des Wechsels erklärte Bürgschaft auch zu deren Gunsten, die später den Wechsel durch Indossament erworben und die Bürgschaftsurkunde ausgehändigt erhalten haben? Können solche Bürgschaftsrechte durch Cession dem abgetreten werden, dem der Wechsel indossiert wird? (G.) **41,** 171. — 7) Wechsel an eigene Order, auf dessen Rückseite als erste Namensschrift die des Ausstellers steht, wenn der darüber stehende Übertragungsvermerk durchstrichen ist. **41,** 412. — 8) Einrede der Rechtskraft aus einem den Wechselinkassomandatar abweisenden Urteile gegen einen neuen Inkassomandatar. **43,** 40. — 9) Ist der Wechselcessionar befugt, den Wechsel durch Indossament zu begeben? **43,** 43. — 10) Umfang der Rechtskraft im Falle der Abweisung der Klage wegen mangelnder Wechsellegitimation. **43,** 39. — 11) Wirkt der zwischen dem Wechselgläubiger und dem Acceptanten geschlossene Stundungsvertrag im Zweifel auch zu Gunsten des Indossanten? (G.) **45,** 70. — 12) Kann der im Wechselprozesse auf die Klage des Wechselindossatares rechtskräftig unter Vorbehalt der Rechte Verurteilte im Nachprozesse die Einrede der mangelnden Aktivlegitimation darauf stützen, daß er infolge rechtskräftigen Urteiles die Herausgabe des Wechsels erlangt habe? **45,** 429. — 13) Ist ein an eigene Order gezogener Wechsel gültig in blanco indossiert, wenn der Aussteller auf die Rückseite seinen Namen, über diesen aber das Wort „Angenommen" gesetzt hat? **46,** 46. — 14) Ist, wer einen Wechsel indossiert oder auf Grund eines Blankoindossamentes weiter begiebt, im Sinne des § 445 C.P.O. n. F. Rechtsvorgänger des Erwerbers? **47,** 69. — 15) Wer ist beweispflichtig, wenn streitig ist, ob der Wechsel zu der Zeit, als der verklagte Indossant seinen Namen darauf setzte, schon auf dieselbe Summe gelautet habe? **47,** 67. — 16) Ist der Remittent, der den mangels Zahlung protestierten Wechsel eingelöst hat, zur Regreßklage legitimiert, wenn auf der Rückseite des an die Order eines Dritten gezogenen Wechsels dem Vollgiro des Remittenten ein Blankogiro des Wechselausstellers als erstes vorangeht? **47,** 126. — 17) Ist die Unterschrift des Indossanten gültig, wenn bei einer aus Sach- und Namenbezeichnung zusammengesetzten Firma die Sachbezeichnung durch Stempeldruck hergestellt, und nur der Name geschrieben ist? **47**, 165. — 18) Regreß des den Wechsel einlösenden Indossanten gegen seinen Vormann. Einrede, beide Wechselunterschriften seien zu dem Zwecke gemeinschaftlicher Verbürgung für die Schuld des Acceptanten gegeben worden. **48**, 152. — 19) Kann der legitimierte Wechselinhaber die Wechselklage gegen den Acceptanten und den Aussteller aus eigenem Rechte anstellen, obgleich er von einem Zwischenindossatar Deckung für die Wechselsumme erhalten hat? **48**, 214. — 20) Voraussetzungen der Legitimation des Inhabers einer als Wechsel ungültigen, als Anweisung oder Verpflichtungsschein geltenden Urkunde durch Blankoindossament. **48**, 232. — 21) Ist der § 88 Abs. 4 Nr. 7 Abs. 2 der preußischen Landgemeindeordnung vom 3. Juli 1891 auf ein namens der Gemeinde gegebenes Wechselindossament anwendbar? **50**, 23.

In fraudem legis. S. Simulation, Umgehung des Gesetzes.

Inhaberpapier. 1) Erwirbt der Centralbankier an Wertpapieren, die im Auftrage des Lokalbankiers zunächst für fremde Rechnung angeschafft waren, durch dessen spätere Anweisung, sie in das Effektenkonto der für seine eigene Rechnung angeschafften zu übertragen, und ihre Befolgung ein Pfand- und Retentionsrecht? **41**, 34. — 2) Örtliches Recht für die Frage, ob gegen die Vindikation gestohlener Inhaberpapiere der Beklagte ein Zurückbehaltungsrecht wegen Lösungsanspruches hat. **41**, 152. — 3) Umfang der Pflicht des Pfandnehmers von Inhaberpapieren, die Befugnis des Verpfänders zur Verfügung über die Papiere zu prüfen. **41**, 207. — 4) Ist man redlicher Pfandnehmer von Inhaberpapieren, wenn man aus grober Fahrlässigkeit nicht wußte, daß die Papiere schon vor der Verpfändung einem Dritten verkauft, aber noch nicht übergeben waren? **41**, 210.

Inkassoindossatar. S. Indossament.

Inland. Inländer. 1) Örtliches Recht für die Regreßpflicht des Inländers, der einen im Auslande zahlbaren Check ausstellt. **44**, 153. — 2) Gerichtsstand des Vermögens beim Kontokorrentverkehr des verklagten Ausländers mit Inländern. **44**, 386. — 3) Sind die im Auslande ausgestellten amtlichen und notariellen Zeugnisse in Privatsachen nach Tarifstelle 77 bezw. 46 des Stempelgesetzes von 1895 stempelpflichtig, wenn zu ihrer Ausstellung Geschäfte, die im Inlande zu erfüllen sind, Veranlassung gegeben haben? (P.) **49**, 226. — 4) S. auch Ausland Nr. 8. 9.

Innung. 1) Gehören zu den „öffentlichen Abgaben“ im Sinne des § 70 Abs. 3 G.V.G. Beiträge, die eine Innung auf Grund des § 100f R.G.O. (Ges. vom 6. Juli 1887) von Nichtmitgliedern erhebt? **42**, 258. — 2) Sind neue Innungen nach § 97 R.G.O. Korporationen des öffentlichen Rechtes? **42**, 358. — 3) S. auch Innungskrankenkasse.

Innungskrankenkasse. 1) Ist für den von der Ortskrankenkasse gegen den Gewerbetreibenden auf Anerkennung der Mitgliedschaft seiner Arbeiter erhobenen Anspruch der Rechtsweg zulässig, wenn die Arbeiter

einer Anfechtungserklärung wegen Irrtums nach den §§ 119. 143 B.G.B. **48**, 218. — 6) Ermächtigt die Prozeßvollmacht zur Abgabe und zur Annahme der Anfechtungserklärung nach §§ 119. 143 im Prozesse? **48**, 221. — 7) Ist für die auf Anfechtung wegen Irrtumes gestützte Klage auf Rückerstattung des Kaufpreises das Gericht des Wohnsitzes des Käufers, wo die Ware sich befindet, oder das des Wohnsitzes des Verkäufers zuständig? **49**, 421. — 8) Unterschied zwischen der Wandelungsklage und der mit ihr unvereinbaren, auf den wesentlichen Irrtum des § 119 B.G.B. gestützten Klage. **49**, 422. — 9) Ist bei Anwendung des § 104 (jetzt 111) Gen.G. die auf Rechtsunkunde beruhende Nichtkenntnis des Anfechtungsgrundes entschuldbar? **50**, 132. — 10) Voraussetzungen der Anfechtbarkeit einer letzwilligen Verfügung wegen Irrtumes des Erblassers. (§ 2078 B.G.B.) **50**, 240.

Jura singulorum. S. Sonderrechte.

Juristische Person. 1) Erlöschen der juristischen Person ohne weiteres dadurch, daß ihr die rechtliche Anerkennung entzogen wird. (P.) **41**, 303. — 2) Unter welchen Voraussetzungen kann eine juristische Person auf Grund des § 775 (890 n. F.) C.P.O. zu Strafe verurteilt werden? **43**, 405. — 3) Wann gelten unerlaubte Handlungen als von der juristischen Person vorgenommen? (G.) **43**, 406. — 4) Juristische Persönlichkeit der Betriebskrankenkassen. **45**, 21. — 5) Voraussetzungen der Haftung juristischer Personen für das Verschulden ihrer Beamten und Angestellten. (G.) **45**, 168; **47**, 241; (P.) **47**, 328. — 6) Das Reichsgesetz wegen Beseitigung der Doppelbesteuerung gilt auch für juristische Personen. **50**, 101.

Jus singulare. Ist es auch nach dem preußischen Landrechte nicht analog anzuwenden? (P.) **41**, 316.

Justizsachen und Verwaltungssachen. S. Rechtsweg.

Jus tollendi. 1) Sein Inhalt nach gemeinem Rechte. **42**, 195. — 2) Ist das gemeinrechtliche jus tollendi durch die preußische Gesetzgebung, insbesondere durch das Eigentumserwerbsgesetz oder das Zwangsvollstreckungsgesetz, beseitigt oder eingeschränkt worden? **42**, 194.

K

Kairisiko einer Seeversicherung. Verhältnis zwischen ihr und einer daneben bestehenden laufenden Feuerversicherung. **44**, 31.

Kaiser-Wilhelm-Kanal. Können durch die Betriebsordnung für seine Benutzung die gesetzlichen Bestimmungen über die Verpflichtung zum Schadensersatze abgeändert werden? **45**, 162.

Kalisalze. Darf eine Gewerkschaft, deren verliehenes Bergwerk nicht betrieben wird, aus dem Rechte des Grundeigentümers in der Provinz Hannover auf Kalisalze Bergbau treiben? (P.) **49**, 293.

Kammer für Handelssachen. 1) Ist ihre Auffassung über das Bestehen einer Handelssitte für das Berufungsgericht bindend? **44**, 34. — 2) Wird der § 551 C.P.O. n. F. verletzt, wenn in Sachen der frei-

nung angeschafft waren, durch dessen spätere Anweisung, sie auf das Effektenkonto der für seine eigene Rechnung angeschafften zu übertragen, und ihre Befolgung, ein Pfand- und Retentionsrecht? **41**, 34. — 2) Ist man redlicher Pfandnehmer von Inhaberpapieren, wenn man aus grober Fahrlässigkeit nicht wußte, daß die Papiere schon vor der Verpfändung einem Dritten verkauft aber noch nicht übergeben waren? (P.) **41**, 210. — 3) Wird durch die Verpfändung von Namensaktien, für die besondere Dividendenscheine nicht ausgegeben sind, auch ohne Benachrichtigung der Aktiengesellschaft ein Pfandrecht an den Dividenden begründet? (G.) **42**, 155. — 4) Erwirbt der Spediteur an dem nach einem Flußtransporte an ihn gelangten Gute ein Pfandrecht wegen seiner vor dem Transportbeginne gemachten Auslagen, wenn der Absender den von dem Schiffer gezeichneten Ladeschein, in dem diese Auslagen nicht vermerkt waren, dem gutgläubigen Ladungsempfänger ausgeliefert hatte? **44**, 116.

Kaufmännisches Retentionsrecht. S. Retentionsrecht.

Kaufpreis. 1) Liegt eine Stundung des Kaufpreises vor, wenn er zwar nach der Übergabe, aber vor oder bei der Auflassung des verkauften Grundstückes fällig ist? **50**, 140. — 2) Im übrigen s. Syst. Reg. §§ 80 f. 136.

Kaufstempel. 1) Ist die Befreiung 3 der Tarifstelle 32 des Stempelsteuergesetzes von 1895 auch dann anwendbar, wenn nur je zwei Stücke der zu liefernden Sachen einander gleich sein sollen? (P.) **43**, 304. — 2) Gleiche Bedeutung des Begriffes „Mengen von Sachen oder Waren" in der Stempelsteuergesetzgebung des Reiches und Preußens. **42**, 258; **43**, 306. — 3) Begriff der Korrespondenzverträge. Wann sind sie stempelpflichtig? (P.) **42**, 180. — 4) Ist der in einem schriftlichen Kaufvertrage zugleich enthaltene Schiedsvertrag über die Entscheidung von Streitigkeiten aus dem Kaufvertrage als dessen Bestandteil im Sinne des § 11 Abs. 3 des Stempelsteuergesetzes von 1895 anzusehen? (P.) **42**, 191. — 5) Möglichkeit der Ermittelung des Wertes des Gegenstandes als Voraussetzung der Stempelfreiheit der darüber errichteten Urkunde gemäß § 4a des Stempelsteuergesetzes vom 31. Juli 1895. (P.) **42**, 193. — 6) Sind nach § 2 des Stempelgesetzes von 1895 Urkunden über zweiseitige Verträge, die von dem einen Kontrahenten innerhalb, von dem anderen außerhalb des Geltungsbereiches des Gesetzes zu erfüllen sind, stempelpflichtig? (P.) **42**, 197. — 7) Was sind im Sinne der Befreiung 3 zur Tarifstelle 32 des Stempelsteuergesetzes von 1895 Sachen, die zum unmittelbaren Verbrauche in einem Gewerbe dienen sollen? Gehören Eisenbahnschwellen dazu? (P.) **42**, 233; **49**, 303. — 8) Begriff der „Mengen von Sachen oder Waren" im Sinne der Befreiung 3 zur Tarifstelle 32 des Gesetzes von 1895. (P.) **42**, 355; **43**, 290. — 9) Vertretbare Sachen im Sinne der Stempelsteuergesetzgebung. **42**, 258; **43**, 304. — 10) Wie ist beim Verkaufe eines Handelsgeschäftes mit Aktiven und Passiven die Stempelsteuer zu berechnen? (P.) **46**, 266. — 11) Ist die Tarifstelle 32 des Stempelgesetzes von 1895 anwendbar, wenn ein durch Auflassung schon erfüllter Grundstückskauf wegen Gewährsmängel durch Vertrag rückgängig gemacht wird? (P.) **47**, 303. — 12) Unterliegt, wenn in einem zum Schankbetriebe eingerichteten Grundstücke für den Verzicht des Verkäufers auf die Wirtschaftskonzession eine besondere Vergütung festgesetzt ist, diese dem Kaufstempel nach der Tarifstelle 32a des Gesetzes von 1895? (P.) **49**, 321. — 13) Wann ist eine Vertragsurkunde, nach deren Inhalt die Kontrahenten einander Gegenstände im Wege des Austausches veräußern, nicht als Tauschvertrag, sondern als zwei Kaufverträge zu verstempeln? (P.) **50**, 285.

Kausalzusammenhang. 1) Begriff im Rechtssinne. Ist er unterbrochen, wenn die Schädigung in einer Richtung liegt, nach der Vertragspflichten nicht übernommen und nicht verletzt sind? (P.) **42**, 291. — 2) Läßt sich als Todesursache die äußere Gewalteinwirkung annehmen, wenn zu dieser eine innere Krankheit den Anstoß gegeben hat? (G.) **44**, 152. — 3) Wird der Anspruch auf Schadensersatz dadurch ausgeschlossen, daß der Beschädigte den Schaden durch eigene Thätigkeit hätte abwenden können? (G.) **46**, 207. — 4) Findet auch bei der Beurteilung des Kausalzusammenhanges zwischen der schädigenden Thatsache und dem Schaden freies richterliches Ermessen nach § 260 (287 n. F.) C.P.O. statt? **46**, 407. — 5) Haftet der Tierhalter aus § 833 B.G.B., wenn der Verletzte zum Schutze Dritter gegen die von dem Tiere drohende Gefahr aus freiem Entschlusse eingegriffen hat? **50**, 222.

Kaution. S. Sicherheitsleistung.

Kautionshypothek. Umwandelung einer Kautionshypothek des preußischen Rechtes in eine Maximalhypothek des § 1190 B.G.B. gemäß Art. 192 E.G. z. B.G.B. **49**, 163.

Kautionsstempel. Unterliegt diesem die Vereinbarung, daß im Falle nichtpünktlicher Zinszahlung das Hypothekenkapital sofort fällig sein, und dies Recht des Gläubigers in das Grundbuch eingetragen werden soll? Tarifstelle 59 des Gesetzes von 1895. (P.) **42**, 264.

Kenntnis. 1) Kann über die Kenntnis der — nicht feststehenden — Benachteiligungsabsicht des Schuldners dem Anfechtungsgegner der Eid zugeschoben werden? **43**, 392. — 2) S. auch Bekanntmachung, Cessionar, Glaube, Redlicher Erwerb, Verjährung.

Kinder. 1) Kann der Vater über ausstehende Forderungen des minderjährigen Kindes, die diesem zur Sicherheit besonders verschrieben sind, mit Einwilligung des Vormundschaftsgerichtes gültig verfügen, oder ist die Bestellung eines Pflegers nötig? (P.) **41**, 227. — 2) Wieweit reicht das Enterbungsrecht des Vaters wegen einer gegen seinen Willen vom Kinde geschlossenen, oder nach dem Tode des Vaters zu schließenden Ehe? (P.) **42**, 268. — 3) Steht dem anerkannten natürlichen Kind ein Vorbehaltsrecht an dem Nachlasse des Vaters zu, und wie ist es zu berechnen? (F.) **46**, 312. — 4) Hat das anerkannte, natürliche Kind von dem ihm gesetzlich zustehenden Nachlaßanteile Früchte und Zinsen schon vom Todestage des Erblassers an zu fordern? (F.) **46**, 314. — 5) Besteht das Verbot der Erforschung der Vaterschaft in Art. 340 C. c. als zwingende lex fori noch fort? (F.) **48,** 168. — 6) Voraussetzungen des Vorrechtes der Kinder aus § 54 (61 n. F.) Ziff. 5 K.O. **42,** 21. — 7) Inwieweit kann durch Vertrag zwischen gerichtlich getrennten Ehegatten über die Fürsorge für ihr Kind rechtsgültig bestimmt werden? (G.) **42,** 137. — 8) Zulässigkeit der Feststellungsklage über die Verpflichtung des Vaters, seiner Tochter im Falle ihrer Verheiratung eine Aussteuer zu gewähren. **49,** 370. — 9) Ist ein Streit, der zwischen vor 1900 geschiedenen Ehegatten über die Erziehung der gemeinschaftlichen Kinder entsteht, nach dem 1. Januar 1900 im Prozeßwege oder durch das Vormundschaftsgericht zu entscheiden? (G.) **46,** 168. — 10) Giebt der § 1635 Abs. 1 S. 1 B.G.B. dem unschuldigen geschiedenen Ehegatten ein im Prozeßwege verfolgbares Recht auf Erziehung des gemeinschaftlichen Kindes? **46,** 170. — 11) Nach welchem Rechte sind die Unterhaltsansprüche der Kinder zu beurteilen, wenn die Ehe der Eltern vor dem 1. Januar 1900 geschieden worden ist? **49,** 155. — 12) Haften die Eltern aus § 832 B.G.B., auch wenn sie nachweisen, daß sie ihren Aufsichtspflichten genügt, die Kinder aber ihre Anordnungen nicht befolgt haben? **50,** 60. — 13) Sind die Eltern zum Ersatze des durch ihre Kinder einem Dritten widerrechtlich zugefügten Schadens nur dann verpflichtet, wenn die Kinder schuldhaft gehandelt haben? **50,** 65. — 14) S. a. das folgende Wort.

Kindererziehungsgeld. Darf ein Knappschaftsverein, der einem Invaliden bei dessen Lebenszeit ein Erziehungsgeld für die Kinder zu zahlen hat, darauf die dem Invaliden nach dem R.U.V.G. von 1894 bewilligten Invalidenrente anrechnen? **50,** 232.

Kindesvermögen. S. Kinder.

Kirchenbaulast. 1) Muß der Kirchenpatron zum Neubau des durch das Wachstum der Gemeinde neben dem bisherigen nötig gewordenen zweiten Kirchengebäudes beitragen? (P.) **43,** 332. — 2) Erstreckt sich die Baulast des Patrones auch auf ein infolge der Errichtung einer zweiten Predigerstelle nötig gewordenes besonderes Diakonatshaus? (P.) **45,** 208. — 3) Ist für den zu einem bereits beendeten Kirchen- oder Pfarrhausbau vom Patron zu leistenden Beitrag der Rechtsweg zulässig, wenn über die unter den Parteien streitige Notwendigkeit des Baues von der Bezirksregierung noch nicht entschieden worden ist? Wenigstens dann, wenn die Kosten den Betrag von 150 *M* nicht übersteigen? (P.) **50,** 311.

Kirchengebäude. S. Kirchenbaulast.

Kirchenpatron. S. Patron.

Kirchenrecht. S. Syst. Reg. § 377.

Klagabweisung. 1) Steht, wenn eine Klage aus der zweiten Alternative des Art. 354 H.G.B. wegen Fehlens des Selbsthilfeverkaufes abgewiesen worden ist, der nach dessen Vornahme aufs neue angestellten Klage die Einrede der Rechtskraft entgegen? **41,** 63. — 2) Erfüllung eines Kaufvertrages durch Auflassung nach rechtskräftiger Abweisung der auf Auflassung gerichteten Klage. (P.) **42,** 162. — 3) Wird durch ein rechtskräftiges Urteil, in dem unentschieden gelassen ist, ob der Klaganspruch an sich begründet sei, und die Klage auf Grund einer eventuellen Aufrechnung abgewiesen worden ist, rechtskräftig festgestellt, daß dem Kläger die eingeklagte Forderung nicht zustehe? **42**, 362. — 4) Umfang der Rechtskraft im Falle der Klagabweisung wegen mangelnder Wechsellegitimation. **43**, 40. — 5) Einrede der Rechtskraft aus einem den Wechselinkassomandatar abweisenden Urteile gegen einen neuen Inkassomandatar. **43**, 43. — 6) Umfang der Rechtskraft im Falle der Abweisung einer auf Löschung einer Hypothek gerichteten Klage. **46**, 10. — 7) Voraussetzungen der Einrede der rechtskräftig entschiedenen Sache aus der Abweisung der Verlöbnisklage gegen die später erhobene Deflorationsklage. (G.) **49**, 204. — 8) Steht einer Klage die Einrede der Rechtskraft entgegen, wenn der Anspruch schon in einem früheren Prozesse geltend gemacht, aber abgewiesen ist, weil die thatsächliche Begründung fehlte, und der Kläger trotz Aufforderung des Gerichtes sie nicht gab? **50**, 379. — 9) Kann der Kläger gegen das die Klage abweisende Urteil unter Erweiterung der Zinsenforderung Berufung einlegen, wenn er vor der Einlegung wegen des eingeklagten Anspruches befriedigt worden ist? **45**, 412. — 10) Auslegung eines die Klage abweisenden Urteiles aus den Gründen als Abweisung zur Zeit. **47**, 370. — 11) Darf das Berufungsgericht, wenn nur der Kläger gegen das bedingte Endurteil Berufung eingelegt hat, die Klage unbedingt abweisen? **49**, 381. — 12) Wird durch Erhebung eines Klaganspruches, der dann wegen unzulässiger Klagänderung abgewiesen wird, dessen Verjährung unterbrochen? (G.) **50**, 276.

Klagänderung. 1) Liegt sie darin, daß ein anfangs als unmittelbar erworben erhobener Klaganspruch auf Grund späterer Cession als cedierter geltend gemacht wird? **42**, 248. — 2) Liegt in der nachträglichen Geltendmachung eines während des Prozesses cediert erhaltenen weiteren Teiles des Klaganspruches eine Klagänderung oder eine zulässige Klagerweiterung? **45**, 242. — 3) Begriff des neuen Anspruches im § 529 Abs. 2 C.P.O. n. F.; Verhältnis dieses Paragraphen zu dem bedingten Verbote der Klagänderung in der Berufungsinstanz im § 527. **47**, 390. — 4) Wann liegt bei der Einklagung einer Konventionalstrafe in dem Vorbringen neuer während des Prozesses erfolgter Vertragsverletzungen in der Berufungsinstanz eine Klagänderung? **48**, 372. — 5) Wird eine mangelhaft erhobene Klage durch Berichtigung in der mündlichen Verhandlung in Ermangelung rechtzeitiger Rüge des Beklagten wirksam? Auch wenn sie gegen einen anderen Beklagten gerichtet wird als den, dem sie zugestellt ist? **49**, 376. — 6) Wird durch die Erhebung eines Anspruches, der dann wegen Unzulässigkeit der Klagänderung abgewiesen wird, dessen Verjährung unterbrochen? **50**, 276.

Klagantrag. 1) Wie ist über die Kosten zu entscheiden, wenn der Klagantrag nur infolge des im Laufe des Prozesses eingetretenen Wechsels der Gesetzgebung abgewiesen werden muß? **48**, 50. —

2) Kann aus § 3 R.A.G. der Klagantrag dahin gestellt werden, den Beklagten zur Duldung der Zwangsvollstreckung in das Grundstück zu verurteilen, wenn dieses nie im Eigentume des Schuldners gestanden hat, sondern auf seinen Antrag von dem Dritten, der es ihm schuldete, direkt dem Anfechtungsbeklagten aufgelassen war? **43**, 83.

Klagbarkeit. S. Syst. Reg. §§ 112. 150. 282.

Klage. Klagerhebung. 1) Im Prozesse ist es eine Frage der Bezeichnung der Partei, ob der Einzelkaufmann in der Klage mit seinem bürgerlichen Namen oder mit seinem Handelsnamen, der Firma, bezeichnet wird. Ist letzteres zulässig? **41**, 407. — 2) Muß die Rüge, daß die Klage nicht ordnungsmäßig zugestellt sei, vor der Einrede der Unzuständigkeit geprüft werden? **44**, 350. — 3) Kann ein Mangel in der Zustellung der Klage auch nach dem auf die Klage angesetzten Termine durch eine neue Zustellung geheilt werden? **44**, 352. — 4) Ist der Antrag auf Bestellung von Liquidatoren (Art. 133 H.G.B.) durch Klagerhebung geltend zu machen? **45**, 396. — 5) Inwieweit ist ein ohne Klagerhebung eingeleitetes Verfahren nach der Civilprozeßordnung zu beurteilen? **45**, 395. — 6) Zur Auslegung des § 230 (253 n. F.) Abs. 2 Nr. 3 C.P.O. **45**, 425. — 7) Wird die Wechselverjährung durch eine Klage unterbrochen, die erst nach Ablauf des auf die Klage angesetzten Termines zugestellt worden ist? **45**, 424. — 8) Kann die vorläufige Verteilung verfügbarer Gelder gegen die Liquidatoren einer offenen Handelsgesellschaft auch im Wege der Klage verlangt werden? Auch gegen zwei Liquidatoren von dem dritten, der zugleich Gesellschafter ist, wenn sie über die Art der Verteilung nicht einig sind? **47**, 19. — 9) Kann während des Ehescheidungsprozesses der Unterhaltsanspruch des einen Ehegatten gegen den anderen nur durch einen Antrag auf einstweilige Verfügung nach § 627 C.P.O. n. F. oder auch durch ordentliche Klage verfolgt werden? **47**, 379. — 10) Kann ein Anspruch, der nach erteiltem Zuschlage gegen den Ersteher als rückständiges und überwiesenes Kaufgeld durch Zwangsvollstreckung beigetrieben werden könnte, auch im Wege der Klage gegen ihn verfolgt werden? (P.) **46**, 304. — 11) Findet der § 99 Abs. 3 C.P.O. n. F. auf die Entscheidung über die Kosten einer vor ihrer Zustellung erledigten Klage Anwendung? **47**, 404. — 12) Wird eine mangelhaft erhobene Klage durch Berichtigung in der mündlichen Verhandlung in Ermangelung rechtzeitiger Rüge des Beklagten wirksam? Auch wenn sie gegen einen anderen Beklagten gerichtet wird als den, dem sie zugestellt ist? **49**, 376. — 13) Wird durch die Erhebung einer Klage die Verjährung auch anderer, auf den gleichen Gegenstand gerichteter Ansprüche desselben Gläubigers gegen denselben Schuldner unterbrochen? (G.) **50**, 273. — 14) Wird durch Erhebung eines Klaganspruches, der dann wegen Klagänderung oder wegen Fehlens von Prozeßvoraussetzungen abgewiesen wird, dessen Verjährung unterbrochen? (G.) **50**, 276. — 15) Grenzen für die Geltendmachung von Einwendungen gegen die Vollstreckungsklausel im

2) Ist der Streit zweier Kleinbahnen mit elektrischem Oberbetriebe darüber, ob die eine in die Leitungsdrähte der anderen Kreuzungsstücke einbauen dürfe, dem ordentlichen Rechtswege entzogen? (P.) **50**, 292. — 3) S. auch Straßenbahn.

Kleinkaufmann. S. Minderkaufmann.

Klostergesellschaften. 1) Unterschied zwischen Klostergesellschaften und Kongregationen. (P.) **41**, 313. — 2) Die §§ 1194 flg. A.L.R. II. 11 sind durch die preußische Verfassung von 1850 nicht aufgehoben worden. (P.) **41**, 311.

Knappschaft. Knappschaftsverein. Darf ein Knappschaftsverein, der einem Invaliden bei dessen Lebenszeit ein Erziehungsgeld für die Kinder zu gewähren hat, darauf die dem Invaliden nach dem R.U.V.G. von 1894 bewilligte Rente anrechnen? **50**, 232.

Kodizillarklausel. Ist die Wahl des in einem mit Kodizillarklausel versehenen Testamente zum Erben Eingesetzten nur dann unwiderruflich, wenn sie im Prozesse erklärt wird? (G.) **41**, 165.

Kohlenabbaugerechtigkeit. Wirkung gegen den Erwerber einer Kohlenabbaugerechtigkeit, wenn auf dem für sie angelegten Grundbuchblatte die vertragsmäßige Verpflichtung, einen Tonnenzins zu zahlen, nicht mit eingetragen ist? Ist diese Verpflichtung als „Beschränkung des Eigentumes" im Sinne des § 11 E.E.G. anzusehen? (P.) **49**, 208.

Kohlensyndikat. Rechtsverhältnisse, insbesondere im Falle der Auflösung einer dabei beteiligten Gewerkschaft. (P.) **48**, 305.

Kollation. 1) Sind die Kuxe des neueren Rechtes als ausstehende Kapitalien im Sinne des § 328 A.L.R. II. 2 zu konferieren? (P.) **43**, 353. — 2) Muß der Sohn, der nur kraft Erbvertretungsrechtes zur Erbschaft gelangt, selbst wenn er die Erbschaft des Vaters ausgeschlagen hat, auch die Schulden einwerfen, die der Vater dem Erblasser gegenüber hatte? (F.) **44**, 343.

Kollegialbehörde. 1) Können die Mitglieder einer den Fiskus im Prozesse vertretenden Kollegialbehörde in diesem als Zeugen vernommen werden? **45**, 427; **46**, 318 (identisch). — 2 Wer hat die Parteieide zu leisten im Falle der gesetzlichen Vertretung des Fiskus durch eine Kollegialbehörde? **45**, 428; **46**, 318 (identisch).

Kollision. 1) Entscheidet im Falle der Kollision zweier im Sinne des § 24 A.B.G. an sich bevorrechtigter Mutungen das Alter des Fundes oder das der Mutung? (P.) **49**, 261. — 2) Schiffskollision. S. Syst. Reg. § 262 b.

Kollision der Statuten. S. Syst. Reg. §§ 6. 7 (Civilrecht). 265 (Wechselrecht). 286 (Prozeßrecht).

Kolorierung. Hat der Inhaber eines eingetragenen Warenzeichens Anspruch auf Schutz gegen eine Verwechselungsgefahr, die nur im Falle einer bestimmten Art der Kolorierung des Warenzeichens eintritt, wenn es nicht in dieser Färbung eingetragen ist? **43**, 93.

Kombinationszeichen. 1) Wann findet bei Konkurrenz eines Wortzeichens mit dem aus demselben Worte und einem Bilde bestehenden Kombinationszeichen der § 12 des Warenzeichengesetzes gegen den Inhaber des Kombinationszeichens Anwendung? **49**, 53. — 2) Erstreckt sich der Schutz aus dem Kombinationszeichen gegenüber dem Wortzeichen auch auf den Gebrauch einzelner Bestandteile oder einer Kombination des Klanglautes des Wortzeichens und des dem Bilde entsprechenden Wortes? **49**, 55.

Kommanditgesellschaft. S. Syst. Reg. § 228a.

Kommanditgesellschaft auf Aktien. S. Syst. Reg. § 228b.

Kommanditist. 1) Ist nach Auflösung der Kommanditgesellschaft der bisherige Kommanditist, der das Geschäft mit der Firma übernommen hat, befugt, sich der Firma auch bei Abschließung solcher Geschäfte zu bedienen, mit denen die Firma sich nicht befaßt hat? **46**, 150. — 2) Ist der Konkursverwalter befugt, die Ansprüche der Gesellschaftsgläubiger als solcher gegen den Kommanditisten einer in Konkurs geratenen Kommanditgesellschaft auf Einzahlung der versprochenen Einlage einzuklagen? **46**, 352. — 3) Erfüllungsort für die Ansprüche der Gesellschaftsgläubiger gegen den Kommanditisten einer in Konkurs geratenen Kommanditgesellschaft auf Zahlung der versprochenen Einlage. **46**, 353.

Kommissionär. 1) Erwirbt der Centralbankier an Wertpapieren, die im Auftrage des Lokalbankiers zunächst für fremde Rechnung angeschafft waren, durch dessen spätere Anweisung, sie auf das Effektenkonto der für seine eigene Rechnung angeschafften zu übertragen, und deren Befolgung ein Pfand- oder Retentionsrecht? **41**, 34. — 2) Greift die Befreiung des letzten Abwickelungsgeschäftes vom Anschaffungsstempel aus § 12 Abs. 2 des Reichsstempelgesetzes auch dann Platz, wenn ein an einem auswärtigen Börsenplatze wohnender Kommissionär den Ankauf auszuführen hatte? **46**, 106. — 3) Voraussetzungen des Ersatzanspruches des Kommissionärs. **47**, 118. — 4) Kann der Kommissionär, der auf Befreiung von der eingegangenen Verbindlichkeit klagt, Zahlung an sich selbst oder nur Zahlung an seinen Mitkontrahenten verlangen? **47**, 125. — 5) Muß der Einkaufskommissionär im Falle der Beanstandung der Ware durch den Kommittenten mit dem Verkäufer einen Prozeß über Abnahme und Bezahlung der Ware führen? **47**, 121. — 6) S. auch Kommissionsgeschäft.

Kommissionsgeschäft. 1) Kann, wer, ohne im Börsenregister eingetragen zu sein, für seine Rechnung Börsentermingeschäfte durch einen Kommissionär abschließen läßt, von diesem die ihm zur Zahlung an dessen Mitkontrahenten gegebenen und an diesen auch abgeführten Vorschüsse zurückfordern? **49**, 59. — 2) Frage, ob Einkaufskommission oder Kauf. **43**, 108. — 3) Rechtsfolgen, wenn der Kommittent bei Erteilung einer Einkaufskommission arglistig durch wahrheitswidrige Angaben des Kommissionärs zur Setzung eines unnötig hohen Limitums veranlaßt wird. **43**, 112. — 4) S. auch Kommissionär.

Kommittent. 1) Verliert der Kommittent das Recht aus § 4 Abs. 1 des s. g. Depotgesetzes vom 5. Juli 1896 dadurch, daß ihm nach Ablauf der dreitägigen Frist das Nummernverzeichnis vom Kommissionär zugeht? **48,** 7. — 2) Im übrigen s. Kommissionsgeschäft.

Kommodat. S. Leihvertrag.

Kommunalbeamte, Kommunalsteuer 2c. S. Gemeinde.

Kommunalfriedhof. S. Friedhof.

Kommunikationswege. 1) Stehen sie rechtlich den Land- und Heerstraßen gleich, unterliegen sie namentlich dem Landstraßenregale des Staates? (P.) **44,** 173. — 2) Sind Kommunikationswege Gegenstand des Privateigentumes? (P.) **44,** 174.

Kompensation. 1) Darf der Privatschuldner des Komplementars einer Kommanditgesellschaft gegen seine Schuld eine Forderung, die ihm gegen die Gesellschaft zusteht, nach der Eröffnung des Konkurses über deren Vermögen während der Dauer des Verfahrens aufrechnen? **41,** 25. — 2) Ist, wo eine Beschlagnahme des Dienstlohnes nach dem Gesetze vom 21. Juni 1869 unstatthaft ist, auch die Aufrechnung mit Gegenforderungen des Arbeitgebers unzulässig? **41,** 51. — 3) Kann die vertragsmäßig gestattete Aufrechnung einer Forderung gegen die Aktiengesellschaft als Sacheinlage erachtet werden? **42,** 1. — 4) Ist zur Kompensation jede Naturalobligation verwendbar? (P.) **42,** 120. — 5) Aufrechnung einer auf erlassenes Aufgebot nicht angemeldeten Forderung gegen eine zum Nachlasse gehörige nach ergangenem Ausschlußurteile. (G.) **42,** 138. — 6) Hindert der Ablauf der Verjährungsfrist stets die Aufrechnung mit der Forderung? **42,** 141. — 7) Darf der Richter, wenn vom Beklagten der Klaganspruch an sich bestritten, und nur eventuell aufgerechnet wird, unentschieden lassen, ob der Klaganspruch an sich begründet ist, und die Klage auf Grund der Aufrechnung abweisen? **42,** 362. — 8) Kann die Berufung, ohne daß über einen Teil der Klageforderung erkannt wird, durch Teilurteil insoweit zurückgewiesen werden, als der Kompensationsanspruch des Beklagten in der ersten Instanz aberkannt ist? **42,** 356. — 9) Hindert die Signifikation der Cession auch die compensation judiciaire einer illiquiden Gegenforderung gegen die Klage des Cessionares? (F.) **43,** 380. — 10) Kann nach dem 1. Januar 1900 wegen eines vorher begangenen Ehebruches auf Scheidung erkannt werden, wenn nach den bisherigen Gesetzen wegen eines ebenfalls vorher begangenen Ehebruches des Klägers Kompensation zulässig war? **46,** 90; **47,** 4. — 11) Kann der Beklagte mit einer Schadensersatzforderung wegen Nichterfüllung eines zweiseitigen Vertrages durch den Konkursverwalter gegen dessen Anspruch auf Rückzahlung der vom Gemeinschuldner geleisteten Anzahlung aufrechnen? **46,** 98. — 12) Nach dem B.G.B. ist die Kompensation gegen den Ehescheidungsanspruch ausgeschlossen. **46,** 162. — 13) Ermächtigt die von einem Versicherer zur Erledigung aller durch einen bestimmten Versicherungsvertrag bedingten Geschäfte erteilte Vollmacht den Vertreter, eigene Schulden an den Versicherten gegen die von diesem zu zahlenden Prämien aufzurechnen? (G.) **46,** 209. — 14) Kann der Fiskus Stempelforderungen im Wege der Kompensation geltend machen? (P.) **47,** 331. — 15) Ist der in § 302 C.P.O. n. F.

erwähnte Vorbehalt des Aufrechnungsanspruches wirksam, wenn er nur in den Gründen des Urteiles ausgesprochen wird? **47,** 364. — 16) Kann gegen die vor dem 1. Januar 1900 nach gemeinem Rechte entstandene Forderung aus einem depositum irregulare mit einer ebenfalls vorher entstandenen Gegenforderung nach diesem Zeitpunkte kompensiert werden? **50,** 37. — 17) Hat der Kläger, wenn er auf Grund einer vom Beklagten während des Prozesses erklärten Kompensation unterliegt, die Prozeßkosten zu tragen? **50,** 389. — 18) Ist der Prozeßbevollmächtigte zur Abgabe und zur Empfangnahme der Aufrechnungserklärung in der mündlichen Verhandlung vor dem Prozeßgerichte befugt? **50,** 426. — 19) S. auch Kompensationseinrede, Aufrechnung im Konkurse.

Kompensationseinrede. 1) Muß das Bestehen der Klageforderung auch dann festgestellt werden, wenn der mit einer illiquiden Gegenforderung aufrechnende Beklagte die Klagebehauptungen für den Fall zugesteht, daß er auf Grund der Kompensationseinrede die Abweisung der Klage erreichen kann? (P.) **42,** 320. — 2) Kann der klagende Cessionar den mit einer gegen den Cedenten begründeten Gegenforderung aufrechnenden Beklagten auf den dem Cedenten verbliebenen Teil der Forderung verweisen? (P.) **42,** 324. — 3) Kann, ohne daß über einen Teil des Klaganspruches erkannt wird, durch Teilurteil die Berufung soweit zurückgewiesen werden, als der Kompensationsanspruch aberkannt ist? **42,** 356. — 4) Kann der klagende Cessionar einer Teilforderung gegen die Kompensationseinrede des Beklagten einen ihm nach dieser Aufrechnung abgetretenen weiteren Teil der Forderung zur Rekompensation benutzen? (P.) **45,** 240. — 5) Darf nach Erlaß des Beschlusses, durch den die Verhandlung der Klage und die der Kompensationseinrede in getrennten Prozessen angeordnet ist, über den Grund der Gegenforderung vorab erkannt werden? **49,** 339. — 6) Ist durch die vor dem 1. Januar 1900 erfolgte Erhebung der Klage die Verjährung der zur Aufrechnung verstellten Forderung unterbrochen worden? (P.) **50,** 297. — 7) Berechnung der Revisionssumme, wenn auf mehr als 1500 *M* geklagt, vom Beklagten mit mehr als 1500 *M* kompensiert, durch ein die Kompensationseinrede für unbegründet erklärendes Teilurteil aber der Beklagte wegen einer noch nicht spruchreifen anderen Einrede nur zur Zahlung von weniger als 1500 *M* verurteilt worden ist? **49,** 403. — 8) S. auch Kompensation.

Kompetenzgerichtshof. S. Kompetenzkonflikt.

Kompetenzkonflikt. 1) Kann der preußische Kompetenzgerichtshof das einem negativen Kompetenzkonflikte zu Grunde liegende Revisionsurteil des Reichsgerichtes aufheben? **44,** 4. 377. — 2) Die Erhebung des Kompetenzkonfliktes nach der preußischen Verordnung vom 1. August 1879 ist nicht mehr zulässig, wenn der Rechtsstreit schon beim Reichsgerichte anhängig ist. **48,** 195.

Kompromiß. S. Schiedsgericht, Schiedsspruch, Schiedsvertrag.

Kondiktion. S. Condictio.

Konfession. Welches konfessionelle Recht ist für die Ehescheidung zwischen Protestanten und Katholiken maßgebend? (G.) **43**, 175.

Konfusion. Erlischt die persönliche Schuld des Bestellers einer Hypothek dadurch, daß ihm diese nach der Veräußerung des Grundstückes abgetreten wird? (P.) **43**, 265.

Kongregation. 1) Haben die Niederlassungen der durch das Gesetz vom 31. Mai 1872 vom Gebiete der preußischen Monarchie ausgeschlossenen Orden und ordensähnlichen Kongregationen die Korporationsrechte verloren und eventuell mit der Wiederzulassung ohne ein neues Gesetz wiedererlangt? (P.) **41**, 303. — 2) Unterschied zwischen Kongregationen und Klostergesellschaften. (P.) **41**, 313. — 3) Rechtliche Natur der Kongregation vom heiligen Herzen Jesu. **41**, 308.

Konkludente Handlungen. S. Stillschweigende Willenserklärung.

Konkurrenz. Konkurrenzverbot. 1) Hat der § 74 H.G.B. von 1897 rückwirkende Kraft? **43**, 23. — 2) Ist der § 343 B.G.B. über die Herabsetzung der Konventionalstrafe nach § 75 H.G.B. von 1897 für Handlungsgehilfen schon mit dem 1. Januar 1898 wirksam geworden? **44**, 59. — 3) Ist der Anspruch aus dem Konkurrenzverbote auf Unterlassung der Konkurrenz davon abhängig, daß der Berechtigte selbst ein entsprechendes Geschäft betreibt? (G.) **47**, 239. — 4) Sind die §§ 74. 75 H.G.B. von 1897 auf ein Vertragsverhältnis anzuwenden, das schon vor dem 1. Januar 1898, aber erst mit Wirkung von diesem Tage an eingegangen ist? **48**, 129. — 5) Wann findet bei Konkurrenz eines Warenzeichens mit einem aus demselben Worte und einem Bilde bestehenden Kombinationszeichen der § 12 des Warenzeichengesetzes von 1894 gegen den Inhaber des Kombinationszeichens Anwendung? **49**, 53. — 6) Unlauterer Wettbewerb s. Syst. Reg. § **174b**.

Konkurrierendes Verschulden. 1) Beschränkung der Ersatzpflicht in Vertragsverhältnissen auf den unmittelbaren Schaden, wenn der Beschädigte durch grobes Versehen die Abwendung des weiteren Schadens unterlassen hat. (P.) **41**, 292; **42**, 299. — 2) Kann konkurrierendes Verschulden des Unternehmers einer durch den Starkstrom einer elektrischen Straßenbahn geschädigten Fernsprechanlage vorliegen, wenn diese jener gegenüber nicht schutzpflichtig im Sinne des § 12 des Telegraphengesetzes ist? (P.) **43**, 261. — 3) Besteht auch dann die Vermutung des § 26 A.L.R. I. 6, wenn auch der Beschädigte ein auf Schadensersatz abzielendes Polizeigesetz vernachlässigt hat, oder wenn ihm selbst ein grobes Verschulden zur Last fällt? (P.) **43**, 369. — 4) Haftet der Tierhalter aus § 833 B.G.B., wenn der Verletzte zum Schutze Dritter gegen die von dem Tiere drohende Gefahr aus freiem Entschlusse eingegriffen hat? **50**, 222.

Konkursdividende. Aufnahme eines Darlehns für einen Anderen unter dessen Verbürgung. Rechtsfolgen für das Verhältnis zwischen dem Hauptschuldner und dem Bürgen, wenn beide in Konkurs geraten? **42**, 36.

Konkurseröffnung. 1) Findet die Verjährung des Art. 146 H.G.B. auch dann statt, wenn die offene Handelsgesellschaft durch Konkurseröffnung aufgelöst wird? **42,** 83. — 2) Besteht ein Absonderungsrecht, wenn der Anspruch auf Auslieferung der von einem Dritten verwahrten Waren verpfändet oder zur Sicherstellung vom Schuldner abgetreten, aber der Besitz der Waren erst nach der Konkurseröffnung über dessen Vermögen von dem Gläubiger erlangt wird? **43,** 71. — 3) Wirkung der landesgesetzlich erfolgten Eintragung der Konkurseröffnung im Handelsregister auf die Verjährung von Klagen gegen den Gemeinschuldner aus Ansprüchen gegen die offene Handelsgesellschaft, deren Mitglied er ist. **45,** 47. — 4) Voraussetzungen der Unterbrechung des Prozeßverfahrens durch die Eröffnung des Konkurses über das Vermögen einer Partei. **45,** 326. — 5) Einfluß der Konkurseröffnung über das Vermögen der Genossenschaft auf das Berichtigungsverfahren. **47,** 11. — 6) Kann die erst nach der Konkurseröffnung über die Genossenschaft erfolgte Eintragung in die Liste der Genossen die Mitgliedschaft begründen? **50,** 127.

Konkursforderung. 1) Begründet die Anerkennung einer Konkursforderung durch den Konkursverwalter oder den Fallimentssyndik, daß nun die Zinsen als Bestandteil des Kapitales anzusehen sind, daher nach Art. 2277 C. c. nicht mehr verjähren? (F.) **42,** 84. — 2) Kann der Anspruch eines Legatares in dem Konkurse über das Vermögen des Erben geltend gemacht werden? **43,** 235.

Konkursgläubiger. S. Syst. Reg. § 363.

Konkurskurator. S. Konkursverwalter.

Konkursmasse. 1) Gehen die durch testamentarisches, aber im Grundbuche nicht eingetragenes Veräußerungsverbot beschränkten Grundstücke nur mit dieser Beschränkung auf die Konkursmasse bezw. den Konkursverwalter über? (P.) **46,** 165. — 2) Bewirkt die Aufhebung des Konkursverfahrens eine Unterbrechung der die Konkursmasse betreffenden Prozesse? **47,** 372. — 3) Gehört in einem vor 1900 eröffneten Konkurse der dem Gemeinschuldner nach dem früheren Rechte zustehende väterliche Nießbrauch auch für die Zeit seit dem 1. Januar 1900 zur Konkursmasse? **48,** 191. — 4) Kann die Konkursmasse wegen Verwendungen, die der Gemeinschuldner auf ein unter Eigentumsvorbehalt überliefert erhaltenes Grundstück gemacht hat, gegen den Verkäufer, dem es vom Konkursverwalter unter Ablehnung der Erfüllung zurückgegeben ist, auf Ersatz klagen, obgleich der Sachwert mit den Verwendungen die Vertragsansprüche des Verkäufers nicht übersteigt? (G.) **49,** 189.

Konkursprivilegien. 1) Steht das Vorrecht aus dem § 54 (61 n. F.) K.O. nur für das Vermögen zu, das allein auf Grund des Gesetzes der Verwaltung des Gemeinschuldners unterliegt? **42,** 21. — 2) Steht im Konkurse des Pflegers das Vorrecht des § 54 (61 n. F.) K.O. auch den Ersatzforderungen der Pflegebefohlenen zu, die vor der Übernahme der Pflegschaft entstanden sind? **45,** 156.

Konkursrecht, materielles. S. Syst. Reg. §§ 357—363.

Konkurstabelle. S. Tabelle.

Konkursverfahren. S. Syst. Reg. §§ 364 flg.

Konkursverwalter. 1) Inwiefern steht die durch den Konkursverwalter nach § 117 (127 n. F.) K.O. vorgenommene Veräußerung der Zwangsvollstreckung gleich? **42**, 89. — 2) Kann der Konkursverwalter eine Pfändung deshalb als ungültig angreifen, weil der Gemeinschuldner schon vor der Pfändung die Kaufsachen an Dritte verkauft hatte? **42**, 343. — 3) Ist der auf Aufhebung einer Pfändung gegen den pfändenden Gläubiger klagende Konkursverwalter ein Dritter im Sinne des § 690 (771 n. F.) C.P.O.? **42**, 344. — 4) Der Konkursverwalter kann die in der Konkursmasse vorgefundenen Wechsel unter Benutzung der darauf befindlichen Blankogiros des Gemeinschuldners begeben. **43**, 41. — 5) In welchem Sinne hat der Konkursverwalter ein Amt? **43**, 62. — 6) Haftet der Staat dem Konkursverwalter für das vom Konkursgerichte festgesetzte Honorar? **43**, 62. — 7) Zu welcher Art von Massekosten gehört das Honorar des Konkursverwalters? **43**, 64. — 8) Verzicht des Konkursverwalters auf den Einspruch gegen ein während der Unterbrechung des Verfahrens gegen den Gemeinschuldner erlassenes Versäumnisurteil. Ist er gegenüber dem Gemeinschuldner wirksam, daher der von diesem nach Aufhebung des Konkurses eingelegte Einspruch unzulässig? **45**, 324. — 9) Kann in einem Prozesse über den Anspruch auf Unterlassung nach § 1 des Gesetzes gegen den unlauteren Wettbewerb das durch Eröffnung des Konkurses über das Vermögen des Beklagten unterbrochene Verfahren vom Konkursverwalter aufgenommen werden? **45**, 374. — 10) Klage des Konkursverwalters einer eingetragenen Genossenschaft mit unbeschränkter Haftpflicht gegen deren Vorstandsmitglieder auf Ersatz eines auf Grund Beschlusses der Generalversammlung verteilten Teiles des Reservefonds. **46**, 61. — 11) Ist das testamentarische, aber im Grundbuche nicht eingetragene, Veräußerungsverbot für den Verwalter im Konkurse des Fiduziars bindend? (P.) **46**, 165. — 12) Ist der Konkursverwalter befugt, die Ansprüche der Gesellschaftsgläubiger als solcher gegen den Kommanditisten einer in Konkurs geratenen Kommanditgesellschaft auf Einzahlung der versprochenen Einlage einzuklagen? **46**, 352. — 13) Ist der als Konkursverwalter fungierende Notar rechtlich verhindert, Vertragsanträge, die ein Dritter an die Konkursmasse macht, notariell zu beurkunden? Gilt das so beurkundete Angebot ohne weiteres als dem Konkursverwalter zugegangen, oder muß es noch zugestellt werden? **49**, 127. — 14) Kann die Konkursmasse wegen Verwendungen, die der Gemeinschuldner auf ein unter Eigentumsvorbehalt überliefert erhaltenes Kaufgrundstück gemacht hat, gegen den Verkäufer, dem es vom Konkursverwalter unter Ablehnung der Erfüllung zurückgegeben ist, auf Ersatz klagen, obgleich der Sachwert mit den Verwendungen den Vertragsanspruch des Verkäufers nicht übersteigt? (G.) **49**, 189. — 15) Wird die bedungene Vertragsstrafe, wenn der Konkursverwalter die Vertragserfüllung ablehnt, verwirkt, auch wenn sie als wirkliche Strafe erscheint? (G.) **49**, 191. — 16) Ist bei der Anfechtung der Vorschußberechnung des Konkursverwalters einer eingetragenen Genossenschaft die auf Rechts=

unkunde beruhende Nichtkenntnis des Anfechtungsgrundes entschuldbar? **50,** 132. — 17) Muß, wenn über eine im Konkurse angemeldete und vom Konkursverwalter bestrittene, zur Zeit der Eröffnung des Konkursverfahrens im Wechselprozesse anhängige, Forderung noch vor der Eröffnung ein Versäumnisurteil erlassen, und vom Gemeinschuldner Einspruch eingelegt war, der Gläubiger die Feststellung seiner Forderung oder der Konkursverwalter seinen Widerspruch verfolgen? In welcher Weise? **50,** 412. — 18) S. auch Konkursforderung.

Konnossement. 1) Ist das Prokuraindossament bei Konnossementen zulässig? Notwendigkeit der Unterschrift. **41,** 118. — 2) Bedeutung des Zusatzes „nur zur Spedition" beim Indossamente des Konnossementes. **41,** 119. — 3) Darf der Verfrachter, der nicht die im Konnossemente bezeichneten, sondern nur andersartige Güter abliefern kann, gegen den Empfänger geltend machen, daß dieser die Güter von den Abladern gekauft habe, und von diesen keine anderen Güter abgeladen seien? **46,** 3. — 4) Haben die unbeanstandete Übernahme der nach dem Konnossemente ausgelieferten Güter und die Unterlassung der nachträglich zulässigen Besichtigung zur Folge, daß auch die Ansprüche erlöschen, die daraus hergeleitet werden könnten, daß nicht die im Konnossemente bezeichneten, sondern Güter anderer Art ausgeliefert seien? **46,** 6. — 5) Wenn der Schiffer die im Konnossemente bezeichneten Güter nicht ausliefern kann, weil er nichts erhalten hat, so wird der Verfrachter so behandelt, als ob die Güter verloren wären. **46,** 7.

Konsens. S. Genehmigung und Syst. Reg. § 31.

Konservenbüchsen. Verstößt ihre Herstellung gegen das Reichsgesetz vom 25. Juni 1887, wenn von der mehr als 10 % Blei enthaltenden Lötung der Außenseite ein geringer Teil nach der im übrigen nicht gelöteten Innenseite hindurchdringt? **46,** 12.

Konsolidation. S. Eigentümerhypothek.

Konsortialbeteiligung. Bedeutung ihrer Zusicherung in Beziehung auf die beabsichtigte Gründung einer Aktiengesellschaft. **46,** 27.

Konsortium zur Beschaffung der Mittel für die Kapitalserhöhung einer Aktiengesellschaft. Dadurch begründetes Rechtsverhältnis. (P.) **43,** 286.

Konstitut. S. Syst. Reg. § 153.

Konsul. Konsulargerichtsbarkeit. Stehen dem mit Gerichtsbarkeit versehenen Konsul für die auf Ersuchen eines inländischen Gerichtes in einem bürgerlichen Rechtsstreite bewirkte Zustellung Gebühren nach dem Tarife vom 1. Juli 1872 Ziff. 7 zu? **44,** 409.

Konsumverein. Ist der Urkundenstempel nur einmal oder mehrfach zu erheben, wenn einem Konsumvereine die Erlaubnis zum Kleinhandel mit Spiritus für mehrere Betriebsstätten in mehreren Urkunden erteilt wird? (P.) **45,** 195.

Kontokorrent. 1) Kontokorrentverkehr als Grundlage des Gerichtsstandes des Vermögens. **44,** 386. — 2) Ist bei der „glatt" erfolgenden Prolongation eines Börsentermingeschäftes die Entrichtung einer Kontokorrentprovision ein Entgelt im Sinne des § 7 Abs. 2 (jetzt § 8 Abs. 2) des Reichsstempelgesetzes? **47,** 15.

Kontradiktorisches Urteil. 1) Ist beim Nichterscheinen des Berufungsklägers eine unstatthafte oder nicht form- oder fristgerechte Berufung durch kontradiktorisches Urteil oder durch Versäumnisurteil als unzulässig zu verwerfen? **46**, 378; **50**, 384. — 2) Wann ist das erlassene Urteil ein kontradiktorisches, wann ein Versäumnisurteil? Entscheidet darüber der Wille des Gerichtes, die Bezeichnung oder der Inhalt? **50**, 387.

Konvaleszenz. 1) Konvaleszenz einer mangels Valutazahlung unwirksamen Hypothek durch Unterlegung der Forderung eines Dritten. (P.) **44**, 294; **50**, 80. — 2) Konvalesziert eine nicht valutierte Hypothek dadurch, daß der als Gläubiger Eingetragene sie einem Gläubiger des Eigentümers ohne des letzteren Zustinmung abtritt? (P.) **44**, 268. — 3) Der § 185 B.G.B. spricht nur von unmittelbarer Verfügung über Sachen oder Rechte, z. B. Veräußerungen, Belastungen, nicht von der Verpflichtung, darüber zu verfügen. **49**, 416.

Konventionalstrafe. 1) Beweislast, wenn die Konventionalstrafe wegen Nichterfüllung eingeklagt wird, und der Gegner Erfüllung behauptet. **41**, 223; **45**, 359. — 2) Hat der § 74 H.G.B. von 1897 rückwirkende Kraft? **43**, 23. — 3) Wieweit finden die Vorschriften über die Konventionalstrafe auch auf die Wandelpön Anwendung? (P.) **43**, 280. — 4) Darf die Wandelpön den doppelten Betrag des Interesses des Gläubigers übersteigen? (P.) **43**, 282. — 5) Ist der § 343 B.G.B. über die Herabsetzung der Konventionalstrafe nach § 75 H.G.B. von 1897 schon mit dem 1. Januar 1898 für die Handlungsgehilfen wirksam geworden? **44**, 59. — 6) Können Konventionalstrafen gegen die Mitglieder einer Gesellschaft mit beschränkter Haftung in Geschäftsordnungen rc unbeschränkt festgesetzt werden? **47**, 183. — 7) Welche Umstände sind bei der Schätzung des Interesses zu Grunde zu legen, wenn der Schuldner die Ermäßigung der Konventionalstrafe auf den doppelten Betrag des Interesses verlangt? (P.) **47**, 308. — 8) Sind die §§ 74. 75 H.G.B. von 1897 auf ein Vertragsverhältnis anzuwenden, das schon vor dem 1. Januar 1900, aber erst mit Wirkung von diesem Tage an, eingegangen ist? **48**, 129. — 9) Wann liegt bei der Einklagung einer Konventionalstrafe in dem Vorbringen neuer, während des Prozesses erfolgter, Vertragsverletzungen in der Berufungsinstanz eine Klagänderung? **48**, 372. — 10) Wird die bedungene Vertragsstrafe, wenn der Konkursverwalter die Erfüllung des Vertrages ablehnt, verwirkt, auch wenn sie als wahre Strafe erscheint? (G.) **49**, 191. — 11) Die Verpflichtung zur Zahlung der Wandelpön tritt erst ein, wenn der Schuldner von seinem Rechte, den Vertrag aufzulösen, Gebrauch macht. (P.) **43**, 281.

Konversion. Voraussetzungen der Konversion eines Rechtsgeschäftes nach dem B.G.B. **48**, 230.

Konzession. Unterliegt, wenn in dem Kaufvertrage über ein zur Schankwirtschaft eingerichtetes Grundstück für den Verzicht des Verkäufers auf die Wirtschaftskonzession eine besondere Vergütung festgesetzt ist, diese dem Kaufstempel nach Tarifstelle 32a des Stempelsteuergesetzes von 1895? (P.) **49**, 321.

Körperverletzung. 1) Unmittelbarer Schaden bei Körperverletzungen. (P.) **41**, 240. — 2) Nähere Bestimmung der Voraussetzung der actio de pauperie auf seiten des Tieres. (S.) **48**, 259. — 3) Steht der actio de pauperie, wenn die Hinterbliebenen des Getöteten klagen, die Einrede seines eigenen Verschuldens entgegen? (G.) **48**, 261. — 4) Pflichten, Verschulden und Haftung des Radfahrers bei Körperverletzungen. (P.) **48**, 343. — 5) Ist der § 833 B.G.B. anwendbar, wenn die vor einen Wagen gespannten Pferde der Leitung des Kutschers folgen, und durch den Wagen ein Mensch verletzt wird? **50**, 180. — 6) Steht der Anspruch aus § 833 B.G.B. auch dem Dienstboten gegen den Dienstherrn in dessen Eigenschaft als Tierhalter zu? **50**, 244. — 7) Ist auf den Fall des § 833 B.G.B. auch der § 847 Abs. 1 anzuwenden? **50**, 252. — 8) Setzt der § 833 B.G.B. einen durch unmittelbare Einwirkung des Tieres verursachten Schaden voraus? **50**, 219. — 9) Haftet der Tierhalter, wenn der Verletzte zum Schutze Anderer gegen die von dem Tiere drohende Gefahr aus freiem Entschlusse eingegriffen hat? **50**, 222. — 10) Ansprüche aus dem Reichshaftpflichtgesetze. S. Syst. Reg. § 169.

Korporation. 1) Sind neue Innungen nach § 97 R.G.O. Korporationen des öffentlichen Rechtes? **42**, 359. — 2) Juristische Persönlichkeit der Betriebskrankenkassen. **45**, 21. — 3) Ist der Regierungspräsident befugt, für eine Pensionskasse statt des statutenmäßigen Kuratoriums ein anderes Vertretungsorgan zu bestellen? (P.) **46**, 221. — 4) S. auch das folgende Wort und Juristische Person.

Korporationsrechte. Haben die Niederlassungen der durch das Gesetz vom 31. Mai 1875 vom Gebiete der preußischen Monarchie ausgeschlossenen Orden und ordensähnlichen Kongregationen die Korporationsrechte verloren und eventuell mit der Wiederzulassung ohne ein neues Gesetz wiedererlangt? (P.) **41**, 303.

Korpsintendantur. Wird in Preußen der Reichsmilitärfiskus im Prozesse stets durch die Korpsintendantur vertreten? **42**, 66.

Korrealhypothek. 1) Erwirbt der eine Korrealhypothek gegen Quittung auszahlende Eigentümer eines der belasteten Grundstücke die Hypothek an den anderen Grundstücken? (P.) **41**, 213. — 2) Wird die Ersatzübernahme auch dann wirksam, wenn der Ersteher infolge einer Vereinbarung mit dem Eigentümer des mithaftenden Grundstückes die Korrealhypothek bezahlt, und ihm dafür in gleicher Höhe eine Hypothek an dem bisher mithaftenden Grundstücke bestellt wird? (P.) **42**, 176. — 3) Kann der Ersteher des versteigerten Grundstückes eine Gesamthypothek, die er in Anrechnung auf den Kaufpreis übernommen und gegen Auszahlung abgetreten erhalten hat, gegen die mithaftenden Grundstücke des Subhastaten geltend machen? (P.) **43**, 340.

Korrealobligation. S. Solidarobligation.

Korrespektives Testament. 1) Anfechtung fraudulöser Veräußerungen, insbesondere Schenkungen, durch den in einem unwiderruflich gewordenen korrespektiven Testamente zum Erben eingesetzten Dritten. Voraussetzungen der Anfechtung einer solchen Schenkung im einzelnen. (G.)

41, 168. — 2) Unwiderruflichkeit des korrespektiven Testamentes durch den Überlebenden, der das ihm darin Zugewendete erworben hat. (G.) **41**, 169. — 3) Sind die in dem korrespektiven Testamente (§ 2270 B.G.B.) enthaltenen beiden letztwilligen Verfügungen so voneinander abhängig, daß sie zu Bestandteilen eines stempelpflichtigen Rechtsgeschäftes werden? **50**, 309. — 4) Kann ein unter dem A.L.R. von Ehegatten errichtetes korrespektives Testament seit dem 1. Januar 1900 von dem einen bei Lebzeiten des anderen durch eine neue Verfügung von Todeswegen aufgehoben werden? **50**, 316.

Korrespondentrheder. 1) Ist er als solcher zur Vertretung der Rhederei in Schiffskollisionsprozessen befugt? **42**, 69. — 2) Erlöschen die Befugnisse des Korrespondentrheders mit dem Untergange des Schiffes oder sonst mit dem Eintreten der Liquidation der Rhederei? **42**, 74.

Korrespondenzverträge. Begriff im Sinne der preußischen Stempelsteuergesetze. Wann sind sie stempelpflichtig? (P.) **42**, 180.

Kosten. 1) Unter welchen Voraussetzungen gehören die Kosten der Zwangsheilung der aus dem Polizeigefängnisse dem öffentlichen Krankenhause zugeführten Prostituierten zu den vom Staate zu tragenden Kosten der örtlichen Polizeiverwaltung? (P.) **42**, 211. — 2) Kosten der Kommission zur Veranlagung der Einkommensteuer in den Stadtkreisen; hat auch dann der Staat sie zu tragen, wenn der Stadtbürgermeister oder an dessen Stelle ein anderes Magistratsmitglied den Vorsitz in der Kommission führt? (P.) **43**, 314. — 3) Ist ein Zwischenurteil, durch das entschieden wird, daß der Beklagte zur Aufnahme des Verfahrens nicht befugt sei und deren Kosten zu tragen habe, ein vollstreckbarer Titel, auf Grund dessen die Festsetzung dieser Kosten erfolgen kann? **45**, 406. — 4) Wie ist über die Kosten zu entscheiden, wenn der Klagantrag nur infolge des im Laufe des Prozesses eingetretenen Wechsels der Gesetzgebung abzuweisen ist? **48**, 50. — 5) Findet, wenn ein Anerkenntnisurteil nur wegen des Kostenpunktes mit der Berufung angefochten war, gegen das Berufungsurteil Revision oder sofortige Beschwerde statt? **48**, 364. — 6) Gehören die Kosten der einstweiligen, auf Einstellung der Zwangsvollstreckung lautenden Anordnung zu den Kosten des nachfolgenden Prozesses über die Interventionsklage? **50**, 357. — 7) Besteht im Falle des § 99 Abs. 3 C.P.O. n. F. die Beschwerdesumme nur in dem Betrage der Kosten, die bis zur Erledigung der Hauptsache entstanden sind? **50**, 368. — 8) Hat der Kläger, wenn er auf Grund einer während des Prozesses vom Beklagten erklärten Kompensation unterliegt, die Prozeßkosten zu tragen? **50**, 389. — 9) Gehören die Kosten für die Erwirkung des Rückkehrbefehles und des Sühnetermines zu den Prozeßkosten? **45**, 367. — 10) Prozeßkosten im allgemeinen. S. Syst. Reg. § 299. — 11) Gerichtskosten. S. Syst. Reg. § 300. — 12) Anwaltsgebühren. S. Syst. Reg. § 301. — 13) Gebühren der Zeugen und Sachverständigen. S. Syst. Reg. § 302. — 14) S. auch die folgenden Wörter.

Kostenerstattung. 1) Verteilung der Prozeßkosten, wenn nach dem Urteile die durch das Verfahren gegen den einen Streitgenossen entstandenen Kosten dieser selbst, die gegen den anderen entstandenen der Kläger tragen soll. **41**, 399. — 2) Sind im Falle der Erkrankung des zum Prozeßbevollmächtigten bestellten Rechtsanwaltes die durch die Bestellung eines anderen Anwaltes entstehenden Mehrkosten zu erstatten? **44**, 427.

Kostenfestsetzung. 1) Darf das Beschwerdegericht im Kostenfestsetzungsverfahren von Amtswegen die von der unteren Instanz erfolgte Festsetzung des Streitwertes ändern? **44**, 403. — 2) Ist ein Zwischenurteil, durch das entschieden wird, daß der Beklagte zur Aufnahme des Verfahrens nicht befugt sei und deren Kosten zu tragen habe, ein vollstreckbarer Titel, auf Grund dessen die Festsetzung dieser Kosten erfolgen kann? **45**, 406. — 3) Gegen die Zurückweisung des Kostenfestsetzungsgesuches findet die einfache Beschwerde statt. **46**, 376.

Kostenpunkt. 1) Ist nach § 99 Abs. 3 C.P.O. n. F. die sofortige Beschwerde gegen die Entscheidung über die Kosten auch dann zulässig, wenn eventuell in der Hauptsache kein Rechtsmittel gegeben sein würde? **46**, 348. — 2) Unter welchen Voraussetzungen ist die Beschwerde aus § 99 Abs. 3 C.P.O. n. F. gegen die Entscheidung über die Kosten der Nebenintervention zulässig? **46**, 393. — 3) Findet der § 99 Abs. 3 C.P.O. n. F. auf die Entscheidung über die Kosten einer vor ihrer Zustellung erledigten Klage Anwendung? **47**, 404. — 4) Findet, wenn das Anerkenntnisurteil nur wegen des Kostenpunktes mit der Berufung angegriffen war, gegen das Berufungsurteil Revision oder sofortige Beschwerde statt? **48**, 364. — 5) Unanwendbarkeit der sofortigen Beschwerde aus § 99 Abs. 3 C.P.O. n. F. gegen vor dem 1. Januar 1900 ergangene Kostenentscheidungen. **46**, 345. — 6) Zulässigkeit der Beschwerde an das Reichsgericht „in betreff der Prozeßkosten". Bedeutung dieser Worte im § 567 Abs. 2 C.P.O. n. F. **49**, 386.

Kostenvorschuß. 1) Ist die arme Partei frei von dem Kostenvorschusse für die Beweisaufnahme? **42**, 369. — 2) Ist im Ehescheidungsprozesse im Falle der allgemeinen Gütergemeinschaft des B.G.B. gegen den Ehemann eine einstweilige Verfügung auf Zahlung eines Kostenvorschusses an den Anwalt der Ehefrau gerechtfertigt? **46**, 354. — 3) Kann im Ehescheidungsprozesse der Ehemann durch einstweilige Verfügung zur Zahlung eines Kostenvorschusses an den Anwalt der Frau angehalten werden, wenn für die Ehe der gesetzliche Güterstand des B.G.B. besteht? **47**, 72. — 4) Wie, wenn die Ehegatten in der Errungenschaftsgemeinschaft des Code civil leben? (F.) **49**, 327.

Krankheit. Hat ein unter Vorbehalt der Kündigung diätarisch angestellter Reichsbeamter im Falle der Verhinderung durch Krankheit Anspruch auf Fortzahlung der Diäten? **48**, 1.

Krankenkasse. Krankenversicherung. S. Syst. Reg. § 151 e. f.

Kreditauftrag. Findet die Vorschrift des § 766 B.G.B. über die Form des Bürgschaftsvertrages auf einen Kreditauftrag im Sinne des § 778 Anwendung? **50**, 160.

Kreditwucher. S. Wucher.

3) Muß der Nießbraucher eines Nachlasses, der nach dem Testamente die Ausbeute der zum Nachlasse gehörigen Kuxe beziehen, aber etwaige Zubußen tragen soll, die Zwangsvollstreckung in den Nachlaß wegen der von den Erben geschuldeten Zubußen zulassen? (P.) **44**, 211. — 4) Haften Miteigentümer von Kuxen neueren Rechtes für die auf diese fallenden Gewerkschaftsbeiträge solidarisch? (P.) **44**, 213. — 5) Ist die einseitige schriftliche Erklärung, einen Kux auf einen Anderen zu übertragen, nach Tarifstelle 34 des Stempelgesetzes von 1895 zu versteuern? (P.) **45**, 246. — 6) Kuxe sind nicht reine Forderungsrechte, sondern Vermögensrechte mit eigener Selbständigkeit und als solche Sachen im Sinne des § 3, nicht des § 7 A.L.R. I. 2. (P.) **45**, 247. — 7) Die Übertragung von Kuxen vollzieht sich durch die Erklärung des Übertragungswillens des bisherigen Eigentümers und die Annahme dieser Erklärung von seiten des Anderen. Schriftliche Form ist nur für den ersten Teil nötig. (P.) **45**, 247. — 8) Gehören preußische Kuxe neueren Rechtes zu den im § 50 Abs. 2 des Börsengesetzes bezeichneten Anteilen von Bergwerksunternehmungen? **47**, 104. — 9) Sind preußische Kuxe neueren Rechtes Wertpapiere im Sinne des Börsengesetzes? **47**, 106.

L

Ladeschein. Erwirbt der Spediteur an dem nach dem Flußtransporte an ihn gelangten Gute ein Pfandrecht wegen seiner früheren Auslagen, wenn der Absender den von dem Schiffer ohne Aufnahme dieser Auslagen gezeichneten Ladeschein dem gutgläubigen Ladungsempfänger abgeliefert hatte? **44**, 116.

Ladung. Seerecht. 1) Muß der Schiffer dulden, daß der Empfänger die seewärts angebrachte Ladung bei der Übergabe an den Leichter an Bord des Seeschiffes verwiegen läßt? **49**, 103. — 2) Sind die im Falle der unabsichtlichen Strandung eines Seeschiffes auf die Abbringung verwendeten Kosten und die dabei dem Schiffe oder der Ladung absichtlich zugefügten Schäden nach den Grundsätzen der großen Haverei zu verteilen, wenn eine gemeinsame Gefahr für Schiff und Ladung vorgelegen hat? **44**, 136.

Ladungsempfänger. 1) Begriff im Seefrachtrecht. **41**, 116. — 2) S. auch die beiden vorstehenden Wörter.

Ladung zum Termine. 1) Muß nach § 300 (335 n. F.) Abs. 2 C.P.O. im Falle einer Vertagung die nicht erschienene Partei stets zu dem neuen Termine geladen werden oder nur dann, wenn der Antrag auf Erlassung eines Versäumnisurteiles zurückgewiesen und dann eine Vertagung angeordnet wurde? **41**, 355. — 2) Wirkungslosigkeit einer erst nach dem Termine zur mündlichen Verhandlung zugestellten Ladung zu diesem. **45**, 425.

Lagerkosten. Kommen bei der Berechnung des Streitwertes Lagerkosten in Betracht, die der redhibierende Kläger für die Aufbewahrung der Kaufsache fordert? **42**, 388.

Leibrentenvertrag. Ist er stempelfrei, wenn der ihn enthaltende Vertrag in der Hauptsache ein stempelfreies Veräußerungsgeschäft zwischen Ascendenten und Descendenten ist? (P.) **48**, 347.

Leichenbestattungsgewerbe. 1) Erstreckt sich die Freiheit dieses Gewerbes nach der R.G.O. nur auf die freie Zulassung zum Gewerbe oder auch auf die Art seiner Ausübung? **42**, 52. — 2) Ist der Eigentümer eines Kommunalfriedhofes berechtigt, einen das Bestattungsgewerbe Betreibenden von dessen Ausübung auf dem Friedhofe auszuschließen? **42**, 56.

Leihvertrag. Überträgt der seine Mobilien an seine Frau veräußernde Ehemann den Besitz durch einen mit ihr abgeschlossenen Leihvertrag, wenn die Sachen in der ehemännlichen Verwaltung bleiben? (P.) **48**, 318.

Leitungsnetz. Ist das Leitungsnetz eines Elektrizitätswerkes, auch soweit es über die Grenzen dieses Grundstückes hinausgeht, als dessen Substanzteil anzusehen? (P.) **48**, 267.

Letztwillige Verfügung. 1) Zeitliche Anwendung des seit dem 1. Januar 1900 geltenden Rechtes in Ansehung der Ablieferung letztwilliger Verfügungen an das Nachlaßgericht nach dem Tode des Erblassers. **48**, 96. — 2) Voraussetzungen der Anfechtbarkeit einer letztwilligen Verfügung wegen Irrtumes des Erblassers (§ 2078 B.G.B.). **50**, 240. — 3) Kann ein unter dem A.L.R. von Ehegatten errichtetes korrespektives Testament nach dem 1. Januar 1900 von dem einen bei Lebzeiten des anderen durch eine neue letztwillige Verfügung aufgehoben werden? (P.) **50**, 316. — 4) Testamente. S. Syst. Reg. § 204. — 5) Erbverträge. S. Syst. Reg. § 207. — 6) Vermächtnisse. S. Syst. Reg. § 215.

Letztwillige Verfügungsbeschränkung. Ist sie für den Bedachten bindend, wenn an ihrer Aufrechterhaltung kein Dritter interessiert ist? (P.) **43**, 335.

Letztwillige Zuwendung. Ist die testamentarische Zuwendung des Pflichtteils stets als Erbeinsetzung aufzufassen, wenn der Pflichtteilsberechtigte dabei als „Erbe" bezeichnet ist? (P.) **42**, 328.

Lex Aquilia. S. Syst. Reg. § 156.

Lex curiae. Ist für das Lehnrecht die lex curiae oder die lex rei sitae maßgebend? (G.) **43**, 177.

Lex rei sitae. S. das vorstehende Wort.

Liberalität. S. Unentgeltliche Verfügung.

Liberi naturales. S. Syst. Reg. § 199.

Licht. Lichtrecht. 1) Kann die Entstehung des Lichtrechtes aus § 142 A.L.R. I. 8 durch eine vom Nachbarn innerhalb der zehnjährigen Frist angestellte Klage und erwirkte Grundbucheintragung gehindert werden? (P.) **44**, 312. — 2) Rechtliche Natur des Lichtrechtes. Ist es eine Grundgerechtigkeit? Eigentumsbeschränkung? Entsteht es durch Verjährung? (P.) **44**, 314. — 3) Ist bei der Frage, ob ein Behältnis noch von anderer Seite Licht habe (§§ 143. 142 A.L.R. I. 8), entscheidend, ob die Nebenlichtquelle allein dem Behältnis genügendes Licht gewährt?

(P.) **44**, 335. — 4) Ist Nachbar im Sinne des § 142 A.L.R. I. 8 auch der, dessen Haus von dem Grundstücke des Neubaues durch eine im Eigentume eines Dritten stehende Bodenfläche oder durch eine öffentliche Straße getrennt ist? (P.) **45**, 294. — 5) Wird der nach zehnjährigem Bestehen der Fenster gesetzlich gewährte Schutz durch einen gegen ihre Anlegung vom Nachbarn erhobenen Widerspruch oder durch einen mündlichen vertragsmäßigen Vorbehalt, sie jederzeit verbauen zu dürfen, ausgeschlossen? (P.) **46**, 269. — 6) Welches Stockwerk ist das untere im Sinne des § 142 A.L.R. I. 8? (P.) **47**, 264.

Lieferungsverzug. 1) Findet auch bei der Beurteilung der Ordnungsmäßigkeit des Deckungskaufes freies richterliches Ermessen nach § 260 (287 n. F.) C.P.O. statt? **46**, 407. — 2) Ist der § 326 B.G.B. auch dann anwendbar, wenn die Feststellung dessen, was der Säumige zu leisten hat, einer vorgängigen Berechnung bedarf? **49**, 41. — 3) Können bei einem Zug um Zug zu erfüllenden, noch nicht fälligen Warenlieferungsgeschäfte die die Fälligkeit begründende Handlung, die Mahnung nach § 284 und die Aufforderung nach § 326 Abs. 1 S. 1 B.G.B. gleichzeitig miteinander erfolgen? **50**, 257.

Limitum. Rechtsfolgen, wenn der Einkaufskommittent von dem Kommissionär arglistig durch wahrheitswidrige Angaben zu einem unnötig hohen Limitum veranlaßt wird. **43**, 12.

Liquidation. Liquidator. 1) Hört eine in Liquidation befindliche Aktiengesellschaft, die noch ungeteiltes Vermögen besitzt, durch den Beschluß der Generalversammlung, die Liquidation sei als beendet anzusehen, und durch die Eintragung dieser Beendigung in das Handelsregister zu bestehen auf? **41**, 93. — 2) Der Liquidator ist nicht Mandatar der Aktionäre, sondern gesetzlicher Vertreter der Liquidationsgesellschaft. **41**, 95. — 3) Erlöschen die Befugnisse des Korrespondentrheders mit dem Aufhören der Rhederei und ihrem Eintreten in die Liquidation? **42**, 74. — 4) Umfang der Pflicht der Liquidatoren, das Vermögen der Genossenschaft oder Handelsgesellschaft flüssig zu machen, und ihres Rechtes zur Eingehung neuer Verträge. Können sie auf Grund eines von der Gesellschaft geschlossenen, nur den Mitkontrahenten bindenden pactum de contrahendo von diesem die Abschließung neuer Geschäfte verlangen? **44**, 80. — 5) Ist bei der stillen Gesellschaft die Vereinbarung gültig, daß im Falle der Auflösung eine Liquidation stattfinden solle? Ist der stille Gesellschafter berechtigt, eventuell bei dieser mitzuwirken? **45**, 37. — 6) Befugnis der Liquidatoren einer aufgelösten Aktiengesellschaft zur Einforderung rückständiger Aktienbeträge. **45**, 153. — 7) Kann die Aussetzung des Verfahrens nach § 223 (246 n. F.) C.P.O. angeordnet werden, wenn der Teilhaber einer offenen Handelsgesellschaft in Liquidation stirbt, der nicht Liquidator ist? **45**, 340. — 8) Verfahren, wenn gegen den Antrag auf gerichtliche Ernennung von Liquidatoren für eine offene Handelsgesellschaft Widerspruch erhoben wird? **45**, 394. — 9) Ist der Antrag auf Bestellung von Liquidatoren (Art. 133

1894 die Löschung eines später eingetragenen Warenzeichens auf Grund des § 9 oder deshalb verlangen, weil es einen wesentlichen Teil jener Ausstattung bildet? **44**, 14. — 3) Kann die Löschung eines eingetragenen Warenzeichens auch aus anderen als den im Gesetze vom 12. Mai 1894 angeführten Gründen, insbesondere dann verlangt werden, wenn dessen Gebrauch gegen den § 8 des Gesetzes über den unlauteren Wettbewerb verstößt? **48**, 233. — 4) S. auch Löschungsklage.

Löschungsantrag. Unterliegt eine Urkunde, in der in unmittelbarem Anschlusse an die von einem Hypothekengläubiger erklärte Löschungsbewilligung der Grundeigentümer den Löschungsantrag stellt, dem allgemeinen Vertragsstempel? (P.) **46**, 291.

Löschungsklage. Kann im Falle des Überganges des Warenzeichens auf einen anderen gegen die vor erfolgter Umschreibung des Zeichens wider den Rechtsvorgänger angestellte Löschungsklage die während des Prozesses erfolgte Umschreibung mit der Wirkung der Klagabweisung eingewendet werden? **44**, 49.

Lösungsanspruch. Örtliches Recht für die Frage, ob gegen die Vindikation von beweglichen Sachen, insbesondere Inhaberpapieren, der Beklagte ein Zurückbehaltungsrecht wegen Lösungsanspruches geltend machen kann. (G.) **41**, 152.

Lotterie. 1) Haben die landesgesetzlichen Bestimmungen über das Spielen in auswärtigen Lotterien durch den § 763 B.G.B. ihre privatrechtliche Geltung verloren? **48**, 175. — 2) Zeitpunkt des Vertragsschlusses über ein zugesandtes Lotterielos. **48**, 178. — 3) Wird das Angebot eines Lotterieloses durch dessen Ziehung vor der Annahme des Angebotes hinfällig? **50**, 191.

Lötung. Verstößt die Herstellung von Konservenbüchsen gegen das Reichsgesetz vom 25. Juni 1887, wenn von der mehr als 10% Blei enthaltenden Außenseite ein geringer Teil nach der im übrigen nicht gelöteten Innenseite dringt? **46**, 12.

Lucrum cessans. Kann der Ersatz des infolge der Verletzung eines Vertragsverhältnisses entstandenen mittelbaren Schadens und entgangenen Gewinnes abgelehnt werden, wenn der Beschädigte das von ihm wahrgenommene vertragswidrige Verhalten nicht gehindert hat? (P.) **41**, 292.

Luftraum über einem Grundstücke. Wieweit reicht das Recht des Grundeigentümers an ihm? (P.) **42**, 207.

M

Mahlwind. S. Windmühle.

Mahnung. Können bei einem Zug um Zug zu erfüllenden, noch nicht fälligen Warenlieferungsgeschäfte die die Fälligkeit begründende Handlung, die Mahnung nach § 284 und die Aufforderung nach § 326 Abs. 1 S. 1 B.G.B. gleichzeitig miteinander erfolgen? **50**, 257.

Makler. Maklervertrag. 1) Sind die Bestimmungen des B.G.B. auf einen vor dessen Inkrafttreten versprochenen und bereits verdienten Ehemaklerlohn anwendbar? **46,** 152. 178. — 2) Verstößt der einen Ehemaklerlohn zusichernde Vertrag gegen die guten Sitten? (P.) **46,** 177. — 3) Muß der Makler, wenn das Geschäft nach dem Tode des Auftraggebers von dessen Erben abgeschlossen worden ist, beweisen, daß diese auch von dem Maklervertrage Kenntnis hatten? (P.) **47,** 255. — 4) Wird der Maklervertrag durch den vor dem Zustandekommen des Geschäftes erfolgten Tod des Auftraggebers aufgehoben? (P.) **47,** 253.

Mala fides. S. Glaube, Grundbuch, Redlicher Besitz.

Mandat. 1) Einfluß des Aufhörens der Vormundschaft auf die von dem Vormunde für das Mündel geschlossenen Vollmachtsverträge. (P.) **41,** 263. — 2) Die Generalvollmacht ist ein einheitliches Ganzes und unterliegt in allen Beziehungen den Bestimmungen des Civilrechtes; die Bestimmungen über die Prozeßvollmacht sind nicht unmittelbar auf sie anwendbar. (P.) **41,** 264. — 3) Muß im Falle des § 25 A.L.R. I. 13 der Bevollmächtigte, wenn er den Auftrag behält, ohne dem Machtgeber Anzeige zu machen, den durch die Unterlassung der Anzeige oder den durch das Behalten des Auftrages entstandenen Schaden ersetzen? (P.) **43,** 262. — 4) Auftrag zur Zahlung einer Schuld aus Differenzgeschäften und Ausstellung eines Wechsels über den Betrag. (G.) **45,** 158. — 5) Enthält die Einzahlung von Geld bei einem Bankhause für Rechnung eines Anderen einen Auftrag? Bis wann kann er widerrufen werden? (P.) **45,** 235. — 6) Kondiktion eines Wechsels durch den, dessen Bevollmächtigter unter Überschreitung seiner Vollmacht Waren gekauft und den zum Diskontieren erhaltenen Wechsel zur Deckung des Kaufpreises verwendet hat. (P.) **45,** 261. — 7) Ermächtigt die von einem Versicherer zur Erledigung aller durch einen bestimmten Versicherungsvertrag bedingten Geschäfte erteilte Vollmacht den Vertreter, eigene Schulden an den Versicherten gegen die von diesem zu zahlende Prämie aufzurechnen? (G.) **46,** 208. — 8) Ist ein gerichtlicher Vergleich, den die Anwälte vereinbart haben, auch für die Partei bindend, die nur mündlich Vollmacht erteilt hat? **49,** 345. — 9) Rechtliche Bedeutung der Zeichnung einer Stammeinlage einer Gesellschaft mit beschränkter Haftung im Auftrage eines Anderen. Steht der Verpflichtung zur Abtretung dieses Anteiles aus dem Auftrage der § 15 Abs. 4 des Gesetzes vom 20. April 1892 entgegen? **50,** 43. — 10) In Versicherungsverhältnissen liegt im Zweifel eine, vom thatsächlichen Auftrage unabhängige, Vollmacht zum Abschlusse von Versicherungsverträgen schon dann vor, wenn der Agent ermächtigt ist, allein die Police zu unterschreiben und sie dem Antragsteller auszuhändigen. **50,** 76. — 11) Bedürfen der Form des § 313 B.G.B. auch die Verträge, durch die der eine sich dem anderen unter Erteilung einer Vollmacht verpflichtet, das Eigentum an einem Grundstücke an einen von dem anderen zu bestimmenden Dritten zu übertragen? **50,** 163. — 12) Haftet ein mit der Übersendung von Wertpapieren beauftragter Bankier, wenn er sie nicht unter Wertangabe sendet, sondern in einem eingeschriebenen Briefe unter Versicherung der Sendung bei einer Versicherungsgesellschaft? Wie, wenn nicht der volle Wert versichert war? **50,** 169. — 13) Rechtsfolgen einer vom Mandatar bei der Übernahme des Auftrages begangenen Arglist. (G.) **43,** 108. — 14) S. auch Mandatum post mortem.

Mandatar. 1) Der Liquidator ist nicht Mandatar der Aktionäre, sondern gesetzlicher Vertreter der Liquidationsgesellschaft. **41,** 95. — 2) Rechtsfolgen einer vom Mandatar bei der Übernahme des Auftrages begangenen Arglist. **43,** 108. — 3) S. auch Mandatum post mortem.

Mandatum post mortem. Hat die Ausführung des Auftrages, nach dem Tode des Auftraggebers an dessen Schuldner den von diesem gezeichneten Schuldschein zurückzugeben, den Erlaß der Schuld zur Folge? Gilt die l. 18 § 2 Dig. 39,6 im heutigen gemeinen Rechte? (G.) **42,** 133.

Mängelanzeige. 1) Wann muß der Käufer die Ware untersuchen und die Mängel anzeigen, wenn sie in mehreren, nicht gleichzeitig abgesandten, Posten geliefert wird? **43,** 64. — 2) Hängt die Wirksamkeit der Mängelanzeige von der Richtigkeit der Bezeichnung des Mangels in der Anzeige ab? **47,** 13. — 3) Ist bei Bemessung der Anzeigefrist auf die Zeit Rücksicht zu nehmen, die für eine zu einem sicheren Ergebnisse führende Untersuchung erforderlich ist? **47,** 22. — 4) Finden die Vorschriften des § 377 H.G.B. auch bei einseitigem Handelskaufe, namentlich gegen den Käufer, der Kaufmann ist, Anwendung? **49,** 157.

Mängel der Ware. 1) Verliert der Käufer, wenn sein Verkauf der zur Verfügung gestellten Ware wegen Mangels der Voraussetzungen des Art. 348 Abs. 5 H.G.B. als Notverkauf nicht anzuerkennen ist, ohne weiteres alle Ansprüche wegen Fehler der Ware? **43,** 27. — 2) Wann muß der Käufer die Ware untersuchen und die Mängel anzeigen, wenn die Ware in mehreren nicht gleichzeitig abgesandten Posten geliefert wird? **43,** 64. — 3) Enthält, wenn der Käufer die Ware als mangelhaft zur Verfügung gestellt hat, seine nachträgliche Verfügung über einen Teil eine Genehmigung der gesamten Warenpartie? **43,** 66. — 4) Berücksichtigung der vom verklagten Verkäufer nicht ausdrücklich gerügten Augenfälligkeit des Mangels. (P.) **44,** 276. — 5) Örtliches Recht für die Frage, welche Handlungen der Käufer vornehmen muß, um sich die Rechte aus den Mängeln der Ware zu erhalten. (G.) **46,** 193. — 6) Ist der Käufer verpflichtet, bei der Untersuchung der ihm von einem anderen Orte übersandten Ware besondere Beschleunigungsmittel anzuwenden? **47,** 20. — 7) Beweislast, wenn der Käufer bestreitet, daß die gelieferte Ware die vereinbarte Herkunft habe. **47,** 124. — 8) Einfluß der Übersendung einer Ausfallsprobe auf den vom Käufer unternommenen Beweis vertragswidriger Beschaffenheit der Ware. **47,** 129. — 9) Sind Abweichungen von der Kaufprobe, die den Gebrauch oder die Verkäuflichkeit der Ware nicht hindern, nicht zu beachten? **47,** 134. — 10) Ist die Klausel: „Qualität: Fair average of the season or allowance if inferior. Londoner Arbitrage" auf Fälle zu beziehen, wo der Käufer behauptet, daß die

— 2) „Mengen von Sachen oder Waren" im Sinne der Stempelsteuergesetzgebung. **42**, 255; **43**, 290. — 3) Ist die Befreiung 3 der Tarifstelle 32 des Stempelsteuergesetzes auch dann anwendbar, wenn nur je zwei Stücke der zu liefernden Sachen einander gleich sein sollen? (P.) **43**, 304. — 4) Gleiche Bedeutung des Begriffes „Mengen von Sachen oder Waren" in der Stempelsteuergesetzgebung des Reiches und Preußens. **42**, 258; **43**, 306.

Metus. S. Actio quod metus causa.

Miete. Mieter. 1) Haftet der Aftervermieter auch ohne eigenes Verschulden dem Aftermieter, der vom Eigentümer aus der Mietsache entsetzt ist? (G.) **41**, 147. — 2) Beweislast, wenn auf Grund des Rücktrittes vom Vertrage wegen Nichterfüllung die Rückgabe der Mietsachen gefordert wird, und der Mieter die Erfüllung behauptet. (P.) **41**, 221; **45**, 359. — 3) Voraussetzungen des Kündigungsrechtes des Mieters aus § 312 A.L.R. I. 21. (P.) **41**, 247. — 4) Ist die Abtretung einer Mietzinsforderung gegen den Hypothekengläubiger wirksam, wenn sie vor der Beschlagnahme des Grundstückes erfolgt und nicht wegen Benachteiligung der Gläubiger anfechtbar ist? Welche Rechte hat der Ersteher des vermieteten Hauses der Abtretung gegenüber? (F.) **43**, 387. — 5) Ist die Vorschrift des Art. 1743 C. c., wonach der Kauf die Miete nicht bricht, wenn ein authentischer Mietvertrag oder einer mit sicherem Datum vorliegt, eine Formvorschrift oder eine durch den § 14 E.G. z. C.P.O. beseitigte Beweisvorschrift? (F.) **45**, 314. — 6) Ruht die Stempelpflicht bei Mietverträgen auf der Vertragsurkunde oder auf dem nach Tarifstelle 48 Abs. 2 einzureichenden Verzeichnisse? (P.) **46**, 293. — 7) Ist auch der Mieter zur Entrichtung der Stempelsteuer für den Mietvertrag verpflichtet? (P.) **46**, 294. — 8) Haften die nach § 5 Abs. 4 des Stempelsteuergesetzes von der Stempelsteuer Befreiten als Vermieter für die nach Abs. 6 zu entrichtende Hälfte des Stempels? (P.) **46**, 295. — 9) Haftet der Vermieter oder Verpächter eines Grundstückes für die von dessen Mieter oder Pächter begangenen Eingriffe in das Eigentum am Nachbargrundstücke mittels der Eigentumsfreiheitsklage? **47**, 162. — 10) Bezieht sich der Art. 172 E.G. z. B.G.B. auch auf Fälle der Zwangsversteigerung? **48**, 38. — 11) Kündigungsrecht dessen, der das Mietgrundstück vor 1900 erstanden hat, aber erst im Jahre 1900 als Eigentümer eingetragen ist, in Ansehung eines älteren Mietvertrages. **48**, 38. — 12) Unterschied des Zeitfrachtvertrages von der reinen Schiffsmiete. **48**, 89. — 13) Hat der Vermieter eines Schiffes keinen Anspruch auf Miete für die Zeit, wo das Schiff infolge Arrestes gepfändet ist, auch wenn der Mieter selbst den Arrest bewirkt hat? **48**, 93. — 14) Finden die §§ 561 Abs. 2. 581 Abs. 2 B.G.B. auf das vor 1900 entstandene Pfandrecht des Vermieters Anwendung? **49**, 57. — 15) Bleibt ein früher abgeschlossener Mietvertrag bestehen, wenn der Mieter und dessen Ehefrau später das Eigentum des gemieteten Grundstückes erwerben? (P.) **49**, 285. — 16) Kann der Mieter vom Vermieter die Gestattung des Anschlusses an den Fernsprechverkehr und die Abgabe einer seitens der Post geforderten Einwilligungserklärung verlangen? (P.) **49,** 306.

von 1874 die Fündigkeit einer Mutung dadurch bedingt, daß das entdeckte Mineral sich am Fundpunkte in abbauwürdiger Menge befindet? **49**, 227. — 5) Bedeutung der Tiefenlage des Fundpunktes bei Funden, die mittels eines Bohrloches oder eines Schachtbetriebes gemacht sind? (P., Württ.) **49**, 233. — 6) Entscheidet bei der Kollision zweier im Sinne des § 24 A.B.G. an sich bevorrechtigter Mutungen das Alter des Fundes oder das der Mutung? (P.) **49**, 261.

Mutungsvorrecht. S. Mutung.

Mutuum. S. Syst. Reg. § 131.

N

Nachbar. Nachbarrecht. 1) Wieweit ist der Rechtsweg zulässig für Ansprüche auf Unterlassung bezw. Beseitigung von Eigentumsstörungen, die durch den Betrieb oder die Einrichtungen einer Artilleriewerkstatt herbeigeführt werden? (P.) **44**, 225. — 2) Unterschied zwischen einer Eigentumsbeschränkung durch Nachbarrecht und einer Grundgerechtigkeit des Nachbars. (P.) **44**, 314. — 3) Überhängen einer Grenzmauer in die Luftschicht über dem Nachbargrundstücke. Voraussetzungen der Ersitzung eines Rechtes hierauf. (P.) **45**, 286. — 4) Ist Nachbar im Sinne des § 142 A.L.R. I. 8 auch der, dessen Haus von dem Grundstücke des Neubaues durch eine im Eigentume eines Dritten stehende Bodenfläche oder durch eine öffentliche Straße getrennt ist? (P.) **45**, 294. — 5) Steht gegen den Vermieter oder Verpächter eines Grundstückes, von dem aus dessen Mieter oder Pächter durch übermäßigen Lärm in das Eigentum des Nachbargrundstückes eingreift, die negatorische Klage auf Untersagung zu? **47**, 162. — 6) Sind die §§ 912—916 B.G.B. analog anzuwenden, wenn der Eigentümer eines Grundstückes, von dem eine Teilfläche mit einer das Überbauen verbietenden Grunddienstbarkeit belastet ist, über die Grenze des unbelasteten Teiles hinaus auf den belasteten hinüberbaut? (F.) **47**, 359. — 7) Hat der Eigentümer Ansprüche auf Schadensersatz, wenn auf dem Nachbargrundstücke ein mit Feuers- und Explosionsgefahr verbundenes Gewerbe betrieben und dadurch sein Grundstück entwertet wird? (R., F.) **50**, 226. — 8) Begriff des Überbaues. Ist die Ausführung eines Baues, durch den eine Grundgerechtigkeit des Nachbars verletzt wird, wie ein Überbau zu behandeln? (G.) **48**, 264. — 9) Ist der den Windmühlen aus der Zeit vor dem 18. November 1819 gewährte Schutz gegen Baumpflanzungen (§ 247 A.L.R. II. 15) neben dem B.G.B. in Kraft geblieben? (P.) **50**, 319. — 10) Umfang des den Windmühlen nach § 247 A.L.R. II. 15 gegen Verkümmerung des „nötigen" Windes gebührenden Schutzes. (P.) **50**, 325. — 11) Fenster. Lichtschutz. S. Fensterrecht.

Nachbildung. 1) Ist die Nachbildung eines, von einem Anderen in gepunztem Leder ausgeführten Gegenstandes mittels geprägter Pappe des Gebrauchsmusterschutzes fähig? **49**, 179. — 2) Im übrigen s. Syst. Reg. 173—175.

(G.) **42**, 120. — 4) Naturalobligation als Grundlage der Bürgschaft. (G.) **42**, 119. — 5) Bleibt trotz rechtskräftiger Abweisung einer begründeten Forderung eine Naturalobligation zurück? (G.) **42**, 119.

Nebenabrede. Kann der Gerichtsstand des Erfüllungsortes auf eine Vertragsklausel gestützt werden, die der rechtlichen Natur des Vertrages widerspricht? **41**, 360.

Nebenamt. Muß, wenn die Pensionsberechtigung des Reichsbeamten sich auf ein Nebenamt gründen soll, das Hauptamt zum Reichsdienste gehören? **43**, 131.

Nebenforderung. 1) Kommen bei der Berechnung des Streitwertes Lagerkosten in Betracht, die der redhibierende Kläger für die Aufbewahrung des Streitgegenstandes fordert? **42**, 388. — 2) Ist die Revision zulässig, wenn in dem Berufungsurteile über die Hauptsache und eine Nebenforderung entschieden ist, das Urteil aber nur wegen der Entscheidung über die Nebenforderung im Werte von mehr als 1500 *M* angegriffen wird? **47**, 256.

Nebenintervention. 1) Rechtliche Stellung des Nebenintervenienten, der für die von ihm unterstützte Partei ein Rechtsmittel einlegt. **42**, 389. — 2) Kann der Nebenintervenient, der nicht Streitgenosse wird, auch in eigenem Namen und gegen die von ihm unterstützte Partei Rechtsmittel einlegen? **42**, 391. — 3) Ist der Hypothekengläubiger des Beklagten, wenn er diesem in dem auf Auflösung des Kaufvertrages über das verpfändete Grundstück gerichteten Prozesse beitritt, Streitgenosse im Sinne des § 66 (69 n. F.) C.P.O.? **42**, 392. — 4) Muß der die Nebenintervention erklärende Schriftsatz auch der zu unterstützenden Partei zugestellt werden? **42**, 401. — 5) Kann die Nichtzustellung des Interventionsschriftsatzes an die zu unterstützende Partei auch von der Gegenpartei gerügt werden? **42**, 401. — 6) Genügt es für die durch Einlegung eines Rechtsmittels geschehene Nebenintervention, daß die Zustellung des Beitrittes an die zu unterstützende Partei erst nach Ablauf der Rechtsmittelfrist erfolgt? **42**, 401. — 7) Heilung eines Mangels in der Form des Beitrittes durch Nichtrüge der erschienenen Parteien. **42**, 403. — 8) Muß die unterstützte Partei von dem den Prozeß betreibenden Nebenintervenienten im Falle des § 66 (69 n. F.) C.P.O. beigeladen werden? **42**, 404. — 9) Ist auf die in Gütergemeinschaft lebende Ehefrau als Nebenintervenientin ihres Ehemannes in einem Prozesse gegen diesen wegen einer das gütergemeinschaftliche Vermögen belastenden Schuld der § 66 (69 n. F.) C.P.O. anzuwenden? Kann sie trotz des Anerkenntnisses ihres Ehemannes den Prozeß fortsetzen? **44**, 345. — 10) Unter welchen Voraussetzungen ist die Beschwerde aus § 99 Abs. 3 C.P.O. n. F. gegen die Entscheidung über die Kosten der Nebenintervention zulässig? **46**, 393. — 11) Kann ein Nebenintervenient eine Hauptintervention gegen beide Parteien desselben Hauptprozesses erheben? **46**, 404.

Negative Feststellungsklage. S. Feststellungsklage.

Negatorische Klage. S. Syst. Reg. § 62.

Negotiorum gestio. S. Geschäftsführung.

Nennwert. Sind die unter der Herrschaft der preußischen Stempelgesetzgebung nach ihrem vollen Nennwerte versteuerten Interimsscheine der in den Reichsstempelgesetzen vorgeschriebenen Stempelsteuer unterworfen, wenn unter deren Herrschaft eine neue Einzahlung erfolgt? **45**, 41.

Neu aufgefundene Urkunde. S. Restitutionsklage.

Neue Ansprüche. 1) Begriff im Sinne des § 529 Abs. 2 C.P.O. n. F. **47**, 390. — 2) S. auch Neues Vorbringen.

Neuer selbständiger Beschwerdegrund. 1) Ist in Sachen der freiwilligen Gerichtsbarkeit eine Beschwerde an das Reichsgericht zulässig, wenn das Oberlandesgericht, statt die weitere Beschwerde nach § 28 Abs. 2 des Gesetzes vom 20. Mai 1898 dem Reichsgerichte vorzulegen, selbst entschieden hat? **48**, 15. — 2) Neuer selbständiger Beschwerdegrund, wenn in der Beschwerdeinstanz die örtliche Zuständigkeit der ersten Instanz verneint ist. **46**, 392. — 3) Liegt ein neuer selbständiger Beschwerdegrund vor, wenn die Entscheidung sachlich mit der der Vorinstanz übereinstimmt, aber auf Verletzung wesentlicher Vorschriften über das Verfahren beruht? **42**, 352.

Neues Vorbringen. 1) Genügt es, wenn die Prozeßvoraussetzungen, insbesondere auch die Zulässigkeit des Rechtsweges, erst in der Berufungsinstanz gegeben sind? **42**, 283. — 2) Können in dem Verfahren zur Erledigung eines bedingten Endurteiles neue Ehescheidungsgründe nachgebracht werden, die der Partei während der Hauptverhandlung nicht bekannt waren? Wenigstens in der Berufungsinstanz? **42**, 372. — 3) Kann, wenn in der ersten Instanz auf Ehescheidung erkannt ist, der Kläger, ohne selbst Berufung einzulegen, einen in erster Instanz nicht vorgebrachten Scheidungsgrund zur Begründung des Antrages auf Zurückweisung der Berufung der Gegenpartei verwerten? **42**, 412. — 4) Unzulässigkeit neuen Vorbringens in der Revisionsinstanz auch in Ehesachen. **44**, 354. — 5) Begriff der neuen Ansprüche im § 529 Abs. 2 C.P.O. n. F.; Verhältnis dieses Paragraphen zum § 527 n. F. **47**, 390. — 6) Wann liegt in dem Falle der Einklagung einer Konventionalstrafe in dem Vorbringen neuer, während des Prozesses erfolgter, Vertragsverletzungen in der Berufungsinstanz eine Klagänderung? **48**, 372. — 7) Bezieht sich der § 538 Abs. 1 Nr. 3 C.P.O. auch auf Ansprüche, die in der zweiten Instanz neu erhoben sind? **49**, 42.

Nichterfüllung. 1) Beweislast, wenn auf Grund der Nichterfüllung besondere vertragsmäßige Ansprüche erhoben werden, und der Gegner die Erfüllung behauptet? (P.) **41**, 220; **45**, 359. — 2) Darf der Verkäufer nach Art. 354 H.G.B. einseitig zurücktreten, weil der Beklagte mit der Bezahlung einer anderen Schuld aus einem mit dem Kaufvertrage in engem Zusammenhange stehenden Abkommen im Rückstande ist? **42**, 29. — 3) Ist der § 230 A.L.R. I. 11 anwendbar, wenn nach dem Kaufvertrage der Preis erst bei der der Übergabe nachfolgenden Auflassung zu zahlen, und die Übergabe erfolgt ist? (P.) **44**, 239. — 4) Darf die Erfüllung eines zweiseitigen Vertrages fordern, wer zurücktreten will, weil der andere Teil nicht erfüllt hat? (P.) **48**, 273. — 5) Ist die Wirksamkeit des nach den §§ 327. 349 B.G.B. erklärten Rücktrittes davon abhängig, daß zugleich die Rückgabe des Empfangenen nach § 294 angeboten wird? **49**, 39. — 6) Ist der § 326 B.G.B. auch dann anwendbar, wenn die Feststellung dessen, was der Säumige zu leisten hat, einer vorgängigen Berechnung bedarf? **49**, 41. — 7) Wird das Rücktrittsrecht des Verkäufers nach § 454 B.G.B. dadurch ausgeschlossen, daß er den Vertrag teilweise erfüllt hat? **50**, 138. — 8) Kann nach § 463 B.G.B. als Schadensersatz wegen Nichterfüllung die Rückzahlung des angezahlten Kaufpreises verlangt werden? **50**, 190. — 9) Worin besteht der wegen Nichterfüllung nach § 326 Abs. 1 S. 2 B.G.B. zu ersetzende Schaden? **50**, 262.

Nichtigkeit. 1) Ist die Übertragung von Aktien in Ermangelung der nach Art. 182 Abs. 2 H.G.B. erforderlichen Einwilligung der Gesellschaft nur für diese unverbindlich oder nichtig? **41**, 8. 17. — 2) Ist ein Nebenabkommen beim Zwangsvergleiche nur dann nichtig, wenn der Bevorzugung des Gläubigers einer der Kontrahenten sich bewußt war? **41**, 41. — 3) Wird ein einheitlicher Vertrag dadurch völlig ungültig, daß einzelne seiner Bestimmungen nichtig sind? (P.) **41**, 281. — 4) Nichtigkeit eines Kaufvertrages, dessen Abschließung die Gegenleistung für eine unerlaubte Handlung war. (P.) **41**, 294. — 5) Ist ein unmittelbar auf die Förderung gewerbsmäßigen, gegen einen befreundeten Staat betriebenen, Schmuggels abzielender Vertrag nichtig? (P.) **42**, 295. — 6) Verbotene Rechtsgeschäfte sind nur nichtig, wenn sie als solche, nicht wegen eines besonderen, zum Thatbestande nicht gehörigen, Umstandes verboten sind. **44**, 293. — 7) Nichtigkeit des Patenterteilungsverfahrens, wenn es an der sachlichen Übereinstimmung zwischen der Anmeldung und dem Erteilungsbeschlusse fehlt. **46**, 175; **50**, 202. — 8) Kann der § 138 Abs. 2 B.G.B. auf Rechtsgeschäfte angewendet werden, die vor dessen Inkrafttreten abgeschlossen sind? **47**, 103. — 9) Welchen Einfluß hat es auf den Rechtsbestand einer mehrere Festsetzungen enthaltenden Vereinbarung, wenn eine von diesen zum Teil unwirksam ist? (G.) **47**, 232.

Nichtigkeitserklärung. Giebt es eine Klage auf Nichtigkeitserklärung der Vollstreckungsklausel? **41**, 376.

Nichtigkeitsklage. S. vorstehendes Wort.

Niederlageschein der Zollverwaltung. Kann durch seine Übergabe der Besitz der niedergelegten Waren übertragen werden? **43**, 72.

Niederlassung. 1) Ist darunter im Sinne des § 23 Abs. 1 des Gesetzes zum Schutze der Warenbezeichnungen vom 12. Mai 1894 auch eine Zweigniederlassung zu verstehen? **41**, 67. — 2) Desgleichen im Sinne des § 9 Abs. 3 des Gesetzes, betreffend das Urheberrecht an Mustern und Modellen, vom 11. Januar 1876? **41**, 82. — 3) Besteht der Gerichtsstand der Niederlassung auch für die auf den Dienstvertrag gegründete Klage des für diese Niederlassung angestellten Handlungsgehilfen gegen den Geschäftsherrn? **42**, 379. — 4) Voraussetzungen

O

P

Urkunden auf die Behauptung gestützt werden, daß eine Patentschrift nachträglich aufgefunden sei? **48**, 375.

Patenturkunde. S. Patentamt.

Patentverletzung. 1) Ist die Entschädigung für eine Patentverletzung nach dem Landesrechte oder nur nach dem Patentgesetze zu bemessen? **43**, 58. — 2) Darf der durch unbefugte Anwendung eines durch Patent geschützten Verfahrens erzielte Gewinn als Entschädigung für die Patentverletzung gefordert werden? **43**, 56. — 3) Liegt eine Patentverletzung durch Inverkehrbringen vor, wenn ein in Deutschland ansässiger Kaufmann Nachbildungen patentierter Gegenstände aus dem Auslande nach seinem Niederlassungsorte kommen läßt, um sie von dort an einen ausländischen Besteller zu senden? **45**, 147. — 4) Liegt in dem Verkaufe eines Rezeptes, das die wesentlichen Bestandteile eines patentierten Verfahrens enthält, besonders nach dem Auslande, eine Patentverletzung? **46**, 14. — 5) Pflicht zur Rechnungslegung über den aus Patentverletzungen gezogenen Gewinn. (G.) **46**, 17. — 6) Kann eine Verurteilung wegen Patentverletzung auf Grund einer späteren, das Patent vernichtenden Entscheidung mit der Restitutionsklage angegriffen werden? **48**, 384. — 7) Macht das die Unterlassung von Eingriffen in ein Patent anordnende Urteil insoweit Rechtskraft für den Anspruch auf Entschädigung wegen Verletzung des Patentes? **49**, 33.

Paternitätsklage. S. Vaterschaft.

Patron. Patronat. 1) Hat der Kirchenpatron, wenn ohne seine Schuld der von ihm präsentierte Prediger nicht bestätigt wird, ein Recht auf Erneuerung der inzwischen abgelaufenen Präsentationsfrist? Einmal oder auch wiederholt? (G.) **43**, 172. — 2) Muß der Patron zum Neubau des durch das Wachsen der Gemeinde neben dem bisherigen nötig gewordenen zweiten Kirchengebäudes beitragen? (P.) **43**, 332. — 3) Erwerbsgründe des Kirchenpatronates. (P.) **43**, 334. — 4) Ist für Streitigkeiten über die persönliche Fähigkeit des Kirchenpatrons (§ 6 Id des Gesetzes vom 8. Mai 1837) der Rechtsweg zulässig? (P.) **43**, 362. — 5) Wird die persönliche Fähigkeit des mit dem Besitze eines Landgutes verbundenen Patronatsrechtes jetzt durch jede strafrechtliche Verurteilung wegen Betruges verloren? (P.) **43**, 361. — 6) Erstreckt sich die Patronatsbaulast auch auf ein infolge der Errichtung einer zweiten Predigerstelle nötig gewordenes besonderes Diakonatshaus? (P.) **45**, 208. — 7) Ist nach einem beendeten Kirchen- oder Pfarrhausbau der Rechtsweg für den vom Patron zu leistenden Beitrag zulässig, wenn über die unter den Parteien streitige Notwendigkeit des Baues von der Bezirksregierung noch nicht entschieden ist? Wenigstens dann, wenn die Kosten des Baues den Betrag von 150 ℳ nicht übersteigen? (P.) **50**, 311.

Pension. 1) Kommt bei der Berechnung der Dienstzeit eines Reichsbeamten für die Pension dessen Urlaubszeit in Anrechnung? **41**, 111. — 2) Rückwirkung der Vorschriften des Reichsbeamtengesetzes über den Beginn der für die Höhe der Pension maßgebenden Dienstzeit. **43**, 132. — 3) Berechnung der für die Höhe der Pension maßgebenden Dienstzeit der Lehrer an öffentlichen Anstalten. (P.) **42**, 165. — 4) Ist auf die Berechnung der für die Höhe der Pension maßgebenden Dienstzeit eines Kreisschulinspektors, der früher Lehrer war, der § 13 der Verordnung vom 28. Mai 1846 anwendbar? (P.) **42**, 169. — 5) Voraussetzungen des Anspruches eines Reichsbeamten auf Pension wegen einer Anstellung im Nebenamte. **43**, 129. — 6) Regelt das Reichsbeamtengesetz einheitlich und erschöpfend die Pensionsrechte der Reichsbeamten dem Reiche gegenüber für das ganze Reich? **43**, 131. — 7) Ist die Dienstunfähigkeit eines Reichsbeamten, der aus § 1 Abs. 1 des Reichsfürsorgegesetzes Pensionsansprüche erhebt, durch die vorgesetzte Dienstbehörde nach dem R.B.G. von 1873 oder im Rechtswege durch die Gerichte festzustellen? **44**, 35. — 8) Kann ein preußischer Gerichtsvollzieher, der Militärinvalide ist, die Fortzahlung seiner Invalidenpension fordern? **44**, 85. — 9) Können Beamte ihre Pension wirksam verpfänden oder anweisen? Gendarmen oder Oberwachtmeister der Landgendarmerie? (P.) **44**, 190. — 10) Unterliegt die Pension der Gendarmen und Oberwachtmeister der Landgendarmerie denselben Grundsätzen wie bei den Beamten? **44**, 192. — 11) Setzt der § 65 Abs. 4 der preußischen Städteordnung vom 30. Mai 1853 eine anderweite Anstellung im preußischen Staats- oder Gemeindedienste voraus? (P.) **44**, 203. — 12) Ist der Rechtsweg für Streitigkeiten über das Ruhen der schon festgesetzten Pension eines Gemeindebeamten zulässig? (P.) **44**, 204. — 13) Ist die Civilpension eines aus dem Reichsbankdienste pensionierten Militärpensionärs um den Betrag seiner gesetzlichen Invalidenpension zu kürzen? **45**, 123. — 14) Ist im § 65 der preußischen Städteordnung vom 30. Mai 1853 unter „Gemeindedienst" nur ein solcher in Preußen oder auch in einem anderen deutschen Bundesstaate zu verstehen? (P.) **45**, 306. — 15) Verfolgung von Pensionsansprüchen aus dem R.B.G. vom 31. März 1873; „Entscheidung" im Sinne des § 150. **47**, 41. — 16) Wann beginnt der Lauf der Dienstzeit für die Berechnung der Pension der Beamten in Preußen? **47**, 283. — 17) Die Vorschrift des § 19 Abs. 1 Nr. 2 des Pensionsgesetzes von 1872 betrifft nur Zeitabschnitte, die hinter der Beeidigung des Beamten zurückliegen, und nur einzelne Beamtenkategorien. (P.) **47**, 288. — 18) Was ist unter „Civildienst des Reiches" im § 106, was in den §§ 107. 108 des Reichsmilitärpensionsgesetzes zu verstehen? **45**, 133. — 19) Was ist „Institutendienst" im Sinne der §§ 107. 108 des Reichsmilitärpensionsgesetzes? **45**, 137. — 20) S. auch Berginvalide.

Pensionskasse. Kann für sie der Regierungspräsident statt des statutenmäßigen Kuratoriums ein anderes Vertretungsorgan bestellen? (P.) **46**, 221.

Perfektion der Verträge. 1) Perfektion eines Kaufvertrages, gehindert durch ein Mißverständnis über die Zahlungsmodalitäten. (P.) **41**, 330,

— 2) S. auch Abwesende, Vertragsangebot, Vorvertrag und Syst. Reg. §§ 111 und (Handelsrecht) 245.

Persona legitima standi in judicio. S. Prozeßfähigkeit.

Personalservituten. S. Syst. Reg. § 67.

Personalstatuten. S. Syst. Reg. § 7.

Personen. S. Syst. Reg. §§ 19. 20.

Personenvereine. S. Vereine.

Persönliche Rechte. S. Cessibilität, Persönlichkeit.

Persönlichkeit. Wird durch die Veröffentlichung von Briefen einer Person in deren allgemeines Recht der Persönlichkeit eingegriffen? Ist ein Verbietungsrecht daraus vererblich? **41**, 49.

Pertinenz. 1) Wie ist die Zubehöreigenschaft der bei einer Zwangsversteigerung mehrerer Grundstücke mitveräußerten Mobilien zu bestimmen, wenn die mehreren Grundstücke zusammen ein Fabriketablissement gebildet haben? (P.) **41**, 317. — 2) Voraussetzungen, unter denen der Käufer von Zubehör und Früchten eines mit Hypotheken oder Grundschulden belasteten Landgutes im Falle absichtlicher Verschleuderung des Inventars für den Ausfall einer Hypothek ersatzpflichtig ist. (P.) **42**, 170. — 3) Voraussetzungen der Schadensersatzpflicht dessen, der die Hypothekengläubiger durch die Entfernung von beweglichen Sachen schädigt, die diesen als Zubehör des Grundstückes haften. (P.) **44**, 186. — 4) Unterliegen die an den Zwangsverwalter gezahlten und von ihm hinterlegten Pachtgelder dem dinglichen Rechte der Hypothekengläubiger? (P.) **44**, 310. — 5) Ist die Wirksamkeit einer vor 1900 vollzogenen Pfändung von Zubehör eines Landgutes seit dem 1. Januar 1900 nach dem neuen Rechte zu beurteilen? **46**, 171; **50**, 72. — 6) Wenn das neue Recht Sachen, die bisher nicht Zubehör eines Grundstückes waren, die Zubehöreigenschaft verleiht, so treten sie zwar mit dem Inkrafttreten des neuen Rechtes in die Haftung für die Hypothek ein, aber belastet mit dem durch eine bisher zulässige Pfändung begründeten Pfandrechte. **46**, 174. — 7) Können die dem Eigentümer eines Restaurationsgrundstückes gehörigen, auf einem zugepachteten Seegrundstücke befindlichen, zum Gebrauche der Besucher des Grundstückes bestimmten Gondeln Zubehör des Restaurationsgrundstückes sein? **47**, 197. — 8) Können Sachen, die dem Vertriebe der im Betriebe gewonnenen Produkte eines zum gewerblichen Betriebe eingerichteten Grundstückes dienen, dessen Zubehör sein? **47**, 199. — 9) Sind Pferde Zubehör eines zum Brauereibetriebe eingerichteten Grundstückes auch dann, wenn sie nur zum Vertriebe des dort erzeugten Bieres gehalten werden? (P.) **47**, 262. — 10) Sind bei einem nur zum Teil für einen Gewerbetrieb eingerichteten Gebäude die dem Betriebe bestimmungsgemäß dienenden Geräte Zubehör des Grundstückes? **48**, 207. — 11) Wie muß der Besitz eines Dritten an dem s. g. thatsächlichen Zubehör beschaffen sein, wenn er bewirken soll, daß es vom Zuschlage nicht mit ergriffen wird? (P.) **49**, 253. — 12) Voraussetzungen für das Recht des Hypothekengläubigers, der Entfernung von Zubehörstücken entgegenzutreten. **50**, 68

Pfandbarkeit. S. Pfändung.

Pfandbesitz. 1) Schadensersatz nach § 91 A.L.R. I. 6 wegen unbefugten Gebrauches der Pfandsachen durch den Pfandgläubiger, auch im Falle des Anspruches des Pächters auf Herausgabe der von ihm eingebrachten Sachen. (P.) **44,** 266. — 2) Ist ein nach preußischem A.L.R. begründetes, mit einer Hypothek verbundenes, antichretisches Pfandrecht mit dem Inkrafttreten des B.G.B. weggefallen? **47,** 57. — 3) Finden die §§ 561 Abs. 2. 581 Abs. 2 B.G.B. auf das vor 1900 entstandene Pfandrecht des Vermieters und Verpächters Anwendung? **49,** 57.

Pfandnutzungsrecht. S. Antichresis.

Pfandrecht. 1) Keine Pflicht des Pfandgläubigers, den Pfandgegenstand durch einen anderen, wenn auch gleichartigen, ersetzen zu lassen. **41,** 33. — 2) Umfang der Pflicht des Pfandnehmers von Inhaberpapieren, die Verfügungsbefugnis des Verpfänders zu prüfen. **41,** 207. — 3) Ist man redlicher Pfandnehmer von Inhaberpapieren, wenn man aus grober Fahrlässigkeit nicht wußte, daß die Papiere schon vorher einem Dritten verkauft, aber noch nicht übergeben waren? (P.) **41,** 210. — 4) Pfandrecht an den Dividenden durch Verpfändung von Namensaktien, für die besondere Dividendenscheine nicht ausgegeben sind. (G.) **42,** 155. — 5) Erwirbt der Centralbankier an Wertpapieren, die im Auftrage des Lokalbankiers zunächst für fremde Rechnung angeschafft waren, durch dessen spätere Anweisung, sie in das Effektenkonto der für seine eigene Rechnung angeschafften zu übertragen, und deren Befolgung ein Pfandrecht? **41,** 34. — 6) Dauert das Pfandrecht an einer Hypothek fort, wenn der Pfandgläubiger zwar durch Zahlung eines Dritten befriedigt worden ist, später aber das Empfangene an den Dritten hat zurückzahlen müssen? Rechtsstellung dessen, der nach der Zahlung die Hypothek erworben hat, wenn zur Zeit des Erwerbes die Verpfändung im Grundbuche noch nicht gelöscht war. (P.) **43,** 349. — 7) Hat der Spediteur an dem nach dem Flußtransporte an ihn gelangten Gute ein Pfandrecht wegen seiner früheren Auslagen, wenn der Absender den vom Schiffer ohne diese Auslagen gezeichneten Ladeschein dem gutgläubigen Ladungsempfänger ausgehändigt hatte? **44,** 116. — 8) Das Recht des Verpächters an den vom Pächter eingebrachten Sachen ist ein wahres Pfandrecht. (P.) **44,** 267. — 9) Schadensersatz nach § 91 A.L.R. I. 6 wegen unbefugten Gebrauches der Pfandsachen durch den Pfandgläubiger. (P.) **44,** 266. — 10) Wirksamkeit einer in Holland an einem holländischen Flußschiffe bestellten Hypothek, wenn das Schiff in Deutschland gepfändet und zur Zwangsversteigerung gebracht wird. Ihr Rang gegenüber einem jüngeren, in Deutschland aus einem Zusammenstoße entstandenen Schiffspfandrechte. (P.) **45,** 276. — 11) Finden die §§ 561 Abs. 2. 581 Abs. 2 B.G.B. auf die vor 1900 entstandenen Pfandrechte des Vermieters und Verpächters Anwendung? **49,** 57. — 12) Hypothek und Grundschuld. S. diese Wörter.

Pfändung. 1) Bedeutung und Wirkung einer im Falle des § 739 (840 n. F.) C.P.O. vom Drittschuldner abgegebenen Erklärung, daß er die Forderung als begründet anerkenne und Zahlung zu leisten bereit sei. **41**, 420. — 2) Wie muß in einem Pfändungsbeschlusse der Drittschuldner bezeichnet werden? **42**, 325. — 3) Ist im Falle der Pfändung eines Miterbenanspruches ein Drittschuldner vorhanden? (P.) **42**, 329. — 4) Kann die Zustellung des Pfändungsbeschlusses an den Drittschuldner den Mangel seiner Bezeichnung im Beschlusse ersetzen? **42**, 330. — 5) Kann der Konkursverwalter eine Pfändung deshalb als ungültig angreifen, weil der Gemeinschuldner schon vor der Pfändung die Pfandsachen an Dritte verkauft hatte? **42**, 343. — 6) Ist der auf Aufhebung der Pfändung gegen den pfändenden Gläubiger klagende Konkursverwalter ein Dritter im Sinne des § 690 (771 n. F.) C.P.O.? **42**, 344. — 7) Ist die Interventionsklage aus § 690 (771 n. F.) C.P.O. gegen die Pfändung von Forderungen zulässig? **43**, 403; **49**, 347. — 8) Kann ein etwaiger Anspruch des Adressaten eines Geldbriefes gegen die Postanstalt gepfändet werden? **43**, 100. — 9) Hat der dritte Eigentümer der bei dem Schuldner gepfändeten und unauffindbar gewordenen Geldstücke einen Anspruch gegen den durch das Geld befriedigten Gläubiger? **43**, 179. — 10) Ist bei Vornahme der Pfändung der Gerichtsvollzieher Vertreter des Gläubigers? **43**, 180. — 11) Wird die vorläufige außergerichtliche Pfändung einer Geldforderung — § 744, jetzt 845, C.P.O. — dadurch unwirksam, daß die nachfolgende gerichtliche Pfändung der Konkursanfechtung unterliegt? **42**, 365. — 12) Wirkung der Pfändung des Anspruches auf Teilung einer Gütergemeinschaftsmasse. Kann der Anspruch zur Einziehung überwiesen werden? (F.) **43**, 375. — 13) Wie ist nach dem Zuschlage des subhastierten Grundstückes die Pfändung der Eigentümerhypothek zu bewirken? **43**, 427. — 14) Giebt es bei der Eigentümerhypothek einen Drittschuldner im Sinne der §§ 730. 744 (829. 845) C.P.O.? **43**, 429. — 15) Kann die Eigentümerhypothek Gegenstand einer Vorpfändung nach § 744 (845 n. F.) C.P.O. sein? **43**, 431. — 16) Welche Wirkung hat die vom Schuldner wegen Konkurrenz mehrerer Cessionen mit mehreren Pfändungen vorgenommene Hinterlegung des ganzen Schuldbetrages gegenüber dem ursprünglichen Gläubiger? Eröffnung des Verteilungsverfahrens über den ganzen hinterlegten Betrag. **49**, 357. — 17) Pfändung von Früchten auf dem Halme. Was ist unter „gewöhnliche Zeit der Reife" zu verstehen? **42**, 382. — 18) Kann nach § 36 Ziff. 3 C.P.O. auch für die Pfändung einer mehreren Schuldnern gemeinschaftlichen Forderung das zuständige Gericht bestimmt werden? **44**, 418. — 19) Wirksamkeit einer in Holland an einem holländischen Flußschiffe bestellten Hypothek, wenn das Schiff in Deutschland gepfändet und zur Zwangsversteigerung gebracht wird? (P.) **45**, 276. — 20) Ist die Wirksamkeit einer vor 1900 vollzogenen Pfändung von Zubehörstücken seit dem 1. Januar 1900 nach dem neuen Rechte zu beurteilen? **46**, 173; **50**, 72. — 21) Unter welchen Voraussetzungen ist eine Vollstreckungspfändung als Rechtshandlung des Schuldners nach § 3 Ziff. 1 R.A.G. anfechtbar? Verschaffung des Vollstreckungstitels. **47**, 223. — 22) Kann gegenüber der Pfändung des Anspruches auf Herausgabe einer beweglichen Sache die Interventionsklage aus § 771 C.P.O. n. F. auf das Eigentum an der Sache gestützt werden? **48**, 295. — 23) Hört der Erfüllungsverzug durch eine Arrestpfändung der Forderung auf? (G.) **49**, 201. — 24) Kann der Gläubiger, dessen Forderung gepfändet und zur Einziehung überwiesen ist, gegen den Drittschuldner auf Zahlung an den Pfändungspfandgläubiger klagen? (G.) **49**, 203. — 25) Bedurfte es zur Wirksamkeit der Pfändung eines vor 1900 im Gebiete des A.L.R. angefallenen Erbteiles der Zustellung eines Verbotes an die Miterben als Drittschuldner? (P.) **49**, 405. — 26) Macht es einen Unterschied, ob als Gegenstand der Pfändung das Erbrecht, der Erbteil oder der Anspruch des Schuldners auf Teilung bezeichnet ist? **49**, 408. — 27) Unter welchen Umständen können Einwendungen gegen die Gültigkeit einer Pfändung von einem Dritten erhoben werden? **50**, 68. — 28) Ist die Pfändung hinterlegter Brandversicherungsgelder, gegenüber einer später eingeleiteten Subhastation des Grundstückes wirksam? (P.) **41**, 203.

Pfändungsbeschluß. 1) Wie muß in ihm der Drittschuldner bezeichnet werden? **42**, 325. — 2) Kann die Zustellung des Pfändungsbeschlusses an den Drittschuldner den Mangel der Bezeichnung des Drittschuldners in dem Beschlusse ersetzen? **42**, 330.

Pfändungspfandrecht. S. Pfändung, Vollstreckungspfandrecht.

Pfarrgebäude. Erstreckt sich die Patronatsbaulast auch auf ein infolge der Errichtung einer zweiten Predigerstelle nötig gewordenes besonderes Diakonatshaus? (P.) **45**, 208.

Pferd. 1) Sind Pferde Zubehör eines zum Brauereibetriebe eingerichteten Grundstückes auch dann, wenn sie nur zum Vertriebe des in der Brauerei erzeugten Bieres gehalten werden? (P.) **47**, 262. — 2) Ist der § 833 B.G.B. anwendbar, wenn die vor den Wagen gespannten Pferde der Leitung des Kutschers folgen und so durch den Wagen ein Mensch verletzt wird? **50**, 180.

Pflegebefohlene. Voraussetzung bezw. Umfang des ihnen im § 54 (61 n. F.) Ziff. 5 K.O. beigelegten Vorrechtes. **42**, 21; **45**, 156.

Pfleger. 1) Kann der Vater über ausstehende Forderungen eines minderjährigen Kindes, die diesem zur Sicherheit besonders verschrieben sind, mit Einwilligung des Vormundschaftsgerichtes gültig verfügen, oder ist die Bestellung eines Pflegers nötig? (P.) **41**, 227. — 2) Ist der für den ruhenden Nachlaß bestellte Pfleger oder Kurator gegenüber Vermächtnisklagen passiv legitimiert? (P., G.) **43**, 153. — 3) Kann dem Nachlaßpfleger oder den von ihm vertretenen unbekannten Erben das Armenrecht bewilligt werden? **50**, 394. — 4) Der Nachlaßpfleger hat keine eigene Parteistellung kraft Amtes, er ist vielmehr gesetzlicher Vertreter der unbekannten Erben. **50**, 395. — 5) Zulässigkeit eines von dem Pfleger des zu Entmündigenden gestellten Entmündigungsantrages. (P.) **45**, 179.

Pflichtteil. 1) Ist der Vater zur Enterbung des Kindes bis auf die Hälfte des Pflichtteiles für den Fall berechtigt, daß es gegen das letztwillige Verbot des Vaters nach dessen Tode sich mit einer bestimmten Person verheiratet? (P.) **42**, 274. — 2) Hat, falls ein unter väterlicher Gewalt stehendes Kind ohne Genehmigung des Vaters eine Ehe schließt, dieser das Recht, die Ehe als ungültig anzufechten und das Kind bis auf die Hälfte des Pflichtteiles zu enterben, oder nur eines von diesen? (P.) **42**, 267. — 3) Rechtliche Natur der Erbeinsetzung auf den Pflichtteil bezw. des Vermächtnisses des Pflichtteiles. (P.) **42**, 328. — 4) Finden die Grundsätze der exheredatio bona mente Anwendung, wenn der Noterbe zwar auf den Pflichtteil eingesetzt, aber in seinem wahren Interesse für seine Lebenszeit durch Anordnung einer Verwaltung auf die Einkünfte aus dem Pflichtteile beschränkt ist? (G.) **45**, 174. — 5) Hat der Pflichtteilsberechtigte, der nicht Erbe ist, das Recht des § 2314 B.G.B. auf Auskunftserteilung auch gegen den Testamentsvollstrecker? **50**, 225. — 6) Kann der Pflichtteilsberechtigte, der es erst nach der Errichtung des Testamentes geworden ist, dieses anfechten, wenn ihm darin ohne Rücksicht auf die sein Pflichtteilsrecht demnächst begründenden Umstände eine Zuwendung gemacht ist? (§ 2079 B.G.B.) **50**, 238.

Pflichtteilsberechtigter. S. Pflichtteil.

Photographische Aufnahme. Anspruch auf Vernichtung einer widerrechtlich erlangten photographischen Aufnahme. Ist er im Konkurse als Aussonderungsanspruch zu behandeln? (G.) **45**, 170.

Poenae secundarum nuptiarum. S. Syst. Reg. § 192.

Police. 1) Berechnung der Stempelsteuer für Versicherungspolicen, die sich über mehrere Jahre erstrecken. (P.) **41**, 245. — 2) Wonach bestimmt sich bei einer laufenden Police das Alter der Versicherung der einzelnen Gegenstände? **44**, 34. — 3) Unterliegen Versicherungspolicen bezw. deren Verlängerungen dem vollen tarifmäßigen Stempel auch dann, wenn sie für einen subjektiv von der Stempelsteuer befreiten Versicherten ausgestellt werden? (P.) **46**, 216. — 4) Kommt ein Versicherungsvertrag zustande, wenn die Unterzeichnung der Police und ihre Aushändigung an den Antragsteller durch den zwar zu diesen Handlungen, aber nicht ausdrücklich zum Vertragsabschlusse beauftragten Agenten geschehen? **50**, 75. — 5) Findet bei Versicherungsverträgen und Bestätigungen der Schlesischen Provinzial-Landfeuersocietät, die bewegliche Sachen im Werte von mehr als 3000 ℳ betreffen, die Befreiung 2 der Tarifnummer 70 des Stempelgesetzes von 1895 Anwendung? (P.) **43**, 248. — 6) Sind schriftliche Veränderungsgenehmigungen, die im Falle des Wechsels des Eigentümers von der Feuerversicherungsgesellschaft ausgestellt werden, nach § 70 des Gesetzes vom 31. Juli 1895 zu verstempeln? (P.) **44**, 323. — 7) Versicherung gegen Einbruchsdiebstahl; Bedeutung und Wirkung der Policeklausel, die die Wirksamkeit von der Beobachtung gewisser Sicherungsmaßregeln durch den Versicherten abhängig macht. (P.) **49**, 290.

Polizei. Polizeiverfügung. 1) Unterschied zwischen Polizeiverfügung und Polizeiverordnung. (P.) **45**, 271. — 2) Finden ein nach § 12 des Straßengesetzes von 1875 erlassenes Ortsstatut und die entsprechende Polizeiverordnung auch auf Wohngebäude Anwendung, deren Errichtung schon vorher mit polizeilicher Erlaubnis begonnen war? (P.) **46**, 283. — 3) Kann wegen eines ohne Rechtsgrund erlassenen polizeilichen Bauverbotes nach dessen Aufhebung Entschädigung nach den Grundsätzen des Enteignungsrechtes verlangt werden? (P., F.) **46**, 286. — 4) Wann liegt in der Genehmigung eines Bauplanes eine polizeiliche Verfügnng im Sinne des Gesetzes vom 11. Mai 1842? (P.) **46**, 301.

Polizeigesetz. Polizeiverordnung. 1) Besteht auch dann die Vermutung des § 26 A.L.R. I. 6, wenn auch der Beschädigte ein auf Schadensverhütung abzielendes Polizeigesetz vernachlässigt hat, oder wenn ihm selbst ein grobes Verschulden zur Last fällt? (P.) **43**, 369. — 2) Pflicht des Richters, zu ermitteln, ob eine inländische Polizeiverordnung gehörig verkündet ist. **43**, 318. — 3) Erstreckt sich die Erkundigungspflicht der Einwohner des Staates nach § 12 Einl. z. A.L.R. auch auf örtliche Polizeiverordnungen? (P.) **44**, 275. — 4) Kann daraus, daß durch Polizeiverordnung der Anschluß an die städtische Wasserleitung angeordnet ist, ein Schadensanspruch der Grundeigentümer gegen die Stadtgemeinde hergeleitet werden? (P.) **45**, 251. — 5) Unterschied zwischen Polizeiverordnung und Polizeiverfügung. (P.) **45**, 271. — 6) Ist eine im Geltungsbereiche des Publikandums vom 29. April 1772 erlassene Polizeiverordnung gültig, nach der die im städtischen Schlachthofe für gesundheitsschädlich erklärten Teile eines Schlachtviehes nicht an den Abdecker abgeliefert, sondern vernichtet werden sollen? (P.) **42**, 267. — 7) Wird auch ohne persönliches Verschulden für den durch die Verletzung eines Polizeigesetzes verursachten Schaden gehaftet? (P.) **47**, 329. — 8) Bezieht sich der § 366 Nr. 9 R.St.G.B. nur auf bewegliche Gegenstände oder auch auf mit dem Boden dauernd verbundene Anlagen? **47**, 329. — 9) Sind auf Grund des § 78 R.U.V.G. vom 6. Juli 1884 von den Berufsgenossenschaften erlassene Unfallverhütungsvorschriften Polizeigesetze im Sinne des § 26 A.L.R. I. 6? (P.) **48**, 327. — 10) Ist der § 120a R.G.O. ein Polizeigesetz im Sinne des § 26 A.L.R. I. 6? (P.) **48**, 327.

Polizeikosten. Unter welchen Voraussetzungen gehören die Kosten der Zwangsheilung der aus dem Polizeigefängnisse dem öffentlichen Krankenhause zugeführten Prostituierten zu den vom Staate zu tragenden Kosten der örtlichen Polizeiverwaltung in den Städten, in denen diese von einer Königlichen Behörde geführt wird? (P.) **42**, 211.

Polizeiverordnung. S. Polizeigesetz.

Polizeiverwaltung. S. Polizeikosten.

Post. 1) Bedarf nach der preußischen Städteordnung von 1853 der Bürgermeister zur Empfangnahme eines an die Stadt adressierten Geldbriefes einer ihn ermächtigenden Postvollmacht? (P.) **44**, 303. — 2) Hat der Adressat einen Anspruch auf Auslieferung der Postsendung? **43**, 98. — 3) Kann der Anspruch gegen die Post auf Auslieferung einer Postsendung gepfändet werden? **43**, 100. —

4) Wirkung der Unverletzlichkeit des Briefgeheimnisses. **43**, 100. — 5) Muß der Gerichtsschreiber die Post unmittelbar um Bewirkung der Zustellung ersuchen, wenn diese unter seiner Mitwirkung erfolgen soll, und es in dem an ihn gerichteten Antrage ausdrücklich verlangt wird? **46**, 323. — 6) Ende des Posttransportes, wenn das Poststück nach der Ankunft am Bestimmungsorte wegen möglicher Zollpflicht nicht an den Adressaten ausgeliefert, sondern der Zollverwaltung übergeben wird? (G.) **48**, 257. — 7) S. auch Postanweisung.

Postanweisung. 1) Ist der eine Postanweisung auf Grund eines Posteinlieferungsbuches annehmende Postbeamte verpflichtet, die Übereinstimmung des Buches und der Postanweisung in Ansehung der Adresse zu prüfen? **41**, 102. — 2) Ist die Postverwaltung, wenn diese Prüfung unterbleibt, und infolgedessen die Auszahlung des Geldes an eine andere als die im Einlieferungsbuche bezeichnete Person erfolgt, dem Absender zum Ersatze des Schadens verpflichtet? **41**, 105 — 3) Wer ist Mitkontrahent der Post, wenn die Postanweisung gegen einen Einzelschein, und wer, wenn sie gegen die Bescheinigung im Posteinlieferungsbuche angenommen wird? **41**, 107.

Posteinlieferungsbuch. S. Postanweisung.

Posthilfsbote, ständiger. Hat er, wenn unter Vorbehalt der Kündigung diätarisch angestellt, im Falle der Verhinderung durch Krankheit Anspruch auf Fortgewährung der Diäten? **48**, 1.

Postordnung vom 11. Juni 1892. Sie hat die rechtliche Natur und Wirksamkeit einer allgemeinen Rechtsnorm. **43**, 99.

Postschein. Hat der Gerichtsvollzieher die Zwangsvollstreckung einzustellen, wenn ihm ein Postschein vorgelegt wird über einen Betrag, der zwar die im Vollstreckungstitel bezeichnete Forderung, aber nicht die Zwangsvollstreckungskosten deckt? **49**, 399.

Postsendung. S. Post.

Präjudizialklage. Präjudizialurteil. S. Syst. Reg. § 313.

Präjudizialpunkt. Präjudizialverhältnis. Ist der Rechtsweg zulässig, wenn nur das dem Rechtswege entzogene Präjudizialverhältnis streitig ist, alle übrigen Klagebehauptungen aber unstreitig sind? **48**, 333.

Präklusion. S. Syst. Reg. § 47.

Präklusivfrist. 1) Beginn der Frist des § 41 Abs. 2 E.E.G., wenn die durch nicht prompte Zinszahlung bedingte Kündigung vor Ablauf der für die Zinszahlung bestimmten äußersten Frist erfolgt ist? (P.) **41**, 326. — 2) Unterschied zwischen Präklusivfrist und Verjährung. **48**, 163. — 3) Ist der Art. 169 Abs. 1 S. 1 E.G. z. B.G.B. über Verjährungsvorschriften auch auf Ausschlußfristen zu beziehen? **48**, 157. — 4) Bezieht sich die einjährige Frist des § 61 Abs. 4 der Verkehrsordnung für die Eisenbahnen Deutschlands von 1892 auch auf den Frachtzuschlag des § 53 Abs. 8? **47**, 35.

Prälegat. S. Vermächtnis.

Präsentationsfrist. Hat der Kirchenpatron, wenn ohne seine Schuld der von ihm präsentierte Prediger nicht bestätigt wird, ein Recht auf Erneuerung

provision ein Entgelt im Sinne des § 7 Abs. 2 (jetzt § 8 Abs. 2) des Reichsstempelgesetzes sein? **47**, 15.

Prorogation. Ist eine Widerklage, auch ohne die Voraussetzung des § 33 C.P.O. zulässig, wenn die Voraussetzungen der Prorogation für sie vorliegen? **46**, 424.

Prospekt. Wann liegt grobes Verschulden der Urheber eines Prospektes im Sinne des § 43 des Börsengesetzes von 1896 vor? Art und Umfang des Schadensersatzes in solchem Falle. **46**, 83.

Prostituierte. Unter welchen Voraussetzungen gehören die Kosten der Zwangsheilung der aus dem Polizeigefängnisse dem öffentlichen Krankenhause zugeführten Prostituierten zu den vom Staate zu tragenden Kosten der örtlichen Polizeiverwaltung in den Städten, in denen diese von einer Königlichen Behörde geführt wird? (P.) **42**, 211.

Protest. S. Wechselprotest.

Protestkosten. Wechselanspruch des Trassanten und des ersten Nehmers eines eigenen Wechsels gegen den Acceptanten bezw. den Aussteller eines eigenen Wechsels auf Ersatz der Kosten des zur Erhaltung des Wechselrechtes nicht erforderlichen Protestes. **41**, 127.

Protokoll. 1) Form der in das Protokoll über die Testamentserrichtung nach § 2241 Nr. 2 B.G.B. aufzunehmenden „Bezeichnung der bei der Verhandlung mitwirkenden" Gerichtspersonen. Genügt ihre Unterschrift? **50**, 16. — 2) Muß nach § 2242 B.G.B. auch die Angabe über Ort und Tag der Verhandlung vorgelesen und genehmigt, auch im Protokolle bei Meidung der Nichtigkeit des Testamentes festgestellt werden, daß dies geschehen ist? **50**, 215.

Provinz. Bedeutung dieses Ausdruckes im § 183 A.L.R. I. 11. (P) **44**, 246.

Provision. 1) Der Wechselanspruch des Trassanten und des ersten Nehmers eines eigenen Wechsels umfaßt nicht $1/3$% Provision; diese kann aber der Regreßberechtigte auch von dem Acceptanten einer Tratte und dem Aussteller eines eigenen Wechsels fordern. **41**, 127. — 2) Maklerprovision. S. Makler.

Provisorische Verfügung. S. Einstweilige Verfügung und Einstweilige Anordnung.

Prozeß, ungerechter. S. Syst. Reg. § 164.

Prozeßbevollmächtigter. Prozeßvollmacht. 1) Vertretung des ausländischen Patentinhabers durch den nach § 12 des Patentgesetzes zu bestellenden Vertreter auch in einem wegen Verletzung fremden Patentes gegen jenen erhobenen Prozesse? **42**, 92. — 2) Ist der Rechtsanwalt verpflichtet, sein Mandat niederzulegen, wenn er als Notar entgegengesetzten Interessen gedient hat. (P.) **43**, 262. — 3) Muß im Falle des § 25 A.L.R. I. 13 der Bevollmächtigte, wenn er den Auftrag behält, ohne dem Auftraggeber Anzeige zu machen, den durch die Unterlassung der Anzeige oder den durch das Behalten des Auftrages entstandenen Schaden ersetzen? (P.) **43**, 262. — 4) Ist nach einem Beweisaufnahmetermine eine Beschwerde darüber zulässig, daß der Bevollmächtigte der Partei zu diesem Termine nicht zugelassen worden sei, weil er seine Vollmacht nicht nachgewiesen habe? **43**, 425. — 5) Wird durch die Erkrankung des zum Prozeßbevollmächtigten bestellten Rechtsanwaltes ein Wechsel in dessen Person im Sinne des § 87 (91 n. F.) C.P.O. notwendig? **44**, 427. — 6) Ist eine einstweilige Verfügung dem Gegner selbst oder dessen Bevollmächtigtem für den Hauptprozeß zuzustellen? **45**, 364. — 7) Legitimation des Prozeßbevollmächtigten im Eheprozesse (§ 613 C.P.O. n. F). **45**, 419. — 8) Finden die §§ 80. 88. 613 C.P.O. n. F. auch auf einen Armenanwalt Anwendung? **47**, 413. — 9) Stillschweigende nachträgliche Genehmigung der Prozeßführung durch die Partei im Sinne des § 89 Abs. 2 C.P.O. n. F. **47**, 415. — 10) Ist ein gerichtlicher Prozeßvergleich, den die Anwälte der Parteien vereinbart haben, auch für die Partei bindend, die nur mündlich Vollmacht erteilt hat? **49**, 345. — 11) Ermächtigt die Prozeßvollmacht zur Abgabe und zur Annahme einer Anfechtungserklärung nach § 143 B.G.B. im Prozesse? **48**, 222; **49**, 393. — 12) Kann der Rücktritt vom Vertrage (§ 349 B G.B.) im Prozesse rechtswirksam von dem Prozeßbevollmächtigten des Zurücktretenden gegenüber dem des Vertragsgegners erklärt werden? **50**, 143. — 13) Erlischt die Prozeßvollmacht, wenn das Verfahren infolge Todes der Partei ausgesetzt wird? **50**, 339. — 14) Ist der Prozeßbevollmächtigte zur Abgabe und zur Empfangnahme einer Aufrechnungserklärung in der mündlichen Verhandlung vor dem Prozeßgerichte befugt? **50**, 426. — 15) S. auch das folgende Wort.

Prozeßfähigkeit. Kann im Falle des Verlustes der Prozeßfähigkeit der Partei der Prozeßbevollmächtigte die Aussetzung des Verfahrens noch verlangen, nachdem er für den neuen gesetzlichen Vertreter der Partei aufgetreten ist und mündlich verhandelt hat? **46**, 379.

Prozeßgebühr. Steht dem Rechtsanwalt, wenn er auf getrennten Auftrag mehrfach in derselben Instanz Beweistermine wahrnimmt, eine erhöhte Prozeßgebühr zu? **47**, 412.

Prozeßgericht. Begriff des Prozeßgerichtes im Sinne des § 686 (767 n. F.) C.P.O. **45**, 343.

Prozeßgesetze. 1) Sind neue Prozeßgesetze regelmäßig auf ein schon anhängiges Verfahren anzuwenden? **48**, 405. — 2) Im übrigen s. Syst. Reg. §§ 283 flg.

Prozeßhindernde Einrede. 1) Kann gegen die Klage des einen Ehegatten gegen den anderen auf Unterhalt die Einrede der Unzuständigkeit des Gerichtes darauf gestützt werden, daß bei Erhebung dieser Klage schon die Ehescheidungsklage, namentlich bei einer anderen Abteilung des Gerichtes, anhängig war? **47**, 379. — 2) Ist die Einrede der Rechtshängigkeit begründet, wenn aus dem Reichshaftpflichtgesetze auf Entschädigung geklagt, in erster Instanz auf Zahlung einer Rente erkannt, auch vom Beklagten Berufung eingelegt ist, und dann, bevor über diese entschieden ist, der Verletzte eine neue Klage wegen desselben Unfalles erhebt? **47**, 405. — 3) Begründet der Prozeß gegen eine offene Handelsgesellschaft wegen einer Gesellschaftsschuld die Einrede der Rechtshängigkeit für den wegen derselben Schuld verklagten einzelnen Gesellschafter? **49,** 340. — 4) Einrede der Rechtshängigkeit auf Grund eines im Auslande anhängigen Rechtsstreites. **49,** 344. — 5) Ist, wenn gegen eine offene Handelsgesellschaft bei einem zuständigen Gerichte geklagt, und nach deren Auflösung einer der Gesellschafter zur Fortsetzung des Verfahrens geladen war, dieser, indem er seine Pflicht zur Übernahme der Parteirolle bestreitet, berechtigt, aus seiner Person die Einrede der örtlichen Unzuständigkeit vorzuschützen? **49,** 419. — 6) Unterliegt die Einrede des Schiedsvertrages der Beschränkung des § 528 Abs. 1 S. 1 C.P.O. n. F. auch dann, wenn das Verfahren in der ersten Instanz schon vor dem 1. Januar 1900 beendet war? **49,** 429. — 7) Muß die Rüge, daß die Klage nicht ordnungsmäßig zugestellt sei, vor der Einrede der Unzuständigkeit des Gerichtes geprüft werden? **44,** 350. — 8) Hat die Einrede der Rechtshängigkeit denselben Umfang wie die Einrede der rechtskräftig entschiedenen Sache? **50,** 419.

Prozeßkosten. S. Kosten.

Prozeßschrift. Muß die Unterschrift einer Prozeßschrift, namentlich einer Beschwerdeschrift, handschriftlich erfolgen, oder genügt ein Facsimile? **46,** 375.

Prozeßvergleich. S. Vergleich.

Prozeßvertreter. S. Prozeßbevollmächtigter.

Prozeßvollmacht. S. Prozeßbevollmächtigter.

Prozeßvoraussetzungen. 1) Genügt es, wenn sie, insbesondere auch die Zulässigkeit des Rechtsweges, erst in der Berufungsinstanz gegeben sind? **42,** 283. — 2) In welcher Reihenfolge ist über die Einrede der örtlichen Unzuständigkeit und über die Rüge nicht ordnungsmäßiger Zustellung der Klage zu entscheiden? **44,** 350. — 3) Darf sich das Gericht einer Entscheidung über die Zulässigkeit des Rechtsweges deshalb enthalten, weil es die materielle Streitfrage ebenso beurteilt wie die damit befaßt gewesene Verwaltungsbehörde? **45,** 379. — 4) Ist beim Nichterscheinen des Berufungsklägers eine nicht statthafte oder nicht form- oder fristgerechte Berufung durch kontradiktorisches oder durch Versäumnisurteil zu verwerfen? **46,** 373; **50,** 384. — 5) Wird durch Erhebung eines Klaganspruches, der dann wegen Fehlens einer Prozeßvoraussetzung abgewiesen wird, die Verjährung unterbrochen? (G.) **50,** 276.

Prozeßzinsen. S. Zinsen.

Publikandum vom 29. April 1772. Ist eine in seinem Geltungsbereiche erlassene Polizeiverordnung gültig, durch die im Widerspruche mit seiner Bestimmung, daß das beim Schlachten unrein befundene Vieh an den Abdecker abzuliefern sei, die Vernichtung der im städtischen Schlachthause für gesundheitsschädlich erklärten Teile angeordnet wird? (P.) **45,** 267.

Publikation. 1) Form der Verkündung ortsstatutarischer Anordnungen. (P.) **42,** 314. — 2) Pflicht des Richters, zu ermitteln, ob eine inländische Polizeiverordnung gehörig publiziert ist. **43,** 418. — 3) Form der Publikation der reichsrechtlichen Verordnungen des

Räumungsklage. Wer hat zu beweisen, wenn wegen Nichterfüllung des Vertrages auf Räumung geklagt wird, und der Gegner die rechtzeitige Erfüllung behauptet? (P.) **41**, 223; **45**, 359.

Rayon. Wieweit ist bei der richterlichen Festsetzung der Entschädigung für Festungsrayonbeschränkungen auf Erleichterungen Rücksicht zu nehmen, die erst nach der Festsetzung der Entschädigung durch die Verwaltungsbehörde eingetreten sind? **43**, 15.

Realgewerbeberechtigung. Gilt der Gerichtsstand des § 25 (24 n. F.) C.P.O. auch für die Klage, mit der eine Apothekengerechtigkeit als privilegierte geltend gemacht wird? (P.) **45**, 385.

Reallast. 1) Ist der Altenteil eine Reallast? (P.) **43**, 347. — 2) Hat die Rentenbankrente die rechtliche Natur der durch sie abgelösten Reallast? (P.) **44**, 243. — 3) Hat die von dem Käufer eines Trennstückes übernommene Verpflichtung, einen Teil der Gutslasten zu tragen, die Natur einer Reallast? (P.) **45**, 188. — 4) Ist der Besteller einer nach § 91 des Ablösungsgesetzes vom 2. März 1850 unwirksamen Reallast für die ihren Inhalt bildenden Leistungen persönlich haftbar? (P.) **45**, 192. — 5) Folgen der Ungültigkeit einer als Gegenleistung für die Überlassung eines Grundstückes vereinbarten Reallast. Auslegung des § 91 Schlußsatz des Ablösungsgesetzes. (P.) **45**, 193. — 6) Wird eine Holzungsgerechtigkeit von unbestimmtem Umfange dadurch in eine Reallast umgewandelt, daß sie nach § 235 A.L.R. I. 22 auf ein bestimmtes Holzdeputat festgesetzt wird? (P.) **48**, 323.

Realoblation. S. Annahmeverzug.

Realservitut. S. Grundgerechtigkeit.

Rechnung. Enthält die Einzahlung von Geld bei einem Bankhause für Rechnung eines anderen eine Anweisung oder einen Auftrag? Bis wann ist Widerruf zulässig? (P.) **45**, 236.

Rechnungsführer. Haftet der vom Betriebsunternehmer bestellte Rechnungsführer einer Betriebskrankenkasse wegen Veruntreuungen dem Betriebsunternehmer oder der Kasse oder beiden und worauf? **45**, 20.

Rechnungslegung. 1) Pflicht der Rechnungslegung über den aus Patentverletzungen gezogenen Gewinn. (G.) **46**, 17. — 2) Kann der nach § 15 des Warenzeichengesetzes Verletzte von dem zur Entschädigung Verpflichteten Rechnungslegung über den gemachten Gewinn fordern? **47**, 100.

Recht, subjektives. Begrenzung dieses Begriffes im Sinne des § 823 B.G.B. **48**, 124.

Recht zur Sache. Ist man redlicher Pfandnehmer von Inhaberpapieren, wenn man aus grober Fahrlässigkeit nicht wußte, daß die Papiere schon vor der Verpfändung einem Dritten verkauft, aber noch nicht übergeben waren? (P.) **41**, 210.

Rechtliches Gehör. 1) Versagung genügenden rechtlichen Gehöres durch Berücksichtigung von Umständen, die nicht Gegenstand der Verhandlung gewesen sind. **41**, 293. — 2) Anfechtung eines Schiedsspruches wegen Versagung des rechtlichen Gehöres. **47**, 424. — 3) Darf der Richter

Rechtskraft im materiellen Sinne. 1) Wann liegt für die Einrede der Rechtskraft das Erfordernis der Identität des früher abgeurteilten Anspruches mit dem später geltend gemachten vor? **41**, 128. — 2) Dem Hypothekengläubiger steht ein nur zwischen dem Eigentümer und dessen Rechtsvorgänger nach der Bestellung der Hypothek ergangenes Urteil, durch das ein Kaufvertrag nach Art. 1184 C. c. für aufgelöst erklärt, oder eine Schenkung nach Art. 954 C. c. als widerrufen anerkannt wird, nicht ohne weiteres entgegen. **42**, 392. — 3) Ist die gesetzliche Unterhaltspflicht der Geschwister mit dem Inkrafttreten des B.G.B. auch dann weggefallen, wenn sie schon vorher durch rechtskräftiges Urteil festgestellt war? **46**, 65. — 4) Steht einer Klage auf Schadensersatz wegen unerlaubter Handlung die Rechtskraft des durch diese Handlung erlangten Urteiles ebenso entgegen, wie einer Kondiktion? **46**, 75. — 5) Verhältnis der Vorklage des Acceptanten auf Herausgabe eines Wechsels zu der nachher gegen ihn im Wechselprozesse erhobenen Klage auf Bezahlung der Wechselschuld. Giebt das im Wechselprozesse erlassene Vorbehaltsurteil die Einrede der Rechtskraft gegen die noch anhängige Vorklage? **47**, 189. — 6) Macht das Urteil, das wegen Patentverletzung auf Unterlassung von Eingriffen in ein Patentrecht erkennt, hinsichtlich des Bestehens der Verletzung Rechtskraft für den Anspruch auf Entschädigung wegen Patentverletzung? **49**, 33. — 7) Umfang der Rechtskraft, wenn im Tenor nur über den einen Klagegrund bedingt endlich erkannt, der andere nur in den Entscheidungsgründen mißbilligt wird? (G.) **50**, 277. — 8) Begründet die in dem Beschlußverfahren nach § 732 C.P.O. n. F. ergangene Entscheidung die Einrede der Rechtskraft gegenüber der auf Ungültigkeit der Vollstreckungsklausel nach § 768 gerichteten Klage? **50**, 372. — 9) Ist die Einrede der Rechtskraft gegen den Anspruch auf Herausgabe eines Wechsels begründet, wenn der Anspruch darauf gestützt wird, daß der Wechselanspruch nicht entstanden sei, dieser aber inzwischen rechtskräftig festgestellt ist? **50**, 416. — 10) Hat die Einrede der Rechtshängigkeit denselben Umfang wie die Einrede der rechtskräftig entschiedenen Sache? **50**, 419. — 11) Steht, wenn einer Klage aus der zweiten Alternative des Art. 354 H.G.B. wegen Fehlens des Selbsthilfeverkaufes abgewiesen ist, der nach Vornahme des Selbsthilfeverkaufes aufs neue erhobenen Klage die Einrede der Rechtskraft entgegen? **41**, 63. — 12) Erfüllung eines Kaufvertrages durch Auflassung nach rechtskräftiger Abweisung der Klage auf Auflassung. (P.) **42**, 162. — 13) Wird durch ein rechtskräftiges Urteil, in dem unentschieden gelassen ist, ob der Klaganspruch an sich begründet ist, und die Klage auf Grund einer eventuell erklärten Aufrechnung abgewiesen ist, rechtskräftig festgestellt, daß dem Kläger die eingeklagte Forderung nicht zustehe? **42**, 362. — 14) Umfang der Rechtskraft im Falle der Abweisung der Klage wegen Mangels der Wechsellegitimation. **43**, 40. — 15) Einrede der Rechtskraft aus einem den Inkassomandatar abweisenden Urteile gegen einen neuen Inkassomandatar. **43**, 43. — 16) Wirkung des rechtskräftigen Urteiles oder der Eintragung in die

Konkurstabelle Dritten gegenüber. **46**, 8. — 17) Umfang der Rechtskraft im Falle der Abweisung einer Klage auf Löschung einer Hypothek. **46**, 10. — 18) Voraussetzungen der Einrede der rechtskräftig entschiedenen Sache. Abweisung der Verlöbnisklage, später Deflorationsklage. (G.) **49**, 204. — 19) Steht einer Klage die Einrede der Rechtskraft entgegen, wenn der Anspruch schon in einem früheren Prozesse geltend gemacht, aber abgewiesen worden ist, weil der Kläger die fehlende thatsächliche Begründung trotz der Aufforderung des Gerichtes nicht gegeben hatte? **50**, 379.

Rechtsmittel. 1) Ist ein Rechtsmittel des Beklagten gegen das die Klage abweisende Urteil zulässig, wenn diese nicht als unbegründet, sondern auf Grund der Einrede der Zahlung abgewiesen worden ist? **41**, 379. — 2) Wie ist ein nach Absicht des Gerichtes auf Grund des § 275 (303 n. F.) C.P.O. erlassenes, nach seinem Inhalte aber dem § 276 (304 n. F.) entsprechendes Zwischenurteil bezüglich der Rechtsmittel zu behandeln? **42**, 347. 395. — 3) Ist beim Nichterscheinen des Rechtsmittelbeklagten ein nicht statthaftes oder nicht form- oder fristgerechtes Rechtsmittel durch kontradiktorisches oder durch Versäumnisurteil als unzulässig zu verwerfen? **46**, 373; **50**, 384. — 4) S. im übrigen über die Zulässigkeit der Rechtsmittel überhaupt Syst. Reg. § 333a, Zulässigkeit der Berufung § 334, der Revision § 337, der Beschwerde § 341.

Rechtsmitteleinlegung. 1) Zustellung einer Rechtsmittelschrift von Anwalt zu Anwalt durch einen beim Rechtsmittelgerichte nicht zugelassenen Anwalt. **41**, 358. — 2) Ist unter der in der Rechtsmittelfrist erfolgten Anschließung auch die nur in einem zugestellten Schriftsatze erklärte anzusehen? **41**, 383. — 3) Kann die Einreichung der Berufungsschrift als Einlegung der allein zulässigen sofortigen Beschwerde angesehen werden und deren Notfrist wahren? **43**, 415. — 4) Zulässigkeit der Revisionseinlegung durch Telegramm in Auseinandersetzungssachen. (P.) **44**, 369. — 5) Wird die zur Ladung des Rechtsmittelbeklagten erforderliche Terminsbestimmung dadurch unnötig, daß der Rechtsmittelkläger den Gegner zu dem auf dessen Rechtsmittel bestimmten Termine ladet? **45**, 377. — 6) Wird die vom Rechtsmittelbeklagten in einem Schriftsatze erklärte Anschließung, wenn dieser in der Rechtsmittelfrist zugestellt wird, durch die Zustellung oder erst durch Verlesung in der mündlichen Verhandlung erhoben? **46**, 387. — 7) Förmlichkeiten des gegen notwendige Streitgenossen eingelegten Rechtsmittels, wenn ihnen vom Rechtsmittelkläger das Urteil zu verschiedenen Zeiten zugestellt ist. **49**, 427. — 8) Kann in Auseinandersetzungssachen die sofortige Beschwerde wirksam vor der Zustellung des anzufechtenden Beschlusses eingelegt werden? (P.) **50**, 352. — 9) Ist die vorgängige Zustellung der Rechtsmittelschrift notwendige Voraussetzung der vorläufigen Einstellung der Zwangsvollstreckung? **50**, 404. — 10) Ist beim Nichterscheinen des Rechtsmittelbeklagten das nicht form- oder fristgerecht eingelegte Rechtsmittel durch kontradiktorisches oder durch Versäumnisurteil zu verwerfen? **46**, 373; **50**, 384. — 11) Sind die beim Reichsgerichte zugelassenen Rechtsanwälte befugt, in dem Verfahren der §§ 28—33 des Patentgesetzes die Berufung bei dem Patentamte einzulegen? **47**, 395. — 12) Ist auch außer den Fällen des § 577 Abs. 4 in Verbindung mit § 576 Abs. 1 C.P.O. n. F. eine für den Fall der Zurückweisung des Gesuches im voraus eingelegte Beschwerde zulässig? **46**, 418. — 13) Muß die Unterschrift einer Beschwerde handschriftlich erfolgen, oder genügt ein Faksimile? **46**, 375. — 14) Unterliegen in Auseinandersetzungssachen die Beschwerden, über die das Reichsgericht zu entscheiden hat, dem Anwaltszwange? **50**, 347. — 15) Die sofortige Beschwerde kann schon vor der Zustellung der anzugreifenden Entscheidung eingelegt werden. **43**, 415; **50**, 352.

Rechtsmittelfrist. 1) Ist unter der in der Rechtsmittelfrist erfolgten Anschließung auch eine nur in einem zugestellten Schriftsatze erklärte zu verstehen? **41**, 383. — 2) Kann die Einreichung der Berufungsschrift als Einlegung der allein zulässigen sofortigen Beschwerde angesehen werden und deren Notfrist wahren? **43**, 415. — 3) Im Falle notwendiger Streitgenossenschaft wird durch die Urteilszustellung des einen Streitgenossen der Lauf der Rechtsmittelfrist nicht auch in Ansehung des anderen eröffnet. **48**, 417.

Rechtsmittelinstanz. Wie ist über die Kosten zu entscheiden, wenn sowohl das Rechtsmittel als auch die Anschließung zurückgewiesen werden? **44**, 374.

Rechtsmittelschrift. S. Rechtsmitteleinlegung.

Rechtsmittelzurücknahme. S. Zurücknahme.

Rechtsnachfolge. Rechtsnachfolger. 1) Liegt eine Klagänderung vor, wenn ein anfangs als unmittelbar erworben erhobener Klaganspruch auf Grund späterer Cession als cedierter geltend gemacht wird? **42**, 248. — 2) Ist man redlicher Pfandnehmer von Inhaberpapieren, wenn man aus grober Fahrlässigkeit nicht wußte, daß die Papiere schon vor der Verpfändung einem Dritten verkauft, aber noch nicht übergeben waren? (P.) **41**, 210. — 3) Ist im Falle des Überganges eines Warenzeichens auf einen Anderen die wider den Rechtsvorgänger angestellte Löschungsklage abzuweisen, wenn erst während des Prozesses das Warenzeichen umgeschrieben worden ist? **44**, 49. — 4) Liegt in der nachträglichen Geltendmachung eines während des Prozesses cediert erhaltenen weiteren Teiles des Klaganspruches eine Klagänderung oder eine zulässige Klagerweiterung? **45**, 242. — 5) Eintritt für eine verstorbene Prozeßpartei in den Prozeß, wenn das erste Urteil zwischen dem vom Gerichte zugelassenen falschen Rechtsnachfolger und dem Gegner ergangen ist. **45**, 359. — 6) Ist der Assignant Rechtsvorgänger des Assignatars im Sinne des § 410 (445 n. F.) C.P.O. wenn die Anweisung erfolgt, um dem Assignatar durch eine dem Assignanten gegen den Assignaten zustehende Forderung Befriedigung zu verschaffen? (P.) **45**, 369. — 7) Zum Begriffe der Sonderrechtsnachfolge im Sinne des § 445 C.P.O. n. F. **45**, 372. — 8) Wird der Gesellschafter, der das Geschäft der offenen Handelsgesellschaft mit allen Aktiven und

Passiven übernimmt, Rechtsnachfolger der Gesellschaft als Prozeßpartei? **46**, 39. — 9) Ist, wer einen Wechsel indossiert oder auf Grund eines Blankoindossamentes weiter begiebt, Rechtsvorgänger des Wechselerwerbers? **47**, 69. — 10) Bleibt ein Prozeß unverändert anhängig, wenn der eine von zwei in notwendiger Streitgenossenschaft stehenden Klägern auf Grund einer Rechtsabtretung des anderen den Prozeß allein hat fortführen wollen, aber auf Grund des § 236 C.P.O. a. F. abgewiesen ist? **46**, 321. — 11) Voraussetzungen des Einwandes aus § 265 Abs. 3 C.P.O. n. F., daß der Kläger durch Abtretung des Klaganspruches die Aktivlegitimation verloren habe. **49**, 363. — 12) S. auch Aktiva und Passiva, Cession, Schuldübernahme.

Rechtsnormen. Revisibilität. S. Syst. Reg. § 339.

Rechtsquellen. S. Syst. Reg. §§ 1 flg.

Rechtsurheber. Rechtsvorgänger. 1) Ist, wer einen Wechsel indossiert oder auf Grund eines Blankoindossamentes weiter begiebt, Rechtsvorgänger des Wechselerwerbers? **47**, 69. — 2) Im übrigen s. Rechtsnachfolge.

Rechtsvermutung. S. Vermutung.

Rechtsweg. 1) Wird der Rechtsweg schon dadurch unzulässig, daß der erhobene Anspruch dem öffentlichen Rechte entspringt, und bei der Entscheidung über ihn auch über Fragen des öffentlichen Rechtes entschieden werden muß? (P.) **41**, 272. — 2) Zeitliche Geltung der Rechtsnormen über die Zulässigkeit des Rechtsweges. (P.) **42**, 283. — 3) Ist für die Beitreibung der auf Grund polizeilicher Maßnahmen einzuziehenden Gelder das Verwaltungszwangsverfahren ausschließlich zulässig? (P.) **43**, 293. — 4) Wieweit ist der Rechtsweg zulässig über die Art der Ausübung der Hoheitsrechte? (P.) **44**, 225. — 5) Darf sich das Gericht der Entscheidung über die Zulässigkeit des Rechtsweges deshalb enthalten, weil es die materielle Streitfrage ebenso wie die damit befaßt gewesene Verwaltungsbehörde beurteilt? **45**, 379. — 6) Ist für die preußische Rheinprovinz der § 36 der preußischen Verordnung vom 26. Dezember 1808 maßgebend? (P.) **44**, 226. — 7) Verfolgung von Rechtsansprüchen aus dem Reichsbeamtengesetze vom 31. März 1873. „Entscheidung" im Sinne des § 150. **47**, 41. — 8) Wieweit ist zum Schutze des Fischereirechtes der Rechtsweg zulässig? (P.) **46**, 248. — 9) Ist der Rechtsweg zulässig, wenn nur ein dem Rechtswege entzogener Präjudizialpunkt streitig ist, dagegen alle übrigen Klagebehauptungen unstreitig sind? (P.) **48**, 333. — 10) Ist im Gebiete des A.L.R. der Rechtsweg für Versicherungsstreitigkeiten durch allgemeine Bestimmungen beschränkt? (P.) **48**, 335. — 11) Inwiefern sind die Vorschriften der Landesgesetze über die Zuständigkeit der Gerichte und der Verwaltungsbehörden durch die Reichsgewerbeordnung geändert? **49**, 66. — 12) Einzelne Fragen und Fälle. S. Syst. Reg. § 281 b—i.

Reciprozität. S. Gegenseitigkeit.

berechtigten auf $^1/_3$ Prozent Provision auch gegen den Acceptanten einer Tratte und den Aussteller eines eigenen Wechsels. **41**, 127. — 2) Ist der Remittent, der den mangels Zahlung protestierten Wechsel eingelöst hat, zur Regreßklage legitimiert, wenn auf der Rückseite des an die Order eines Dritten gezogenen Wechsels dem Vollgiro des Remittenten ein Blankogiro des Wechselausstellers als erstes vorangeht? **47**, 126. — 3) Regreß des den Wechsel einlösenden Indossanten gegen seinen Vormann. Einrede, beide Wechselunterschriften seien zum Zwecke gemeinschaftlicher Verbürgung für die Schuld des Acceptanten gegeben worden. **48**, 152. — 4) Kann aus einem acceptierten, mangels Zahlung protestierten und nachher abhanden gekommenen, gezogenen Wechsel nach dessen Kraftloserklärung auf Grund des Ausschlußurteiles Regreß gegen den Aussteller genommen werden? **49**, 132.

Regulativ. Städtisches Regulativ mit Gesetzeskraft auf Grund gesetzlicher Delegation. (P.) **41**, 226.

Regulierungsverfahren. Ist das Reichsgericht auch für Beschwerden gegen im Regulierungsverfahren ergangene Entscheidungen des Oberlandeskulturgerichtes zuständig? (P.) **46**, 356.

Reichsabgaben. S. Syst. Reg. § 374.

Reichsbank. 1) Sind die Reichsbankbeamten unmittelbare Reichsbeamte? **45**, 126. — 2) Ist die Civilpension eines aus dem Reichsbankdienste pensionierten Militärpensionärs um den Betrag der gesetzlichen Invalidenpension zu kürzen? **45**, 123.

Reichsbeamte. 1) Kommt bei der Berechnung der Dienstzeit eines Reichsbeamten dessen Urlaubszeit in Anrechnung? **41**, 111. — 2) Rückwirkung der Vorschriften des Reichsbeamtengesetzes über den Beginn der für die Höhe der Pension maßgebenden Dienstzeit. **43**, 132. — 3) Ist die Dienstzeit auch dann von dem Tage der ersten eidlichen Verpflichtung zu berechnen, wenn der Beamte nur auf Kündigung und unter Ausschließung des Anspruches auf Pension angestellt war? **43**, 129. — 4) Muß, wenn die Pensionsberechtigung sich auf ein Nebenamt gründen soll, auch das Hauptamt zum Reichsdienste gehören? **43**, 131. — 5) Rechtliche Natur des Gehaltsanspruches eines öffentlichen Beamten. **42**, 125. — 6) Regelt das Reichsbeamtengesetz einheitlich und erschöpfend die Pensionsrechte der Reichsbeamten dem Reiche gegenüber für das ganze Reich? **43**, 131. — 7) Ist die Dienstunfähigkeit eines Reichsbeamten, wenn er Ansprüche aus § 1 Abs. 1 des Reichsfürsorgegesetzes von 1886 erhebt, durch die vorgesetzte Dienstbehörde nach dem R.B.G. von 1873 oder im Rechtswege durch die Gerichte festzustellen? **44**, 35. — 8) Verfolgung von Rechtsansprüchen aus dem Reichsbeamtengesetz von 1873. „Entscheidung" im Sinne des § 150. **47**, 41. — 9) Hat ein unter Vorbehalt der Kündigung diätarisch angestellter Reichsbeamter im Falle der Verhinderung durch Krankheit Anspruch auf Fortbezug der Diäten? **48**, 1. — 10) Sind die vom Bundesrate beschlossenen, im Centralblatte für das Deutsche Reich von 1882 verkündeten, „Grundsätze für die Besetzung der Subaltern- und Unterbeamtenstellen mit Militäranwärtern" eine verbindliche reichsrechtliche Verordnung? **48**, 84. — 11) Ist der Rechtsweg zulässig für vermögenrechtliche Ansprüche eines im Reichsdienste angestellten Militäranwärters, die darauf gestützt sind, daß er früher als geschehen eine höhere Stelle hätte erhalten müssen? **49**, 1. — 12) Steht nach den vom Bundesrate beschlossenen „Grundsätzen" vom 7. und 21. März 1882, insbesondere dem § 21, dem zu einem Dienstzweige einberufenen Militäranwärter mindestens das Diensteinkommen (ganz oder zu $^3/_4$) der untersten etatsmäßigen Stelle dieses Dienstzweiges zu? **49**, 3. — 13) Reichsbankbeamte. S. Reichsbank. — 14) Militärpersonen s. Syst. Reg. § 373.

Reichsgericht. 1) Kann der preußische Kompetenzgerichtshof das einem negativen Kompetenzkonflikte zu Grunde liegende Urteil des Reichsgerichtes aufheben? **44**, 4. 377. — 2) Muß das Reichsgericht die Entscheidung eines Landes-Kompetenzgerichtshofes, durch die ein Urteil des Reichsgerichtes aufgehoben wird, den Parteien zustellen? **44**, 377. — 3) Ist das Reichsgericht auch für die Beschwerde gegen Entscheidungen des Oberlandeskulturgerichtes zuständig, die im Regulierungsverfahren erlassen sind? (P.) **46**, 356. — 4) Sind die bei dem Reichsgerichte zugelassenen Rechtsanwälte befugt, in dem Verfahren der §§ 28—33 des Patentgesetzes die Berufung bei dem Patentamte einzulegen? **47**, 395. — 5) Die Erhebung des Kompetenzkonfliktes nach der preußischen Verordnung vom 1. August 1879 ist nicht mehr zulässig, wenn der Rechtsstreit schon bei dem Reichsgerichte anhängig ist. **48**, 195. — 6) Wieweit steht dem Reichsgerichte die Prüfung der Rechtsgültigkeit einer gehörig verkündeten preußischen Verordnung zu? **48**, 205. — 7) Ist in Sachen der freiwilligen Gerichtsbarkeit eine Beschwerde an das Reichsgericht zulässig? Wenigstens dann, wenn das Oberlandesgericht, statt die weitere Beschwerde dem Reichsgerichte nach § 28 Abs. 2 des Gesetzes vom 20. Mai 1898 vorzulegen, selbst entschieden hat? **48**, 15. — 8) Zulässigkeit der Beschwerde an das Reichsgericht „in betreff der Prozeßkosten"; Bedeutung dieser Worte im § 567 Abs. 2 C.P.O. n. F. **49**, 386.

Reichsmilitärfiskus. 1) Wird er in Preußen in Prozessen stets durch die Korpsintendantur vertreten? **42**, 66. — 2) Ist der preußische Kriegsminister gesetzlicher Vertreter des Reichsmilitärfiskus in den das Festungsgelände betreffenden Angelegenheiten? Auch wenn die Festung in Elsaß-Lothringen liegt? **43**, 12.

Reichspostbeamte. Ist der eine Postanweisung auf Grund eines Posteinlieferungsbuches annehmende Postbeamte verpflichtet, die Übereinstimmung des Buches und der Adresse zu prüfen? **41**, 102.

Reichspostfiskus. 1) Hat er das Recht, die öffentlichen Straßen und Plätze der Städte ohne Genehmigung der Stadt mit Telegraphen- und Telephondrähten zu überspannen? (P.) **42**, 205. — 2) Ist die Postverwaltung, wenn der eine Postanweisung annehmende Postbeamte die Übereinstimmung der Adresse mit der in dem Posteinlieferungsbuche enthaltenen Eintragung nicht prüft, und infolgedessen das Geld

eines Teiles des Grundstückes hätte ausgeführt werden können? (P.) **44**, 331.

Restitution. S. Wiedereinsetzung in den vorigen Stand.

Restitutionsklage. 1) Wird der durch rechtskräftiges Strafurteil bewirkte Amtsverlust durch die im Wiederaufnahmeverfahren erfolgte Freisprechung wieder aufgehoben? (P.) **42**, 284. — 2) Kann die Restitutionsklage auf die durch den Gegner erfolgte Leistung eines falschen Offenbarungseides gestützt werden? **46**, 343. — 3) Kann sie darauf gestützt werden, daß eine Patentschrift neu aufgefunden sei? **48**, 375. — 4) Kann eine Verurteilung wegen Patentverletzung auf Grund einer späteren, das betreffende Patent vernichtenden, Entscheidung mit der Restitutionsklage angegriffen werden? **48**, 384. — 5) Kann der § 580 Ziff. 4 C.P.O. n. F. Anwendung finden, wenn das durch Restitutionsklage angefochtene Urteil durch schuldhafte Verletzung der Eidespflicht bei der Leistung eines Offenbarungseides herbeigeführt wurde? **46**, 344.

Retentionseinrede. Retentionsrecht. 1) Darf der Wechselschuldner die Bezahlung seiner Schuld verweigern, wenn er seinem Gläubiger einen Prolongationswechsel übersandt und nicht zurückerhalten hat? Ist die Rückgabepflicht Bring- oder Holschuld? **41**, 20. — 2) Voraussetzungen des Retentionsrechtes aus § 542 A.L.R. I. 20. (P.) **41**, 24. — 3) Erwirbt der Centralbankier an Wertpapieren, die von ihm im Auftrage des Lokalbankiers zunächst für fremde Rechnung angeschafft waren, durch dessen spätere Anweisung, sie auf das Effektenkonto der für seine eigene Rechnung angeschafften zu übertragen, und ihre Befolgung ein Pfand- und Retentionsrecht? **41**, 34. — 4) Voraussetzungen des kaufmännischen Zurückbehaltungsrechtes. **43**, 38. — 5) Rechtliche Folgen der Nichtbeobachtung der Vorschriften des Art. 315 H.G.B. bei der Ausübung des Verkaufsrechtes. **43**, 38. — 6) Welcher Zeitpunkt ist maßgebend für die zeitliche Anwendung der Rechtsnormen über das Zurückbehaltungsrecht wegen nicht konnexer Gegenforderungen? **49**, 81.

Retorsionsrecht. S. Ausländisches Urteil.

Revisible Rechtsnormen. S. Syst. Reg. § 339.

Revisionseinlegung. S. Rechtsmitteleinlegung.

Revisionsgrund. 1) Unrichtige Vertragsauslegung als Revisionsgrund. **42**, 303. — 2) Unterliegt die Auslegung eines Adjudikationsurteiles, insbesondere der in ihm enthaltenen Subhastationsbedingungen, der Nachprüfung des Revisionsgerichtes? (P.) **45**, 331. — 3) Versagung des rechtlichen Gehörs durch Berücksichtigung von Umständen, die nicht Gegenstand der Verhandlung gewesen sind. **41**, 293. — 4) Ist die Revision begründet, wenn weder aus dem Thatbestande noch aus dem Sitzungsprotokolle die Thatsachen zu ersehen sind, aus denen das Berufungsgericht die Rechtzeitigkeit und die Beobachtung der Förmlichkeiten der Berufung entnommen hat? **47**, 402. — 5) Nichtausübung des Fragerechtes als Revisionsgrund. **48**, 279; **50**, 190. — 6) Ist dem Revisionsgerichte die Prüfung entzogen, ob eine Anfechtungserklärung nach § 121 B.G.B. unverzüglich erfolgt ist? **49**, 395.

Revisionsinstanz. 1) Einfluß der nach Einlegung der Revision erfolgten Unterbrechung des Verfahrens gegen einen von zwei Revisionsklägern auf die Zulässigkeit der Revision des anderen, dessen Beschwerde allein die Revisionssumme nicht erreicht. **41**, 414. — 2) Unzulässigkeit des Vorbringens neuer Thatsachen in der Revisionsinstanz auch in Ehesachen. **44**, 354. — 3) Die Erhebung des Kompetenzkonfliktes nach der preußischen Verordnung vom 1. August 1879 ist in der Revisionsinstanz nicht mehr zulässig. **48**, 195.

Revisionssumme. S. Syst. Reg. §§ 337b.

Revisionsurteil. 1) Darf die Revision zurückgewiesen werden, wenn das Berufungsgericht die Feststellungsklage sowohl als unzulässig als auch als materiell unbegründet abgewiesen hat, in ersterer Beziehung aber die §§ 231. 253 (256. 280 n. F.) C.P.O. verletzt? **41**, 369. — 2) Kann der preußische Kompetenzgerichtshof das einem negativen Kompetenzkonflikte zu Grunde liegende Revisionsurteil des Reichsgerichtes aufheben? **44**, 4. 377. — 3) Aufhebung einer dem Revisionskläger an sich günstigen Entscheidung wegen ihres inneren Zusammenhanges mit einer ihm ungünstigen, deren Aufhebung erfolgt. **46**, 428. — 4) Nach welchem zeitlichen Rechte hat das Revisionsgericht die Frage zu entscheiden, ob ein vor dem 1. Januar 1900 erlassenes Berufungsurteil auf Gesetzesverletzung beruht? **45**, 98. 421. — 5) „Reife zur Endentscheidung" im Sinne des § 565 Abs. 3 Ziff. 1 C.P.O. n. F. mit Rücksicht auf die Fälle des § 538 Abs. 1 Ziff. 3 **50**, 224. — 6) S. auch Syst. Reg. § 336 Nr. 2. 4. 5. 9.

Revisionszulässigkeit. S. Syst. Reg. §§ 337a. 333.

Rezept. Patentverletzung durch Verkauf, besonders nach dem Auslande, eines Rezeptes, das die wesentlichen Bestandteile des patentierten Verfahrens enthält. **46**, 14.

Reziprozität. S. Gegenseitigkeit.

Rheder. Rhederei. 1) Kann der Rheder des Schiffes, das auf Grund des Reichsgesetzes vom 27. Dezember 1872 hilfsbedürftige Seeleute nach Deutschland zurückbefördert hat, von dem Rheder des Schiffes, dem sie angehört haben, den die gesetzliche Entschädigung übersteigenden Betrag der üblichen Passagepreise aus dem Rechtsgrunde der Geschäftsführung ohne Auftrag oder der nützlichen Verwendung fordern? Umfang dieses Anspruches. **41**, 59. — 2) Ist der Korrespondentrheder als solcher zur Vertretung der Rhederei in Schiffskollisionsprozessen befugt? **42**, 69. — 3) Erlöschen die Befugnisse des Korrespondentrheders mit dem Untergange des Schiffes oder sonst mit dem Eintreten der Liquidation der Rhederei? **42**, 74. — 4) Steht dem Rheder, dessen Schiff durch das Verschulden einer Person der Besatzung eines anderen ihm gehörigen Schiffes beschädigt worden ist, gegen das aus diesem Schiffe und dessen Fracht gebildete Schiffsvermögen ein Schadensanspruch zu? **45**, 50; **47**, 171. — 5) Ist der, der ein Schiff auf Grund eines Mietvertrages zum Erwerbe durch die Seefahrt für seine

Rechnung verwendet, im Verhältnisse zu Dritten als der Rheder anzusehen? **48**, 91.

Rheinprovinz. 1) Die Vorschriften der §§ 88—90 A.L.R. II. 10 über die civilrechtliche Haftung der Beamten gelten nicht in der Rheinprovinz. **43**, 385. — 2) Gilt für die preußische Rheinprovinz der § 36 der preußischen Verordnung vom 26. Dezember 1808, wonach über wirkliche Majestäts- und Hoheitsrechte der Rechtsweg nicht stattfinden soll? (P.) **44**, 226.

Richter. 1) Haftung des für die Bekanntmachung der Ausschließung der Gütergemeinschaft unzuständigen Richters, wenn er diese bewirkt und veranlaßt hat, daß sie durch den zuständigen nicht erfolgt. (P.) **41**, 197. — 2) Ist eine vom Richter der freiwilligen Gerichtsbarkeit erteilte Auskunft nur als Rat im Sinne des § 219 A.L.R. I. 13 anzusehen? (P.) **41**, 202. — 3) Haftet der Spruchrichter für ein Versehen bei der Urteilsfällung? (P.) **41**, 252. — 4) Sind für die Haftbarkeit des Richters aus seiner Amtsführung in der Rheinprovinz die Vorschriften des preußischen A.L.R. anwendbar? **43**, 384; **48**, 361. — 5) Ist der Art. 505 Code de procédure civile noch gültig, und bezieht er sich auch auf den Richter der freiwilligen Gerichtsbarkeit? (F.) **43**, 385; **48**, 361. — 6) Ist der Art. 505 Code de proc. civ. auch auf die Haftung des Richters dem Staate gegenüber anzuwenden? Nicht die Grundsätze des Mandats. **43**, 386. — 7) Pflicht des Richters, zu ermitteln, ob eine erlassene inländische Polizeiverordnung gehörig verkündet ist. **43**, 418. — 8) Ist die Verhinderung des Richters, sich selbst als Zeugen zu vernehmen, insbesondere im Sinne des § 24 des preußischen Ausführungsgesetzes zum G.V.G., eine thatsächliche oder eine rechtliche? **44**, 394. — 9) Haftet nach Ziff. 1 des Art. 505 Code de proc. civ. der rheinische Vormundschaftsrichter aus seiner Amtsführung nur für Arglist oder auch für Fahrlässigkeit? (F.) **48**, 361. — 10) Können nach § 8 G.V.G. Richter wider ihren Willen auf eine nichtrichterliche Stelle versetzt werden? **49**, 117. — 11) Steht die Bestimmung des Großherzoglich hessischen Gesetzes vom 31. Mai 1879 über die unfreiwillige Versetzung eines Amtsrichters auf eine nichtrichterliche Stelle in Widerspruch mit dem § 8 G.V.G., ist daher ungültig? **49**, 113. — 12) Darf der Richter seinem Urteile eine Thatsache zu Grunde legen, über die die Parteien nicht gehört sind? **49**, 349.

Richterlicher Eid. S. Syst. Reg. § 332b.

Richterliches Pfandrecht. S. Vollstreckungspfandrecht.

Right of stoppage in transitu. S. Verfolgungsrecht.

Rübenlieferungspflicht. Können die in dem Statute einer vor dem 1. Januar 1900 errichteten Aktiengesellschaft enthaltenen Bestimmungen über die Rübenlieferungspflicht der Aktionäre durch einen Mehrheitsbeschluß der Generalversammlung geändert werden? **48**, 102.

Rückgewähr. S. Zurückgewährung.

Rückkehrbefehl. 1) Gehören die Kosten der Erwirkung des Rückkehrbefehles zu den Prozeßkosten? **45**, 367. — 2) Sind die Anwalts-

der Art. 201 E.G. z. B.G.B. auf vor dem 1. Januar 1900 anhängig gewordene Ehescheidungssachen Anwendung? **45**, 95. — 10) Nach welchem zeitlichen Rechte hat das Revisionsgericht die Frage zu beurteilen, ob ein vor dem 1. Januar 1900 erlassenes Berufungsurteil auf Gesetzesverletzung beruht? **45**, 98. 421. — 11) Sind die unter der Herrschaft der preußischen Stempelgesetze nach dem vollen Nennwerte versteuerten Interimsscheine der in den Reichsstempelgesetzen vorgeschriebenen Stempelsteuer unterworfen, wenn unter deren Herrschaft eine neue Einzahlung erfolgt? **45**, 41. — 12) Ist die gesetzliche Unterhaltspflicht der Geschwister mit dem Inkrafttreten des B.G.B. auch dann weggefallen, wenn sie schon vorher durch rechtskräftiges Urteil festgestellt war? **46**, 65. — 13) Kann der Testamentsvollstrecker durch das Nachlaßgericht nach § 2227 B.G.B. entlassen werden, wenn der Erblasser schon vor dem 1. Januar 1900 gestorben ist? **46**, 71. — 14) Kann seit dem 1. Januar 1900 wegen eines vorher begangenen Ehebruches auf Scheidung erkannt werden, wenn nach den bisherigen Gesetzen wegen eines ebenfalls vorher begangenen Ehebruches des Klägers Aufrechnung zulässig war? **46**, 90; **47**, 4. — 15) Grundsätze über die Rückwirkung des seit dem 1. Januar 1900 geltenden Rechtes in Ansehung: a. der Zulässigkeit des Rechtsweges **46**, 71; b. der Höhe der Verzugszinsen **46**, 74. 82; c. des Erwerbes und Inhalts des Eigentumes, besonders beim Überbau **46**, 143; d. der Schuldfrage bei der Ehescheidung **46**, 147. 156; e. des Ehemaklerlohnes **46**, 152. 177; f. der Fristen für die Erhebung der Ehescheidungsklage **46**, 156; g. der Zulässigkeit einer vor 1900 erhobenen Widerspruchsklage eines Hypothekengläubigers gegen die Pfändung von Zubehörstücken eines Grundstückes **46**, 172; **50**, 72; h. der Pfändung von Zubehör eines Grundstückes **46**, 171. — 16) Ist ein Streit, der zwischen vor 1900 geschiedenen Ehegatten über die Erziehung der gemeinschaftlichen Kinder entsteht, seit dem 1. Januar 1900 durch das Vormundschaftsgericht zu entscheiden? (G.) **46**, 168. — 17) Keine Rückwirkung der im § 99 Abs. 3 C.P.O. n. F. gegebenen sofortigen Beschwerde auf vor dem 1. Januar 1900 ergangene Kostenentscheidungen. **46**, 345. — 18) Keine Rückwirkung des Art. 215a Abs. 4 H.G.B. auf die vor dem Gesetze vom 18. Juli 1884 Gründern zugesicherten Bezugsrechte. **47**, 26. — 19) Ist ein nach preußischem A.L.R. begründetes, mit einer Hypothek verbundenes, antichretisches Pfandrecht mit dem Inkrafttreten des B G.B. weggefallen? **47**, 57. — 20) Kann der § 138 Abs 2 B.G.B. auf Rechtsgeschäfte angewendet werden, die vor dessen Inkrafttreten abgeschlossen sind? **47**, 103. — 21) Nach welchem Rechte sind Einreden aus dem persönlichen Schuldverhältnisse gegen die Klage aus einer vor dem Inkrafttreten des B.G.B. eingetragenen und abgetretenen Hypothek zu beurteilen? **47**, 229. — 22) Hört durch die nach dem 1. Januar 1900 erfolgte Wiederverheiratung einer vorher geschiedenen Ehefrau ihr nach § 198 A.L.R. II. 1 begründeter Verpflegungsanspruch auf Grund des § 1581 B.G.B. auf? **48**, 4. — 23) Rückwirkung des seit dem 1. Januar 1900 geltenden Rechtes in Ansehung der Tilgung eines älteren Schuldverhältnisses durch Hinterlegung. **48**, 19. — 24) Ist das Recht dessen, der das Mietgrundstück vor 1900 in einer Zwangsversteigerung erstanden hat, aber erst in diesem Jahre eingetragen ist, einen noch laufenden älteren Mietvertrag zu kündigen, nach dem neuen Rechte zu beurteilen? **48**, 38. — 25) Sind vor dem Allgemeinen Deutschen Handelsgesetzbuche errichtete Aktiengesellschaften seit dem 1. Januar 1900 verpflichtet, einen Aufsichtsrat zu bestellen? **48**, 40. — 26) Bestimmen sich auch die Wirkungen einer vor dem 1. Januar 1900 beantragten Zwangsversteigerung nach dem neuen Rechte? **48**, 40; **50**, 73. — 27) Rückwirkung des neuen Rechtes in Ansehung der Bestimmungen über die Ablieferung letztwilliger Verfügungen an das Nachlaßgericht nach dem Tode des Erblassers. **48**, 96. — 28) Grundsätze über die Rückwirkung neuer Prozeßgesetze. **48**, 406. — 29) Ist über die gerichtliche Ernennung eines Schiedsrichters, auf die vor dem 1. Januar 1900 Klage erhoben war, seit diesem Tage durch Beschluß zu entscheiden? **48**, 404. — 30) Rückwirkende Kraft neuer Gesetze auf befristete Rechtsverhältnisse. (G.) **48**, 131. — 31) Sind die §§ 74. 75 H.G.B. von 1897 auf ein Vertragsverhältnis anzuwenden, das zwar vor dem 1. Januar 1898, aber erst mit Wirkung von diesem Tage an eingegangen ist? **48**, 129. — 32) Findet der Art. 210 Abs. 2 E.G. z. B.G.B. auf einen Vormund Anwendung, der nach dem früheren Rechte gesetzlicher Vormund war? **48**, 355. — 33) Ist eine vor 1900 eingetragene nicht valutierte Hypothek mit dem Inkrafttreten des neuen Liegenschaftsrechtes zur Eigentümerhypothek geworden? **48**, 48. — 34) Rückwirkung der Bestimmungen des B.G.B. in Ansehung der Verpflichtung, zur Berichtigung des Grundbuches mitzuwirken. **48**, 50. — 35) Darf ein Nutzungspfandrecht nach dem Inkrafttreten des B.G.B. nicht mehr in das Grundbuch eingetragen werden, auch wenn es vorher vorgemerkt war? **48**, 61. — 36) Ist die Bestimmung des Art. 169 Abs. 1 S. 1 E.G. z. B.G.B. auch auf Ausschlußfristen zu beziehen? **48**, 157. — 37) Besteht das Verbot der Erforschung der Vaterschaft in Art. 340 C. c. als zwingendes Recht für das Prozeßgericht noch fort? (F.) **48**, 168. — 38) Gehört in einem vor 1900 eröffneten Konkurse der nach dem früheren Rechte dem Gemeinschuldner zustehende väterliche Nießbrauch auch für die Zeit seit dem 1. Januar 1900 zur Konkursmasse? **48**, 191. — 39) Finden die §§ 561 Abs. 2. 581 Abs. 2 B.G.B. auf das vor 1900 entstandene Pfandrecht des Vermieters und des Verpächters Anwendung? **49**, 57. — 40) Anwendung des § 717 Abs. 2 C.P.O. n. F. auf den seit dem 1. Januar 1900 entstandenen Schaden, wenn infolge der vorläufigen Vollstreckbarkeit des Urteiles die Beitreibung schon vor diesem Tage erfolgt ist. **49**, 65. — 41) Sind die Normen des B.G.B. über das Zurückbehaltungsrecht wegen nicht konnexer Gegenforderungen auf Rechtsverhältnisse anwendbar, die sämtlich aus der Zeit vor 1900 stammen? **49**, 81. — 42) Klage eines unter der Herrschaft des B.G.B. aus einem älteren Vereine ausgeschlossenen

Mitgliedes auf Aufhebung dieses Beschlusses. **49**, 150. — 43) Rückwirkung des B.G.B. auf die Unterhaltsansprüche der Kinder, wenn die Ehe der Eltern schon vor dem 1. Januar 1900 geschieden war. **49**, 155. — 44) Ist der Beschluß des Verwaltungsrates einer Versicherungsgesellschaft auf Gegenseitigkeit, daß die Lebensversicherungssumme auch im Falle des Selbstmordes gezahlt werden soll, auch zu deren Gunsten wirksam, die ihre Rechte aus einem vor diesem Beschlusse geschlossenen Versicherungsvertrage herleiten? **49**, 195. — 45) Ist nach dem Inkrafttreten des B.G.B. aus einem vorher erfolgten Beischlafe die Deflorationsklage zulässig? (G.) **49**, 204. — 46) Der § 1045 C.P.O. ist auch dann anzuwenden, wenn das Verfahren schon vor dem 1. Januar 1900 eingeleitet worden ist. **49**, 354. — 47) Unterliegt die Einrede des Schiedsvertrages der Beschränkung des § 528 Abs. 1 S. 1 C.P.O. n. F. auch dann, wenn das Verfahren erster Instanz schon vor dem 1. Januar 1900 beendet war? **49**, 429. — 48) Ist der § 864 Abs. 2 B.G.B. anzuwenden, wenn das Besitzdelikt vor dem 1. Januar 1900 begangen worden ist? **50**, 8. — 49) Kann gegen eine vor dem 1. Januar 1900 aus einem depositum irregulare entstandene Forderung eine ebenfalls vorher entstandene Gegenforderung nach diesem Zeitpunkte aufgerechnet werden? **50**, 37. — 50) Ist der § 1614 Abs. 1 B.G.B. auch dann anwendbar, wenn schon vor dem 1. Januar 1900 auf den Unterhalt für die Zukunft verzichtet, oder ein Vergleich darüber geschlossen war? **50**, 96. — 51) Rückwirkung des § 5 H.G.B. von 1897 auf eine schon vor dem 1. Januar 1900 als offene Handelsgesellschaft eingetragene Societät. **50**, 158. — 52) Sind die Vorschriften des B.G.B. auf die Berechnung von Fristen in Rechtsverhältnissen anzuwenden, die schon vor dem 1. Januar 1900 entstanden sind? **50**, 253. — 53) Finden die Vorschriften des B.G.B. auf den Unterhaltsanspruch der geschiedenen Ehefrau Anwendung, wenn das den Ehemann für schuldig erklärende Scheidungsurteil zwar vor dem 1. Januar 1900 ergangen, aber, ohne angegriffen zu werden, erst nachher rechtskräftig geworden ist? (P.) **50**, 304. — 54) Zu den Schuldverhältnissen im Sinne des Art. 170 E.G. z. B.G.B. gehören auch die familienrechtlichen Obligationen, die zwischen geschiedenen Eheleuten infolge der Scheidung entstehen. **50**, 305. — 55) Kann ein zwischen Ehegatten errichtetes korrespektives Testament nach dem 1. Januar 1900 von dem einen bei Lebzeiten des anderen durch eine neue Verfügung von Todeswegen aufgehoben werden? (P.) **50**, 316. — 56) Wirkt die durch Ehescheidung herbeigeführte Auflösung der Errungenschaftsgemeinschaft auf die Zeit der Erhebung der Scheidungsklage zurück? (F.) **50**, 334.

Ruderblatt. Liegt in der nachträglichen Vergrößerung des Ruderblattes eines für die Überführung über See versicherten Flußdampfers ohne weiteres eine Vergrößerung oder Veränderung der Gefahr für die versicherte Reise? **43**, 1.

Rüge. S. Mängelanzeige, Mängel der Ware.

S

Käufer von Zubehör und Früchten eines mit Hypotheken oder Grundschulden belasteten Landgutes im Falle absichtlicher Verschleuderung des Inventars für den Ausfall einer Hypothek ersatzpflichtig ist. (P.) **42**, 170. — 10) Grund und Bedeutung der Solidarhaft im Falle der Schadenszufügung durch Mehrere. (P.) **42**, 175. — 11) Ist der ursächliche Zusammenhang unterbrochen, wenn der Schaden in einer Richtung liegt, nach der Vertragspflichten nicht übernommen und nicht verletzt sind? (P.) **42**, 291. — 12) Beschränkung der Ersatzpflicht in Vertragsverhältnissen auf den unmittelbaren Schaden, wenn der Beschädigte durch grobes Versehen den weiteren Schaden nicht abgewendet hat. (P.) **42**, 299. — 13) Kann der Rechtsanwalt schadensersatzpflichtig werden, wenn er bei der Ausführung eines Auftrages der herrschenden Ansicht folgt trotz eigener Bedenken gegen ihre Richtigkeit? (P.) **42**, 325. — 14) Was ist unter unerlaubter Handlung im § 25 A L.R. I. 6 zu verstehen? (P.) **43**, 195. — 15) Darf der durch unbefugte Anwendung eines durch Patent geschützten Verfahrens erzielte Gewinn als Entschädigung gefordert werden? **43**, 56. — 16) Ist die Entschädigung für Patentverletzungen nach dem Landesrechte oder nur nach dem Patentgesetze zu bemessen? **43**, 58. — 17) Kann der Schürfer Ersatz der von ihm aufgewendeten Kosten vom Staate verlangen, wenn die zuständige Bergbehörde im öffentlichen Interesse ihm die Einstellung der Bohrarbeiten und die Verdichtung des Bohrloches aufgegeben hat? **43**, 198. — 18) Unter welchen Voraussetzungen verpflichtet die schädliche Einwirkung einer elektrischen Anlage auf eine andere zum Schadensersatze? (P.) **43**, 252. — 19) Muß im Falle des § 25 A.L.R. I. 10 der Bevollmächtigte, wenn er den Auftrag behält, ohne dem Machtgeber Anzeige zu machen, den durch die Unterlassung der Anzeige oder den durch das Behalten des Auftrages entstandenen Schaden ersetzen? (P.) **43**, 262. — 20) Kann wegen mangelhafter Vertragserfüllung Schadensersatz gefordert werden, wenn die vertragswidrige Leistung vorbehaltlos angenommen worden ist? (P.) **43**, 268. — 21) Anspruch auf Schadensersatz in gewissen Fällen als Ausnahme von dem Satze, daß die Erfüllung nur nach dem Inhalte des Vertrages verlangt werden kann. (P.) **43**, 289. — 22) Tritt die Vermutung des § 26 A.L.R. I. 6 ein, wenn auch der Beschädigte ein auf Schadensverhütung abzielendes Polizeigesetz vernachlässigt hat, oder wenn ihm selbst ein grobes Verschulden zur Last fällt? (P.) **43**, 369. — 23) Umfaßt der Anspruch auf Rückgewähr aus § 7 R.A.G. auch den auf Schadensersatz? Kann dieser auf das Landesrecht gestützt werden? **44**, 92. — 24) Voraussetzungen der Ersatzpflicht dessen, der den Hypothekengläubiger durch die Entfernung beweglicher Sachen schädigt, die diesem als Zubehör des Grundstückes haften. (P.) **44**, 186. — 25) Kann ein Jagdberechtigter, wenn in unerlaubter Weise und ohne Rücksicht auf sein Interesse von seinem Jagdnachbarn die Jagd ausgeübt wird, von diesem Schadensersatz fordern? (P.) **44**, 195. — 26) Verliert der Bauherr seine Schadensansprüche wegen Baumängel durch die Übernahme des Gebäudes ohne ausdrückliche Rüge der in die

Augen fallenden Mängel? (P.) **44**, 240. — 27) Schadensersatzpflicht des Pfandgläubigers wegen unbefugten Gebrauches der Pfandsache. (P.) **44**, 266. — 28) Ersatzpflicht des Verpächters wegen unbefugten Gebrauches der beim Abzuge des Pächters zurückbehaltenen Illaten. (P.) **44**, 267. — 29) Erstreckt sich das im § 91 A.L.R. I. 6 dem Beschädigten gegebene Wahlrecht auch auf kontraktliche Verhältnisse? **44**, 267. — 30) Begrenzung der Schadensansprüche der anliegenden Hauseigentümer wegen Veränderungen an einer städtischen öffentlichen Straße. Erhebliche Erschwerung des Verkehres; Ausgleichung der Nachteile durch die Vorteile. (P.) **44**, 282. — 31) Steht dem Rheder oder dem Schiffseigner im Sinne des Binnenschiffahrtsgesetzes, dessen Schiff durch das Verschulden einer Person der Besatzung eines anderen ihm gehörigen Schiffes beschädigt worden ist, gegen das aus diesem Schiffe und dessen Fracht gebildete Schiffsvermögen ein Schadensanspruch zu? **45**, 50; **47**, 171. — 32) Können durch die Betriebsordnung für die Benutzung einer dem Staate gehörigen öffentlichen Wasserstraße die gesetzlichen Bestimmungen über die Verpflichtung zum Schadensersatze abgeändert werden? (G.) **45**, 162. — 33) Ist bei dauernder Beschädigung von Sachen, die Ertrag gewähren, Ersatz in Kapital oder in Rente zu leisten? (P.) **45**, 203. — 34) Kann darauf, daß durch Polizeiverordnung der Anschluß an die städtische Wasserleitung angeordnet ist, ein Schadensanspruch der Grundeigentümer gegen die Stadtgemeinde gestützt werden? (P.) **45**, 251. — 35) Kann beim Annahmeverzuge des Käufers der Verkäufer, der nicht nach Art. 343 Abs. 2 H.G.B. verfahren, sondern für die Aufbewahrung der Ware anders gesorgt hat, die dadurch entstandenen Kosten als Schadensersatz fordern? (P.) **45**, 300. — 36) Ist, wenn Schadensersatz wegen Vorenthaltung bestimmt bezeichneter Sachen gefordert wird, der § 260 (287 n. F.) C.P.O. für die Entscheidung der Frage maßgebend, welche Sachen vorenthalten sind? **45**, 356. — 37) Haftet die offene Handelsgesellschaft wegen des Deliktes ihres Gesellschafters, wenn dieser Wertpapiere, die er einem Dritten veruntreut, namens der Gesellschaft für ein dieser gewährtes Darlehn zum Pfande giebt? **46**, 18. — 38) Steht einer Klage aus unerlaubter Handlung auf Schadensersatz die Rechtskraft des durch dieselbe Handlung erlangten Urteiles entgegen? Seit wann können damit Zinsen gefordert werden? **46**, 75. — 39) Haftet auf Schadensersatz der Cessionar einer Urteilsforderung, der bei der Abtretung gewußt hat, daß das Urteil durch eine unerlaubte Handlung erlangt war, und es dann hat vollstrecken lassen? **46**, 80. — 40) Umfang und Art des Schadensersatzes im Falle groben Verschuldens des Urhebers eines Prospektes im Sinne des § 43 des Börsengesetzes von 1896. **46**, 83. — 41) Kann der Beklagte mit einer Schadensersatzforderung wegen Nichterfüllung eines zweiseitigen Vertrages durch den Konkursverwalter gegen dessen Anspruch auf Rückgabe der vom Gemeinschuldner geleisteten Anzahlung aufrechnen? **46**, 98. — 42) Wird der Anspruch auf Schadensersatz dadurch ausgeschlossen, daß der Beklagte den Schaden durch eigene Thätigkeit hätte abwenden können? (G.) **46**, 207. — 43) Steht die Syndikatsklage, insbesondere gegen einen Notar, nur den bei dem Rechtsakte Beteiligten oder auch jedem geschädigten Dritten zu? (G.) **46**, 213. — 44) Begründet das Fischereirecht einen Anspruch auf Schadensersatz wegen schädlicher Immission? (P.) **46**, 251. — 45) Im Falle der Beeinträchtigung wohlerworbener Rechte durch ein Gesetz ist ein Anspruch auf Entschädigung nur gegeben, wenn ihn das beeinträchtigende Gesetz selbst anerkennt. (P.) **46**, 254. — 46) Wird die Verjährung des Schadensanspruches des Eigentümers wegen Bergschadens dadurch unterbrochen, daß der Bergbautreibende den Pächter für entzogene Nutzung entschädigt? (P.) **46**, 280. — 47) Kann wegen eines ohne Rechtsgrund erlassenen polizeilichen Bauverbotes nach dessen Aufhebung Entschädigung nach den Grundsätzen des Enteignungsrechtes verlangt werden? (P., F.) **46**, 286. — 48) Umfang des zu ersetzenden Schadens des Fischereiberechtigten, wenn der Staat den durch einen Durchstich ausgeschiedenen Teil eines öffentlichen Flusses samt der Fischereiberechtigung daran an einen Dritten veräußert. (P.) **46**, 287. — 49) Wann findet auf die Verjährung der Schadensansprüche des Fischereiberechtigten aus dem § 72 A.L.R. I. 15 der § 54 A.L.R. I. 6 Anwendung? (P.) **46**, 289. — 50) Anspruch der bei einem Eisenbahnunfalle verletzten Ehefrau auf Schadensersatz wegen Aufhebung oder Beschränkung der Erwerbsfähigkeit, wenn sie als Geschäftsgehilfin ihres Mannes thätig gewesen ist. **47**, 84. — 51) Ist, wenn bei demselben Eisenbahnunfalle verletzte Ehegatten in getrennten Prozessen auf Schadensersatz geklagt haben, ein Urteil, das dem Ehemanne eine mit Einrechnung des Wertes der gewerblichen Beihilfe der Ehefrau bemessene Rente zuerkannt hat, bei der von der Ehefrau wegen Erwerbsunfähigkeit nach dem Reichshaftpflichtgesetze geforderten Entschädigung zu berücksichtigen? **47**, 92. — 52) Voraussetzungen der im § 26 R.G.O. zugelassenen Klage auf Ersatz des durch einen nach § 16 genehmigten Gewerbebetrieb zugefügten Schadens. **47**, 99. — 53) Kann der nach § 15 des Warenzeichengesetzes vom 12. Mai 1894 Verletzte von dem zur Entschädigung Verpflichteten als Grundlage für deren Höhe Rechnungslegung über den gemachten Gewinn verlangen? **47**, 100. — 54) Kann eine durch einen Eisenbahnunfall verletzte Ehefrau gegen den Unternehmer auf Ersatz der von ihrem Ehemanne für sie aufgewendeten Heilungskosten klagen? Kann auf Zahlung an den mitklagenden Ehemann geklagt werden? **47**, 211. — 55) Sind die ohne Kündigung die Arbeit niederlegenden Arbeiter auch dann zum Schadensersatze verpflichtet, wenn sie nach der Arbeitsweigerung sofort entlassen werden? Unter welchen Umständen haften sie solidarisch? (G.) **47**, 246. — 56) Hat der Eigentümer oder sonst dinglich Berechtigte wegen vorübergehender Beeinträchtigung seines Rechtes gegen den fahrlässigen Verursacher Anspruch auf Schadensersatz? (G.) **47**, 249. — 57) Haftet für den Schaden, wer sich des Besitzes einer fremden beweglichen Sache entäußert, die er in Kenntnis des fremden Eigentumes ohne Wissen des Eigentümers in Besitz genommen hatte? (P.) **47**, 275. — 58) Findet der § 168 A.L.R. I. 5 auch auf den Fall der Unmöglichkeit der Erfüllung Anwendung? (P.) 47, 297. — 59) Kann, wenn die verweigerte Erfüllung voraussichtlich unerzwingbar ist, sofort auf das Interesse geklagt werden? (P.) 47, 300. — 60) Wird auch ohne persönliches Verschulden für den durch eine Polizeiübertretung verursachten Schaden gehaftet? (P.) 47, 330. — 61) Haftung des Rechtsanwaltes auf Schadensersatz, wenn er in Rechtsangelegenheiten seine Klienten mit seinem Büreauvorsteher verhandeln läßt. 48, 59. — 62) Wieweit haftet die Zollverwaltung dem Absender eines eingeschriebenen Briefes, der ihr nach seiner Ankunft am Bestimmungsorte zur zollamtlichen Behandlung übergeben und dann bei ihr in Verlust geraten ist? 48, 255. — 63) Macht das die Unterlassung von Eingriffen in ein Patentrecht anordnende Urteil insoweit Rechtskraft für den Anspruch auf Entschädigung wegen Verletzung des Patentes? 49, 33. — 64) Umfang des Schadensersatzes, wenn durch arglistige Täuschung der Abschluß eines Vertrages gerade dieses Inhaltes herbeigeführt worden ist. 49, 51. — 65) Nach welchem Rechte ist über die Schadensersatzpflicht beim Zusammenstoße zweier Schiffe verschiedener fremder Nationalität auf hoher See von deutschen Gerichten zu entscheiden, wenn die Heimatsgesetze beider Schiffe übereinstimmen? 49, 182. — 66) Ist für die Auferlegung von Entwässerungs-(Kanalisations-)Gebühren von der Gemeinde den Grundeigentümern Entschädigung zu leisten, mit deren Rechtsvorgängern sie vorher einen entgeltlichen privatrechtlichen Vertrag über die Benutzung der Entwässerungsanlage geschlossen hatte? 49, 221. — 67) Haben die Gemeinden ein Recht auf Schadensersatz, wenn das ihnen durch § 7 des preußischen Fischereigesetzes vom 30. Mai 1874 verliehene Fischereirecht durch eine im öffentlichen Interesse hergestellte Anlage beeinträchtigt wird? (P.) 49, 241. — 68) Haftet der Notar als Beamter für ein Versehen bei der Abfassung einer von ihm privatschriftlich entworfenen und nachher notariell beglaubigten Urkunde dem dadurch Geschädigten? (P.) 49, 269. — 69) Haftet der Bergwerksbesitzer für die Schädigung einer Windmühle durch Windentziehung infolge von Haldenaufschüttung? (P.) 49, 281. — 70) Kann der Kläger, wenn ein ihn in die Kosten verurteilendes, vorläufig vollstreckbares Urteil geändert wird, den ihm durch die Vollstreckung oder durch deren Abwehr entstandenen Schaden in dem anhängigen Prozesse geltend machen? 49, 411. — 71) Kann aus § 51 R.G.O. Schadensersatz verlangt werden, wenn ein anfangs gestatteter Gewerbebetrieb später untersagt wird, weil er nach den baupolizeilichen Vorschriften nicht hätte gestattet werden dürfen? 50, 4. — 72) Haftet der Eigentümer des Schleppdampfers im Falle eines Zusammenstoßes des geschleppten Schiffes mit einem anderen für den Schaden, der durch die Führung des geschleppten Schiffes verschuldet ist? 50, 33. — 73) Grundsätze über die Schadenshaftung der einzelnen zu einem Schleppzuge verbundenen Schiffe bei einem Zusammenstoße mit anderen. 50, 35. — 74) Haften nach § 832 B.G.B. die Eltern, auch wenn sie nachweisen, daß sie ihren

Aufsichtspflichten genügt, die Kinder aber ihre Anordnungen nicht befolgt haben? **50,** 60. — 75) Sind die Eltern zum Ersatze des durch ihre Kinder einem Dritten widerrechtlich zugefügten Schadens nur dann verpflichtet, wenn die Kinder schuldhaft gehandelt haben? **50,** 65. — 76) Hat der bei einer Fahrt in einem Straßenbahnwagen Verletzte Anspruch auf Schadensersatz nur, wenn der Unfall mit den dem Eisenbahnbetriebe eigentümlichen Gefahren zusammenhängt? **50,** 92. — 77) Kann der eingetragene Inhaber eines, von einem älteren Patente abhängigen, Gebrauchsmusters dessen Nachbildung verbieten und wegen unbefugter Nachbildung Schadensersatz fordern? Berechnung des Schadens. **50,** 111. — 78) Was ist in den §§ 325 Abs. 1 S. 2 und 326 Abs. 1 S. 3 B.G.B. unter „Interesse an der teilweisen Erfüllung" zu verstehen? **50,** 143. — 79) Haftet ein mit der Übersendung von Wertpapieren beauftragter Bankier auf Schadensersatz, wenn er diese nicht unter Wertangabe sendet, sondern in einem eingeschriebenen Briefe unter Versicherung der Sendung bei einer Versicherungsanstalt? Wie, wenn nicht der volle Wert versichert war? **50,** 169. — 80) Worin besteht der wegen Nichterfüllung nach § 326 Abs. 1 S. 2 B.G.B. zu ersetzende Schaden? **50,** 262. — 81) Ist der § 833 B.G.B. anwendbar, wenn die vor einen Wagen gespannten Pferde der Leitung des Kutschers folgen, und dann durch den Wagen ein Mensch verletzt wird? **50,** 180. — 82) Kann nach § 463 B.G.B. als Schadensersatz wegen Nichterfüllung die Rückzahlung des angezahlten Kaufgeldes verlangt werden? **50,** 190. — 83) Ist der, der ein Vertragsangebot gemacht hat, dem Empfänger zu Schadensersatz verpflichtet, wenn er ihn vorsätzlich oder fahrlässig hindert, das Angebot anzunehmen? **50,** 195. — 84) Setzt der § 833 B.G.B. einen durch unmittelbare Einwirkung des Tieres verursachten Schaden voraus? **50,** 219. — 85) Haftet der Tierhalter, wenn der Verletzte zum Schutze Anderer gegen die von dem Tiere drohende Gefahr aus freiem Entschlusse eingegriffen hat? **50,** 222. — 86) Hat der Eigentümer Anspruch auf Schadensersatz, wenn auf dem Nachbargrundstücke ein mit Feuers- und Explosionsgefahr verbundenes Gewerbe betrieben, und dadurch sein Grundstück entwertet wird? (R., F.) **50,** 226. — 87) Steht der Anspruch aus § 833 B.G.B. auch dem Dienstboten gegen den Dienstherrn in dessen Eigenschaft als Tierhalter zu? **50,** 244. — 88) Ist auf den Fall des § 833 auch der § 847 Abs. 1 B.G.B. anzuwenden? **50,** 252. — 89) Enteignungsentschädigung. S. Syst. Reg. § 176. — 90) Schadensersatz infolge von Seeversicherung. S. Syst. § 264. — 91) S. auch Schaden, Schadensschätzung.

Schadensschätzung. 1) Beweisführung für die Höhe des an dem versicherten Schiffe durch Seeunfall entstandenen Schadens. **43,** 10. — 2) Wieweit ist bei der richterlichen Festsetzung der Entschädigung für Festungsrayonbeschränkungen auf Erleichterungen Rücksicht zu nehmen, die erst nach der Festsetzung der Entschädigung durch die Verwaltungsbehörde eingetreten sind? **43,** 15. — 3) Grundsätze, nach denen bei der Seeversicherung der Schaden zu berechnen ist. **44,** 20. — 4) Ist die Entschädigung in Kapital für einen durch den Minderertrag eines Grundstückes sich jährlich erneuernden Schaden so zu berechnen, daß der durch Kapitalisierung des durchschnittlichen Minderertrages gewonnenen Summe die Ausfälle der vergangenen Jahre hinzugerechnet werden? (P.) **45,** 266. — 5) Ist, wenn Schadensersatz wegen Vorenthaltung bestimmt bezeichneter Sachen gefordert wird, der § 260 (287 n. F.) C.P.O. auf die Frage anwendbar, welche Sachen vorenthalten sind? **45,** 356. — 6) Schätzung des Interesses, wenn der Schuldner Herabsetzung der Konventionalstrafe auf den doppelten Betrag des Interesses fordert? (P.) **47,** 308. — 7) Die Bewertung der enteigneten Fläche als Bauland darf nur für den Zeitpunkt der Festsetzung der Fluchtlinie, nicht für den der Enteignung erfolgen. (P.) **48,** 336.

Schankwirtschaftskonzession. Unterliegt, wenn in einem Kaufvertrage über ein zur Schankwirtschaft eingerichtetes Grundstück für den Verzicht des Verkäufers auf die Wirtschaftskonzession eine besondere Vergütung festgesetzt ist, diese dem Kaufstempel nach Tarifstelle 32a des Gesetzes von 1895? (P.) **49,** 321.

Schätzung. S. Schadensschätzung.

Schauspieler. Sind die §§ 115 flg. R.G.O. (Gesetz vom 1. Juni 1891), wonach der Lohn der gewerblichen Arbeiter bar zu zahlen ist, auch auf Schauspieler und Opernsänger anwendbar? **41,** 55.

Scheidung der Ehe. S. Ehescheidung.

Scheidungsgrund. S. Ehescheidung.

Scheidungsstrafe. S. Ehescheidungsstrafe.

Scheidungsurteil. Unter welchen Voraussetzungen ist im Scheidungsurteile auszusprechen, daß ein Ehegatte Schuld an der Scheidung trage? (§ 1574 B.G.B.) **49,** 167.

Scheingeschäft. S. Simulation.

Schenkung. Schenkungsversprechen. 1) Anfechtung fraudulöser Schenkungen durch den in einem unwiderruflich gewordenen korrespektiven Testamente oder in einem Erbvertrage zum Erben eingesetzten Dritten. Voraussetzungen der Anfechtung im einzelnen. (G.) **41,** 168. — 2) Keine Schenkung, wenn etwas geleistet wird, das nur unklagbar geschuldet wird. (G.) **42,** 120. — 3) Form des Schenkungsversprechens im Falle einer belohnenden Schenkung. Ist zur Gültigkeit die Aushändigung der Schenkungsurkunde an den Beschenkten nötig? (P.) **46,** 241. — 4) Unterliegen nach den preußischen Stempelgesetzen Cessionsurkunden dem Schenkungsstempel, wenn die Cession schenkungshalber erfolgt, dies aber in der Urkunde nicht ausgedrückt ist? (P.) **47,** 335. — 5) Nach welchem Rechte ist ein schenkungsweise geschehener Erlaß zu beurteilen, wenn der in Braunschweig wohnende Gläubiger dem in Liegnitz wohnenden Schuldner den Erlaß brieflich erklärt hat? (P.) **46,** 231. — 6) Nichtigkeit, wenn der Beschenkte bei der Annahme weiß, daß die Mittel zu der Schenkung durch Verbrechen erlangt sind. (R., P.) **48,** 293. — 7) Ist der dem schenkenden Ascendenten nach Art. 747 C. c. zustehende Anspruch auf die im Nachlasse des beschenkten Descendenten noch vorhandenen geschenkten Gegenstände 2c ein

Erbrecht im Sinne des Art. 213 E.G. z. B.G.B.? **50,** 181. — 8) Dem Hypothekengläubiger steht ein nur zwischen dem Eigentümer und dessen Rechtsvorgänger nach der Bestellung der Hypothek ergangenes Urteil, durch das eine Schenkung nach Art. 954 C. c. als widerrufen anerkannt wird, nicht ohne weiteres entgegen. (F) **42,** 392. — 9) Kann der Nachweis der gerichtlichen Insinuation der Schenkung durch Eideszuschiebung geführt werden? **50,** 424.

Schiedsrichter. Schiedsgericht. 1) Haftet der Schiedsrichter für ein bei Erlassung des Schiedsspruches begangenes Versehen? (P.) **41,** 251. — 2) Streitwert bei Klagen, die die Ernennung eines Schiedsrichters oder andere zur Vorbereitung des schiedsrichterlichen Verfahrens dienende Vorgänge betreffen. **41,** 362. — 3) Giebt es Fälle, in denen ein Schiedsrichter von der Ausübung seines Amtes kraft Gesetzes ausgeschlossen ist? **44,** 391. — 4) Verliert die Partei das Recht, einen Schiedsrichter abzulehnen, schon dadurch, daß sie trotz Kenntnis des Ablehnungsgrundes einen Antrag bei dem Schiedsgerichte stellt? **44,** 391. — 5) Unterschied zwischen Schiedsrichter und arbitrator. **45,** 350. — 6) Wird der nach Ablauf der Frist des § 855 (1029 n. F.) C.P.O. gestellte Antrag auf gerichtliche Ernennung eines Schiedsrichters dadurch erledigt, daß die Gegenpartei nachträglich den Schiedsrichter bezeichnet? **45,** 382. — 7) Ist der § 1045 C.P.O. n. F. auch dann anwendbar, wenn die Ernennung eines Schiedsrichters mit der Behauptung bekämpft wird, der Ernannte habe nicht die im Schiedsvertrage ausbedungenen Eigenschaften? **47,** 401. — 8) Ist über die gerichtliche Ernennung eines Schiedsrichters, auf die vor dem 1. Januar 1900 Klage erhoben war, nach diesem Tage durch Beschluß zu entscheiden? **48,** 404; **49,** 354. — 9) Darf über die Replik, der Schiedsvertrag sei infolge der Weigerung oder begründeten Ablehnung des Schiedsrichters erloschen, das Gehör deshalb versagt werden, weil der Kläger nicht in dem Beschlußverfahren des § 1045 C.P.O. eine Entscheidung über das Erlöschen herbeigeführt habe? **49,** 353.

Schiedsrichterliches Verfahren. S. Syst. Reg. § 356.

Schiedsspruch. 1) Ist die Fortsetzung des schiedsrichterlichen Verfahrens nach Erlaß des Schiedsspruches zulässig, wenn dieser im Versäumnisverfahren erlassen und deshalb aufgehoben worden ist? **41,** 396. — 2) Haftet der Schiedsrichter für ein bei Erlassung des Schiedsspruches begangenes Versehen? (P.) **41,** 251. — 3) Ist der Schiedsspruch anfechtbar, wenn die Partei den einen Schiedsrichter hätte ablehnen können? **44,** 392. — 4) Kann die zu einem Schiedsspruche beantragte Vollstreckungsklausel auf einen Teil des Schiedsspruches beschränkt werden? **46,** 419. — 5) Anfechtung wegen Unzulässigkeit des Verfahrens, die in der Verletzung gesetzlicher Vorschriften über das Verfahren gefunden wird, wegen Versagung des rechtlichen Gehörs und wegen fehlender Gründe. **47,** 424. — 6) Darf über die Klage auf Aufhebung eines Schiedsspruches entschieden werden, ohne daß seine Niederlegung auf der Gerichtsschreiberei des zuständigen Gerichtes festgestellt ist? **49,** 409.

Schiedsvertrag. 1) Ist der in einem schriftlichen Kaufvertrage zugleich enthaltene Schiedsvertrag über die Entscheidung der Streitigkeiten aus dem Kaufvertrage als dessen Bestandteil im Sinne des § 4a des Stempelsteuergesetzes vom 31. Juli 1895 anzusehen? (P.) **42**, 191. — 2) Kann die Unzulässigkeit des schiedsrichterlichen Verfahrens wegen Ungültigkeit des Schiedsvertrages (Differenzgeschäfte) von dem durch den Schiedsspruch Verurteilten noch geltend gemacht werden, wenn er vor dem Schiedsgerichte, ohne dessen Unzulässigkeit zu rügen, Abweisung der Klage beantragt und Widerklage erhoben hatte? **43**, 407. — 3) Der § 1045 C.P.O. n. F. ist auch dann anzuwenden, wenn das Verfahren schon vor dem 1. Januar 1900 eingeleitet worden ist. **48**, 404; **49**, 354. — 4) Darf über die Replik, der Schiedsvertrag sei infolge der Weigerung oder der begründeten Ablehnung des Schiedsrichters erloschen, das Gehör deshalb versagt werden, weil der Kläger nicht in dem Beschlußverfahren des § 1045 C.P.O. eine Entscheidung über das Erlöschen herbeigeführt habe? **49**, 353. — 5) Unterliegt die Einrede des Schiedsvertrages der Beschränkung des § 528 Abs. 1 S. 1 C.P.O. n. F. auch dann, wenn das Verfahren in der ersten Instanz schon vor dem 1. Januar 1900 beendet war? **49**, 429.

Schienen. Können sie Gegenstand des Gebrauchsmusterschutzes sein, auch wenn sie zur Herstellung einer unbeweglichen Sache, nämlich einer Mauer, bestimmt sind? **50**, 125.

Schiffbarkeit. 1) Wird ein Privatfluß dadurch, daß er vom Staate schiffbar gemacht wird, in seiner ganzen Ausdehnung ein öffentlicher? (P.) **45**, 184. — 2) Wieweit ist der Oberpräsident zur Entscheidung über die Schiffbarkeit öffentlicher Flüsse zuständig? (P.) **49**, 319.

Schiffer. 1) Wenn der Schiffer die im Konnossemente bezeichneten Güter nicht ausliefern kann, weil er nichts erhalten hat, so wird der Verfrachter so behandelt, als ob die Güter verloren wären. **46**, 7. — 2) Begriff des Schiffers im Sinne des Binnenschiffahrtsgesetzes. **48**, 68. — 3) Muß der Schiffer dulden, daß der Empfänger eine seewärts angebrachte Ladung bei der Übergabe an den Leichter auf dem Seeschiffe verwiegen läßt? **49**, 103.

Schiffsbesatzung eines geschleppten Schiffes. Kann zu ihr auch der Führer des Schleppdampfers gerechnet werden? **46**, 45.

Schiffseigner im Sinne des Binnenschiffahrtsgesetzes. 1) Steht ihm, wenn sein Schiff durch Verschulden einer Person der Besatzung eines anderen ihm gehörenden Schiffes beschädigt worden ist, gegen das von diesem Schiffe und dessen Fracht gebildete Schiffsvermögen ein Schadensanspruch zu? **45**, 50; **47**, 171. — 2) Umfang der Verpflichtung des Schiffseigners zu eigener Sorgfalt in Beziehung auf die Ausführung eines von ihm selbst abgeschlossenen Frachtvertrages durch den Schiffer. **48**, 68. — 3) Haftung des Eigentümers eines geschleppten Schiffes für ein dem Führer des Schleppdampfers zur Last fallendes Verschulden nach § 4 Abs. 3 des Binnenschiffahrtsgesetzes. **46**, 42. — 4) Haftet der Eigner des Schleppdampfers beim Zusammenstoße des geschleppten Schiffes mit einem anderen für den

Schaden, der durch die Führung des geschleppten Schiffes verschuldet ist? Grundsätze über die Haftung der bei einem Schleppzuge beteiligten Schiffe. **50**, 33.

Schiffsgläubiger. 1) Rang einer an einem ausländischen Flußschiffe im Auslande entstandenen Hypothek gegenüber einem jüngeren, in Deutschland wegen eines Zusammenstoßes entstandenen Schiffspfandrechte, wenn das Schiff in Deutschland gepfändet und zur Zwangsversteigerung gebracht wird. (P.) **45**, 276. — 2) Steht dem Rheder oder dem Schiffseigner im Sinne des Binnenschiffahrtsgesetzes, dessen Schiff durch Verschulden einer Person der Besatzung eines anderen ihm gehörigen Schiffes beschädigt worden ist, gegen das aus diesem Schiffe und dessen Fracht gebildete Schiffsvermögen ein Schadensanspruch zu? **45**, 50; **47**, 171.

Schiffskollision. S. Syst. Reg. § 262b.

Schiffsladung. S. Ladung.

Schiffspfandrecht. S. Pfandrecht.

Schiffsvermögen. S. Schiffsgläubiger.

Schikane. S. Arglist.

Schlachthaus. Schlachtbetrieb. 1) Ist eine im Geltungsbereiche des Publikandums vom 29. April 1772 erlassene Polizeiverordnung gültig, nach der die im städtischen Schlachthause für gesundheitsschädlich erklärten Teile eines Schlachtviehes nicht an den Abdecker abgeliefert, sondern vernichtet werden sollen? (P.) **45**, 267. — 2) Begriff eines „öffentlichen" Schlachthauses im Sinne des § 23 R.G.O. **47**, 79. — 3) Liegt in der Bestimmung einer Genossenschaft — die ein öffentliches Schlachthaus betreibt —, daß den Metzgern der Gemeinde der Beitritt nicht versagt werden kann, ein Vertrag zu Gunsten Dritter? **47**, 81. — 4) Wird eine Landgemeinde schon durch die Eingemeindung in eine Stadtgemeinde, die den Schlachtzwang eingeführt hat, diesem unterworfen? (P.) **48**, 275.

Schlachtzwang. S. das vorstehende Wort.

Schleppdampfer. S. Schleppschiff.

Schleppschiff. 1) Haftet der Eigentümer eines geschleppten Schiffes für ein dem Führer des Schleppdampfers zur Last fallendes Verschulden nach § 4 Abs. 3 des Binnenschiffahrtsgesetzes? **46**, 42. — 2) Kann zur Schiffsbesatzung eines geschleppten Schiffes auch der Führer des Schleppdampfers gerechnet werden? **46**, 45. — 3) Liegt Doppelversicherung vor, wenn jemand nach Versicherung eines ihm gehörigen Hinterhangsfahrzeuges das ihm gehörige Schleppschiff (insbesondere auch gegen Haftpflicht) so versichert, daß Hinterhangsfahrzeuge des Versicherten in den durch die Versicherung gedeckten Fällen so angesehen werden sollen, als ob sie Dritten gehörten? **47**, 168. — 4) Der Art. 792 H.G.B. ist auch nicht analog auf die Binnenschiffahrt anzuwenden. **47**, 170. — 5) Haftet der Eigentümer des Schleppdampfers im Falle eines Zusammenstoßes des geschleppten Schiffes mit einem anderen für den Schaden, der durch die Führung des geschleppten Schiffes verschuldet ist? **50**, 33. — 6) Grundsätze über die Haftung der einzelnen zu einem Schleppzuge verbundenen Schiffe im Falle eines Zusammenstoßes mit anderen. **50**, 35. — 7) S. auch das folgende Wort.

Schleppvertrag. Ist der Schlepper, wenn das geschleppte Schiff auf Grund gerät, zur Hilfeleistung verpflichtet? (G.) **46**, 203.

Schleppzug. S. Schleppschiff.

Schlesische Provinzial-Landfeuersocietät. Findet bei ihren Versicherungsverträgen und Bestätigungen, welche bewegliche Sachen von mehr als 3000 *M* Versicherungswert betreffen, die Befreiung 2 zur Tarifstelle 70 des Stempelsteuergesetzes Anwendung? (P.) **43**, 248.

Schlußnote. Bedeutung der Klausel „Fester Lieferungstermin 31. Dezember und täglich". **47**, 112.

Schmerzensgeld. Findet im Falle des § 833 B.G.B. auch der § 847 Abs. 1 Anwendung? **50**, 252.

Schmuggel. Ist ein unmittelbar auf die Förderung gewerbsmäßigen, gegen einen befreundeten Staat im Grenzbezirke betriebenen, Schmuggels abzielender Vertrag unsittlich und nichtig? (P.) **42**, 295.

Schreibensunfähigkeit. Wird ein Notariatsakt, der nicht enthält, weshalb ein Beteiligter nicht unterschrieben, sondern nur unterkreuzt hat, durch ein ergänzendes Nachtragsattest des Notars und der Schreibzeugen gültig? (P.) **43**, 274.

Schriftform. Form der Rechtsgeschäfte. S. Syst. Reg. § 33.

Schriftsatz. 1) Genügt zur Aufnahme eines unterbrochenen Verfahrens die Zustellung des Urteiles, oder ist die Zustellung eines Schriftsatzes nötig? **41**, 403. — 2) Im übrigen s. Vorbereitende Schriftsätze.

Schriftzeichen. Wieweit sind Flächenmuster, bei denen die neue Gestaltung durch Schriftzeichen zum Ausdrucke kommt, jedenfalls des Gebrauchsmusterschutzes unfähig? **48**, 77.

Schuldanerkenntnis. S. Syst. Reg. § 153 und Schuldgrund.

Schulden. S. Kollation.

Schulderlaß. S. Erlaß.

Schuldfrage. 1) Beurteilung, wenn die Ehe auf Grund des preußischen A.L.R. vom Landgerichte rechtskräftig geschieden, und über die nur wegen der Schuldfrage eingelegte Berufung unter der Herrschaft des B.G.B. zu entscheiden ist. **46**, 147. — 2) Zeitliche Geltung des seit dem 1. Januar 1900 geltenden Rechtes in Ansehung der Schuldfrage. **46**, 156. — 3) Unter welchen Voraussetzungen ist im Scheidungsurteile auszusprechen, daß ein Ehegatte Schuld an der Scheidung trage? § 1574 B.G.B. **49**, 167. — 4) Nach welchem Rechte richtet sich der Unterhaltsanspruch der Ehefrau, wenn das den Ehemann für schuldig erklärende Scheidungsurteil zwar vor dem 1. Januar 1900 verkündet, aber, ohne angegriffen zu werden, erst nachher rechtskräftig geworden ist? (P.) **50**, 304.

Schuldgrund. 1) Muß er in der Bewilligung der Eintragung einer Hypothekenvormerkung angegeben sein? (P.) **42**, 318. — 2) Sind in der Tarifstelle 58 II des Stempelgesetzes von 1895 unter kaufmännischen Verpflichtungsscheinen nur solche ohne Angabe des Schuldgrundes zu verstehen? (P.) **44**, 228. — 3) Ist der Gläubiger an die Angabe gebunden, die er in einem Rechtsstreite über den Schuldgrund einer ohne sie zu seinen Gunsten eingetragenen Hypothek einmal gemacht hat? (P.) **45**, 176. — 4) Beweislast, wenn die Bereicherungsklage gegen den befriedigten Hypothekengläubiger auf das Nichtbestehen eines Schuldgrundes gestützt wird. **49**, 300. — 5) Ist die unter der Herrschaft des B.G.B. geschlossene Vereinbarung, daß der Schuldgrund einer Darlehnshypothek des preußischen Rechtes geändert, und eine andere Forderung dadurch gesichert werden solle, obligatorisch gültig ohne die Form des § 873 B.G.B.? **50**, 77.

Schuldschein. Schuldverschreibung. 1) Ist eine Schuldverschreibung stempelpflichtig, wenn sie einen Bestandteil des nicht beurkundeten Hauptgeschäftes bildet? (P.) **44**, 216; **49**, 312. — 2) Begriff der Schuldverschreibung im Sinne des § 58 des Stempelsteuergesetzes von 1895. (P.) **42**, 266; **44**, 219; **48**, 351. — 3) Sind schriftliche Verpflichtungen zur Entrichtung wiederkehrender Geldleistungen von unbestimmter Dauer als Schuldverschreibungen stempelpflichtig? (P.) **45**, 289; **48**, 351. — 4) Ausdehnung des Begriffes der Schuldverschreibung im Sinne des preußischen Stempelsteuergesetzes von 1895. (P.) **46**, 257. — 5) Kann ein präjudizierter oder verjährter Wechsel als Schuldschein gelten? **48**, 230. — 6) Übertragbarkeit der bei der Aufnahme eines Darlehns durch die Aktiengesellschaft neben den Schuldverschreibungen ausgegebenen Genußscheine. **49**, 14. — 7) Unterliegt das Versprechen einer Geldzahlung, das nur als Teil eines einheitlichen, gegenseitige Verpflichtungen enthaltenden Vertrages erscheint, dem Schuldverschreibungsstempel? (P.) **49**, 312.

Schuldtitel. S. Vollstreckbarer Titel.

Schuldübernahme. 1) Wird der Veräußerer eines Grundstückes von seiner persönlichen Schuld nach § 41 Abs. 2 E.E.G. auch dann frei, wenn der Ablauf der Klagefrist in die Zeit der durch einen anderen Gläubiger betriebenen Zwangsvollstreckung bis zum Zuschlage fällt? (P.) **41**, 326. — 2) Beginn der Frist des § 41 Abs. 2 E.E.G., wenn die durch nicht prompte Zinszahlung bedingte Kündigung vor Ablauf der für die Zinszahlung bestimmten äußersten Frist erfolgt ist? (P.) **41**, 327. — 3) Rechtswirkung der Übernahme sämtlicher Nachlaßschulden durch einen der Miterben bei der Erbauseinandersetzung. (G.) **43**, 181. — 4) Erlischt die persönliche Klage des Hypothekengläubigers gegen den die Hypothek übernehmenden Grundstückserwerber durch dessen Rücktritt vom Vertrage wegen Verkehrsmängel, Betruges u. s. w.? (P.) **43**, 270. — 5) Kann der Ersteher des versteigerten Grundstückes eine Gesamthypothek, die er in Anrechnung auf den Kaufpreis übernommen und nach Auszahlung abgetreten erhalten hat, gegen die mitverhafteten Grundstücke des Subhastaten geltend machen? (P.) **43**, 340. — 6) Folgt schon aus der Anzeige der Übernahme eines Handelsgeschäftes auch der Übergang der Verbindlichkeiten? **50**, 120. — 7) Haftet, wer zwei übernommene Handelsgeschäfte unter einer aus der Verbindung ihrer Firmennamen gebildeten neuen Firma

unmöglich geworden ist? **41**, 100. — 2) Der Selbsthilfeverkauf ist im Falle des Art. 354 H.G.B. bei Nichtfixgeschäften, abgesehen von dem Falle arglistiger Verzögerung, an eine Frist nicht gebunden. **41**, 64. — 3) Rechtliche Natur des auf einen Selbsthilfeverkauf gestützten Anspruches. **41**, 63. — 4) Steht, wenn die Klage aus der zweiten Alternative des Art. 354 H.G.B. wegen Fehlens des Selbsthilfeverkaufes abgewiesen worden ist, der nach dessen Vornahme aufs neue angestellten Klage die Einrede der Rechtskraft entgegen? **41**, 63. — 5) Voraussetzungen des Selbsthilfeverkaufes nach Art. 343 Abs. 2 H.G.B. **43**, 46. — 6) Ist bei einem s. g. komplizierten Spezifikationskaufe im Falle des Art. 354 H.G.B. der Selbsthilfeverkauf zulässig, und zwar in der Weise, daß eine nach den Vereinbarungen des Hauptvertrages zu liefernde Ware versteigert wird? **48**, 101. — 7) Genügt es für einen Selbsthilfeverkauf nach Art. 343 H.G.B., wenn nur der Gattung nach bestimmte Ware verkauft wird? **45**, 29. — 8) Kann der Verkäufer, an den die Ware nach Zurdispositionstellung zurückgelangt, mit Rechtswirkung gegen den Käufer den Selbsthilfeverkauf vornehmen, wenn die Ware dem Verderben ausgesetzt ist? **48**, 136.

Selbstmord. Ist der Beschluß des Verwaltungsrates einer Versicherungsgesellschaft auf Gegenseitigkeit, daß die Lebensversicherungssumme auch im Falle des Selbstmordes gezahlt werden soll, auch zu deren Gunsten wirksam, die ihre Rechte aus einem vor diesem Beschlusse abgeschlossenen Versicherungsvertrage herleiten? (G.) **49**, 195.

Separation. S. Auseinandersetzungsverfahren.

Separationsweg. S. Weg.

Sequester. S. Zwangsverwaltung.

Servituten S. Syst. Reg. §§ 66. 67. 71.

Sicherheitsarrest. S. Arrest.

Sicherheitsleistung. 1) Begriff einer angemessenen Sicherheit im Art. 202 Abs. 2 H.G.B. **48**, 35. — 2) Voraussetzungen der Beschwerde gegen den Beschluß des Berufungsgerichtes, daß die Zwangsvollstreckung aus dem Urteile erster Instanz nur gegen Sicherheitsleistung zugelassen werde. **47**, 419. — 3) Kann die Anordnung, daß die Zwangsvollstreckung nur gegen Sicherheitsleistung stattfinden solle, auch dann getroffen werden, wenn das Urteil erst in der Berufungsinstanz für vorläufig vollstreckbar erklärt worden ist? **47**, 419. — 4) Ist gegen den Beschluß, durch den ein auf den § 715 C.P.O. n. F. gestütztes Gesuch abgelehnt worden ist, die Beschwerde zulässig? **47**, 364. — 5) Wann ist im Sinne des § 109 C.P.O. n. F. die Veranlassung zur Sicherheitsleistung weggefallen? **50**, 377.

Sicherstellung. Sicherung 1) Kann der Gläubiger schon vor der Erlangung eines vollstreckbaren Titels zur Sicherung seines Anfechtungsrechtes Arrest oder eine einstweilige Verfügung erwirken? **41**, 89. — 2) Ist der Kauf gültig, der zum Zwecke der Sicherung des Gläubigers und mit der Bestimmung geschlossen wird, daß die Kaufsache im Besitze des Schuldners bleiben soll? (F.) **43**, 393. — 3) Zur Prüfung der Frage, ob die Erfordernisse des Kaufes vorliegen, oder nur Pfand-

1900 errichteten Aktiengesellschaft über die Rübenlieferungspflicht der Aktionäre durch einen Mehrheitsbeschluß der Generalversammlung geändert werden? **48**, 102. — 6) Ist die Generalversammlung befugt, das Maß des Bezugsrechtes der von der Aktiengesellschaft bei der Aufnahme eines Darlehns neben den Schuldverschreibungen ausgegebenen Genußscheine ohne Zustimmung von deren Inhabern zu ändern? **49**, 15. — 7) Ist die Bestimmung des Gesellschaftsvertrages einer Gesellschaft mit beschränkter Haftung gültig, daß bei Stimmengleichheit der Rechtskonsulent der Gesellschaft zu entscheiden hat? Ferner, daß im Falle der Veräußerung eines Geschäftsanteiles an einen Nichtgesellschafter die übrigen Gesellschafter das Vorkaufsrecht zum Nominalbetrage der Stammeinlage des veräußernden Gesellschafters haben sollen? **49**, 146. — 8) Haben die Mitglieder einer Gesellschaft mit beschränkter Haftung ein unbeschränktes Recht auf Vorlegung und Einsicht der Geschäftsbücher der Gesellschaft mit Beilagen und Belägen? **49**, 148.

Spediteur. 1) Ist die einem Spediteur erteilte Weisung, die Ware einem Dritten zugehen zu lassen, eine der Annahme fähige Anweisung? **43**, 167. — 2) Erwirbt der Spediteur an dem nach einem Flußtransporte an ihn gelangten Gute ein Pfandrecht wegen seiner vorher gemachten Auslagen, wenn der Absender den vom Schiffer gezeichneten Ladeschein, in dem diese Auslagen nicht vermerkt waren, dem gutgläubigen Ladungsempfänger überliefert hatte? **44**, 116. — 3) Endpunkt der Haftung des Spediteurs aus Artt. 384. 395 H.G.B. a. F. **48**, 108.

Spezifikationskauf. 1) Ist bei einem s. g. komplizierten Spezifikationskaufe im Falle des Art. 354 H.G.B. der Selbsthilfeverkauf zulässig, und zwar in der Weise, daß eine nach den Vereinbarungen des Hauptvertrages zu liefernde Ware versteigert wird? **43**, 101. — 2) Kommt bei dem s. g. komplizierten Spezifikationskaufe der Käufer in Annahmeverzug, wenn er die schuldige Spezifikation unterläßt? **43**, 104.

Spezifisches Gewicht. Unter welchen Umständen kann die Angabe des spezifischen Gewichtes bei den nach Anlage B XX zur Eisenbahnverkehrsordnung zu befördernden Gegenständen unterbleiben? **47**, 39.

Spiel. 1) Ist der Abschluß von Spielgeschäften mit einem Dritten ein möglicher Gegenstand eines gültigen Gesellschaftsvertrages? (G.) **43**, 148. — 2) Die Spielschuld ist unklagbar, aber erfüllbar; keine Rückforderung, auch wenn auf einen für die Spielschuld gegebenen Wechsel gezahlt ist, einerlei, ob dieser an Zahlungs Statt oder zahlungshalber gegeben war. (G.) **47**, 50. — 3) Haben die landesgesetzlichen Bestimmungen über das Spielen in auswärtigen Lotterien durch den § 763 B.G.B. ihre privatrechtliche Geltung verloren? **48**, 175. — 4) Zeitpunkt des Vertragsschlusses über ein zugesandtes Lotterielos. **48**, 178. — 5) Aus dem Anerkenntnis einer Spielschuld oder deren Sicherung durch formales Schuldversprechen findet eine Klage ebensowenig statt, wie aus der Spielschuld selbst. (G.) **49**, 193. —

6) Wird das Angebot eines Lotterieloses durch dessen Ziehung vor der Annahme des Angebotes hinfällig? **50**, 191. — 7) Differenzgeschäft. S. dieses Wort.

Sprachgebrauch. In welchem Sinne ist er für die Auslegung brauchbar? **42**, 303.

Spruchrichter. Haftet der Spruchrichter für ein bei der Urteilsfällung begangenes Versehen? (P.) **41**, 252.

Staat. 1) Ist der Staat zur Entschädigung verpflichtet, wenn er im öffentlichen Interesse durch die Strombauverwaltung oder eine andere Verwaltungsbehörde in Privatrechte verletzend eingreift? (G.) **41**, 142. 191; **49**, 241. — 2) Welcher Staat haftet, wenn der, dem ein anderer in gewissem Umfange die Ausübung von Hoheitsrechten übertragen hatte, bei deren Ausübung im Gebiete des übertragenden in Privatrechte verletzend eingreift? (G.) **41**, 191. — 3) Unter welchen Voraussetzungen gehören die Kosten der Zwangsheilung der aus dem Polizeigefängnis dem öffentlichen Krankenhause zugeführten Prostituierten zu den vom Staate zu tragenden Kosten der örtlichen Polizeiverwaltung? (P.) **42**, 211. — 4) Stehen die Kommunikationswege den Land- und Heerstraßen gleich, unterliegen sie namentlich dem Landstraßenregale des Staates? (P.) **44**, 173. — 5) Wann haftet der Staat für die Folgen mangelhafter Unterhaltung der Landstraßen, wenn er nicht als Inhaber des Landstraßenregales, sondern aus anderen Gründen unterhaltungspflichtig ist? (P.) **44**, 176. — 6) Haftet der Staat dem Konkursverwalter für das vom Konkursgerichte festgesetzte Honorar? **43**, 62. — 7) Ansprüche des Staates gegen einen Richter wegen schuldhaften Verhaltens im Amte. (F.) **43**, 387. — 8) Voraussetzungen der Haftung des Staates für das Verschulden seiner Beamten. (G.) **45**, 168; **47**, 241; (P.) **47**, 328. — 9) Umfang der Entschädigung des Fischereiberechtigten, wenn der Staat den durch einen Durchstich ausgeschiedenen Teil des Bettes eines öffentlichen Flusses samt der Fischereiberechtigung veräußert. (P.) **46**, 287. — 10) S. auch Fiskus und Staatsabgaben Nr. 1.

Staatsabgaben. 1) Kosten der Kommission zur Veranlagung der Einkommensteuer in den Stadtkreisen; hat auch dann der Staat sie zu tragen, wenn der Stadtbürgermeister oder an dessen Stelle ein anderes Magistratsmitglied den Vorsitz in der Kommission führt? (P.) **43**, 314. — 2) Unter welchen Voraussetzungen richtet sich die Verjährungsfrist für öffentliche Abgaben nach § 10 des Gesetzes vom 18. Juni 1840? (P.) **43**, 326. — 3) Gehört der s. g. Agiogewinn zu dem nach § 16 des preußischen Einkommensteuergesetzes vom 24. Juni 1891 steuerpflichtigen Einkommen der Aktiengesellschaften? Begriff der Überschüsse im Sinne dieses Gesetzes. **46**, 262. — 4) Darf der Fiskus Stempelforderungen im Wege der Aufrechnung geltend machen? **47**, 331. — 5) Das Reichsgesetz wegen Beseitigung der Doppelbesteuerung vom 13. Mai 1870 gilt auch für juristische Personen. **50**, 101. — 6) Im einzelnen s. Syst. Reg. §§ 374b flg.

Staatsbeamte. 1) Voraussetzungen der Anwendung des § 14 Geb.O. für Zeugen und Sachverständige von 1878 auf mittelbare Staatsbeamte. (P.) **41**, 363. — 2) Rechtliche Natur des Gehaltsanspruches eines öffentlichen Beamten. **42**, 125. — 3) Amtsverlust als unmittelbare Wirkung des rechtskräftigen Strafurteiles. (P.) **42**, 284. — 4) Wird der durch ein rechtskräftiges Strafurteil bewirkte Amtsverlust durch eine im Wiederaufnahmeverfahren erfolgte Freisprechung wieder aufgehoben? (P) **42**, 284. — 5) Was ist unter „Ansprüche gegen den Landesfiskus wegen Verschuldung von Staatsbeamten" im § 39 Abs. 1 Ziff. 2 des preußischen Ausführungsgesetzes zum G.V.G. zu verstehen? **42**, 415; **50**, 397. — 6) Können Staatsbeamte ihr Diensteinkommen und ihre Pension wirksam verpfänden oder anweisen? (P.) **44**, 192. — 7) Betriebsunfälle im Sinne des s. g. Fürsorgegesetzes vom 18. Juni 1887; gehören dazu auch die aus betriebsgemäßen Zuständen oder Handlungen hervorgehenden Unfälle? (P) **44**, 253. — 8) Wann beginnt der Lauf der Dienstzeit für die Berechnung der Pension der Staatsbeamten? (P.) **47**, 283. — 9) Die Vorschrift des § 19 Abs. 1 S. 2 des Pensionsgesetzes von 1872 betrifft nur Zeitabschnitte, die hinter der Beeidigung des Beamten zurückliegen, und nur einzelne Beamtenkategorien. (P.) **47**, 288. — 10) Voraussetzungen der Haftung des Staates für das Verschulden seiner Beamten. (G.) **45**, 168; **47**, 241; (P.) **47**, 328. — 11) Gelten als Ausführungsvorschriften im Sinne des Art. IV des Gesetzes vom 21. Juni 1897, betr. die Tagegelder und Reisekosten der Staatsbeamten, ohne weiteres auch die vor diesem zu den früheren betreffenden Gesetzen vom Staatsministerium erlassenen? Auch die unter B 2 und D 1 der „Zusammenstellung" zum Staatsministerialbeschlusse vom 13. Mai 1884? (P.) **48**, 285. — 12) Steht einem preußischen nichtrichterlichen Beamten eintretendenfalls ein Rechtsanspruch auf Gewährung der etatsmäßigen Gehaltszulage zu? (P.) **48**, 321. — 13) Ist der Rechtsweg zulässig für die Klage auf Feststellung des Besoldungsdienstalters eines nichtrichterlichen Beamten? (P.) **48**, 322. — 14) S. im einzelnen Syst. Reg. § 375, auch Richter, Lehrer, Notar u. s. w.

Staatsbehörde. S. Behörde.

Staatslotterie. S. Lotterie.

Staatspapier. S. Inhaberpapier.

Staatsrecht. S. Syst. Reg. §§ 370 flg. 376.

Staatsvertrag. Welcher Staat haftet auf Entschädigung, wenn der Staat, dem ein anderer in gewissem Umfange die Ausübung von Hoheitsrechten durch einen Staatsvertrag übertragen hatte, in der Ausübung der Hoheitsrechte im Gebiete des übertragenden in Privatrechte verletzend eingegriffen hat? (G.) **41**, 191.

Stadt. S. Gemeinde.

Städtische Beamte. S. Beamte, Gemeinde.

Städtischer Bebauungsplan. S. Fluchtlinie.

Stammeinlage. 1) Was verstehen die §§ 5. 7. 8. 19 des Reichsgesetzes, betr. die Gesellschaften mit beschränkter Haftung, vom 20. April 1892

Stauanlage. 1) Begriff der nach § 16 R.G.O. konzessionspflichtigen Stauanlage für ein Wassertriebwerk. **49,** 85. — 2) Was ist im Falle einer schädlichen Stauanlage unter dem Gewerbebetriebe zu verstehen, auf dessen Einstellung nach § 26 R.G.O. nicht geklagt werden kann? **49,** 89.

Stellvertreter. 1) Haftet der, der die Erfüllung einer von ihm übernommenen Verpflichtung einem Bevollmächtigten überträgt, nur für culpa in eligendo? (P.) **41,** 195. — 2) Hat man die absolute Pflicht, den zur Vornahme einer polizeilich verbotenen Handlung bestellten Vertreter zu überwachen? (P.) **41,** 211. — 3) Kann in die Stellung des Arbeitgebers im Sinne des Krankenversicherungsgesetzes mit öffentlichrechtlicher Wirkung ein Vertreter durch Vertrag gebracht werden? **42,** 9. — 4) Kann der Stellvertreter eines Anderen als solcher mit sich selbst einen Vertrag schließen? Erleichterung der Begründung der exceptio doli zu Gunsten des Vertretenen in solchen Fällen. (G.) **43,** 164. — 5) Einrede der Arglist, wenn sowohl der im Namen eines Anderen kontrahierende Stellvertreter als auch der Mitkontrahent wußten oder wissen mußten, daß dieser Vertrag dem Willen des Vertretenen nicht entsprechen könne. (G.) **43,** 166. — 6) Der Gerichtsvollzieher als Vertreter des Gläubigers bei der Pfändung. **43,** 180. — 7) Erwerb des Besitzes für die Stadtgemeinde durch ihren Bürgermeister. **44,** 305. — 8) Besitzerwerb für den Vertretenen nach dem Willen des Absenders trotz abweichenden Willens des Vertreters. (P.) **44,** 306. — 9) Ermächtigt die von dem Versicherer zur Erledigung aller durch einen bestimmten Versicherungsvertrag bedingten Geschäfte erteilte Vollmacht den Stellvertreter, eigene Schulden an den Versicherten gegen die von diesem zu zahlende Prämie aufzurechnen? (G.) **46,** 208. — 10) Kondiktion eines Wechsels durch den, dessen Bevollmächtigter unter Überschreitung seiner Vollmacht Waren gekauft und den zum Diskontieren erhaltenen Wechsel zur Deckung des Kaufpreises verwendet hat. (P.) **45,** 261. — 11) Was sind im Sinne des § 385 Abs. 1 Nr. 4 C.P.O. n. F. Handlungen, die eine Ehefrau als Stellvertreter ihres Mannes vorgenommen hat? **47,** 431. — 12) Ist nach § 126 Abs. 1 B.G.B. der gesetzlichen Schriftform genügt, wenn der bevollmächtigte Vertreter ausschließlich mit dem Namen (der Firma) des Vertretenen unterschreibt? **50,** 54. — 13) Kann, wenn der Versicherte einen Dritten beauftragt, die Anzeige von dem erlittenen Unfalle zu machen, und dieser Dritte die Anzeigefrist versäumt, die Versäumung als entschuldigt gelten? (P.) **50,** 295. — 14) S. auch **Constitutum possesorium.**

Stempelabgabe. Stempelfreiheit. Stempelsteuer. Stempeltarif. S. Syst. Reg. § 374 c 3.

Stempelaufdruck. Ist die Unterschrift des Ausstellers oder Indossanten eines Wechsels gültig, wenn bei einer aus Sach- und Namensbezeichnung zusammengesetzten Firma die Sachbezeichnung durch Stempelaufdruck hergestellt und nur der Name geschrieben ist? **47,** 165.

Stempelforderung. Kann der Fiskus Stempelforderungen im Wege der Aufrechnung geltend machen? (P.) **47**, 331.

Steuerbuch. 1) Wirkung der Auflassung eines Grundstückes, das bei der Zurückführung des Grundbuchblattes auf das Steuerbuch als „Anteil an den ungetrennten Hofräumen" bezeichnet ist. (P.) **47**, 276. — 2) Ändert sich die Beweislast zu Gunsten des eingetragenen Eigentümers durch spätere Zurückführung des Grundbuchblattes auf das Steuerbuch? (P) **42**, 200. — 3) Der § 4 Gr.O. stellt keine Rechtsvermutung für das Eigentum auf, sondern enthält im wesentlichen nur eine Anweisung für den Grundbuchrichter. (P) **42**, 204.

Stille Gesellschaft. 1) Sind die Bestimmungen des Handelsgesetzbuches über das innere Rechtsverhältnis zwischen dem stillen Gesellschafter und dem Inhaber des Handelsgewerbes zwingender Natur? Sind die Abreden gültig, daß die in der stillen Gesellschaft angelegten Vermögensobjekte jedem anteilig gehören, und im Falle der Auflösung eine Liquidation stattfinden solle? **45**, 35. — 2) Ist bei der für den Fall der Auflösung vereinbarten Liquidation der stille Gesellschafter mitzuwirken berechtigt? **45**, 37. — 3) Möglichkeit einer gemeinrechtlichen stillen Gesellschaft im weiteren Sinne zum Betriebe eines Handelsgewerbes. **45**, 39. — 4) Wie ist nach gemeinem Rechte die Frage wegen des Eigentums der Gesellschafter an den beiderseitigen Einlagen zu beurteilen? **45**, 40. — 5) Kann die Errichtung einer stillen Gesellschaft den Abschluß eines wucherischen Kreditgeschäftes enthalten? **46**, 112. — 6) Haftet der nicht erhobene Gewinn des stillen Gesellschafters für spätere Verluste mit? **48**, 77. — 7) Sind bei der Auflösung der stillen Gesellschaft für die Schlußabrechnung auch nach dem alten Handelsgesetzbuche die schwebenden Geschäfte mit zu berücksichtigen? **48**, 81. — 8) Kann der Komplementar der stillen Gesellschaft die Gewinnberechnung wegen Irrtums anfechten? **48**, 82. — 9) Muß die Vereinbarung, daß der stille Gesellschafter seinen Gewinn stehen lassen und mit diesem auch an dem späteren Verluste beteiligt sein soll, ausdrücklich oder kann sie auch stillschweigend erfolgen? **48**, 88.

Stillschweigende Willenserklärung. 1) Kann aus der bisherigen Art der Benutzung von zwei Grundstücken desselben Eigentümers die stillschweigende Bestellung einer Grundgerechtigkeit gefolgert werden, wenn das eine im Wege der Zwangsvollstreckung versteigert wird? (G.) **42**, 158; (P.) **49**, 236. — 2) Enthält die Annahme einer vertragswidrigen Leistung stets einen Verzicht auf Schadloshaltung wegen der Vertragswidrigkeit? (P.) **43**, 268. — 3) Begriff des Zugehens einer Willenserklärung im § 130 B.G.B. **50**, 194. — 4) Annahme einer nicht urkundlichen Anweisung durch konkludente Handlungen. **47**, 28. 5) Übertragung des Besitzes durch konkludente Handlungen. (P.) **47**, 270. — 6) Voraussetzungen für die Annahme der stillschweigenden Erteilung einer Handlungsvollmacht durch den Vorstand einer Aktiengesellschaft an eines seiner Mitglieder. **48**, 56. — 7) Muß die Vereinbarung, daß der stille Gesellschafter seinen Gewinn stehen lassen und mit diesem auch an dem späteren Verluste beteiligt sein soll,

Hauseigentümer wegen Veränderungen an einer städtischen öffentlichen Straße. Erhebliche Erschwerung der Verbindung. Ausgleichung der Nachteile mit den Vorteilen. (P.) **44,** 282. — 5) Ist Nachbar im Sinne des § 148 A.L.R. I. 8 auch der, dessen Haus von dem Grundstücke des Neubaues durch eine im Eigentume eines Dritten stehende Bodenfläche oder durch eine öffentliche Straße getrennt ist? (P.) **45,** 294. — 6) Hat jeder Hausbesitzer, einschränkende Polizeivorschriften vorbehalten, das Recht, das s. g. Hauswasser, auch das zum geschäftlichen Betriebe benutzte Wasser, auf die öffentliche Straße zu leiten? (F.) **46,** 316. — 7) Haftung wegen des mangelhaften Zustandes einer Straße. (P.) **48,** 297. — 8) Wodurch wird eine Straße zu einer öffentlichen? (P.) **48,** 299.

Straßenbahn. 1) Ist die Ersatzpflicht wegen schädlicher Einwirkung einer elektrischen Straßenbahn auf eine ältere Fernsprechanlage nur von den staatlichen Genehmigungsbedingungen und den Vorschriften des Reichstelegraphengesetzes von 1892 abhängig oder auch von den allgemeinen Grundsätzen über die unerlaubten Handlungen? **43,** 253. — 2) Begründen die der Kleinbahn staatlich gestellten Genehmigungsbedingungen eine Zwangspflicht im Sinne des § 9 A.L.R. I. 6? **43,** 256. — 3) Ist nach dem § 12 des Telegraphengesetzes von 1892 der Unternehmer der jüngeren elektrischen Anlage (Straßenbahn) verpflichtet, auch die Kosten im Laufe der Zeit verbesserter Sicherungsmaßregeln dem Unternehmer der älteren Anlage zu ersetzen? **50,** 83. — 4) Der § 12 des Telegraphengesetzes von 1892 enthält kein zwingendes Recht. **50,** 88. — 5) Liegt höhere Gewalt vor, wenn in einer Großstadt der Straßenbahnwagen mit einem plötzlich aus einem Hause rückwärts auf die Straße geschobenen Wagen zusammenstößt? **50,** 94. — 6) Hat der bei der Fahrt in einem Straßenbahnwagen Verletzte Anspruch auf Schadensersatz nur, wenn der Unfall mit den dem Eisenbahnbetriebe eigentümlichen Gefahren zusammenhängt? **50,** 92. — 7) Liegt eigenes Verschulden vor, wenn der bei der Fahrt in einem Straßenbahnwagen Verletzte in der begründeten Befürchtung eines Zusammenstoßes unerlaubt den Perron des fahrenden Straßenbahnwagens zu verlassen sucht? **50,** 95. — 8) Ist der Streit zwischen zwei Straßenbahnen mit elektrischem Oberbetriebe darüber, ob die eine in die Leitungsdrähte der anderen Kreuzungsstücke einbauen dürfe, dem ordentlichen Rechtswege entzogen? (P.) **50,** 292.

Streitgegenstand. Wert des Streitgegenstandes. S. Syst. Reg. § 290.

Streik. Sind die ohne Kündigung die Arbeit niederlegenden Arbeiter auch dann zum Schadensersatze verpflichtet, wenn sie nach der Arbeitsweigerung sofort entlassen wurden? Unter welchen Umständen haften sie solidarisch? (G.) **47,** 246.

Streitgenossen. 1) Verteilung der Prozeßkosten, wenn nach dem Urteile die durch das Verfahren gegen den einen Streitgenossen entstandenen Kosten dieser selbst, die gegen den anderen entstandenen der Gegner tragen soll? **41,** 399. — 2) Einfluß der Unterbrechung des Verfahrens gegen einen von zwei Revisionsklägern auf die Zulässigkeit der Revision des anderen, dessen Beschwerde allein die Revisionssumme nicht erreicht. **41**, 414. — 3) Kann die Eideszuschiebung an notwendige Streitgenossen noch zurückgenommen oder durch andere Beweismittel ersetzt werden, wenn der durch Beweisbeschluß angeordnete Eid schon von einigen Streitgenossen geleistet ist? **41**, 415. — 4) Muß auch die unterstützte Partei von dem den Prozeß betreibenden Nebenintervenienten im Falle des § 66 (69 n. F.) C.P.O. geladen werden? **42**, 404. — 5) Ist auf die in Gütergemeinschaft lebende Ehefrau als Nebenintervenientin in einem Prozesse gegen den Ehemann wegen einer das gütergemeinschaftliche Vermögen belastenden Schuld der § 66 (69 n. F.) C.P.O. anzuwenden? Kann sie trotz des Anerkenntnisses ihres Ehemannes den Prozeß fortsetzen? (P.) **44**, 345. — 6) Teilhaber einer während des Prozesses aufgelösten offenen Handelsgesellschaft als notwendige Streitgenossen. Wirkung, wenn dann der eine dem anderen seine Rechte abtritt, und dieser den Prozeß allein fortsetzt. **46**, 321. — 7) Kann der Berufungsbeklagte gegen den mit der Klage abgewiesenen Streitgenossen eine Anschließung vornehmen, wenn die Berufung nur von dem anderen, verurteilten Streitgenossen eingelegt ist? **46**, 416. — 8) Besteht zwischen dem Acceptanten und dem Aussteller eines Wechsels eine notwendige Streitgenossenschaft, wenn sie in einer Klage belangt werden und sich derselben Einrede bedienen? **48**, 215. — 9) Im Falle notwendiger Streitgenossenschaft wird durch die Urteilszustellung des einen Streitgenossen der Lauf der Rechtsmittelfrist nicht auch in Ansehung des anderen eröffnet. **48**, 417. — 10) Förmlichkeiten des gegen notwendige Streitgenossen eingelegten Rechtsmittels, wenn ihnen das Urteil vom Rechtsmittelkläger zu verschiedenen Zeiten zugestellt worden ist. **49**, 427.

Streitige Sache. S. Res litigiosa.

Streitige Verpflichtung. 1) Wo ist der Erfüllungsort für die Verpflichtung des Käufers zur Abnahme bei Gattungskäufen, besonders wenn die Ware vom Käufer nicht angenommen und an den Verkäufer zurückgegangen ist? Streitige Verpflichtung im Sinne des § 29 C.P.O.? **49**, 74. — 2) Welche ist die streitige Verpflichtung im Sinne des § 29 C.P.O., wenn die Klage auf Anfechtung wegen Irrtums oder arglistiger Täuschung (§§ 119. 123. 143 B.G.B.) gestützt und auf Rückzahlung des Kaufpreises gerichtet ist, und die Ware sich bei dem Käufer befindet? **49**, 421. — 3) Wo hat der Verkäufer den Wandelungsanspruch des Käufers auf Rückzahlung des Kaufpreises wegen Mängel der übergebenen Ware zu erfüllen? Streitige Verpflichtung. (G., P.) **50**, 272.

Streitverkündung. Voraussetzungen und Wirkungen der Streitverkündung. **45**, 353.

Streitwert. S. Syst. Reg. § 290.

Strombauverwaltung. Ist der Staat zur Entschädigung verpflichtet, wenn im öffentlichen Interesse die Strombauverwaltung in Privatrechte verletzend eingreift? (G.) **41**, 142.

T

Gesetzen vom Staatsministerium erlassenen? Auch die unter B 2 und D 1 der „Zusammenstellung" zum Staatsministerialbeschlusse vom 13. Mai 1884? (P.) **48**, 285.

Tarif. Stempeltarif. S. Syst. Reg. § 374 c 3.

Tausch. 1) Berechnung des Streitwertes bei der Wandelungsklage gegen einen von beiden Seiten erfüllten Grundstückstauschvertrag. **46**, 422. — 2) Zum Begriffe des Tausches. (P.) **50**, 287. — 3) Wann ist eine Vertragsurkunde, nach deren Inhalt die Kontrahenten Gegenstände im Wege des Austausches einander veräußern, nicht als Tauschvertrag, sondern als zwei Kaufverträge zu verstempeln? (P.) **50**, 285. — 4) S. auch das folgende Wort.

Tauschgeschäft. Begriff im Sinne des § 13 Abs. 1 des Reichsstempelgesetzes von 1894. **46**, 35.

Teil. 1) Form der Abtretung eines Teiles des Geschäftsanteiles einer Gesellschaft mit beschränkter Haftung. **43**, 136. — 2) Enthält, wenn der Käufer die Ware als mangelhaft zur Verfügung gestellt hat, seine nachträgliche Verfügung über einen Teil eine Genehmigung der gesamten Ware? **43**, 66. — 3) Was ist unter „Teil der Anlage" zu verstehen, von dessen Ausführung die dreijährige Verjährung des § 31 des Enteignungsgesetzes von 1874 zu laufen beginnt? (P.) **43**, 237. — 4) S. auch die folgenden Wörter.

Teilcession. 1) Kann der klagende Cessionar einer Teilforderung den mit einer gegen den Cedenten begründeten Gegenforderung aufrechnenden Beklagten auf den bei dem Cedenten verbliebenen Teil der Forderung verweisen? (P.) **42**, 324. — 2) Kann der klagende Cessionar einer Teilforderung gegen die Aufrechnung des Beklagten einen erst nach dieser ihm weiter abgetretenen Teil der Forderung zur Rekompensation benutzen? (P.) **45**, 240. — 3) Liegt in der nachträglichen Geltendmachung eines während des Prozesses cediert erhaltenen weiteren Teiles des Klaganspruches eine Klagänderung oder eine zulässige Erweiterung? **45**, 242.

Teilforderung. S. das vorstehende Wort.

Teilleistung. 1) Wird das Rücktrittsrecht des Verkäufers nach § 454 B.G.B. dadurch ausgeschlossen, daß er den Vertrag teilweise erfüllt hat? **50**, 138. — 2) Findet der § 326 Abs. 1 S. 3 B.G.B. auch dann Anwendung, wenn die Teilleistung vor der Setzung der Frist erfolgt ist? **50**, 140.

Teilung. Teilungsklage. 1) Wirkung der Pfändung des Anspruches auf Teilung einer Gütergemeinschaftsmasse. Kann der Anspruch wirksam zur Einziehung überwiesen werden? (F.) **43**, 375. — 2) Bestimmung der Anteile der Parteien an dem gemeinschaftlichen Gegenstande in zweifelhaften Fällen. (P.) **42**, 164. — 3) Kann das für einen noch nicht fälligen Anspruch auf Teilung nach den §§ 749. 753 B.G.B. eingeleitete Zwangsversteigerungsverfahren nach dem Eintritte der Fälligkeit fortgesetzt, oder muß es von neuem begonnen werden? **47**, 363. — 4) Erbteilung. S. Syst. Reg. § 213.

Teilungsvertrag. Sind Vereinbarungen der Beteiligten über die Teilung des Nachlasses oder über die Höhe einer Nachlaßschuld für die Berechnung der Erbschaftssteuer maßgebend? (P.) **48**, 301.

Teilurteil. 1) Ist gegen die als Teilurteil bezeichnete Entscheidung, die Berufung werde insoweit zurückgewiesen, als der Kompensationsanspruch des Beklagten aberkannt sei, die Revision zulässig? **42**, 356. — 2) Liegt ein Teilurteil vor, wenn der Kläger mehrere Ansprüche in der Weise geltend gemacht hat, daß er den eingeklagten Betrag als Betrag des einen und eventuell als den des anderen Anspruches fordert, und dann in dem Urteile der Klagegrund des einen Anspruches für ungerechtfertigt erklärt ist? **42**, 406. — 3) Kann ein Teilurteil in einem Ehescheidungsprozesse erlassen werden, in dem durch Klage und durch Widerklage lediglich die Scheidung der Ehe beantragt ist? **45**, 400. — 4) Liegt Endurteil, Teilurteil oder Zwischenurteil vor, wenn einer von zwei Klägern und notwendigen Streitgenossen, dem der andere seine Rechte abtrat, den Prozeß fortführen wollte und durch Urteil auf Grund des § 236 C.P.O. a. F. abgewiesen wurde? **46**, 321. — 5) Ist der im § 302 C.P.O. n. F. erwähnte Vorbehalt der Entscheidung über den Kompensationsanspruch wirksam, wenn er nur in den Gründen des Urteiles ausgesprochen wird? **47**, 364. — 6) Berechnung der Revisionssumme, wenn auf mehr als 1500 ℳ geklagt, vom Beklagten mit mehr als 1500 ℳ kompensiert, durch ein, die Kompensationseinrede für unbegründet erklärendes, Teilurteil aber der Beklagte wegen einer noch nicht spruchreifen Einrede nur zur Zahlung von weniger als 1500 ℳ verurteilt worden ist. **49**, 403.

Teilweise Erfüllung. 1) Anwendung des § 938 A.L.R. I. 11 auf den Fall, wenn das erst zum Teil hergestellte Werk erhebliche Mängel zeigt. (P.) **49**, 287. — 2) Was ist in den §§ 325 Abs. 1 S. 2 und 326 Abs. 1 S. 3 B.G.B. unter Interesse an der teilweisen Erfüllung des Vertrages zu verstehen? **50**, 143. — 3) S. auch Teilleistung.

Teilweise Ungültigkeit. 1) Ungültigkeit des ganzen einheitlichen Vertrages wegen Ungültigkeit eines Teiles. (P.) **41**, 281. — 2) Welchen Einfluß hat es auf den Rechtsbestand einer mehrere Festsetzungen enthaltenden Vereinbarung, wenn eine von diesen zum Teil ungültig ist? (G.) **47**, 232.

Telegramm, mit dem Namen des absendenden Rechtsanwaltes unterzeichnet, als Mittel der Revisionseinlegung in Auseinandersetzungssachen. (P.) **44**, 369. — 2) Bei Vertragsabschlüssen durch telegraphische Korrespondenz wird durch die Hingabe der Originaldepesche an das Telegraphenamt der Bindungswille des Erklärenden zum Ausdrucke gebracht. (P.) **46**, 243.

Telegraph. Darf der Reichspostfiskus die öffentlichen Straßen und Plätze der Städte ohne Genehmigung der Stadt mit Telegraphen- und Telephondrähten überspannen? (P.) **42**, 205. — 2) Im übrigen s. über Telegraphenwesen Syst. Reg. § 168.

Telephon. S. Telegraph.

Temporäre Trennung. S. Tisch und Bett.

U

erklärung im Sinne des § 894 C.P.O. n. F. **48**, 399. — 6) Übergabe des Eigentumes einer bei dem Spediteur lagernden Ware durch Abtretung des Anspruches auf Herausgabe. **49**, 97.

Übergabevertrag. S. Gutsüberlassungsvertrag.

Überhängen einer Grenzmauer in den Luftraum über dem Nachbargrundstücke. Voraussetzungen der Ersitzung eines Rechtes darauf. (P.) **45**, 286.

Überlassungsvertrag. S. Gutsüberlassungsvertrag.

Überlebender Ehegatte. 1) Rechtswirkung eines vor 1900 unter der Herrschaft des französischen Rechtes geschlossenen Ehevertrages, durch den ein Ehegatte in erbrechtlicher Beziehung den Kindern aus einer früheren Ehe gleichgestellt wird, gegenüber dem gesetzlichen Erbrechte des überlebenden Ehegatten nach dem B.G.B. **49**, 44. — 2) Fällt im Falle der gesetzlichen Gütergemeinschaft des rheinischen Rechtes der Anspruch der überlebenden Ehefrau aus der zu ihren Gunsten geschlossenen Lebensversicherung des Mannes in die Gütergemeinschaft? (F.) **50**, 326. — 3) Unwiderruflichkeit des korrespektiven Testamentes für den überlebenden Ehegatten, der das ihm darin Zugewandte angenommen hat. (G.) **41**, 169.

Übernahme des Rechtsstreites durch den Rechtsnachfolger. S. Rechtsnachfolger.

Übernahme eines Handelsgeschäftes. 1) Ist nach Auflösung einer Kommanditgesellschaft der Gesellschafter, der das Geschäft mit der Firma übernommen hat, befugt, sich der Firma auch bei der Abschließung solcher Geschäfte zu bedienen, mit denen die Gesellschaft sich nicht befaßt hat? **46**, 150. — 2) Wie ist beim Verkaufe eines Handelsgeschäftes mit Aktiven und Passiven die Stempelsteuer zu berechnen? (P.) **46**, 266. — 3) Findet der Art. 145 Abs. 2 H.G.B. Anwendung, wenn nach Auflösung einer offenen Handelsgesellschaft das Geschäft mit Aktiven und Passiven von dem einen Gesellschafter übernommen wird? **43**, 133. — 4) Ist der Gesellschafter, der das Geschäft der offenen Handelsgesellschaft mit allen Aktiven und Passiven übernommen hat, Rechtsnachfolger der Gesellschaft als Prozeßpartei? **46**, 39. — 5) Folgt schon aus der Anzeige der Übernahme eines Handelsgeschäftes auch der Übergang der Verbindlichkeiten? **50**, 120. — 6) Haftet, wer zwei übernommene Handelsgeschäfte unter einer aus der Verbindung ihrer Firmennamen gebildeten neuen Firma als einheitliches Geschäft fortführt, nach § 25 H.G.B. von 1897 für ihre in der früheren Zeit entstandenen Verbindlichkeiten? **50**, 117.

Übernahme von Hypotheken in partem pretii. S. Syst. Reg. § 80f.

Übernahme von Schulden. S. Schuldübernahme.

Überschreitung der Amtsbefugnisse. S. Beamte.

Überschreitung der Vollmacht. Kondiktion eines Wechsels durch den, dessen Bevollmächtigter unter Überschreitung seiner Vollmacht Waren gekauft und den zum Diskontieren erhaltenen Wechsel zur Deckung des Kaufpreises verwendet hat. (P.) **45**, 261.

Umschreibung. Sind Anträge auf Umschreibung von Namensaktien im Aktienbuche als Formalakte stempelpflichtig? (P.) **43**, 240.

Umwandelung. Ist die, die Umwandelung eines gewerblichen Unternehmens in eine Aktiengesellschaft bezielende, Offerte wegen Unbestimmtheit unverbindlich, wenn die näheren Bestimmungen über die Höhe des Grundkapitales und die sonstigen Geschäftseinrichtungen dem anderen Teile überlassen sind? (P.) **41**, 282.

Unbebaubarkeit. Kann im Enteignungsverfahren der für den Vorbesitzer entstandene, dem jetzigen Eigentümer cedierte Anspruch auf Entschädigung wegen der vor der Enteignung dem enteigneten Grundstücke auferlegten Servitut der Unbebaubarkeit geltend gemacht werden? (P.) **50**, 314.

Unbewegliche Sachen. 1) Erstreckt sich der Gebrauchsmusterschutz auch auf unbewegliche Sachen (Deckenkonstruktion)? **41**, 65. — 2) Bezieht sich der § 366 Nr. 9 R.St.G.B. nur auf bewegliche Sachen oder auch auf mit dem Boden dauernd verbundene Anlagen? **47**, 330. — 3) Können als Gebrauchsgegenstände nach dem Reichsgesetze vom 1. Juni 1891 ein Kunststein oder eine Schiene geschützt werden, die zur Herstellung von Mauerwerk dienen und so Bestandteile einer unbeweglichen Sache werden sollen? **44**, 76; **50**, 125.

Und täglich. Bedeutung dieser Klausel für die Lieferungszeit, wenn sie einem bestimmten Lieferungstage angehängt ist. **47**, 112.

Uneheliche Kinder. 1) Steht dem anerkannten natürlichen Kinde ein Vorbehaltsrecht an dem Nachlasse des Vaters zu, und wie ist es zu berechnen? (F.) **46**, 312. — 2) Hat das anerkannte natürliche Kind von dem ihm gesetzlich zustehenden Nachlaßanteile Früchte und Zinsen schon von dem Todestage des Vaters an zu fordern? (F.) **46**, 314.

Uneigentliche Bedingung. S. Bedingung.

Unentgeltliche Verfügung. Ist die Einlösung einer acceptierten Tratte vor dem Verfalltage durch den Aussteller als unentgeltliche Verfügung anfechtbar? **50**, 134.

Unerlaubte Handlung. 1) Nichtigkeit eines Kaufvertrages, dessen Abschluß die Gegenleistung für eine unerlaubte Handlung war. (P.) **41**, 294. — 2) Was ist unter „unerlaubte Handlung" im § 25 A.L.R. I. 6 zu verstehen? (P.) **43**, 195. — 3) Ist die Ersatzpflicht wegen schädlicher Einwirkung einer elektrischen Straßenbahn auf eine ältere Fernsprechanlage nur von den staatlichen Genehmigungsbedingungen und den Vorschriften des Reichstelegraphengesetzes von 1892 abhängig oder auch von den allgemeinen Grundsätzen über unerlaubte Handlungen? **43**, 253. — 4) Ist die Vermutung des § 26 A.L.R. I. 6 anwendbar, wenn auch der Beschädigte ein auf Schadensverhütung abzielendes Polizeigesetz vernachlässigt hat, oder ihm ein grobes Verschulden zur Last fällt? (P.) **43**, 369. — 5) Wann gelten unerlaubte Handlungen als Handlungen der juristischen Person? (G.) **43**, 406. — 6) Haftet die offene Handelsgesellschaft für den Schaden, den ein Gesellschafter einem Dritten dadurch zufügt, daß er Wertpapiere, die er diesem veruntreut hat, namens der Gesellschaft für ein dieser gewährtes Darlehn zum Pfande giebt? Aus dem Delikte des Gesellschafters? Aus rechtloser Bereicherung? **46**, 18. — 7) Steht einer Klage auf Schadensersatz aus unerlaubter Handlung die Rechtskraft des durch diese Handlung erlangten Urteiles ebenso entgegen, wie der Kondiktion? **46**, 75. — 8) In welchem Umfange haftet eine juristische Person außerkontraktlich für unerlaubte Handlungen ihrer Organe und Angestellten, auch der Staat für die seiner Beamten? (G.) **45**, 168; **47**, 241; (P.) **47**, 328. — 9) Ist eine Klage auf Unterlassung einer unerlaubten Handlung zulässig, wenn die §§ 823. 826 B.G.B. zutreffen, insbesondere gegenüber einer Bedrohung mit einer illoyalen Schädigung? **48**, 118. — 10) Ist die Klage auf Unterlassung einer zu befürchtenden, unter § 8 des Gesetzes zur Bekämpfung des unlauteren Wettbewerbes fallenden Handlung zulässig? **48**, 241. — 11) Begriff der unerlaubten Handlung im Sinne des preußischen A.L.R. **48**, 296. — 12) Sind die nach § 3 Ziff. 2 R.A.G. anfechtbaren Verträge als unerlaubte Handlungen im Sinne des § 32 C.P.O. anzusehen? **48**, 401; **50**, 410. — 13) Besteht der Gerichtsstand der unerlaubten Handlung für alle im Buch II Titel 25 des B.G.B. genannten Fälle? Auch für die Klagen aus dem § 1 R.H.G. und dem § 25 des preußischen Eisenbahngesetzes von 1838? **50**, 409. — 14) Begriff der unerlaubten Handlung nach dem B.G.B. **50**, 409. — 15) Fälle der unter § 833 B.G.B. fallenden Beschädigung durch Tiere. S. Tier. — 16) Im übrigen s. Betrug, Diebstahl, Wucher, Unlauterer Wettbewerb &c.

Unfall. S. Syst. Reg. § 151e (Versicherung gegen Unfälle) f (R.UV.G.) und § 169 (R.H.G.).

Unfallverhütungsvorschriften der Berufsgenossenschaften. Sind sie Polizeigesetze im Sinne des § 26 A.L.R. I. 6? (P.) **48**, 327.

Ungerechter Prozeß. S. Syst. Reg. § 164.

Ungerechtfertigte Bereicherung. S. Bereicherung.

Ungültigkeit der Ehe wegen wesentlichen Irrtumes. Kann sie durch bedingte Genehmigung beim Eintritte der Bedingung geheilt werden? (G.) **44**, 147.

Universalfideikommiß. S. Fideikommissarische Substitution.

Universalsuccession. S. Rechtsnachfolge und (Erbrecht) Syst. Reg. §§ 204 flg.

Universalvermächtnis. S. Fideikommissarische Substitution.

Unkenntnis. S. Glaube, Irrtum, Redlicher Erwerb.

Unlauterer Wettbewerb. 1) Unter den § 8 des Gesetzes vom 27. Mai 1896 kann auch die nach der ersten gutgläubigen Benutzung erfolgte weitere Benutzung fallen, wenn inzwischen die Kenntnis von dem Gebrauchsrechte des Dritten erlangt war. **41**, 83. — 2) Unlauterer Wettbewerb durch Benutzung des Titels einer Druckschrift. **41**, 83. — 3) Abgrenzung unrichtiger Angaben thatsächlicher Art von erlaubter Anpreisung. Kommt es für die Frage, ob unrichtige Angaben thatsächlicher Art vorliegen, auf die Auffassung der Geschäftswelt oder auf die des großen Publikums an? **44**, 11. — 4) Klage auf Löschung eines unrichtigen Zusatzes thatsächlicher Art zur Firma im Handelsregister. **44**, 17. — 5) Kann unlauterer Wettbewerb durch einen unrichtigen thatsächlichen Zusatz zur Firma begangen werden? **44**, 17. — 6) Kann unlauterer Wettbewerb durch die Benutzung eines Zeitungstitels begangen werden, der für den ihn Benutzenden als Warenzeichen eingetragen ist? **44**, 99. — 7) Ist unter „gewerblicher Niederlassung" im § 2 des Gesetzes zur Bekämpfung des unlauteren Wettbewerbes auch die Zweigniederlassung zu verstehen? **44**, 361. — 8) Kann in einem Prozesse über den Anspruch auf Unterlassung nach § 1 des Gesetzes vom 27. Mai 1896 das durch Eröffnung des Konkurses über das Vermögen des Beklagten unterbrochene Verfahren vom Konkursverwalter aufgenommen werden? **45**, 374. — 9) Wann liegt unlauterer Wettbewerb in unrichtigen Angaben thatsächlicher Art, die sich auf die Zukunft beziehen? **46**, 51. — 10) Kommt es, wenn unrichtige Angaben thatsächlicher Art in Zeitungen erfolgen, für die Beurteilung ihrer Richtigkeit oder Unrichtigkeit nur auf den Zeitpunkt des Erscheinens der Zeitung an? **46**, 53. — 11) Unlauterer Wettbewerb als Grund zur Löschung eines eingetragenen Warenzeichens. **48**, 233. — 12) Liegt in der Beibehaltung eines die Firmenbezeichnung enthaltenden Warenzeichens zugleich eine Benutzung der Firma im Sinne des § 8 des Gesetzes gegen den unlauteren Wettbewerb? **48**, 238. — 13) Ist die Unterlassungsklage aus § 8 des Gesetzes auch dann zulässig, wenn die Fortsetzung der mißbräuchlichen Benutzung eines Namens ꝛc in Zukunft zu befürchten ist? **48**, 241. — 14) Beginnt nach § 11 Abs. 1 des Gesetzes zur Bekämpfung des unlauteren Wettbewerbes bei jeder Zuwiderhandlung gegen den § 1 der Lauf einer neuen besonderen Verjährung des Anspruches auf Unterlassung? **49**, 20. — 15) Erwirbt durch unbeanstandete Wiederholung der Zuwiderhandlung gegen den § 1 des Gesetzes vom 27. Mai 1896 der Thäter mit dem Ablaufe der Verjährungsfrist ein Recht auf ferneres gleiches Thun? **49**, 22. — 16) Ist zum Thatbestande des § 6 des Gesetzes vom 27. Mai 1896 die Absicht nötig, den Wettbewerb eines oder mehrerer bestimmter Gewerbetreibender auf Kosten eines Dritten zu fördern? **50**, 107. — 17) Haftung des Redakteurs und des Verlegers für die durch die Presse begangenen Zuwiderhandlungen gegen den § 6 des Gesetzes. **50**, 109.

Unmittelbarer Schaden im Sinne des preußischen A.L.R., insbesondere bei Körperverletzungen. (P.) **41**, 240.

Unmöglichkeit. 1) Haftet der Afterverpächter auch ohne eigenes Verschulden dem Afterpächter, der vom Eigentümer aus der Pachtsache entsetzt worden ist? (G.) **41**, 147. — 2) Kann auch die bloß vorübergehende nachfolgende Unmöglichkeit der Erfüllung die Obligation aufheben? (G.) **42**, 114. — 3) Findet der § 168 A.L.R. I. 5 auch auf den Fall der Unmöglichkeit der Erfüllung Anwendung? (P.) **47**, 297. — 4) Kann, wenn die verweigerte Erfüllung voraussichtlich unerzwingbar ist, sofort auf das Interesse geklagt werden? (P.) **47**, 300. — 5) Wird die Erfüllung eines Pachtvertrages ohne weiteres dadurch unmöglich, daß die verpachtete Mühle, der Hauptbestandteil,

des Scheidungsprozesses der dem einen Ehegatten gegen den anderen zustehende Unterhaltsanspruch nur durch einen Antrag auf einstweilige Verfügung nach § 627 C.P.O. n. F. oder auch durch ordentliche Klage geltend gemacht werden? **47**, 379. — 4) Können gegen die Klage des einen Ehegatten gegen den anderen auf Gewährung von Unterhalt die Einreden der Unzuständigkeit und der Rechtshängigkeit darauf gestützt werden, daß bereits die Ehescheidungsklage unter den Parteien rechtshängig ist? **47**, 379. — 5) Hört durch nach dem 1. Januar 1900 erfolgte Wiederverheiratung einer vorher geschiedenen Ehefrau ihr nach § 798 A.L.R. II. 1 begründeter Verpflegungsanspruch auf Grund des § 1581 B.G.B. auf? **48**, 4. — 6) Wieweit kann der Unterhaltsanspruch der geschiedenen Ehefrau gegen ihren allein für schuldig erklärten Ehemann im Falle seiner Wiederverheiratung beschränkt werden? **48**, 112. — 7) Nach welchem Rechte sind seit dem 1. Januar 1900 die Unterhaltsansprüche der Kinder zu beurteilen, wenn die Ehe der Eltern schon vorher geschieden war? **49**, 155. — 8) Ist der § 1614 Abs. 1 B.G.B. auch dann anwendbar, wenn schon vor dem 1. Januar 1900 auf den Unterhalt für die Zukunft verzichtet, oder ein Vergleich darüber geschlossen war? **50**, 96. — 9) Nach welchem Rechte richtet sich der Unterhaltsanspruch der geschiedenen Ehefrau, wenn das den Ehemann für schuldig erklärende Scheidungsurteil zwar vor dem 1. Januar 1900 ergangen, aber, ohne angegriffen zu sein, erst nachher rechtskräftig geworden ist? (P.) **50**, 304. — 10) Zu den Schuldverhältnissen des Art. 170 E.G. z. B.G.B. gehören auch die familienrechtlichen Obligationen, die zwischen geschiedenen Ehegatten infolge der Scheidung entstehen. **50**, 305.

Unterkreuzung. Wird ein Notariatsakt, der nicht enthält, weshalb ein Beteiligter nicht unterschrieben, sondern nur unterkreuzt habe, durch ein ergänzendes Nachtragsattest des Notars und der Schreibzeugen gültig? (P.) **43**, 274.

Unterlassung. 1) Womit beginnt die auf eine Unterlassung gerichtete Zwangsvollstreckung? **42**, 420. — 2) Kann in einem Prozesse über den Anspruch auf Unterlassung nach § 1 des Gesetzes zur Bekämpfung des unlauteren Wettbewerbes das durch die Eröffnung des Konkurses über das Vermögen des Beklagten unterbrochene Verfahren durch den Konkursverwalter aufgenommen werden? **45**, 374. — 3) Ist die Klage auf Unterlassung einer unerlaubten Handlung zulässig, wenn die §§ 823. 826 B.G.B. zutreffen, insbesondere gegenüber der Bedrohung mit illoyaler Schädigung? **48**, 118. — 4) Ist die Unterlassungsklage aus § 8 des Gesetzes wider den unlauteren Wettbewerb auch dann zulässig, wenn die Fortsetzung der mißbräuchlichen Benutzung eines Namens u. s. w. in Zukunft zu befürchten ist? **48**, 241. — 5) Ist die Unterlassung des zur Erhaltung eines Rechtes des Gesamtgutes an sich nötigen Widerspruches für die Frau ohne Nachteil, wenn der Ehemann im Komplott mit dem Dritten zum Nachteil der Frau den Widerspruch unterlassen hat? (P.) **48**, 272. — 6) Beginnt nach § 11 Abs. 1 des Gesetzes zur Bekämpfung des unlauteren Wettbewerbes bei

rufungsurteil, Endurteil, Rechtskraft, Teilurteil, Thatbestand, Versäumnisurteil, Vollstreckungsurteil, Zwischenurteil.

Urteilsausfertigung. S. Ausfertigung.

Urteilsberichtigung. S. Berichtigung.

Urteilsfällung. Haftet der Spruchrichter für ein bei der Urteilsfällung begangenes Versehen? (P.) **41**, 252.

Urteilszustellung. Eröffnet durch sie der eine von mehreren notwendigen Streitgenossen die Rechtsmittelfrist auch für die anderen? **48**, 417.

Ususfructus. S. Nießbrauch.

V

Valuta. 1) Haben die nacheingetragenen Hypothekengläubiger ein Recht auf Löschung der voreingetragenen nicht valutierten Hypotheken? Haben sie einen Anspruch auf die nachträglich eingezahlte Valuta? (P.) **44**, 269. — 2) Kann der als Gläubiger einer nicht valutierten Hypothek Eingetragene die Hypothek ohne Genehmigung des Eigentümers an dessen Gläubiger abtreten? (P.) **44**, 273. — 3) Die Abtretung einer nicht valutierten Hypothek hat zum Gegenstande nicht die noch nicht bestehende Hypothek, sondern die Befugnis, durch Valutazahlung oder Unterlegung einer anderen Forderung die Hypothek zu begründen. (P.) **44**, 297. — 4) Konvalescenz einer mangels Valutazahlung unwirksamen Hypothek durch Unterlegung der Forderung eines Dritten. (P.) **44**, 294; **50**, 80. — 5) Zeitliche Anwendung des seit dem 1. Januar 1900 geltenden Rechtes auf die Frage, ob eine vor 1900 eingetragene nicht valutierte Hypothek mit dem Inkrafttreten des neuen Liegenschaftsrechtes zur Eigentümerhypothek geworden ist. **48**, 48. — 6) Ist die Einlösung eines präjudizierten Wechsels durch den, der dafür früher von dem Wechselinhaber Valuta erhalten hat, eine Anstandspflicht im Sinne des § 814 B.G.B.? **48**, 143.

Vater. Väterliche Gewalt. 1) Kann der Vater über ausstehende Forderungen des minderjährigen Kindes, die diesem zur Sicherheit besonders verschrieben sind, mit Einwilligung des Vormundschaftsgerichtes gültig verfügen, oder ist die Bestellung eines Pflegers nötig? (P.) **41**, 227. — 2) Steht das Vorrecht des § 54 (61 n. F.) Ziff. 5 K.O. nur für das Vermögen zu, das allein auf Grund des Gesetzes der Verwaltung des in Konkurs geratenen Vaters unterliegt? **42**, 21. — 3) Hat, falls ein in väterlicher Gewalt stehendes Kind ohne Genehmigung des Vaters eine Ehe eingeht, dieser das Recht, die Ehe als ungültig anzufechten und das Kind bis auf die Hälfte des Pflichtteiles zu enterben, oder nur eins von diesen? (P.) **42**, 268. — 4) Ist der Vater zur Enterbung des Kindes bis auf die Hälfte des Pflichtteiles für den Fall berechtigt, daß es gegen das letztwillige Verbot des Vaters nach dessen Tode eine bestimmte Person heiratet? (P.) **42**, 274. — 5) Steht dem anerkannten natürlichen Kinde ein Vorbehaltsrecht an dem Nachlasse des Vaters zu, und wie ist es zu berechnen?

(F.) **46,** 312. — 6) Hat das anerkannte natürliche Kind von dem ihm gesetzlich zustehenden Nachlaßanteile Früchte und Zinsen schon vom Tode des Vaters an zu fordern? (F.) **46,** 314. — 7) Gehört in einem vor 1900 eröffneten Konkurse der dem Gemeinschuldner nach dem früheren Rechte zustehende väterliche Nießbrauch auch für die Zeit seit dem 1. Januar 1900 zur Konkursmasse? **48,** 191. — 8) Zulässigkeit der Feststellungsklage über die Verpflichtung des Vaters, seiner Tochter im Falle ihrer Verheiratung eine Aussteuer zu gewähren? **49,** 370.

Vaterschaft. 1) Welcher Beweis ist zur Widerlegung der Präsumtion „Pater est quem nuptiae demonstrant" erforderlich? (G.) **41,** 157. — 2) Besteht das Verbot der Erforschung der Vaterschaft im Art. 340 C. c. als zwingende lex fori noch fort? (F.) **48,** 168.

Veränderte Umstände. 1) Ihr Einfluß auf die Schadensersatzpflicht im Falle der Nichterfüllung eines Vertrages. **41,** 101. — 2) Rechtfertigt die nachträglich festgestellte Unzuständigkeit des Gerichtes für die Hauptsache die Aufhebung des Arrestes wegen veränderter Umstände? **50,** 346.

Veränderung der Reise. Was ist darunter im Art. 818 H.G.B. zu verstehen? **48,** 10.

Veränderungsgenehmigung. Sind schriftliche Veränderungsgenehmigungen, die im Falle des Wechsels des Eigentümers von der Feuerversicherungsgesellschaft ausgestellt werden, nach Tarifstelle 70 des Stempelgesetzes von 1895 zu versteuern? (P.) **44,** 323.

Veranlagung. Kosten der Kommission zur Veranlagung der Einkommensteuer in den Stadtkreisen. Hat auch dann der Staat sie zu tragen, wenn der Stadtbürgermeister oder an seiner Stelle ein anderes Magistratsmitglied den Vorsitz in der Kommission führt? (P.) **43,** 314.

Veranlassung. 1) Wann ist im Sinne des § 109 C.P.O. n. F. die „Veranlassung für eine Sicherheitsleistung" weggefallen? **50,** 377. — 2) Veranlassung eines Ehevergehens" im Sinne des § 719 A.L.R. II. 1. (P.) **43,** 345.

Veräußerungsgeschäft. 1) Ist nach Tarifstelle 32 des Stempelsteuergesetzes von 1895 der neue Vertrag als lästiges Veräußerungsgeschäft stempelpflichtig, wenn dadurch ein schon durch Auflassung erfüllter Grundstückskauf wegen Gewährsmängel rückgängig gemacht wird? (P.) **47,** 303. — 2) Lästiges Veräußerungsgeschäft im Sinne der Tarifstelle 32 des preußischen Stempelsteuergesetzes von 1895. **48,** 347.

Veräußerungsverbot. 1) Ist es, wenn letztwillig auferlegt, aber im Grundbuche nicht eingetragen, für die Gläubiger und den Verwalter im Konkurse des Fiduziars bindend? (P.) **46,** 165. — 2) S. auch Cessibilität, Verfügungsfähigkeit.

Verband von Gewerbetreibenden. S. Verein.

Verbesserung der Klage. S. Klagänderung.

Verbesserungspatent. S. Abhängigkeitspatent.

Verbesserungsversprechen. S. Nachzahlungsversprechen.

willigung des Vormundschaftsgerichtes gültig verfügen, oder ist die Bestellung eines Pflegers nötig? (P.) **41**, 227. — 3) Der § 185 B.G.B. spricht nur von der unmittelbaren Verfügung über Sachen oder Rechte, z. B. Veräußerungen, Belastungen, nicht von der Verpflichtung, darüber zu verfügen. **49**, 416. — 4) Verpflichtungsfähigkeit der märkischen Ehefrau ohne Zustimmung ihres Mannes. (P.) **41**, 261. — 5) Kann eine im Güterrechte des A.L.R. lebende Ehefrau Schadensansprüche aus § 3 Abs. 2 R.H.G. erheben? (P.) **42**, 32. — 6) Bezieht sich die Beschränkung in dem § 387 A.L.R. II. 1 nur auf Verfügungen über Grundstücke und Gerechtigkeiten? (P.) **44**, 349. — 7) Zur Kündigung einer Einbringensforderung nach dem B.G.B. ist nicht die Mitwirkung, sondern nur die Einwilligung, vorher erklärte Zustimmung, des Ehemannes nötig. **50**, 213. — 8) S. auch Veräußerungsverbot.

Vergehen. 1) Grund und Bedeutung der Solidarhaft im Falle der Schadenszufügung durch Mehrere. (P.) **42**, 175. — 2) Im übrigen s. Arglist, Betrug, Diebstahl, Körperverletzung, Unerlaubte Handlung, Verschulden, Wucher.

Vergleich. 1) a. Ist ein gerichtlicher Prozeßvergleich, der als wesentlichen Bestandteil einen Erbverzicht, einen Ehevertrag, einen Vorvertrag über den Abschluß eines Ehevertrages oder einen Vertrag über die Übertragung von Grundeigentum enthält, insoweit nach dem B.G.B. wegen Mangels der gerichtlichen oder notariellen Form nichtig? Wenigstens in Gebieten, wo nach den Ausführungsgesetzen zum B.G.B. für diese Verträge nur notarielle Form zulässig ist? **48**, 183. b. Wie ist es in betreff der Ausnahme der nach dem B.G.B. schriftliche Form erfordernden Verträge, sowie der vor dem Grundbuchamte zu erklärenden Auflassung und der Einigung über die Bestellung eines Erbbaurechtes? **48**, 191. — 2) Kann in einem gerichtlichen Prozeßvergleiche gültig eine Eheschließung vollzogen werden? **48**, 191. — 3) Ist ein Vergleich der Parteien darüber, ob die streitigen Verträge gültige Kauf- oder Kommissionsgeschäfte, oder ob sie klaglose Differenzgeschäfte sind, unwirksam, wenn sie wirklich Differenzgeschäfte sind? (S.) **49**, 192. — 4) Ist ein gerichtlicher Prozeßvergleich, den die als Prozeßbevollmächtigte aufgetretenen Anwälte vereinbart haben, auch für die Partei bindend, die nur mündlich Vollmacht erteilt hat? **49**, 345. — 5) Ist der § 1614 Abs. 1 B.G.B. auch dann anwendbar, wenn ein die Unterhaltspflicht regelnder Vergleich schon vor dem 1. Januar 1900 geschlossen war? **50**, 96.

Verhältnis. Was ist im Sinne der §§ 868. 930 B.G.B. für den mittelbaren Besitz und den Eigentumserwerb ein „ähnliches Verhältnis, vermöge dessen der Besitzer einer Sache einem Anderen gegenüber auf Zeit zum Besitze berechtigt oder verpflichtet ist“? **49**, 170.

Verhandlung. S. Mündliche Verhandlung, Prozeßhindernde Einrede, Vorabentscheidung, Vorbehalt der Rechte und Syst. Reg. §§ 306. 316.

Verhandlungsgebühr. Beträgt die dem Rechtsanwalt für die Vertretung in der auf die Beweisaufnahme folgenden weiteren Verhandlung zukommende Gebühr, wenn die Beweisaufnahme nur einen Teil des Streitwertes betraf, auch nur $^{5}/_{10}$ der nach diesem Teile berechneten Gebühr? **42**, 409.

Verheiratung. S. Eheschließung, Wiederverheiratung.

Verhinderung. Ist die Verhinderung des Richters, sich selbst als Zeugen zu vernehmen, insbesondere im Sinne des § 24 des preußischen Ausführungsgesetzes zum G.V.G., eine thatsächliche oder eine rechtliche? (P.) **44**, 394.

Verjährung. 1) Findet die Verjährung des Art. 146 H.G.B. auch im (R.) Falle der Auflösung der offenen Handelsgesellschaft durch die Eröffnung des Konkurses über sie statt? **42**, 83. — 2) Bewirkt die landesgesetzliche Eintragung der Konkurseröffnung, wenn der Gemeinschuldner Mitglied einer offenen Handelsgesellschaft ist, daß damit nach Art. 166 Abs. 2 H.G.B. die Verjährung der Klagen gegen ihn aus Ansprüchen gegen die Gesellschaft beginnt? **45**, 47. — 3) Wird die Verjährung durch eine Klage unterbrochen, die erst nach Ablauf des auf die Klage angesetzten Termines zugestellt worden ist? **45**, 424. — 4) Unterschied zwischen Verjährungs- und Ausschlußfrist. **48**, 163. — 5) Ist die Verjährungsvorschrift des Art. 169 Abs. 1 S. 1 E.G. z. B.G.B. auch auf Ausschlußfristen zu beziehen? **48**, 157. — 6) Beginnt nach § 11 Abs. 1 des Gesetzes zur Bekämpfung des unlauteren Wettbewerbes bei jeder Zuwiderhandlung gegen den § 1 der Lauf einer neuen besonderen Verjährung des Anspruches auf Unterlassung? **49**, 20. — 7) Erwirbt durch unbeanstandete Wiederholung der Zuwiderhandlungen gegen den § 1 des Gesetzes zur Bekämpfung des unlauteren Wettbewerbes der Thäter mit dem Ablaufe der Verjährungsfrist ein Recht auf ferneres gleiches Thun? **49**, 22. — 8) Wann beginnt nach § 26 des Binnenschiffahrtsgesetzes die Verjährung des Anspruches gegen den Frachtführer wegen Verlustes des Gutes, wenn ein bestimmter Ablieferungstag nicht (G.) vereinbart ist? **49**, 92. — 9) Hindert der Ablauf der Verjährungsfrist stets die Aufrechnung mit der Forderung? **42**, 141. — 10) Wird durch die Erhebung einer Klage die Verjährung auch anderer, auf den gleichen Gegenstand gerichteter Ansprüche desselben Gläubigers gegen denselben Schuldner unterbrochen? **50**, 273. — 11) Wird durch die Erhebung eines Anspruches, der dann wegen Unzulässigkeit der Klagänderung oder wegen Fehlens von Prozeßvoraussetzungen abgewiesen wird, dessen Verjährung unterbrochen? **50**, 276. — 12) Fängt eine durch Klagerhebung unterbrochene Verjährung, wenn in einem Urteile der betreffende Klagegrund wegen Klagänderung abgewiesen, aber wegen eines anderen Klagegrundes auf einen Eid erkannt ist, schon mit der Rechtskraft dieses Urteiles oder erst mit der (P.) Rechtskraft des unbedingt abweisenden Endurteiles wieder an zu laufen? **50**, 278. — 13) Was ist unter „Teil der Anlage" zu verstehen, von dessen Ausführung die dreijährige Verjährung des § 31 des Enteignungsgesetzes von 1874 zu laufen beginnt? **43**, 237. —

14) Unter welchen Voraussetzungen ist der § 10 des Gesetzes vom 18. Juni 1840 auf die Verjährung öffentlicher Abgaben anwendbar? **43**, 326. — 15) Ist der Einwand aus § 343 A.L.R. I. 5 zulässig, wenn der Käufer seine Klage auf Löschung der von ihm für das rückständige Kaufgeld bestellten Hypothek darauf stützt, daß der Rückstand wegen Ansprüche aus der Gewährleistung nicht geltend gemacht werden dürfe? **44**, 201. — 16) Von wann läuft die Verjährung für die Rückforderung einer nur vorläufig festgestellten Erbschaftssteuer? **44**, 207. — 17) Wird das Lichtrecht des § 142 A.L.R. I. 8 durch Verjährung erworben? (P.) **44**, 314. — 18) Wird die Verjährung des Anspruches des Eigentümers wegen Beschädigung seines Grundstückes durch den Bergbau dadurch unterbrochen, daß der Bergbautreibende den Pächter für entzogenen Fruchtgenuß entschädigt? **46**, 280. — 19) Wann findet auf die Verjährung des Anspruches des Fischereiberechtigten aus § 72 A.L.R. II. 15 der § 54 A.L.R. I. 6 Anwendung? **46**, 287. — 20) Ist der § 553 A.L.R. I. 9 über die Unterbrechung der Verjährung auch nach Einführung der Civilprozeßordnung unter Umständen noch anzuwenden? **47**, 372. — 21) Verjährt die Rückforderung überhobener Erbschaftssteuerbeträge stets in sechs Monaten? **48**, 304. — 22) Ist durch die vor dem 1. Januar 1900 erfolgte Erhebung der Aufrechnungseinrede die Verjährung der zur Aufrechnung gestellten Forderung unterbrochen worden? **50**, 297. — 23) Die Unterbrechung der Verjährung ist nicht die Folge der Rechtshängigkeit; darüber, ob außer der förmlichen Klagerhebung eine die gerichtliche Geltendmachung des Anspruches bezweckende Handlung sie unterbricht, entscheidet das bürgerliche Recht. **50**, 298. — 24) Bewirkt die Anerkennung einer Konkursforderung durch den Konkursverwalter oder den Fallimentssyndik, daß nun die Zinsen als Bestandteil des Kapitales anzusehen sind, daher nach Art. 2277 C. c. nicht mehr verjähren? **42**, 84. (F.)

Verkäufer. 1) Schuldet er gesetzliche Zinsen für den Teil des Kaufpreises, den er in einem von ihm mit entsprechendem Preisnachlasse gekauften Grundstücke schon empfangen hatte, bevor er das von ihm verkaufte übergab? (P.) **44**, 178. — 2) Im übrigen s. Syst. Reg. § 136.

Verkaufsselbsthilfe. S. Selbsthilfeverkauf.

Verkehrsfähige Sachen. S. Res extra commercium.

Verkehrsordnung für die Eisenbahnen Deutschlands. 1) Rechtliche Natur des Frachtzuschlages im § 53 Abs. 8. **47**, 33. — 2) Bezieht sich die einjährige Frist des § 61 Abs. 4 auch auf den Frachtzuschlag des § 53 Abs. 8? **47**, 35. — 3) Unter welchen Umständen kann die Angabe des spezifischen Gewichtes bei den nach Anlage B XX der Verkehrsordnung zu befördernden Sachen unterbleiben? **47**, 39. — 4) Befreit die Annahme eines ungenügend deklarierten Frachtstückes durch die Eisenbahn den Absender von der Zahlung eines Frachtzuschlages? **47**, 40. — 5) Wieweit findet die Verkehrsordnung auf den internationalen Eisenbahnfrachtverkehr Anwendung? **42**, 26.

Verkehrssitte. Ist zur Feststellung einer Verkehrssitte im Sinne des § 157 B.G.B. der Hinweis auf entsprechende handelsrechtliche Normen genügend? **49**, 161.

Verkündung. Verkündung der Gesetze und Verordnungen. S. Publikation.

Verkürzung der Gläubiger. Anfechtungsrecht. S. Syst. Reg. §§ 160. 359.

Verladungsdokumente. Bedeutung der Klausel „Kassa gegen Verladungsdokumente" beim Handelskaufe. **47**, 132.

Verlagsrecht. 1) Vertrag über die Abtretung des Verlagsrechtes an musikalischen Werken für Frankreich unter Vorbehalt des Rechtes für das Gebiet des Deutschen Bundes. Ist der Umfang durch die Änderung der politischen Grenzen Frankreichs und Deutschlands infolge des Frankfurter Friedens geändert? **42**, 301; **49**, 174. — 2) Besteht ein nach Staatsgebieten unter Verlegern geteiltes Verlagsrecht nur in dem ausschließlichen Herstellungsrechte oder zugleich in einer ausschließlichen Absatzbefugnis? Liegt darin auch die ausschließliche Befugnis zum gewerblichen Verleihen? **49**, 174. — 3) S. auch das folgende Wort.

Verlagsvertrag. 1) Seine rechtliche Natur; ist er ein Veräußerungsvertrag oder ein Vertrag über Handlungen? (P.) **49**, 279. — 2) Sind Verlagsverträge nach Tarifstelle 71 Nr. 2 oder nach Tarifstelle 32 lit. 1 des Stempelgesetzes von 1895 zu versteuern? (P.) **49**, 278.

Verlängerung. 1) Unterliegen Versicherungspolicen bezw. deren Verlängerungen dem vollen tarifmäßigen Stempel auch dann, wenn sie für einen subjektiv von der Stempelsteuer befreiten Versicherten ausgestellt werden? (P.) **46**, 216. — 2) Kann die gleich anfangs eingetragene sechsjährige Schutzfrist für gewerbliche Muster und Modelle verlängert werden? **46**, 93. — 3) Ist die Eintragung einer gesetzlich nicht zulässigen Verlängerung der Schutzfrist für Muster und Modelle unwirksam? **46**, 97. — 4) Unterliegt die vertragsgemäße stillschweigende Verlängerung eines Versicherungsvertrages durch Unterbleiben der Kündigung jedesmal der Stempelsteuer nach der Tarifstelle 70 des Stempelgesetzes von 1895? (P.) **46**, 308.

Verleger. 1) Haftung des Verlegers für die durch die Presse begangenen Zuwiderhandlungen gegen den § 6 des Gesetzes zur Bekämpfung des unlauteren Wettbewerbes. **50**, 109. — 2) S. auch Verlagsrecht, Verlagsvertrag.

Verlegung des Termines. S. Vertagung.

Verlegung des Wohnsitzes. 1) Ist einem im Gebiete des gemeinen Rechtes durch Erbvertrag unwiderruflich gewordenen Rechte auf den Nachlaß eines nachher in die Rheinprovinz übergesiedelten und dort verstorbenen Erblassers der Rechtsschutz zu versagen? (F.) **41**, 350. — 2) Örtliches Recht für die Frage, ob nach dem Wechsel des Wohnsitzes der Ehegatten eine an ihrem früheren Wohnorte begangene Handlung einen Ehescheidungsgrund bildet? (P.) **41**, 215. — 3) Nach welchem Rechte bestimmt sich die Erbfolge in den Nachlaß einer domizillos gestorbenen Person? (G.) **43**, 159.

Verleihung. Kann der Muter nach Ablauf der Frist des § 31 Abs. 2 A.B.G. gegen den konkurrierenden Muter klagen, wenn sein Anspruch auf Verleihung nicht wegen Einspruches oder wegen Kollision mit den Rechten Dritter, sondern nur wegen verspäteter Einreichung des Situationsrisses zurückgewiesen ist? (P.) **49**, 214.

Verletzung des Gesetzes. S. Revisionsgrund.

Verleugnungsklage. S. Illegitimitätsklage.

Verlöbnis. Bewirkt die Abweisung der Klage aus dem Verlöbnisse Rechtskraft gegenüber der Deflorationsklage? (G.) **49**, 204.

Vermächtnis. 1) Ist der einem Anderen erteilte Auftrag, nach dem Tode des Auftraggebers an dessen Schuldner den Schuldschein zurückzugeben, für den Erben rechtsverbindlich, und bewirkt seine Ausführung den Erlaß der Schuld? (G.) **42**, 133. — 2) Gilt die l. 18 § 2 Dig. de mortis causa donationibus 39,6 im gemeinen Rechte? (G.) **42**, 136. — 3) Wann macht sich der Testamentsvollstrecker durch die Auszahlung eines ungültigen Vermächtnisses dem Erben haftbar? (P.) **42**, 222. — 4) Kann die testamentarische Zuwendung des Pflichtteiles ein Vermächtnis sein, auch wenn der Ausdruck „Erbe" gebraucht ist? **42**, 329. — 5) Ist der Pfleger oder Kurator des ruhenden Nachlasses gegenüber Vermächtnisklagen passiv legitimiert? (G.) **43**, 153. — 6) Kann ein Vermächtnis als Konkursforderung im Konkurse des vorbehaltlosen Erben geltend gemacht werden? **43**, 235. — 7) Ist bei einer letztwilligen Verfügung, nach der eine bestimmte Summe zu milden Zwecken verwendet, aber an mehrere Institute und Vereine verteilt werden soll, die Erbschaftssteuerpflicht einheitlich oder nach den einzelnen Zuwendungen zu beurteilen? (P.) **45**, 197. — 8) Berechnung der Erbschaftssteuer, wenn der Erblasser angeordnet hat, daß die Erben mit ihrem bisherigen Gesellschafter die offene Handelsgesellschaft fortsetzen und ihm einen größeren Geschäftsanteil als bisher gewähren sollen. (P.) **45**, 215. — 9) Kann der mit einem Vorausvermächtnis Bedachte bezüglich dessen Gegenstandes der Substitut des Erben sein? Macht es einen Unterschied, wenn das Vorausvermächtnis unter einer Bedingung ausgesetzt ist? (P.) **43**, 310. — 10) Universalvermächtnis. S. Fideikommissarische Substitution.

Vermehrung. Begriff der Vermehrung der den Mitgliedern einer Gesellschaft mit beschränkter Haftung obliegenden Leistungen im § 54 Abs. 3 des Gesetzes vom 20. April 1892. **47**, 181.

Vermieter. S. Syst. Reg. § 139.

Vermischung. Findet der Eigentumserwerb durch Vermischung auch auf Einzelgrundstücke Anwendung, die verschiedenen Eigentümern gehören, aber eine einzige nicht mehr entwirrbare Fläche bilden? (G.) **44**, 169.

Vermittelndes Recht. S. Syst. Reg. § 8 (Civilrecht) und § 308 (Prozeßrecht).

Vermittelung. S. Heiratsvermittelung.

Verpfändung. Wird durch die Verpfändung von Namensaktien, für die besondere Dividendenscheine nicht ausgegeben sind, auch ohne Benachrichtigung der Aktiengesellschaft ein Pfandrecht an den Dividenden begründet? (G.) **42**, 155.

Verpflegung. S. Alimentation.

Verpflegungsanspruch. Hört durch die nach dem 1. Januar 1900 erfolgte Wiederverheiratung einer vorher geschiedenen Ehefrau ihr nach § 798 A.L.R. II. 1 begründeter Verpflegungsanspruch auf Grund des § 1581 B.G.B. auf? **48**, 4.

Verpflichtungsfähigkeit. S. Handlungsfähigkeit, Verfügungsfähigkeit.

Verpflichtungsschein, kaufmännischer. 1) Begriff im Sinne der Tarifnummer 58 II des Stempelsteuergesetzes von 1895. (P.) **44**, 228. — 2) Gilt für den kaufmännischen Verpflichtungsschein der § 1 Abs. 3 des Stempelsteuergesetzes von 1895? (P.) **44**, 234. — 3) Kann eine wegen Formmangels als Wechsel ungültige Urkunde als kaufmännischer Verpflichtungsschein gelten? **48**, 229. — 4) Kann ein präjudizierter oder verjährter Wechsel als kaufmännischer Verpflichtungsschein wirksam sein? **48**, 230. — 5) Voraussetzungen der Legitimation des Inhabers einer als Wechsel ungültigen, als Verpflichtungsschein geltenden Urkunde durch Blankoindossament **48**, 232.

Versäumnisurteil. 1) Setzt die Zurückweisung der Berufung durch Versäumnisurteil voraus, daß die Zustellung des Urteiles erster Instanz, und zwar durch Vorlegung der Zustellungsurkunde, nachgewiesen wird? **46**, 372. — 2) Im übrigen s. Syst. Reg. § 326.

Verschlechterung. Kann nach dem B.G.B. der Käufer wegen Verschlechterung der Vermögenslage des Verkäufers von einem Zug um Zug zu erfüllenden, noch nicht fälligen Warenlieferungsgeschäfte zurücktreten? **50**, 255.

Verschleuderung. Voraussetzungen, unter denen der Käufer von Zubehör und Früchten eines mit Hypotheken oder Grundschulden belasteten Landgutes im Falle absichtlicher Verschleuderung des Inventars für den Ausfall ersatzpflichtig ist. (P.) **42**, 170.

Verschulden. 1) Kann der Ersatz des infolge der Verletzung eines Vertragsverhältnisses entstandenen mittelbaren Schadens und entgangenen Gewinnes abgelehnt werden, weil der Beschädigte das von ihm wahrgenommene vertragswidrige Verhalten nicht gehindert habe? (P.) **41**, 292. — 2) Kann, wenn das Dasein eines Verschuldens nicht mehr mit voller Gewißheit widerlegt werden kann, der Nachweis genügen, daß sich aus dem gehörig ermittelten Thatbestande keine Anzeichen für ein Verschulden ergeben? **42**, 78. — 3) Haftung des Bankiers, der dem kaufenden Kunden Wertpapiere als sichere Anlage empfiehlt. (G.) **42**, 129. — 4) Beschränkung der Ersatzpflicht in Vertragsverhältnissen auf den unmittelbaren Schaden, wenn der Beschädigte durch grobes Versehen die Abwendung des weiteren Schadens unterlassen hat. (P.) **42**, 299. — 5) Kann ein den Rechtsanwalt zum Schadensersatze verpflichtendes Verschulden darin liegen, daß er bei der Ausführung des Auftrages der herrschenden Rechtsansicht folgt trotz eigener Bedenken gegen ihre Richtigkeit? (P.) **42**, 325. — 6) Erstreckt sich die Erkundigungspflicht der Bewohner eines Staates auch auf örtliche Polizeiverordnungen? (P.) **44**, 275. — 7) Wann liegt grobes Verschulden des Urhebers eines Prospektes im Sinne des § 43 des Börsengesetzes von 1896 vor? Umfang und Art des Schadensersatzes in solchem Falle. **46**, 83. — 8) Hat der Eigentümer oder sonst dinglich Berechtigte wegen vorübergehender Beeinträchtigung seines Rechtes gegen den fahrlässigen Verursacher Anspruch auf Schadensersatz? (G.) **47**, 249. — 9) Wird auch ohne persönliche Verschuldung für den durch eine Polizeiübertretung verursachten Schaden gehaftet? (P.) **47**, 330. — 10) Haftung des zur Aufbewahrung Verpflichteten für jedes Verschulden, wenn es sich nicht um unentgeltliche Hinterlegung handelt. (G.) **48**, 258. — 11) Pflichten und Verschulden eines Radfahrers. (P.) **48**, 343. — 12) Sind die Eltern nach § 832 B.G.B. zum Ersatze des durch ihre Kinder einem Dritten widerrechtlich zugefügten Schadens nur dann verpflichtet, wenn die Kinder schuldhaft gehandelt haben? **50**, 65. — 13) Verschulden und Haftung des Rechtsanwaltes, wenn er in Rechtsangelegenheiten seine Klienten mit seinem Büreauvorsteher verhandeln läßt. **48**, 59. — 14) Handelt der mit der Übersendung von Wertpapieren beauftragte Bankier schuldhaft, wenn er diese nicht unter Wertangabe sendet, sondern in einem eingeschriebenen Briefe unter Versicherung der Sendung bei einer Versicherungsgesellschaft? Wie, wenn nicht der volle Wert versichert ist? **50**, 169. — 15) Ist der, der ein Vertragsangebot gemacht hat, dem Empfänger zum Schadensersatze verpflichtet, wenn er ihn vorsätzlich oder fahrlässig hindert, das Angebot anzunehmen? **50**, 190. — 16) Eigenes Verschulden. Konkurrierendes Verschulden. S. diese Wörter. — 17) Versehen der Beamten. S. dies Wort.

Verschulden anderer. 1) Haftet der, der die Erfüllung einer von ihm übernommenen Verpflichtung einem Bevollmächtigten übertragen hat, für dessen Verschulden? (P.) **41**, 195. — 2) Voraussetzungen der Haftung juristischer Personen für das Verschulden ihrer Beamten und Angestellten, auch des Staates für seine Beamten. (G.) **43**, 406; **45**, 168; **47**, 241; (P.) **47**, 328. — 3) Haftet die offene Handelsgesellschaft, wenn ihr Gesellschafter Wertpapiere, die er einem Dritten veruntreut, namens der Gesellschaft für ein dieser gewährtes Darlehn zum Pfande giebt? **46**, 18. — 4) Haftung des Eigentümers eines geschleppten Schiffes für ein dem Führer des Schleppdampfers zur Last fallendes Verschulden nach § 4 Abs. 3 des Binnenschiffahrtsgesetzes. **46**, 42. — 5) Haftung des Notars für das Verschulden seines Büreaupersonales. **49**, 26. — 6) Haftung des Rechtsanwaltes für das Verschulden seines Büreauvorstandes, wenn er mit diesem seine Klienten in Rechtsangelegenheiten verhandeln läßt. **48**, 59. — 7) Haftet der, der zur Wahrnehmung einer polizeilich gebotenen Handlung einen Vertreter bestellt hat, wenn er ihn nicht überwacht? (P.) **41**, 211. — 8) Schadet dem Geschäftsherrn die Arglist des Gehilfen in Beziehung auf die Eingehung eines von dem Geschäftsherrn selbst abgeschlossenen Vertrages? (G.) **43**, 143. — 9) Sind Eltern nach § 832 B.G.B. zum Ersatze des durch ihre Kinder einem Dritten widerrechtlich zugefügten Schadens nur dann verpflichtet, wenn die Kinder schuldhaft gehandelt haben? **50**, 65. — 10) Endpunkt der Haftung des Spediteurs aus Artt. 384. 395 H.G.B. a. F. **48**, 108. — 11) Haftet der Eigentümer des Schleppdampfers bei einem Zusammenstoße des geschleppten Schiffes mit einem anderen für den Schaden, der durch die Führung des geschleppten Schiffes verschuldet ist? **50**, 33. — 12) Grundsätze über die Schadenshaftung der einzelnen zu einem Schleppzuge verbundenen Schiffe aus einem Zusammenstoße mit anderen. **50**, 35.

Verschwiegenheit. 1) Ist der Rechtsanwalt verpflichtet, sein Mandat niederzulegen, wenn er als Notar entgegengesetzten Interessen gedient hat? (P.) **43**, 262. — 2) Zeugnisverweigerung eines Rechtsanwaltes über die Verhandlungen bei einem Rechtsgeschäfte der Parteien, zu dem beide ihn als Vertrauensperson zugezogen hatten. **50**, 353.

Versehen der Beamten. 1) Ist die Postverwaltung, wenn der eine Postanweisung auf Grund eines Posteinlieferungsbuches annehmende Postbeamte die Übereinstimmung der Adressen in der Anweisung und im Buche nicht prüft, und infolgedessen die Auszahlung an eine andere als die im Buche bezeichnete Person geschieht, dem Absender ersatzpflichtig? **41**, 102. — 2) Haftung des für die Bekanntmachung des Ausschlusses der Gütergemeinschaft unzuständigen Richters, wenn er diese erläßt und so veranlaßt, daß sie durch den zuständigen nicht erfolgt? (P.) **41**, 197. — 3) Haftet der Richter der freiwilligen Gerichtsbarkeit für Versehen? **41**, 197. — 4) Ist die vom Richter der freiwilligen Gerichtsbarkeit erteilte Auskunft nur als ein Rat im Sinne des § 219 A.L.R. I. 13 anzusehen? (P.) **41**, 202. — 5) Haftet der Notar für die Nachlässigkeit seines Büreaupersonales? **49**, 26. — 6) Haftet der Spruchrichter für ein Versehen bei der Urteilsfällung? (P.) **41**, 252. — 7) Haftet der Richter aus seiner Amtsführung in der Rheinprovinz nach den §§ 88—90 A.L.R. II. 10? **43**, 384. — 8) Ist der Art. 505 Code de procéd. civ. noch rechtsgültig, und bezieht er sich auch auf die Thätigkeit des Richters in der freiwilligen Gerichtsbarkeit? (F.) **43**, 385; **48**, 361. — 9) Auch auf die Haftung des Richters dem Staate gegenüber ist der Art. 505 Code de proc. civ. anzuwenden, nicht die Grundsätze des Mandats. (F.) **43**, 387. — 10) Steht die Syndikatsklage, insbesondere gegen einen Notar, nur den bei dem Rechtsakte unmittelbar Beteiligten oder auch jedem geschädigten Dritten zu? (G.) **46**, 213. — 11) Voraussetzungen der Haftung des Staates für das Verschulden seiner Beamten. (G.) **45**, 168; **47**, 241; (P.) **47**, 328. — 12) Haftet ein badischer Notar im Falle der Anfertigung des Entwurfes eines eigenhändigen Testamentes dem Eingesetzten aus einem Versehen, das sich auf die Gültigkeit nach materiellem Rechte bezieht? (B.) **48**, 357. — 13) Haftet nach Art. 505 Code de proc. civ. der Vormundschaftsrichter aus seiner Amtsführung nur für Arglist oder auch für Fahrlässigkeit? (F.) **48**,

der Aktionär ausgeschlossen werden kann, wenn er aufhört, Mitglied des Bundes der Landwirte zu sein, und daß er dann seine Aktien gegen Zahlung des Nominalbetrages an einen ihm zu bezeichnenden Dritten herausgeben muß? **49**, 77.

Verzeihung. 1) Kann die Ehefrau nach gegenseitiger Verzeihung früherer Ehebrüche wegen eines neuen Ehebruches des Mannes die Scheidung unbedingt verlangen? (P.) **43**, 330. — 2) Berücksichtigung verziehener Mißhandlungen bei einer auf den § 1568 B.G.B. gestützten Ehescheidungsklage. **49**, 37.

Verzicht. 1. Materielles Recht.

1) Verliert ein Schuldner seine Einwendungen gegen eine Forderung auch dann, wenn diese in einem Prozesse nur eventuell geltend gemacht, und in dem Urteile nur über den Prinzipalantrag erkannt worden ist? (P.) **42**, 216. — 2) Liegt in der vorbehaltlosen Annahme der verspäteten Zahlung einer Schuld ein Verzicht auf die Verzugszinsen? (G.) **42**, 124. — 3) Liegt in der Annahme einer vertragswidrigen Leistung in allen Fällen ein Verzicht auf Schadloshaltung wegen der Vertragswidrigkeit? (P.) **43**, 268. — 4) Liegt in dem Schweigen des Inhabers einer Grundgerechtigkeit zu der Herstellung eines diese verletzenden Zustandes durch den Eigentümer des dienenden Grundstückes stets ein Verzicht auf das Recht? (G.) **48**, 262. — 5) Unterliegt, wenn in dem Kaufvertrage über ein zur Schankwirtschaft eingerichtetes Grundstück für den Verzicht des Verkäufers auf die Wirtschaftskonzession eine besondere Vergütung festgesetzt ist, diese dem Kaufstempel nach Tarifstelle 32a des Gesetzes von 1895? (P.) **49**, 321. — 6) Ist der § 1614 Abs. 1 B.G.B. auch dann anwendbar, wenn auf den Unterhalt schon vor dem 1. Januar 1900 verzichtet worden ist? **50**, 96.

— 2. Prozeßrecht.

1) Kann ein Verzicht auf die Rüge ungenügender Zustellung der Klage schon in dem Erscheinen des Beklagten im ersten Termine gefunden werden, wenn in diesem nicht verhandelt wird? **44**, 352. — 2) Ist der vom Konkursverwalter ohne Aufnahme des Verfahrens erklärte Verzicht auf den Einspruch gegen ein während der Unterbrechung des Verfahrens gegen den Gemeinschuldner erlassenes Versäumnisurteil zulässig? **45**, 327. — 3) Wird eine nach Ablauf der Berufungsfrist erhobene Anschlußberufung dadurch hinfällig, daß der Berufungskläger bei der mündlichen Verhandlung auf seinen Anspruch nach § 277 (306 n. F.) C.P.O. verzichtet? **45**, 409.

Verzug des Gläubigers. S. Annahmeverzug.

Verzug des Schuldners. S. Lieferungsverzug, Zahlungsverzug.

Verzugszinsen. S. Zinsen.

Vindikation. S. Syst. Reg. §§ 60. 242.

Volksschullehrer. Ist der Rechtsweg zulässig für seinen Gehaltsanspruch, wenn er am 1. April 1897 nicht mehr im Dienste gewesen ist und nun Ansprüche aus der Zeit vor diesem Tage erhebt? (P.) **42**, 281.

Vollindossatar. S. Indossament.

Vollmacht. 1) Einfluß des Aufhörens der Vormundschaft auf die vom Vormunde für das Mündel geschlossenen Vollmachtsverträge. (P.) **41,** 263. — 2) Die Generalvollmacht ist ein einheitliches Ganzes und unterliegt in allen ihren Bestimmungen dem Civilrechte; die Vorschriften über die Prozeßvollmacht sind nicht unmittelbar auf sie anwendbar. (P.) **41,** 264. — 3) Unter welchen Umständen haftet der Geschäftsinhaber für das Handeln ohne Vollmacht seiner Angestellten? Wann liegt stillschweigende Bevollmächtigung vor? (G.) **43,** 189. — 4) Kondiktion eines Wechsels durch den, dessen Bevollmächtigter unter Überschreitung seiner Vollmacht Waren gekauft und den zum Diskontieren erhaltenen Wechsel zur Deckung des Kaufpreises verwendet hat. (P.) **45,** 261. — 5) Ermächtigt die von einem Versicherer zur Erledigung aller durch einen bestimmten Versicherungsvertrag bedingten Geschäfte erteilte Vollmacht den Vertreter, eigene Schulden an den Versicherten gegen die von diesem zu zahlende Prämie aufzurechnen? (G.) **46,** 208. — 6) Ist ein gerichtlicher Vergleich, den die Anwälte vereinbart haben, auch für die Partei bindend, die nur mündlich Vollmacht erteilt hat? **49,** 345. — 7) In Versicherungsverhältnissen liegt im Zweifel eine von thatsächlichem Auftrage unabhängige Vollmacht zum Abschlusse von Versicherungsverträgen schon dann vor, wenn ein Agent ermächtigt ist, allein die Police zu unterschreiben und sie dem Antragsteller auszuhändigen. **50,** 76. — 8) Bedürfen der Form des § 313 B.G.B. auch die Verträge, durch die sich der eine unter Erteilung einer Vollmacht verpflichtet, das Eigentum an einem Grundstücke einem von dem anderen zu bestimmenden Dritten zu übertragen? **50,** 163. — 9) Kündigung ohne Vollmacht; Anwendung der §§ 174. 185 Abs. 2 B.G.B. **50,** 154. — 10) Prozeßvollmacht. S. Prozeßbevollmächtigter.

Vollmachtsauftrag. S. Syst. Reg. § 144.

Vollstreckbare Ausfertigung. S. Vollstreckbarkeit.

Vollstreckbarer Titel. 1) Für die Anfechtungsklage eines Gläubigers nach § 2 R.A.G. darf auch ein erst nach der Klagerhebung erlangter vollstreckbarer Titel berücksichtigt werden. **41,** 87. — 2) Kann der Gläubiger schon vor der Erlangung eines vollstreckbaren Titels zur Sicherung seines Anfechtungsrechtes Arrest oder eine einstweilige Verfügung erwirken? **41,** 89. — 3) Unter welchen Voraussetzungen ist eine Vollstreckungspfändung als Rechtshandlung des Schuldners nach § 3 Ziff. 1 R.A.G. anfechtbar? Verschaffung des Vollstreckungstitels. **47,** 223. — 4) Ist ein Zwischenurteil, durch das entschieden wird, daß der Beklagte zur Aufnahme des Verfahrens nicht befugt sei und deren Kosten zu tragen habe, ein vollstreckbarer Titel, auf Grund dessen die Festsetzung dieser Kosten erfolgen kann? **45,** 406. — 5) Kann die Eintragung einer Sicherungshypothek nach § 866 C.P.O. n. F. auf Grund mehrerer vollstreckbarer Titel desselben Gläubigers erlangt werden, von denen kein einzelner, wohl aber die Gesamtsumme den Betrag von 300 ℳ übersteigt? **48,** 244.

Vollstreckbare Urkunde. 1) Darf die Vollstreckungsklausel auf Grund

ziehung überwiesen ist, gegen den Drittschuldner auf Zahlung an den Pfändungspfandgläubiger klagen? **49**, 203. — 7) Bedurfte es zur Erlangung des Pfändungspfandrechtes an einem vor 1900 im Gebiete des A.L.R. angefallenen Erbteile der Zustellung eines Verbotes an die Miterben als Drittschuldner? Macht es einen Unterschied, ob als Gegenstand der Pfändung das Erbrecht, der Erbteil oder der Anspruch des Schuldners auf Teilung bezeichnet ist? (P.) **49**, 408. — 8) Unter welchen Voraussetzungen ist ein Vollstreckungspfandrecht als Rechtshandlung des Schuldners nach § 3 Ziff. 1 R.A.G. anfechtbar? Verschaffung des Vollstreckungstitels. **47**, 223. — 9) Kann nach § 866 C.P.O. n. F. die Eintragung einer Sicherungshypothek auf Grund mehrerer vollstreckbarer Titel desselben Gläubigers verlangt werden, von denen kein einzelner, wohl aber die Gesamtsumme den Betrag von 300 *M* übersteigt? **48**, 244. — 10) Zur Auslegung des § 714 (810 n. F.) C.P.O. Gewöhnliche Zeit der Reife. **42**, 382. — 11) Ist die Pfändung hinterlegter Brandversicherungsgelder gegenüber einer später eingeleiteten Subhastation des Grundstückes wirksam? **41**, 203.

Vollstreckungsurteil. 1) Es kann nach § 661 (328 n. F.) C.P.O. nur erlassen werden, wenn die gesetzliche Voraussetzung der verbürgten Gegenseitigkeit zur Zeit des Erlasses des Vollstreckungsurteiles vorhanden ist. **41**, 424. — 2) Ist nach der österreichischen Exekutionsordnung vom 27. Mai 1896 die Gegenseitigkeit im Sinne des § 661 (328 n. F.) Ziff. 5 C.P.O. verbürgt? **41**, 424; **48**, 377 — 3) Kann das zu einem Schiedsspruche beantragte Vollstreckungsurteil auf einen Teil des Schiedsspruches beschränkt werden? **46**, 419.

Vollziehung. S. Vollstreckung.

Vollziehungsbeamter. Muß ein im Gemeindedienste angestellter Vollziehungsbeamter, der mit seinem Diensteinkommen auf Mahn- und Beitreibungsgebühren angewiesen ist, im Falle unberechtigter Entlassung sich den Betrag anderweiten Verdienstes anrechnen lassen? (P.) **45**, 242.

Von Amtswegen. S. Amtswegen, von.

Vorabentscheidung. 1) Wie ist ein nach der Absicht des Gerichtes auf Grund des § 275 (303 n. F.) C.P.O. erlassenes, nach seinem Inhalte aber dem § 276 (304 n. F.) entsprechendes Zwischenurteil bezüglich der Rechtsmittel zu behandeln? **42**, 347. 395. — 2) Ist ein durch richterlichen Eid bedingtes Urteil aus § 276 (304 n. F.) C.P.O. zulässig? **42**, 349. — 3) Darf das Berufungsgericht, wenn ein Anspruch nach Grund und Betrag streitig ist, ohne über ersteren zu entscheiden, unter Verwerfung des vom ersten Richter als durchgreifend angesehenen Einwandes die Sache nach Grund und Betrag in die erste Instanz zurückverweisen? **47**, 366. — 4) Unter welchen Voraussetzungen kann das Berufungsgericht sich die Entscheidung über die Klage vorbehalten und zugleich die Entscheidung über den Betrag einer von ihm dem Grunde nach für berechtigt erklärten Widerklage in die Vorinstanz zurückverweisen? **47**, 416. — 5) Darf nach Erlassung des Beschlusses, durch den die Verhandlung über die Klage und über die Kompensationseinrede in getrennten Prozessen angeordnet ist, über den Grund der Gegenforderung vorab erkannt werden? **49,** 339. — 6) Liegt ein Zwischenurteil nach § 275 (303 n. F.) oder nach § 276 (304 n. F.) C.P.O. vor, wenn das Gericht einen auf mehrere Fundamente gestützten Anspruch insoweit dem Grunde nach für gerechtfertigt erklärt, als er sich auf das eine stützt? **45,** 318. — 7) Reife zur Endentscheidung im Sinne des § 565 Abs. 3 Nr. 1 C.P.O. n. F. auch in den Fällen der Vorabentscheidung nach § 538 Abs. 1 Ziff. 3. **50,** 224.

Vorausvermächtnis. S. Vermächtnis.

Vorbedungene Eigenschaft. S. Syst. Reg. § 136d.

Vorbehalt. 1) Können nach vorbehaltloser Annahme der Hauptschuld noch Verzugszinsen gefordert werden? (G.) **42,** 123. — 2) Tritt ein Gebäude trotz des Eigentumsvorbehaltes des Erbauers in die hypothekarische Haftung des Grundstückes ein? (P) **44,** 288. — 3) Ist eine Zahlung, die infolge von Bedrohung mit Verwaltungsexekution geleistet ist, nur im Falle ausdrücklich erklärten Vorbehaltes eine abgenötigte im Sinne des § 207 A.L.R. I. 16? (P.) **45,** 7. — 4) Wird der nach zehnjährigem Bestehen der Fenster gesetzlich gewährte Schutz durch einen mündlichen Vertrag ausgeschlossen, in dem der Nachbar sich das Recht vorbehält, die Fenster jederzeit verbauen zu dürfen? (P.) **46,** 269. — 5) Die nachträgliche Vereinbarung eines Eigentumsvorbehaltes macht den schon eingetretenen Eigentumserwerb nicht rückgängig. **49,** 172.

Vorbehalt der Rechte. 1) Wirkung des im Wechselprozesse ergangenen Vorbehaltsurteiles und der Beitreibung der Wechselsumme gegenüber dem im Vorprozesse auf Rückgabe des Wechsels später erlassenen Urteile auf Rückzahlung der Wechselsumme. **47,** 186. — 2) Ist der im § 302 C.P.O. n. F. erwähnte Vorbehalt der Aufrechnung wirksam, wenn er nur in den Gründen des Urteiles ausgesprochen wird? **47,** 364. — 3) Zwangsvollstreckung aus einem nach § 599 C.P.O. n. F. unter Vorbehalt der Rechte ergangenen Urteile. **49,** 163. — 4) Kann der im Wechselprozesse auf die Klage des Blankoindossatars rechtskräftig unter Vorbehalt der Rechte Verurteilte im Nachverfahren die Einrede der mangelnden Aktivlegitimation darauf stützen, daß er infolge rechtskräftigen Urteiles die Herausgabe des Wechsels erlangt habe? **45,** 429.

Vorbehaltserbe. S. Syst. Reg. § 212.

Vorbehaltsrecht. 1) Steht es dem anerkannten natürlichen Kinde an dem Nachlasse des Vaters zu, und wie ist es zu berechnen? (F.) **46,** 312. — 2) Hat das anerkannte natürliche Kind von dem ihm gesetzlich zustehenden Nachlaßanteile Früchte und Zinsen schon von dem Todestage des Vaters an zu fordern? (F.) **46,** 314.

Vorbehaltsurteil. S. Vorbehalt der Rechte.

Vorbenutzung. Liegt Vorbenutzung im Sinne des § 5 Abs. 1 des Patentgesetzes schon darin, daß vor der Patentanmeldung vom Inlande aus im Auslande die später patentierte Maschine bestellt ist, die Lieferung nach dem Inlande aber erst nach der Patentanmeldung erfolgt? Einrede der Arglist. **45**, 116.

Vorbereitende Schriftsätze. 1) Genügt zur Aufnahme des unterbrochenen Verfahrens die Zustellung des Urteiles, oder ist die Zustellung eines Schriftsatzes nötig? **41**, 403. — 2) Ist unter der in der Rechtsmittelfrist erfolgten Anschließung auch die nur in einem zugestellten Schriftsatze erklärte zu verstehen? **41**, 383. — 3) Muß die Unterschrift einer Prozeßschrift handschriftlich erfolgen, oder genügt ein Faksimile? **46**, 376. — 4) Muß der die Nebenintervention erklärende Schriftsatz auch an die zu unterstützende Partei zugestellt werden? Kann die Nichtzustellung auch von der Gegenpartei gerügt werden? **42**, 401. — 5) Klageschrift. S. Klage.

Vorempfang. S. Kollation.

Vorkaufsrecht. Ist die Bestimmung eines Gesellschaftsvertrages mit beschränkter Haftung gültig, daß im Falle der Veräußerung eines Geschäftsanteiles an einen Nichtgesellschafter die übrigen Gesellschafter das Vorkaufsrecht zum Nominalbetrage der Stammeinlage des veräußernden Gesellschafters haben sollen? **49**, 149.

Vorläufige Vollstreckbarkeit. 1) Wird ein vom Berufungsgerichte nach § 657 (719 n. F.) C.P.O. erlassener Einstellungsbeschluß ohne weiteres hinfällig, wenn die Berufung zurückgewiesen wird? **42**, 370. — 2) Voraussetzungen der Beschwerde gegen den Beschluß des Berufungsgerichtes, daß die Zwangsvollstreckung aus dem Urteile erster Instanz nur gegen Sicherheitsleistung zugelassen werde. **47**, 419. — 3) Kann die Anordnung, daß die Zwangsvollstreckung nur gegen Sicherheitsleistung stattfinde, auch dann getroffen werden, wenn das Urteil erst in der Berufungsinstanz für vorläufig vollstreckbar erklärt worden ist? **47**, 419. — 4) Anwendung des § 717 Abs. 2 C.P.O. n. F. auf den seit dem 1. Januar 1900 entstandenen Schaden, wenn infolge der vorläufigen Vollstreckbarkeit die Beitreibung schon vorher erfolgt ist. **49**, 65. — 5) Kann der Kläger, wenn ein ihm die Kosten zur Last legendes vorläufig vollstreckbares Urteil abgeändert wird, den ihm durch die Vollstreckung oder deren Abwehr entstandenen Schaden in dem anhängigen Prozesse geltend machen? **49**, 411. — 6) Findet die Vorschrift des § 717 Abs. 2 C.P.O. n. F., daß der betreffende Schadensanspruch in demselben Prozesse erhoben werden kann, entsprechende Anwendung auf den Fall des § 945? **50**, 406.

Vormerkung. 1) a. Kann eine Vormerkung zur Erhaltung des Rechtes auf Eintragung einer Hypothek auf Grund der Bewilligung des Grundstückseigentümers eingetragen werden? b. Ist ihre Rechtsbeständigkeit davon abhängig, daß in der Eintragungsbewilligung der Schuldgrund der vorgemerkten Hypothek angegeben ist? (P.) **42**, 315. — 2) Beweislast im Falle einer Klage auf Bewilligung der Löschung einer Hypothekenvormerkung. (P.) **42**, 319. — 3) Ist der Gläubiger an die Angabe des Schuldgrundes einer ohne diese zu seinen Gunsten eingetragenen Vormerkung gebunden, die er in einem Rechtsstreite zwischen ihm und dem Grundstückseigentümer gemacht hat? (P.) **45**, 176. —

4) Darf ein Nutzungspfandrecht nach dem Inkrafttreten des B.G.B. auch dann nicht mehr in das Grundbuch eingetragen werden, wenn es vorher vorgemerkt war? **48**, 61. — 5) Zwangsvollstreckung aus einer Arrestvormerkung des bisherigen preußischen Rechtes nach dem Inkrafttreten der neuen Reichsgesetze. **49**, 106.

Vormund. 1) Kann der Vormund eines Geisteskranken durch seine Zustimmung einen Vertrag Dritter über den künftigen Nachlaß seines Kuranden gültig machen? (G.) **41**, 173. — 2) Umfang des den Pflegebefohlenen im § 54 (61 n. F.) K.O. beigelegten Vorrechtes im Konkurse des Vormundes. **45**, 156. — 3) Findet der Art. 210 E.G. z. B.G.B. auch auf einen Vormund Anwendung, der nach dem früheren Rechte gesetzlicher Vormund war? **48**, 355. — 4) Haftet, wenn die erforderliche Genehmigung des Vormundschaftsgerichtes zu einem Vertrage erteilt ist, das Mündel für die Folgen eines vom Vormunde beim Vertragsschlusse begangenen Betruges? (P.) **50**, 281. — 5) S. auch das folgende Wort.

Vormundschaft. Einfluß des Aufhörens der Vormundschaft durch Volljährigwerden des Mündels auf die vom Vormunde geschlossenen Vollmachtsverträge. (P.) **41**, 263.

Vormundschaftsgericht. Vormundschaftsrichter. 1) Kann der Vater über ausstehende Forderungen des minderjährigen Kindes, die diesem zur Sicherheit besonders verschrieben sind, mit Einwilligung des Vormundschaftsgerichtes gültig verfügen, oder ist die Bestellung eines Pflegers nötig? (P.) **41**, 227. — 2) Ist ein Streit, der zwischen vor 1900 geschiedenen Ehegatten über die Erziehung der gemeinschaftlichen Kinder entsteht, seit dem 1. Januar 1900 durch das Vormundschaftsgericht zu entscheiden? (G.) **46**, 168. — 3) Ist der Art. 505 Code de proc. civ. noch gültig, und bezieht er sich auch auf den Vormundschaftsrichter? (F.) **48**, 361. — 4) Haftet der rheinische Vormundschaftsrichter aus seiner Amtsführung nur für Arglist oder auch für Fahrlässigkeit? (F.) **48**, 361. — 5) Haftet, wenn die erforderliche Genehmigung des Vormundschaftsgerichtes zum Vertrage erteilt ist, das Mündel auch für die Folgen eines vom Vormunde bei dem Vertragsschlusse begangenen Betruges? (P.) **50**, 281. — 6) Wieweit untersteht die Genehmigung des Vormundschaftsgerichtes den für die Willenserklärungen geltenden Rechtsnormen? (P.) **50**, 284.

Vorname. Ist der Wechselprotest ungültig, wenn in der Protesturkunde der Vorname des Protestierenden unrichtig angegeben ist? **45**, 120.

Vorpfändung. Kann die Eigentümerhypothek Gegenstand einer Vorpfändung im Sinne des § 744 (845 n. F.) C.P.O. sein? **43**, 431.

Vorrang. Vorrecht. 1) Kann der Gläubiger, dessen Antrag auf Eintragung einer Hypothek vom Grundbuchrichter abgelehnt war, nach der auf Anordnung des Beschwerdegerichtes erfolgten Eintragung von den inzwischen eingetragenen Hypothekengläubigern Einräumung des Vorrechtes verlangen? (P.) **43**, 216. — 2) Im übrigen s. Konkursprivilegien, Vorschuß, Vorzugsweise Befriedigung und Syst. Reg. § 80a.

Vorsatz. S. Arglist.
Vorschuß. 1) Findet das Vorrecht des die Zwangsverwaltung betreibenden Gläubigers für seine Vorschüsse auch dann statt, wenn sie durch den Verkauf von Erntevorräten hätten gedeckt werden können und sollen, diese aber unverkauft geblieben und dann mit dem Grundstücke versteigert sind? (P.) **41**, 321. — 2) Kann der, der für seine Rechnung, ohne im Börsenregister eingetragen zu sein, Börsentermingeschäfte durch einen Kommissionär abschließt, von diesem die ihm zur Zahlung an dessen Mitkontrahenten gegebenen und an diesen auch gezahlten Vorschüsse zurückfordern? **49**, 59.
Vorschußberechnung. 1) Kann ein Genosse gegen die vom Verwalter im Genossenschaftskonkurse auf Zahlung der Vorschußbeträge erhobene Klage einwenden, er sei von einem Vorstandsmitgliede durch Betrug zum Beitritte verleitet worden? **45**, 106. — 2) Ist bei der Anfechtung der Vorschußberechnung des Konkursverwalters einer eingetragenen Genossenschaft die auf Rechtsunkunde beruhende Nichtkenntnis des Anfechtungsgrundes entschuldbar? **50**, 152.
Vorstand. S. Syst. Reg. §§ 229 (Aktiengesellschaft) und 230 (Eingetragene Genossenschaft).
Vorvertrag. 1) Wenn gesetzlich die Gültigkeit eines gewissen Vertrages von einer bestimmten Form abhängig ist, so ist auch der formlose, auf Eingehung des Vertrages gerichtete, Vorvertrag ungültig. **43**, 139; **48**, 186; **50**, 48. — 2) Ist ein dinglicher Vorvertrag zu einer „Einigung" im Sinne des § 873 B.G.B. möglich? **48**, 133. — 3) Form des obligatorischen Vertrages, der die Verpflichtung zu einer dinglichen Rechtsänderung enthält. **48**, 135; **50**, 77. — 4) Ist der unter dem B.G.B. geschlossene Vertrag, daß eine Darlehnshypothek des preußischen Rechtes von nun an andere Forderungen sichern soll, obligatorisch gültig ohne die Form des § 873 B.G.B.? **50**, 77.
Vorzugsaktien. S. Prioritätsaktien.
Vorzugsrecht im Konkurse. S. Konkursprivilegien.
Vorzugsweise Befriedigung. Findet das Vorrecht des die Zwangsverwaltung betreibenden Gläubigers für seine Vorschüsse auch dann statt, wenn sie durch den Verkauf von Erntevorräten hätten gedeckt werden können und sollen, diese aber unverkauft geblieben und dann mit dem Grundstücke versteigert sind? (P.) **41**, 321.
Vulgarsubstitution. S. Substitution.

W

Wahl. 1) Ist die Wahl des in einem mit Kodizillarklausel versehenen Testamente zum Erben Eingesetzten nur dann unwiderruflich, wenn sie im Prozesse erklärt worden ist? (G.) **41**, 165. — 2) Ist im Falle eines s. g. komplizierten Spezifikationskaufes der Selbsthilfeverkauf nach Art. 354 H.G.B. zulässig, und zwar in der Weise, daß eine nach den Vereinbarungen des Hauptvertrages zu liefernde Ware verkauft wird? **43**, 101.
Wahnsinn. 1) Was ist maßgebend dafür, ob eine Person wegen Geisteskrankheit oder wegen Geistesschwäche im Sinne des B.G.B. zu ent-

mündigen ist? **50,** 230. — 2) Kann der Kurator eines Geisteskranken durch seine Zustimmung einen Erbschaftsvertrag Dritter über den künftigen Nachlaß seines Kuranden gültig machen? **41,** 173. — 3) Inwieweit ist in Ehesachen, trotzdem der Ehegatte wegen Blödsinns entmündigt worden ist, der Beweis zulässig, daß ihm gewisse Eheverqehen zuzurechnen sind? (P.) **43,** 276.

Waldservitut. S. Holzungsgerechtigkeit.

Wandelpön. 1) Wieweit finden auf sie die Vorschriften über die Konventionalstrafe Anwendung? (P.) **43,** 280. — 2) Darf die Wandelpön den doppelten Betrag des Interesses des Gläubigers übersteigen? (P.) **43,** 282. — 3) Die Verpflichtung zur Zahlung der Strafe tritt erst ein, wenn der Schuldner von seinem Rechte, den Vertrag aufzulösen, Gebrauch macht. (P.) **43,** 281.

Wandelungsklage. 1) Kommen bei der Berechnung des Streitwertes für die Wandelungsklage Lagerkosten in Betracht, die der Kläger für die Aufbewahrung der Kaufsache fordert? **42,** 388. — 2) Enthält, wenn der Käufer die Ware als mangelhaft zur Verfügung gestellt hat, seine nachträgliche Verfügung über einen Teil eine Genehmigung der ganzen Warenpartie? **43,** 66. — 3) Voraussetzungen und Inhalt der Wandelungsklage bei Käufen über einen Inbegriff von Sachen. (P.) **44,** 235. — 4) Wieweit ist die Wandelungsklage zulässig, wenn mit der Klausel „wie es steht und liegt" verkauft ist? (P.) **44,** 237. — 5) Geht die Wandelungsklage auch auf Ersatz der von dem Kläger für den Kauf aufgewendeten Kosten, Stempel rc? (P.) **44,** 250. — 6) Muß der Wandelungskläger die bis zur Wandelung aus der Sache gezogenen Reineinnahmen dem Verkäufer herausgeben? (P.) **44,** 252. — 7) Berechnung des Streitwertes für die Wandelungsklage gegen einen beiderseits erfüllten Grundstückstauschvertrag. **46,** 422. — 8) Unterschied zwischen der Wandelungsklage und der mit ihr unvereinbaren, auf die §§ 119. 123. 142 B.G.B. gestützten Klage. **49,** 422. — 9) Ist die Wandelungsklage zulässig, wenn der Kläger erklärt, er habe die Kaufsache veräußert und könne sie nicht zurückerwerben? **50,** 189. — 10) Wo hat der Verkäufer den Wandelungsanspruch des Käufers auf Rückzahlung des Kaufpreises wegen Mängel der übergebenen Ware zu erfüllen? (G.) **50,** 272.

Warenausstattung. Kann der Besitzer einer gewissen Warenausstattung im Sinne des § 15 des Reichsgesetzes vom 12. Mai 1894 die Löschung eines später eingetragenen Warenzeichens auf Grund des § 9 oder deshalb verlangen, weil es einen wesentlichen Teil jener Warenausstattung bilde? **44,** 14.

Warenzeichen. S. Syst. Reg. § 173.

Wassergenossenschaft. Steht das nach § 57 des Gesetzes vom 1. April 1879 durch den zuständigen Minister genehmigte Statut einer öffentlichen Wassergenossenschaft einem Gesetze gleich? (P.) **42,** 305.

Wasserleitung. 1) Können darauf, daß durch eine Polizeiverordnung der Anschluß an die städtische Wasserleitung angeordnet ist, Entschädigungsansprüche der Grundeigentümer gegen die Stadtgemeinde gestützt werden? (P.) **45,** 251. — 2) Hat jeder Hausbesitzer, einschränkende

Polizeivorschriften vorbehalten, das Recht, das s. g. Hauswasser und das zum gewerblichen Betriebe benutzte Wasser auf die öffentliche Straße zu leiten? (F.) **46**, 316.

Wasserrecht. S. Syst. Reg. §§ 88 flg.

Wasserstraße. Können durch eine im Verwaltungswege erlassene Betriebsordnung für die Benutzung einer dem Staate gehörenden öffentlichen Wasserstraße die gesetzlichen Bestimmungen über die Verpflichtung zum Schadensersatze abgeändert werden? (G.) **45**, 162.

Wassertriebwerk. Begriff der nach § 16 R.G.O. konzessionspflichtigen Stauanlage für ein Wassertriebwerk. **49**, 85.

Wechsel. 1) Wirkt die allgemein für den Eingang der Wechselsumme außerhalb des Wechsels schriftlich erklärte Bürgschaft auch zu deren Gunsten, die später den Wechsel durch Indossament erworben und die Bürgschaftsurkunde ausgehändigt erhalten haben? Können solche Bürgschaftsrechte dem durch Cession abgetreten werden, dem der Wechsel indossiert wird? (G.) **41**, 171. — 2) Wechsel an eigene Order, auf dessen Rückseite als erste Namensschrift die des Ausstellers steht, aber der über dieser stehende Übertragungsvermerk durchstrichen ist? **41**, 412. — 3) Ist der Cessionar eines Wechsels befugt, ihn durch Indossament zu übertragen? **43**, 40. — 4) Begebung eines in der Konkursmasse vorgefundenen, vom Gemeinschuldner in blanco indossierten Wechsels auf Grund dieses Indossamentes durch den Konkursverwalter. **43**, 41. — 5) Wechselausstellung zur Deckung einer Schuld aus Differenzgeschäften oder zur Leistung eines Einschusses für diese. Auftrag zur Zahlung einer solchen Schuld. (G.) **45**, 158. — 6) Kommt der Art. 74 W.O. zur Anwendung gegen die Kondiktion eines Wechsels durch den, dessen Bevollmächtigter unter Überschreitung seiner Vollmacht Waren gekauft und den zum Diskontieren erhaltenen Wechsel zur Deckung des Kaufpreises verwendet hat? (P.) **45**, 261. — 7) Ist ein Wechsel ungültig, der auf mehrere Personen gezogen ist? **43**, 87; **46**, 133. — 8) Jeder Wechsel darf nur einen bestimmten Zahlungsort haben. **43**, 90. — 9) Ist die Unterschrift des Ausstellers oder des Indossanten gültig, wenn im Falle einer aus Sach- und Namensbezeichnung zusammengesetzten Firma die Sachbezeichnung durch Stempeldruck hergestellt, und nur der Name geschrieben ist? **47**, 165. — 10) Sind Acceptant und Aussteller eines Wechsels notwendige Streitgenossen, wenn sie in einer Klage belangt werden und sich derselben Einrede bedienen? **48**, 215. — 11) Muß die Bezeichnung als Wechsel in der Wechselerklärung enthalten sein, oder genügt das Wort als Überschrift? **48**, 223. — 12) Kann eine wegen Formmangels als Wechsel ungültige Urkunde als kaufmännischer Verpflichtungsschein gelten? **48**, 229. — 13) Kann ein präjudizierter oder verjährter Wechsel als Anweisung oder Schuldschein oder kaufmännischer Verpflichtungsschein gelten? **48**, 230. — 14) Kann aus einem acceptierten, mangels Zahlung protestierten und nachher abhanden gekommenen, gezogenen Wechsel nach dessen Kraftloserklärung auf Grund des Ausschlußurteiles Regreß gegen den Aussteller genommen werden? **49**, 132. — 15) Ist die Einlösung eines acceptierten Wechsels vor

der Teilungsinteressenten an Separationswegen. Steht den Beteiligten der Rechtsweg offen gegen Verfügungen des Gemeindevorstandes, dem die Auseinandersetzungsbehörde die Verwaltung der gemeinschaftlichen Angelegenheiten übertragen hat? (P.) **47**, 314. — 3) Kommunikationsweg. Landstraße. Straße. S. diese Wörter und Syst. Reg. §§ 87. 371.

Wegnahme. S Jus tollendi.

Weiche. Gehört zum Betriebe einer Eisenbahn im Sinne des § 1 R.H.G. das Umschlagen einer Weiche durch den Weichenwärter? **46**, 23.

Weitere Beschwerde. S. Syst. Reg. § 341c.

Werkverdingung. 1) Verliert der Bauherr seine Ansprüche wegen Baumängel durch Übernahme des Gebäudes ohne ausdrückliche Rüge der in die Augen fallenden Mängel? (P.) **44**, 240. — 2) Wie ist der Hilfslohn zu bestimmen, wenn ein nicht zum Erwerbe durch die Seefahrt bestimmtes Seeschiff aus Seenot gerettet wird, und angemessene Vergütung vereinbart worden ist? **47**, 194. — 3) Ist der Zeitfrachtvertrag stets eine Werkverdingung oder unter Umständen zum Teil ein Mietvertrag? **48**, 89. — 4) Unterschied zwischen einem Zeitfrachtvertrage und der reinen Schiffsmiete. **48**, 91. — 5) Darf der Besteller eines Werkes unter Umständen vor dessen Fertigstellung nach § 947 A.L.R. I. 11 zurücktreten? (P.) **49**, 287. — 6) Rücktritt des Bestellers des Werkes nur für die Zukunft? (P.) **49**, 289.

Wert. 1) Möglichkeit der Ermittelung des Wertes des Gegenstandes als Voraussetzung der Stempelfreiheit einer darüber errichteten Urkunde gemäß des § 4a des Stempelsteuergesetzes vom 31. Juli 1895. (P.) **42**, 193. — 2) Die Bewertung der enteigneten Fläche als Bauland darf nur für den Zeitpunkt der Festsetzung der Fluchtlinie, nicht für den der Enteignung erfolgen. (P.) **48**, 336. — 3) S. auch Wertpapier Nr. 7.

Wert des Streitgegenstandes. 1) Kann der Beschwerdewert in der höheren Instanz den Wert des Streitgegenstandes übersteigen? **47**, 420. — 2) Im übrigen s. Syst. Reg. § 290.

Wertpapier. 1) Steht der Gültigkeit des Gesetzes, betreffend die Pflichten der Kaufleute bei der Aufbewahrung fremder Wertpapiere, vom 5. Juli 1896 die in Nr. 20 des Reichsgesetzblattes von 1896 erschienene Berichtigung entgegen? **41**, 32. — 2) Tragweite des § 8 Abs. 2 des Depotgesetzes von 1896. **41**, 34. — 3) Kann in der Prolongation der Lieferung gekaufter Wertpapiere ein uneigentliches Lombardgeschäft gefunden werden? **45**, 69. — 4) Wann liegt grobes Verschulden der Urheber eines der Zulassung von Wertpapieren zum Börsenhandel zu Grunde liegenden Prospektes vor? Umfang und Art des Schadensersatzes. **46**, 83. — 5) Sind preußische Kuxe neueren Rechtes Wertpapiere im Sinne des Börsengesetzes? **47**, 106. — 6) Verliert der Kommittent das Recht aus § 4 Abs. 1 des s. g. Depotgesetzes vom 5. Juli 1896 dadurch, daß ihm nach Ablauf der dreitägigen Frist das Nummernverzeichnis von dem Kommissionär zugeht? **48**, 7. — 7) Haftet ein mit der Übersendung von Wertpapieren beauftragter Bankier für einen Verlust, wenn er sie nicht unter Wertangabe, sondern in einem eingeschriebenen Briefe sendet unter Versicherung der Sendung bei einer Versicherungsgesellschaft? Wie, wenn nicht der volle Wert versichert war? **50,** 169.

Widerklage. 1) Erlangt der Gegner der armen Partei die Freiheit von den im § 107 (115 n. F.) Ziff. 1 C.P.O. bezeichneten Kosten auch für seine Widerklage? **44,** 416. — 2) Ist die Anschließung des Beklagten wegen Abweisung der Widerklage an das vom Kläger wegen Abweisung der Klage eingelegte Rechtsmittel zulässig? **46,** 373. — 3) Ist die Widerklage auch ohne die Voraussetzungen des § 33 C.P.O. zulässig, wenn die Voraussetzungen des vereinbarten Gerichtsstandes für sie vorliegen? **46,** 424. — 4) Kann in Ehesachen eine Partei, nachdem über die von ihr eingelegte Berufung sachlich durch Teilurteil entschieden ist, sich noch der Berufung des Gegners behufs Erhebung der Widerklage anschließen? **49,** 396.

Widerrechtliche Handlung. S. Unerlaubte Handlung, Verschulden.

Widerruf. 1) Dem Hypothekengläubiger steht ein nur zwischen dem Eigentümer und dessen Rechtsvorgänger nach Bestellung der Hypothek ergangenes Urteil, durch das eine Schenkung nach Art. 954 C. c. als widerrufen anerkannt wird, nicht ohne weiteres entgegen. (F.) **42,** 392. — 2) Kann ein unter der Herrschaft des preußischen A.L.R. von Ehegatten errichtetes korrespektives Testament seit dem 1. Januar 1900 von dem einen bei Lebzeiten des anderen durch eine neue Verfügung von Todeswegen widerrufen werden? **50,** 316. — 3) Kann die im Gesellschaftsvertrage erfolgte Bestellung des Geschäftsführers einer Gesellschaft mit beschränkter Haftung nur so widerrufen werden, wie eine Änderung des Gesellschaftsvertrages zulässig ist? **44,** 96. — 4) Hat der Geschäftsführer einer Gesellschaft mit beschränkter Haftung, wenn seine Bestellung nur aus wichtigen Gründen widerrufen werden konnte, und diese nicht vorlagen, Anspruch auf Beseitigung des Widerrufsbeschlusses und auf Wiedereinsetzung in sein Amt? **44,** 98. — 5) Enthält die Einzahlung von Geld bei einem Bankhause für Rechnung eines Anderen eine Anweisung oder einen Auftrag? Bis wann ist Widerruf zulässig? (P.) **45,** 236. — 6) Kann der Testamentsvollstrecker das vom Erblasser mündlich gegebene Mitgiftversprechen, vor der Verheiratung dessen, dem es gegeben ist, widerrufen? (P.) **46,** 298. — 7) Können Erbverträge aus den in der Nov. 115 genannten Enterbungsgründen widerrufen werden? (G.) **47,** 237.

Widerspruch. 1) Begriff des Prozeßgerichtes im Sinne der Widerspruchsklage aus § 686 (767 n. F.) C.P.O. **45,** 343. — 2) Widerspruchsklage aus § 686 (767 n. F.) C.P.O. ist schon zulässig, wenn die Zwangsvollstreckung zwar noch nicht begonnen hat, aber bevorsteht, und ein rechtliches Interesse vorliegt. **45,** 344. — 3) Verfahren, wenn gegen den Antrag auf gerichtliche Ernennung von Liquidatoren für eine offene Handelsgesellschaft Widerspruch erhoben wird. **45,** 394. — 4) Wird der nach zehnjährigem Bestehen der Fenster gesetzlich gewährte Schutz durch einen gegen ihre Anlegung von dem Nachbarn erhobenen Widerspruch ausgeschlossen? (P.) **46,** 269. — 5) Kann in dem bloßen Widerspruche gegen den Antrag der Gegenpartei ein Gesuch im Sinne des § 567 Abs. 1 C.P.O. n. F. gefunden werden? **46**, 367. — 6) Unverschuldete Behinderung an der Erklärung des Widerspruches gegen die Mitgliederliste der eingetragenen Genossenschaft im Berichtigungsverfahren. **47**, 9. — 7) Ist in der Gütergemeinschaft die Unterlassung eines zur Erhaltung eines Rechtes des Gesamtgutes an sich nötigen Widerspruches für die Frau ohne Nachteil, wenn der Ehemann im Komplott mit dem Dritten den Widerspruch unterlassen hat? (P.) **48**, 272. — 8) Unter welchen Voraussetzungen können Einwendungen gegen die Gültigkeit einer Pfändung von einem Dritten erhoben werden? **50**, 68. — 9) Muß, wenn über eine im Konkurse angemeldete und vom Konkursverwalter bestrittene, zur Zeit der Eröffnung des Konkurses im Wechselprozesse anhängige Forderung noch vor der Eröffnung ein Versäumnisurteil erlassen, und vom Gemeinschuldner Einspruch erhoben war, der Gläubiger die Feststellung seiner Forderung, oder der Konkursverwalter seinen Widerspruch betreiben? In welcher Weise? **50**, 412. — 10) Zuständiges Gericht für die Klage aus § 686 (767 n. F.) C.P.O., mit der ein auf Grund des R.H.G. zur Zahlung einer Rente verurteilter Unternehmer die Feststellung fordert, daß auf die nach § 7 Abs. 2 R.H.G. zu vermindernde Rente die zu viel gezahlten Beträge anzurechnen seien. **44**, 364. — 11) S. auch Einreden in der Zwangsvollstreckung, Interventionsklage § 690 (771 n. F.) C.P.O.

Widerspruchsklage. S. Widerspruch, Interventionsklage.

Wiederaufnahme. 1) Des unterbrochenen Verfahrens. S. Syst. Reg. § 311. — 2) Des beendeten Verfahrens. S. Restitutionsklage.

Wiedereinsetzung in den vorigen Stand. 1) Berechnung der Frist für den Antrag auf Wiedereinsetzung, wenn das Armenrecht für die Einlegung eines Rechtsmittels vom Instanzgerichte versagt, vom Beschwerdegerichte dagegen bewilligt wird. **41**, 367. — 2) Wie ist zu verfahren, wenn die sofortige Beschwerde wegen Versäumung der Notfrist verworfen ist, und gegen die Versäumung die Wiedereinsetzung beantragt werden soll? **42**, 367. — 3) Anfangspunkt der Frist, wenn eine arme Partei die Berufungsfrist versäumt hat, weil sie infolge später Ablehnung ihres rechtzeitig gestellten Armenrechtsgesuches nicht rechtzeitig einen bei dem Berufungsgerichte zugelassenen Rechtsanwalt hatte erlangen können? **47**, 377. — 4) Liegt ein unabwendbarer Zufall im Sinne des § 233 C.P.O. n. F. vor, wenn der nach § 166 Abs. 2 S. 2 C.P.O. n. F. zustellende Gerichtsvollzieher die Beglaubigung der Abschrift der Terminsbestimmung versäumt hat? **48**, 409.

Wiederverheiratung. 1) Wieweit kann der Unterhaltsanspruch einer geschiedenen Ehefrau gegen ihren allein für schuldig erklärten bisherigen Ehemann im Falle seiner Wiederverheiratung beschränkt werden? **48**, 112. — 2) Hört der nach § 798 A.L.R. II. 1 begründete Verpflegungsanspruch einer geschiedenen Ehefrau mit ihrer Wiederverheiratung nach § 1581 B.G.B. auf, wenn diese nach dem 1. Januar 1900 erfolgt ist? **48**, 4.

Willensbestimmung. Mängel der Willensbestimmung. S. Syst. Reg. § 29.

Willenserklärung, ausdrückliche und stillschweigende. 1) Findet der § 779 (894 n. F.) C.P.O. auf alle Arten von Willenserklärungen Anwendung? **42,** 63. — 2) Ist aus einem Urteile, durch das der Schuldner verurteilt ist, eine Willenserklärung abzugeben, eine Zwangsvollstreckung nach den §§ 887. 888 C.P.O. n. F. zulässig? **48,** 399. — 3) Übergabe einer löschungsfähigen Quittung über eine Hypothek als Willenserklärung im Sinne des § 894 C.P.O. n. F. **48,** 400. — 4) Begriff des Zugehens einer Willenserklärung im Sinne des § 130 B.G.B. **50,** 194. — 5) Im übrigen s. Stillschweigende Willenserklärung.

Willensfähigkeit. S. Handlungsfähigkeit.

Willensorgane. 1) Haftung der juristischen Personen, auch des Staates, für außerkontraktliche schuldhafte Handlungen und Unterlassungen ihrer Willensorgane. (G.) **43,** 406; **45,** 168; **47,** 241; (P.) **47,** 328. — 2) Im einzelnen s. Syst. Reg. §§ 157. 158.

Windentziehung. S. das folgende Wort.

Windmühle. 1) Haftung des Bergwerksbesitzers für die Schädigung einer Windmühle durch Windentziehung infolge von Haldenaufschüttungen. (P.) **49,** 281. — 2) Ist der den Windmühlen aus der Zeit vor dem 18. November 1819 im § 247 A.L.R. II. 15 gewährte Schutz gegen Baumpflanzungen neben dem B.G.B. in Geltung geblieben? (P.) **50,** 319. — 3) Umfang des den Windmühlen nach dem § 247 A.L.R. II. 15 gegen Verkümmerung des nötigen Mahlwindes gebührenden Schutzes. (P.) **50,** 323.

Wirtschaftskonzession. Unterliegt, wenn in einem Kaufvertrage über ein zur Schankwirtschaft eingerichtetes Grundstück für den Verzicht des Verkäufers auf die Wirtschaftskonzession eine besondere Vergütung festgesetzt ist, diese dem Kaufstempel nach Tarifstelle 32a des Gesetzes von 1895? (P.) **49,** 321.

Wohlerworbene Rechte. 1) Ist der Staat zur Entschädigung verpflichtet, wenn er im öffentlichen Interesse durch die Strombauverwaltung oder eine andere Verwaltungsbehörde in wohlerworbene Rechte verletzend eingreift? (G.) **41,** 142. 191. — 2) Ist einem im Gebiete des gemeinen Rechtes durch Erbvertrag unwiderruflich erworbenen Rechte auf den Nachlaß eines nachher in die Rheinprovinz übergesiedelten und dort verstorbenen Erblassers der Rechtsschutz zu versagen? (F.) **41,** 350. — 3) Hat der Schürfer als solcher ein Privatrecht an dem von ihm getriebenen Bohrloche und ähnlichen Anlagen? (P.) **43,** 201. — 4) Im Falle der Beeinträchtigung wohlerworbener Rechte durch Gesetz ist ein Anspruch auf Entschädigung nur gegeben, wenn ihn das beeinträchtigende Gesetz selbst anerkennt. (P.) **46,** 254.

Wohnsitz. 1) Kann eine Ehefrau unter Umständen einen Wohnsitz unabhängig von dem des Ehemannes haben? **41,** 180. — 2) Örtliches Recht für die Frage, ob nach dem Wechsel des Wohnsitzes der Ehegatten eine an ihrem früheren Wohnsitze begangene Handlung einen Ehescheidungsgrund bildet. (P.) **41,** 215. — 3) Begründen im öffentlichen Interesse gegebene zwingende Vorschriften eine Ausnahme von dem Satze, daß die Erbfähigkeit nach dem Rechte des Wohnsitzes zu beurteilen ist? Gehören dazu die §§ 1199 flg. A.L.R. II. 11? (P.) **41,** 309. — 4) Ist einem im Gebiete des gemeinen Rechtes durch Erbvertrag unwiderruflich erworbenen Rechte auf den Nachlaß eines nachher in die Rheinprovinz übergesiedelten und dort verstorbenen Erblassers der Rechtsschutz zu versagen? (F.) **41,** 350. — 5) Die Form der Eheschließung richtet sich nach den Gesetzen des Ortes, wo die Ehe geschlossen wird, die Fähigkeit zur Eingehung aber für jeden Teil nach dem Rechte seines Wohnsitzes zur Zeit der Eheschließung. (P., F.) **42,** 336. — 6) Örtliches Recht für die Form des Testamentes, wenn der Testator zur Zeit der Errichtung und zu der seines Todes keinen Wohnsitz hatte. (G.) **43,** 156. — 7) Welches Recht entscheidet über die Nachfolge in den Nachlaß eines zur Zeit seines Todes Domizillosen? (G.) **43,** 159.

Wort. Wortzeichen. 1) Worte als Warenzeichen. Darf ein einzelnes Wort in Verbindung mit anderen Wörtern von Dritten zur Bezeichnung gleichartiger Waren benutzt werden? **41,** 69. — 2) Wirkung der Übertragung eines unter dem Markenschutzgesetze von 1874 eingetragenen ausländischen Wortzeichens in die Zeichenrolle des Patentamtes nach § 24 des Gesetzes vom 12. Mai 1894. Muß man, um Schutz auch für den Klanglaut zu erhalten, dies in der Anmeldung zur Zeichenrolle ausdrücklich erwähnen? **42,** 15. — 3) Kann dem, der den § 12 des Gesetzes von 1894 verletzt hat, der Gebrauch des streitigen Wortzeichens überhaupt oder nur in der von ihm benutzten Verbindung mit einem anderen Worte untersagt werden? **42,** 19. — 4) Voraussetzungen des gewerblichen Rechtsschutzes der Ausländer in Ansehung des Gebrauches eines Namens als Warenzeichens. **46,** 125. — 5) Wann findet im Falle der Konkurrenz eines Wortzeichens mit dem aus demselben Worte und einem Bilde bestehenden Kombinationszeichen der § 12 des Warenzeichengesetzes gegen den Inhaber des Kombinationszeichens Anwendung? **49,** 53. — 6) Erstreckt sich der Schutz des Kombinationszeichens gegenüber dem Wortzeichen auch auf den Gebrauch einzelner Bestandteile oder einer Kombination der Klanglaute des im Zeichen enthaltenen Wortes und des dem Bilde entsprechenden Wortes? **49,** 55. — 7) Darf der Erwerber von Waren, die von dem Berechtigten mit dem für sie eingetragenen Wortzeichen versehen und in den Verkehr gebracht sind, sie unter Benennung mit dem eingetragenen Worte zum Verkaufe ankündigen? **49,** 101.

Wucher. 1) Was ist unter einem „zweiseitigen Rechtsgeschäfte, das denselben wirtschaftlichen Zwecken dienen soll, wie ein Darlehn" im § 302a R.St.G.B. in der Fassung des Wuchergesetzes vom 19. Juni 1893 zu verstehen? **43,** 116; **46,** 115. — 2) Kann die Errichtung einer stillen Gesellschaft den Abschluß eines wucherischen Rechtsgeschäftes enthalten? **46,** 112. — 3) Begriffsmerkmale des Kreditwuchers. **46,** 114. — 4) Örtliches Recht für die Frage, ob ein Rechtsgeschäft wucherisch oder sonst unsittlich ist. **46,** 113. — 5) Kann der § 138 Abs. 2 B.G.B. auf Rechtsgeschäfte angewendet werden, die vor dessen Inkrafttreten abgeschlossen sind? **47,** 103.

Z

Zahlung. 1) Auftrag zur Zahlung einer Schuld des Mandanten aus Differenzgeschäften. Wird durch dessen Ausführung ein Ersatzanspruch gegen den Mandanten begründet? **45**, 158. — 2) Ist im Konkurse eine Zahlung anfechtbar, die der Gläubiger unmittelbar von einem Dritten im Auftrage des Gemeinschuldners erhalten hat? **48**, 149. — 3) S. auch die folgenden Wörter und Einzahlung.

Zahlungsanweisung. Ist die nach der Zahlungseinstellung geschehene Aushändigung von Geld oder Wertpapieren an die Reichsbank behufs Gutschrift auf Girokonto nach § 23 (30 n. F.) K.O. anfechtbar, wenn sie nur erfolgt ist, um das Girokonto des späteren Gemeinschuldners zu erhöhen und dadurch die Honorierung einer früher von ihm ausgestellten Zahlungsanweisung zu ermöglichen? **45**, 110.

Zahlungsauftrag. S. Zahlung.

Zahlungsbefehl. Anfechtung eines rechtskräftigen Zahlungs-(Vollstreckungs-)befehles der nach Vereinbarung der Parteien für eine noch nicht bestehende Forderung erwirkt ist, die erst nachher entstehen sollte. Ist er insoweit wirksam, als nach seiner Erlassung die in Aussicht genommene Schuld wirklich entstanden ist? **46**, 334.

Zahlungseinstellung. 1) Wie ist die Bestimmung ihres Begriffes zu verstehen, daß der Schuldner in der Allgemeinheit den fälligen Ansprüchen seiner Gläubiger gerecht zu werden aufgehört habe? **50**, 39. — 2) S. auch Zahlungsunfähigkeit.

Zahlungsort. S. Erfüllungsort.

Zahlungsstatt. 1) Wechselausstellung zur Deckung einer Schuld aus Differenzgeschäften oder Leistung eines Einschusses auf sie. (G.) **45**, 158. — 2) Kann eine an Zahlungsstatt auf eine Schuld aus unklagbaren Differenzgeschäften hingegebene Hypothek zurückgefordert werden, wenn neben der Hingabe der Hypothek eine persönliche Verbindlichkeit des Schuldners fortbestanden hat? **47**, 48. — 3) Die Spielschuld ist zwar unklagbar, aber erfüllbar ohne Rückforderungsrecht, auch wenn auf einen für die Spielschuld gegebenen Wechsel gezahlt ist, einerlei, ob dieser an Zahlungsstatt oder zahlungshalber gegeben war. (G.) **47**, 50.

Zahlungsunfähigkeit. 1) Ist darunter im Sinne des § 4 R.A.G. die konkursmäßige Insolvenz des Schuldners zu verstehen? **45**, 58. — 2) Zahlungseinstellung als Zeichen der Zahlungsunfähigkeit; Verhältnis beider Begriffe zu einander. **50**, 40.

Zahlungsverzug. 1) Darf der Art. 354 H.G.B. auf den Fall erstreckt werden, daß der Käufer mit der Bezahlung einer anderen Schuld aus einem mit dem Kaufvertrage eng zusammenhängenden Abkommen im Verzuge ist? **42**, 29. — 2) Können nach vorbehaltloser Annahme der Hauptschuld noch Verzugszinsen gefordert werden? (G.) **42**, 123. — 3) Höhe der Verzugs- und Urteilszinsen seit dem 1. Januar 1900, wenn der Verzug schon vorher eingetreten war? **46**, 74. 82. — 4) Ist der § 326 B.G.B. auch dann anwendbar, wenn die Feststellung dessen,

Zurücknahme. 1) Kann die Eideszuschiebung an notwendige Streitgenossen noch zurückgenommen oder durch andere Beweismittel ersetzt werden, wenn der durch Beweisbeschluß angeordnete Eid schon von einigen Streitgenossen abgeleistet ist? **41**, 415. — 2) Vertragsmäßige Verpflichtung zur Zurücknahme eines Antrages auf Bestrafung bei Antragsvergehen. **42**, 60. — 3) Beträgt die Gebühr auch dann nur $^5/_{10}$ der vollen, wenn die Entscheidung des Gerichtes nur die Kosten des zurückgenommenen Rechtsmittels betrifft? **44**, 414. — 4) Wird eine nach Ablauf der Rechtsmittelfrist erhobene Anschließung auch dadurch hinfällig, daß der Rechtsmittelkläger bei der mündlichen Verhandlung auf seinen Anspruch verzichtet und eventuell das Rechtsmittel zurücknimmt? **45**, 409. — 5) Ist die Zurücknahme der Eideszuschiebung auch dann unbeschränkt zulässig, wenn in der ersten Instanz durch bedingtes Endurteil auf den Eid erkannt ist? Auch dann, wenn eine Eideszuschiebung über Indizien derselben Thatsache an die Stelle treten soll? **46**, 328. — 6) Ist zur Gültigkeit der Zustellung einer Zurücknahme des Rechtsmittels von Anwalt zu Anwalt das Vorhandensein einer Urschrift der zuzustellenden Erklärung nötig? **46**, 357.

Zurückverweisung in die Vorinstanz. 1) Darf das Berufungsgericht, wenn ein Anspruch nach Grund und Betrag streitig ist, ohne über den Grund zu entscheiden, unter Verwerfung des von dem ersten Richter als durchgreifend angesehenen Einwandes die Sache auch dem Grunde nach in die Vorinstanz zurückverweisen? **47**, 366. — 2) Unter welchen Voraussetzungen kann das Berufungsgericht sich die Entscheidung über die Klage vorbehalten und zugleich die Sache zur Entscheidung über den Betrag einer von ihm dem Grunde nach für berechtigt erklärten Widerklage in die Vorinstanz zurückverweisen? **47**, 416. — 3) Ist die Sache zur Entscheidung in die Vorinstanz zurückzuverweisen, wenn die weitere Beschwerde in Sachen der freiwilligen Gerichtsbarkeit begründet ist? **48**, 31. — 4) Bezieht sich der § 538 Abs. 1 Nr. 3 C.P.O. n. F. auch auf Ansprüche, die in der zweiten Instanz neu erhoben sind? **49**, 42. — 5) „Reife zur Endentscheidung" im Sinne des § 565 Abs. 3 Ziff. 1 C.P.O. n. F. mit Rücksicht auf die Fälle des § 538 Abs. 1 Ziff. 3. **50**, 224.

Zusammenhang. Aufhebung einer dem Revisionskläger an sich günstigen Entscheidung wegen ihres inneren Zusammenhanges mit einer ihm ungünstigen, deren Aufhebung erfolgt. **46**, 428.

Zusammenstellung. Gelten als Ausführungsvorschriften im Sinne des Art. IV des Gesetzes vom 22. Juni 1897, betr. die Tagegelder und Reisekosten der Staatsbeamten, ohne weiteres auch die Bestimmungen unter B 2 und D 1 der „Zusammenstellung" zu dem zu den früheren Gesetzen erlassenen Staatsministerialbeschlusse vom 13. Mai 1884? (P.) **48**, 285.

Zusammenstoß von Schiffen. S. Syst. Reg. § 262b.

Zuschiebung des Eides. S. Eideszuschiebung.

Zuschlag. Zuschlagsurteil. 1) Erlöschen nach dem rheinisch-französischen Rechte die Hypotheken mit dem Zuschlage in der Zwangsversteigerung?

43, 303. — 2) Hat die Kenntnis des Erstehers davon, daß eine nach dem Grundbuche zu dem versteigerten Grundstücke gehörige Parzelle im Eigentum eines Dritten steht, die Folge, daß der Ersteher trotz des Zuschlages nicht deren Eigentum erwirbt? (P.) **45**, 284. — 3) Unterliegt die Auslegung der in dem Zuschlagsurteile enthaltenen Subhastationsbedingungen der Nachprüfung des Revisionsgerichtes? (P.) **45**, 331. — 4) Rechtliche Natur des Zuschlagsurteiles. (P.) **46**, 304. — 5) Kann ein Anspruch, der nach erteiltem Zuschlage gegen den Ersteher als rückständiges und überwiesenes Kaufgeld durch Zwangsvollstreckung beigetrieben werden könnte, gegen ihn auch im Wege der Klage verfolgt werden? (P.) **46**, 307. — 6) Wie muß ein Dritter das s. g. thatsächliche Zubehör besitzen, damit es nicht vom Zuschlage mitergriffen wird? (P.) **49**, 253. — 7) Geht der Anspruch auf die im Enteignungsverfahren festgestellte Entschädigung durch den Zuschlag bei der Zwangsversteigerung auf den Ersteher über? (P.) **43**, 299.

Zuständigkeit der Gerichte. 1. Sachliche. 1) Gerichtsstand für die Interventionsklage aus § 690 (771 n. F.) C.P.O. **41**, 393. — 2) Ist das zur Entscheidung über ein Rechtsmittel berufene Gericht zuständig, auf gestellten Antrag mit der öffentlichen Zustellung der Rechtsmittelschrift auch die des anzufechtenden Urteiles zu bewilligen? **41**, 427. — 3) Gehören zu den „öffentlichen Abgaben" im Sinne des § 70 Abs. 3 G.V.G. Beiträge, die eine Innung auf Grund des § 100f R.G.O. (Gesetz vom 6. Juli 1887) von Nichtmitgliedern erhebt? **42**, 358. — 4) Welches Gericht ist zuständig für die Wiedereinsetzung gegen die Versäumung der Notfrist der aus diesem Grunde schon verworfenen sofortigen Beschwerde? **42**, 368. — 5) Was ist unter „Ansprüche gegen den Landesfiskus wegen Verschuldung von Staatsbeamten" im § 39 Abs. 1 Ziff. 2 des preußischen Ausführungsgesetzes vom 24. April 1878 zum G.V.G. zu verstehen? **42**, 415; **50**, 397. — 6) Sind nach § 39 des preußischen A.G. z. G.V.G. die Landgerichte für alle Ansprüche, auch für die des Staates, gegen Beamte wegen schuldhaften Verhaltens im Amte ausschließlich zuständig? **43**, 385. — 7) Zuständiges Gericht aus § 686 (767 n. F.) C.P.O. für die Klage, mit der ein auf Grund des R.H.G. zur Zahlung einer Rente verurteilter Unternehmer die Feststellung fordert, daß auf die nach § 7 Abs. 2 R.H.G. zu vermindernde Rente die zuviel gezahlten Beträge anzurechnen seien. **44**, 364. — 8) Begriff des Prozeßgerichtes im Sinne des § 686 (767 n. F.) C.P.O. **45**, 343. — 9) Welches Gericht ist das Gericht der Hauptsache, wenn bei dem Amtsgerichte eine einstweilige Verfügung erwirkt ist, um dem Antragsteller eine Vermessung zu ermöglichen, deren er zur Feststellung einer Geldforderung bedarf? **45**, 346. — 10) Sind, wenn Schadensansprüche gegen den Fiskus auf die Verletzung seiner Vertragspflichten durch Staatsbeamte gestützt werden, die Landgerichte ohne Rücksicht auf den Streitwert ausschließlich zuständig? **46**, 340. — 11) Ist es für die Zulässigkeit des Rechtsmittels von Bedeutung, daß das Landgericht sich für sachlich, insbesondere auch ausschließlich zuständig erachtet hat? **46**, 342. — 12) Ist für Beschwerden gegen Entscheidungen des

Oberlandeskulturgerichtes das Reichsgericht auch dann zuständig, wenn diese im Regulierungsverfahren erlassen sind? **46,** 356. — 13) Kann gegen die Klage des einen Ehegatten gegen den anderen auf Unterhalt die Einrede der Unzuständigkeit des Gerichtes darauf gestützt werden, daß zur Zeit der Erhebung dieser Klage die Ehescheidungsklage, namentlich bei einer anderen Abteilung dieses Gerichtes, schon anhängig war? **47,** 379. — 14) Wird der § 551 C.P.O. n. F. verletzt, wenn statt der zuständigen Kammer für Handelssachen eine Civilkammer entscheidet? Wie, wenn als Beschwerdegericht in Sachen der freiwilligen Gerichtsbarkeit? **48,** 27. — 15) Der Kompetenzkonflikt nach der preußischen Verordnung vom 1. August 1879 kann nicht mehr erhoben werden, wenn der Rechtsstreit bei dem Reichsgerichte anhängig ist. **48,** 195. — 16) Gericht der Hauptsache. Was ist im § 927 Abs. 2 C.P.O. n. F. unter „Hauptsache" zu verstehen? **50,** 345. — 17) Sind für den Anspruch auf Ersatz des Schadens, den der Kläger durch einen Eisenbahnzug einer preußischen Staatsbahn infolge Verschuldens eines Beamten erlitten hat, die Landgerichte ohne Rücksicht auf den Streitwert ausschließlich zuständig? **50,** 396. — 18) Rechtsweg. S. Syst. Reg. § 282.

Zuständigkeit der Gerichte. 2. Örtliche. 1) Welches Gericht hat die Bekanntmachung zu bewirken, daß durch einen Vertrag vor der Ehe die Gütergemeinschaft ausgeschlossen worden sei? (P.) **41,** 197. — 2) Ist die Bekanntmachung des Ausschlusses der Gütergemeinschaft durch den unzuständigen Richter wirksam, wenn sie in dem Amtsblatte erfolgt, das auch für den zuständigen besteht? (P.) **41,** 198. — 3) Muß die Rüge, die Klage sei nicht ordnungsmäßig zugestellt, vor der Einrede der örtlichen Unzuständigkeit geprüft werden? **44,** 350. — 4) Gerichtsstände für den Civilprozeß. S. Syst. Reg. §§ 291—293.

Zuständigkeit der Verwaltungsbehörden. S. Verwaltungsverfahren, Rechtsweg und Syst. Reg. §§ 282. 370.

Zustellung. 1) Zustellung einer Rechtsmittelschrift von Anwalt zu Anwalt durch einen bei dem Rechtsmittelgerichte nicht zugelassenen Anwalt. **41,** 358. — 2) Ist das zur Entscheidung über das Rechtsmittel berufene Gericht zuständig, auf gestellten Antrag mit der öffentlichen Zustellung der Rechtsmittelschrift auch die des anzufechtenden Urteiles zu bewilligen? **41,** 427. — 3) Kann der Mangel der gehörigen Zustellung der Klage auch nach dem auf die Klage angesetzten Termine durch neue Zustellung geheilt werden? **44,** 353. — 4) Hat das Reichsgericht die Entscheidung des Landeskompetenzgerichtshofes, durch die ein Urteil des Reichsgerichtes aufgehoben ist, den Parteien zuzustellen? **44,** 377. — 5) Stehen dem mit Gerichtsbarkeit versehenen deutschen Konsul für die auf Ersuchen eines inländischen Gerichtes in einem bürgerlichen Rechtsstreite bewirkte Zustellung Gebühren zu nach dem Tarife vom 1. Juli 1872 Ziff. 7? **44,** 409. — 6) Muß die Zustellung des dem § 4 R.A.G. entsprechenden Schriftsatzes, wenn die Anfechtung gegen eine Ehefrau gerichtet ist, auch an deren im Anfechtungsprozesse mitbeklagten Ehemann erfolgt sein? **45,** 56. — 7) Ist eine einstweilige Verfügung an den Gegner selbst oder an dessen Prozeßbevollmächtigten für den Hauptprozeß zuzustellen? **45**, 364. — 8) Hat der Gerichtsschreiber, wenn ihm der Anwalt eine Rechtsmittelschrift zur Erwirkung der Terminsbestimmung ohne Vorbehalt überreicht hat, deren Abschrift auch dann zu beglaubigen, wenn er einen Gerichtsvollzieher mit der Zustellung beauftragt? **45**, 415; **46**, 326. — 9) Muß der Gerichtsschreiber unmittelbar die Post um die Bewirkung der Zustellung ersuchen, wenn diese unter seiner Mitwirkung erfolgen soll, und es in dem an ihn gerichteten Antrage ausdrücklich verlangt wird? **46**, 323. — 10) Ist zur Gültigkeit einer Zustellung von Anwalt zu Anwalt in allen Fällen das Vorhandensein einer förmlichen Urschrift der zuzustellenden Erklärung notwendig? **46**, 357. — 11) Muß die Zustellung eines Schriftsatzes, die nach Ablauf der Notfrist noch nach § 207 Abs. 2 C.P.O. n. F. wirken soll, notwendig durch den Gerichtsschreiber vermittelt sein? **46**, 390. — 12) Hat das Gericht vor der Bewilligung der öffentlichen Zustellung seine örtliche Zuständigkeit für die Klage zu prüfen? **46**, 391. — 13) Kann der Gerichtsschreiber, wenn er nach Übertragung der Terminsnote auf die Abschrift einen Gerichtsvollzieher mit der Zustellung beauftragt, die Abschrift der Terminsnote wirksam selbst beglaubigen? **46**, 399. — 14) Wirksamkeit einer durch den Gerichtsvollzieher im Anwaltsprozesse bewirkten Zustellung, wenn er durch Vermittelung des Gerichtsschreibers beauftragt war, obgleich es sich nicht um die Wahrung einer Notfrist handelte. **47**, 397. — 15) Eröffnet durch die Zustellung des Urteiles der eine von mehreren notwendigen Streitgenossen die Rechtsmittelfrist auch für den anderen? **48**, 417. — 16) Ist in Ehesachen das Urteil von Amtswegen zuzustellen, wenn der einen Partei ein Eid auferlegt ist, und in jedem Falle die Ehe geschieden werden soll, aber nicht formell geschieden ist, und von dem Eide nur die Schuld- und die Kostenfrage abhängig gemacht sind? **48**, 423. — 17) Genügt zur „Bezeichnung der Person" im Sinne des § 191 Nr. 2. 3 und 4 C.P.O. n. F. jeder Ausdruck, der geeignet ist, den Zustellungsempfänger über die Person zu vergewissern? **50**, 21. — 18) Ist die vorgängige Zustellung der Rechtsmittelschrift unbedingte Voraussetzung der vorläufigen Einstellung der Zwangsvollstreckung? **50**, 404. — 19) S. auch das folgende Wort.

Zustellungsurkunde. Setzt die Zurückweisung der Berufung durch Versäumnisurteil den Nachweis der Zustellung des erstinstanzlichen Urteiles voraus, nnd zwar durch Vorlegung der Zustellungsurkunde? **46**, 372.

Zwang. 1) Ist eine infolge Bedrohung mit Verwaltungszwangsvollstreckung geleistete Zahlung im Sinne des § 207 A.L.R. I. 16 abgenötigt? (P.) **45**, 7. — 2) Von wann ist eine abgenötigte Zahlung zu verzinsen? (P.) **45**, 9. — 3) Kann in einer Drohung eine Verletzung der Freiheit im Sinne des § 823 B.G.B. liegen? **48**, 123.

Zwangsakkord. S. Zwangsvergleich.

Zwangsheilung. 1) Ist, wenn ein Verhafteter zum Zwecke seiner Heilung in ein öffentliches Krankenhaus übergeführt wird, Fortdauer der Gefangenschaft anzunehmen? (P.) **42**, 214. — 2) Gehören die Kosten der Zwangsheilung geschlechtskranker Prostituierter in den Städten mit

Königlicher Polizeiverwaltung zu den vom Staate zu tragenden Kosten der örtlichen Polizeiverwaltung? (P.) **42**, 211.

Zwangshypothek. 1) Beschwerden gegen Entscheidungen des Grundbuchamtes wegen Eintragung einer Zwangshypothek. **48**, 242. — 2) Kann die Eintragung einer Zwangshypothek auf Grund mehrerer Schuldtitel desselben Gläubigers verlangt werden, von denen kein einzelner, wohl aber die Gesamtsumme den Betrag von 300 *M* übersteigt. **48**, 244.

Zwangspflicht. Wird sie im Sinne des § 9 A.L.R. I. 6 durch die einer elektrischen Kleinbahn vom Staate gestellten Genehmigungsbedingungen begründet? (P.) **43**, 256.

Zwangsvergleich. 1) Ist ein Abkommen im Sinne des § 168 (181 n. F.) S. 3 K.O. nur dann nichtig, wenn der Bevorzugung des Gläubigers wenigstens einer der Vertragschließenden sich bewußt war? **41**, 41. — 2) Ist das Versprechen der Nachzahlung der durch den Zwangsvergleich erlassenen Schuldquote schlechthin unverbindlich? (G.) **42**, 118. — 3) Bleibt trotz des Zwangsvergleiches die Forderung in Höhe des Restes als Naturalobligation bestehen? (G.) **42**, 119. — 4) Rechtliche Natur des Zwangsvergleiches. **42**, 119.

Zwangsversteigerung. 1) Kann die für einen noch nicht fälligen Anspruch auf Teilung nach den §§ 749. 753 B.G.B. eingeleitete Zwangsversteigerung nach dem Eintritte der Fälligkeit fortgesetzt, oder muß das Verfahren neu begonnen werden? **47**, 363. — 2) Im übrigen s. Zwangsvollstreckung in das unbewegliche Vermögen.

Zwangsverwaltung. 1) Findet das Vorrecht des die Zwangsverwaltung betreibenden Gläubigers für seine Vorschüsse auch dann statt, wenn diese durch den Verkauf von Erntevorräten hätten gedeckt werden können und sollen, diese aber unverkauft geblieben und dann mit dem Grundstücke versteigert sind? (P.) **41**, 321. — 2) Unterliegen die an den Zwangsverwalter gezahlten und von ihm hinterlegten Pachtgelder dem dinglichen Rechte des Hypothekengläubigers? (P.) **44**, 310. — 3) Rechtliche Stellung des Zwangsverwalters; ist er nur Vertreter des Eigentümers? (P.) **44**, 311.

Zwangsvollstreckung. Allgemeine Bestimmungen. S. Syst. Reg. § 248.

— Einspruch dritter Personen. S. Syst. Reg. § 349.

— in bewegliche körperliche Sachen. S. Syst. Reg. § 351a.

— in Forderungen und andere Vermögensrechte. S. Syst. Reg. § 351b.

— in das unbewegliche Vermögen, in unbewegliche Sachen.

1) Ist die Pfändung hinterlegter Feuerversicherungsgelder gegenüber einer später eingeleiteten Subhastation des Grundstückes wirksam? (P.) **41**, 203. — 2) Verteilung des Gesamterlöses in der Zwangsversteigerung auf mehrere Grundstücke, soweit es dabei auf die Zubehöreigenschaft mitversteigerter Mobilien ankommt. Wie, wenn die mehreren Grundstücke zusammen ein Fabriketablissement gebildet haben? (P.) **41**, 317. — 3) Findet das Vorrecht des die Zwangsverwaltung

betreibenden Gläubigers für seine Vorschüsse auch dann statt, wenn sie durch den Verkauf von Erntevorräten hätten gedeckt werden können und sollen, diese aber unverkauft geblieben und dann mit dem Grundstücke versteigert sind? (P.) **41,** 321. — 4) Kann bei der Zwangsversteigerung eines von zwei Grundstücken desselben Eigentümers aus der bisherigen Art der Benutzung die stillschweigende Bestellung einer Grundgerechtigkeit gefolgert werden? (G.) **42,** 158; (P.) **49,** 236. — 5) Wird die Ersatzübernahme auch dann wirksam, wenn der Ersteher infolge einer Vereinbarung mit dem Eigentümer des mithaftenden Grundstückes die Korrealhypothek bezahlt, und ihm dafür in gleicher Höhe eine Hypothek an dem bisher mithaftenden Grundstücke bestellt wird? (P.) **42,** 176. — 6) Ist das gemeinrechtliche jus tollendi durch das E.G. oder durch das Zw.G. gegenüber dem Ersteher des Grundstückes beseitigt oder eingeschränkt worden? (G., P.) **42,** 194. — 7) Bereicherungsklage des bei der Zwangsversteigerung ausgefallenen Hypothekengläubigers außerhalb des Verteilungsverfahrens gegen einen zur Hebung gelangten voreingetragenen beim Vorhandensein eines Zwischengläubigers. (P.) **42,** 245. — 8) Nach Durchführung des gegen den Anspruch eines Hypothekengläubigers von nachstehenden erhobenen Widerspruches nehmen an dem weiteren Verfahren nur die Parteien des Widerspruchsstreites ohne Rücksicht auf die Zwischengläubiger teil. (P.) **42,** 276. — 9) Zwangsversteigerung eines Grundstückes, das mit einer Grunddienstbarkeit und mit der Verpflichtung, deren Anlagen zu unterhalten, belastet ist. Einfluß des Umstandes, daß eine Geldvergütung für die Wiederherstellung der zerstörten Anlage in das geringste Gebot aufgenommen war. (P.) **43,** 244. — 10) Geht der Anspruch auf die im Enteignungsverfahren festgestellte Entschädigung durch den Zuschlag in der Zwangsversteigerung auf den Erwerber über? (P.) **43,** 299. — 11) Erlischt nach dem rheinisch-französischen Rechte die Hypothek mit dem Zuschlage in der Zwangsversteigerung? **43,** 303. — 12) Darf der Ersteher des versteigerten Grundstückes eine Gesamthypothek, die er in Anrechnung auf den Kaufpreis übernommen und gegen Auszahlung abgetreten erhalten hat, gegen die mitverhafteten Grundstücke des Subhastaten geltend machen? (P.) **43,** 340. — 13) Ist die Abtretung einer Mietzinsforderung gegen den Hypothekengläubiger wirksam, wenn sie vor der Beschlagnahme des Grundstückes erfolgt und nicht wegen Benachteiligung der Gläubiger anfechtbar ist? Welche Rechte hat der Ersteher des vermieteten Hauses der Abtretung gegenüber? (F.) **43,** 387. — 14) Der Grundstückseigentümer wird Eigentümer des Versteigerungserlöses. (P.) **44,** 293. — 15) Unterliegen die an den Zwangsverwalter gezahlten und von diesem hinterlegten Pachtgelder dem dinglichen Rechte des Hypothekengläubigers? (P.) **44,** 310. — 16) Rechtliche Stellung des Zwangsverwalters; ist er nur Vertreter des Eigentümers? (P.) **44,** 311. — 17) Hat die Kenntnis des Erstehers davon, daß eine nach dem Grundbuche zu dem versteigerten Grundstücke gehörige Parzelle im Eigentume eines Dritten steht, zur Folge, daß der Ersteher durch den Zuschlag nicht das Eigentum der Parzelle erwirbt? (P.) **45,** 284. — 18) Unterliegt die Auslegung der in einem Adjudikationsurteile enthaltenen Subhastationsbedingungen der Nachprüfung des Revisionsgerichtes? (P.) **45,** 331. — 19) Nur der sofortigen Beschwerde unterliegt der Beschluß, daß nach § 84 Zw.G. aus dem Kaufgelde zu entnehmende Kosten nicht anzusetzen seien, weil der Ersteher von der Zahlung der Gerichtskosten befreit ist. (P.) **45,** 392. — 20) Ist die Wirksamkeit einer vor 1900 vollzogenen Pfändung von Zubehörstücken eines Grundstückes seit dem 1. Januar 1900 nach dem neuen Rechte zu beurteilen? **46,** 173; **50,** 73. — 21) Rechtliche Natur des Zuschlagsurteiles. (P.) **46,** 307. — 22) Kann ein Anspruch, der nach erteiltem Zuschlage gegen den Ersteher als rückständiges und überwiesenes Kaufgeld durch Zwangsvollstreckung beigetrieben werden könnte, auch im Wege der Klage gegen ihn verfolgt werden? (P.) **46,** 304. — 23) Bezieht sich der Art. 172 E.G. z. B.G.B. auch auf Fälle der Zwangsversteigerung? **48,** 38. — 24) Kündigungsrecht dessen, der das Mietgrundstück vor 1900 erstanden hat, aber erst im Jahre 1900 als Eigentümer eingetragen worden ist, in Ansehung eines älteren Mietvertrages. **48,** 38. — 25) Ein vor dem 1. Januar 1900 beantragtes Zwangsversteigerungsverfahren ist nicht nur prozessualisch nach dem bisherigen Rechte durchzuführen, auch seine Wirkungen bestimmen sich nach diesem Rechte. **48,** 40; **50,** 73. — 26) Nach welchen Bestimmungen findet die Beschwerde gegen Entscheidungen des Grundbuchamtes wegen Eintragung einer Zwangshypothek statt? **48,** 242. — 27) Kann die Eintragung einer Zwangshypothek auf Grund mehrerer Schuldtitel desselben Gläubigers verlangt werden, von denen kein einzelner, wohl aber die Gesamtsumme den Betrag von 300 *M* übersteigt? **48,** 244. — 28) Zwangsvollstreckung aus einer Arrestvormerkung des bisherigen preußischen Rechtes nach dem Inkrafttreten der neuen Reichsgesetze. **49,** 106. — 29) Wie muß ein Dritter das s. g. thatsächliche Zubehör des versteigerten Grundstückes besitzen, damit es von dem Zuschlage nicht mitergriffen wird? (P.) **49,** 253.

Zwangsvollstreckung zur Erwirkung der Herausgabe von Sachen und der Vornahme von Handlungen und Unterlassungen. S. Syst. Reg. § 352.

Zwangsvollstreckungskosten. Hat der Gerichtsvollzieher die Zwangsvollstreckung einzustellen, wenn ihm ein Postschein vorgelegt wird über den Betrag, der zwar die im Vollstreckungstitel bezeichnete Forderung, aber nicht die Zwangsvollstreckungskosten deckt? **49,** 399.

Zwangsvollstreckungsverfahren. Gehört zu diesem schon der im § 775 (890 n. F.) Abs. 2 C.P.O. vorgeschriebene Strafandrohungsbeschluß? **42,** 420.

Zweigniederlassung. 1) Genügt sie im Sinne des § 23 Abs. 1 des Gesetzes zum Schutze der Warenbezeichnungen vom 12. Mai 1894? **41,** 67. — 2) Ist unter „Niederlassung" im § 9 Abs. 3 des Musterschutzgesetzes vom 11. Januar 1876 auch eine Zweigniederlassung zu verstehen? **41,** 82. — 3) Ist unter „gewerbliche Niederlassung" im § 2 des Reichsgesetzes zur Bekämpfung des unlauteren Wettbewerbes von 1896 auch die Zweigniederlassung zu verstehen? **44**, 361. — 4) Kann der, der eine von ihm außerhalb seines Wohnortes betriebene Fabrik als Zweigniederlassung hat eintragen lassen, und aus einem Geschäfte, das auf den Betrieb der Fabrik sich bezieht, bei dem Gerichte der Fabrik verklagt wird, einwenden, daß von dieser aus unmittelbar keine Geschäfte geschlossen werden? **50**, 428.

Zweiseitiger Vertrag. 1) Kann der Gemeinschuldner die Erfüllung nach § 15 K.O. verlangen, wenn der Konkursverwalter die Erfüllung aus der Konkursmasse abgelehnt hat? **41**, 133. — 2) Zur Gültigkeit eines zweiseitigen, schriftlich in zwei Exemplaren ausgefertigten Vertrages genügt, daß jeder Kontrahent nur das Exemplar unterschreibt, das der andere Teil übergeben erhält. (P.) **42**, 187. — 3) Erfüllungsort zweiseitiger Verträge im Sinne des § 2 des preußischen Stempelsteuergesetzes vom 31. Juli 1895. (P.) **42**, 197. — 4) Was ist unter „zweiseitigen Rechtsgeschäften, die denselben wirtschaftlichen Zwecken dienen sollen wie ein Darlehn" im § 302a R.St.G.B. in der Fassung des Wuchergesetzes vom 19. Juni 1893 zu verstehen? **43**, 116; **46**, 115. — 5) Rechtliche Folgen der Ungültigkeit einer als Gegenleistung für die Überlassung eines Grundstückes vereinbarten Reallast für die Vertragsverhältnisse der Kontrahenten. (P.) **45**, 193. — 6) Kann der Beklagte mit einem Schadensersatzanspruche wegen Nichterfüllung eines zweiseitigen Vertrages durch den Konkursverwalter gegen dessen Anspruch auf Rückzahlung der vom Gemeinschuldner geleisteten Anzahlung aufrechnen? **46**, 98. — 7) Ein mündliches Mitgiftversprechen ist, wenn die Ehe geschlossen wird, klagbar; Eheschließung und Versprechen stehen in dem Verhältnisse von Leistung und Gegenleistung. (P.) **47**, 299. — 8) Kann Erfüllung fordern, wer vom Vertrage zurücktreten will, weil der andere Teil nicht erfüllt hat? (P.) **48**, 273. — 9) Kann die Konkursmasse wegen Verwendungen, die der Gemeinschuldner auf ein unter Eigentumsvorbehalt überliefert erhaltenes Kaufgrundstück gemacht hat, gegen den Verkäufer, dem es vom Konkursverwalter unter Ablehnung der Erfüllung zurückgegeben ist, auf Ersatz klagen, obgleich der Sachwert mit Verwendungen die Vertragsansprüche des Verkäufers nicht übersteigt? (G.) **49**, 189. — 10) Unterliegt das Versprechen einer Geldzahlung, das nur als Teil eines einheitlichen gegenseitigen Vertrages erscheint, dem Stempel für Schuldverschreibungen? (P.) **49**, 312. — 11) Findet der § 326 Abs. 1 B.G.B. auch dann Anwendung, wenn die Teilleistung vor der Fristsetzung erfolgt ist? **50**, 140. — 12) Was ist im § 325 Abs. 1 S. 2 und im § 326 Abs. 1 S. 3 B.G.B. unter Interesse an der teilweisen Erfüllung zu verstehen? **50**, 143. — 13) Kann der Rücktritt vom Vertrage (§ 349 B.G.B.) rechtswirksam im Prozesse von dem Prozeßbevollmächtigten des Zurücktretenden gegenüber dem des Vertragsgegners erklärt werden? **50**, 143. — 14) Kann nach dem B.G.B. der Käufer wegen Verschlechterung der Vermögenslage des Verkäufers von einem Zug um Zug zu erfüllenden Warenlieferungsgeschäfte zurücktreten? **50**, 255. — 15) Worin besteht der wegen Nichterfüllung nach § 326 Abs. 1 S. 2 B.G.B. zu ersetzende Schaden? **50**, 262.

III

Quellenregister.

(Die fetten Ziffern bezeichnen den Band, die gewöhnlichen die Seiten.)

Erster Teil.

Reichsrecht.

Erster Abschnitt.

Bürgerliches Gesetzbuch, Allgemeines Deutsches Handelsgesetzbuch, Handelsgesetzbuch von 1897, Wechselordnung, Civilprozeßordnung, Konkursordnung, Gewerbeordnung, Grundbuchordnung, Strafprozeßordnung, Strafgesetzbuch, Gerichtsverfassungsgesetz, Gerichtskostengesetz, Gesetz über die Angelegenheiten der freiwilligen Gerichtsbarkeit, Rechtsanwaltsordnung, Gebührenordnung für Rechtsanwälte, Gebührenordnung für Zeugen und Sachverständige und Gebührenordnung für Gerichtsvollzieher nebst den Einführungsgesetzen.

(Die übrigen Reichsgesetze sind chronologisch im zweiten Abschnitte zusammengestellt.)

---

1. Bürgerliches Gesetzbuch.

2. Einführungsgesetz zum Bürgerlichen Gesetzbuche.

3. Allgemeines Deutsches Handelsgesetzbuch (B.G.Bl. von 1869 S. 404).

4. Handelsgesetzbuch von 1897.

5. Einführungsgesetz zum Handelsgesetzbuch von 1897.

6. Allgemeine Deutsche Wechselordnung (B.G.Bl. von 1869 S. 382).

7. Civilprozeßordnung vom 30. Januar 1877 (R.G.Bl. S. 83).

8. Einführungsgesetz zur Civilprozeßordnung von 1877.

9. Civilprozeßordnung von 1898.

10. Konkursordnung vom 10. Februar 1877.

11. Einführungsgesetz zur Konkursordnung vom 10. Februar 1877.

12. Konkursordnung von 1898.

13. Gewerbeordnung für den Norddeutschen Bund vom 21. Juni 1869 (B.G.Bl. S. 245).

14. Gewerbeordnung für das Deutsche Reich vom 1. Juli 1883 (R.G.Bl. S. 177).

15. Gesetz, betr. Abänderung der Gewerbeordnung, vom 1. Juni 1891 (R.G.Bl. S. 261).

16. Gesetz, betr. die Abänderung der Gewerbeordnung, vom 30. Juni 1900 (R.G.Bl. S. 321).

17. Gewerbeordnung für das Deutsche Reich vom 26. Juli (30. Juni) 1900 (R.G.Bl. S. 871).

18. Grundbuchordnung vom 20. Mai 1898 (27. März 1897) (R.G.Bl. S. 754).

19. Strafprozeßordnung.

20. Einführungsgesetz zur Strafprozeßordnung.

21. Strafgesetzbuch vom 31. Mai 1870 (B.G.Bl. S. 197).

22. Gerichtsverfassungsgesetz vom 27. Januar 1877 (B.G.Bl. S. 63).

23. Einführungsgesetz zum Gerichtsverfassungsgesetze.

24. Gerichtskostengesetz vom 18. Juni 1878 (R.G.Bl. S. 141).

25. Gesetz über die Angelegenheiten der freiwilligen Gerichtsbarkeit vom 17. (20.) Mai 1898 (R.G.Bl. S. 189. 771).

26. Rechtsanwaltsordnung vom 1. Juli 1878 (R.G.Bl. S. 177).

27. Gebührenordnung für Rechtsanwälte vom 7. Juli 1879 (R.G.Bl. S. 176).

28. Gebührenordnung für Zeugen und Sachverständige vom 30. Juni 1878 (R.G.Bl. S. 173).

29. Gebührenordnung f. Gerichtsvollzieher vom 24. Juni 1878 (R.G.Bl. S. 173).

Zweiter Abschnitt.

Einzelne Reichsgesetze und Verordnungen (mit Einschluß derer des Norddeutschen Bundes).

[Gesetze des alten Deutschen Reiches und Bundes sind im zweiten Teile unter C aufgeführt.]

Zweiter Teil.

Gemeines Recht.

A. Justinianisches Recht.

1. Institutionen.

2. Pandekten.

3. Codex.

4. Novellen.

Dritter Teil.

Preußisches Allgemeines Landrecht.

(Publikationspatente. Siehe unten: Fünfter Teil. Preußen.)

Allgemeine Gerichtsordnung.

Einleitung.

Vierter Teil.

Rheinisches Recht.

A. Gesetzbücher.

1. Code civil (Badisches Landrecht).

2. Code de commerce.

3. Code de procédure civile.

B. Einzelne Gesetze und Verordnungen.

Fünfter Teil.

Landesgesetze.

1. Baden.

5. Elsaß-Lothringen.

6. Hamburg.

13. Preußen.

A. Gesamtpreußen; alte Provinzen bis 1866; sämtliche Provinzen seit 1867.

B. Neue Provinzen vor 1666.

a) Hannover.

Sechster Teil.

Ausländisches Recht.

1. Dänemark.

2. Großbritannien und Irland.

3. Holland (Niederlande).

4. Oesterreich.

5. Schweiz.

IV

Chronologische Übersicht.

1898.

1898.

1898.

Juni.

		Bd.	Nr.	Seite
25.	Sch. Ehefr. w. Sch. VI. 322/97 Beschl. . .	XLI.	112	426
27.	Preuß. Fiskus w. J. IV. 35/98	XLII.	41	165
27.	Aktienbrauerei in L.-G. w. D. VI. 93/98 .	XLI.	34	128
27.	B. u. Gen. w. M. VI. 147/98	XLII.	42	170
28.	Sch. w. B. Konkursverw. II. 118/98 . . .	XLII.	80	343
28.	Preuß. Fiskus w. Stadt Grabow III. 27/98	XLI.	52	191
29.	B. w. Vereinigte Ziegelwerke T. u. M. I. 152/98	XLI.	35	133
29.	Sch. w. B.'sche Eheleute V. 26/98	XLII.	43	176

Juli.

		Bd.	Nr.	Seite
1.	F.G. w. A.G. III. 86/98	XLI.	36	136
4.	U.-Brauerei Konkursverw. w. Münchener Bank in Liq. VI. 104/98	XLII.	1	1
4.	L. w. die Hamb. Deputation f. indirekte Steuern und Abgaben VI. 149/98 . . .	XLI.	37	139
6.	M. w. E.'s Mühlenwerke, Gesellschaft m. b. H. I. 174/98	XLII.	27	114
6.	M. w. C.'sche Ehel. V. 40/98	XLII.	81	346
7.	v. Schm. w. Sch. Ehel. VI. 122/98 Beschl.	XLII.	82	352
8.	Berl. Stadtmission u. Gen. w. Berl. Ortskrankenkasse der Gastwirte III. 92/98 . . .	XLII.	2	5
8.	v. B. w. W. III. 155/98	XLII.	83	356
11.	Waren-Kreditanstalt in Hamburg w. preuß. Steuerfiskus IV. 36/98	XLII.	44	180
11.	Preuß. Fiskus w. Diskontogesellschaft IV. 46/98	XLII.	3	9
11.	Gebr. B. w. D. Wwe. VI. 113/98 . . .	XLII.	28	118
11.	Hamb. Bäckerinnung w. M. VI. 115/98 .	XLII.	84	358
11.	B. w. seine Ehefrau VI. 235/98 Beschl. . .	XLII.	85	361
12.	M. w. K. III. 80/98	XLII.	45	194
12.	F. Wwe. w. P. II. 85/98	XLII.	5. 86	20. 362
12.	Flensburger Dampfercompagnie w. preuß. Steuerfiskus III. 87/98	XLII.	46	197
13.	Hamb. Polizeibehörde w. Gr. VI. 150/98 .	XLII.	29	121

September.

		Bd.	Nr.	Seite
16.	S. Konkursverwalter w. B. III. 102/98 . .	XLII.	87	365
17.	Stadtgemeinde St. w. W. V. 59/98 . . .	XLII.	47	200
20.	M. Konkursverw. w. M. III. 109/98 . .	XLII.	6	21
21.	R. w. preuß. Eisenbahnfiskus I. 192/98 . .	XLII.	7	24
21.	Reichspostfiskus w. Stadtgem. Breslau V. 421/96	XLII.	48	205
22.	F. w. M. u. Th. VI. 180/98 Beschl. . .	XLII.	88	367
24.	Cl. w. W. & Z. I. 201/98	XLII.	30	125
27.	H. Ehefr. w. D. II. 134/98	XLII.	77	332

1898.

1898.

1898.

Dezember.		Bd.	Nr.	Seite
7.	Sch. w. G. I. 409/98	XLIII.	5	23
7.	Stadtgemeinde M. w. Reichsmilitärfiskus V. 174/98	XLIII.	4	15
8.	J. w. T. VI. 262/98	XLIII.	6	27
8.	M. Wwe. w. Z. Ehefr. VI. 264/98	XLIII.	34	141
10.	M. w. L. I. 342/98	XLIII.	7	39
15.	H. w. K. VI. 240/98	XLIII.	50	195
15.	W. Ehefr. w. W. VI. 364/98	XLII.	105	412
17.	K. w. Oberrheinische Versicherungsgesellschaft I. 349/98	XLIII.	8. 35	44. 142
17.	D. w. C. I. 355/98	XLIII.	9	44
17.	Graf H. v. D. w. preuß. Fiskus V. 200/98	XLIII.	51	198
17.	H. w. K. V. 211/98	XLIII.	52	206
19.	M. w. F. VI. 272/98	XLIII.	36	148
20.	Preuß. Fiskus w. Sch. II. 237/98	XLII.	106	415
20.	Br. & Sohn w. St. V. 150/98 Beschl.	XLII.	107	419
22.	K. und Gen. w. preuß. Steuerfiskus IV. 203/98	XLIII.	53	209
22.	Dr. L. w. preuß. Fiskus IV. 204/98	XLIII.	10	47
28.	Preußische Hypothekenaktienbank w. M. Wwe. V. 224/98	XLIII.	54	212
31.	Br. w. W. I. 360/98	XLIII.	11	56

1899.

Januar.				
5.	Sch. w. preuß. Fiskus IV. 212/98	XLIII.	55	217
5.	Preuß. Fiskus w. P. IV. 216/98	XLIII.	56	220
7.	Sächs. Vieh-Vers.-Bank w. die Rhein. Vieh-Vers.-Ges. II. 233/98 Beschl.	XLIII.	97	396
9.	Nachlaßkonkursmasse der Wwe. Sch. w. B. IV. 222/98	XLIII.	12. 57	61. 228
9.	D. w. Hamb. Fiskus VI. 360/98	XLIII.	13	62
11.	D. w. preuß. Eisenbahnfiskus V. 237/98	XLIII.	58	237
12.	Sch. w. N. VI. 361/98	XLIII.	14	64
13.	Preuß. Steuerfiskus w. R. Erben II. 316/98	XLIII.	59	240
13.	S. Nachlaß w. S. III. 267/98	XLIII.	37	153
16.	K. w. O. IV. 235/98	XLIII.	99	403
16.	v. T. Ehefr. u. Gen. w. B. VI. 314/98	XLIII.	38	156
17.	Rhein. Vieh-Vers.-Ges. w. Sächs. Vieh-Vers.-Bank II. 209/98 Beschl.	XLIII.	100	405
17.	R. w. B. III. 271/98	XLIII.	39	161
19.	H. w. St. & K. VI. 9/99 Beschl.	XLIII.	98	399
19.	B. Nachl. Konkursverw. w. Gr. B.-Aktiengesellschaft VI. 316/98	XLIII.	15. 40	70. 164
20.	W. u. Gen. w. Z. II. 299/98	XLIII.	90	378

1899.

1899.

1899.

		Bd.	Nr.	Seite
April.				
27.	T. w. B. VI. 27/99	XLIII.	88	369
29.	Preuß. Strombaufiskus w. St. & A. u. Gen. V. 354/98	XLIV.	30. 92	124. 369
29.	S. C. w. v. Zsch. V. 406/98	XLIV.	43. 44	178. 183
Mai.				
1.	W. Nachl. Konkursverw. w. N. VI. 59/99	XLIV.	2. 31	1. 131
1.	D. u. Gen. w. N. VI. 63/99	XLIV.	45	186
4.	Kathol. Kirchengemeinde zu Gr.=S. w. P. IV. 427/98	XLIV.	3. 46	4. 190
4.	S. gesch. Ehefr. w. S. IV. 434/98 . . .	XLIV.	47. 84	190. 350
4.	R. u. Gen. w. Reichsmilitärfiskus u. Gen. VI. 57/99	XLIV.	48	195
6.	W. w. Sch. V. 418/98	XLIV.	49	201
8.	L. w. Gebr. W. VI. 78/99.	XLIV.	85	350
9.	R. Ehefr. w. R. II. 350/98 und 145/99 .	XLIV.	86	354
12.	Aktienbrauerei D. w. Aktiengesellsch. L. B. II. 17/99	XLIV.	4	8
12.	Straßb. Rheinschiffahrtsges. w. O. u. Gen. II. 23/99	XLIV.	87	355
12.	Stadtgemeinde H. w. M. IV. 65/99 . . .	XLIV.	50	203
16.	Sch. w. preuß. Fiskus VIa 3/99	XLIV.	51	207
17.	Z. w. D., jetzt dessen Erben V. 440/99 Beschl.	XLIV.	88	358
17.	Sch. u. Gen. w. Gewerkschaft B. N. V. 439/98	XLIV.	52	211
19.	K. w. Innung der Färber II. 110/99 . .	XLIV.	89	361
26.	A. w. M. II. 128/99	XLIV.	5	11
29.	B. w. Oberschles. Eisenbahnbedarfs=Aktiengesellschaft VI. 139/99	XLIV.	90	364
30.	Berliner Handelsgesellschaft w. preuß. Fiskus VIa. 21/99	XLIV.	53	216
30.	K. w. M. VIa. 22/99	XLIV.	91	366
31.	Harpener Bergbau=Aktiengesellsch. w. Herzog v. A. V. 449/98	XLIV.	54	224
Juni.				
2.	E. Wwe. w. unverehel. G. VIa. 24/99 Beschl.	XLIV.	93	370
2.	L. Ehefr. w. L. VIa. 26/99 Beschl. . . .	XLIV.	94	373
3.	B. w. den Fürsten zu Bentheim und Steinfurt V. 1/99.	XLIV.	32	131
6.	Sch. & Söhne w. Sch. II. 79/99.	XLIV.	7	17
6.	H. w. Reichsmilitärfiskus II. 144/99 . .	XLIV.	55	225
7.	Vers.=Ges. L. F. u. Gen. w. A. & Co. I. 119/99	XLIV.	8	19
8.	Sch. w. H. VI. 111/99	XLIV.	95	374

1899.

1899.

1899.

1899.

November.	Bd.	Nr.	Seite
16. Preuß. Fiskus w. Kirchengemeinde Pankow IV. 217/99	XLV.	55	208
16. H. w. Sch. VI. 326/99	XLV.	7. 40	34. 161
17. Fuhrverein in M. w. H. II. 227/99 . .	XLV.	36. 93	150. 364
17. O. w. W. VIa 133/99 Beschl.	XLV.	94	364
17. J. S. w. preuß. Steuerfiskus VIa. 191/99	XLV.	56	215
21. G. w. Ehefrau G. VIa. 144/99 Beschl. .	XLV.	95	367
21. Preuß. Steuerfiskus w. Deutsche Effekten- u. Wechselbank VIa. 156/99	XLV.	8	42
23. Stadtgemeinde G. w. K. IV. 164/99 . .	XLV.	79	306
23. v. T. w. Gräfin M. u. Gen. VI. 240/99 .	XLV.	98. 57	369. 218
24. B. w. F. & Co. II. 216/99	XLV.	97	374
24. B. w. L. II. 251/99	XLV.	9	45
24. F. u. E. Sch. w. preuß. Steuerfiskus VIa. 193/99	XLV.	58	218
24. B. w. St. VIa. 207/99	XLV.	10	47
24. Preuß. Steuerfiskus w. Oberschles. Holz-Ind.-Aktien-Gesellsch. VIa. 230/99	XLV.	59	231
25. H. W. w. M. F. W. I. 307/99	XLV.	60	235
27. B. w. M. VI. 263/99	XLV.	98	377
28. St. w. d. Stadt A. VIa. 213/99 . . .	XLV.	99	379
29. L. w. R. I. 312/99	XLV.	100	382
29. J. w. preuß. Fiskus V. 242/99	XLV.	101	385
Dezember.			
2. Rh. Versicherungs-Aktiengesellschaft w. W. & B. I. 313/99	XLV.	11	50
2. W. & Chr. w. Reichsfiskus I. 322/99 . .	XLV.	41	162
2. Gesellsch. m. beschr. Haft. T. D. P. T. C. w. Gebr. W. I. 324/99	XLV.	35	147
4. In der W.'schen Aufgebotssache IV. 443/99 Beschl.	XLV.	102	388
5. Württ. Hohenzoll. Brau-Akt.-Ges. w. S. Konk. III. 223/99	XLV.	103	388
7. Geschwister H. w. F. IV. 448/99 Beschl. .	XLV.	104	391
7. R. w. Sch. VI. 330/99	XLV.	106	394
8. K. w. M. II. 273/99	XLV.	12	56
9. D. Linoleumfabrik w. Deutsche Linoleumwerke I. 305/99	XLV.	13	59
9. W. Stahl- und Puddlingswerke in Liq. w. R. & L. u. Gen. I. 334/99	XLV.	37	153
11. H.'sche Konkursmasse w. H. IV. 195/99 .	XLV.	38	156
12. Gr.-G. Akkumulatorenwerk w. O. VIa. 237/99	XLV.	14	63

1899.

1900.

1900.

1900.

März.	Bd.	Nr.	Seite
6. Konservenfabrik W. w. U. & Sohn III. 367/99	XLVI.	4	12
7. Verein zur Unterstützung unbemittelter Studierender in H. w. B. I. 469/99	XLVI.	6	18
7. T. w. Sch. I. 459/99	XLVI.	5	14
8. Württemb. Eisenbahnfiskus w. Tiefbau-Berufsgenossenschaft VI. 6/00	XLVI.	7	23
9. K. w. v. Br. VIa. 363/99	XLV.	78	303
10. H. u. B. w. N. I. 478/99	XLVI.	8	27
10. W. w. G. Konkursverw. V. 31/00 Beschl.	XLVI.	94	345
13. Preuß. Fiskus w. Kommerz- u. Diskonto-Bank VIa. 427/99	XLVI.	9	35
15. L. Ehefr. w. R. IV. 379/99	XLVI.	57	230
20. B. w. H. u. Gen. III. 384/99	XLVI.	48	181
20. R. W. vormals offene Handelsgesellschaft H. & N. W. w. F.-K. Aktiengesellschaft VIa. 442/99	XLVI.	10	39
21. Schiffsversicherungsverein zu A. w. E. und Gen. I. 14/00	XLVI.	11	42
28. v. T. w. die R.'sche Nachlaßmasse I. 23/00	XLVI.	12	46
30. T. w. Schutzverein gegen unlauteren Wettbewerb II. 451/99	XLVI.	13	51
30. B. w. preuß. Fiskus VIa. 409/99	XLVI.	58	234
30. Chr. w. preuß. Steuerfiskus VIa. 434/09	XLVI.	59	239
30. Kosmos w. Schl. VIa. 450/99	XLVI.	49	184
31. L. w. Sch. V. 22/00	XLVI.	60	241
31. Deutsche Hyp.-Bank w. S. V. 36/00 Beschl.	XLVI.	95	347
April.			
3. H. w. H. & Co. Konkursverw. VIa. 455/99	XLVI.	15. 96	59. 352
5. Z. w. Z. Ehefr. IV. 57/00 Beschl.	XLVI.	16. 97	60. 354
6. W. w. Stadtgemeinde G. VIa. 460/99	XLVI.	61	245
6. Gemeinheitsteilungssache L. VII. 18/00 Beschl.	XLVI.	98	356
9. Hagelversicherungsgesellschaft G. Konkursm. w. Sch. VI. 79/00	XLVI.	99	357
11. Zuckerfabrik Str. w. R. u. Gen. V. 35/00	XLVI.	62	248
19. Sch. Ehefrau w. Sch. VI. 75/00 Beschl.	XLVI.	100	364
24. S. u. Gen. w. Konsum- u. Sparverein G. Konkursverw. VIa. 456/99	XLVI.	17	60
24. P. Ges. m. beschr. Haftung w. preuß. Fiskus VIa. 483/99	XLVI.	63	256
24. R.'sche Ehel. w. W. VII. 31/00 Beschl.	XLVI.	18	65
25. K. w. die offene Handelsgesellschaft J. G. I. 49/00	XLVII.	13	48
25. F. w. K. I. 60/00	XLVI.	64	258

1900.

1900.

		Bd.	Nr.	Seite
Mai.				
31.	L. u. Ehefr. w. B. I. 300/99 Beschl. . .	XLVI.	34	132
31.	Liebig Extract of Meat Company Limited w. E. II. 170/99 Beschl.	XLVI.	33	125
Juni.				
1.	Civilgemeinde N. w. L. II. 55/00 . . .	XLVI.	73. 84	282. 312
11.	M. w. K. Wwe. u. Gen. VI. 125/00 . .	XLVI.	114	395
12.	Preuß. Fiskus w. Fischerinnung zu W. VII. 66/00	XLVI.	74	287
12.	R. w. preuß. Fiskus VII. 72/00	XLVI.	75	291
13.	Eheleute St. w. W. V. 100/00	XLVI.	115	397
16.	S. w. D. V. 76/00	XLVI.	36	143
18.	M. w. L. II. 58/00 . . . . . :	XLVI.	85	312
18.	Provinzialverw. d. Rheinprov. u. Gen. w. E. II. 72/00	XLVI.	86	316
18.	B. Ehefr. w. B. IV. 104/00	XLVI.	37	147
19.	S. w. R. III. 114/00	XLVI.	116	399
19.	Preuß. Fiskus w. den Fürsten zu St.-W. VII. 84/00	XLVI.	76	293
20.	v. L. w. B. I. 120/00	XLVI.	38	150
20.	G. w. R. I. 140/00	XLVI.	39	152
22.	W. Ehefr. w. W. III. 116/00	XLVI.	40	154
23.	Stadtgemeinde Königsberg w. K. V. 110/00	XLVI.	77	296
23.	K. w. W. & F. V. 113/00	XLVI.	117	401
25.	H. w. H. Ehefr. IV. 113/00	XLVI.	41	156
25.	Synagogengemeinde P. w. L. Ehefr. VI. 164/00	XLVI.	78	298
26.	K. w. Wegeverband des Kreises M. III. 101/00	XLVI.	79	301
27.	Bayer. Lloyd w. Hafen-Dampfschiff-A.-G. I. 122/00	XLVI.	52	208
28.	B. Wwe. w. Qu. u. Gen. VI. 145/00 . .	XLVI.	118	404
Juli.				
2.	Gl. w. Gl. Ehefr. IV. 118/00	XLVI.	42	159
2.	G. Konkursm. w. Siegfried G. Descendenz IV. 121/00	XLVI.	43. 80	165. 303
2.	K. w. K. Ehefr. VI. 122/00	XLVI.	119	406
3.	W. & Co. w. R. II. 114/00	XLVI.	120	407
3.	E. w. E. gesch. Ehefr. III. 131/00 . . .	XLVI.	44	168
4.	M. u. Gen. w. Sparkasse J. V. 58/00 . .	XLVI.	81. 121	304. 409
5.	B. w. E. VI. 160/00	XLVI.	122	410
7.	W. u. Gen. w. Sch. V. 128/00	XLVI.	45	171
9.	B. w. Ehel. B. VI. 157/00	XLVI.	123	415
11.	W. w. v. D. I. 406/99	XLVI.	46	175

1900.

1900.

		Bd.	Nr.	Seite
Oktober.				
12.	B. w. W. H. VII. 104/00 Beschl. . . .	XLVII.	89	364
17.	N. w. Sch. V. 172/00	XLVII.	90	366
17.	Gewerkschaft Rudolfsgrube w. die Grafen H. L. u. A. H. v. D. V. 195/00	XLVII.	70	289
19.	M. w. Reichspostfiskus IV. 183/00 . . .	XLVIII.	1	1
19.	T. v. N. & Co. u. Gen. w. H. VII. 179/00	XLVII.	71	291
19.	F. w. C.'schen Konkursverwalter VII. 176/00	XLVII.	91	372
20.	Gewerkschaft „Aufschluß" w. Stadtgemeinde Beuthen u. Gen. V. 174/00	XLVII.	72	293
22.	W. w. W. Wwe. VI. 206/00	XLVII.	73	297
23.	K. u. Gen. w. W. VII. 106/00 Beschl. .	XLVII.	92	375
24.	R. w. P. I. 223/00	XLVII.	53	238
25.	B. w. B. VI. 190/00 Beschl.	XLVII.	93	377
25.	B. w. Hamb. Finanzdeputation VI. 158/00	XLVII.	54	241
26.	Preuß. Fiskus w. K. VII. 189/00 . . .	XLVII.	74	303
27.	J. w. M. V. 206/00.	XLVII.	15	56
Novvember.				
1.	v. M.=N. u. v. B.=H. w. Nachlaßmasse des Freiherrn A. v. N. z. N. III. 195/00 . .	XLVII.	55	244
1.	IV. 175/00 Beschl.	XLVII.	95	386
1.	R. w. R. Ehefr. IV. 207/00	XLVII.	94	379
1.	S. w. M. VI. 399/99	XLVII.	75	306
5.	F. w. M. I. 305/00	XLVII.	16. 96	66. 390
5.	R. w. v. L. VI. 205/00.	XLVII.	76	308
6.	Preuß. Fiskus w. D. B. VII. 204/00 . .	XLVII.	77	311
7.	U. w. K. V. 200/00	XLVIII.	57	267
10.	T. w. Sch. V. 208/00	XLVII.	97	390
12.	U. Ehefr. w. U. IV. 204/00 Beschl. . . .	XLVII.	17. 98	72. 395
14.	R. w. Aktiengesellsch. f. Glasindustrie I. 390/00 Beschl.	XLVII.	99	395
16.	B. u. Gen. w. R. III. 221/00	XLVII.	56	246
19.	F. w. Metzgergenossensch. G., eingetr. Genossensch. m. u. H. I. 257/00	XLVII.	18. 57	76. 249
20.	W. w. B. II. 125/00 Beschl.	XLVII.	100	397
23.	Sp. w. Niederlaus. Masch.=Fabr. VII. 63/00 Beschl..	XLVII.	101	401
26.	W. w. Sch. IV. 238/00	XLVIII.	2. 58	4. 268
26.	E. w. preuß. Eisenbahnfiskus VI. 268/00	XLVII.	19. 78	84. 314
26.	Preuß. Eisenbahnfiskus w. K. Ehefr. VI. 331/00	XLVII.	20	92
27.	B. w. Gemeinschaft der Teilungsinteressenten von Klein=O. VII. 237/00	XLVII.	79	314
28.	F. w. W. I. 269/00	XLVIII.	3	7
29.	A. w. P. Wwe. VI. 273/00	XLVII.	21. 58	98. 249

1900.

1901.

1901.

		Bd.	Nr.	Seite
Januar.				
11.	R. w. M. VII. 8/01 Beschl.	XLVII.	108	419
12.	Frdl. Ges. m. b. H. w. W. I. 322/00	XLVII.	41	180
12.	Sch. u. Gen. w. Gesamtheit der Separationsinteressenten zu T. V. 282/00	XLVII.	109	420
18.	L. w. A. VII. 315/00	XLVIII.	60	273
19.	J. Nadelsyndikat G. m. b. H. w. D. u. R. I. 332/00	XLVII.	42	186
19.	Bugsiergesellschaft U. w. preuß. Staatsfiskus I. 336/00	XLVII.	43. 61	191. 252
24.	Chr. w. Stadtgemeinde Br. VI. 405/00	XLVIII.	61	275
26.	St. w. T. u. Sch. I. 297/00	XLVIII.	62	282
26.	Grundbuchs. v. B. V. 5/01 Beschl.	XLVII.	45	202
26.	Handelsgesellsch. B. w. Konkursm. A. V. 353/00	XLVII.	44	197
28.	Preuß. Justizfiskus w. W. IV. 270/00	XLVIII.	63	285
28.	Westl. Berl. Vorortbahn w. H. Eheleute VI. 336/00	XLVII.	46	211
29.	T. w. K. VII. 322/00	XLVII.	47	216
Februar.				
1.	B. w. T. VII. 328/00	XLVII.	110	424
1.	Freifrau B. v. Sp. w. K. v. Sp. VII. 330/00	XLVII.	48	223
2.	Reichsbank w. G. V. 331/00	XLVIII.	4. 64	10. 293
4.	Gemeinde R. w. T. VI. 309/00	XLVIII.	65	297
6.	St. u. Mainzer Schleppdampfschiffahrtsvereins Konkursm. w. Transatlant. Güterversicherungsgesellsch. I. 364/00	XLVIII.	5	10
6.	D. w. M. & Co. u. Gen. I. 439/00	XLVIII.	52	251
6.	v. Sp. I. 9/01 Beschl.	XLVIII.	6	15
7.	Dr. D. w. M. VI. 27/01 Beschl.	XLVII.	111	430
8.	B. w. M. VII. 347/00	XLVII.	49	227
8.	Dampfschiffahrtsgesellschaft St. w. T. VII. 346/00	XLVIII.	83	372
9.	W. w. K. V. 324/00	XLVII.	50	229
9.	J. w. W. V. 310/00	XLVIII.	7	18
12.	B. w. W. II. 310/00	XLVIII.	8. 79	20. 355
13.	S. & M. w. K. I. 370/00	XLVIII.	84	375
14.	Sch. w. hamb. Generalzolldirektion VI. 44/00	XLVIII.	53	255
15.	Kr. w. preuß. Steuerfiskus VII. 356/00	XLVIII.	66	301
15.	B. w. v. H. VII. 368/00	XLVIII.	85	377
16.	R. w. B. I. 378/00	XLVIII.	9	21
16.	Tr. I. 13/01 Beschl.	XLVIII.	10	27
19.	Zeche ver. H. w. Rh.-W. Kohlensyndikat VII. 258/00	XLVIII.	67	305

1901.

1901.

1901.

1901.

Juli.	Bd.	Nr.	Seite
1. P. w. d. National-Hypotheken-Kreditgesellschaft eingetr. Genossensch. m. b. H. in St. I. 117/01	IL.	8	29
2. M. w. R. VII. 132/01	IL.	46	192
3. Aktienges. C. L. w. Société anonyme des Usines A. E. D. I. 141/01	IL.	9	33
4. U. Ehefr. w. U. VI. 153/01	IL.	10	37
5. Vers. Ges. T. w. B. u. Gen. VII. 165/01	IL.	47	195
6. F. w. Ehel. St. V. 150/01	IL.	11. 94	38. 381
8. K. w. J. u. Gen. IV. 122/01	IL.	12	44
11. Sch. & Co. u. Gen. w. H. VI. 151/01	IL.	13	49
12. S. w. H. III. 176/01	IL.	15	56
12. L. & E. w. S. II. 186/01	IL.	14	52
12. S. w. R. & Co. II. 186/01	IL.	95	381
13. K. w. S. I. 65/01	IL.	16	59
September.			
16. U. w. M. VI. 164/01	IL.	17	64
17. L. w. C. VII. 189/01	IL.	18	66
19. G. w. H. VI. 169/01	IL.	64	285
19. B. Erben w. O. VI. 196/01	IL.	65	287
20. Br. u. Gen. w. B. VII. 104/01 Beschl.	IL.	96	386
24. E. w. H. & Co. II. 121/01 Beschl.	IL.	98	388
24. G. w. A. II. 191/01	IL.	19. 97	72. 388
24. E. w. F., Erste deutsche Kautions- u. Allg. Vers.-Anst. VII. 196/01	IL.	66	290
24. Ortskrankenkasse des Töpfergewerbes in B. w. Sch. VII. 198/01	L.	1	1
25. Aktiengesellschaft Deutsche Tageszeitung w. Th. I. 142/01	IL.	20	77
25. R. u. Gen. w. D. u. Gen. V. 163/01	IL.	99	392
26. Gr. w. Gr. Testamentsvollstrecker IV. 181/01	IL.	21	81
26. L. Ehefr. w. L. VI. 346/00	IL.	100	396
28. Gewerkschaft H. S. w. Schl. V. 241/01	IL.	67	292
30. M. w. Staatsanwaltschaft IV. 168/01	IL.	22	83
Oktober.			
1. A. w. preuß. Steuerfiskus VII. 227/01	IL.	68	299
3. F. w. D. IV. 178/01	IL.	101	398
5. Deutsche Transport-Vers.-Ges. in B. w. U. I. 167/01	IL.	24	92
5. Firma Gebr. Br. u. Gen. w. Graf v. B.-Pl. V. 190/01	IL.	70. 23	303. 85
5. B. w. Gl. V. 191/01	IL.	69	300
8. H. w. H. M. u. G. II. 194/01	IL.	25	97
8. L. w. Gebr. R. II. 212/01	IL.	26	101

1901.

1901.

1902.

1902.

1902.

Februar		Bd.	Nr.	Seite
7.	E. u. N. B. w. M. L. B. u. G. N. II. 190/01. 428/01	L.	78. 38	337. 181
7.	Fr. w. F. VII. 22/02 Beschl.	L.	100	404
8.	D. w. L. I. 348/01	L.	40	191
8.	A. w. T. V. 375/01	L.	39	188
10.	L. Ehefr. w. L. IV. 345/01	L.	101	406
12.	Th. & Pr. u. Gen. w. D. & Kr. u. Gen. I. 343/01	L.	41	196
13.	M. w. Staatsanwaltschaft u. Gen. IV. 344/01	L.	42	203
13.	Schw. w. preuß. Eisenbahnfiskus VI. 402/01	L.	43. 102	208. 408
14.	E. w. M. III. 402/01	L.	108	424
15.	K. w. S. II. 408/01	L.	44	208
15.	N. w. K. u. Gen. V. 38/02 Beschl.	L.	45	212
17.	P. w. Z. IV. 364/01	L.	46. 73	214. 316
18.	F. w. G. III. 397/01	L.	47. 60	214. 270
18.	W. w. Fr. III. 424/01	L.	109	426
20.	D. w. S. u. Gen. IV. 370/01	L.	48	215
20.	B. w. M. u. W. VI. 399/01	L.	49. 103	219. 411
22.	Br. w. E. Z. Konkursverwalter I. 366/01	L.	104	412
24.	G. H. w. Gebr. B. I. 3/02	L.	105	416
24.	B. u. Gen. w. M. u. Gen. IV. 351/01	L.	50	224
27.	W. w. Elsäß. Petroleumges. V. 403/01	L.	51. 79	225. 338
28.	F. w. T. II. 406/01	L.	52	229
28.	H. C. & Co. w. L. VII. 457/01	L.	106	420
März.				
1.	v. Schw. w. Sch. V. 409/01	L.	74	319
1.	Allgem. Knappschaftsverein zu Bochum w. T. V. 410/01	L.	53	232
3.	K. w. K. IV. 385/01	L.	54	238
3.	Kommanditgesellschaft A. F. w. Dresdner Gasmotorenfabrik VI. 10/02	L.	110	428
5.	M. w. Aktiengesellschaft K. & Co. V. 413/01	L.	55	241
6.	S. w. J. VI. 428/01	L.	56	244
10.	Gebr. H. w. K. VI. 430/01	L.	57	253
13.	K. Wwe. w. Kai. VI. 437/01	L.	58. 61. 107	255. 273. 424
April.				
11.	H.'s Nachf. w. M. II. 407/01	L.	59	255

V. Zusammenstellung

der

im einundvierzigsten bis fünfzigsten Bande enthaltenen Entscheidungen

nach

Oberlandesgerichtsbezirken.

(Die fettgedruckten Zahlen bezeichnen den Band, die gewöhnlichen die Nummer der Entscheidung. Die Parenthesen () deuten darauf hin, daß an der betreffenden Stelle sich nur eine Verweisung auf eine in demselben Band abgedruckte Entscheidung findet.)

Augsburg.

Bamberg.

Berlin.

Braunschweig.

Breslau.

Celle.

Colmar siehe Kolmar.

Darmstadt.

42, 21. (79). 80. (94). 98; **43,** 94. (104); **45,** 36 (93); **46,** 1. 102; **47,** 11. 52. 55; **48,** 10. 25; **49,** 30. 36. 47. 80; **50,** 23.

Dresden.

41, 6. 10. 21. 34. (60). 105; **42,** 8. 105; **43,** 14. 100; **44,** 107; **45,** 2. (31). (57). 96. 115; **46,** 3. 21. 114. 124; **47,** 2. 8. 16. 30. 34. 91. 95. (96); **48,** 13. 42. 44. 51. 99; **49,** 3. 9. 18. 40. 43. 100; **50,** 2. 16. 30. 57. 84. 89. (90). 110.

Frankfurt a. M.

41, 90. 95; **43,** 16. 28. 37. (41); **44,** 38; **45,** 21. 26. (111); **46,** 32; **48,** 5; **50,** 10. 17.

Hamburg.

41, 1. 13. 18. 22. 25. 30. 37. (42). 43. 44. 46. 48; **42,** 4. 10. 11. 12. 18. 23. 26. 27. 29. 30. (31). 32. 34. 35. 37. 84. 93. 97; **43,** 1. 2. 5. (8). 13. (15). 32. 33. 34. 35. 36. 38. 40. 42. 44. 48. 49. 109; **44,** 2. 8. 9. 10. 12. (13). 15. 17. (31). 33. 37. 39. 102; **45,** 3. 11. 16. 19. (20). 25. 34. 35. 39. 43. 82. 108. (109); **46,** 6. 11. 29. 38. 50. 51. 52. 101. 103. 118. 119. 127; **47,** 13. 21. 27. 29. 32. 39. 40. 45. 51. 53. 54. 58. (59). 93. 106. 111; **48,** 6. 19. 20. 22. 23. 24. 27. 28. 29. 41. 45. 47. 48. (50). 52. 53. 54. 56. 90. (94). (97); **49,** 10. 14. 16. 17. 21. 24. 27. 41. 47. 48. 83. 95. 98. 103; **50,** 9. 19. 22. 29. 39. 40. (58). 59. 61. 92. 97. 99. (107).

Hamm.

41, 70. 77. 78. 79; **42,** (14). (57). 60. 66. 68. 107; **43,** (17). 26. 62; **44,** 5. 22. 28. 52. 54. 57. 74. 79; **45,** 10. 46. 58. 65. 69. 71. 72. 78. 84. (86). 117; **46,** 28. 81. 87. 92. 117. (121); **47,** 12. 35. 36. 42. 48. 65. 66. 102; **48,** 14. 32. 57. 59. 65. 67. 73. 76; **49,** 22. 23. 33. 58. 63. 66. 69. 70. 73. 77. 78. 96; **50,** 4. 13. 33. (43). 53. 86. 96. 102.

Jena.

41, 9. 12. 19; **42,** 33; **45,** 42; **48,** 34; **49,** 91; **50,** 11. 105.

Karlsruhe.

41, 94; **44,** 4. 81. 86. 87. 104; **45,** 104; **46,** 93. 120; **47,** (25). 85. 100; **48,** (8). 79; **49,** 79. 81.

Kassel.

41, 39. 49. 50; **44,** 35. 40; **45,** 8. 67; **48,** 93; **49,** 29; **50,** 34. (47). 60.

Kiel.

41, 41. 52. 92; **42,** 39. 46. 87; **43,** 46. (107); **44,** 14; **45,** 41. 99. 110; **46,** 25. 33. 48. 69. 83; **47,** 43. (61); **49,** 57. 68; **50,** 31. 70.

Kolmar.

41, 14; **43,** 3. 89. 91. (96). 105; **45,** 112; **48,** 38; **49,** 1; **50,** 38. 48. 51. (78). (79).

Köln.

41, 86. 87. (88). 89; **42,** 16. 53. 78. 106; **43,** 22. 31. 59. 72. 90. (92). 93. 95. 97; **44,** 55. 67. 76. 82; **45,** 80. 107; **46,** 54. 73. (84). 85. 86; **47,** 14; **48,** 49. 80; **49,** 12. 25. 76. 86. 88. 92. 99; **50,** 37. 44. 75. 76. 77.

Königsberg.

41, 75. 76. (104); **42,** (17). 43. 52. 65; **43,** 58. 99. 110; **44,** (42). 47. 62. 69. 83. (84). 97; **46,** 18. 77. 123; **47,** (33). 82. 109; **49,** (31). 64. 65. 109; **50,** 35.

Marienwerder.

41, 53. 84; **42**, 40. 42. 49; **43**, 9. 68. 73. 76; **44**, 24. 43. 44. 75; **45**, 88. 90; **46**, (22). 65; **48**, 1. 60. 81; **49**, 59. 82. 84; **50**, 27. 98.

München.

41, 24; **42**, 1; **44**, 26. 29. 109; **46**, 13. 49; **47**, 6. 47. 88; **48**, 33. 46. (96); **50**, 25. 91.

Naumburg.

41, 11. 45. 65. 93; **42**, 15. 38; **43**, 4. 11. (18). 55. 63; **44**, 19. 20. 66; **45**, 48. 61. 62. 95. 101. 105. 113; **46**, 10. (15). 27. 74. 75. 76. 88. 96. 104. 115; **47**, 3. 20. 26. 44. 79. (81). 83. 92; **48**, 3. 9. 15. 26. 89; **49**, 2. 51. 60. 61. 90. 93. 108; **50**, 24. 45. 56. 71.

Nürnberg.

41, 3. 33; **42**, 28; **43**, 24. 30. 47.

Oldenburg.

45, 13; **46**, 105; **47**, 23; **49**, 45.

Posen.

41, 58. 81; **42**, 55. 59. 71. 89. (90). 104; **43**, 19. 65. 111; **44**, 3. (46). 48. 59; **45**, (47). 66. 74. 89; **46**, 12. 43. 71. (80).; **47**, 76. 89; **48**, 82; **49**, 11. 28. 38. (72). 75. (94). 113; **50**, 35.

Rostock.

41, 2; **42**, 6; **43**, 25; **44**, 36. (112); **45**, 44. 94; **47**, 41; **49**, 107; **50**, 54.

Stettin.

41, (32). 47. 51. 85. 101. 107; **42**, 47. 69. 82; **43**, 81. 87; **44**, 93; **45**, 4. 9. 30. 73. 79; **46**, (16). 97; **47**, 31. 69. 74. 75. 84. 90; **48**, 17. 43. (77). 91. 98; **49**, 8. 15. 37. 52. 74. 112; **50**, 15. (26). 69.

Stuttgart.

41, 108; **42**, 25; **43**, 23. 103; **44**, 7; **45**, 103; **46**, 5. 7. 116; **47**, 18. 56. (57); **48**, 30. (55). 86; **49**, 34. 46. 55; **50**, 28.

Zweibrücken.

50, 32.

Geheimer Justizrat 2. Instanz zu Berlin.

41, 99.

Generalkommission Münster.

50, 82.

Oberlandeskulturgericht Berlin.

44, 30. 92; **46**, 98.

Patentamt.

46, 46.

Reichsgericht unmittelbar.

41, 103. 112; **42**, 85. 91; **44**, 96. 103. 105. 106. 108; **46**, 89; **47**, 99.

Berichtigungen.

S. 29 Z. 4 v. u. statt „sonstiger" lies „von".
S. 42 Z. 11 v. o. statt „226" lies „221".
S. 49 Z. 7 v. o. statt „421" lies „321".
S. 100 Z. 20 v. u. statt „f." lies „f.".
S. 156 Z. 14 v. o. statt „und 9" lies „und 19".
S. 167 Z. 15 v. u. statt „160" lies „100".
S. 222 Z. 17/18 v. o. statt „von dem Käufer" lies „aus dem Kaufgelde".

Berichtigungen zu den bisherigen Bänden der Entscheidungen und zu den Registerbänden zu 1—40.

Vierter Band.

S. 176 Z. 5 v. u. statt „Bd. 2" lies „Bd. 1".
" " " 3 v. u. statt „No." lies „Note".

Fünfter Band.

S. 407 Z. 3 v. o. statt „achtmonatlichen" lies „achtmonatigen".

Sechster Band.

S. 222 Z. 3 v. o. statt „§ 5" lies „§ 2".
S. 460 Sp. 1 Z. 1 v. u. statt „§ 5" lies „§ 2".

Zehnter Band.

S. VII Z. 4 v. o. statt des ersten „164" lies „403".
S. X Z. 8 v. o. statt „165" lies „164".
S. 71 Z. 5 v. u. statt „als" lies „aus".
S. 227 Z. 9 v. u. statt „Disziplinarvergehen" lies „Dienstvergehen".
S. 460 Sp. 2 Z. 7 v. o. statt „Disziplinarvergehen" lies „Dienstvergehen".

Elfter Band.

S. 73 Z. 12 v. o. vor „zu" schiebe ein „nicht".
S. 195 Z. 4 v. u. statt „62" lies „65".
S. 458 Sp. 1 Z. 3 v. u. statt „62" lies „65".

Zwölfter Band.

S. IX Z. 21 v. u. statt „Dringliche" lies „Dringende".
S. 354 Z. 10 v. u. statt „Dringliche" lies „Dringende".
S. 441 Sp. 2 Z. 8 und 7 v. u. statt „dringliche" lies „dringende".
S. 442 Sp. 2 Z. 4 v. u. statt „Dringlicher" lies „Dringender".
S. 458 Sp. 1 Z. 21 v. u. vor „§ 7" einzuschieben „Tit. von Testamenten".
" " " " zwischen Z. 20 und 19 v. u. einzuschieben: „1530. Reichspolizeiordnung. Tit. 33 . . . 227.
" " " " Z. 19 v. u. statt „1530" lies „1548".
" " " " " " " statt „Reichsprozeßordnung" lies „Reichspolizeiordnung".
" " " " Z. 14 v. u. statt „Reichsprozeßordnung" lies „Reichspolizeiordnung".

Dreizehnter Band.

S. 181 Z. 14 v. o. statt „(50)" lies „(48)".
S. 200 Z. 12 v. u. statt „Beklagten" lies „Beklagter".
S. 391 Z. 6 v. u. statt „Knies" lies „v. Kries".
S. 459 Sp. 1 Z. 19 v. u. statt „(50)" lies „(48)".

Vierzehnter Band.

S. 102 Z. 1 v. o. statt „im" lies „ein".
S. 201 Z. 12 v. o. statt „Erfolge" lies „Erbfolge".
S. 205 Z. 2 v. u. statt „Erlebnisses" lies „Ergebnisses".
„ „ „ 16 v. o. statt „adminikulierenden" lies „adminikulierender".

Fünfzehnter Band.

S. 202 Z. 13 v. u. statt „1 § 7" lies „198".
„ „ „ 12 v. u. statt „de auct." lies „pro emt.".
„ „ „ 12 v. u. statt „pr." lies „per".
S. 207 Z. 2 v. o. streich das Komma hinter „gewissen".
S. 428 Z. 4 v. u. statt „einer" lies „eine".
S. 459 Sp. 1 Z. 11 v. u. statt „pr." lies „per".
„ „ „ „ „ 9 v. u. statt „de auct." lies „pro emt.".
„ „ „ „ „ 5 v. u. statt „1 § 7" lies „198".
„ „ „ 2 „ 5 v. u. statt „f" lies „e".

Sechzehnter Band.

S. 364 Z. 18 v. o. statt „Anwendung" lies „Anordnung".

Siebzehnter Band.

S. 468 Z. 2 v. u. statt „33" lies „34".
„ „ „ „ „ statt „Celle" lies „Kassel".

Achtzehnter Band.

S. 381 Z. 1 v. u. statt „hebe" lies „höbe".
S. 460 Sp. 1 Z. 12 v. o. statt „9" lies „3" und statt „257" lies „237".

Neunzehnter Band.

S. 467 Z. 5 v. u. statt „VI" lies „IV".
S. 468 Z. 8 v. o. statt „VI" lies „IV".

Einundzwanzigster Band.

S. 163 Z. 2 v. o. statt „Kläger" lies „Beklagte".

Dreiundzwanzigster Band.

S. 180 Z. 15 v. o. statt „allgemeinen" lies „gemeinen".
S. 349 Z. 4 v. o. statt „59" lies „79".
S. 428 Z. 6 v. u. statt „worden" lies „werden".
S. 458 Sp. 2 Z. 13 v. u. hinter „malo" schiebe ein „1. 8".
S. 459 Sp. 1 ist Z. 17 v. o. zu streichen.

Vierundzwanzigster Band.

S. 427 Z. 9 v. o. statt „§" lies „Art."

Fünfundzwanzigster Band.

S. 341 Z. 12 v. o. statt „den Gebieten" lies „dem Gebiete".
S. 425 Z. 9 v. o. statt „236" lies „336".

Sechsundzwanzigster Band.

S. 444 Sp. 1 Z. 4 v. u. statt „224" lies „234".

Achtundzwanzigster Band.

S. 315 Z. 14 und 15 v. o. statt „Lehmann" lies „Endemann".
„ „ Z. 16 v. o. statt „463" lies „443".

Neunundzwanzigster Band.

S. 420 Z. 9 v. o. statt „zufälligerweise" lies „zulässigerweise".
S. 451 Sp. 2 Z. 13 v. o. statt „403" lies „406".
S. 455 Sp. 2 Z. 13 v. o. statt „100" lies „101".

Dreißigster Band.

S.. 465 Z. 17 v. o. ist vor „Nr. 83" einzuschieben „Rep. IV 264/92".

Generalregister zu Band 1—30.

S.. 297 Z. 23 v. o. statt „196" lies „396".
S.. 473 Z. 25 v. u. statt „293" lies „393".
S.. 872 Sp. 1 zwischen Z. 13 u. 12 v. u. einzuschieben „§ 172 .... 29, 102".
S.. 873 Sp. 3 Z. 11 v. u. statt „über" lies „betr."
S.. 879 Sp. 3 Z. 10 v. o. hinter „4, 202" hinzuzufügen „23, 426".
S.. 883 Sp. 2 Z. 9 v. o. statt „§ 5" lies „§ 2".
S.. 884 Sp. 3 Z. 9 v. u. statt „62" lies „65".
S.. 888 Sp. 1 Z. 13 v. o. statt „aquir." lies „adquir."
" " " " " 17 v. u. statt „aquir." lies „adquir.".
" " " " " 8 v. u. statt „emto" lies „emtore".
" " " " zwischen Z. 7 u. 6 v. u. einzuschieben „l. 7 § 3 15, 202".
S.. 890 Sp. 1 Z. 2 v. o. zu streichen.
S.. 892 Sp. 3 Z. 6 v. u. statt „171" lies „178. 179. 180".
S.. 897 Sp. 2 Z. 12 v. u. ist das Semikolon zu streichen.
" " " " ist Z. 11 v. u. zu streichen.
S.. 927 Sp. 1 Z. 1 v. o. statt „404" lies „464".
S.. 932 Sp. 2 Z. 1 v. u. statt „157" lies „165".
S.. 933 Sp. 1 Z. 14 u. 15 v. u. statt „Disziplinarvergehen" lies „Dienstvergehen".
" " " " Z. 9 v. u. statt „14" lies „17".
S.. 934 Sp. 3 Z. 22 v. o. statt „313" lies „311".
S.. 938 Sp. 1 Z. 18 v. u. statt „408" lies „357".

Einunddreißigster Band.

S.. 159 Z. 2 v. o. statt „25" lies „22".
S. 466 Z. 21 v. u. statt „IV" lies „VI".

Zweiunddreißigster Band.

S. 37 Z. 7 v. u. statt „die" lies „den".
S. 458 Sp. 1 Z. 14 v. o. statt „404" lies „464".

Dreiunddreißigster Band.

S. 395 Z. 11 v. u. statt „1874" lies „1884".

Vierunddreißigster Band.

S. 314 Z. 13 v. u. statt „99" lies „94".
S. 317 Z. 11 v. o. statt „82" lies „81".
S. 382 Z. 1 v. o. statt „1884" lies „1894".
" " " 6 v. o. statt „Bocholb" lies „Bocholt".
S. 416 Z. 3 v. o. statt „20" lies „30".

Sechsunddreißigster Band.

S. 20 Z. 8 v. u. statt „53" lies „153".
S. 453 Sp. 3 streich „Z. 10 v. o.".
" " " " Z. 21 v. o. vor „21" schiebe ein „20".

Siebenunddreißigster Band.

S. 69 Z. 15 v. u. statt „K." lies „W."

Achtunddreißigster Band.

S. 449 Sp. 1 Z. 21 v. o. statt „über" lies „betr.".
S. 451 Sp. 2 Z. 3 u. 2 v. u. statt „Mimières" lies „Minières".
S. 453 Sp. 2 Z. 7 v. u. statt „betr." lies „über".
S. 454 Sp. 1 Z. 1 v. u. statt „Disziplinarvergehen" lies „Dienstvergehen".
" " " 2 Z. 6 v. u. statt „über" lies „betr."
" " " " Z. 5 v. u. statt „Einrichtung" lies „Errichtung".

Neununddreißigster Band.

S. 85 Z. 14 v. o. statt „Konkursgläubiger" lies „Konkursverwalter".
S. 323 Z. 9 v. o. statt „2959" lies „2858".

Vierzigster Band.

S. 9 Z. 6 v. o. streich „zu 1 und 3".
S. 21 Z. 14 v. o. statt „285" lies „275".
S. 127 Z. 11 v. u. statt „20. September" lies „18. Oktober".
S. 166 Z. 12 v. o. statt „Februar 1894" lies „April 1896".
S. 275 Z. 18 v. u. statt „1895" lies „1891".
S. 332 Z. 4 v. u. statt „517" lies „441".
S. 334 Z. 2 u. 1 v. u. statt „ungründet" lies „unbegründet".
S. 395 Z. 11 v. o. statt „M." lies „N.".
S. 451 Sp. 1 Z. 13 v. o. statt „über" lies „betr."
S. 452 Sp. 2 Z. 14 v. o. vor „127" einzuschieben „16".
S. 455 Sp. 2 Z. 3 v. u. statt „157" lies „165".
S. 456 Sp. 1 Z. 2 v. o. statt „Disziplinarvergehen" lies „Dienstvergehen".
S. 463 Z. 11 v. o. statt „M." lies „N."
S. 468 sind die Zeilen 5, 9 u. 10 v. u. zu streichen.

Generalregister zu Band 31—40.

S. 591 Sp. 2 Z. 13 v. o. vor „21" schiebe ein „20".
S. 626 Sp. 1 Z. 19 statt „Provinzial-Polizei" lies „Provinzial-Polizei-".
S. 629 Sp. 1 Z. 18 statt „157" lies „165".

Einundvierzigster Band.

S. 15 Überschrift statt „5" lies „3".
S. 87 Z. 10 v. o. statt „der" lies „des".
S. 134 Z. 19 v. o. statt „761" lies „716".
S. 146 Z. 16 v. o. statt „Kläger" lies „Klägern".
S. 180 Z. 11 v. o. streiche „2. Aufl.".
S. 181 Z. 6 v. u. hinter „nur" einzuschieben „mit".
S. 244 Z. 9 v. u. statt „319" lies „329".
S. 384 Z. 6 v. o. statt „342" lies „346".
S. 403 Z. 9 v. o. statt „268" lies „285".
S. 443 Sp. 1 Z. 17 v. o. statt „diesem" lies „diesen".
„ „ „ 2 „ 12 v. u. hinter „auch" einzuschieben „Ehescheidung".
S. 452 Sp. 3 Z. 6 v. u. statt „329" lies „429".
S. 458 Sp. 2 Z. 4 v. u. statt „157" lies „165".
S. 461 Sp. 2 Z. 19 v. o. statt „Verwaltungspflege" lies „Verwaltungsrechtspflege".

Zweiundvierzigster Band.

S. 32 Z. 12 v. o. statt „Abs." lies „Ziff.".
S. 40 Z. 1 v. o. statt „beklagten" lies „verklagten".
S. 205 Z. 5 v. o. statt „IV" lies „V".
S. 255 Z. 8 v. u. statt „v. d. Z.-C." lies „v. d. Z. & Ch.".
S. 273 Z. 9 v. u. statt „988" lies „998".
S. 361 Z. 2 v. u. statt „187/98" lies „187/93".
S. 434 Sp. 1 zwischen Z. 22 u. 23 v. o. einzuschieben: „S. auch ‚Konkurrenzklausel'".
S. 460 Z. 3 v. u. statt „IV" lies „V".
S. 461 Z. 11 v. u. ist „M" zu streichen.
S. 462 Z. 15 v. o. statt „277/97" lies „277/98".
„ „ „ 15 v. u. statt „v. d. Z.-C." lies „v. d. Z. & Ch."

Dreiundvierzigster Band.

S. 116 Z. 10 v. u. statt „I" lies „VI".
S. 127 Z. 14 v. o. statt „185c" lies „185a".
S. 267 Z. 8 v. o. statt „448" lies „484".
S. 319 Z. 7 v. u. statt „34" lies „33".

S. 346 Z. 12 v. o. statt „717" lies „719".
S. 396 Z. 6 v. o. zwischen „S" und „M" einzuschieben „Gebr.".
S. 441 Sp. 2 Z. 2 v. u. statt „Verpfändung" lies „Vorpfändung".
S. 461 Sp. 2 Z. 3 v. o. statt „11" lies „13".
S. 468 Sp. 2 Z. 9 v. o. statt „100" lies „110".

Vierundvierzigster Band.

S. 240 Z. 7 v. u. statt „Käufer" lies „Bauherr".
S. 458 Sp. 1 Z. 3 v. o. statt „1865" lies „1855".
S. 463 Z. 14 v. u. statt „Ehel. A." lies „Ehel. L.".
„ „ „ 12 v. u. statt „d. Ll. Fr." lies „d. Ll. Tr.".

Fünfundvierzigster Band.

S. 120 Z. 6 v. u. statt „4" lies „14".
„ „ „ 5 v. u. statt „427" lies „437".
S. 145 Z. 5 v. o. statt „können" lies „könne".
S. 150 Z. 17 v. o. statt „Fuhrverein in W." lies „Fuhrverein in M."
S. 203 Z. 19 v. u. statt „165/90" lies „165/99".
S. 330 Z. 8 v. u. „IV" lies „VI".
S. 430 Z. 18 v. u. statt „Strafverfahren" lies „Nachverfahren".
S. 432 Z. 10 v. o. statt „dieses" lies „dieser".
S. 453 Sp. 2 Z. 16 v. o. statt „23" lies „22".
S. 455 Sp. 1 Z. 18 v. o. statt „Juni" lies „Juli".
S. 457 Z. 3 v. u. statt „165/90" lies „165/99".
S. 458 Z. 5 v. o. statt „W." lies „M.".
S. 459 Z. 17 v. u. hinter „S" hinzuzufügen „K".
S. 461 Z. 4 v. u. statt „4" lies „14".
„ „ „ 3 v. u. statt „427" lies „437".
S. 463 Z. 11 v. o. statt „88" lies „68".

Sechsundvierzigster Band.

S. 51 Z. 13 v. o. statt „Landgericht" lies „Landgericht I".
S. 83 ist unter Nr. 23 versehentlich Nr. 16 wiederholt.
S. 112 Z. 5 v. o. statt „Schw." lies „Schm.".
S. 365 Z. 7 v. u. statt „der Beschwerdesumme" lies „des Beschwerdewertes".
S. 372 ist vor Z. 16 v. u. einzufügen: „I. Oberlandesgericht Naumburg a. S.".
S. 409 Z. 5 v. u. statt „Rep. VI" lies „Rep. V".
S. 443 Sp. 1 Z. 1 v. u. vor „71" schieb ein „65".
S. 458 Sp. 1 Z. 7 v. u. statt „Mai (19. Mai)" lies „Juni".
S. 464 Z. 9 v. u. statt „Rep. IV" lies „Rep. VI".
S. 465 Z. 4 v. o. statt „Rep. VI" lies „Rep. V".

Siebenundvierzigster Band.

S. XIV. Z. 14 v. o. statt „373" lies „372".
S. 4 ist zu Z. 4 v. o. als Anmerkung der Redaktion hinzuzufügen: „Vgl. Bd. 46 dieser Sammlung Nr. 25 S. 90".
S. 98 Z. 5 v. u. zwischen „die" und „Klage" schieb ein „eventuelle".
„ „ Z. 3 v. u. statt „worden ist" lies „wird".
S. 100 Z. 7 v. o. sind die Worte von „ganzen" bis „kann" zu streichen und statt dessen Z. 8 v. o. hinter „dieser" einzuschieben.
S. 119 Z. 7 v. o. statt „Beklagter seiner Käuferin" lies „Kläger seiner Verkäuferin".
S. 229 Z. 6 v. u. statt „234/01" lies „324/00".
S. 249 Z. 9 v. o. statt „176" lies „76".
S. 255 Z. 18 v. u. statt „Geschäfte" lies „Geschäft".
S. 298 Z. 1 v. o. streiche „Königlichen".
S. 300 Z. 4 v. o. statt „6. Anm. Nr. 81" lies „bei Anm. 81".
„ „ „ 2 u. 3 v. u. statt „(subjektiver) relativer" lies „subjektiver (relativer)".
S. 302 Z. 12 v. u. statt „Grundbezirke" lies „Grundbuchbezirke".
S. 306 Z. 14 v. u. statt „Pachtvertrage" lies „Pachtvertrages".

S. 329 Z. 14 v. o. statt „Sachen" lies „der Sache".
" " " 1 v. u. statt „55" lies „54".
S. 446 Sp. 1 Z. 10 v. o. statt „21" lies „41".
S. 452 Sp. 1 Z. 2 v. u. statt „231" lies „229".
S. 454 Sp. 1 Z. 9 v. o. sind „45 pr." und „17" zu vertauschen.
S. 457 Z. 10 v. u. statt „VIII" lies „VII".
" " " 6 v. o. statt „Lessiglogenhaus" lies „Lessinglogenhaus".
" " " 9 v. u. statt „Studtgemeinde" lies „Stadtgemeinde".
S. 459 Z. 14 v. o. statt „214" lies „241".
S. 462 Z. 13 v. o. statt „430" lies „420".
" " " 1 v. u. statt „234/01" lies „324/01".

Achtundvierzigster Band.

S. 200 Z. 6 v. u. statt „dero" lies „oder".
S. 281 Z. 10 v. o. statt „2. März" lies „24. Dezember".
" " " 11 v. o. statt „21. Juni 1869" lies „23. Juni 1876".
S. 419 Z. 18 v. u. statt „S. 58" lies „Nr. 58".

Neunundvierzigster Band.

S. VIII Z. 3 v. u. statt „ausgesprochen" lies „auszusprechen".
S. X Z. 16 v. o. statt „Mieter" lies „Muter".
S. 47 Z. 5 v. u. statt „sollte" lies „solle".
S. 60 Z. 5 v. o. statt „Hamburg" lies „Bremen".
S. 128 Z. 16 v. o. statt „er" lies „dieser".
S. 168 Z. 1 v. o. statt „noch eingetragenen" lies „nacheingetragenen".
S. 202 Z. 16 v. o. statt „Gericht" lies „Gewicht".
S. 214 Z. 8 v. o. statt „Mutter" lies „Muter".
" " " 11 v. o. statt „Einsprüchen" lies „Einsprüche".
S. 216 Z. 3 v. o. statt „Ansprüche" lies „Anträge".
S. 291 Z. 16 v. o. statt „eder" lies „jeder".
S. 310 Z. 7 v. u. statt „hinausführend" lies „hinaus führend".
S. 379 Z. 1 v. o. statt „Civilprozeß" lies „die civil. Praxis".
" " " 2 v. o. statt „44" lies „64".
S. 396 Z. 14 v. u. statt „346/01" lies „346/00".
S. 429 Z. 7 v. u. hinter „Abs. 1" schiebe ein „C.P.O.".
S. 458 Z. 5 v. o. statt „Sch. & S." lies „Sch. & Co.".
S. 459 Z. 14 v. o. statt „214" lies „241".
" " " 7 v. u. statt „346/01" lies „346/00".
" " " 3 v. u. statt „VI" lies „IV".
S. 460 Z. 6 v. o. statt „B.-Kl." lies „B.-Pl.".
" " " 6 v. o. statt „V 191/01" lies V 190/01".
S. 461 Z. 1 v. o. statt „1891" lies „1901".
" " " 8 v. o. statt „209/01" lies „219/01".
S. 462 Z. 1 v. o. statt „1891" lies „1901".

Fünfzigster Band.

S. 457 Z. 6 v. o. statt „212/01" lies 221/01".
" " " 7 v. u. statt „16. Nov." lies „26. Nov.".
" " " 5 v. u. statt „w. Fiskus" lies „w. preuß. Fiskus".
S. 458 Z. 8 v. u. statt „Pl." lies „M.".
S. 459 Z. 7 v. u. statt „VI" lies I".
S. 461 Z. 1 v. u. statt „VI 379/01" lies „IV 370/01".
" " " 3 v. u. statt „437/00" lies „437/01".

FSC
www.fsc.org
MIX
Papier | Fördert gute Waldnutzung
FSC® C083411

Kolibri 360 GmbH
Ferdinand-Jühlke-Straße 7
99095 Erfurt, Deutschland
produktsicherheit@kolibri360.de